60
70
Kabul
ERSIEN
30
Schiras
Indus
OMAN
20
T
60

VdN

JOHANNES TRALOW

MOHAMMED

ROMAN

VERLAG DER NATION

Der Schutzumschlag, der in der Farbe der Haschimiten gehalten ist,
zeigt ein islamisches Siegel mit der Inschrift:
Bismillah ar-rahman er-rahhim (Im Namen des gnädigen
und barmherzigen Gottes)

ISBN 3-373-00409-8

3., Auflage 1990

LSV 7301
Einband: Hans-Joachim Schauß
Vorsatz: Heinz Handschick
Gesamtherstellung: Dresdner Druck- und Verlagshaus GmbH
Best.-Nr. 697 046 7

Der Verfasser möchte an dieser Stelle Herrn Direktor Dr. Willy Unger, Staatsbibliothek Berlin, und Frau Dr. Hildegard Harting, Islamisches Institut der Humboldt-Universität Berlin, für die bei der vorliegenden Arbeit empfangene Förderung danken, ebenso auch Frau Helga Stötzer für ihre Mitarbeit.

(1967)

Die wichtigsten Personen des Romans

Mohammed
Kadidscha

Mohammeds Töchter
Zainab
Rukaija
Umm Kulthum
Fatima

Mohammeds Schwiegersöhne
Abu'l-Asi
Othman
Ali

Mohammeds spätere Frauen
Saada
Aischa
Zainab bint Dschahsch
Umm Salama
Hafsa
Raihana
Dschowairija
Safija
Maimuna
Umm Habiba

Namhafte Anhänger des Propheten
Waraka
al-Abbas, Mohammeds Oheim
Abu Bekr
Zainab, seine Frau
Omar
Zaid, Mohammeds Adoptivsohn
Hamza
Chuwailid
Dschafar, Alis Bruder
Abu Basir

Die Gegenspieler
Abu Sofjan
Umm Hind, seine Frau
Abu Lahab,
Mohammeds Oheim
Umm Dschumail, seine Frau
Abu Dschahl
Ikrima, sein Sohn
Suhail ibn Amr
Chalid ibn al-Walid
Nadr, der Märchenerzähler

Die Unzuverlässigen
Abu Kais,
Scheich der Chazradsch
Abdallah ibn Ubaij,
Scheich der Chazradsch
Abu Amir, Scheich der Aus

Sonstige Figuren
Utba,
Rukaijas erster Verlobter
Raita, Othmans Mutter
Hamna,
Schwester
der Zainab bint Dschahsch
Marija, koptische Konkubine
Paula, Schankmädchen
Bilal, abessinischer Sklave
Dschaudhar,
Haushofmeister bei Raita
Salman, Diener Aischas
Antar, Diener im Hause Alis
Umm Amar, Hebamme und
Heiratsvermittlerin
Asma, ihre Tochter

I

In der Nacht vor dem vergangenen Tag hatte es den Mann, wie schon oft, aus der Stadt der Händler getrieben. In einem steinigen Land lag die Stadt, und aus Steinen war sie erbaut. Ihr Dasein verdankte sie dem Handel und steinernen Altären, vor allem dem schwarzen Stein, der vom Himmel gefallen war.

Aber die Gestirne leuchten über Fruchtbarem und Unfruchtbarem. Die Stadt war unfruchtbar.

Sie trieb Handel mit Waren aus Indien und Persien, aus Syrien und Afrika, und zu Zeiten der großen Märkte bot sie auch den heiligen schwarzen Stein mit gutem Verdienst den Küssen der Menschen dar, die von weit her gekommen waren. Heiliges und Unheiliges – alles war Handel, und wenn er etwas einbrachte, hieß man ihn gesegnet.

Das war immer so gewesen, und niemanden hatte es angefochten, auch den Mann nicht. Sein Sohn hatte nach der Götzin Abd Manat geheißen. Erst mit dessen Tod war diese Unruhe über ihn gekommen, die ihn jetzt durch die Nacht jagte.

Als gute Händler gingen die Leute aus der Stadt Gesprächen mit Fremden nicht aus dem Wege. Auch der Mann hatte es nicht getan. Er war Kaufmann, und es gehörte zu seinem Geschäft. Seit dem Tode seines Lieblings aber hatte er Gespräche nicht nur mit den Fremden gesucht, die Verdienst versprachen, sondern auch mit geringen Leuten, selbst mit Sklaven. Er hatte nach Gewinnen getrachtet, die nicht die Habe vermehrten; er hatte Wissen gesucht, und das war nach seinem Vermeinen nur bei Leuten zu finden, die in andern Zungen Geschriebenes zu lesen oder von diesem Geschriebenen zu erzählen vermochten. Eine Unterhaltung mit einem abessinischen Sklaven hatte er der mit einem Kaufherrn vorgezogen, und wenn die Weinschenke mit der syrischen Karawane gekommen waren und ihre Buden aufgeschlagen hatten, in denen christliche Sklavinnen die Gäste bedienten und als Zulage noch mit Gesängen und Tänzen aufwarteten – dann war der Mann zu ihnen wie zu Schulen gewandert, nicht der Lust wegen, denn er hatte eine Frau, nur eine, an die er sich hielt, sondern weil die Mädchen ihm von ihrem Propheten Isa, dem Sohn der Mirjam, erzählen konnten. Manches freilich hätte er Lüge genannt, wenn er sich nicht selbst gerechterweise hätte sagen müssen, daß im Laufe der Zeit Fabeln in das Wissen eingedrungen sein konnten. Die Mädchen hatten das Buch nie gesehen, und ihm, der zu lesen und schreiben verstand, hätte es nichts genützt. Hebräisch und Griechisch waren ihm fremd. Was sollte man zu Isas Kreuzestod sagen? Ein gottgesandter Prophet wie Mirjams Sohn konnte nie so erniedrigt worden sein. Oder zur Gottessohnschaft des Mannes aus Nazareth? Der Allerhöchste erschuf, was sein sollte, und brauchte den krausen Umweg des Irdischen nicht. Er war einzig und brauchte keine Söhne und Töchter, die immer nur wieder Götzen und Götzinnen hätten sein können.

Nicht viel besser war es dem Mann bei den jüdischen Stämmen der Nadir und der Kuraiza in Jathrib ergangen, obwohl sie sich Priesterstämme nannten. Den Allerhöchsten priesen sie als ihren eigenen Gott und sich selbst als sein Volk, das auserwählte. Als wenn der Einzige sich mit den Juden begnügt hätte oder gar ihr Eigentum hätte sein wollen! Dabei war ihr Buch zum großen Teil das gleiche wie das der Nazarener. Wie aber konnten sie das auserwählte Volk sein, wenn andere Menschen dasselbe Buch besaßen wie sie? Sie bekannten sich zu Abraham als ihrem Stammvater. Das tat der Mann auch und mit ihm sein ganzer Stamm und alle Stämme der weiten Arabia zwischen den drei Meeren. Die Juden waren fremd hierher gekommen. Auch stammten sie nicht wie der Mann und die Stämme der Stämme von Abrahams erstgeborenem Enkel Ismael, dem Herrn über großes Volk und viele Herden, sondern vom nachgeborenen listigen Juda. Kein Wunder also, daß sich die Juden in Großsprechereien ergingen.

Eines aber hatte der Mann bei allen gefunden, beim Abessinier, bei den Schankmädchen, bei den Juden und bei allem verwandten Volk, mit dem er gesprochen hatte: das Wissen um das Gewaltige hatte er bei allen gefunden, und alle hatten es aus ihrem Buch. Das Leben der Menschen endete nicht mit dem Tod – das war, was sie wußten.

Wie ein Trost war es ihm zuerst gewesen, daß der Sohn seiner Liebe ihm nur entrückt sei und, wenn auch ins Unerreichbare entrückt, es immer noch sei. Schon hatte eine kleine Hoffnung sich schüchtern einschleichen wollen auf ein Wiedersehen jenseits aller irdischen Bezirke, als ein großes Grauen sich über diese Hoffnung gelegt hatte.

Wie konnte er sich eitel in einem Jenseits, in einem Jenseits von allem Menschlichen sonnen und dabei nicht an das Gericht denken? Schon hatte er die Posaune vernommen – zu Boden geschleudert hatte ihn ihr gräberberstender Schall, und sein Herz hatte geschrien vor Angst. Es schrie immer noch und immer wieder. Es gab Grund zum Schreien.

Wie war das Wort jenes Jehova, das ihm ein Jude aus Jathrib verraten hatte? »Ich, der Herr, dein Gott, bin ein eifriger Gott!« – Jawohl: ein Starker, ein Allmächtiger, ein Entsetzlicher!

Wie hatte der Mann wissen können, was dem Eifrigen genehm sei, was Sünde sei und was nicht? Wie hatte er der Zuversicht sein können, Gnade zu erlangen beim Jüngsten Gericht, wo entschieden wird über Verwerfung und Seligkeit? Wie hatte er seines unschuldigen Knaben gedenken können, dessen Götzenname allein schon die Hölle öffnete und den Himmel verschloß? Und er, der eigene Vater, hatte ihm in seiner Unwissenheit und Verblendung den Namen gegeben!

In seiner Verzweiflung darüber war sein Vorsatz gewesen, soviel wie nur möglich an Höllenmarter vorwegzunehmen. Er hatte in den Nächten gewacht und am Tage gefastet. Er hatte sich in der Hoffnung kasteit, es würde ihm angerechnet werden am Tage des Gerichtes – es würde wenigstens dem Kinde angerechnet werden.

Doch dann hatte sich jedesmal vor ihm das Wort des Seelenverschlingers wie eine Mauer aus Erz erhoben. Unermeßlich hoch war sie gewesen und hatte ihm den Horizont versperrt. Das Wort des Allmächtigen aber hatte immer geheißen: Ewigkeit.

Unausdenkbar war es, sooft der Mann es auch zu denken versucht hatte. Es war das Wort ohne Ende, dem kein anderes gewachsen war, und wenn es den Menschen erfaßte, war das Wort der Wahnsinn.

Als Wahnsinn jedoch wollte dem Mann sein Leben vergangener Tage erscheinen, als er noch wie alle anderen zum Götzen Hubal in die Kasba gelaufen war und zu den Altären der Götzinnen al-Lat, al-Uzza und ... Manat, um dort ein geringes zu opfern, ein Böcklein, eine Ziege. Kleiner Vorteile wegen hatte er das getan. Daß ein Geschäft glücken möge, eine Karawane unberaubt und ohne Einbuße an Kamelen zurückkehre und die große Wintermesse ertragreich sei. Nur um seiner Seele willen hatte er gar nichts getan. Wie hätte er können? Waren die Götzen doch Satans Volk und nur dazu da, die Menschen vom Einzigen, Ewigallmächtigen abzulenken und in die Verdammnis der Dschehenna zu locken. Dabei schlug er es nicht hoch an, daß er Erlaubtem, wenn es ihn schlecht gedünkt hatte, ferngeblieben war. Nie hatte er ein Mädchen lebendig begraben. Alle seine Töchter lebten. Was half es ihm? Wenn er sie jetzt in der Weise junger Frauen lachen hörte, überfiel ihn ein Schauder, weil er sie sich dem Schaitan entgegenlachen glaubte. Nur bei seinem Weibe, dem er in Achtung und Liebe anhing, fehlte ihm diese Furcht. Stets war sie gütig gewesen. Auch seinen Kummer hatte sie geteilt und ihn gewähren lassen, als er nach des Sohnes Tod immer verstörter geworden war. Und so war es gewesen, als er sich vor dreißig Stunden, wie schon so viele Male, gen Nordosten zum Kegel des Hiraberges aufgemacht hatte. Unbefragt war er von dannen gegangen auf seinem einsamen Weg.

Keinem Menschen war er des Nachts begegnet, und als der Anstieg begann, hatte er selbst die Pfade der Ziegen gemieden. Er wollte sich als der erste Mensch fühlen auf dem Land, das seine Füße betraten. Nichts sollte seinen Herrn hindern, ihm ein Zeichen zu geben. Wie ein Hund suchte er seinen Herrn, nur daß er seinen Herrn nicht kannte, den Herrn ohne Spur, nach dem es ihn mit einer Inbrunst verlangte, die ihn zerriß. Ein Zeichen brauchte er, eine Bestätigung, daß er mit seinem Tun und Denken sich auf dem rechten Weg befinde, auf dem Weg des Furchtbaren und Allmächtigen.

Von einem koptischen Mönch hatte er eine Geißel erhalten, die in hakenbewehrten Drähten endete. Diese Geißel zog er hervor, öffnete sein Gewand und geißelte seinen nackten Rücken wild und wütend, bis ihm das Blut herunterrann.

Das wiederholte er im Verborgenen abgelegener Mulden und hinter Felsen. Selbst vor den Steinen verbarg er sich noch, nur dem Einen wollte er sichtbar sein, der alles sah. Er achtete nicht des Blutverlustes, nicht der Durstqualen, nicht seiner Schwäche. Taumelnd fiel er mehr den Berg hinan, als daß er stieg.

Schließlich aber blieb er liegen. Er harrte am Ende der zweiten Nacht des neuen Tages, weil er schon früher, von roten Kreisen umschwebt, zur Zeit der Morgenröte wunderliche Laute vernommen hatte, die nur noch nicht Worte geworden waren.

So lag er in seiner Schwäche auf seinem Angesicht wie ein Tier, das sein Heimlichstes aufsucht, um dort zu verenden.

Plötzlich schnellte sein Oberkörper empor, als sei er von einem glühenden Eisen berührt, eine unerklärliche Kraft erfüllte seinen ganzen Leib, die bleiche Haut wurde rot, Schweißströme brachen aus der Haut, und die Augen quollen heraus.

Mit dieser ganzen übermenschlichen Kraft schrie er zum Herrn um das Zeichen. Und die Kraft in ihm ließ nicht ab zu schreien, und schon glaubte der Mann, er müsse in der Hölle bleiben, in der er sich befinde, bis – endlich, endlich ein Ruf zu ihm kam.

Er hörte ein Rufen, und es klang wie der Ton aus dem Horn einer großen Kuh.

Du, der du da liegst!

Und dann sah er ...

Zwei Bogenlängen hoch schwebte eine lange, weiße Gestalt. Sie breitete ein Tuch aus und hielt es vor sich hin.

Sie rief: Lies!

Er warf sich wieder auf die Erde und hüllte den Kopf in seinen Mantel. Denn er fürchtete sich sehr. Aber obwohl er nun nichts mehr sehen konnte, sah er doch genau dasselbe wie zuvor: die Gestalt und in deren Händen das Tuch, und auf dem Tuch standen Worte in arabischer Schrift.

Er sah mehr als zuvor.

Lies! wiederholte die weiße Erscheinung.

Doch er gedachte aller seiner Gedanken und all seines Tuns, und er zweifelte an Tun und Gedanken und suchte zu entkommen. Aber ob er den Kopf gen Osten wandte oder gen Norden – er blickte immer unverrückt in dieselben großen Augen und sah sie und das Tuch, Gestalt und Schrift in der gleichen Weise und zugleich. Und er stöhnte unter dem Anblick des Unentrinnbaren, und sein Stöhnen klang wie das Schnauben eines Kamels.

Da wurde die Gestalt zornig, darum daß er nicht las, und sie erhob ihre Stimme und rief ihn bei seinem Namen:

Du sollst lesen, Mohammed!

Da las Mohammed die Worte auf dem Tuch:

O du, der du dich bedeckst, steh auf und warne,
Und deinen Herrn, verherrliche ihn,
Und deine Kleider, reinige sie,
Und dem Götzengreul, entfliehe ihm,
Und spende nicht, um mehr zu empfahen,

Sondern harre auf deinen Herrn in Geduld.
Denn wenn die Posaune geblasen wird,
So ist das am letzten Tag
Für die Ungläubigen der schwerste Tag.
Fürwahr, beim Mond
Und der Nacht, wenn sie den Rücken kehrt,
Und beim Morgen, wenn er leuchtet!
Siehe, die Hölle ist wahrlich die endlose Qual,
Eine Warnung für die Menschen.
Denn jede Seele muß sich verantworten vor Mir.
Die Sünder aber werden sprechen:
»Wir waren nicht unter den Betenden,
Und wir speisten nicht die Armen,
Und wir schwatzten mit den Schwatzenden,
Und wir erklärten als Lüge den Tag des Gerichtes,
Bis zu uns der Tod kam.«
Aber nichts wird ihnen nutzen die Fürbitte der Fürbittenden.
Nur Allah gebührt das Verzeihen.

Mit dem letzten gelesenen Wort, das Mohammed durchbohrte, wurde die Luft dunstig-verschleiert. Schwaden zogen zwischen ihm und der Erscheinung vorüber. Die Augen der Gestalt verloren an Furchtbarkeit, die weißen Umrisse verschwammen – dann war es, als sei nichts geschehen.

Während der Wandlung hatte er Stimmen zu hören gemeint, die miteinander über ihn redeten: Allah habe sein Tun und Denken bestätigt und er sei nun ein Geweihter, ein Erhöhter. Als aber alles wieder wie immer war und er keinen Halt mehr an der Erscheinung hatte, die, obwohl furchtbar, ihm doch schon vertraut war – da fiel ihn mit Wucht der Gedanke an, daß die Menschen zu Eitelkeit und Hoffart neigen, den gefährlichen Einschlupfen böser Dämonen. Von Irrgeistern sei er besessen, entsetzte er sich.

Auf seine Füße sprang er und schrie!

»Halt!« schrie er. »Steh mir!« schrie er und stürmte der verschwundenen Gestalt nach.

Da bannten die Augen des Leuchtenden seine Füße. Der Helle schwebte nicht mehr, sondern stand dicht vor ihm – so nahe, daß Mohammed dessen Augen nicht zu ertragen vermochte und seine Hände vor das Gesicht schlug.

Was schreist du? hörte er. Musst du deinem Herrn selbst ins Angesicht schauen, ehe du glaubst? Im Namen des Erbarmers, des Barmherzigen: Mohammed, wahrlich, du bist sein Prophet. Sei stark im Glauben.

Als Mohammed endlich seine Hände herunterzunehmen wagte, war er allein und blickte in einen Abgrund, in dem er zerschmettert worden wäre, wenn ihn Gottes Bote nicht zurückgehalten hätte.

II

Der Kaufmann Mohammed ibn Abdallah wandte sich zur Heimkehr. Er rutschte mehr im Geröll am Hang des Hira hinab, als daß er ging, und er merkte nichts vom Geröll und nichts von den Steinen, die seine Füße lösten. Auch als er stadtwärts auf ebenere Wege gelangte, taumelte er auf ihnen voran und achtete nicht der ersten Menschen, denen er begegnete. Es waren Leute frühen Aufbruchs, die am gleichen Tag noch Suaiba und das Meer oder wohl gar noch Jathrib erreichen wollten. Dann verließ er die Richtung nach Jathrib und schwenkte auf den Weg zwischen den Türmen und vorüber an den Begräbnisstätten ein. Der Weg führte in die obere Stadt, wo sein Onkel Abu Talib wohnte. Zu ihm hätten ihn seine Füße auch ohne Augen getragen, so vertraut waren ihm diese Pfade. Doch er kannte nur ein Haus, sicher genug, sich in ihm zu verbergen, das Haus der Herrin Kadidscha, seiner Frau. Das aber wollte er: sich verbergen, bis er den Anblick der Irdischen wieder würde ertragen können. Wann das sei, wußte er nicht, nur daß es sein müsse; denn er habe einen Auftrag von Allah an die Menschen.

Wenn er eine Wahl gehabt hätte, hätte er den Tod im Abgrund gewählt. Doch das wäre Tod und kein Heil gewesen. Für Ungehorsame gab es keine Erlösung, sondern die Hölle. Jetzt flüchtete er zwar vor Scham und Schreck, aber doch in der stillen Hoffnung, daß Allah ihm, den Verhüllten, die Kraft geben werde, deren er für seine Sendung bedürfe.

Den letzten Teil des Weges hastete er in einer schon erwachten Stadt durch die Straßen, niemand sah er, und Grüße ließ er unerwidert. Das wurde zwar bemerkt, erregte jedoch kaum noch Verwunderung. Der Mann der Kaufherrin Kadidscha war den Leuten von Mekka schon seit langem etwas wunderlich erschienen.

Es gab Reichtum in Mekka. Mit einem Besitz von mehr als zweihundert Kamelen, die Mohammeds Frau ihr eigen nannte, galt man als wohlhabend, und ebenso war das mit namhaften Beständen wertvoller Waren der Fall. Aber kein Besitz konnte sich ohne die rastlose Tätigkeit, die Mekka so berühmt gemacht hatte, behaupten oder gar vermehren. Selbst die Tatsache, daß sich bei der Tierhaltung, vor allem von Kamelen, im Gegensatz zur Warenhaltung ein natürlicher Zuwachs ergab, konnte nicht vor der Enttäuschung bewahren, daß ein Tierbestand im wahrsten Sinne nur ein fressendes Kapital war, wenn nicht der gewinnbringende Handel hinzutrat, und sei es auch nur dadurch, daß aus der Tierhaltung eine Tierhandlung wurde.

Wie sehr ein starker Einbruch in den Besitz eine ganze Familie in Dürftigkeit bringen konnte, bewies Mohammeds Schicksal.

Sein Großvater Abd al-Muttalib hatte einen seiner zehn Söhne dem Götzen Hubal aus der Kasba als Opfer gelobt, und das Los hatte seinen Jüngsten, Mohammeds Vater, Abdallah, dazu bestimmt. Als nun aber die Zeit erfüllet war, da das Gelübde hatte vollzogen werden sollen, war das Geschlecht vor der Opferung eines der Ihren zurückgeschreckt. Und der Kahin, der Priester, hatte es wohl höchst ehrenvoll gefunden, daß ein junger Mann aus anständiger Familie und dem herrschenden Stamm der Koraischiten auf dem Altar seines Gottes verbluten sollte. Ein Kamel wäre zwar weniger ehrenvoll gewesen, ein Schaf noch weniger, doch das Fleisch der Tiere hätte man nach der Feier essen können, was erfreulicherweise zu den priesterlichen Verpflichtungen gehört hatte, wogegen man bei dem Fleisch eines Menschen aus Gründen des Anstandes zu verzichten hatte.

In diesen und anderen Gewissensbedrängnissen hatte sich der Vorschlag, gegen ein Lösegeld überhaupt von einem Menschenopfer abzulassen, als überaus wohltätig herausgestellt – wohltätig auch für den Priester. Noch heute erinnerte man sich.

Für hundert Kamele hatte Abdallah am Leben bleiben und Mohammeds Vater werden können, dessen er allerdings wegen seines vorzeitigen Todes persönlich nicht mehr ansichtig geworden war. Dagegen wurde Mohammed des Vorgefallenen gewahr, als er – sechsjährig – beim Tode seiner Mutter Amina fünf Kamele, eine Herde Hammel und die Sklavin Umm Aiman erbte.

Um darauf später einen Handel zu gründen, war das Erbe zu gering gewesen. Mohammed hätte sich einmal der Verlautbarung unterfangen sollen, in die Mala, den Kreis der angesehensten Bürger

Mekkas, eintreten und an einer Karawane – etwa der syrischen – teilhaben zu wollen. Die Leute würden heute noch über ihn lachen. Er war klug genug gewesen, sich zu sagen, daß schließlich er die hundert Kamele für das Leben seines Vaters und damit für sein eigenes bezahlen müsse, und hatte statt Waren seine Arbeitskraft verkauft, wodurch er dann zur Kadidscha gekommen und alles andere sich folgerichtig entwickelt hatte.

Eines der keineswegs unangenehm anzuschauenden Ereignisse obenerwähnter Tatsachen stand gerade jetzt in einer Stallecke, in eine Unterredung mit einem kräftigen, untersetzten und scheinbar recht zielbewußten jungen Mann vertieft. Zu beider Glück waren keine Leute reiferen Alters zugegen, die sie hätten fragen können – die Anmerkungen wären vielleicht nicht immer nur zustimmend gewesen –, und so traf es sich weiterhin sehr gut, daß sie sich selbst vollkommen genug waren und niemand vermißten. Beide aber hätten nicht so ineinander vertieft sein können, wenn alles andere nicht vorher geschehen wäre.

Rukaija war Kadidschas und Mohammeds Tochter. Bei ihr war das gute Aussehen des Vaters zur Schönheit geworden. Sie hatte dieselben großen, schwarzen Augen, die, wenn sie sie blitzen ließ – und darauf verstand sie sich –, Männer ganz schön in Bewegung setzen konnten. Der Goldglanz auf ihrem dunklen Haar, das ihr in zwei starken Flechten vom Kopf hing, war wenig geeignet, dieser Wirkung Abbruch zu tun, noch minder die zarte Hart, deren leichte Wangenröte auf eine befriedigende Herztätigkeit und kräftige Durchblutung schließen ließ. Ihre Zähne waren genauso herrlich gesund und weiß wie die ihres Erzeugers, dem mit vierzig Jahren noch kein Zahn fehlte. Seine Tochter war also alles in allem außerordentlich geeignet, geküßt zu werden, und auch sonst fehlte es ihr nicht an Möglichkeiten. Das weite, lange Gewand, das in Arabien von beiden Geschlechtern getragen wurde, ließ den Unterschied zwischen ihnen manchmal verschwinden. Das Geschlecht der schönen Rukaija indessen hätte sich immer mit den siegreichen Rundungen ihrer Brüste durchgesetzt, und wenn gar erst der Wind sie bedrängte, schälte er aus den Gewändern einen Frauenleib, der die vielen Gespräche über das ehrbare Mädchen entschuldigen konnte.

Denn ehrbar war sie, obwohl sie sich mit dem Manne Utba in einer Stallecke ihres mütterlichen Hofes herumdrückte. Utba war nämlich ihr Verlobter, und die Stallecke bot sich den beiden ganz von selbst zum Austausch ihrer Meinungsverschiedenheiten und günstigenfalls auch ihrer Zärtlichkeiten dar. Rukaijas Anwesenheit ließ sich also nicht nur vertreten; es war sogar löblich, wenn eine Haustochter nicht alles den Mägden und Sklavinnen überließ, sondern, mit einem Stallbesen aus Binsen wohlversehen und zur Schonung des Gewandes ausreichend geschürzt, die Instandsetzung der Kamelställe beaufsichtigte und sich auch selbst an den Arbeiten beteiligte. Mit dem Vater konnte die Familie des Kaufmanns Mohammed, wie inzwischen ruchbar geworden war, kaum rechnen.

Hundertundzwanzig ihrer Kamele erwartete Kadidscha mit der großen syrischen Karawane zurück, und die armen Tiere mußten dann die wohlverdiente Pflege und Erholung erhalten. Sie waren das Eigentum von Mohammeds Frau. Die Kamele wurden auch nicht verkauft, sondern nur vermietet. Für irgendwelche Einbußen wurde die Eigentümerin auf irgendeine Weise entschädigt, meist dadurch, daß sie in Höhe ihres Risikos am Reingewinn aus dem Verkauf der von ihr transportierten Waren beteiligt wurde. Überhaupt bestand der mekkanische Handel fast ausschließlich aus Gemeinschaftshandel. So reich war keiner, daß er mit seinen eigenen Waren die eigenen Kamele beladen und die Karawane mit seinen eigenen Knechten und Vertrauensleuten hinausschicken konnte. Abgesehen vom Reichtum – auch nicht stark genug war ein einzelner.

Der Warenverkauf erfolgte meist auf den Messen, und zwar vorwiegend zu Damaskus und Mekka, dessen weitreichendes Machtgebiet während der Messezeiten gebannt war. Jede Gewalttätigkeit war dann bei Strafe der Acht verboten. Sie traf den ganzen Stamm der Angreifer und wurde streng vollzogen. Die Heiligkeit des Bannes war eine Voraussetzung der mekkanischen Existenz.

Mit dem Wissen um diese Dinge wuchs jeder Mekkaner auf, und so war es denn gar nicht verwunderlich, daß der junge Utba sich kurz vor Ankunft der Syrienkarawane in das weitläufige Anwesen seiner künftigen Schwiegermutter eingeschlichen und seine Rukaija auch gefunden hatte, als große Herrscherin über das Gesinde und – der Besen sowie das geschürzte Kleid bewiesen es – als fleißiges Mädchen. Daß der richtige Augenblick abgepaßt worden war, hatte die kaufmännische Einfühlsamkeit des jungen Mannes bestätigt. Im richtigen Augenblick wieder hatte sich Rukaija ihrerseits sofort des richtigen Ortes entsonnen, dieses noch leeren Stalles und der etwas dämmerigen Ecke mit der Futtertruhe.

Frei von jedem Vorwurf fühlte sich Rukaija. Wie nun, wenn sie sich bei einem Kranken befände, den zu pflegen und aufzuheitern doch als dankenswerte, weibliche Betätigung galt? Und Utba wäre hinzugekommen? – Na, also! Jedermann müßte beide doch rühmen, daß sie des kranken Freundes nicht vergessen hätten und gar nicht auf die Schandmäuler achteten. Mochten sie lästern! Die Aussicht, mit fremden Männern zusammenzukommen, wirke eben sehr anregend auf die weibliche Barmherzigkeit, gestand sich Rukaija.

An Anstandsregeln zu denken, fühlte sich Utba dagegen durchaus nicht gestimmt. Er war Kaufmann aus Leidenschaft, aber er war noch jung, und so war es schon vorgekommen, daß er einem fast sicheren Gewinn wegen zu großen Eifers hatte entsagen müssen. Nichts gab es nun auf der Welt, was er so sehr zu besitzen wünschte wie Rukaija. Das bewies schon die Höhe der Morgengabe, des Mahrs, das er dem Familienoberhaupt der Künftigen angeboten hatte. Das Mahr war an sich eine Selbstverständlichkeit. Utba jedoch hatte sich durch die nicht unbegründete Annahme, daß die ganze oder doch wenigstens die halbe Männerwelt Mekkas darauf versessen sei, Rukaija zu heiraten, und dann auch, um durch seinen Reichtum zu verblüffen, sich dazu verleiten lassen, dreitausend dieser sauber geprägten byzantinischen Denare anzubieten. Er hatte damit genügend geprahlt, und das war nicht billig gewesen. Denn nachträglich etwas davon herunterzuhandeln wäre nicht angegangen. Das wußte er sehr wohl. Noch in seinen Kindern wäre er entehrt gewesen!

Nun wurde in Mekka die Familienzucht sowieso schon nicht sonderlich hart gehandhabt und in der Familie der Kadidscha den Kindern noch mehr nachgesehen als anderswo. Als Rukaija ihn also nun in den Stall winkte, sah er dadurch nur seine Unwiderstehlichkeit anerkannt und folgte ihr in der Überzeugung, sie bereits zu »haben«, während er – wie so viele Mannsbilder in ähnlichen Fällen – bereits an ihrer Angel hakte.

»Was dachtest du, Unerzogener«, fiel Rukaija ihn sofort an, »dich ohne Erlaubnis in das Haus meiner Eltern einzuschleichen? Wußtest du nicht, daß auch ich in diesem Hause wohne …?«

»Eben das habe ich mir überlegt!« sagte er unverzüglich und wollte in der Art eines scharmanten Draufgängers von der schönen Gelegenheit Gebrauch machen.

Was er erntete, war jedoch nur ein wohlgezielter Klatsch mitten ins feiste Gesicht, den zu geben einem Mädchen eigentlich in keiner

Weise zukam und über den er – da er zur Empörung den Mut nicht fand – demnach einigermaßen betroffen war.

Doch über die Rechtslage nachzudenken blieb allein Utba überlassen. Die junge Dame hatte zugleich mit dem Schlag ihr Gewand wieder heruntergelassen und damit das Bein bedeckt, das in seiner durch die Arbeit bedingten Entblößung die alleinige Ursache von allem gewesen war. Sie wußte jetzt, woran sie übrigens niemals gezweifelt hatte, daß es völlig in ihrer Macht lag, Utba zu jedem Grad von Ungehörigkeit und damit sich selbst jederzeit in die Rolle eines angegriffenen und in seiner Keuschheit verletzten Mädchens zu bringen, eine Rolle, die ihr nicht nur gut stand, sondern ihr auch jeweils das Übergewicht gab. Sie hatte nichts gegen Utba. Sein Mahr, das von ihm angeboten worden war, hatte ihr Interesse geweckt. So hoch wurde er eigentlich in Mekka nicht geschätzt, und jetzt untersuchte sie seine Eignung zum Ehemann, worunter sie einen gehorsamen Ehemann verstand.

»An meinem guten Ruf ist dir anscheinend nichts gelegen!«

»Wie kannst du nur so sprechen, Rukaija, meine Seele. Ist dein Ruf nicht der meine? War die Ehevermittlerin nicht in unseren beiden Häusern, und ist nicht alles zwischen deinen Eltern und meiner Mutter verabredet? Eigentlich sind wir ja schon so gut wie verheiratet! Warum sträubst du dich noch gegen mich?«

»So gut wie verheiratet? Dachtest du, mich als dein Mut'a-Mädchen zu nehmen …?«

»Aber Rukaija …!«

»Als Frau auf Zeit, auf Wochen, auf Tage gar …?«

»Wie kannst du nur so reden! Deine hochachtbaren Eltern …«

»Eben deswegen halte ich mich für eine Mut'a-Ehe nicht recht geeignet …«

»Bei einer Mut'a-Ehe gibt es kein Mahr. Du hast kein Recht, mit mir so zu reden, Rukaija. Zwischen uns gibt es eine Verabredung, die alles genau festsetzt – du willst mich nur quälen.«

»Von einer Verabredung hörte ich schon«, säuselte sie mit ihrer sanftesten Stimme. »Ist das Mahr – es waren dreitausend byzantinische Denare, nicht wahr? – inzwischen bezahlt? Dann verzeih mir, mein Utba.«

Sie saß auf der Truhe und war grausam genug, ihr linkes Bein bis übers Knie zu zeigen, und auch das rechte ließ seine schlanke Wade sehen – schlank, aber reizvoll gerundet. Utba war allem äußeren Anschein zuwider nicht zu beneiden. Er mußte sich das alles ansehen und durfte es nicht wagen, die reizende Herausforderung anzunehmen. Statt dessen mußte er beschämt und verlegen dastehen.

»Nicht gerade bezahlt«, stammelte er.

Sie zog ihr Kleid wieder über die Schulter, die sich befreit hatte, und erhob sich, wobei die Falten sich wie dunkle Vorhänge über Freuden des Paradieses deckten.

»Das wollte ich nur wissen«, sagte sie, »von dir selbst wissen. Einem andern hätte ich es nicht geglaubt.«

»Hör mich doch an, Rukaija!« bat er.

»Reden darfst du – nur nicht mich berühren.«

Damit ließ sie ihn einen verlorenen Kampf beginnen. Auch wenn sie ihm eine Berührung gestattet hätte, wäre kein Sieg daraus erwachsen. Denn es ging um das Mahr. Es fiel an des Mädchens Eltern oder vielmehr an ihre Mutter, und daß irgend jemand in der Welt auf dreitausend Byzantiner freiwillig verzichten könnte, das überstieg bei weitem Utbas Vorstellungsvermögen. Von seinem Standpunkt ging er also sehr richtig davon aus, daß Rukaija an seinem Geld, das nicht ihr selbst gehören sollte, wenig gelegen sei, um so mehr dagegen an seinem, Utbas, Vermögen, von dem sie ja ebenfalls in ihrem Unterhalt abhängig sein würde. Mit ziemlicher Sicherheit hoffte er daher, sie für ein Bündnis zu gewinnen, das ihm eine Erleichterung der Zahlungsbedingungen, wenn nicht gar eine Herabsetzung der Kaufsumme einbringen sollte.

»Du mußt doch zugeben, Rukaija, daß noch niemals in Mekka ein so hohes Mahr bezahlt wurde!«

»Ich gebe zu, mein Utba, daß es noch eine ganze Reihe von Männern in Mekka ...«

»Rukaija!« unterbrach er sie. »Du bist meine Braut! Ich verbiete dir, von andern ...«

»Ich wäre deine Braut«, entgegnete sie ungerührt, »wenn dein Geiz es nicht verhindert hätte. Eine ganze Reihe anderer Männer in Mekka«, fuhr sie mit Nachdruck fort, »würden mit Freuden dasselbe, wenn nicht mehr, für mich zahlen.«

Dabei wiegte sie sich in einer Weise vor ihm, die ihrer Behauptung viel Wahrscheinlichkeit verlieh. Jedenfalls für Utba. Er hätte kein Araber sein müssen, wenn er nicht der Begierde nach dem schönen Mädchen völlig erlegen wäre. Er schäumte, er donnerte, er winselte, drohte, bettelte ...

Rukaija sah und hörte sich das mit Wohlgefallen an. Nach diesem Schauspiel versprach sie sich von seiner Liebesfähigkeit einiges. Sie war genauso wie andere Mädchen in ihrem Alter. Sie wünschte den Platz an ihrer Seite im Bett baldigst durch einen Mann ausgefüllt, und ihre kleine Schwester Fatima, die bei ihr schlief und immer mit den Beinen stieß, war nun einmal kein Mann, dagegen war ihre Schwester Zainab schon verheiratet. Immerhin verdankte sie Utba den vielbeneideten Ruf des höchstbezahlten Mädchens in Mekka. Wenn sie ihn wegschickte, war dieser Ruhm dahin, woran sie gar nicht erst denken mochte. Das Allerwichtigste aber war, daß Kadidscha ihrer Tochter versprochen hatte, das Mahr solle ihr, Rukaija, gehören, wovon beileibe Utba nichts wissen dürfe – sonst würde das arme Kind jedesmal, wenn sie ihres Mannes Kasse in Anspruch nehmen wolle, von dem Geizhals Utba auf ihr eigenes Vermögen verwiesen werden. Die Mutter wisse alles, war Rukaijas unerschütterliche Überzeugung, sie sei die klügste Frau auf der Welt, und besonders was Männer anlange, sei ihr nichts verborgen – kein Wunder, war doch die Ehe mit dem Vater bereits ihre dritte. Der zweite Mann lebte noch. Einfach weggeschickt hatte sie ihn. So eine Frau war Kadidscha!

Doch das sah Rukaija auch ein, daß jetzt etwas geschehen müsse.

»Du mußt doch begreifen, Utba«, begann sie mit zarten Tönen, »daß du meine Familie beleidigt hast!«

Er sprang auf.

»Ich? Deine Familie beleidigt?! Ich verehre deine Eltern. Ich liebe deine Geschwister. Und dich vergöttere ich!«

»Du vergötterst mich? Damit kannst du fortfahren. Und wenn du nun noch anerkennst, daß fünftausend ...«

Utba schrie, schmerzhaft getroffen, auf. »Rukaija!«

»... für eine Göttin ...? Denn du wirst doch nicht gelogen haben?«

»Ich wußte nie, daß es so teure Göttinnen in Mekka gibt. Seit wann denn?«

»Seit heute.«

»Du bist furchtbar«, stöhnte er und kam dann mit dem heraus, was ihn bedrängte.

Er hatte ein ganz seltenes Gespinst in ansehnlicher Menge erstanden.

»Chinesische Seide?« fragte Rukaija, und ihre Augen begannen zu glänzen.

»Viel schöner«, beteuerte Utba. »Fast gewichtlos ist der Stoff, hauchzart, ganz durchsichtig und dennoch dicht gewebt.«

«Und du meinst, er sei wertvoll?«

»Überaus wertvoll. Er hat auch einen Namen; aber ich weiß nicht, bedeutet er nun das Land, das Volk oder den Stoff. ›Kaschmir‹ nannte ihn der Inder. Aus Eis und Schnee soll er herkommen, aus unermeßlicher Höhe, und wie Schnee ist er auch anzusehen.«

»Und er ist teurer als die teuerste chinesische Seide?«

»Er ist teurer, da er doch so selten ist!«

»In Mekka würdest du damit Schwierigkeiten haben. Die Ware ist zu neu. Niemand kennt sie. Keiner kann vergleichen. Wenn einer an etwas so Neues sein Geld wagt, will er wenigstens die Aussicht auf einen sehr großen Verdienst haben. Denk dir, die Leute wüßten nichts von Perlen und hätten nie eine gesehen – sie würden dir für eine Last Perlen ein Kamel mit Zaum und Decke bieten. Du bist ein guter Kaufmann, mein Utba – ich zweifle nicht –, aber …«

»Ich will meinen Kaschmir ja gar nicht in Mekka verkaufen! Das ist es eben.«

Es bewies Utbas gesunden kaufmännischen Sinn, daß er gar nicht daran gedacht hatte, seine Kostbarkeit gerade in Mekka auf den Markt zu bringen. Nur vornehme, byzantinische Damen, für die nichts zu teuer war, kamen als Käuferinnen in Betracht. Für ihre Schleier, die ihnen vom Scheitel bis auf die Fersen hinunterrieselten, war Kaschmir ein wunderbares Material. Und so gänzlich unbekannt brauchte der Stoff in Konstantinopel überhaupt nicht zu sein. Außer der Weihrauchstraße über Hadramaut und Mekka gab es noch die Seidenstraße über Persien und Trapezunt sowie den Seetransport über das Rote Meer und Ägypten. Das hatte sich Utba wohl überlegt, und über die Seltenheit hatte er sich Gewißheit verschafft und erkundet, daß er mit seinem Preis unter dem byzantinischen liegen würde.

»Der Stoff ist köstlich«, begeisterte er sich. »Willst du ihn sehen?«

Rukaija wollte – schon weil sie hoffte, es würde für sie etwas dabei abfallen. Da byzantinische Damen nicht nach Mekka zu kommen pflegten, würde sie als einzige in der Stadt mit dem Wunderstoff prunken können. Was in Damaskus geschehen mochte oder gar in

Konstantinopel, war ihr gleich. Das Mißliche war nur, daß Utba seinen Schatz erst kurz nach dem Abgang der syrischen Karawane erhalten hatte, die jetzt, im Monat Ramadan, zurückerwartet wurde. Er konnte also erst mit der nächsten Karawane seine Ballen nach Damaskus bringen.

Es war für Rukaija, eine Kaufmannstochter, ganz verständlich, daß Utba eine so große Summe wie die für das Mahr lieber erst nach der Messe von Damaskus bezahlt hätte. Aber sie wollte ihren Mann, und das sofort, was Utba als so schmeichelhaft empfand, daß er sich anheischig machte, der Herrin Kadidscha für dreitausend Denare von seinem Kaschmir mit einem Aufschlag von zwölf aufs Gros zum Selbstkostenpreis zu verkaufen, was mit dem in Damaskus zu erwartenden Gewinn für die Dame gut und gern die Summe von fünftausend Denaren ergäbe – die von Rukaija verlangte Summe.

Billiger war das Mahr durch seine Unterredung mit Rukaija jedenfalls nicht geworden. Schlimmer fast war noch die von der jungen Dame erworbene Überzeugung, daß der Seidenhändler ganz verrückt nach ihr sei.

»Komm also morgen«, sagte sie, »und vergiß den Stoff nicht! – Im allgemeinen ist die Mutter allerdings nur bei einer seltenen Gelegenheit einmal für Waren …«

»Nun, ist das eine Gelegenheit? Und ist sie nicht selten?« ereiferte sich Utba.

»Es scheint so. Ich wollte ja auch nur sagen, daß meine Herrin Kadidscha meint, sie verstehe etwas von Kamelen, und das sei nun einmal ihr Geschäft.«

»Das wissen die Götter! Sie kennt ihr Geschäft! Und gute Tiere hat sie auch. Aber auch gute Preise. Bei einem Handel mit ihr bleibt uns armen Kaufleuten kaum etwas übrig. Auf alle Kniffe versteht sie sich. Auf alle!«

III

Vor dem Dunkel des Torbogens stand der Tag. Etwas Schwarzes im Bogen umriß er, das sich wie ein vornübergebeugter, abgebrochener Brückenpfeiler ausnahm, nur daß es schwankend dem Licht zu entrinnen trachtete, hin zu der Gestalt, die ihm aus dem Innern des Gebäudes entgegenkam.

»Daß du wieder da bist!« sprach die Gestalt in die Dämmerung hinein. Jetzt breitete sie die Arme aus. Der Flüchtling wankte hinein und umklammerte, um sich aufrecht zu halten, ihre Hüften.

Es waren die Hüften einer Frau, und es waren die Arme eines Mannes, die sie umfaßten.

»Halte mich!« bat er.

»Mann und Frau halten einander, was auch immer geschehe.«

»Berge mich. Verbirg mich!«

»Das Haus birgt den Herrn, solange er will.«

»Nicht vor mir selbst verbirgt es mich, nur du, Herrin Kadidscha, meine Frau, warst stets meine Hilfe.«

»Was geschah dir?«

»Das Größte!«

Die Frau verstummte, und ohne an der Kapuze, die seinen Kopf umhüllte, etwas zu verändern, tastete sie nach seinen Händen und geleitete ihn zu einer Stiege, von der ihm der Ton einer jeden Stufe bekannt war. Aber er sah nichts. Einzige Stütze des Stolpernden war sie. Einziges Zwiegespräch war das zwischen Tritten und Stufen, bis beide in der großen Kammer der Herrin und des Herrn stehenblieben.

Der Mann erschauerte und krümmte sich im Licht, das in seine Hüllen einbrach. Sie dagegen schloß die schön geschnitzten Läden und deckte sie mit Teppichen ab. Der laute und helle Tag war hinausgescheucht. Dann geleitete sie den Mann an ein niedriges Lager. Er fühlte es, als er mit seinem Bein die Kante berührte. Er ließ sich nieder, und sie half ihm sich ausstrecken. Hierbei griff sie, ohne ihn zu enthüllen und nur um das Lager zu glätten, unter seine Kapuze und zog ihre Hand feucht hervor. Wenn es heller gewesen wäre, hätte sie Blut an ihren Händen erblickt. Doch der Schweiß genügte.

»Dich dürstet«, sagte sie, stets gewohnt zu wissen, wessen er jeweils bedurfte.

Damit holte sie den Wasserkrug, den sie beim Schließen der Läden ins Zimmer genommen hatte. Aus jenem porösen Ton war er, an dessen Außenwand das Wasser heraustrat und damit zugleich durch seine Verdunstung den verbleibenden Inhalt kühlte. Solche Krüge zum freien Gebrauch der Wanderer vors Haus zu stellen galt für jeden arabischen Haushalt als eine Forderung des Anstandes und der Menschlichkeit – um so leichter zu erfüllen, da man sich im wasserreichen Frühling befand.

Jetzt führte Kadidscha mit tastenden Händen den Krug unter der deckenden Wolle an die Lippen des Gatten. In langen Zügen trank er, bis ihm der Kopf nach hinten zurücksank.

»Kadidscha«, dankte er ihr, »um deinetwillen wurde mir die Offenbarung – nimm sie hin, sie ist dein.«

»Macht es dir Mühe, davon zu sprechen?«

»Es bedeutet mir Stärkung.«

»Dann sprich.«

»Unser Sohn, Kadidscha, unser Söhnchen …«

»Nenn seinen Namen nicht. Er bereitet dir Kummer.«

»Nur Allah gebührt das Verzeihen. Er hat mir verziehen. Wir können dem Sohn einen anderen Namen geben. Ich möchte ihn Abd Kadidscha nennen.«

»Ich wäre für Abd Amina. Aber …«

»Amina war meine Mutter und ganz gewiß keine Götzin. Auf der Rückkehr von einem Verwandtenbesuch in Jathrib starb sie und wurde begraben zu Aw.«

»Sie wurde begraben, mein Gatte. Tod bleibt Tod.«

»Das eben ist es, was mir offenbart wurde und was ich dir künden will. Der Tod ist nicht Verwesung, kein ausgelaugtes Knochengerüst und zerbröckelnder Staub. Der Tod entscheidet nichts. Das Jüngste Gericht am letzten irdischen Tag, dem kein anderer seinesgleichen mehr folgt – es allein entscheidet alles. In alle Ewigkeit entscheidet es über Verdammnis und Seligkeit.«

»Ein Leben nach dem Tode? Wo …?«

»In einer anderen Welt.«

»Du hast sie betreten? Du hast unsern Sohn gesprochen? Was ließ er mir melden?«

»Ich sprach ihn nicht, und ich sah unsern Sohn nicht. Aber einen Blick durfte ich tun in die andere Welt. Und wenn die Posaune geblasen wird, so ist das am letzten unserer Tage für die Ungläubigen der schwerste Tag. Vernimm, Mutter deines Sohnes, was deinem Mann widerfuhr und was ihm befohlen ward von Allah unserm Herrn, dem alleinigen Gott, neben dem es keinen anderen gibt.«

Und dann erzählte er ihr alles von seiner Kasteiung und seinen Gebeten und seiner Verzweiflung und von dem, was er dann gehört hatte und gesehen hatte, ohne zu sehen, und vom Abgrund, vor dem er durch Allahs Engel bewahrt worden war. Kein Wort des Leuchtenden vergaß er und keins von Allahs Botschaft, die er gelesen hatte, und jedes der eigenen Worte wiederholte er, wie sie aus seinem Munde gekommen waren.

»Du fürchtest dich?«

»Ich fürchte mich sehr, o Kadidscha. Denn was bin ich? Ein armer, irdischer Mensch bin ich, unfern der Sünde …«

»Das bist du! Ein armer, irdischer Mensch, auch wenn Allah dich einen Blick in die andere Welt tun ließ, in die Ewigkeit, die nicht vergeht wie unsere Welt. Aber – du bist ein Prophet. Wenn unser gelehrter Vetter Waraka hier wäre, der es sowenig wie du mit Götzen und Götzinnen hält, würde er sagen: Es gab viele Propheten, die der Juden und den Isa, den großen Propheten der Christen, sowie dessen Apostel, die ebenfalls Wunder taten.«

»So würde er sprechen; aber es ist nicht das, was ich sah und hörte.«

»Es gibt viele Propheten, fast in jedem Stamm und an jedem Ort gibt es einen oder einen Wahrsager oder Dichter – doch es ist nicht das, was du hörtest und lasest? Ist es nicht so, mein Mohammed?«

»Es ist so, wie du sprichst, Kadidscha.«

»Glaube an das, was du hörtest und sahest, Mohammed, sonst bist du verloren.«

»Ich glaube daran; aber er ist alles ganz anders als das, was andernorts geschieht und früher geschah oder was Waraka erzählt.«

»Die andern Propheten taten Wunder, damit die Leute ihnen glauben sollten …«

»Wie soll ich Wunder tun?«

»Du sollst keine tun und wirst keine tun. Was sagte der Engel auf dem Berge Hira zu dir? – MOHAMMED, WAHRLICH, DU BIST ALLAHS PROPHET. SEI STARK IM GLAUBEN. – So sprach er, und du mußt an dich glauben, wenn du an Allah glaubst; denn dir gab er auf, ihn zu künden, und wie kannst du künden, wenn du nicht glaubst, und wie kannst du seinen Befehl mißachten, wenn du glaubst?«

»Die Leute werden über mich lachen.«

»Das ist Allahs Sache. Deine Sache ist es, zu gehorchen. Und deine Sünde, so du nicht glaubtest oder nicht gehorchtest, wäre tausendfache Sünde! Deine Sünde könnte niemals vergeben werden; denn du bist der erste Gläubige – vor dir gab Gott sich keinem Araber zu erkennen. Wenn du, der Auserwählte, nicht beharrlich wärest, wer sollte dann glauben? Du bist der letzte Prophet und der erste, dem Allah einen Blick verstattete in den Kitab arabischer Schrift, das Buch der Bücher im Himmel. Nach dir wird es keinen mehr geben. Für dein Volk bist du der Einzige. Wer nicht an dich glaubt, kann nicht an Allah glauben – wer an Allah glaubt, muß an dich glauben. Denn du bist Allahs Prophet, und wie es keinen andern Gott gibt, gibt es keinen andern Propheten. Der Engel sagte es.«

»Wahrlich, er sagte es. Und wenn ich mich fürchte, so muß mein Gehorsam größer sein. Wer aber legt ihn in mich und stärkt mich im Gehorchen – nur Er, der alles bewirkt. Er wird mich nicht verlassen. Allah zweifelt nicht. Er weiß. Und ich kann nicht zweifeln, weil ich hörte und sah.«

»Prophet Gottes!«

»Du sagst es, Kadidscha: Ich bin Allahs Prophet.«

»Und ich, Kadidscha, bin eine Gläubige. Darum erhebe dich, Prophet. Ich, Allahs Gläubige, begehre dein Antlitz zu schauen.«

Sie half ihm auf, und er nahm die Tücher von sich, und sie sah ihn. Wie aus dem Grabe erstanden sah er aus, wie ein Leichnam sah er aus, an dem die Leichenwäscher ihr Werk nicht getan.

Graufahlen Gesichts stand er da, zerfurcht und blutverschmiert. Er wankte, als müsse er zusammenbrechen. Seine Lider hingen schlaff, doch als er sie wie in Mühsal erhob, blickte Kadidscha nicht, wie sie erwartet hatte, in ausgebrannte Augenhöhlen. Ein heiliges Fieber brannte in ihnen und ergriff auch sie, die Frau, der Gott die Gabe des Verstandes und der Klugheit gegeben hatte.

Sie kniete nieder.

»Lehre mich beten«, sagte sie.

»Beuge dich, und berühre mit deiner Stirn den Staub, und sprich bei jeder Berührung die Worte, die ich sage.«

Kadidscha beugte sich und berührte mit ihrer Stirn den Boden.

»Allah ist der alleinige Gott.«

»Allah ist der alleinige Gott«, wiederholte Kadidscha.

»Es gibt keinen Gott außer ihm.«

»Es gibt keinen Gott außer ihm.«

Mohammed schwieg. Er glaubte alles gesagt zu haben. Kadidscha aber beugte sich zum dritten Male.

»Und Mohammed ist Allahs Prophet.«

Nach einer Pause der Ergriffenheit erhob sich Kadidscha.

»Dies ist das Bekenntnis der Gläubigen«, erklärte sie. »So lasse beten, Prophet, und nicht anders.«

IV

Jede Ware, an der sie verdienten, galt den Leuten von Mekka als gut. Und am Weihrauch, mit Ausnahme des geringeren Teiles, der auf dem scheel betrachteten Seeweg von Hodaida nach dem Norden ging, wo christliche Kirchen mit ihrem ständigen Bedarf die Hauptabnehmer waren, verdienten sie. In Mekka und auf den von ihm beeinflußten Märkten der Umgebung pflegten die Waren ihre Besitzer zu wechseln, die in fast allen Fällen auf die Karawanen dieser Stadt angewiesen waren. Auch räuberische Nomadenstämme – und bei günstiger Gelegenheit waren sie alle zu Raub geneigt – mochten auf die Pilgerfahrten zu den Heiligtümern in und um Mekka und auf die Vorteile dieses größten arabischen Marktes nicht verzichten. Lieber räumten sie in den von ihnen beherrschten Landstrichen gegen bescheidene Tribute friedlichen Durchzug ein und ließen die sagenhaften Reichtümer vor ihren gierigen Augen nicht ohne Kummer unangefochten vorüberziehen.

Handel und Diplomatie waren mächtiger als Reiterangriffe, und so hatte Mekka denn eine Monopolstellung, der sich keine andere Stadt, selbst kein noch so mächtiger Alleinherrscher und Despot im übrigen Arabien rühmen konnte.

Der Hauptartikel war immer noch der Weihrauch. In allen Teilen der Welt, sogar in denen, die man in Arabien nicht einmal dem Namen nach kannte, hieß die Straße vom Indischen Ozean bis Damaskus und darüber hinaus denn auch die Weihrauchstraße.

Auf diesen Handel verstand man sich in Mekka. Ganz von unten herauf holte man die Körner aus den Säcken und ließ sie durch die Finger rieseln. Dann erst konnte man sich über deren Güte vergewissern, dann erst wußte man, ob es sich um afrikanische Ware aus Äthiopien oder um die häufigere aus Hadramaut handelte. Minderwertige Ware als gute zu verkaufen wurde fast gar nicht erst versucht, ganz gleich, ob sich einer mit einer halben oder ganzen Kamellast oder dem Vielfachen davon am Handel beteiligen wollte. Der Vorteil der Reichen und zuweilen auch der Gerisseneren lag auf andern, weniger bekannten Gebieten, bei Waren nämlich, deren Handel mit größeren Risiken verbunden war. Beim Transport konnten auch die Reicheren keine Sondervorteile erzielen. Sie mußten ihre Lasten zu den gleichen Bedingungen wie die weniger Begüterten den allgemeinen Karawanen anvertrauen.

Das war ein einigendes Band für die Bevölkerung; denn auf diese Weise konnte jeder mit den unterschiedlichsten Waren handeln, wie sie ihm seines Vermeinens günstig in die Hände gerieten. Nur Tierhalter, die Stallungen sowie Futter, und Sklavenhändler, die Unterkünfte für ihre menschliche Ware gebrauchten, befaßten sich seltener mit andern als den angestammten Geschäften.

Allgemein war nur der unerschütterliche Wille aller, die einträgliche Stellung ihrer Stadt, dieses großen Karawanen- und Umschlagplatzes, aufrechtzuerhalten. Handel war der einzig mögliche Erwerb in diesem steinernen Tal mit spärlichen Grasnarben, auch für die Handwerker, die ihre Erzeugnisse auf den Märkten feilboten. Und da der wichtigste Anlaß zu Menschenansammlungen in dieser vordem so verlassenen Gegend Pilgerfahrten zu den heiligen Stätten in Mina, bei Muzdalifa, zum weißen Stein bei Ukaz, besonders aber zum schwarzen Stein der Kaaba am Brunnen Zemzem waren, pflegten die Mekkaner als begabte Geschäftsleute sorgfältig den Ruf dieser Heiligtümer, ohne selbst ihr Herz groß daran zu hängen. Das hatte den nicht zu unterschätzenden Vorteil, daß es ihnen wenig ausmachte, den verschiedensten religiösen Ansprüchen bereitwillig entgegenzukommen.

Der Vorteil der Stadt war jedes einzelnen Vorteil, jedem einzelnen so notwendig, daß sich daraus ganz zwanglos ein Gemeinschaftswille ergab, bei dem der Einfluß der Reicheren wohl eine Rolle spielte, ohne daß diese jedoch eine Vorherrschaft hätten erringen können. Der Stamm der Koraisch war seinerzeit in den Besitz der Stadt gelangt, als die früheren Herren, die Cburzaa, die nach der Vertreibung der Dschurhums in den Besitz der mekkanischen Heiligtümer gelangt waren, sich durch innere Kämpfe gegenseitig aufgerieben hatten. Deren Reste lebten jetzt als kleine Minderheit unter den Koraischiten als lebendige Warnung, zu welchem Ende Uneinigkeit führen konnte. Wie in so mancher arabischen Stadt, in die Beduinen eingedrungen waren, fuhren auch die Koraischiten in Mekka fort, unter den primitiven Bedingungen von Wüstennomaden zu leben.

Ansehen und Einfluß konnte jeder Araber gewinnen, der mit seinen Unternehmungen Erfolg hatte – Stammeshäuptling brauchte er darum nicht zu sein. Diese Würde ergab oft nur, daß der Inhaber die heilige Verpflichtung der Gastfreundschaft, die sonst dem ganzen Stamm obgelegen hätte, aus seinen eigenen Mitteln zu bestreiten hatte, ohne dadurch die geringste Sicherheit zu gewinnen, daß er seine eigene Stellung einmal einem seiner Söhne vererben könne. Die Vorschläge des Scheichs erhielten durchaus nicht immer die Zustimmung des Stammes.

In diesen stets schwankenden Verhältnissen stand etwas anderes um so fester – das war der Zusammenhalt des Stammes und der Schutz, den jeder Angehörige von ihm bedingungslos zu erwarten hatte, was erst recht vom Geschlecht, vom Familienverband und natürlich von jeder einzelnen Familie galt. Ein Stamm, der eines seiner eigenen Mitglieder im Stich ließ, galt als ehrlos und brauchte sich um Spottgedichte nicht zu sorgen – er würde sie auf der nächsten Messe, die er aufzusuchen nicht umhinkonnte, zu hören bekommen! Es gab keine geschriebenen Gesetze, aber es gab Gedichte – geliebt und gefürchtet – wie es sich traf. Die Dichter waren als Urheber und Lenker der öffentlichen Meinung gewissermaßen die Richter.

Freilich hatte jeder Stamm seinen eigenen Dichter, der natürlich wußte, was er den Seinen selbst in den verzweifeltsten Fällen noch schuldete. Aber das konnte das allgemeine Urteil über strittige Ereignisse nicht wesentlich verändern, auch dann nicht, wenn der Poet des angegriffenen Stammes zu den Berühmtheiten gehörte, dessen Verse an allen Lagerfeuern und in allen Basaren die Herzen entzündeten. Am reichen arabischen Dichterhimmel gab es noch andere, ebenso Berühmte, die nicht durch ihren Stamm gebunden waren.

Die Schutzpflicht bestand für den Stamm oder die Familie selbst dann, wenn die Schuld des bedrohten Mitgliedes noch so klar zutage trat, und da für die Gegenseite das gleiche galt, so ergab das Aufeinanderprallen der Rechtsauffassungen nur allzuleicht jahrzehntelange Fehden, die bis zur Ausrottung ganzer Stämme führen konnten.

Bis zu beschworenen und gesiegelten Bündnissen vieler Stämme mit blutsparendem Schiedsgericht, wie man es bei einem schriftbegabten Volk gleich dem arabischen hätte erwarten können, bis dahin reichte die Vorstellung der Nomaden nicht. In jeder Beeinträchtigung der Unabhängigkeit seines Stammes erblickte der einzelne den Makel der persönlichen Unfreiheit, und tatsächlich gab es in Arabien kaum andere Gesellschaftsformen als die fast anarchische der Wüstenbewohner oder in den fortgeschritteneren Verhältnissen der Seßhaften die unbeschränkte Herrschaft kleiner oder größerer Potentaten.

In Mekka hatte sich keine derartige Herrschaft durchsetzen können, und so war es für die Stadt ein Glück, daß nicht mehrere

Stämme, wie etwa in Jathrib, sondern nur ein einziger, nämlich die Koraischiten, sich in ihr festgesetzt hatten. Auf diese Weise war das selbstverständliche Festhalten am Stamm mit dem ebenso selbstverständlichen Eintreten für den Nutzen und den Bestand der Stadt verschmolzen. Jeder Bürger war Mekka, und Mekka war jeder Bürger. Es sprach für die politische Begabung der Koraischiten, daß es bei ihnen nie zu Bürgerkriegen gekommen war, in denen sich ihre Vorgänger aufrieben. Unabsehbar die Folgen, die der Ausbruch von Blutrache in einer Stadt wie Mekka hätte haben müssen. Zwar gab es keine andere Möglichkeit, einen Mörder zur Rechenschaft zu ziehen; aber gerade darum war der tätliche Angriff auf einen mekkanischen Bürger zugleich schon ein Angriff auf ganz Mekka, auf alle Koraischiten und nicht zuletzt auf das eigene Geschlecht. Die Schwere einer solchen Tat machte den mekkanischen Bürger, der sich des Schutzes eines Geschlechtes erfreute, unantastbar. Nichts hatte sich an den uralten, sehr einfachen Vorstellungen über das menschliche Mit- und Gegeneinanderleben geändert, nur der Gedanke der Verantwortung des einzelnen gegen die Allgemeinheit und der Allgemeinheit gegenüber dem einzelnen hatte sich mit der größeren Gefahr verstärkt, die jeder ungeschlichtete Streit entfesseln konnte.

Aus dieser Einsicht war in Mekka die Mala entstanden, eine Vereinigung angesehener Männer, denen zugezählt zu werden als Ehre galt. Ohne eine andere Autorität als die Zustimmung der Betroffenen hatten sie sich die Wiedergutmachung jedes in Mekka geschehenen Unrechts – sei es an einem auswärtigen Gast, sei es an einem einheimischen Bürger – zur Aufgabe gemacht. Nur die Freiwilligkeit dieser Einrichtung gewährleistete ihren Bestand; denn in Wirklichkeit umging sie ja das Wirksamwerden der Geschlechter, die sich – besonders den Auswärtigen gegenüber – kaum auf Unparteilichkeit berufen konnten. Für einen großen Handelsplatz wie Mekka aber reichte die Tradition eines Nomadenstammes nicht mehr aus, und so hatte sich in der Händlerstadt die Meinung gebildet, daß Unparteilichkeit in allen Handelssachen etwas Selbstverständliches sei.

Innerhalb dieses Kreises hatte also die praktische Notwendigkeit einem reinen Rechtsgrundsatz zum Durchbruch verholfen, der den alten Stammes- und Geschlechtertraditionen ganz fremd gewesen war. Nicht zuletzt auf dieser Haltung aber beruhte das Vertrauen, das Mekka entgegengebracht wurde und soviel zur wachsenden Bedeutung des Platzes beigetragen hatte.

V

Als Mohammed vom Geschlecht des Haschim aus dem Stamme der Koraisch die ihm gewordene Offenbarung seiner Frau anvertraut hatte, war in Kadidscha wohl für einen kurzen Augenblick der Wunsch aufgeblitzt, die Meinung ihres Vetters Waraka ibn Naufal zu erfragen. Aber sie war zu eng mit Mohammed verbunden, um irgendeine Entscheidung über ihn von einem Dritten, wer es auch sei, abhängig zu machen. Späterhin jedoch war Waraka der erste unter den Verwandten und Freunden gewesen, der das Geheimnis der Familie geteilt hatte.

Manche Leute in Mekka hielten Waraka für einen Christen, was er jedoch trotz seines Wohlwollens für manche Brocken christlicher Lehre, die ihn erreicht hatten, in Abrede stellte. In allem, was er sagte und gar behauptete, war er von äußerster Genauigkeit, und von der Religion der Nazarener und ihrer zahlreichen Sekten wußte er zuwenig, nicht einmal das, ob sie seinen Vorstellungen von einem alleinigen Gott entsprachen, als daß er sich zu ihnen bekannt hätte. Er war wohl ein Mann, der Achtung, aber keiner, der Anhänger gewinnen konnte. Er glaubte selbst zuwenig, um andere anzuziehen, die glaubensbereit waren. Sie wären ihm auch nur lästig gewesen.

Dagegen hatte er immer den großen Unterschied zwischen Mohammed und sich selbst betont, um nicht sofort zu erkennen, daß die Offenbarung und Mohammeds Ergriffensein durch die überirdische Begegnung dem Manne der Base Kadidscha nichts übriglasse, als bei den Arabern einen bedingungslosen Monotheismus durchzusetzen oder zu verkümmern. Es konnte nichts geben, was Waraka mehr entgegenkam als Mohammeds religiöse Haltung, und so schloß er sich – ganz wie Kadidscha erwartet hatte – ihm auch an. Auf den Gedanken, es mit einem Fall der Selbsttäuschung zu tun zu haben, war er gar nicht erst gekommen. Aber als Anhänger blieb bei ihm, wie es seinem Charakter entsprach, stets ein Glaubensrest unerfüllt. Seine Begabung zum Gläubigen wie zum Fanatiker war keineswegs unbegrenzt.

Dieser Freund des Hauses der Kadidscha hatte eine Vorliebe für die Kunst der Teppichgewebe, was bei einem Mekkaner soviel hieß, daß er damit handelte. Er hatte sogar Reisen nach dem Süden gemacht, wo die Teppiche herkamen, nach Sana und Saba, und nach dem Norden, nach Damaskus bis Antiochia, um sich mit dem

Geschmack seiner Kunden vertraut zu machen und ihn wohl gar durch Stücke, die ihm besonders gelungen schienen, zu beeinflussen.

Seine Besucher in Mekka – und nicht nur seine seltenen Kunden – fanden es jedenfalls sehr annehmlich, sich mit gekreuzten Beinen auf seinen Teppichen niederlassen zu können.

Warakas Kleidung – eine dunkelbraune Dschalabija mit schwarzer Gürtelschärpe – empfahl sich wohl durch die Gediegenheit ihrer Stoffe, konnte es aber nicht mit dem Glanz des Seidengewandes seines gegenwärtigen Besuchers sowie dessen Turban und Umgürtung von leuchtendem Weiß aufnehmen.

Der junge und elegante Besucher hieß Othman. Er hätte weder des Putzes noch des Rufes von Bildung bedurft, um Ansehen zu genießen. Sein Name genügte. Er gehörte dem vornehmen und wohlhabenden Geschlecht der Omaijaden an.

Obwohl Othman wesentlich jünger als Waraka war, verband beide eine enge Bekanntschaft. Waraka, der in Mekka als gelehrt galt, mochte wohl Gefallen an dem Jüngeren, an seinen Kenntnissen und seinem Lerneifer gefunden haben – jedenfalls war ihr Zusammensein keine Seltenheit.

Gerade sagte Waraka: »Wenn du mir Teppiche, sagen wir einen oder zwei, abkaufen willst, mein Othman – ich meine für dein eigenes Haus und für die Füße deiner Frauen, wenn du welche hättest –, dann will ich dir nicht entgegen sein. Diese beiden Teppiche da sind Seltenheiten und vortrefflich gewebt. Um das zu erkennen, müßtest du freilich mehr davon verstehen.«

»Und als Ware – zum Weiterverkauf also – gäbest du mir deine Teppiche nicht? Um eine Kundschaft derart abzuweisen, bist du eigentlich nicht billig genug.«

»Ich schon, nur die Teppiche sind es nicht. Teppichweben ist eine Kunst, Teppichverkaufen nicht minder. Bei Weihrauch zählt dir jedermann den richtigen Preis für deine Sorte auf den Tisch. Willst du Teppiche verkaufen, mußt du erst den richtigen Mann für sie finden.«

»Utba ist jedenfalls nicht der Richtige«, meinte Othman, »obwohl er gesonnen schien, Teppiche auf seine Rechnung nach dem Norden zu frachten. Du aber hast ihn ja nicht einmal ausreden lassen.«

Jetzt lächelte Waraka.

»Seit wann ist Utba dein Freund, junger Herr?«

»Vermutlich, seit er weiß, daß wir uns kennen – du und ich. Er hat seine wertvollen kaufmännischen Ratschläge mir ebenfalls nicht vorenthalten.«

»Die nicht zu verachten sind«, fiel Waraka ein. »Er genießt einiges Ansehen.«

Othman war anderer Meinung.

»Unter seinem Ansehen verstehst du wohl Utbas Bemühungen, eins vorzutäuschen? Rechtfertigst du es etwa, daß ein Mann den Namen eines Mädchens in der Leute Mäuler bringt, obwohl er nicht den geringsten Anspruch auf sie hat?«

»Du hast recht«, lächelte Waraka, »ich bin Rukaijas Verwandter, und so geht die Sache mich in der Tat an. Seit du eintratest, mein Othman, wußte ich, daß du ihretwegen kamst.«

Othman fühlte sich ertappt.

»Du weißt alles? Und dann läßt du mich so lange herumreden?« beschwerte er sich.

»Ich dachte, es mache dir Spaß«, lachte Waraka ganz offen. »Aber sollte es dir nicht zu denken geben, daß Utba keinen Anstoß nahm, dich zum Vertrauten zu machen? Er rechnet nicht mit dir als Nebenbuhler, sowenig wie ich.«

Das Gegenteil hätte Othman lieber gehört.

»Und warum nicht?« fragte er.

»Dein Geschlecht ist ein wenig hochnäsig, und andererseits eine Tochter Mohammeds, des Haschimiten, als Nebenfrau nehmen zu wollen ...«

»Daran hab ich nie gedacht!«

»Gescheit von dir. Denn Mohammeds Familie besteht nur aus anständigen, angesehenen Leuten, und zahlreich ist sie auch. Denk nur an seine vielen Vatersbrüder. Sieh dich lieber unter den Machzum oder Rabia nach einer Frau um – gegen die wird deine Familie keinen Einwand erheben.«

»Auch nicht gegen die Haschimiten.«

»Nur würdest du bei jeder anderen eher zum Ziel gelangen. Auch deine Familie wird kein Mädchen aufnehmen wollen, auf das ein fremder Mann Ansprüche erhebt. Ob Utba nun recht hat oder nicht – seine Leute werden ihn nicht im Stich lassen. Wer wird sich mit ihnen verfeinden? Streitereien unter den Geschlechtern können wir in Mekka nicht brauchen, mein Lieber.«

»Also wäre Rukaija gezwungen ...«, wollte sich Othman empören.

»Mich wundert, daß du daran nicht gedacht hast. Rukaija muß Utba heiraten oder ledig bleiben, und wenn es keinen andern Grund gäbe, würde ich meiner Base zuliebe Utba helfen, das Mahr sofort zu erlegen.«

Othman schöpfte Hoffnung.

»Ein anderer Grund?« fragte er. »Wenn sie den Utba nicht mag, vielleicht gefall ich ihr dann besser?«

»Das hab ich mir gedacht! Du kannst es dir gar nicht vorstellen, daß sie dir nicht den Vorzug gäbe; aber bei Mädchen kann man das nie so genau wissen. Du bist ein hübscher Junge – geb ich zu –, und so wie du angezogen bist und dein Bart kurz und rund gestutzt ist ...«

»Ich bitte dich: Hör auf!«

»Nicht eher, als bis du begriffen hast, daß den Mädchen der Kadidscha mehr Freiheit gelassen wird, über sich zu entscheiden, als du vielleicht annimmst. Such dir lieber eine andere, wenn du durchaus heiraten mußt. Du kennst ja Rukaija gar nicht.«

»Ich kenne sie.«

»Sahst du sie denn überhaupt?«

»Ich sah sie. Das kam so, und es war im Haus der Kadidscha: Ich war auf dem Weg zu ihr, um über einige Kamele mit ihr zu reden, als mir ein Mädchen begegnete. Ich dachte gleich, es könne wohl Rukaija sein, von der ich schon gehört hatte. Von ihrer Kleidung und all diesen Dingen kann ich dir nichts sagen – dafür um so mehr über ihr helles Gesicht mit den dunklen Augen, über ihr Haar, ihre Brauen, ihren Mund. Der Gang zwischen den Wänden ist dort schmal – du kennst ihn –, und während sie an mir vorbeischlüpfte, sah sie mich an, um dann das eine Ende ihres weißen Schleiers, ihren Mund bedeckend, über die Schulter zu werfen. Gleichzeitig ließ sie ihre Lider herunter. Ich war stehengeblieben und sah ihr, entgegen jeder guten Sitte, wie ich zugeben muß, staunend nach, nicht aus Dreistigkeit, sondern weil ich nicht anders konnte. Und da bemerkte ich, daß auch sie sich noch einmal mit einem letzten Blick nach mir umgewandt hatte, ehe sie verschwunden war.« Nach einem Schweigen beider Männer schloß Othman: »Du hältst das für ein belangloses Erlebnis deines unverständigen Freundes Othman?«

Waraka gab sich einen Ruck. »Ich halte es für dein Erlebnis«, sagte er mit einer Ernsthaftigkeit, die Othman als Ermunterung auffaßte.

»Was also verhindert eine Heirat mit Rukaija? Verschweig mir nichts. Ich bitte dich, Waraka!«

»Ich bin Rukaijas Verwandter, und so darf ich in dieser Sache über sie sprechen. Was aber dich anlangt, mein Othman ... Mit sechzehn hat man dich verheiratet, und du hast selbst angedeutet, daß du dir mit anderen Frauen kaum etwas zu schaffen gemacht hast, und jetzt bist du Witwer, ohne daß sich an deinem Leben ersichtlich viel geändert hätte.«

»Genauso ist es.«

»Dann muß ich dir sagen, daß du die Frauen nicht kennst und daß du sie nicht nur unterschätzen, sondern auch überschätzen kannst. Rukaijas Aussehen hat auf dich Eindruck gemacht, und so würdest du vielleicht enttäuscht sein, wenn du sie als kleines Mädchen, das sie naturgemäß ist, erleben solltest.«

»Was ist das für ein Grund, der zwischen Rukaija und mir steht?« fragte Othman statt einer Antwort.

Waraka ließ ihn warten.

»Also gut«, sagte er dann. »Alles andere interessiert dich nicht. Es sollte dir aber doch wichtig sein, wie sie mit Utba stand. Mädchen wollen heiraten, und in seinen Anerbietungen war er nicht kleinlich ...«

»Wie sie mit ihm stand, sagst du?« unterbrach ihn Othman.

»Utba behauptet, sie halte zu ihm. Ich sagte schon, daß Kadidscha ihren Töchtern größere Freiheiten läßt als andere Eltern. Sie hätte Rukaija nie gezwungen.«

»Und sie entsagte Utba?« drängte Othman.

»Sie zweifelte nie an Utbas Zahlungswillen«, wich Waraka aus. »Aber ihre Mutter Kadidscha ist eine kluge Frau ...«

»Also die Familie war die Ursache?« fiel Othman ein.

»Genaugenommen Mohammed, der Vater. Du kennst ihn. Hier bei mir hast du ihn getroffen, und du weißt, wie nahe unsere Gedanken sich berühren, wenn ich auch keiner Bestätigungen gewürdigt wurde wie er.«

Damit war für Waraka die Gelegenheit gekommen, von Mohammeds Offenbarungen zu berichten und von dem Gebet der Gläubigen, deren ersten einer er, Waraka, war, sogar noch vor der ganzen Familie des Propheten selbst. Denn als Kadidscha der Rukaija vorgehalten hatte, ob sie ihrem Vater, dem Gotterwählten, wohl einen unbekehrten Schwiegersohn wie Utba zumuten könne, nachdem er bereits zu seinem Schmerz in Zainabs, ihrer älteren Schwester, Mann, einen Heiden in der Familie habe, der nicht zu gewinnen sei – war sie von der Verstockten gefragt worden, wer denn sonst die Gläubigen seien, die an den Vater als den Propheten Gottes glauben. Nie werde er den Augenblick vergessen, erklärte Waraka, als Kadidscha sich bei diesen Worten ihrer Tochter erhoben habe: »Ich, deine Mutter«, sei deren Antwort gewesen, »bin seine Gläubige und verehre in Vater den Propheten Allahs, dem Gott sein Siegel aufdrückte.« – Und da nun Mohammed auch von ihm, Waraka, anerkannt worden sei, habe Rukaija unter Aufgabe jeden Widerspruchs ihm ebenfalls gehuldigt und seitdem die Möglichkeit einer Verbindung mit Utba nie mehr erwähnt.

»Was mich von Rukaija trennt, hat also eigentlich nichts mit Utba zu tun?« vergewisserte sich Othman.

»Utbas Person dürfte kein Hindernis sein. Seinem Anspruch kann niemals Erfüllung werden, auch wenn er – wie er vorhat – die Mala anruft, weil ihm in Mekka Unrecht geschehen sei.«

»Die Mala in einer Heiratssache?«

»Ich verstehe dich, mein Othman«, sagte Waraka. »Wir sprachen schon darüber und gelangten zur gleichen Meinung, daß freie Frauen nicht ausgehandelt werden und den Männern nicht untergeordnet sein sollten. Du erwähntest dabei sogar unter anderen Herrinnen in Mekka die Dame Kadidscha. Aber von Utba kannst du eine ähnliche Anschauung nicht erwarten.«

»Damit dürfte er in der Mala nicht allein stehen«, meinte Othman recht bedenklich.

»Trotzdem würde Utba Rukaija nicht bekommen. Wenn die Mala seine Klage gar nicht annähme – dann entfiele für Rukaija wohl jedes Hindernis, einen anderen Mann zu heiraten ...«

»Und wenn nun als Vermittlung vorgeschlagen würde«, erregte sich Othman, »Rukaija solle Utba heiraten? Das könnte ebensogut herauskommen. Auch daran hättest du denken müssen. Konntest du denn Utba von seinem verrückten Vorhaben nicht abbringen?«

Waraka schüttelte den Kopf.

»Ich ersah weder die Möglichkeit noch einen Grund, es zu tun. Selbst jetzt, nachdem ich deine Absicht kenne, sehe ich ihn nicht. Der Ehevorschlag der Mala würde Rukaija nur zwingen, ledig zu bleiben.«

Othman lachte; aber es war kein gutes Lachen.

»Vorhin hast du selbst gesagt, daß Mädchen heiraten wollen, und dabei sprachst du von Rukaija.«

»Dabei sprach ich von nichts als von einem Mädchen. Aber Rukaija ist auch die Tochter eines Vaters, und der ist kein gewöhnlicher Mensch. Er ist mehr als du oder ich.«

»Du sagtest, Kadidscha lasse ihren Mädchen eine größere Freiheit als andere Eltern«, trotzte Othman immer noch.

»Erkenne daran Kadidschas Klugheit. Gerade darum ist ihre Familie ein festgefügter Block, und gerade darum hat sie eine weit größere Macht über ihre Kinder als andere Eltern. Sie gewinnt nicht den Gehorsam, sondern den Willen ihrer Mädchen. Laß einmal deine Gedanken nicht immer nur zu Rukaija abirren – zu ihrer Gestalt, zu ihren Augen, ihren Haaren, ihrem Mund, wie du sie sahst. Denke an das Ungeheure, das geschah, und daran, daß es für die Gläubigen, und zu ihnen gehört Rukaija, eine unumstößliche Tatsache ist. Allah, der allmächtige, ewige, einzige Gott, hat einen sterblichen Menschen zu seinem Propheten erwählt, nur ihn, obwohl sterblich und doch einzig wie der Allmächtige selbst. Das ist wohl unausdenkbarer Ruhm und Glanz, aber zugleich auch eine unvergleichliche Last für den Sterblichen, dem sie auferlegt wurde. Denn Ruhm und Glanz gehören der Zukunft an. Die Gegenwart sieht einen Menschen wie alle andern, und er ist doch des Allmächtigen einziger Prophet, die Brücke, über die allein die Menschen zu Allah gelangen können. Welch eine übermenschliche Aufgabe für den Propheten, selbst ein Mensch, alle andern Menschen zu überzeugen. Alles muß er sich verbinden, was ihm hilft. Und was hilft einem Araber, wenn nicht sein Stamm, sein Geschlecht, seine Familie? Mohammed, der Haschimit, hat nichts als sie, seine Familie, seine Frau, seine Kinder. Wie soll er sein Geschlecht, seinen Stamm und alle Menschen gewinnen, wenn in seiner Burg, seiner Familie, von der er ausgeht, ein Riß ist?

Allah ist groß, es gibt keinen Gott außer ihm, und Mohammed ist sein Prophet.

Wie kann ein unbelehrbarer Heide wie Utba des Propheten Schwiegersohn sein? Öffne deine Augen, und du wirst sehen.«

»Du glaubst?« fragte Othman.

»Ja.«

»Dann lehre mich«, bat er, »damit ich erkenne, ob auch ich zu glauben vermag.«

»Es sei. Aber vergiß nie: Das Gebet ist nur der Weg zu Gott, doch nie zu einem schönen Mädchen, das du begehrst. Irre nie ab, noch ist es Zeit, damit dich der Tag des Gerichtes als einen Beter und nicht als einen Lüsternen sieht. Vernimm, was Allah dem Propheten offenbarte: Spende nicht, um mehr zu emphahen, sondern harre deines Herrn in Geduld. Fürwahr, beim Mond und der Nacht, wenn sie den Rücken kehrt, und beim Morgen, wenn er leuchtet! Siehe, die Hölle ist wahrlich die Qual ohne Ende, eine Warnung für die Menschen.«

VI

Rukaija mußte es Utba in der Tat so sehr angetan haben, daß er keinen anderen Erwägungen mehr zugänglich gewesen war als solchen, wie er seine Ansprüche auf das Mädchen geltend machen könnte, und so war er denn von einem einflußreichen Mann zum andern gelaufen, bis schließlich sein etwas ungewöhnlicher Fall auf die Liste der nächsten Zusammenkunft der Mala gesetzt worden war.

Doch auch Waraka war nicht müßig gewesen. Sein Werk war es, daß sich der leicht aufbrausende, ehrliche Hamza und der rechthaberische und bissige Abu Lahab eingefunden hatten, beide Haschimiten und Mohammeds Vatersbrüder. Ferner war auch noch der Geldverleiher Abu Bekr aus dem Geschlecht der Amr ibn Kalb da, dessen Handschlag beim Abschluß eines Geschäftes für so gut wie Bezahlung galt. Im Hause der Kadidscha war Abu Bekr kein Fremdling, und bei seinem Ansehen als Bankier war es selbstverständlich, daß er der Mala angehörte. Dasselbe galt von Abu Dschahl aus dem Geschlecht Machzum und Abdallah ibn Dschoddan, dem größten Sklavenhändler in Mekka.

Als ein Fall, wie er noch nicht vorgekommen war, hatte Utbas Beschwerde über Rukaijas oder vielmehr deren Eltern Rücktritt vom Verlöbnis wohl einiges Interesse erweckt; aber wiederum doch kein so großes Aufsehen, daß nun jeder, der dazugehörte, gerade an dieser Sitzung der Mala hätte teilhaben wollen. An zwei Dutzend der Berechtigten waren erschienen. Das war nicht überwältigend. Freilich standen noch über hundert andere, die zu Hause geblieben waren, hinter ihnen und mußten – was für Beschlüsse auch gefaßt werden sollten – die Meinung der Anwesenden als ihre eigene annehmen und sie überall vertreten, wo auch immer es sei.

Der öffentlichen Meinung konnte es also ziemlich gleichgültig sein, ob nun zwei Dutzend oder mehr als hundert ehrbare Männer sie in diesem Fall auf Mekka losließen – an ihrer Wirkung änderte das nichts. Es geschah alles zur rechten Zeit und am rechten Ort.

Die Mala hatte kein eigenes Haus, in ganz Mekka stand keins, das öffentlicher Besitz gewesen wäre, auch bei den Häusern gab es nur Privateigentum. Lediglich eine Gewohnheit hatte es mit sich gebracht, daß man sich bei Hischam versammelte, wenn man Angelegenheiten besprechen wollte, die den ganzen Großstamm der Koraisch angingen. Es war demnach ein Zeichen von Wertschätzung, die man der Mala entgegenbrachte, wenn ihr ebenfalls Gastfreundschaft im Hause des Hischam gewährt wurde.

Unfern des Marktes und der Kaaba war das Haus gut gelegen. Für mehr als drei Dutzend Menschen war der große Raum im ersten Stock freilich zu klein. Dann waren die matratzenbelegten Bänke rundherum an den Wänden eng besetzt, und man mußte über die Beine der auf den Schilfmatten am Boden Sitzenden hinwegsteigen, wenn man sich als Nachzügler noch einen Platz suchen wollte. Für größere Versammlungen war der Markt da, wo man ohnehin alltäglich miteinander sprach, oder man suchte irgendeine leerstehende Scheune auf, wenn man sich nicht außerhalb der Stadt, im Gebirge, traf. Für die Zusammenkunft dieses Tages reichte der Raum.

Ganz zwanglos begann es mit einem Schwatz über Wetter und Preise. Ein Uneingeweihter hätte wohl kaum vermutet, daß diese Schar ganz unfeierlicher Männer bereits eine Art Regierung und Gerichtsbarkeit in Mekka darstellte. Auch als das Gespräch sich allmählich Utbas Begehren zuwandte, blieb es gelassen und alles in der Schwebe. So unrecht hatte Utba nicht gehabt. Seine feste Überzeugung, daß diese Angelegenheit die eines Geschäftes sei, wurde von nicht wenigen geteilt, die leicht die Mehrheit erlangen konnten. Andere wieder meinten, daß der Fall neu sei und man nichts überstürzen dürfe.

Man ließ sich also Zeit.

Zuerst wurde Kadidschas und Mohammeds Ehe erörtert. Deren Rechtmäßigkeit wurde von niemandem bezweifelt, doch gab es in Arabien mindestens drei anerkannte Arten von Ehen. Als die meistverbreitete hatte sich die durchgesetzt, bei der Frau und Kinder unter die Herrschaft des Mannes gerieten, der bei der Eheschließung dem Vater der Frau dafür ein Mahr entrichtete. Weniger geachtet war die Ehe auf Zeit, doch immerhin anerkannt, und schließlich gab es die Ehe, deren Meisterin die Frau war. In diesem Fall war sie es, die den Mann nahm, dem sie eheliche Treue schuldete und der innerhalb ihres Stammes und ihrer Stadt keine weiteren Ehen eingehen durfte, wohl aber überall sonst, wo es ihm behagte. Die Frau dagegen konnte sich jederzeit selbst von dem Mann scheiden. In diesen Ehen gehörten die Kinder der Frau. Eine derartige Ehe war Kadidscha bereits mit dem Tamimiten Abu Hala eingegangen, der noch lebte, um nach der Scheidung von ihm Mohammed als Mann anzunehmen. Völlig unabhängig war sie gewesen.

Einige erinnerten sich.

An Kadidschas Unabhängigkeit ändere es nichts, sagten sie, daß man ihren eigensinnigen Vater Chulaid damals betrunken gemacht habe, damit er die Tochter im Rausch mit Mohammed ibn Abdallah zusammengäbe. Er habe sich nicht übergangen fühlen sollen und sei hinterher auch ganz zufrieden gewesen. Ebenso sei die Einwilligung ihres Onkels und ihrer ganzen Familie wohl sehr erwünscht, aber durchaus nicht nötig gewesen. Wenn also die Mala zu einem Schlichtungsvorschlag kommen sollte, so sei es Kadidscha, der er unterbreitet werden müsse. Ihr gehöre Rukaija und nicht Mohammed.

Diese Frage war also geklärt; nichts aber über das, was Utba vorbrachte. Es gab wohl Männer, die Utba etwas rauh behandelt fanden und der Meinung waren, Kadidscha hätte ihm wohl eine Zahlungsfrist einräumen können; aber – ein Schade sei dem jungen Kaufmann nicht eigentlich zugefügt. Mädchen gäbe es genug, selbst schöne, wenn man darauf versessen sei, jedenfalls mehr Mädchen als ein Mahr von dreitausend vollwichtigen goldenen Byzantinern. Utba solle lieber der Kadidscha Dank wissen. Vor einer Übereilung habe sie ihn bewahrt! Allerdings: das Anerbieten eines Mahrs und die Erklärung, es annehmen zu wollen, sei ein Geschäft, von dem man nicht ohne gute Gründe zurücktreten könne. Es frage sich nun, ob die Zahlungsverspätung bei etwa nachgewiesener Kreditwürdigkeit Utbas ein hinreichender Grund für Kadidscha sei, vom Verlöbnis zurückzutreten.

Demgegenüber trat auch die Meinung hervor, der Mala stehe es überhaupt nicht zu, sich mit Familienangelegenheiten zu befassen, und sie war auch nicht durch den Hinweis auf einen Fall zu zerstreuen, der schon einmal mit Erfolg geschlichtet worden war.

Es war dies der Streit zwischen einem Nomadenscheich und dem

Sklavenhändler Ibn Dschoddan gewesen, der auch jetzt als Mitglied der Mala anwesend war.

Ibn Dschoddan hatte eine Frau gekauft und deren Einwand, eine Freie zu sein, keine Beachtung geschenkt. Zu oft wurde versucht, sich mit einer solchen Behauptung der Knechtschaft zu entziehen, und dem als rechtschaffen bekannten, angesehenen Manne war seine Ungläubigkeit daher auch nicht zum Vorwurf gemacht worden, als der Scheich die Frau als seine ihm geraubte Gattin zurückverlangt hatte. Ibn Dschoddan hatte sich zwar keineswegs geweigert, sie herauszugeben, und nur den erlegten Kaufpreis gefordert, den er von dem weitgereisten Verkäufer nicht mehr hatte erlangen können, während der Scheich nicht zu bewegen gewesen war, seine eigene Frau wie eine Sklavin zurückzukaufen.

Die Sache hatte schwierig ausgesehen. Der Scheich war ein Mann von großem Einfluß bei seinem Stamm und sein Recht klar gewesen. Aber auch Ibn Dschoddans Forderung hatte sich, kaufmännisch gesehen, vertreten lassen, zumal er keinerlei Gewinnanspruch erhoben hatte. Beide Ansprüche ließen sich auf keine Weise vereinigen.

So hatte denn die Mala das Ansehen und das Wohl Mekkas bedacht. Dem Scheich war seine Frau mit allen Ehren als eine von der Stadt Befreite zugeführt worden, während Ibn Dschoddan auf einen Teil seiner Forderung verzichtet hatte und der größere Rest von den Wohlhabenden aus den Reihen der Mala bezahlt worden war.

»War das nun keine Familienangelegenheit?« rief Utba. »Und doch hat sich damals die Mala mit ihr befaßt!«

Damit kam er der Entscheidung schon näher. Omar ibn al-Chattab, ein Mann gesunden und derben Gemütes und von scharfem Verstand, fühlte sich durch Utbas triumphierendes Krähen herausgefordert. Er war aus dem Geschlecht der Adi und durch seine Mutter, eine geborene Machzum, auch diesem vornehmen Geschlecht verschwägert. Für Utbas zweifelhafte Sache traf es sich nicht glücklich, daß sein erster entschlossener Gegner ein Patrizier von so hohem Ansehen war.

»Wie kannst du den Fall des Scheichs, der seine Frau durch die Mala zurückerhielt, eine Familienangelegenheit nennen? Denke einmal nach, dann wirst zu erkennen, daß es sich um die Folgen eines Frauenraubes handelte. Ein Frauenraub war die Ursache, daß die berechtigten Interessen eines Mekkaners mit dem ebenso berechtigten Anspruch eines Fremden zusammenstießen.«

Nun erhob sich auch Ibn Dschoddan, der sich als unmittelbar Beteiligter aufgerufen fühlte.

»Der Fall des Scheichs und der Utbas sind nicht zu vergleichen«, meinte auch er. »Den Räuber hatten wir nicht, und fest stand nur, daß der Abessinier, der mir die Frau verkaufte, nicht der Räuber und vielleicht ebenfalls guten Glaubens gewesen war. Das zu wissen half uns aber nichts, weil er Mekka bereits verlassen hatte, und zwar mit den fünf Kamelen, dem Tauschgeld für die Frau. Um diese fünf Kamele handelte es sich, und sie waren auch nicht nur versprochen, sondern wirklich gegeben worden. Von mir. Was aber gabst du, Utba? Nichts, soviel ich höre. Du hast ein Mahr angeboten, doch nicht bezahlt, und nun verlangst du Hilfe von der Mala?«

Omar und Ibn Dschoddan gehörten beide zu denen, deren Stimmen Gewicht hatten, doch bei der Lust der Araber und besonders der Mekkaner am Redenhalten und an Spitzfindigkeiten fehlte es durchaus nicht an weiteren Rednern. Auch hatte der Mann noch nicht gesprochen, der auf die öffentlichen Angelegenheiten den entscheidenden Einfluß auszuüben pflegte, nämlich Abu Sofjan. Man hätte ihn, wenn eine solche Stellung in Mekka vorhanden gewesen wäre, das Haupt des Patriziats nennen können. Aber nichts wäre ihm verdrießlicher gewesen, als wenn er sich so hätte nennen hören. Auch mit seiner Meinung hielt er gern zurück und äußerte sich lieber erst, wenn alle andern schon ermüdet waren. Auf Eitelkeit konnte er verzichten – er liebte die Macht, und er kannte seine Landsleute genug, um nicht zu zeigen, daß er sie besaß.

Abu Sofjan überlegte nun: Utba sei nicht nur ein achtbarer Kaufmann, sondern auch einer, der neue Wege gehe. Er könnte Erfolg haben, und das würde seine Gier verstärken, die unsichtbare Linie zu überschreiten, die ihn, einen der vielen, von der höheren Schicht trenne, deren Ansehen nicht allein auf Besitz, sondern mehr noch auf dessen Dauer wie auch auf dem Alter der Familien beruhe. Jede herrschende Schicht tue gut, sich jeweils durch besonders Erfolgreiche zu ergänzen. Nun sei es zwar bei Utba noch lange nicht soweit, und was den Fall selbst angehe, sei er, Abu Sofjan, wohl der gleichen Meinung wie Omar und Ibn Dschoddan; aber Utba dürfe nicht die Meinung gewinnen, als seien die Patrizier insgesamt gegen ihn und dadurch in eine vorzeitige Opposition geraten.

Abu Sofjan beschloß deshalb, die Meinung der beiden andern Herren auszugleichen und für Utba einzutreten. Es sei ja richtig, sagte er, daß Utba das Mahr nicht bezahlt habe; aber falls die Mala ihn für kreditwürdig halte, könnte er bei der Frau Kadidscha vorstellig werden, das Verlöbnis mit ihrer Tochter aufrechtzuerhalten und dem Utba eine angemessene Frist einzuräumen.

Dieser wohlüberlegte Schlichtungsvorschlag des einflußreichen Mannes rief sogleich von verschiedenen Seiten Hinweise hervor, daß ja Verwandte der Kadidscha und sogar zwei Vatersbrüder Mohammeds sowie Freunde der Familie anwesend seien, die den Auftrag mit guter Aussicht auf Erfolg übernehmen könnten.

Da erst griff Waraka ibn Naufal ein.

Im amusischen Mekka, in dem die Dichter, obwohl sie »die Wissenden« hießen, wenig galten, bedeutete Gelehrsamkeit, die ja ebenfalls etwas mit Wissen zu tun hatte, nicht viel. Mehr hielt der Araber auch in Mekka auf das, was er unter seiner persönlichen Freiheit verstand, obwohl er sich ebenso eifrig zum Knecht aller alten Gewohnheiten und Bräuche machte. Vergehungen in dieser Richtung hätten ihn leicht das Wohlwollen der achtbaren Mitbürger kosten können. Unter diesen angeblich so Ungebundenen war die öffentliche Meinung eine Macht, und eigentlich war es daher recht erstaunlich, daß Waraka bei seinen Landsleuten eine Art Sonderstellung hatte. Weder Gegenstand des Mißfallens war er noch des Wohlgefallens – eher Gegenstand von beiden zugleich.

Er wußte viel und ließ sich auch gebrauchen, wenn auch meist auf eine Weise, der selbst ein Wohlgesinnter nicht zustimmen konnte. So verfügte Waraka über einige Geschicklichkeit in der Heilkunst, bei deren Anwendung er jedoch bedauerlicherweise auf alle verbürgten Zauberstückchen verzichtete – dagegen war leider nicht zu leugnen, daß Kranke, deren er sich annahm, meist gesundeten. Fast alles brachte ihm Tadel ein, und fast immer kam das Richtige dabei heraus. Eine Leidenschaft für den Handel würde ihm als Kaufmann Lob eingetragen haben; aber diese Leidenschaft hatte er keineswegs für den Handel, sondern nur für seine Teppiche, mit denen er handelte. Das jedoch war etwas ganz anderes. Man wußte, daß er schon großen Gewinn ausgeschlagen hatte, nur um sich von einem besonders geliebten Teppich nicht trennen zu müssen. Bei einer solchen Art, seine Geschäfte zu führen, mußte er ja zugrunde gehen! Aber war er denn zugrunde gegangen? Durchaus nicht. Sein Vermögen war nicht geringer als zuvor.

Was sollten seine Landsleute mit ihm anfangen? Sie ließen ihn also gewähren und hatten sich allmählich daran gewöhnt, ihm zuzuhören. Alles, was er vorbringe, sei ganz gewiß Unsinn, doch ebenso vermutlich das einzig Richtige. Was sei dagegen zu machen? Waraka sei nun einmal so.

»Liebe Freunde«, sagte er, »die Worte unseres verehrten Abu Sofjan sind – die Angelegenheit als Geschäft betrachtet – das Beste, was darüber gesagt werden könnte. Eines jedoch haben wir noch nicht bis zu Ende überlegt: Handelt es sich in diesem Fall wirklich um ein Geschäft, sind unsere freigeborenen Töchter eine verkäufliche Ware? Sollten wir nicht an den Beduinenscheich denken, der es nicht der Würde seiner Gattin gemäß hielt, sie von Ibn Dschoddan zurückzukaufen? Wir gaben ihm recht und handelten danach.

Sind unsere mekkanischen Töchter geringer als eine Beduinin? Es könnte sein – nein, wie ich meine Base kenne, ist es sicher, daß Frau Kadidscha diese Frage aufwerfen würde, wenn unsere Abordnung bei ihr erschiene. Welche Antwort soll die Mala ihr geben?«

Die Männer wußten es nicht, und keiner wollte die Unantastbarkeit eines freien mekkanischen Mädchens in Frage gestellt wissen. Es war dies wieder einmal so ein Fall, in dem Waraka durch einen Hinweis alle Wege außer einem verbaute. Man konnte ihm nichts entgegensetzen, doch glücklich war man nicht, daß Waraka die Lage so schwierig gemacht hatte.

Schließlich kam er aber doch wieder zu Wort.

»Wenn Frau Kadidscha«, fuhr er fort, »mit dieser Begründung, die niemand von uns widerlegen könnte, den Schiedsvorschlag der Mala ablehnte, dann wäre sie es, die sich für alle freien Mekkanerinnen eingesetzt hätte, während die Mala deren Ehre zu nahe getreten wäre. Friede und Nutzen unserer Stadt verlangen aber, daß der Mala Ansehen nicht gefährdet wird. Ihr Männer von Mekka, bedenkt: Wir haben es mit Frauen zu tun, und Frauen lassen sich schwer den Mund verbieten. Auch sind Frauengründe nicht immer Männergründe. Kadidscha könnte also noch andere für den Rücktritt vom Verlöbnis haben und die Nichtzahlung des Mahrs nur anführen, weil sie das als ausreichende Begründung ansieht.«

Nein, beliebt machte sich Waraka mit seinen Ausführungen nicht – am allerwenigsten bei Utba.

»Sag es! Sag es doch!« rief er ohne jede Vorsicht und nur mit dem Wunsch, zu verletzen. »Du weißt es ebensogut wie ich und sogar besser! Der Mann der Kadidscha, der Mohammed, ist schnurrig geworden, seine Familie mit ihm und seine Freunde nicht minder. Du doch auch, o Waraka! Ganz irre seid ihr alle geworden. Mohammed predigt von einem alleinigen Gott, dessen Prophet er sei – er allein. Unsere Götter tun es nicht mehr. Die sind nicht gut genug für euch. Und dann betet ihr! – Das müßt ihr gesehen haben, Freunde«, wandte sich Utba jetzt an die Versammlung, »wie sie beten – einer wie der andere, alle zusammen! Auf die Knie fallen sie dabei, und sie bücken sich, bis sie mit den Köpfen auf den Boden plumpsen und den Steiß in die Luft strecken. Und weil ich für diesen unschicklichen Unsinn nicht zu gewinnen war – deswegen soll ich just Rukaija nicht haben. Das ist es! Jetzt wißt ihr alles, ihr Leute von Mekka.«

Rot vom Schreien, stand Utba da wie einer, der seine Widersacher zermalmt hat. Tatsächlich hatte sein Geschrei jedes Eingreifen der Mala zu seinen Gunsten unmöglich gemacht; denn darüber waren alle sich klar: In die innersten Angelegenheiten einer Familie könne man sich nicht einmischen.

Sogar Abu Sofjan konnte seinen Vorschlag nicht wiederholen. Doch darüber äußerte er sich nicht, sondern er legte den Nachdruck auf einen Umstand, bei dem er der Zustimmung aller gewiß sein konnte, auf Mekkas Großzügigkeit in religiösen Dingen und auf die persönliche Freiheit jedes Mekkaners, zu glauben, was ihm beliebte. Und was nun Mohammeds Allah-Kult anlange, sagte er, nun ja, es gebe mehr als nur den einen Mohammed, der sich in solchen Absonderlichkeiten gefalle, wenn man sich dessen auch gerade von Mohammed nicht versehen habe – eher von Waraka.

Eine allgemeine Heiterkeit belohnte ihn. Mohammeds Verwandtschaft freilich mochte diese Heiterkeit, die im Grunde Utba mit seiner Enthüllung ausgelöst hatte, peinlich sein – nicht so sehr freilich dem Abu Lahab.

»Nun ja, unser Mohammed!« meinte er mit der Ironie, die man an ihm kannte. Hamza, der andere Onkel, war so friedfertig nicht.

»Du bist reichlich laut geworden über unseren Brudersohn«, empörte er sich gegen Utba, »und ich kann es nur loben, daß man dich nicht in eine Familie ließ, die zu unserm Geschlecht gehört!«

Ein wenig dämpfte dieser Ausbruch die Heiterkeit über das Bild einer Betergemeinde mit in die Höhe gestreckten Hintern.

Othman jedoch fuhr fort zu schweigen, wie es ihn Waraka geheißen hatte. Kein anderer außer den beiden ahnte, daß es in dieser Versammlung um Othmans Liebe gegangen war.

VII

Über vierzig Jahre wurde nun in Mekka die Erinnerung an das Elefantenjahr bewahrt. Es war dies ein Jahr gewesen, in dem sich das Schicksal der Stadt zugunsten ihrer Selbständigkeit, ja vielleicht sogar ihres Weiterbestandes entschieden hatte. Dem Elefantenjahr – dem Jahre 570 der Nazarenerzeitrechnung – eine hohe Bedeutung beizumessen bewies einen im Grunde richtigen politischen Instinkt der Mekkaner. In dem ständigen Kampf der beiden Großmächte, des byzantinischen und des persischen Reiches, leitete es die künftige Vormachtstellung von Byzanz ein, das im abgelegenen Arabien zwar nicht unmittelbar, sondern nur durch die von ihm beeinflußten Kräfte in Erscheinung trat, und zu diesen gehörte vor allem der Negus Negesti von Aksum, der Großkönig von Abessinien.

So gesehen, war die Aufhebung der Belagerung Mekkas eine byzantinische Schlappe auf einem Nebenkriegsschauplatz gewesen.

Der abessinische Lehensmann Abraha nämlich hatte diese Belagerung mit einem großen Heer betrieben, zu dem auch ein in Arabien ganz ungewöhnliches Kriegsmittel – dreizehn afrikanische Elefanten – gehört hatten. Bevor jedoch diese großen Tiere in der Lage gewesen waren, außer auf die Phantasie auch direkt auf die Kampfkraft der Mekkaner einzuwirken, war allen Kämpfen durch ein ganz unkriegerisches Ereignis ein Ende gemacht worden.

Mohammed ibn Abdallah schilderte, daß ein Heer von Vögeln auf göttliches Geheiß die Abessinier mit Tonkügelchen beschossen und zurückgetrieben hätten, was man als bildliche Darstellung einer verheerenden Pockenepidemie gelten lassen konnte. Jedenfalls hatten die Mekkaner sich nicht durch eigene Kraft gerettet. Trotz ihrer Sympathie für Persien war ihre Selbständigkeit nicht nur durch dic Pockenepidemie im abessinischen Heer, sondern auch dadurch erhalten geblieben, daß die persische Macht zu einem entscheidenden Gegenstoß nicht ausgereicht hatte.

Mekka war also nicht das Opfer einer der beiden Großmächte oder deren Verbündeten geworden. Die sichtbare Entscheidung darüber war jedoch im Elefantenjahr gefallen, das sich jedermanns Gedächtnis eingeprägt hatte. Und durch seine Bedeutung allmählich zu einem Zeitmaß geworden war. Nach ihm wurden andere Ereignisse des persönlichen Interesses bestimmt. Nicht allgemein, dennoch von manchen wurde es immer noch gefeiert, vor allem in den Familien, die ein Mitglied besaßen, das in diesem Jahr geboren worden war.

Mohammed war im Elefantenjahr geboren, und das brachte Kadidscha auf den Gedanken, das Jahrfest von Mekkas Befreiung dieses Mal großartiger als sonst zu begehen.

Sie hätte die Frist bis zu Mohammeds erstem öffentlichem Auftreten gern verlängert gesehen, obwohl sich immerhin schon in aller Stille ein kleiner Kreis von Gläubigen um Mohammed geschart hatte, in der Hauptsache Sklaven oder kleine Leute in Diensten Bessergestellter. Doch auch einige angesehene Männer waren darunter, so Abu Bekr, den schon eine längere Bekanntschaft mit Mohammed und Kadidscha verband, und Talha ibn Obaidallah, dem eine Entscheidung anfangs wohl noch von seinem Verwandten und Bankier Abu Bekr erleichtert sein mochte; der nun aber nicht mehr zu erschüttern war. Als erste hatten nach dem Beispiel Kadidschas die eigenen Töchter dem Propheten gehuldigt, auch die ältere Tochter Zainab. Ihr Mann freilich, Abu'l-Asi ibn ar-Rabi, war zu ihrem und ihrer Angehörigen Kummer nicht zu gewinnen gewesen. Kadidschas Familie dagegen hatte sich zugänglicher erwiesen. Nicht nur ihr Geschwisterkind Waraka – auch ihr Onkel Amr ibn Asad und der heißblütige Saad ibn Abi Wakkas, ein anderer Verwandter von ihr, gehörten zu den Gläubigen, die gewissermaßen als Eideshelfer mit ihrem Ansehen den Kaufmann Mohammed zu Beginn seiner Prophetenlaufbahn wie eine Mauer zu umgeben bereit waren.

Daß allerdings aus Mohammeds eigenem Geschlecht, aus der Familie des Großvaters Muttalib, kein einziger die Schutzmauer verstärkte, war bedenklich. Mit Gegnern mußte Mohammed rechnen. In seinen Offenbarungen spielten sie schon jetzt, ehe sie noch sichtbar geworden waren, eine Rolle, und ohne den Schutz seiner Familie würde er sich nur schwer gegen künftige Angriffe halten können.

Feindseligkeiten aus seinem Geschlecht waren ihm freilich noch nicht begegnet. Doch das mochte daher rühren, daß den Nachkommen des Großvaters bis zu Utbas Spottreden in der Mala von den Ansprüchen ihres Verwandten auf Prophetie noch gar nichts bekannt gewesen war. Die angesehene Dame Kadidscha hatte zu ihren eigenen Verwandten leichteren Zugang gehabt, und Mohammed war so sehr von seinen Gesichten erfüllt, daß er sich mit den mehr irdischen Bedingungen zur öffentlichen Verkündigung seiner Offenbarungen bisher noch nicht befaßt hatte. Nunmehr jedoch war er, als Folge von

Utbas Schwätzereien, der Meinung Kadidschas und Warakas beigetreten, mit seinem göttlichen Auftrag öffentlich hervorzutreten und als erstes die maßgebenden Männer und nicht zuletzt auch die Frauen seines Geschlechtes einzuweihen.

Der weibliche Einfluß war auf Mohammed von jeher groß gewesen. Jetzt war es Kadidscha, deren Fest Mohammed die Gelegenheit geben sollte, sich seinen Verwandten gegenüber als Prophet Allahs zu erklären.

Eingeladen waren außer den Familienangehörigen der Hausherrin und Bekannten, wie Abu Bekr mit seinem Vetter, die Häupter aus Mohammeds Geschlecht, seine Oheime. Der älteste, Abu Talib, besaß im Vergleich zu den anderen drei, Abbas, Abu Lahab und Hamza, ein dürftiges Vermögen, aber dafür galt er für einen so beispielhaften Ehrenmann, daß sein Ruf dem ganzen Familienverband zum Vorteil gereichte. Auch seine verstorbene Frau, die liebe Tante Fatima, hatte viel wegen ihrer Güte und Hilfsbereitschaft gegolten. Nach dem Tode des Großvaters war sie die Pflegemutter des Knaben Mohammed geworden, und bei ihrer Beerdigung hatte der Leidenschaftliche allen Ernstes Anstalten getroffen, sich ihr ins Grab nachzuwerfen. Jetzt war Mohammed selbst der Adoptivvater ihres Sohnes Ali, während ein anderer Bruder Alis, nämlich Dschafar, bei Abbas lebte. Beide Adoptionen waren erfolgt, um Abu Talib den Lebensunterhalt für die Knaben abzunehmen.

Außer den Töchtern des mädchengesegneten Hauses der Kadidscha und einigen anderen weiblichen Verwandten sollten auch Ali und der längst erwachsene zweite Adoptivsohn Mohammeds am Fest teilnehmen. Der zweite war Zaid ibn Haritha.

Zaid war ursprünglich Mohammeds Sklave gewesen, der zur Zeit seiner Knechtschaft gewiß nicht schlechter als später nach seiner Freilassung behandelt worden war. Die Adoption war dann auch nur noch das äußere Zeichen eines Zustandes gewesen, der schon vorher bestanden hatte. Aber auch Kadidscha und Mohammed konnten zufrieden sein. Zaid war klug und geschäftsgewandt und hatte in seinen gehobenen Lebensumständen an Wert für das Geschäft und die ganze Familie um das Mehrfache gewonnen. Aber bei den Zubereitungen des Festes, an dem Ali und er nicht nur als Haussöhne, sondern vor allem als eifrige Anhänger des Propheten teilnehmen sollten, zeigte Zaid nicht nur seine glänzenden Verwaltungseigenschaften bei der Auswahl und beim Herbeischaffen der Lebensmittel –

alles war da, nicht zuwenig und nichts zum Verderb –, er hatte sich auch seiner früheren Beschäftigungen im Haushalt selbst gern erinnert, von der Schlachtung bis zum Kochen.

Das konnte der zehnjährige Ali freilich noch nicht. Er durfte Zwiebeln hacken, Bohnen und Erbsen aus den Schoten holen sowie Steinobst entkernen und andere Früchte für die Bereitung süßer Obstspeisen schälen. Er tat es nicht allein, sondern mitten unter dem Gesinde, das auch die Brotfladen auf dem Hofe buk. Mehr mit getrocknetem Kamelmist als mit teurem Holz wurde der Ofen beschickt. Auch noch für die Kuchen reichte die Hitze. Der Teig, darin die Rosinen, zerstoßene Mandeln sowie hinlänglich Gänsefett und Öl, wurde nach unterschiedlichen Rezepten von Rukaija mit ihrer älteren Schwester Zainab zubereitet. Zainab hatte ihren Abu'l-Asi einmal allein gelassen und war als Gast und Helferin ins Elternhaus gekommen. Am Herd freilich herrschte Zaid in Oberherrlichkeit. Zweierlei Art von Stimmung pflegt bei Hochbetrieb in der Küche aufzukommen: entweder eine allgemeine Gereiztheit oder eine fröhliche Laune, in der sich einer dem andern geneigt zeigt. Besonders im letzteren Falle kann man zu Ruhm und Ehren gelangen. Eitel Verdrossenheit dagegen führt fast immer zu mäßiger Kost.

Verdrossen war man nicht und zornig auch nicht. Alle in dieser Schar des fröhlichen Hantierens waren Eingeweihte. Sie erwarteten eher einen Triumph, als daß sie sich Sorgen machten, und vertrauten im übrigen auf Allah und seinen Propheten.

Rukaija hatte es ein Kalbskopf angetan, der bläulich-bleich auf dem Küchentisch lag. Was wollte Zaid damit? Rukaija hatte noch nie den Kopf eines Kalbes in der Küche gesehen. Die Köpfe großer Tiere lasse man den Hunden, war ihre und aller anderen Meinung.

»Wie glatt er ist«, sagte sie, »bist du mit deinem Schermesser an ihn herangegangen, Zaid?«

»Genau so, wie es mein kluges Schwesterlein sagt. Denk, was unsere Gästen kreischen würden, wenn einer das Ganze mit Haut und Haaren aus der Brühe zöge!«

»Ich säh's auch nicht gern – wirf ihn auf den Hof! Was soll der Kopf in der Küche?«

»Würzfleisch mit Tunke werden, meine Zartbesaitete! Einen Kopf wirst du gleich nicht mehr sehen. Du wirst ihn in den kleinen Stükken nicht wiedererkennen. Nichts vom Kalb hat einen gleich guten Geschmack, jedenfalls nicht, wenn es sich um dieses Gericht handelt.

Von einem byzantinischen Garkoch in Muta hab ich es gelernt. Es war gar nicht so leicht. Um mit einem Kopf fertig zu werden, muß man einen guten Kopf haben –«

»Prahlhans!« sagte Zainab, die ältere, ohne beim Zerstampfen von Mandeln in einem steinernen Mörser innezuhalten.

»Das wirst du sehen, große Schwester«, sagte Zaid, der schon an der Wiege der jungen Frau Küchendienst getan hatte. »In Rotwein ankochen oder besser noch in bernsteinfarbenem syrischem, von dem ich einen Krug aufgetrieben habe, dazu Pilze, ferner Kräuter, die man nachher wieder herausnimmt, würzen mit Zwiebeln, bittere Blätter vom Lorbeer hinzutun, sauren Essig und süßen Honig sowie feines Mehl im Jungfernöl der Olive einbrennen, um damit die Tunke geschmeidig zu machen und einzudicken, und dann noch verschiedenes, was ich euch nicht verrate – sonst werdet ihr mir noch gar zu klug!«

Noch mehr lachte und staunte man zuletzt, als er tatsächlich Punkt für Punkt alles ausführte, wie er es angekündigt hatte, ohne sich von den unmöglichen, spöttischen Vorschlägen der Mädchen beirren zu lassen.

»Ja, die Byzantiner!« sagte er bewundernd. »Von ihren Göttern und ihrer ganzen Armee von Heiligen mag ich nichts wissen – sie sind zahlreicher, als Zutaten zu diesem Ragout gehören – wie kann man die alle kennen? Aber sie können nicht nur kochen. Das müßt ihr nicht denken.«

»Sie können auch essen!« lachte Zainab dazwischen.

»Du hast es erkannt, meine Kluge!« bestätigte Zaid. »Aber nicht nur mit den Fingern essen sie – sogar Löffel nehmen sie noch zu Hilfe!«

»Holzlöffel?«

»Bei den Byzantinern nehmen die besseren Leute Löffel aus Zinn, feine aus Silber und vornehme aus Gold!«

»Haben sie denn kein Brot?« fragte Rukaija und dachte dabei an Brot zum Aufstippen des Bratensaftes. »Und für die Finger werden Waschschüsseln und Handtücher herumgereicht. So macht man es bei uns und überall in den guten Häusern Arabiens. Findest du wirklich, es gäbe eine andere Art des Essens, die schicklicher sei?«

Da alles mundgerecht zerlegt und vorgesetzt wurde, war wenig gegen Rukaijas Meinung zu sagen. Jedenfalls gab man ihr recht – auch Zaid, so weitgereist er sein mochte.

VIII

Während man sich so mit Lachen und Geschwätz in der Küche tummelte, hätte es leicht geschehen können, daß alle diese Vorbereitungen in ihrem ganzen Umfang gar nicht mehr nötig gewesen wären.

Daß die Haschimiten durch Utbas Redereien aufgescheucht seien, bezweifelte Mohammed nicht und auch nicht, daß er daher selbst mit seinem Geschlecht reden müsse, um sich seiner rechtzeitig in Mekka zu versichern. Mohammeds Familie war ein aufstrebendes Geschlecht. Alle Brüder seines Vaters waren angesehene und selbständige Kaufleute, keiner war gezwungen, als Unbemittelter seinen Lebensunterhalt durch Anstellung bei einem Bessergestellten zu erwerben, und was Abu Talib, dem ältesten und dem Haupt der Familie an Vermögen fehlen mochte, ersetzte er durch seinen sprichwörtlich guten Ruf. Er handelte zwar, unterstützt von seinen Verwandten, mehr mit fremdem als eigenem Besitz, doch wurde seine Unabhängigkeit durch seinen Maklerberuf nicht beeinträchtigt. Er war der Vater von Mohammeds Adoptivsohn Ali, wie Mohammed nach dem Tode des Großvaters bei Abu Talib groß geworden war. Abu Talib war nur die Kunja, der Ehrenname des Onkels, eigentlich hieß er Abd Manaf. Gern erinnerte Mohammed sich dessen nicht, weil er, um den Verwandten zu ehren, sich hatte verleiten lassen, diesen gefährlichen Namen einer Götzin seinem verstorbenen Sohn zu geben, was ihm solchen Kummer gemacht hatte. Dem Onkel selbst aber blieb er zugetan. Nicht üppig, aber auch nicht unglücklich war Mohammeds Jugend bei ihm gewesen, wozu nicht zuletzt die leidenschaftliche Zuneigung des Elternlosen zu Tante Fatima beigetragen hatte. Und auch die beiden Männer – Onkel und Neffe – verband heute noch mehr als nur Achtung.

Für andere Verwandte sprach ebenfalls manches in Mohammeds Gefühlsleben. Bei ihm, der, wie jeder andere Araber und Mekkaner, in das höchste Gesetz, in das der Familie, hineingewachsen war, konnte es also nicht befremden, daß ihm zuletzt doch noch Bedenken gekommen waren, seiner Familie in Gegenwart fremder Menschen Eröffnungen von – wie ihm schien – nie erlebter Größe zu machen. Daß diese Fremden andererseits Gläubige waren und ihm insofern noch näher standen, hätte ihm die Entscheidung besonders schwer gemacht, wenn Kadidscha nicht eingegriffen hätte.

»Fürchtest du nicht, die Gläubigen zu verletzen«, fragte Kadidscha, »wenn du deine Einladung im letzten Augenblick zurückzögest?«

»Der Gläubige deutelt nicht – er gehorcht. Sie sind Gläubige.«

»Sie sind es noch nicht lange genug. Statt ihren Glauben auf die Probe zu stellen, solltest du ihnen Zeit lassen, ihn zu festigen. Wer bin ich, daß ich dir raten möchte? Aber das eine bin ich bestimmt, eine Gläubige, und ich hörte, was Allah zu verkündigen dir befahl. Von dir hörte ich es. Aber ich vernahm nie von dir, daß am Jüngsten Tag über Familien entschieden wird, sondern über den einzelnen und seinen Glauben, nur über ihn. Der Gläubige, der fromm ist und Allahs Gebote erfüllt, steht also Gott nahe. Wer aber Allah nahesteht – steht dir am nächsten, Prophet.«

Nachdenklich setzte er sich auf die Matratzenbank an der Wand, Bett und Sitzgelegenheit in einem. Er betastete seinen kurzen Kinnbart.

»Wird meine Familie das verstehen?« zweifelte er.

»Allah befiehlt und fragt nicht«, erwiderte Kadidscha. »Was würdest du tun, wenn er dir beföhle, in den Abgrund zu springen, den dir der Erzengel ersparte?«

»Ich würde springen. Aber ich vernahm keinen Befehl.«

»Erwartest du von Allah, dem Allmächtigen, er würde dich gängeln, ohne daß du das Deine tätest?«

»Wahrlich: nein!« rief Mohammed.

»Dann denke!« verlangte Kadidscha hart. »Dir erschien der Engel des Herrn auf dem Berge Hira – erwartest du nun, daß nachher alles so sei, wie es vordem gewesen? Dir ist Allahs Hilfe versprochen – meinst du, du dürftest die Augen schließen, um nicht zu sehen, wo dir Hilfe entgegentritt? Die Gläubigen und du – ihr gehört zusammen. Du bist ihr Stab – sie sind deine Hilfe.«

»Du bist meine Hilfe, Kadidscha, du, die mir die Augen öffnet! Deine Hilfe ist Allahs Hilfe.«

»Ich bin eine Gläubige, mein Mohammed. Es ist alles ganz einfach. Und ich verstehe auch, daß du es dir leichter dachtest, dich deinen Verwandten ohne fremde Zeugen als Prophet zu verkünden; aber diese Fremden sind eben nicht Fremde, sondern Gläubige. Sie werden dich stärken, und es sind angesehene Leute wie Abu Bekr dabei, mit dem dein Oheim Abbas im Geschäft steht. Nur der Anfang ist schwer. In dieser Sache sind die Gläubigen Allahs Hilfe.«

Die Feier des Elefantenjahres im Hause des Kaufmanns Mohammed ließ sich wie eine Lustbarkeit an, von der man noch viele Tage reden würde, und zwar wegen der Reichhaltigkeit und der köstlichen Zubereitung des Mahles, wegen der Weine, die aus mehr als einem Schlauch in die Krüge und von den Krügen in die Becher und Kehlen rannen, und dann auch wegen der gewählten Gesellschaft, die ebensowohl gehaltvolle Gespräche wie eine ungebundenere und selbst laute Fröhlichkeit zuließ. Es fehlte ja weder an Wein noch an Frauen und Mädchen, die ihn nicht nur einschenkten und reichten, sondern auch tranken.

Man war gern gekommen, nicht wegen der mannigfachen Vergnüglichkeiten und Genüsse, sondern nicht zuletzt auch, weil man bei der Respekt erheischenden Stellung Kadidschas die Einladung als eine Ehrerweisung ansah.

Das Mahl wurde in der Halle aufgetragen. Man saß auf seinen dem Gesäß kreuzweis unterlegten Beinen, allerdings nicht direkt auf dem Ziegelboden, sondern auf Teppichen, zu denen Waraka an diesem Tag eine Reihe schöner Stücke leihweise aus seinen Beständen beigesteuert hatte. Nur dort, wo die riesigen Speiseschüsseln aus Kupfer hingestellt waren, ließ sich etwas vom Rot der Ziegel erblikken, soweit die Schüsseln selbst und die darum gelegten weichen Brotfladen es noch erlaubten. Die Feiernden saßen um die Schüsseln herum auf den Webstücken, und bei der Anzahl der Gäste wanderten Schüsseln sowie Platten für geröstetes Fleisch und Geflügel jeweils in vierfacher Anzahl zwischen Küche und Halle. Jede Schüssel oder Platte war der Mittelpunkt eines Kranzes von Speisenden – und nicht nur von Männern. Gerade Mädchen, und keineswegs nur die gesetzteren, wurden als besondere Auszeichnung gern an die Seite eines geehrten Mannes geschoben. Dort konnte die junge Dame dann ihren Nachbarn durch Höflichkeit bezaubern, indem sie ihm aus der Brühe besonders schöne Brocken herausfischte und mit abgerissenem Brot bißfertig darbot, oder falls es sich um Gebratenes handelte, konnte sie das Fleisch des Geflügels oder des Lammes von den Knochen zupfen und auf diese Weise dem Geehrten das Genießen erleichtern. Das um so mehr, wenn die Unterhaltung mit der jungen Schönen ebenfalls zu den Genüssen gehören sollte.

In dieser und anderer Hinsicht fehlte nichts an der Festlichkeit der Kadidscha zu Ehren ihres Mannes. Dem ganzen Aufwand nach hätten die Gäste also wohl noch eine Gauklergruppe und berufsmäßige Spaßmacher erwarten können. Sie blieben aus, und selbst den

Spielern der Zupf- und einsaitigen Streichinstrumente wurde es nur gestattet, einige einfache Harmonien in die Unterhaltungen zu streuen, ohne von ihnen allzu sehr abzulenken. In einer Stimmung allgemeinen Wohlbehagens, aber ohne Ausgelassenheit nahm das Mahl sein Ende.

Die Süßigkeiten waren dargeboten, die Schalen mit Rosenwasser zum Spülen der Hände herumgereicht und die Düfte von Moschus und Ambra über die Gäste versprengt, als Kadidscha in die Hände klatschte.

Sie war eine stattliche Frau, der man es noch nicht ansah, daß sie bereits in die Zeit ihres Alterns eingetreten war. Dank des Wohlstandes und der Art, wie sie ihn erhielt und mehrte, hätte sie immer auf Achtung rechnen können, aber durch ihre heitere Güte nahm sie ihrer unbestrittenen Autorität jede Härte. Über ihrem Scharm nahm man überhaupt nicht wahr, daß sie herrschte.

Auch bei Mohammeds Familie war Kadidscha beliebt, selbst Umm Dschumail, Abu Lahabs Frau, die so leicht gekränkt war und fast nie verzieh, gestand ihrer Jugendgespielin Kadidscha einige gute Eigenschaften zu und behauptete nur, nicht zu begreifen, warum eine Dame wie Kadidscha gerade einen solchen Nichtsnutz wie Abu Lahabs Neffen Mohammed, den Kameltreiber, durch Heirat zu Ansehen und Wohlstand erhoben habe. Aber außer ihrem Mann, den sie beherrschte, stimmte ihr niemand zu, am allerwenigsten einer aus Mohammeds Familie der Haschimiten. Auch Mohammed hatte etwas nicht verstanden, und zwar die Ungnade seiner Tante Dschumail, bis ihm Kadidscha eines Tages den wahrscheinlichen Grund verraten hatte. Umm Dschumail, meinte sie, wäre liebend gern die Mutter eines Sohnes von Mohammeds Vater, Abdallah, geworden, worin ihr jedoch Mohammeds Mutter, Amina, zuvorgekommen sei – die habe beide gehabt: den Mann und den Sohn. Wen also solle eine Frau wie Dschumail denn hassen, da Abdallah und Amina bereits tot seien? Beide seien ihrer Liebe wie ihrem Haß entrückt – übriggeblieben sei nur Mohammed ihrem Haß.

Daß sich Umm Dschumail in Abu Lahabs Begleitung unter den Gästen befand, war nicht zu verhindern gewesen. Aber Kadidscha fürchtete sich nicht vor ihr und ihrem Klatsch.

»Liebe Verwandte und Freunde, die ihr Gläubige Allahs, des Einzigen, Allmächtigen, und seines Propheten seid«, begann sie, als sie die allgemeine Aufmerksamkeit auf sich gelenkt sah, mit genauer

Überlegung. »Ein Mann, der hier unter euch weilt, möchte euch etwas anvertrauen, was nach seiner und auch meiner Meinung sowie der Meinung einer Reihe hier anwesender Männer und Frauen, die ihr alle kennt und als angesehen und ehrbar erachtet – also dieser Mann möchte euch anvertrauen, was eine Wende herbeiführen wird, nicht nur in seiner Verwandtschaft und Freundschaft, sondern weit darüber hinaus, bis alle Menschen arabischer Sprache es wissen. Die Eröffnung wurde durch Utbas Geschwätz in der Mala veranlaßt. Utbas Worte, wenn man Worte nennen will, was der Unverständige hervorbrachte, gereichten dem Verkünder nicht zur Ehre und nicht seinem Haus, und da er Haschimit ist wie ihr, die ihr als seine Verwandten unter uns Gläubigen sitzet, so gereicht es auch euch nicht zur Ehre. Ihr habt ein Recht darauf, zu wissen, was wir anderen wissen, nämlich was geschah und was sich daraus ergab. Wer dieser Mann ist, sei euch gesagt. Der Verkünder ist Mohammed, mein Gatte. Er wird euch sagen, was zu wissen euch not tut.«

Es war Mohammeds Instinkt, der ihn eine Pause verstreichen ließ. Auf diese Weise konnte das achtungsvolle Schweigen seiner Anhänger auf die Mitglieder seiner Familie übergreifen. Tatsächlich saß er auch – den Blick seiner schönen braunen Augen in sich gekehrt – ganz wie ein Andersartiger und Entrückter unter seinen Gästen.

Schließlich begann er mit der Formel eines neuentstehenden Kults, die kein Uneingeweihter je vorher vernahm:

»Im Namen Allahs, des Barmherzigen, des Allerbarmers, des Einzigen, außer dem kein Gott ist!« Mit einer Feierlichkeit sprach er, die auch der Widerstrebende, da er sie unter den gegebenen Umständen nicht belachen durfte, hinzunehmen hatte. Erst nach einem Atemzug fuhr Mohammed weit familiärer fort:

»Ihr wißt, vielliebe Brüder meines Vaters, die ihr meiner Verehrung gewiß seid, wohlgeneigte Tanten, meine Vettern und Basen, daß meinem Weibe, der Herrin Kadidscha, und mir zu unserem großen Schmerz zwei Söhne entrissen wurden. Vornehmlich der Tod des einen – nicht daß wir ihn entgegen unserer Pflicht höher als den anderen geschätzt hätten – stürzte mich in eine Verzweiflung, wie sie nur die Dschehenna kennt, die Hölle. Allah allein – gepriesen sei sein Name in aller Ewigkeit! – konnte mich erretten. Und er tat es. – Von dieser Errettung und dem Auftrag, der mir dabei wurde, will ich zu euch, meine lieben Verwandten, reden, damit ihr an dem Gefasel eines Utba fürderhin kein Ärgernis nehmt.«

»Gilt aber als guter Kaufmann«, warf Umm Dschumail ein, Onkel Lahabs Frau, »daß er neuerdings faseln soll, war nicht bekannt.«

Nicht Umm Dschumails Worte allein, sondern den Ton und daß der Prophet überhaupt unterbrochen wurde, empfanden die anwesenden Gläubigen als verletzend, doch sie sahen auch ein, daß von Heiden nicht Gleiches erwartet werden könne wie von ihnen, und überließen alles dem von Allah Erhobenen.

»Ich sagte nichts über den Kaufmann Utba, wohl aber über seine Worte, die er in der Mala für mich fand und die mich Gefasel dünken, weil er über Geschehenes sprach, von dem er nichts wissen konnte. Wenn du mich gehört hast, o Umm Dschumail, kannst du dich entscheiden. Aber erst mußt du hören. Urteilen kann aber nur Allah allein – über Utba, über mich, über dich und über jeden.«

Doch Umm Dschumail hatte sich bereits über das reiche Gastmahl geärgert – obwohl sie sich der günstigen Gelegenheit ausreichend bedient hatte –, und der Eindruck, den Mohammed mit den ersten Worten seiner Ansprache gemacht hatte, war ihr ebenfalls nicht entgangen. Jetzt erblickte sie ihre Aufgabe darin, den Neffen nicht mehr zu Wort kommen zu lassen.

»Ich sage nichts gegen Allah – gewiß nicht! Ich hörte den Namen als den eines Gottes oder von Göttern. Aber als gute Mekkanerin halte ich mich lieber an unsere holden Stadtgöttinnen, al-Lat, al-Uzza und Manat. Sie sind immer hilfreich – auch bei geringen Opfern. In großen Dingen wende ich mich natürlich vor allem an Hubal, unseren großen Gott in der Kaaba.«

Jedermann sah, worauf sie hinauswollte, doch wenn sie auch von ihrem Gatten Lahab nichts zu befürchten hatte, so waren ihre Schwäger weniger nachsichtig. Hamza war der erste, dem die Geduld riß, und in einem solchen Fall, der leicht eintrat, ging er etwas reichlich geradezu auf sein Ziel los. Manche – und zu ihnen gehörte Umm Dschumail – nannten ihn ohne Umschreibung einfach grob.

»Daß du es weißt, Umm Dschumail, wir wollen Mohammed hören«, sagte Hamza jetzt, »und nicht dich, eine so gute Mekkanerin du sein magst.«

Nun erst fühlte sich der Ehemann Lahab veranlaßt, seine liebe Frau durch Gesten und Flüstern zum Schweigen anzuhalten, weil es keinen Zweck habe, sich mit dem Grobian Hamza zu streiten.

Mohammed paßte sich jedoch seiner Familie insofern an, als er den ganz einfachen Ton des Alltags gebrauchte, in dem allerdings ein hintergründiges Pathos, das Kadidschas Mann keineswegs fremd war, leise mitschwang.

»Utba hat ärgerliche Reden in der Mala und sonst in Mekka gegen mich geführt«, erklärte Mohammed. »Es wäre mir leicht, mich dem zu entziehen. Unwahr! könnte ich sagen, und jedermann wäre überzeugt, daß Utba sich nur seines Zornes habe entledigen wollen, weil sein Wunsch, Rukaija als Gattin zu gewinnen, sich nicht erfüllt habe, so daß alles, was er sagte, von ihm erfunden sei. Doch ist dem so? Das Heiligste, was sich Menschenaugen darbietet, läßt sich hämisch deuten. Dann ist wohl die Deutung eine Lüge, während der Vorgang selbst in seiner ganzen Heiligkeit stattfand, die ihn erfüllte. – Für meine Glaubensgenossen, von denen eine Reihe hier anwesend ist, wie für mich gibt es nichts Heiligeres, als Allah, dem Barmherzigen, dem Allmächtigen, dem einzigen Gott, außer dem kein anderer ist, die schuldige Anbetung in der Weise zu leisten, wie sie geboten ist. Das, meine lieben Verwandten, geschah wirklich, da wir Gläubige sind und uns zu den Stunden des Gebets vor Gott niederwerfen. Wie sollte uns, die wir glauben, ein Ungläubiger wohl beirren, nur weil er den Allmächtigen lästert, sich selbst zum Gericht? Dies, ihr Gläubigen und ihr Lieben aus Haschims Geschlecht, ist Utbas Wahrheit, und dies ist seine Lüge.«

»Es ist also doch Wahres an dem, was Utba sagte«, flüsterte Umm Dschumail ihrem Gatten zu.

»Utba verschwieg, was uns Mohammed verkündet«, meinte Abbas und schüttelte den Kopf. »Obwohl er darum wußte, tat er das. Insofern log er. Was will Utba eigentlich? Mekka hat viel Altäre, und jedermann – Einheimischer oder Fremder – kann, wenn er will, an ihnen den Göttern und Göttinnen opfern, denen sie geweiht sind. Er kann auch, ohne deswegen Tadel befürchten zu müssen, die Altäre meiden, deren Göttern er sich nicht unterwerfen will, und dort beten, wo er bessere Hilfe zu erwarten hofft. Mekka ist frei, und jeder in Mekka ist frei, zu huldigen oder nicht zu huldigen, zu beten oder nicht zu beten. Höchster Gott aber ist, wie ich Umm Dschumail nicht bestreite, Hubal, der Herr der Kaaba«, schloß Abbas.

Für die Männer und Frauen aus dem Geschlecht Haschim war das die Rede eines Besonnenen und eines duldsamen Mannes – für die Gläubigen die eines Heiden, und sie erwarteten die Entgegnung ihres Propheten.

»Das sagst du, Abbas«, fragte Umm Dschumail, »und bist doch

ein angesehener Mann? Unser Neffe aber will überhaupt von keinem unserer Götter und keiner unserer Göttinnen etwas wissen, wie Utba sagt, wohl auch nichts von der Kaaba, und nichts von Hubal, ihrem Gott und Herrn. Was die Leute darüber sprechen könnten, wo doch ganz Arabien zur Kaaba pilgert – daran denkt Mohammed wohl nicht.«

»Du weißt doch, Umm Dschumail«, unterstützte Abu Lahab seine Frau, »unser Neffe hatte immer schon seine besonderen Ansichten, von denen er dann nie abzubringen war. Er meint wohl, daß die Leute ihn wegen seiner Halsstarrigkeit, die er Standhaftigkeit nennt, für klug halten werden.«

Umm Dschumail lachte schrill.

Weiter freilich konnte Mohammed das Gespräch nicht abgleiten lassen. Er hatte verkünden und nicht sich unterhalten, noch gar streiten wollen. So nahm er denn das Wort wieder an sich.

»Gelogen! würde ich sagen, wenn Utbas Worte in Wahrheit gewesen wären, ich hätte die Kaaba gelästert. Aber wir hörten nicht Utba, sondern Umm Dschumail. Ich nun sage euch: Wahrlich, die Kaaba ist das Haus des alleinigen Gottes, nicht der Götzen, deren Standbilder Unkenntnis und Sünden hineintrugen. Wie konnte das Heiligtum durch Götzen entweiht werden? Sie vermögen nichts und können das Heilige nicht entheiligen. Nicht durch Menschen ist der Unsichtbare zu gestalten. Nicht zu erdenken ist ER durch der Menschen Gedanken. Nur offenbart und verkündet kann ER werden. ER ist der Gott Abrahams, des Stammvaters aller Menschen arabischer Zunge, des Vaters Ismails aus der Hagar. Abraham erneuerte die Kaaba und weihte sie dem Allmächtigen, dem sie von Anbeginn ungeachtet aller irdischen Greuel gehört. Offenbart wurde ER den Juden aus dem Kitab, dem Buch, das im Himmel aufbewahrt wird in der Sprache der Juden, und den Christen auch in deren Sprachen aus dem gleichen Buch. Doch die Juden haben das ganze Buch nicht. Aber der Jehova der Juden und der Gottvater der Christen sind ein und derselbe. Es gibt keinen Gott außer Allah, dem Allerbarmer, dem Barmherzigen. Uns Arabern jedoch ward zuvor keine Offenbarung in unserer Sprache aus dem Buch im Himmel, obwohl wir des Lesens kundig sind.

Besonders seit dem Tode unseres Sohnes«, fuhr Mohammed fort, »mußte ich immer daran denken. Immer wieder suchte ich zu erforschen, was Juden und Christen, den Kindern des Buches, offenbart worden sei. Was ich fand war aber, daß sich wohl Irrtümer eingeschlichen haben mochten, die nun manchem der Offenbarungen widersprechen, von denen sie dennoch ein Teil zu sein behaupten. Aber als ewige Wahrheit verkünden beide, Juden und Christen, das gleiche.

Ihr, meine Freunde, die ihr gläubig seid und durch Glauben Wissen habt, und ihr, meine Verwandten aus dem Hause Haschim, merket wohl auf: Es gibt von aller Anfang bis aller Enden Ende nur einen unsichtbaren Gott, der ein Geist ist, und außer ihm keinen Schöpfer des Himmels und der Erden und allem, was im Himmel und auf Erden ist, nur einen Herrn des Jüngsten Gerichtes, dem acht Erzengel Allahs den Strahlenthron aufstellen, zu richten die Lebendigen und Toten. Denn der Tod ist der Menschen Ende nicht. Nicht Asche und Staub bleiben sie, wenn sie sterben. Am letzten Tage, beim Untergang alles Irdischen, stehen die Gestorbenen auf von den Toten, um von dem Allmächtigen verworfen zu werden oder einzugehen in die ewige Seligkeit. Ewig aber sind auch die Höllenqualen der Verworfenen, deren Heulen und Zähneklappern kein Ende hat. Habt ihr einmal bis ins letzte in das eine Wort hineingedacht? *Kein Ende der Qual?* Mich ließ das Wort nicht. Ich mußte es denken, bis ich aufschrie vor Verzweiflung. – Zuweilen kam es über mich, als könne dieses ständige Stets-das-Eine-denken-Müssen vielleicht ein Zeichen sein, daß ich eine Mitteilung erhalten solle ... Denn das wußte ich: Ohne eine Offenbarung war ich verloren. Ohne sie wären alle arabischen Menschen verloren – in der Wüste, in den Städten, auf der See. Ihnen fehlte die rechte Leitung.

Wie konnte ich meine Sünden kennen? Wie konnte ich sie meiden, da ich den Willen des Allmächtigen nicht kannte, nicht wußte, was gut oder böse sei? Ich kasteite mich, ich fastete, und des Nachts wachte ich in den Bergen. Mehrere Male beim ergrauenden Morgen meinte ich Stimmen zu hören, die – wie mich dünkte – über mich redeten, aber Worte verstand ich nicht, und als ich mich so eines Morgens aus meiner Schwäche erheben wollte, war es schlimmer als zuvor.

Ich glaubte mich in der Hölle. Denn plötzlich schnellte ich empor, als habe sich ein glühendes Eisen in mein Fleisch gebohrt. Eine unerklärliche, schmerzhafte Kraft erfüllte meinen ganzen Leib. Diese unmenschliche Kraft schrie aus mir heraus nach einem Zeichen und ließ nicht ab zu schreien. Ich dachte, ich müßte für alle Ewigkeit in der Hölle bleiben, bis ich einen Laut hörte, und dieses Mal verstand ich ein Wort.

›Lies!‹ rief die Stimme.

›Was schreist du‹, hörte ich die Stimme sprechen«, schloß er zuletzt. »›Mußt du deinem Herrn selbst ins Angesicht schauen, ehe du glaubst? Im Namen Allahs, des Erbarmers, des Barmherzigen: Mohammed, wahrlich, du bist Allahs Prophet. Sei stark im Glauben.‹ «

Ohne unterbrochen zu werden, hatte Mohammed zu Ende sprechen können. Es war klug von Kadidscha gewesen, daß sie die Gläubigen hatte zugegen sein lassen. Wer von den Ungläubigen aus Mohammeds Verwandtschaft mochte sich wohl unehrerbietig betragen, wo angesehene und würdige Männer wie Abu Bekr und auch eine Dame wie Kadidscha ergriffen der Verkündigung ihres Propheten lauschten? Wenn nicht Streit, Hohn und scharfe Worte laut werden sollten, konnte es nicht anders sein. Sogar Umm Dschumail und Lahab sahen das ein. Nur Mohammed kam gar nicht der Gedanke, daß Menschen, Araber, Mekkaner, seiner Verkündigung Achtung versagen könnten. Er war ein Gläubiger wie nur einer. Er glaubte an Allah und an dessen Propheten und daran, daß er selbst Allahs Prophet sei. Seine Ergriffenheit vom Berge Hira hatte ihn heimgesucht. Schweiß bedeckte ihn, seine Augen quollen ihm aus den Höhlen – für die Gläubigen ein untrügliches Zeichen, daß Gott zugegen sei.

»Meine Freunde, die ihr Glauben und Wissen habt, und ihr meine Verwandten, ich nehme euch zu Zeugen, daß auch die Menschen Arabiens zu den Kindern des Buches gehören. Nicht mehr ermangeln sie der göttlichen Offenbarung, und nicht mehr können sie am Jüngsten Tage sagen, sie seien Allahs nicht wissend gewesen. Wer wissen will, weiß. Lasset uns beten auf die richtige Weise, daß wir am letzten Tag eingehen in die ewige Seligkeit und wir teilhaft werden der Freuden des Paradieses.«

Nach dem Beispiel der Gläubigen hatten sich auch die andern Gäste erhoben.

»Lasset uns beten, Prophet«, sagte Abu Bekr, und zugleich mit Mohammed fiel seine ganze Gemeinde auf die Knie und beugte sich, bis sie mit den Stirnen den Boden berührte.

IX

Raita bint Rabia, die verwitwete Mutter des eleganten Othman, gehörte sowohl durch das Geschlecht der Omaijaden, in das sie hineingeheiratet hatte, wie auch durch ihre eigene Familie, die Rabias, dem mekkanischen Patriziat an. Ihr Besuch, Tante Haula, freilich erfreute sich keiner gesellschaftlich so hohen Stellung wie die Dame Raita. Aber wohlgelitten war sie auch und den Familien ihres Kundenkreises oft sogar etwas mehr als nur dienstwillig verbunden. Sie war nämlich Heiratsvermittlerin, und da sie darauf hielt, sich fast nur um den Fortbestand der ersten Familien zu bemühen, so genoß sie denn auch in ihren eigenen Kreisen ein Ansehen, auf das, mit gebührendem Abstand natürlich, von den hochmögenden Klienten ein Abglanz fiel.

Heute freilich war die Stimmung zwischen Frau Raita und der Haula nicht eitel Wohlwollen auf der einen und Ergebenheit auf der anderen Seite, was Haula nicht hinderte, sich dem vorgesetzten Sorbet, unbeirrt durch alle Geschehnisse, hinzugeben. Sie wurde von ihnen ohnehin nur mittelbar betroffen, und nach der Gepflogenheit von Leuten ihres Standes ließ sie sich das, was ihr zukam, nicht gern schmälern. Wenn Tante Haula in ein feines Haus kam, erhielt sie ihren Sorbet. Für sie war das ein Gesetz. Denn hätte sie ihn nicht bekommen, wäre sie in keinem feinen Haus gewesen, und darauf hätte es so leicht keine mekkanische Familie von einigem Ansehen ankommen lassen mögen. Daß Tante Haula, wenn sie genoß, ihr Behagen auch sehen und schmatzend hören ließ, gehörte für sie einfach dazu, während eine Dame in dieser Hinsicht und unter den gegebenen Umständen sich wohl mehr zurückgehalten hätte.

Tante Haula war nämlich gar nicht der erwartete Besuch. Dame Raita hatte vor, diese Stunde mit der Takifitin Busrah, der Frau des Ahnas aus Taif, zu verbringen. Busrah war eine alte Freundin und zur Zeit mit ihrem Mann vorübergehend in Mekka – außerdem war sie auch noch die Mutter eines ansehnlichen Mädchens, das mit seinen dreizehn Jahren schleunigst zu verheiraten war. Es wäre nicht das erste Gespräch gewesen, das die beiden Mütter über die Kleine geführt hätten. Und wenn es der Anstand nicht verlangt hätte, eine Heiratsvermittlerin hinzuzuziehen – die beiden Freundinnen hätten Tante Haula sehr wohl entbehren können. Sie waren sich über ihre Wünsche und Absichten völlig einig, vor allem darüber, daß Othmans ehelosem Zustand nicht weiterhin untätig zugesehen werden könne, daß die Familie vielmehr Nachkommen brauche und Raita auf Enkel Anspruch habe. Genauso fest verabredet war die Zusammenkunft dieses Nachmittags gewesen, dessen Mittelpunkt Busrahs Tochter, die unerschlossene Mädchenblüte Gudana, bilden sollte. Nach den Begriffen aller Beteiligten wäre bei so wichtigen Gründen das Ausbleiben des Besuches also eigentlich vollkommen unmöglich gewesen. Und doch hatten weder eine Busrah noch eine Gudana sich sehen lassen. An ihrer Stelle war Tante Haula schwer zu übersehen gewesen.

Sanft und zuvorkommend war sie in das Gemach der Hausherrin geglitten, und ihre unvermeidliche Tasche aus geflochtenem Stroh hatte an ihrem Arm geschaukelt. Konnte Haula vorher wissen, ob und was an Verehrung für sie etwa darin hängenbleiben würde? Wenn Haula dieses Mal auch nichts Erfreuendes zu berichten hatte, ja ihr Erscheinen an Stelle der hochansehnlichen Busrah mit den schönen Gärten in Taif bereits unheilverkündend war, so gereichten doch Großmut und Freigebigkeit jedem feinen arabischen Haus zur Ehre, und Dame Raita hatte sich noch immer so erwiesen, wie es sich für sie geziemte. Auch dieses Mal war sie, ungeachtet ihrer Ungeduld, auf Tante Haulas Klatschgeschichten, die ersichtlich nichts mit deren Kommen zu tun hatten, eingegangen.

Nun allerdings glaubte die Herrin der Höflichkeit und feinen Lebensart genug getan zu haben. Sich völlig Haulas Belieben auszuliefern, sah sie keine Veranlassung.

»Danke!« sagte Raita und unterbrach damit recht unsanft die kunstreichen Wortgebilde der alten Frau, »die Geschichte von deinem Großneffen Hamid«, fuhr sie fort, »und von dessen Verhalten während seiner Beschneidung kenne ich schon. Es ist wahr, man kann sie auch häufiger hören, aber mehr als zwei Dutzend Male sind, scheint mir, häufig genug«, womit sie den erstaunlichen Hamid und seine Großtante Haula um eine wohlbegründete Anerkennung brachte. Das machte ihr jedoch nichts aus. Der Zweck, Tante Haula zum Verstummen zu bringen, war erreicht. Jetzt blieb nur noch übrig, die Verstummte zum Reden zu bringen, aber über die Sache, um derentwillen sie hier war!

»Weshalb also ist die Dame Busrah nicht gekommen? Auch ihre Tochter wollte sie mitbringen. Was hat sich ereignet? Es macht dir wohl Spaß, mich auf die Erklärung warten zu lassen? Denn Busrah hat dich doch geschickt, sie zu entschuldigen? Oder irre ich mich?«

»Nicht geschickt«, versuchte Tante Haula auszuweichen.

»Aber gekommen bist du. So sag also, was du weißt. Oder weißt du am Ende gar nichts?«

Den Gedanken, etwas nicht zu wissen, empfand Tante Haula als kränkend.

»Ich hab es doch selbst gesehen!«

»Sprich! Denn wenn du etwas gesehen hast, wissen es alle, und natürlich weiß auch Busrah es dann. Weshalb kam sie also nicht?«

»Weil aus der Heirat nichts werden kann«, sagte Haula. Und nun war es an Dame Raita, zu verstummen, um das Unfaßliche zu vernehmen.

Othman besaß vorerst eine vorteilhafte Unwissenheit von allem, was ihn im mütterlichen Hause erwartete. Als erwachsener Mann war er fraglos Herr seiner Gedanken und Taten, und Dame Raita verstand sich zu gut auf Männer, um sich seinen Ansprüchen in dieser Hinsicht offen zu widersetzen. Nachdem der Tod jedoch den ersten Ansatz zur Bildung einer eigenen Familie Othmans durchkreuzt hatte, war er als haremsloser Einzelgänger wieder in den Haushalt seiner verwitweten Mutter heimgekehrt, was Raita natürlich viel von Gewohnheitsrechten zurückgegeben hatte, die früher selbstverständlich gewesen waren. Dafür war Othman zu Hause alles gewohnt und vertraut, natürlich auch Onkel Dschaudhar, dem als familienhörigem Hausskiaven die Obhut über den jungen Herrn bereits in dessen Kindheit anvertraut worden war.

Die Mutter erwarte ihn, meldete Dschaudhar, und es war ja auch die Zeit des Mahles.

Bald hatte Othman seine mütterliche Dame ehrerbietig begrüßt, auch die Schüsseln mit dem zerstückten gerösteten Zicklein, der Salat von Bergkräutern in Essig und Öl, aus deren Einsammeln sich weniger bemittelte Leute ein kleines Gewerbe machten, sowie die Brotfladen standen bereit. Aber nicht Dschaudhar wartete wie sonst beim Essen auf. An seiner Stelle war Kamar, eine kleine Sklavin, erschienen. Vor kurzem hatte Raita das hübsche Mädchen erstanden. Diese anmutige Neuerwerbung mußte sich nun neben den Sohn setzen. Dabei konnte sie ihn ja auch bedienen. Nichts, was hätte auffallen müssen, war dabei, und wenn Othman etwas wahrnahm, war es höchstens die Schüchternheit der Kleinen, die der Zweisamkeit mit dem Herrn und Haussohn beim Essen und im Gespräch nicht gewohnt war. Raita erzählte das Alltägliche ihrer Beschäftigung und ließ sich Alltägliches erzählen. Als Getränk gab es Milch, die den Worten auch nicht gerade Schwingen zu leihen vermochte.

Als Kamar dann die Essenreste und das Geschirr abräumte, schaute Raita ihr nach.

»Gefällt dir die Kleine?« fragte sie.

»Wer? Was?« fuhr Othman aus seinen Gedanken auf.

An einem anderen Tag hätte Raita vielleicht über Othmans Erschrecken heiter gelacht. Heute aber war der Spott auf ihren Lippen säuerlich.

»Soviel ich weiß, bist du mein Sohn, also ein Mann, gar ein junger«, sagte sie, »und diese Art Menschen pflegen Mädchen anzusehen, mit denen sie zusammenkommen. Du bist kein Naturwunder und weißt ganz genau, nach wem ich dich fragte.«

»Meintest du Kamar?«

»Ich meinte Kamar.«

»Du hast sie noch nicht lange und versprachst dir soviel von ihr?« gab er ihr in der Witterung eines mütterlichen Angriffs mit so viel Gelassenheit zurück, wie er aufbringen konnte. »Wie ist sie? Ist sie tüchtig? Bist du mit ihr zufrieden?«

»Othman, ich habe dich etwas gefragt, und statt deiner Mutter zu antworten, lügst du sie an.«

»Ich log?«

»Jawohl, du logst! Ich fragte dich, ob dir Kamar gefalle, und habe meine Meinung, nach welchen Eigenschaften Männer – und gerade Männer wie du! – Mädchen einschätzen, sehr klar angedeutet. Du verstandest mich und stelltest dich doch, als habe ich dich nach Ausfegen, Bettenmachen und Ziegenmelken gefragt. Also logst du mich an. Hast du etwa nie darüber nachgedacht, daß Verschweigen Lügen bedeuten kann?«

»Darüber nachgedacht? – Ich erinnere mich nicht.«

»Natürlich tatest du es nie. Warum solltest du? Alle Männer lügen ihre Frauen an, manchmal, wie ich sehe, sogar ihre Mütter.«

»Was Kamar anlangt, so habe ich jedenfalls nicht gelogen. Auch du hast nur behauptet, ich habe deine Frage nicht richtig beantwortet.«

»Dann tu es jetzt.«

»So recht verstehe ich dich nicht, Mutter. Als du Kamar kauftest, hattest du Bedenken, ich könne an dem hübschen Mädchen und Kamar an mir Gefallen finden. Du hattest Furcht vor einer mißliebigen Verbindung. Verheiraten wolltest du mich wohl, aber mit einem ebenbürtigen Mädchen aus guter Familie, mit Aussicht auf ein Erbe oder gar auf Besitz.«

»Da du selbst keine Anstalten zu einer Heirat trafst, wollte ich dich dazu bringen, aber zu einer Heirat, wie sie für dich gehört. Ein Mädchen nach meiner Wahl hätte dich keinen einzigen Denar gekostet. Aus meinem Eigenen hätte ich das Mahr bezahlt. – Doch das ist jetzt vorbei.«

»Warum vorbei?« entfuhr es Othman. Er wußte, wie stolz seine Mutter auf ihre und seines Vaters Abstammung war. Dame Raitas so unerklärlicher Gesinnungswechsel, obwohl er ihm im Hinblick auf Rukaija ja nur gelegen kommen konnte, bereitete ihm daher einiges Unbehagen. Und da kam die Mutter auch schon mit ihrer Neuigkeit heraus:

»Weil du dir die Möglichkeit zu einer angemessenen Familienverbindung selbst verscherzt hast – deshalb brauchen wir nicht mehr darüber zu reden. Ich will dich nicht noch einmal abgewiesen sehen! Wenn dir Kamar also gefällt, so nimm sie! Ich schenke sie dir. Wir machen das schriftlich und vor Zeugen. Ein junger Herr wie du nimmt keine Beischläferin, die ihm nicht gehört und ihm als fremder Besitz jederzeit fortgenommen werden kann – sie und, wenn es sich so träfe, ihre Kinder.«

»Aber Mutter! Du würdest doch nie ...!«

»Weißt du das so gewiß? Dann weißt du mehr als ich. Nein! Dies wenigstens soll seine Ordnung haben, die niemand mehr umstoßen kann. Auch ich nicht.«

Wiederum mußte Othman an Rukaija denken. Würde Kadidscha ihm ihre Tochter noch geben, wenn er kurz vor der Hochzeit eine andere Frau in sein Bett aufnähme? Mit Schrift und vor Zeugen?!

»Nun, Othman?« ermunterte ihn Dame Raita.

»Mutter!« raffte Othman sich auf. »Kamar ist ein hübsches und wohl auch ein liebes Mädchen. Groß ist dein Geschenk, und groß ist mein Dank. Viele junge Männer würden sie mit Lust in die Arme schließen – ich aber kann das nicht, du weißt es, ich kann eine Frau nicht nehmen, nur weil man es von mir erwartet oder weil sich kein Hindernis zeigt. Wäre ich sonst drei Jahre frauenlos geblieben?«

»Du bist den Frauen ergeben, mein Sohn – werden sie es dir sein? Das frage dich, ehe du Kamar verschmähst. Sie wird in dir immer den Herrn sehen.«

»Ich begehre sie nicht.«

»Weil eine andere dir das Seil um den Nacken geworfen hat!« fuhr Raita auf. »Meinst du, ich wüßte nicht um Rukaija?«

»Ich begehre sie, Mutter, und werde sie heiraten.«

»Othman! Ist es nicht genug, daß ich auf eine standesgemäße Ehe für dich verzichte und daß ich dir, um dich von deiner Liebestollheit abzubringen, meine liebste Sklavin zum Geschenk mache? Othman, Kamars Kinder sollen meine Enkel sein – das verspreche ich dir. Willst du noch immer auf jenem anderen Mädchen bestehen, das schon durch Utba in aller Mäuler gewesen ist und das auch jetzt wieder mit Mutter und Geschwistern zu seinem Vater hält, der sich vor ganz Mekka zum Narren macht und damit dich auch?«

»Mohammed ist ein Prophet!«

»Ein Narr ist er.«

»Wenn du vom Propheten und Allah nichts wissen willst und nichts davon weißt, so mußt du doch zugeben, daß Mohammed ibn Abdallah, wenn auch kein Patrizier, immerhin aber ein Haschimit ist, also einer ehrbaren, ja angesehenen Familie angehört –«

»– die nichts von ihm wissen will!«

»Wer sagt das?«

»Ich. – Höre mir gut zu, mein Othman. Deine Mutter lügt nicht und sagt nichts Unwahres gegen Haschims Geschlecht, noch erzählt sie von Dingen, von denen sie sich nicht zuvor Kunde verschaffte. Prüfe selbst. Du selbst warst zugegen. Du kennst doch Haula. Sie vermittelte deine erste Ehe, und dafür, daß Esma uns so bald verlassen mußte, kann Haula nichts. Sie war es. Sie hat dich auf dem Markt gesehen. Es war zwischen der Kaaba und dem Brunnen Zemzem, dessen Wasser so bitter und so übel schmeckt; aber der Brunnen gehört zur Kaaba, und so ist er heilig. Mir schmeckte auch nicht, was ich zu hören bekam, doch du bist mein Sohn. Erspare mir, dir all den Unsinn zu wiederholen, den Mohammed den Umstehenden vortrug und dem nur die Leute, die er eigens zu diesem Zweck mitgebracht hatte, Beifall zollten. Unter ihnen – o Othman, ich schäme mich, es aussprechen zu müssen! – warst auch du.«

»Liebe Mutter«, widersprach Othman mit Bekennermut, »ich schäme mich nicht. Ich bin ein Gläubiger. Allah ist der alleinige

Gott. Es gibt keinen Gott außer Ihm. Und Mohammed ist sein Prophet.«

»Nein!« schrie Raita. »Othman, mein Kind, laß ab von deiner Verblendung. Merkst du denn nicht, wie dich jenes Mädchen ins Verderben zieht? Du sagtest, die Haschimiten stehen zu Mohammed, ihrem Verwandten. Nun, Lahab, sein Onkel, war auch da. Gerade er konnte sich nicht genugtun an lautem Spott – alle konnten es hören – darüber, daß die Toten nicht tot seien, sondern wiederauferstehen sollten, um vor ein Jüngstes Gericht gerufen zu werden, und was dein Prophet an Albernheiten noch hinausschrie. Doch damit nicht genug! Das schlimmste fast war, was Lahab und andere auch über dich höhnten. Ich werde rot, wenn ich nur daran denke! Ihr wart niedergekniet und hattet – beten nannte es euer Prophet – das Gesicht bis in den Staub gebeugt, du so dicht wie nur möglich hinter deiner Rukaija, und das war es, womit Lahab das Gelächter des Marktvolkes auf deine Kosten hervorrief: Mehr als alle Götter betest du wohl den Steiß deiner Geliebten an, den dir Rukaija in ihrer Stellung entgegenstreckte. Einige sollen sogar unter sich gesagt haben, man möge Stecken nehmen und drauf schlagen, weil es euch offenbar sehr darum zu tun sei.«

»Wir beten zu Allah und nach Allahs Gebot und hoffen auf die göttliche Gnade am Jüngsten Tag.«

Nach diesen Worten nahm der sonst so wohlerzogene Sohn, ohne etwas hinzuzufügen, Urlaub von seiner Mutter.

X

Othman stürmte ins Zimmer.

»Imra, wie geht es deinem Herrn? Ich wäre eher gekommen, wenn ich es früher gewußt hätte. Aber nun bin ich da ...«

»Sorge dich nicht, Freund«, unterbrach ihn Waraka, »und nimm eine kleine Krankheit bei einem Mann wie mir nicht gleich so wichtig.«

»Höre nicht auf ihn«, widersprach Sklave Imra seinem Herrn, »er hat Hitze im Kopf und in seinem ganzen Leibe. Er glüht, junger Herr. Ich bin froh, daß du da bist!«

»Ich auch«, meinte Othman, und er war wirklich froh, vielleicht sogar mehr als schicklich; denn wie durfte er glücklich sein, wenn sich Waraka zusammengekauert auf seinem Lager befand und fieberte? Aber Othman war viel zu fein erzogen, um nicht jederzeit angemessene Gefühle – in diesem Fall Kummer – über des Freundes Erkrankung zu zeigen und andere Empfindungen verbergen zu können. Lügen hätte Othmans Mutter das genannt. Doch Waraka belog er nicht. Der wußte genug über den jungen, eleganten Herrn, um sich über die wirklichen Beweggründe seines Besuches nicht völlig im klaren zu sein. Er lächelte ein wenig spöttisch und zugleich mit sehr viel Güte. Denn es war noch eine vierte Person im Raum. Diese erhob sich stumm von der Bettkante. Auch sie war bewegt. Sie befand sich bei ihrem Verwandten Waraka noch immer innerhalb ihrer Familie und war doch von ihr befreit.

»Allah sei über dir«, begrüßte Othman sie.

»Und über dir«, gab sie den Gruß zurück. Es war Rukaija.

»Ist sie nicht ein liebes Kind?« forderte Waraka Anerkennung für seine junge Verwandte.

Imra war ein Sklave, zwar ein vertrauter, aber immerhin ein Sklave, der in Gegenwart Fremder seinem Herrn nicht widersprach. Und von Othman Widerspruch zu erwarten hätte geheißen, ihm Unmögliches zuzumuten. Zum ersten Mal befand er sich ohne den trennenden Wall von Rukaijas engster Familie mit ihr im gleichen Raum. Auch jetzt war es höchst ungewiß, ob er ohne Zeugen mit ihr allein sein könne. Die stärkste Gewähr dafür sei lediglich in etwas so Vergänglichem wie dem flüchtigen, ironischen Lächeln auf den Lippen des Kranken beschlossen, mußte Othman denken. Er erschrak. Was hatte ihm Waraka gesagt? Irre nie ab, damit dich der Tag des Gerichtes als einen Beter und nicht als einen Lüsternen sehe. Waraka war es schon zuzutrauen, daß er sich ganz als Wohltäter und Retter fühle, weil er Othman zu Allah geführt habe ... Wenn er aber nun als Beweis für Othmans ehrliche Gläubigkeit und dafür, daß sein Eifer nur dem Propheten und nicht etwa dessen Tochter gelte, den Verzicht auf Rukaija verlangte? Zum letzten Mal sollte er ihr so nahe gekommen sein wie jetzt in diesem Zimmer? Was machte Waraka sich schon aus einer Frau? Aber er, Othman!

Diese Gedanken empfand er wie einen Griff an die Kehle.

Auch Rukaija stand immer noch stumm da, nur daß Warakas Lächeln allmählich auch auf ihren Lippen erschien.

»Gerade zur rechten Zeit bist du gekommen, mein Othman«, sagte Waraka.

»Kann ich dir helfen?«

»Du kannst es. Du kennst doch den Sud aus den Blättern und Kräutern im kupfernen Kästchen? Du verstehst dich darauf. Wir haben ihn schon zusammen bereitet. Es kommt auf die Mischung und die Maße an, und du wirst dich gewiß nicht vertun.«

»Soll ich dem Herrn zur Hand gehen?« erkundigte sich der Sklave.

»Nein, Imra. Du wirst mir kalte Umschläge um Leib und Brust machen. Sorge dich nicht um unsere Gäste. Krankenpflege entschuldigt manches. Nicht wahr, Rukaija?«

»Ich würde es selbst tun, wenn Imra nicht zugegen wäre«, erklärte Rukaija. »So aber kann ich inzwischen das Feuer anfachen und den Aufguß sieben.«

Mit dem letzten Blick, den Othman auf Waraka werfen konnte, sah er dessen Lächeln sich zu einem lautlosen Lachen vertiefen, als er mit dem Mädchen zum Hof und zur Küche verschwand.

Er war wie befreit. Nein, der Freund würde nichts Unbilliges von ihm verlangen. Othman war ein Gläubiger, und Schweres hat er dafür auf sich genommen. Er brauchte nur an sein Gespräch mit der Mutter zu denken. Er atme also nicht das letzte Mal die gleiche Luft mit Rukaija. Er würde mit ihr sprechen, und sie würde ihm antworten. Warakas Krankheit schien ihm nicht so gefährlich, daß sie seine Hoffnung niederzudrücken vermochte. »Ich werde sie heiraten«, hatte er der Mutter gesagt, daran dachte er in diesem Augenblick mehr als zuvor. Der Vorwand, unter dem sie das Alleinsein mit ihm herbeigeführt hatte, war dasselbe, als sei sie aus freien Stücken zu ihm gekommen.

Vorerst machte sie sich um das Herdfeuer im Hof auf eine Weise zu schaffen, als habe sie tatsächlich nichts anderes beabsichtigt, als sie Othman hinausbegleitete. Ihr flinkes Hinundherlaufen, das Richten und Entzünden des Scheiterhaufens mit Hinweisen auf vorteilhafte, kleine Kniffe, ihre ganze Geschäftigkeit, der sie sich mit solchem Eifer hingab, ließen kein Gespräch aufkommen.

»Lies nur die Blätter und Kräuter aus, wie sie gebraucht werden«, bedeutete sie ihm, »bald wird das Wasser kochen, und dann bist du womöglich nicht fertig.«

Gern hatte er ihr zugeschaut; aber lieber noch hätte er mit ihr über das geredet, von dem er erfüllt war: von ihr und im Zusammenhang damit von sich. Zweifel hatte er nicht. Die Auseinandersetzung mit seiner Mutter war abgetan, und auch die mit Kadidscha war er überzeugt zu bestehen – wenn Rukaija sich für ihn erklären würde. Natürlich erschien es ihm als selbstverständlich, daß sie das leidenschaftlich begehrte Ziel noch anderer Männer in Mekka sei. Doch es beruhigte ihn, unter diesen Männern keinen Glaubensgenossen zu wissen, der für die Tochter des Propheten in Frage komme. Daß es aber in der Gesamtheit der Mohammedaner – von Kadidscha zu schweigen – keinen gebe, der den Gedanken an eine heidnische Ehe nicht mit Abscheu von sich wiese, hatte bereits Utba erfahren. Waraka wußte das gleiche und mochte – wenn auch nüchterner – ähnlich denken wie Othman.

Rukaija wäre kein Mädchen gewesen, wenn sie sich nicht denselben Überlegungen hingegeben hätte. Aber sie tat es nicht mit der Ausschließlichkeit wie die Männer. Immerhin: Waraka hatte das seinerzeit angedeutet, als er darauf hinwies, daß Rukaija gar nicht das überirdische Wesen sei, als das Othman sie anbete, sondern noch sehr jung und ein wenig kindhaft. Vor allem wolle solch ein Mädchen heiraten, hatte er hinzugefügt. Begehrt und geheiratet werden – je jünger, um so besser –, welch wirksamere Befriedigung konnte weibliche Kindereitelkeit erhalten? Von den Erwachsenen für voll genommen und fähig erachtet, einem Manne die Freuden des Bettes zu vermitteln; vor allem aber den Neid der noch unbemannten, gleichaltrigen Mädchen wollüstig genießend, an diese Zeit erinnere sich nahezu jede Frau als an die glücklichste ihres Lebens. Die Zeit des Erinnerns war Rukaija freilich noch nicht gekommen, doch sie erinnerte sich immerhin schon – Utbas.

Er war nicht nur der erste Mann, der sie zur Frau hatte haben wollen und es auch laut und vernehmlich gesagt hatte, sondern die unwahrscheinliche Höhe des Mahrs, das für sie von ihm geboten worden war, hatte seine Leidenschaft, sein Begehren, also ihren weiblichen Wert, in unüberbietbarer Ziffer ein für allemal festgelegt.

So ohne weiteres konnte auch Rukaija das nicht vergessen, ebensowenig wie Utbas Verhalten nach Kadidschas Rücktritt vom Verlöbnis. Sie erblickte in seiner so ungewöhnlichen Klage bei der Mala nicht nur Gehässigkeit, sondern mehr leidenschaftliches Begehren, das ihrer Eitelkeit ebenfalls schmeichelte.

Die Geschichte ihrer Verlobung und deren Lösung hätte immer viele Mäuler beschäftigt – durch die Verhandlung bei der Mala aber war Rukaija berühmt geworden. Wohl war sie so erzogen, um zu begreifen, was sie der Familie und vor allem ihrer Mutter schuldig sei, bald jedoch hatten auch die Sendung und die religiösen Lehren des Vaters wie das Gewicht seiner kleinen Gemeinde sie mit der Überzeugung erfüllt, daß sie den Heiden Utba nie heiraten könne. Damit war diese Frage für sie beantwortet.

Aber das hatte nicht alles Erinnern gelöscht. Es war immerhin eine geraume Zeit verstrichen, in der ihr eine künftige Ehe mit Utba ebenso selbstverständlich erschienen war wie heute deren Unmöglichkeit. Nach bewährter Mädchengewohnheit glaubte Rukaija dagegen zu bemerken, daß der feine Herr Othman nicht übel Lust zeige, Utbas Nachfolge bei ihr anzutreten. Wo sie auch sei – fast immer stellte sich nach kurzem Othman ein, und vielleicht habe selbst dieses Mal nicht gerade der Zufall sie beide an Warakas Krankenbett zusammengeführt.

Es wäre widernatürlich gewesen, wenn diese Umstände Rukaija nicht zu Vergleichen herausgefordert hätten. Waren ihre Gefühle für Utba auch nie über den Bereich des Pflichtmäßigen hinausgegangen, so hatte er sich doch in keiner Weise von andern Männern, die sie kannte – etwa Zainabs Mann –, unterschieden. Die Schwester mußte Abu'l-Asis' männlichem Machtbedürfnis auch immer Rechnung tragen, selbst für einen Besuch Zainabs im mütterlichen Haus gab es eine eheherrliche Genehmigung, die zwar kaum verweigert, aber immer eingeholt wurde.

So verliebt der untersetzte, stämmige Utba auch gewesen sein mochte, so war Rukaija doch gescheit genug, so etwas nicht für einen lebenslänglichen Dauerzustand zu halten. Sie konnte es sich durchaus vorstellen, daß er bei einer gelegentlichen Weigerung ihrerseits sie ohne Komplimente aufs Lager geschmissen hätte – und nicht einmal abgestoßen fühlte sie sich von diesem Gedanken!

Othman allerdings – nein, vom eleganten Othman versah sie sich dessen nicht. Ohne ihm ihre Ziele und Wünsche ausdrücklich mitzuteilen, hatte sie ihn mit ihrer ganzen geschäftigen Tuerei so lange hin und her geschoben, bis er, wie sie es ihm zugedacht hatte, artig zu ihren Füßen hockte und Kraut für Kraut und Blatt für Blatt, wie das Rezept es befahl, in den irdenen Topf tat, den sie ihm hinhielt.

»Und nun noch zwei Blätter vom Lorbeer«, sagte er ...

»Wie bitter!« rügte sie.

»Kein Kranker glaubt an eine Medizin, die nicht schlecht

schmeckt«, erklärte Othman. »Das meint auch Waraka. Er würde den Lorbeer vermissen.«

»Nun, ich muß es ja nicht trinken.«

Damit stellte sie den Topf aufs Feuer.

»Noch diese Knolle hier!« rief er ihr nach.

Sie nahm sie und tat sie zu dem übrigen Inhalt, ehe sie sich ihm wieder zuwandte.

Noch immer saß er mit untergeschlagenen Beinen auf der Matte und blickte zu ihr hinauf. Rukaija konnte unmöglich übersehen, welche Freude ihm ihr Anblick bereitete. Diese sanften, samtenen Augen strahlten eitel Verehrung aus – grobschlächtige Gewalt, dachte sie, wie wahrscheinlich bei Utba, habe sie, falls ihr daran liege, von ihm hier nicht zu erwarten. Aber liege ihr daran? Könnte sie sich nicht noch mehr an unerschütterliche Höflichkeit und an – uferlose Zärtlichkeit gewöhnen, die ihr aus Othmans Augen verheißungsvoll entgegensprangen? Er sei den Frauen ergeben, also auch ihr, davon war sie überzeugt. Werde sie es auch ihm sein? Werde sie ergeben, treu sein können? Würden ihre schlimmen Gedanken, deren sie genug habe, auch immer wieder reumütig zurückkehren zu ihm, der sie liebe? Sie hatte es sich oft ausgemalt in ihren Gedanken, wie sie, im festlichen Brautzug und mit ihrer Mitgift feierlich eingeholt, als Frau des Omaijaden Othman in der gesellschaftlichen Achtung, schon der omaijadischen Familie wegen, höher stehen würde, als es ihr als Frau des noch so ehrbaren Kaufmanns Utba beschieden gewesen wäre. Aber in diesem Augenblick hatten Eitelkeiten solcher Art keinen Platz mehr in ihr. Von einem ganz andern Gefühl war sie erfüllt. Sie war einfach nur gerührt. Sie sah seine schmalen, langfingrigen Hände, seine Füße, das Erbteil der zierlichen Dame Raita. Nicht der Wert seiner Kleidung bestach sie, sondern die Art, wie er sie trug und wie sie ihm saß.

»Ich möchte dir etwas zeigen, Rukaija«, sagte er.

Sie trat ganz nahe an ihn heran, als er aus seinem Gürtel zwei schmale Reifen hervorholte, dazu bestimmt, ein weibliches Fußgelenk zu umklirren. Rukaija besaß keine Fußreifen. Für solchen Schmuck galt sie noch als zu jung. Diese Beweise männlicher Liebe und Schätzung waren Erwachsenen vorbehalten. Othmans Reifen waren schmal und aus Silber. In Zwischenräumen von zwei Fingerbreiten waren in dem einen kleine Saphire aus Ceylon, in dem anderen Perlchen aus Hodaida eingelassen.

»Schön!« schwärmte Rukaija.

»Dann gehören sie dir.« – »Ist das ein Grund?«

»Alles, was du schön findest, gehört dir. Oh, Rukaija, wenn du deinem Othman nur ein wenig wohlwillst – dann streck deinen Fuß aus«, bat er.

Sie schlüpfte aus den hochgestöckten Sandalen, auf denen man selbst bei Schlammwetter noch trockenen Fußes die Straßen Mekkas durchschiffte, stützte sich auf seine Schulter und streckte ihm mit nach unten gebogenen Zehen den nackten Fuß hin. Es war der linke, weil links als der Frauen bevorzugte Seite galt.

»Dir, süße Herrin Rukaija, die Reifen«, verkündete er, »dem beglückten Othman die Gunst, sie dir überstreifen zu dürfen.«

»Streife!« sagte sie, den Fuß erhoben, und genoß zum ersten Mal seine Hingebung.

Wie im Gebet sanken sein Gesicht und ihr Fuß immer weiter vornüber, bis seine Lippen die Mädchenzehen liebkosten. Keineswegs sehr schnell machte Rukaija diesem befriedigenden Zustand ein Ende. Schließlich aber machten sich Erwägungen im Hinblick auf Künftiges geltend. Sehr oft sind Mädchen praktischer als Männer – selbst junge.

»Sage, Othman, sprachst du bereits mit deiner Mutter von mir?«

»Ich gab ihr zu verstehen, daß ich nichts so sehr wünsche wie eine Heirat mit dir.«

»Und Dame Raita?«

»Sie wollte für mich ein Mädchen aus Taif. Sogar das Mahr wollte sie aus ihrem Eigenen bezahlen.«

»Und trotzdem küßtest du mir die Füße?«

»Es wird nichts mit dem Mädchen aus Taif, Rukaija.«

»Und was sagte deine Mutter gegen mich?«

»Sie schenkte mir ihre Lieblingssklavin.«

»Um dich von mir abzubringen! Eine Sklavin ist Dame Raita lieber als ich. Oh, Othman!«

»Nicht aus Haß gegen dich handelt sie so, sondern weil du die Tochter des Propheten bist. Da ich aber zu Allah bete und an seinen Propheten glaube, so ermesse, wie wenig das alles bedeutet, wenn du und deine Eltern mich wollen.«

»Ich glaube, sie wollen dich. Auch sämtliche Gläubige sind für dich. Ich auch.«

Als er sie jedoch in die Arme schließen wollte, machte sie eine entschiedene Geste der Abwehr.

»Bitte, mein Othman, berühre mich jetzt nicht. Deine Mutter darf nicht sagen, wir hätten uns heimlich verbunden. Im Gegenteil! Ein großer Brautzug muß veranstaltet werden, wenn ich dir in dein Haus zugeführt werde. Und jetzt ist auch die Medizin fertig. Waraka muß sie nehmen.«

Mit der Einflößung der Arznei beendete Othman seinen Besuch, um dann das Haus zu verlassen.

Rukaija blieb als Nachtwache am Bett des Kranken zurück.

XI

Othmans Trank tat seine Schuldigkeit. Warakas Fieber fiel, die Entzündung, die seine Lunge bedrohte, erlosch, und nach wenigen Tagen konnte man den stadtbekannten Eigenbrötler wieder in den Straßen von Mekka sehen. Dort geschah es, daß er von der aufsehenerregenden und in Mekka so ungewöhnlichen Beleidigung erfuhr, mit der sich Abu Dschahl gegen Mohammed ibn Abdallah vergangen hatte und damit gegen alle Haschimiten und alle Gläubigen, die dem Propheten anhingen. Um so unerwarteter und gefährlicher war die Entgleisung, als Abu Dschahl dem vornehmen und angesehenen Geschlecht der Machzum angehörte, von dem man erwarten durfte, daß es sich keinen Verstoß gegen die für Mekka so wichtige, ja lebensnotwendige religiöse Duldsamkeit zuschulden kommen lassen würde. Denn mit Abu Lahabs Spöttereien war Abu Dschahls Verhalten nicht zu vergleichen. Abu Lahab hatte seinen Angriff in einen derben, unfeinen Witz gekleidet. Er hatte demnach nicht ernst genommen werden wollen und war außerdem Mohammeds Onkel. Schlimmstenfalls lief es bei ihm also auf eine innere Familienstreitigkeit hinaus, die keine weiteren Kreise angreifen konnte. Und Othman? Auch da war keine Gefahr. Die Omaijaden würden, ebenso wie Othman selbst, Abu Lahabs wenig gepflegte Äußerungen als belanglosen Witz überhören, gleichviel wie sie gedacht gewesen sein mochten.

Mit Abu Dschahls Drohung jedoch stand es ganz anders. Sie war ernst gemeint. Völlig ließ sie die überlegene Zurückhaltung vermissen, auf der der Einfluß der patrizischen Geschlechter vor allem beruhte. Er werde, hatte Abu Dschahl lauthals erklärt, dem Mohammed ibn Abdallah, wenn er ihn betend, die Stirn in den Staub gebeugt, anträfe, seinen Fuß auf den Nacken setzen, wie einem Sklaven. Mit einem Gewalteinbruch in eine gottesdienstliche Handlung hatte er gedroht.

Wenn das unter Mekkanern möglich war, was konnte Kaufleuten, Pilgern, überhaupt Fremden künftig noch alles in dieser Stadt geschehen, in der sie bisher bei der Anbetung ihrer Götter niemals gestört worden waren? Sie hatten geopfert, wie und auf welche Weise immer sie wollten, und selbst wenn sie den Tawaf, den heiligen Rundlauf um die Kaaba, nackt vollzogen hatten, waren sie von keinem Fremden oder gar von mekkanischem Pöbel belästigt worden.

In Gesprächen mit seinen Mitbürgern überzeugte Waraka sich bald, daß die allgemeine Verdammung von Abu Dschahls Vergehen weit genug ging, um nicht unmittelbare Gefahren befürchten zu müssen. So erschreckend es war, daß derartige barbarische Absichten zum ersten Mal in Mekka ruchbar wurden, Waraka fühlte sich in der Erkenntnis von dem gänzlich Neuen in Mohammeds Lehre bestärkt und vom Bezwingenden der Verkündung eines allmächtigen Weltgottes. Es gibt nur Einen Gott, dachte er – außer Ihm ist keiner. Sein ist die Welt – des Allmächtigen, Allwissenden, Barmherzigen ist sie, und Mohammed ist Allahs Prophet …

Mohammed? Wo war er? Er müßte von Abu Dschahls Drohung erfahren haben. Was tat er?

Waraka erfuhr auch das. Mohammed habe einige Gläubige, die bei ihm gewesen seien, fortgeschickt und sich zum Gebet am schwarzen Stein in das Innere der Kaaba begeben.

Etwas Klügeres hätte Mohammed nicht tun können, als vor der Wirkung seiner eigenen Offenbarung – in diesem Fall dem Haß – in dem Hause Zuflucht zu suchen, das Abraham von Anbeginn zum Hause Allahs geweiht hatte. Sehr unerwartet und eindrucksvoll sei das, dachte Waraka. Bei vielen würde ihn dieses Verhalten als Propheten bestätigen. In einer Schwierigkeit, deren Ausgang nicht abzusehen gewesen sei, habe der Prophet das für ihn Nächstliegende getan und sei zu Allah und in Allahs Heiligtum gegangen. Allein sei er gegangen, ohne seinen gläubigen Anhang, weil er sich allein im Hause seines Gottes völlig sicher gefühlt habe. Generationen lang habe die Kaaba sich in die religiösen Empfindungen der Mekkaner eingenistet, und diese seelische Verbundenheit habe Mohammed für sich und seine Zwecke wirken lassen. Ob das nicht zu klug sei, sann Waraka, nicht zu sehr den irdischen Erfolg einer menschlichen Anerkennung mit überirdischen Mitteln erstrebe? Doch sogleich unterdrückte er auch bereits seinen Zweifel. Mohammeds Klugheit schien ihm eine von Allahs Eingebungen zu sein, die als göttliche Leitung den Propheten zur Erfüllung seiner überirdischen Aufgabe befähigen sollte.

Vielleicht habe Mohammed gerade jetzt eine Offenbarung, vielleicht spreche Allah gerade jetzt durch einen Erzengel mit seinem Erwählten.

Kadidscha aufzusuchen war Warakas Absicht gewesen. Nun beschleunigte er seine Schritte ... Mohammed dort schon vorzufinden war immerhin möglich.

Aber der Prophet war nicht bei seinem Weibe. Er betete in der Kaaba, niedergeworfen vor der Wand des schwarzen Steines. Und er las, was der Engel ihm zeigte:

> Siehe, der Mensch in seinem Reichtum ist wahrlich frevelhaft.
> Doch immer ist Zuflucht bei dem Allmächtigen, deinem Herrn.
> Sahst du den, der einem Gläubigen das Gebet wehrte?
> Weiß er nicht, daß Allah sieht?
> Fürwahr, wahrlich, wenn er nicht abläßt, wird er bei der Stirnlocke ergriffen.
> Bei der lügenden, sündigen Stirnlocke.
> Dann rufe er die Schar seiner Freunde.
> Ein Größerer wird die Höllenwache rufen, und vor dem Allmächtigen wird kein Schutz sein.
> Du aber, fürwahr, höre nicht auf den Frevler, sondern nahe dich Allah, deinem Herrn.

»Warst du auf dem Markt? Sahst du den Propheten?«

»Auf dem Markt war ich; aber deinen Gatten sah ich nicht, Base. Er sei in der Kaaba, und er wolle allein sein, wurde mir gesagt. Ist das eine gute Kunde, Kadidscha – was glaubst du?«

»Eine gute, Vetter Waraka. Schon seit einer geraumen Weile blieben seine Gesichte aus, und das machte ihn zuweilen ganz verstört. Er zeiht sich dann unbekannter Sünden, vielleicht habe er sie unwissentlich begangen. Aber Allah sei wissend, nichts entgehe ihm. So auch war dem Propheten, als er heute morgen in die Stadt ging. Jetzt ist er in der Kaaba, ohne Begleitung. Das ist gut, scheint mir.«

»Auch mir, Kadidscha, und wir könnten etwas Gutes gebrauchen.«

Darauf erzählte ihr Waraka von Abu Dschahls Drohung.

»Mißlich bleibt sie immer«, fuhr er fort, »auch wenn noch so viele Abu Dschahl tadeln. Er gehört immerhin zu den Machzum, und mit denen sind alle vornehmen Familien verwandt. Manch einer aus dem Volk wird es mit der Angst vor Nachteilen bekommen und uns wenigstens fernbleiben, wenn er sich schon nicht zu unsern Gegnern gesellt. Denn der Prophet hat natürlich Gegner, sogar in seiner eigenen Familie – denk nur an Abu Lahab! Und wenn er keine hätte, wird er sie noch bekommen. Die ersten sehen wir bereits.«

»Wenn wir zu viele Patrizier gegen uns hätten, würde das unsere Lage erschweren«, gab Kadidscha zu.

»Mit dem Schweren kommt das Leichte. Der Prophet ist kein Dichter, kein Wahrsager, kein Zeichendeuter – Wunder tut er auch nicht, und doch ist es so, als habe er, nichts wissend, alles gewußt. Vielleicht müssen die kleineren Leute auf die Patrizier Rücksicht nehmen – oder sie glauben wenigstens, es zu müssen; aber ebenso besorgt sind die Patrizier um ihren Einfluß bei der Masse. Schlimmer als Abu Dschahls Schlechtigkeit ist sein Mangel an Klugheit, der so unheilvolle Folgen haben könnte. Um so bewunderungswürdiger ist des Propheten Verhalten! Er suchte seine Bestätigung dort, wo er sie finden konnte – bei Gott, dem allmächtigen Herrn des Himmels und der Erde. So werden ihn viele jetzt sehen: bestätigt werden sie ihn sehen, Patrizier und Volk. Mohammeds Tun ist Allahs Eingebung.«

»Allah ist allwissend«, meinte Kadidscha, »er sieht die Herzen der Menschen. Er ist der Gerechte. Ehe er sie richtet, läßt er ihnen Zeit, das Rechte zu erkennen.«

»Er ist der Geduldige«, gab Waraka zu, »wie sollte also sein Prophet nicht Geduld haben und Kraft, Streit zu vermeiden? Ich dagegen! Meine erste Regung war der Wille, Abu Dschahl zur Rechenschaft zu ziehen. Wie fern bin ich, den man gelehrt nennt, deinem Gatten!«

»Du glaubst an ihn, und das rechtfertigt dich.«

»Ich hoffe, daß ich nie etwas anderes glaube als er.«

»Du hoffst? Bist du nicht sicher, daß du immer den Einflüsterungen des Schaitan widerstehen kannst?«

»Der Glaube ist ein Müssen, Kadidscha, und kein Wollen. Dem Gläubigen hilft Allah, daß er glaubt.«

»Immer denkst du anders als alle anderen, Waraka.«

»Das ist Allahs Segen oder sein Fluch. Wer bin ich, daß ich das zu entscheiden vermöchte?«

»Und doch behieltest du zuletzt immer recht. So bin ich denn dessen ganz sicher, daß Allah es billigt, wenn ich die Dinge dieser Welt, die irdischen, mit dir bespreche.«

»Du denkst an Rukaija?«

»Wie sollte ich nicht an sie denken? Sie tat meinen Willen, als sie sich von dem Heiden Utba um des Propheten willen löste.«

»Sie bekommt einen andern Mann. Oder sprach sie noch viel von Utba mit dir?«

»Nie.«

»Also ist das, was dein Wille war, jetzt Rukaijas Wille geworden. Auch willst du weder von Utba noch von Rukaija mit mir reden, sondern von Othman.«

»Er war dein Freund.«

»Er ist es immer noch, er ist es mehr als zuvor, seit er wie ich ein Gläubiger wurde.«

»Vielleicht glaubt er, so ganz genau kann man das nicht wissen. Ich jedenfalls bin, weit mehr als von seinem Glauben, davon überzeugt, daß er in Rukaija verliebt ist.«

»Und deswegen tadelst du ihn nun. Ich kann dich dafür nicht schelten, meine liebe Base, ich habe selbst einmal ähnliche Gedanken gehabt. Wir sollten aber nicht die Vielfalt übersehen, die in ihrer Summe einen Menschen ausmacht. In einer Menschenmenge auf dem Markt gibt es nicht zwei Gleiche. Vergiß nicht, wie viele Menschen unter den vielen leben mußten, ehe sie sich einem einzelnen vererben konnten. Bevor sich aber eine Menge zu ein und demselben Gedanken, ein und demselben Tun zusammenfindet, muß jeder einzelne von seiner eigenen Vielfalt mehr abstreifen, als er sich selbst immer bewußt ist. Laß uns annehmen, daß Othmans Verliebtheit größer sei als sein Glaube, so würde das doch heißen, daß Rukaija sein Weg zum Glauben ist, daß Allah sie also gesegnet hat. Soll der Glaube den Gläubigen verarmen? Othman hat ein gut Teil seiner Vielfalt bewahrt, er glaubt und liebt, und der Gemeinde der Gläubigen brachte seine Bekehrung Gewinn.«

»Das ist wohl wahr. Er ist ein Omaijade, seine Mutter eine Rabia, er ist mit allen vornehmen Familien verwandt, und daß er betend unter uns kniete und sich bis zum Boden vor Allah verneigte, hat auf das Volk einen großen Eindruck gemacht.«

»Fürchte dich nicht, Base, Othman ist kein Heide – und abfallen wird er auch nicht.«

»Aber seine Mutter Raita will lieber von einer Sklavin Enkel haben als von meiner Tochter, nur weil Rukaija die Tochter des Propheten ist. Hast du das wohl bedacht?«

»Raita will ihrem Sohn eine Frau aus ihren eigenen Händen geben; an Rukaija aber, die er liebt, fürchtet sie ihn zu verlieren.«

»Und mein Kind kommt in ein heidnisches Haus.«

»Sie kommt in das Haus ihres Mannes Othman, in ihr eigenes, und an ihr liegt es, Raita für Allah zu gewinnen. Wie könnte Othmans Mutter zu Allah finden? Was sie über Othman und von ihm vernahm, ließ sie nur seinen Verlust befürchten. Bis jetzt kam wohl niemand mit Beweisen zu ihr, die keine Furcht einflößten. Allah aber ist allwissend und sieht sie.«

»Der Prophet wird den Willen des Höchsten erfahren«, sagte Kadidscha. –

Mohammed ibn Abdallah erhob sein Gesicht vom Boden der Kaaba und streckte seine Arme in die Richtung des schwarzen Steins, als wollte er ergreifen, was außer ihm kein Irdischer sah. Und als er sprach, war in seiner Stimme ein Entzücken:

»Nein!« rief er. »Nicht abtrünnig wurden die Ungläubigen unter den Kindern der Schrift, nicht abtrünnig die Götzenanbeter, ehe ihnen nicht unüberhörbar die Kunde kam, ehe der Prophet Allahs ihnen die reinen Seiten verlas aus dem Kitab, dem wahrhaften Buch, aufbewahrt im Himmel bei Gott. Nichts anderes wird ihnen geheißen, als Allah zu dienen reinen Glaubens und lauter und das Gebet zu verrichten und die Armenspende zu zahlen; denn das ist Allahs Wille und der wahre Glaube, den ihnen der Gesandte von Allah offenbart. Sie, die Ungläubigen von den Kindern des Buches, die sich abkehren von Allahs Propheten, und die Götzendiener, die ihm ihre Ohren verschließen, werden in Dschehennas Feuer kommen und ewig darin verweilen deswegen, weil ihnen offenbart wurde und sie nicht hören wollten. Sie sind die schlechtesten der Geschöpfe.

Doch die Gläubigen und die, so das Rechte tun, sind die besten Geschöpfe.

Bei ihrem Herrn sind Edens Gärten, durcheilt von Bächen. Ewig und immerdar darinnen zu verweilen ist der Gläubigen Lohn.

Zufrieden mit ihnen ist Allah, und sie sind zufrieden mit ihm.

Solches allen denen, die ihren Herrn fürchten!«

Unterdessen waren etliche Ungläubige in die Kaaba gekommen. Die sahen und hörten und verwunderten sich sehr. Ein altes Weib unter ihnen aber bot dem Gesandten Allahs ihren Arm, daß er sich erhebe. Und Mohammed stand auf, umkreiste die Kaaba, hielt vorm schwarzen Stein und sprach: »Du, der du ohne irdische Berührung aus den Himmeln auf die Erde fielst, in dir küsse ich die Ewigkeit Allahs.«

»Der Prophet«, sagte Waraka, »erblickt sich nicht als Vater in seiner Tochter, er erblickt sich stets als Gesandten Allahs, der aller Menschen Vater ist. Entscheiden mußt du, Kadidscha bint Chuwailid, dir gehört Rukaija.«

»Ich kenne Othman, der dein Freund ist, ich sprach ihn einige Male. Ich kannte auch seinen Vater.«

»Um so besser. Aber jetzt mußt du mit dem Sohn reden. Soll ich ihn holen? Ich hab' ihn mitgebracht. Er ist bei Rukaija.«

Kadidscha runzelte die Brauen. Doch dann legte sich ein Lächeln um ihren Mund.

»Mir scheint fast, als sei schon alles entschieden«, meinte sie. »Aber bring ihn mir immerhin.«

Othman ibn Affan, der Omaijade, hatte der Dame Kadidscha seine Bitte vorgetragen, mit ihm, dem Mitglied der Gemeinde der Gläubigen, über das Mahr zu reden, das sie für ihre Tochter Rukaija verlange, um sie ihm als Gattin zu überlassen. Gegen diese Bitte war nicht leicht etwas einzuwenden. Sie entsprach allen Forderungen von Brauch und Sitte. Im Hinblick auf den besonderen Fall war sogar der von Utba erhobene Anspruch berührt und zugleich durch den Hinweis auf Warakas und des Bittstellers eigener Mitwirkung in der entscheidenden Sitzung der Mala beseitigt worden. Nicht einmal der Einwand unterschiedlichen Gottesglaubens konnte erhoben werden. Er war ohnehin in Mekka etwas so völlig Neues, daß er auch gegen Utba als Ehehindernis nie geltend gemacht worden war. Alles war demnach so, daß weder der anwesende Waraka noch Othman selbst am günstigen Ausgang zweifelten. Othman begann bereits vom Mahr zu reden.

Kadidscha unterbrach ihn.

»Als ich meine älteste Tochter Zainab verheiratete«, sagte sie, »ließ ich mir von Abu'l-Asi ein Mahr für sie zahlen. Daß ich das Geld Zainab schenkte, blieb ein Geheimnis zwischen ihr und mir. Ich wollte sie nicht ohne eigene Mittel wissen, die nur ihr gehören. Den Verlauf von Utbas Werbung kennt ihr. Nur seine Zahlungsschwierigkeiten verhinderten, daß die Tochter des Propheten – denn Rukaija ist seine Tochter, wenn sie auch mir gehört – einen Ungläubigen heiratete, wie meine Zainab mit einem Ungläubigen verheiratet ist. Meine Töchter sind freigeborene Mädchen einer freien Mutter, und wenn sie heiraten, sollen sie freie Frauen sein, die sich selbst gehören, wie ich mir gehöre.«

Voll Furcht sah Othman seine Aussichten auf Rukaija schwinden.

»Aber ich werde eine Mahr, wie Utba einst anbot, aufbringen!« rief er, als müsse er retten, was noch zu retten sei. »Du kannst dessen ganz sicher sein, Kadidscha bint Chuwailid.«

»Ich bin davon überzeugt, Othman ibn Affan«, meinte sie mit einer Gelassenheit, die ihn reizte, weil er sie noch gar nicht verstand. Kadidscha war eben selbst für eine weitgeltende Stadt wie Mekka eine recht ungewöhnliche Frau.

»Bei deinen Verbindungen«, fuhr sie fort, »wird dir vieles möglich sein. Außerdem weiß ich, daß Dame Raita, deine mütterliche Herrin, reich ist und daß sie es ihrem eigenen Ansehen abträglich betrachten würde, den Sohn in Zahlungsverzug zu sehen ...«

»Und trotzdem ...?« fragte Othman.

»Gerade deswegen!« sagte Kadidscha.

Waraka lächelte. Zwar wußte er noch nicht, worauf seine Cousine wohl hinauswollte, doch hatte er ein leises Gefühl, daß sie etwas Geschrei erregen werde.

»Wenn du mir ein Mahr anbieten wolltest, mein Othman«, führte Kadidscha weiter aus, »und offenbar willst du es ...«

»Natürlich! Was sonst? Ich lasse mir doch nichts schenken!«

»Vergiß nicht, Omaijade, daß Rukaija sich immer dir schenkt ... Oder sie tut es nicht. Das hat mit dem Mahr nichts zu tun, und immer würde ich die Bedingung machen, daß Raita bint Rabia, deine wohlgeborene Mutter, zu dem Mahr nicht einen Denar beigesteuert haben darf. Das ergibt sich daraus, weil sie lieber von der Sklavin Kamar Enkel haben will als von meiner Rukaija.«

»Du bist hart, Kadidscha.«

»Vielleicht bin ich nur nicht ganz dumm, mein Othman, wenn ich rechtzeitig das Künftige bedenke. Rukaija soll sich einmal mit deiner Mutter vertragen, und das kann sie besser, wenn sie geachtet ist.«

»Dann werde ich eben das Mahr ohne meine Mutter aufbringen!«

»Leicht gesagt, aber schwierig, besonders wenn du dir Utbas Angebot zum Vorbild nimmst. Freilich könnte ich die Summe herabsetzen und dadurch dein Ansehen schmälern. Was man auch tun mag, fast immer fühlt sich dieser oder jener verletzt. Zum Glück kam ich aber aus begangenen Fehlern noch leidlich heraus. Warum sollte ich mich von neuem in Gefahr begeben? Doch deswegen brauchst du kein so jämmerliches Gesicht zu machen.«

»Soll ich froh sein, wenn du mir Rukaija verweigerst?«

»Ich verweigere nichts, und ich gebe nichts. Auch meiner Zainab habe ich ihren Mann nicht aufgezwungen, und ebensowenig werde ich es bei Rukaija tun.«

»Oh, Kadidscha!«

»Warte noch ein wenig mit Dank und Jubel. Vielleicht wirst du gar nicht wollen. Wenn Rukaija einwilligt, wird sie in das Haus des Musa ibn Chalil ziehen, der von seiner letzten Reise nicht zurückkehrte. Ich habe es von seinen Erben gekauft und lasse es als Rukaijas Harem herrichten. Wenn du dann als ihr Mann zu ihr ziehst, ist alles viel einfacher. Freilich hättest du dann eine von den ›Frauen, die man nicht verstößt‹ …, nicht verstoßen kann.«

»Wie redest du nur, Kadidscha! Nie würde ich daran denken …«

»Um so besser«, meinte Kadidscha, und in ihrem Lächeln war ein leichter Spott, »wenn du nie daran dächtest, dich von Rukaija zu scheiden, würde es dir ja nichts ausmachen, es nicht zu können.«

»Nur meine Mutter«, zögerte Othman, »mein Vater gab für sie ein Mahr. Vielleicht würde sie es mit meinem Ansehen unvereinbar finden …«

»Vielleicht«, wiederholte Kadidscha. »Auf dich als Schwiegersohn des Propheten wird sie kaum besonders stolz sein. Mein Othman«, begann sie von neuem, »ich habe Mohammed ibn Abdallah auf dieselbe Weise geheiratet, wie Rukaija dich nehmen würde, und niemals rührten meine Gedanken auch nur an die Möglichkeit einer Trennung von ihm, ebenso wie er – des bin ich sicher – je daran dachte.

Aber von seinem Vorgänger, den ich mir auf die gleiche Weise gesellte und der noch irgendwo lebt, schied ich mich, und ihm habe ich meine Tür verschlossen. Dasselbe Recht hätte auch Rukaija. Auch ihre Kinder würden ihr gehören. Wenn diese Art der Heirat für dich auch so vorteilhaft wie nur möglich wäre, so müßtest du deiner Neigung zu Rukaija dennoch schon recht gewiß sein.«

Trotz Kadidschas Ernst besann sich Othman nicht lange.

»Höre wohl«, sagte er, »meine erste Ehe, die Allah trennte, wurde ohne mein Zutun für mich abgeschlossen. Rukaija aber begehre ich, nur sie und keine andere.«

»Ich höre. Und wenn du die Bedingungen annimmst, dürfte es sich mit deiner Liebe so verhalten, wie du sagst. Doch Allah ist allwissend. Er sieht dich.«

»Ihm sei Preis! Dem Allmächtigen, dem Barmherzigen, dem König am Tage des Gerichtes!«

Da erst gab Kadidscha das Zeichen, das Rukaija herbeirief.

Von Anfang an war Waraka auf etwas Ungewöhnliches bei Kadidscha gefaßt gewesen. Ihre Entscheidung, die er nun erfuhr, erhöhte jedoch noch seine Achtung vor der Cousine. Die Großzügigkeit, ja die Großmut waren unverkennbar, und wenn nichts als ein Geschäft abzuschließen gewesen wäre, hätte Othman sich kein besseres wünschen können. Dabei hatte sie sich jedoch weder durch Gefühle noch durch begreifliche Wünsche, für deren Verwirklichung die Gelegenheit günstig erscheinen konnte, überwältigen lassen, sondern lieber alle Fäden in der Hand behalten, die ihr und späterhin ihrer Tochter nie mehr zu entwinden waren. Auf den Eintritt Rukaijas in eins der patrizischen Geschlechter, die nach Gewohnheit und Tradition einen maßgebenden Einfluß in Mekka ausübten, war verzichtet worden. Sie blieb Haschimitin, wie Othman der Omaijade blieb, der er war. Bei Kadidschas Männern hatten die Dinge anders gelegen. Sie hatten den Mittelschichten angehört, und Mohammed gar war der Angestellte seiner Frau und von geringem Eigenbesitz gewesen. Für ihn hatte die Heirat einen Aufstieg bedeutet. Othman aber war ein Patrizier und sollte doch zu seiner Frau in deren Haus ziehen – bei ihm konnte nur die Seltenheit des Falles das Absinken seines Ansehens verhindern.

In der Regel erbten nur die männlichen Nachkommen, und so gab es nur sehr wenige Frauen und Mädchen in Mekka, die wirtschaftlich so unabhängig waren wie Kadidscha und, wenn sie wollte, deren Tochter. Waraka bewunderte die Entschlossenheit seiner Base, mit der sie ihren Willen durchzusetzen verstand, sich und ihr eigenes Haus in der Achtung ihrer Mitbürger zu befestigen. Denn daß es schließlich dahin kommen müsse, sah er voraus.

»Du kennst Othman ibn Affan, meine Tochter«, wandte sich Kadidscha an Rukaija. »Ich mache dir keinen Vorwurf. Du lerntest ihn am Krankenbett unseres Vetters kennen, und Krankenpflege verdient keinen Tadel.«

»Othman ist mit Waraka befreundet«, sagte Rukaija.

»Das könnte für ihn sprechen«, meinte die Mutter; »aber ist er es auch mit dir? Befreundet nämlich?«

»Ich sah ihn nur das eine Mal, Mutter ...«

»Gewiß, gewiß ... und du bist ein tugendhaftes Mädchen. Das wolltest du doch sagen?«

»Aber Mutter! Waraka lag im Fieber. Das ist keine Gelegenheit für Leichtfertigkeiten.«

»Das Fieber hinderte Waraka, auf euch aufzupassen, mein Kind. Ich wüßte nicht, warum er deswegen ein Wächter der Tugend hätte sein müssen.«

»Du bist schrecklich, Mutter!«

»Gar nicht schrecklich, mein Kind. Du bist eine Frau. Deswegen kannst du mich nicht leicht täuschen. Ich bin älter als du und habe mehr erlebt. Was du auch tust oder getan hast, alles tust du oder hast du als meine Tochter getan – als ein Teil von mir. Also verschließe dir deine Zuflucht nicht durch Verschweigen oder Lügen. Was war zwischen Othman und dir?«

»Nichts, als daß er mir zwei reizende klirrende Fußreifen schenkte.«

»Schenkte? Das kann auf mancherlei Art geschehen. Legte er selbst sie dir an?«

»Kadidscha, ich schwöre dir ...!« rief Othman.

»Laß sie selbst antworten.«

»Wie du nur fragst, er legte sie mir an; aber er tat es in der Art eines feinen Herrn.«

»Und hinterher?«

Kadidscha war unerbittlich. Doch da brach Othman hervor.

»Nun ja! Ich küßte ihre Füße. Ich sehe nichts Schändliches daran. Ich liebe Rukaija«, sagte er.

»Und dann?« Durch nichts war die Mutter zu beirren.

Abwehrend warf Rukaija den Kopf in den Nacken.

»Es gab kein ›und dann‹ mehr, Mutter, jedenfalls nicht, wie du zu vermuten scheinst. Inzwischen hatte der Aufguß genügend gezogen, und nun mußte Waraka ihn trinken. War es so, Waraka? Heiß trinken erhöht seine Wirksamkeit. Sag es selbst, Waraka«, wandte Rukaija sich an ihren Verwandten.

»Sagte Othman das?« wollte aber Kadidscha wissen.

Rukaija stutzte. Auf diesen Umstand begann sie erst jetzt, da die Mutter danach fragte, Gewicht zu legen.

»Othman ...? Nicht gerade ... Aber das weiß man doch!« fuhr sie entschlossen fort und schüttelte damit ihre Verlegenheit ab. »Ein Heiltrank muß heiß getrunken werden. Sag doch was, Waraka!«

Doch Kadidscha kam ihm zuvor.

»So? Weiß man das? Die Menschen glauben so viel zu wissen, wenn sie an der Wirklichkeit vorbeigehen und an der Hauptsache. An diesem Fall scheint mir das Wirkliche zu sein, daß Othman zögerte, sich deiner sogleich zu bemächtigen, obwohl an seiner Verliebtheit aus hinlänglichen Gründen kein Zweifel bestehen kann.«

»Dann hat er also über das Mahr mit dir schon gesprochen?« begeisterte sich Rukaija.

Kadidscha lächelte.

»Und nun glaubst du«, sagte sie, »ich habe ihn verleitet, ein ebenso hohes Mahr zu bieten wie Utba? Und das würde ich dann unterderhand dir überlassen, damit du nicht gar so abhängig von deinem Mann wärest? Es bedarf dessen nicht und keiner Heimlichkeit. Du wirst ebensowenig von Othman abhängig sein wie er von dir. Im Hause des Musa ibn Chalil werde ich dir deinen eigenen Harem einrichten. Dort kannst du mit Othman leben ... wenn du willst. Othman hat eingewilligt.«

»Hast du?« fuhr Rukaija Othman an. »Hinter meinem Rükken?«

»Was konnte der Arme anderes tun, mein Kind?« meinte Kadidscha. »Da ich ihn fragte, mußte er doch wohl antworten. Wärst du mir zuvorgekommen, hätte er es dir gesagt. Da siehst du es, mein Othman, sie ist noch ein Kind. Die Hauptsache vergißt sie.«

»Aber ich will ja, Mutter!« rief Rukaija, »ich will ja!«

Damit warf sie ihre Arme um Othmans Nacken. »Am liebsten hätte ich es dir schon damals gesagt, als du –«

»Verzeih mir, Rukaija; aber deine Füße sind so wunderniedlich – ich konnte nicht widerstehen!«

»Ich dachte es gleich, Base«, sagte Waraka, »daß Mohammed in der Kaaba eine Offenbarung gehabt habe.«

»Er hat sie gehabt, Vetter«, bestätigte Kadidscha.

»Du weißt es auch? Ganz zugedeckt, wie verkrochen in seinen Decken, fand ich ihn, und seine Hand war naß von Schweiß.«

»Dennoch möchte ich, daß die Kinder zu ihm gehen, damit er sie segne. Sie sind Gläubige, er ist ihr Prophet. Und er ist Rukaijas Vater.«

XII

Wieder einmal war Du'l-Hiddscha, der letzte Monat im Jahr. Es war die Zeit des großen Haddsch – heilige Wallfahrt und weltliche Messe zugleich, der sich von Mekka aus noch andere Pilgerzüge nach benachbarten Heiligtümern anfügten. Den Abschluß bildete die dreitägige Messe und die Wallfahrt nach Mina. Dann würde es für eine Weile ruhiger werden in Mekka und den bundesgenössischen Orten. Die Händler hatten sich dann um das Glück, also um die Gunst der Götter und Göttinnen und ihres besonderen Vertrauens, bemüht, deren Wohlwollen sich am Umfang und Wert der Warenballen und am Geld in den Beuteln genau nachprüfen ließ.

Nach dem großen Haddsch kannte man auch die Schalttage des nächsten Jahres, die zum Ausgleich des arabischen Mondjahres mit dem Sonnenjahr festzusetzen Mekkas respektiertes Vorrecht war. Keiner konnte sich daran erinnern oder sich auch nur einer alten Überlieferung entsinnen, daß es jemals anders gewesen sei. Niemand hatte jemals vom Ursprung all dieser Gepflogenheiten etwas vernommen, und als gute Kaufleute, die ihren Vorteil kannten, wären die Mekkaner wohl die letzten gewesen, an dem erfreulichen Zustand auch nur das geringste ändern zu wollen. Solange die Gegenwart befriedigte, mochten sie sich die Zukunft nur als deren Fortsetzung vorstellen.

Über die Vergangenheit nachzudenken schien ihnen dagegen ganz und gar unlohnend zu sein.

Man hatte die Kaufmannsmessen immer mit Wallfahrten zu den Göttersteinen verbunden – jeder auf seine Art –, alle aber hatten dabei tagsüber gefastet. Mit dieser Frömmigkeit sollte himmlischer Segen dem Handel erschmeichelt werden und die Kahine, die Priester, konnten natürlich auch nicht umhin, das Fasten als ein ihren Herren Göttern und Damen Göttinnen wohlgefälliges Opfer hinzustellen. Die Wallfahrten und Messen fanden seit je zu bestimmten Jahreszeiten und an bestimmten Tagen statt. In einem Mondjahr ließen sich solche Fahrten natürlich nur durch Anknüpfung an den jeweiligen Mondstand festlegen, und da die Araber wie die Babylonier die Sterne als Götter verehrten, ergab es sich von selbst, daß der Jubel der festlichen Gelage, die weit von jeder Askese entfernt waren, nach Sonnenuntergang und vor Sonnenaufgang zur Zeit des scheinenden Mondes und zu dessen Ehren gefeiert wurden.

Die Nächte eines Fastenmonats waren also im Gegensatz zu den Tagesstunden Zeiten der Völlerei, des Trunks, jeglicher Vergnügungen und Lustbarkeiten, die sich nur denken ließen, des Glücksspiels, der Tänze und Lieder. Nicht nur die Garköche, Kuchenbäcker und Honigsieder hatten ihre Gewinne. Den Weinschenken ging es sogar noch besser. Sie vergaßen selten, neben ihren Zelten, Weinschläuchen und Kannen auch Schankmädchen mitzubringen, meist christliche Sklavinnen aus Syrien, die sich auf Schwatz und Gesang verstanden und gleichzeitig den Ruf genossen, durch allzu große Verschlossenheit gegen männliches Begehren nicht leichtfertig Ärgernis zu erregen. Christliche Schankmädchen kamen schwer zur Tugend, ebenso wie die Tugend nicht leicht zu den übelbeleumdeten arabischen Priestermädchen gelangte, die sich, ihren Heiligtümern zu Gewinn, den zahlungsfähigen Betern nicht versagen durften.

Wie hätten unter solchen Umständen auf einer Umrah Dichter fehlen dürfen? Viele neue Verse, triefend von Lob oder auch Hohn, füllten stets klatschbegierige Ohren. Aber ob Anmut oder Bitterkeit süßer Reime voll – gewalttätigen Streit gab es nie. Denn während einer Umrah waren die Gebiete von Mekka und einiger benachbarter Heiligtümer gebannt. Dann waren Krieg und Kampf streng verboten. Selbst Blutrache hatte in einem solchen Fall zu ruhen. Von den Messen wollte auch der rauheste Beduinenstamm nicht ausgeschlossen werden.

Weniger gefährlich als die oft geliebten, zuweilen aber auch gefürchteten Dichter waren die Märchenerzähler.

Märchen waren freie Phantasiegebilde, die nicht selten in mehr oder weniger gefälliger Verkleidung zu verschiedenen Zeiten neu dargeboten wurden. Sie knüpften nicht an tatsächliche Geschehnisse an, die bekanntgemacht oder der Vergessenheit entrissen werden sollten, sie warben nicht um die Meinung der Leute für oder gegen irgendwelche Tatbestände. Märchen wollten nur unterhalten. Ihre Erzähler kämpften durch ihren Vortrag lediglich um die Anerkennung der Kunst des Erzählten und gegen jegliche Langeweile.

Mohammed ibn Abdallah war kein Märchenerzähler. Er würde sich eine solche Behauptung sehr verbeten haben, und mit der gleichen Empfindlichkeit stand er Wahrsagern und Dichtern, vor allem den Dichtern, gegenüber, die er haßte. Er hätte sich überhaupt alles verbeten zu sein, außer was er war, nämlich Mohammed ibn Abdallah, der Haschimit und Allahs Prophet. Statt seine Offenbarungen als Ausstrahlungen seines eigenen Geistes zu erkennen, verehrte er sie als Botschaften göttlichen Ursprungs – und nicht nur er allein. Die Gläubigen, mochten sie auch nur eine Minderheit seiner Landsleute sein, waren genauso von ihm als Gesandten Gottes überzeugt wie er von sich selbst. Es war sein Glaube, der sie glauben ließ.

Mit seinen Anhängern veranstaltete er oft genug einen Tawaf, den religiösen Umlauf um die Kaaba, und predigte denen, die ihn umringten am Brunnen Zemzem. An keinen anderen Orten konnte er in gewöhnlichen Zeiten mehr Menschen zugleich antreffen als auf dem Markt. Manche unter den Leuten von Mekka mochten ihn vielleicht für einen Müßiggänger halten; aber seine Anhänger waren vom Gegenteil überzeugt. Tätige und tüchtige Kaufleute wie Zubair ibn al-Awwam, ein junger Verwandter Kadidschas, oder Talha ibn Ubaidallah, vom gleichen Stamm wie Abu Bekr, oder der ebenso kühne wie tapfere Abderrahman ibn Auf hätten sich ihm sonst wohl kaum angeschlossen und ihn als Haupt ihrer religiösen Gemeinde ohne Wanken verehrt. Wie alle anderen Gläubigen – ob arm, ob reich – billigten und bewunderten sie sein rastloses Bemühen um die Bekehrung der Mekkaner und aller, die Mekka besuchten. Wie er sich freilich dieser Aufgabe so ausschließlich hatte hingeben können, wenn er nicht Kadidschas Mann gewesen wäre – das war eine Frage, die nicht gestellt zu werden brauchte.

Aus den Reihen ungläubiger Patrizier lautete sie ohnehin anders: Hätte Gott, sprachen sie, wenn er einen Sterblichen zu seinem Gesandten erhöhen wollte, nicht eher unter uns die geeignete Persönlichkeit gefunden, denen die Mekkaner minderer Vornehmheit und geringeren Gutes gewohnheitsmäßig Gehör schenken?

Den Gläubigen aber, auf die es doch ankam, machten diese und ähnliche ärgerlichen Widerreden keinen Eindruck. Kadidscha zumal war ihre erste Glaubensgenossin, gewissermaßen eine Mitbegründerin ihrer Gemeinde. Sie war derselben Meinung, daß die Nächte des großen Haddsch trotz Lärm und Gelächter eine Gelegenheit seien, die der Prophet wahrnehmen müsse, um seine göttliche Lehre dem ausgelassenen Menschengemisch zu verkünden. Nur daß sie als Frau und Mutter von Mohammeds Kindern noch ein übriges getan und jene drei kräftigen jüngeren Männer bewogen hatte, ihren ihnen von Allah gesetzten hohen Gebieter dabei zu begleiten. Zu oft und zu laut hatte sich in letzter Zeit Widerspruch gegen Mohammed erhoben. Ihn zu schützen war sowohl Ehre wie Pflicht. Man wußte in der Gemeinde um Mohammeds zartes Gewissen. Bitter hatte er sich selbst angeklagt, Allahs Befehl zur Verkündigung schlecht befolgt zu haben, als er einem armen Blinden das Begehren, ihn zu sprechen, ablehnte, um sich desto eingehender mit einem vornehmen und reichen Mann zu befassen – obendrein nutzlos –, weil der Reiche nicht zu überzeugen gewesen war.

Daß die christliche Sklavin Paula ausgeschlafen habe, konnte man von ihr ebensowenig wie von allen anderen behaupten, die sich zur Zeit des großen Haddsch bei strahlender Sonne auf den Beinen befanden. Erst in der Morgendämmerung hatte sie sich einen Schlafplatz zwischen den Kamelen ihres Herrn, des Weinschenken Tiades, suchen können. Kamele waren immer da, weil die Beduinen mit ihnen zu bezahlen pflegten, ehe sie die Weinschläuche in ihre Zelte schafften, falls sie es nicht vorzogen, ihren Durst becher- und kannenweise zu löschen. Auch dafür war bei den Schenkwirten der Messe gesorgt. Sie verkauften Kamele gegen bare Münze, die den Beduinen fehlte, und irrten sich selten darin, daß der Kaufpreis schon zu ihnen zurückkehren werde. Kamele konnten Leute, die ihr Erwerb zu großen Reisen zwang, immer gebrauchen.

Bei den Weinschenken handelte es sich auch gar nicht um kleine Unternehmen. Entweder unterhielten die Besitzer selbst in ihrem Zelt auch noch Garküchen, oder sie verbanden sich mit Ortsansässigen dieses Gewerbes, die sich unmittelbar neben ihnen niederließen. Jedenfalls wurde von den Schankmädchen, auf denen das Geschäft nicht zuletzt beruhte, viel verlangt: außer weiblichen Reizen und Unterhaltungsgabe auch noch eine achtungeinflößende, gediegene Kleidung und die Kunst des Lesens und Schreibens. Vor allem aber des Rechnens.

Zwar hatte Mekka den wasserreichen Brunnen Zemzem, doch die Leute nannten sein Wasser schwer, was soviel heißen sollte, daß es schlecht schmeckte und ebenso roch. Sogar Trinkwasser, das, dem Wein zugesetzt, diesen nicht verdarb, mußte erst mit großen Kosten eingeführt werden.

Das alles erschwerte die Kundenbedienung, und Mädchen, die ihr gewachsen waren, konnte man nicht so nebenher auflesen oder erwerben. Sie waren der Weinschenken entscheidender Besitz, und es war zu verstehen, daß Tiades als umsichtiger Mann in seinem Ausschank nur eigene Sklavinnen beschäftigte, denen er zuvor noch Tanzen, Singen und Lautespielen hatte beibringen lassen. Nicht so sehr aus Sparsamkeit tat er das. Er war ein zu erfahrener Geschäftsmann, um nicht zu wissen, daß die Zufriedenheit und der gute Wille seiner Mädchen nur sein Einkommen erhöhten. So dachte er nicht daran, sich etwa an deren Gewinnen – gar an Männergeschenken für weibliches Entgegenkommen – zu vergreifen. Ob Sklavinnen oder freie Mädchen – wenn er verdienen wollte, mußte er es ihnen gutgehen lassen. Daß Sklavinnen nicht so ohne weiteres und ohne seine Einwilligung fortgeheiratet werden konnten, war ein anderer Vorteil, der gelegentlich einmal wahrgenommen werden konnte, wenn er den Kaufpreis kassierte.

Es gab noch ein anderes Band, das oft die Prinzipale mit den Mädchen verband. Überall in Arabien lebten Christen: als einzelne Anhänger und in kleinen Gemeinden bis zu Bistümern. Ja, es gab sogar christliche Dynastien, wie die Lachmiden und die Ghassaniden im Norden der arabischen Halbinsel. Fast alle Sekten waren vertreten, fast alle gnostischen Spekulationen fanden hier irgendwo ihren Niederschlag, doch immer blieben der Geist und die Lebensart dieser Christen arabisch, wie denn die Vielehe, besonders in den christlichen Herrscherhäusern, als selbstverständlich fortbestand. In den Augen der Araber gehörte ein wohlversehener Harem nun einmal zum Glanz der Herrscherwürde.

In der Hauptsache war die christliche Bevölkerung Arabiens in einzelnen Zentren fest ansässig, während die Weinschenke ihr Gewerbe im Umherziehen ausübten. Aber sie behielten doch ein Interesse daran, beim Wiederkommen zu einem der von ihnen gewohnheitsmäßig besuchten Plätze christliche Glaubensgenossen vorzufinden. In diesem Fall gewann der gemeinsame Glaube eine ähnliche Bedeutung wie sonst in Arabien der Stamm. Zu den Festen der Kaaba kamen arabische Pilger aus allen religiösen Vereinigungen nach Mekka – auch Magusier, Heiden und Christen, und obwohl die christliche Bevölkerung Mekkas zu den untersten Schichten gehörte, über die sich die wohlhabenden Weinwirte eigentlich erhaben fühlten, stellten in diesem Fall die Herren der Schläuche und Kannen ihre gesellschaftlichen Bedenken dennoch beiseite. Ein Gefühl der Gemeinsamkeit gab es doch, auch wenn die Glaubensbrüder meist nicht zu den besten Kunden gehörten.

In Arabien pflegten Christen religiöse Versammlungen durch den hölzernen Naquus einzuklappern, statt einzuläuten, und da das jetzt am frühen Nachmittag geschah, waren die arme Paula und einige ihrer Gefährtinnen immer noch recht unausgeschlafen. Aber es war vorgesehen, daß die Mädchen sich an diesem Tag mit ihrem Prinzipal auf dem Markt und im Vorhof der Kaaba wieder einmal dem Pilgergemisch aus ganz Arabien und den selbstgefälligen Mekkanern zeigen sollten, die an den oft so erstaunlichen Kulturbräuchen der Fremden ihre Freude zu haben gedachten, während sie die Äußerung ihrer eigenen Frömmigkeit mehr auf die Zeit nach der Messe verlegten, in der sie wieder unter sich sein würden. Auf diese Weise teilte sich die Menge ganz zwanglos in interessierte Zuschauer und in solche, die religiöse Bedürfnisse befriedigen wollten, wobei die letzten durch eine wohlwollende Großzügigkeit, die jeder jedem entgegenbrachte, beschützt und gefördert wurden. Das zeigte sich schon in der Kleidung. Bei den meisten war es die Alltagstracht, sei es nun, daß die Beduinen oder Städtebewohner, Kaufherren, Handelsbedienstete, Kameltreiber oder als Wächter angeworbene Söldner waren. Die Weinwirte kamen in irgendeiner Abwandlung byzantinischer Gewänder, Schankmädchen in langen, an den Fußknöcheln sittsam zugebundenen Hosen, darüber ein weites, nicht selten ärmelloses Kleid. Sie alle waren ja einstweilen noch Zuschauer, die kultische Zeremonien erst vor kurzem vollzogen hatten und in Kürze vollziehen würden. Alle Farben waren zu erblicken, am häufigsten allerdings eine, die keine war, nämlich Schwarz. Nahrung und Trunk waren tagsüber verboten, und so dämpfte allein schon dies strenge Fasten allzu heißes Temperament, das in der Menge schlummern mochte. Jedenfalls mußte das Wachsein, solange die Sonne schien, erst einem wohlverdienten und erwünschten Schlummer entrissen werden, ein Umstand, der nicht zur Verschwendung des mit soviel Überwindung Errungenen ermunterte.

Der kleinere Teil bestand aus den Pilgern, die sich entschlossen hatten, gerade jetzt ihre religiösen Pflichten zu erfüllen. Man erkannte sie an ihrer Bekleidung, wenn man zwei viereckige Stücke Stoff – eins für die Brust, das andere für die Lenden – Bekleidung nennen wollte. Aber mochten unzählige Götter, Göttinnen und Sekten verbreiteter Bekenntnisse auch die Beobachtung noch so absonderlicher und unterschiedlicher Riten zu ihrer Befriedigung verlangen – alle waren erlaubt und alle geachtet –, wenn sich die Wallfahrer bei der eigentlichen gottesdienstlichen Handlung nur der seit je einzig und allein anerkannten Pilgertracht bedienten. Ob es sich um Anbeter irgendwelcher Gestirne, Steine und anderer Altäre, um Mitglieder christlicher Sekten oder um persische Feueranbeter handelte – sich mit mehr als den beiden Stoffetzen zu bedecken hätte nach der Überzeugung aller ihren Gottesdienst jeder Wirkung beraubt.

Um sich in dieser Menge zu verlieren, hatten Tiades und seine Mädchen nicht weit zu gehen. Ganz nahe beim Markt erhoben sich nordöstlich die beiden Hügel Marwa und Safa, auf deren höchsten Erhebungen sich seit je zwei kleinere Altäre befanden. Als willkommenes Bauland in der Stadtmitte waren sie dagegen wegen des Gerölls, aus dem sie bestanden, wenig zu gebrauchen. Dort hatten sich, durch die Nähe der Kaaba begünstigt, die leichten, meist roten Zelte, insbesondere auch die der Weinschenke, angesiedelt. Denen machte es nichts aus, wenn sie bei der Wiederkehr den stets beweglichen Grund etwas verändert vorfanden. Sie paßten sich diesen Veränderungen eben an. Auf dem Markt aber war ein ebener, festgestampfter Grund. Darauf hielt man in Mekka, weil das nicht nur der eigenen, sondern auch der Bequemlichkeit der fremden Besucher diente; denn das Kernstück aller religiösen Handlungen war immer der Tawaf, der Umgang, mit dem teils gehend, teils laufend die Kaaba und der schwarze Stein umkreist wurden.

»Bilal!« rief Paula, gerade als sie sich auf die gekreuzten Beine zu ihrer Gesellschaft niederlassen wollte. Auch der Angerufene, ein einfach gekleideter Mensch, der das dreißigste Lebensjahr noch nicht lange überschritten haben konnte, machte eine Geste des Wiedererkennens und bahnte sich durch die Menge einen Weg zu seiner Bekannten.

Bilal war ein Abessinier, und für Paula galt es daher als selbstverständlich, daß er ein Christ sei, und zwar nicht einer jener manchmal recht seltsamen Sekten, deren Lehren sich vom Ursprung des Christentums zuweilen fast schon bis zur Unkenntlichkeit entfernt hatten. Volk und Staat Abessinien bekannten sich zu der dogmatisch und hierarchisch fest umrissenen koptischen Frühkirche, die keiner Willkür Raum gab. Der Abuna, der höchste Geistliche des Landes, ging immer aus einem der koptischen Klöster Ägyptens hervor und wurde von dem geistlichen Oberherrn, dem koptischen Patriarchen von Alexandrien, ernannt.

Paula hatte vor Jahren mehr als einmal mit Bilal längere Gespräche über das Christentum geführt. Sie war offensichtlich darüber erfreut, ihn wiederzufinden. Daß Bilal ein Sklave war – daran nahm sie keinen Anstoß. Sie war selbst Sklavin – allerdings in einem Geschäft, bei dem es offenblieb, ob die Schankmädchen und Sklavinnen mehr von ihrem Herrn oder der Prinzipal mehr von seinen Sklavinnen abhängig war, und in dem das Interesse aller das Zusammenhalten aller verlangte. So gut hatte Bilal es nicht. Seine Kleidung machte das deutlich, während Paula schon aus Berufsgründen eleganter angezogen sein mußte als Frauen und Mädchen sonst ehrsamer Familien der mekkanischen Mittelschichten. Die Pflichten eines Schankmädchens beim Trunk, beim Maisirspiel – einem beliebten Glücksspiel der Araber – und bei jeglicher Art Unterhaltung von Tanz, Gesang und handfester Erotik bis zu gehobenen Gesprächen machten eine anreizende Festlichkeit der Erscheinung notwendig. Aber Christin war Paula, wenn man ihr auch – ohne daß es bewiesen werden konnte – eine kleine Neigung für die Nestorianer nachsagte, die in Byzanz verfolgt wurden, in Persien jedoch die einzige dort bekannte Form des Christentums waren und selbst von der keineswegs duldsamen Staatsreligion des Zoroaster nichts zu befürchten brauchten.

»Ich freue mich, Bilal«, sagte Paula, »daß du mich nach Jahren sofort wiedererkanntest.«

»Freuen kann ich mich, Paula«, meinte er. »Mir ist es eine Ehre, daß du dich meiner entsinnst. Ich habe später noch oft an dich denken müssen, als euer Zelt schon längst wieder woanders stand – nämlich dann, wenn ich unsere Gespräche allein fortführte. In meinen Gedanken fand ich immer noch etwas, was ich dir hätte sagen können, nur daß es mir nicht gleich eingefallen war.«

»Das können wir alles nachholen, Bilal. Bis zur Wallfahrt nach Mina bleibt Tiades hier. Wir haben noch Zeit.«

Es fiel ihr nicht auf, daß Bilal die Antwort schuldig blieb, auch erregte eine Bewegung in der Menge ihre Aufmerksamkeit.

»Sieh doch!« rief sie. »Da schickt sich eine Betschaft zum Tawaf an. Wer sind sie? Kennst du sie?«

»Vielleicht Leute aus den Kinda-Stämmen? Oder vom Hudhail?«

»Daß es keine Abessinier sind, kann ich mir denken«, sagte sie. »Ihr seid koptische Christen, und von euch findet man selten einen im Gebet an der Kaaba. Euer Abuna verbietet euch das wohl?«

»Man sieht uns lieber in der Kirche zu Aksum.«

»Nun, ich bin auch Christin, aber so heikel bin ich nicht. Ganz Arabien und auch viele Menschen anderer Völker kommen zur Kaaba, um zu beten. Deswegen bin ich nicht schlechter.«

»Dergleichen habe ich auch nicht gesagt, Paula! Die Kaaba ist das Haus Abrahams und seines alleinigen Gottes.«

Bei einer anderen Gelegenheit hätte Paula wahrscheinlich noch einiges erwidert. Sie neigte dazu. Aber jetzt formte sich der Zug der fremden Wallfahrer zum Tawaf.

Männer und Frauen, Mädchen und Jünglinge, sie alle, die sich zur Verehrung des Heiligtums anschickten, waren nur mit den kultischen beiden Tüchern der Pilgertracht bekleidet. Auf diese Weise befand sich nicht viel zwischen der Gottheit, die sie anriefen, und ihrer Haut. Mit einem feierlichen Schreiten begann es und einem ebensolchen getragenen Gesang, der durch ein langsames Händeklatschen gestützt wurde. Der Name des angerufenen Gottes oder der Göttin oder beider war von Außenstehenden schwer zu verstehen. Es kam mehr auf dic Töne des Gesanges als auf die Worte an. Vielleicht galt die Huldigung der Göttin al-Uzza, dem Venusstern, oder Sams, der Sonne.

Nun war zum erstenmal der schwarze Stein erreicht. Die Führer des Zuges näherten sich ihm. Aber plötzlich ging die gemessene Ehrerbietung in eine stürmische Hingabe an den verehrten Gegenstand über. Alle wollten das als Sternschnuppe vom Himmel gefallene Zeugnis einer lebendigen Gottheit küssen, alle hielten die überirdische Botschaft gerade und vor allem an sich selbst gerichtet, jeder wollte den Stein fühlen, betasten, gierig umschlingen, bis er wie unter einem Bienenschwarm gänzlich von Menschenleibern bedeckt war. Entfesselte Schreie leiteten ein hitziges Tempo des kurz zuvor so feierlichen Gesanges ein. Das Schreiten wurde ein wildes Rennen, unaufhaltsam war der Aufbruch. Hier Hände, dort Fäuste rissen sich die Tücher von Schultern und Lenden, und mit betäubendem Klatschen, geilem Geschrei umrasten Beter und Beterinnen mit tanzenden Brüsten und Tücherschwenken die Kaaba.

Auch die Zuschauer waren erregt.

»Tiades meint«, keuchte Paula, »daß man einen Tawaf wie diesen heutzutage viel weniger zu sehen bekomme. Besonders bei den Mekkanern sei er so gut wie ausgestorben.«

»Das kommt, weil sie längst nicht mehr so fromm sind. Sie zeigen ihre Frauen und Mädchen nicht gerne nackt auf dem Markt. Noch dazu umsonst!«

»Sag es nur lieber gleich, Bilal. Sie sind geizig. Unsere besten Kunden sind die Nomaden. Wenn die sich einmal frei getrunken haben, geben sie alles her, ohne zu fragen. Bei den Mekkanern dagegen muß sich alles erst lohnen. Und ihre Götzen sind genauso knauserig wie sie selbst. Die verlangen nur Opfer.«

»Wenig freundlich urteilst du über die Leute von Mekka. Aber du bist eben Christin.«

»Und wie steht es mit dir? Bist du kein Christ?«

»Ich? Nun ja – ich bin in Abessinien, also gleichsam als Christ geboren …«

»Aber Bilal! Das meine ich doch gar nicht! Nicht deswegen bist du Christ. Oder bist du auch so einer, der ein Wort erst viele Male umkehrt, ehe er es ausgibt? Erinnere dich doch der stundenlangen Gespräche, die wir vor Jahren hatten. Ich entsinne mich noch sehr gut. Hätte ich dich sonst angerufen? Denn gute Kunden wart ihr ohnehin nicht, du und der andere, mit dem du immer zu mir kamst. Der war freilich kein Abessinier. Aber Christ war er gewißlich auch, obwohl ein richtiger Mekkaner, wenn auch ganz anders als die Menschen sonst hierzulande. Lebt er noch hier, und triffst du ihn noch zuweilen? Er heißt, wenn ich nicht irre …«

»Ich weiß. Du meinst Mohammed ibn Abdallah.«

»Mohammed! Natürlich. Das andere hab ich vergessen. Aber Mohammed hieß er.«

»So heißt er immer noch und lebt immer noch in Mekka.«

»Das freut mich, Bilal! Bring ihn doch bitte zu mir ins Weinzelt dort – siehst du? –, nur wenige Schritte von hier. Willst du?«

»Wenn es sich so macht, werde ich es ihm sagen.«

Paula runzelte die Brauen. Von einem Mann wie Bilal hatte sie mehr Entgegenkommen erwartet.

»Was heißt das: wenn es sich so macht? Du gehst einfach zu ihm und sagst, daß ich da bin und ihn erwarte. Vergessen hat er mich gewiß nicht.«

»Und dann?« Bilal sah sie prüfend an. »Heiter war er doch nie. Wenn er im Zelt war, besorgten das Lachen die andern. Dennoch scheint er großen Eindruck bei dir hinterlassen zu haben?«

Paula ahnte natürlich nicht, daß Bilals Interesse nicht so sehr ihrer eigenen Person, sondern weit mehr Mohammed galt und dessen Wirkung auf das Schankmädchen Paula. Mit Genugtuung erblickte Bilal darin die Bestätigung der geheimnisvollen Kräfte des Propheten.

In dieser Hinsicht war Paula völlig arglos.

»Du hast recht, Bilal«, meinte sie, »heiter und unterhaltsam war Mohammed gerade nicht. Aber ich hoffte ihn für das Christentum günstig zu stimmen, und er war so begierig nach jedem meiner Worte, ob es sich nun um die Geschichte Christi und der Apostel oder auch um das Alte Testament handelte. Vielleicht war auch meine Eitelkeit im Spiel; doch heute, nach Jahren, ist er mir noch genauso gegenwärtig, als hätten wir uns erst letzte Nacht getrennt. Eitelkeit vergißt schneller – meinst du nicht auch? Und ist er so, wie ich ihn noch immer sehe? Vielleicht hat er sich sehr verändert? – Du mußt es ja wissen. Größer kann er nicht gut geworden sein. Über ein gutes Mittelmaß ging er nicht hinaus, und wenn er an Umfang nicht zugenommen hat, hoffentlich nicht, so ist er eher mager. Und dann sein sanft gewelltes Haar, schwarz wie Ebenholz. Fällt es ihm immer noch in Locken auf die Schultern?«

»Ich erstaune über dein Gedächtnis, Paula.«

»Das freut mich. Es würde mir schwerfallen, mich in einen anderen Mohammed zu finden. Seine nachtdunklen Augen leuchteten so durchdringend aus seinem weißen Gesicht, daß ich sie mitten in mir fühlte, wenn er mich ansah. Stutzerhaft war er nie, doch sein Bart war stets gepflegt, eine seidige Umrahmung seiner wundervoll weißen Zähne.«

»Sag mir, Paula, warst du etwa in ihn verliebt?«

»Ich weiß es nicht; aber ich vergaß ihn nicht, weil ich nie einen Mann traf, der mir besser gefallen hätte als er.«

»Amin«, beschloß Bilal dies Geständnis des syrischen Mädchens.

»Dennoch ist Mohammed heute noch immer kein Christ«, eröffnete er ihr dann. »Doch deswegen waren deine Mühen nicht umsonst. Er ist der uns von Allah, dem alleinigen Gott, erweckte Prophet. Auch ich bin – obwohl unwürdig – ein Gläubiger seiner Gemeinde.«

XIII

Paula war es nicht leichtgefallen, Bilal zu verstehen. Sie hätte die Mitteilung begriffen, Mohammed habe den jüdischen Glauben angenommen. Als eine jüdische Sekte war ohnehin den ersten Christen ihr Glaube erschienen; erst gegen den sehr heftigen Widerstand der Juden wurden sie in die Rolle einer Weltreligion gedrängt.

Selbst Mohammeds Aufgehen in den Kult irgendeines heidnisch-arabischen Altars hätte sie, wenn auch wahrscheinlich mit einiger Geringschätzung, hingenommen und damit wohl an die irdischen Vorteile gedacht, die dem Herrn einer anerkannten Opferstätte aus ihr erwachsen konnten. Bisher hatte sie – die Christin – auf das Götter- und Göttinnengewimmel des arabischen Olymps stets mit einer lässigen Verachtung hinabgeblickt.

Statt dessen hörte sie jetzt einen Namen, den sie zwar gelegentlich schon vernommen hatte, ohne damit fest umrissene Vorstellungen zu verbinden, am allernotwendigsten die von einem einzigen, allmächtigen Gott, als den sie bisher nur den christlichen Weltgott und den jüdischen Jehova gekannt hatte. Bilal aber hatte Allah so genannt. Mohammed sei reinblütiger Araber, dachte Paula, und so wäre ihm nach ihrer Meinung, um sich vom Heidentum zu lösen, nichts übriggeblieben, als sich einer Weltreligion, etwa den Juden, anzuschließen, die sich in zahlreichen Stämmen in Arabien niedergelassen und ausgebreitet hatten. Das habe er jedoch nicht getan, sondern seine Berufung vom einzigen, allmächtigen Allah erhalten, offenbar dem gleichen wie Jehova und der himmlische Vater der Christen. Demnach sei Mohammeds Wandlung ein Aufruf an die Araber, ohne Anschluß an eine schon bestehende Religionsgemeinschaft, sich von der Vielgötterei zu befreien und sich dem gleichen Gott zu unterwerfen, zu dem auch sie, Paula, bete?

Ob freilich Mohammeds Berufung in Wahrheit Gottes Wille sei, wagte sie nicht zu entscheiden. Doch wenn sie auch eher zweifelte, daß ihre eigenen Priester diese Frage bejahen würden, so verfehlte ein Umstand nicht, einen großen Eindruck auf sie zu machen und ihre schon vorhandene Zuneigung für den alten Freund zu vertiefen: Eine Gemeinde von Gläubigen habe sich bereits um Mohammed geschart und verehre in ihm ihren geistlichen Herrn und Allahs Propheten. Bilal hatte berichtet, die Pforte des Paradieses öffne sich nur dem, der an den Allmächtigen glaube, und nur der könne glauben, der auch in Mohammed Allahs Propheten erkenne.

Bilal war ein Sklave, aber er gehörte Kadidscha nicht, und so hatte sie ihn auch nicht wie die drei andern Gläubigen zu Mohammeds Schutz aufgeboten. Sie hätte dazu kein Recht gehabt, und Bilal selbst war einsichtig genug, in seiner Person keine Vermehrung des Ansehens für den Propheten zu erblicken. Etwas anderes war es mit der Weinbude des Tiades. Dort war er früher oft genug mit Mohammed gewesen, und zu den Gesprächen mit der Christin Paula war er als gern gesehener Teilnehmer hinzugezogen worden. Nichts freilich wußte er von dem, was der Meister und seine Anhänger in dieser Nacht vorhatten.

Es war mehr die Freude über das Wiedersehen mit dem Schankmädchen, das ihn zum Weinzelt trieb, wobei er es nicht für unmöglich hielt, Paulas unerloschenes Interesse für Mohammed allmählich neu zu entfachen.

In einem Weinzelt bestand die Inneneinrichtung überall, ob nun in Antiochien, Damaskus oder Byzanz, aus hölzernen Tischen und Bänken. Wie aber hätte man so viel Holz in die Steinwüste von Mekka verfrachten sollen? Die dazugehörige Anzahl von Kamelen hätte das Geschäft untragbar verteuert. So war Tiades auf den Gedanken verfallen, sich von einem Ziegelstreicher Ziegel zu leihen, die er sowieso nicht wieder mitnehmen konnte. Hieraus hatte er Tische und Sitzgelegenheiten für anspruchsvollere Gäste zusammenstellen lassen. Besonders bei Paulas Ausschank war das für begünstigte Gäste geschehen, die sich in der Nähe der Sängerinnen und Tänzerinnen anzusiedeln trachteten. Bilal teilte diese Gunst zwar nicht wegen der Größe seines Verzehrs, sondern als Paulas Gast. Er brauchte sich also nicht auf den Strohsäcken oder den vornehmeren Teppichen einen Platz zu suchen, sondern konnte gemächlich eine irdene Weinvase entgegennehmen, aus der eine lange, gerade Tülle herausragte. Nicht alle wußten so wie er damit umzugehen. Auf Armlänge hielt er die Vase von sich und ließ den Wein in einem starken Strahl durch die Tülle von oben in seinen geöffneten Mund fallen, ohne daß seine

Lippen das Gefäß berührten. Alles, was beim Trinken zu tun war, besorgte die Gurgel allein.

Plötzlich ließ Bilal den Wein versiegen und wandte sich dem Mädchen zu.

»Du, Paula! Bitte bring doch den dort mit dem gelben Mantel und den anderen auf einen Platz, von dem sie den Eingang nicht beobachten können. Ich sag dir den Grund gleich.«

Mit einem Achselzucken erfüllte Paula die Bitte und brachte die neuen Gäste in einer anderen Ecke auf einem schönen Teppich ehrenvoll unter.

»Was ist mit deinen Freunden?« fragte sie dann bei ihrer Rückkehr.

»Achtbare Bürger, die sich mit fremden Sklaven befreunden, wirst du in Mekka nicht viele finden, Paula. Der im dunklen Gewand ist der Kaufmann Nadr ibn al-Harith. Er ist weit herumgekommen und lebte jahrelang in Hira. Heute importiert er vornehmlich Perserwaren.«

Die Stadt und das Land Hira am persischen Meerbusen waren ein selbständiges Königreich unter einer lachmidischen Dynastie. Das erklärte auch Nadrs vornehmliche Beschäftigung mit persischen Gütern und seine Ausfuhr arabischer Erzeugnisse nach Persien über Hira.

»Und der andere, der Sonnengelbe?« erkundigte sich Paula. »Scheint ein ziemlicher Stutzer zu sein, spreizt sich wie ein Pfau.«

»Ja, das tut er«, bestätigte Bilal, »aufgeblasen und eitel. Übrigens ist er Mohammeds Vatersbruder.«

»Das hättest du doch gleich sagen können!«

»Durchaus nicht. Du denkst falsch. Abu Lahab ist alles andere als seines Neffen Freund. Ganz im Gegenteil! Bitte schnell, Paula, hol ihn doch her!«

»Wen, den Sonnengelben?«

»Nein doch! Den, der eben hereinkommt. Siehst du denn nicht? – Es ist Mohammed mit seinen Freunden.«

Bilal war ehrlich überrascht. Er hatte nicht gewußt, daß Mohammed in dieser Nacht unter das Volk gehen würde, und außerdem gab es so viele Zelte, von denen jedes einzelne der Schauplatz seines Auftretens hätte werden können. Es waren schon viele Zufälle nötig gewesen, um Mohammeds Eintreffen zu bewirken, noch dazu in einer

Stunde, da Abu Lahab und Nadr ibn al-Harith schon da waren, ohne ihn bemerkt zu haben oder von ihnen bemerkt worden zu sein.

Bilal konnte nur noch rasch Paula bitten, sich Mohammeds anzunehmen, denn der würde bestimmt noch zu den Anwesenden sprechen wollen. Bilal war es nämlich nicht entgangen, daß Paula sich in ihrem Bereich Autorität auch dem Prinzipal gegenüber verschafft hatte, der sich in vielem auf ihre Tüchtigkeit verließ. Wo es angebracht erschien, kündigte sie eine auftretende Tänzerin oder Sängerin vorher an und in diesen Nächten des großen Haddsch auch wohl einen gut gelittenen Märchenerzähler von Beruf.

In diesem Augenblick freilich war keiner zu erspähen, es sei denn, daß sich vielleicht ein Unbekannter unter den Gästen befand, der das Erzählen nicht berufsmäßig gegen Geld, sondern aus reiner Liebhaberei betrieb. Davon hatte Paula nichts wissen können.

Gerade in diesem Augenblick schmunzelte Abu Lahab seinem Freunde Nadr zu:

»Meinst du nicht, Nadr, daß es an der Zeit wäre, die Leute durch eines deiner hübschen persischen Märchen zu ergötzen?«

»Das sagst du doch nur, mein Abu Lahab, weil du dem Griechen Tiades Wein aus Schiras verkauft hast und ihm nun gefällig sein möchtest, ohne daß es dich etwas kostet.«

»Das sagte ich in der Überzeugung, daß deine Kunst, die in unsern kleinen Kreisen so gefällt, auch hier ihre Freunde finden wird. Du wirst sehen: morgen bist du die Berühmtheit dieses Haddsch.«

»Gedulde dich, Lahab, bis es an der Zeit ist.«

»Und wann wird das sein?«

»Das kannst du leicht merken: Wenn die Leute nicht mehr nüchtern und noch nicht ganz betrunken sind. Dann ist es soweit.«

Aber einstweilen ergab sich für Nadr ibn al-Harith eine von ihm und seinem Freund gar nicht vorgesehene Wartezeit. Sie vernahmen plötzlich Paulas Stimme:

»Leute des Haddsch, Leute der Umrah dieses Jahres, die ihr nach Mekka gekommen seid, um zu beten! Nicht unangemessen eurer Wallfahrt scheint es, jetzt das Haupt der Gläubigen Mekkas zu hören, den Herrn der Gläubigen Allahs, des Erbarmers, des Barmherzigen, des Schöpfers der Welt, des Ewigen. In einer gesegneten Nacht in einer Allmachtsnacht hat Allah seinen Knecht Mohammed ibn Abdallah, den Haschimiten, als seinen Propheten zu den Menschen entsandt.«

Ganz anders als die Scherze oder Anpreisungen, mit denen Paula sonst eine Bauchtänzerin oder Sängerin anzukündigen pflegte, waren diese Worte. Aber sie waren nicht von ihr. Bilal hatte sie ihr vorher zugeflüstert. Als sie fertig war, fühlte sie sich sehr erleichtert, daß sich kein Widerspruch erhob. Hier war schließlich ein Weinschank und nicht der Markt von Mekka, auf dem alles – der Handel und die Religion, die vielfach zusammenfielen – ernsthaft behandelt wurde.

Auch Lahab und Nadr schwiegen. Abu Lahab ersah nach dem ersten Schock wohl die Gelegenheit, seinem Neffen, wie so oft schon, durch Widerspruch und Abspenstigmachen der Hörer, in die Quere zu kommen; vorläufig freilich schien es besser, sich zurückzuhalten.

Ungehindert konnte Mohammed beginnen. Aber er sprach seine Hörer ganz anders an, als man bei einem religiösen Thema hätte erwarten sollen.

»Meine arabischen Brüder« – nicht als Beter und Pilger sprach er sie an, sondern als Volk seines Landes –, »Männer und Frauen Arabiens, ihr alle, die ihr wie ich euch Abrahams, des Stifters der Kaaba, als eures Ahnherrn rühmt, ich verkündige euch, daß auch euch ein Buch entstand, ein arabisches Buch, das gleicherweise wie die Thora der Juden und die Bibel der Christen aufbewahrt wird im Himmel und euch zu Kindern des Buches macht; denn Allah gab euch das Schreibrohr und die Schrift. Zu Gläubigen Allahs macht euch das Buch, wenn ihr willig dem Allmächtigen euer Ohr leiht.

Leute aus dem Hedschas und Jemen, aus dem steinigen Arabien des Nordens und aus Hadramaut, Leute aus dem Nedsch und Jathrib, von allen Stätten und aus allen Städten unseres Landes, in dem wir nach Allahs Willen wohnen und wandern – was ich euch künde, ist reine Wahrheit von Gott.«

Einem sehr großen Teil der Mekkaner waren diese Worte nichts Neues; denn in all den Jahren seiner Prophetenlaufbahn war Mohammed nie in der Verkündung seiner ihm gewordenen Offenbarung erlahmt.

Aber wie viele Mekkaner befanden sich schon im Ausschank des Griechen Tiades? Die Anwesenden bestanden offenbar weit mehr aus Beduinen, barbarischen Nomaden, ferner aus Pilgern entfernter Städte und Länder, dazu noch aus Griechen, Äthiopiern, Persern und anderen nichtarabischen Leuten. Es war ein Menschengemisch, wie es nur bei den hohen Festen Mohammed als Hörer sich darbot.

Für Paula jedenfalls waren seine Worte neu. Er hatte die Bibel genannt, und dadurch fühlte sie sich als Christin bestätigt. Es rührte sie, wie sie ihn da stehen sah, abgezehrter, als sie sich seiner erinnerte, blaß, mit Haaren, die ihm über die Schultern fielen, mit Augen, die sie früher schon hatten erschauern lassen, aber nie so glühend, versengend gewesen waren. Sie wollte hören und hörte, als Mohammed fortfuhr:

»Wahrlich, spricht Allah, der allmächtige Schöpfer Himmels und der Erden, ich erschuf den Menschen in schönster Gestalt, und wiederum machte ich ihn zum Niedrigsten der Niedrigen – außer denen, die da glauben und das Rechte tun. Ihnen wird unverkürzter Lohn, verheißt der Herr. Nichts anderes ist ihnen geboten, als Allah zu dienen reinen Glaubens und das Gebet zu verrichten und die Armenspende zu geben, denn das ist der wahre Glaube. Nicht eher verfielen die Ungläubigen unter den Kindern der Schrift und den Götzendienern in Sünde, als bis der deutliche Beweis der Offenbarung zu ihnen kam und sie dennoch nicht glaubten. Der Beweis aber ist der Gesandte Allahs, der reine Seiten verliest aus den wahren Schriften.

Siehe, die Ungläubigen unter den Kindern der Schrift und den Götzendienern werden in Dschehamams Feuer brennen und ewig darin verweilen. Sie sind die schlechtesten der Geschöpfe.

Doch die Gläubigen und die, welche das Rechte tun, sind die besten Geschöpfe.

Ihr Lohn sind Edens bächedurchrieselte Gärten, ewig und immerdar darinnen zu verweilen.

Zufrieden mit ihnen ist Allah, und sie sind zufrieden mit ihm.

Solches sagte dem, der den Herrn fürchtet, der Prophet«, schloß Mohammed ibn Abdallah seine Verkündung.

Wie Wind über Gesträuch ging ein Aufatmen durch die Zuhörer, dem ein Flüstern folgte. Immerhin hatte Mohammed einigen Eindruck gemacht – besonders auf die Frauen.

Doch die Stille des Lauschens war vorüber, und Abu Lahab fühlte sich wie ein losgelassener Köter. Er war seiner Stunde gewiß.

Um seinem Eingreifen vor den vielen Fremden, die sich in den Familienverhältnissen Mekkas nicht auskannten, mehr Gewicht zu geben, bekannte er sich sogleich zu seiner Verwandtschaft mit Mohammed. Dabei rechnete er damit, daß niemand annehmen könnte, jemand würde aus bloßem Übelwollen ein Mitglied der eigenen Familie bloßstellen.

»Mein Mohammed, Sohn meines Bruders Abdallah«, rief Abu Lahab lauter, als nötig gewesen wäre. »Erachtest du bereits eine Frage als so schwere Sünde, daß sie mich dem ewigen Feuer überantwortet?«

Dabei lachte er, und einige erhoben sich mit gleichem Lachen ebenfalls gegen den Verkünder.

»Abu Lahab, mein Oheim«, erwiderte Mohammed sofort, »ich kenne dich und beklage dich. Eine Frage braucht keine Sünde sein, wenn sie reinen Herzens und lauter getan wird. Deine Frage aber ist gewißlich, wie ich dich kenne, eine Ableugnung Allahs, des Allmächtigen.«

Talha ibn Ubaidallah, der Verwandte Abu Bekrs, sprang auf!

»Es gibt keinen Gott außer ihm«, schrie er, »und Mohammed ist sein Prophet!«

»Dann bist du also der Prophet, mein Neffe?« höhnte Abu Lahab dagegen. »Ich hörte schon davon, aber es ist gut, das genau zu wissen. Nun, Talha sagt es, und Talha ist ein ehrlicher Handelsmann, der nichts sagt, was er nicht glaubt.«

Zubair ibn al-Awwam und der starke und kühne Abderrahman ibn Auf, beide wie Talha nicht minderen Ansehens wie Lahab, riefen ihm entgegen:

»Wir sind Gläubige, Abu Lahab, wie du uns hier siehst, Mitglieder der Gemeinde der Gläubigen in Mekka sind wir, die sich zu Allah bekennt. Willst du sagen, daß wir mit Lügen umgehen?«

»Aber meine Freunde, liebe Nachbarn«, zog sich Lahab elegant aus der Schlinge, »nie habe ich so etwas gesagt! Ihr seid ehrsame Leute. Hier vor allen erkläre ich, daß ich mit jedem von euch jedes Geschäft machen will, das ihr mit mir abzuschließen bereit seid.«

Diese Worte trugen ihm einen kleinen Beifall ein.

»Ich habe niemanden beleidigt«, fuhr er fort, »und ich hoffe, daß es niemanden beleidigen wird, wenn ich meinem Brudersohn aus verwandtschaftlicher Zuneigung ein Geschenk anbiete?«

»Was für ein Geschenk?« kam es aus der Menge.

Selbstgefällig strich Abu Lahab die beiden Locken, die ihm von den Schläfen herunterhingen.

»Hier vor all diesen Zeugen«, sagte er, »schenke ich Mohammed ibn Abdallah alles, was mir mein Dahr, mein Schicksal, noch vorbehält, und zwar von dem Tage an, wenn ich tot bin. Ich gestehe«, sagte er und ließ sich dabei vom entstandenen Gelächter tragen, »ich selbst weiß wenig damit anzufangen. Mit Mohammed ist das etwas anderes, er verkündet ein Leben nach dem Tode, und so mag von allem, was mir nach meinem wirklichen Leben zugedacht ist, einiges noch brauchbar sein. Für ihn!«

Das Lachen hätte noch länger andauern können, wenn nicht ein biederer Beduine Abu Lahabs Ironie mißverstanden hätte.

»Ich verstehe euch nicht, ihr Stadtleute«, sagte er grimmig, »wenn ihr etwa glaubt, uns Menschen aus der Wüste verspotten zu können, so laßt euch gesagt sein, daß eure abgeschmackten Spitzfindigkeiten uns wenig Eindruck machen. Unsereins weiß ganz genau, wann einer tot ist. Dann machen wir nicht viel unnützes Gerede, sondern tun, was sich ziemt. Wir werfen eine Grube aus und setzen den Toten bei – mit einem Kamel oder einem Pferd und mit seinen Waffen. So ist es ehrenvoll. Wäre es mir aber beschieden, im Sandsturm umzukommen, dann werden meine Gebeine nach Jahren schön sauber vom Wind wieder freigelegt, und kein Schakal rührt sie mehr an. Niemand wird wissen, wer die Knochen waren. Tot ist tot. Selbst die Dschinns sterben, die schlangengestaltigen Geister.«

Nach der Meinung mancher seiner Hörer hatte der Mann verständig gesprochen, und trotz aller Freude der Araber am Disputieren fand sich auch nicht sogleich einer, der den Zank fortsetzen wollte.

Dafür fand sich ein anderer, der sich gegen Abu Lahab wandte, weil er ihn sehr wohl verstanden hatte.

Dieser andere war Suwaid ibn al-Samit aus Jathrib, einer Oase im Norden von Mekka. In Jathrib war nicht wie in Mekka Haus an Haus gerückt. Vielmehr glich die Stadt eher einer palmenbestandenen Parklandschaft, in die sich verschiedene Häusergruppen einfügten. Ihre Bewohner erhoben arabischem Charakter gemäß jeweils einen Anspruch auf eine gewisse Selbständigkeit, die leicht zu Konflikten mit Nachbarn und Mitbürgern führen konnte. So erklärte sich wiederum die Entstehung befestigter Kastelle innerhalb des Stadtgebietes.

Während aber die Koraischiten unbestritten der herrschende Stamm in Mekka waren, teilten sich – und nicht immer friedlich – in Jathrib zwei arabische Stämme in den bestimmenden Einfluß: Die Chazradsch und die Aus. Ob einer von beiden zur Alleinherrschaft gelangen oder beide sich über eine friedliche Gemeinschaftsregierung einigen würden, war darum so schwer vorauszusagen, weil als dritter, wenn auch schwächerer Machtfaktor die Vorbesitzer von Jathrib in der Stadt geblieben waren. Es war eine jüdische Stadt gewesen. Drei jüdische Stämme hatten sich in ihren Besitz geteilt. Die Nadir und die Kuraiza hatten es sogar verstanden, sich trotz aller Umwälzungen einen beträchtlichen Teil ihres früheren Landbesitzes zu erhalten. Ihre Glaubensgenossen, die Kainuka, waren nicht so glücklich gewesen. Sie waren aus Grundbesitzern ein Stamm von Handwerkern, besonders Goldschmieden und damit auch von Kaufleuten geworden, die in wirtschaftlicher und kultureller Hinsicht manches gewonnen hatten, was ihren Verlust ausglich.

Daß nun auch ein arabischer Bewohner einer solchen Stadt vielfältigere geistige Interessen haben mußte als ein ungebildeter, der Schrift unkundiger Beduine, lag auf der Hand. Und selbst einem Mekkaner gehobenen Standes wie Abu Lahab machte Suwaid ibn al-Samit das Fehlen eingefleischter Vorurteile und händlerischer Rücksichten überlegen. Er gehörte zu denen, die Mohammeds Rede interessiert hatte. Wie so vielen Arabern seiner Zeit, genügte Suwaid die Anbetung einer Unzahl von Steinen, von denen jeder den Anspruch erhob, sein Gott zu sein, längst nicht mehr. Er hatte genug von dem allmächtigen Jehova gehört, und er sah nicht ein, warum nicht auch die Araber ihren Jehova, der Allah genannt sein wollte, haben sollten.

Mohammed habe ganz recht. Warum nur die Juden? Wenn es Suwaid nicht so schwer gewesen wäre, das ihn umgebende Gedränge zu durchbrechen, wäre er schon bei Mohammed gewesen. Jetzt aber erhob er sich, um Abu Lahab zu entgegnen, dessen Plattheiten ihn verdrossen.

»Warum lachst du, Abu Lahab, wie du heißt, und ihr andern? Schweigt lieber, und geht in euch, wenn ihr etwas hört, was über euern Verstand geht. Ich bin Suwaid ibn al-Samit aus Jathrib. Unsere Juden, die bei uns leben, haben ihren allmächtigen Jehova, und die Nazarener, deren es viele in Arabien gibt, beten zum gleichen Gott, der mich kein anderer zu sein dünkt als Mohammeds Allah. Sind wir denn klüger als alle anderen? Wir alle sind Pilger, und es ziemt sich, daß jeder den anderen achtet. Ich sage nichts gegen solche, die Milch, Mehl, Wein, Kamele, Schafe, Ochsen opfern. Jeder mag tun, wovon er sein Wohlsein erhofft, wenn ich auch glaube, daß die Opfer den Kahinen und Sagbis, den Priestern und Wächtern der Opferstätten, am ersprießlichsten sind. Warum aber sollte ich vom Almosenspenden, das Mohammed im Namen seines Allah verlangt, geringer denken? Vielen von uns scheint es erlaubt, neugeborene Mädchen, um sich ihrer zu entledigen, lebendig zu begraben. Es geschieht häufiger, als mancher wahrhaben möchte. Jetzt bin ich zwar ein alter Mann, aber als ich noch ein kleiner Junge war, habe ich sagen hören, daß man noch erwachsene Menschen opferte; doch nie erfuhr ich Ähnliches von Leuten, die zu einem allwissenden Schöpfer beteten, nicht von Nazarenern, von Juden nicht und ebensowenig von den persischen Magusiern ...«

»Aufhören!« kam ein Geschrei aus der Menge. »Genug!«

»Zu Priestergesprächen sind wir nicht gekommen!« kreischte eine andere Stimme.

»Habt ihr hier keine Tänzerinnen?«

»Bauchtänze laßt uns sehen!«

»Lieder wollen wir hören!«

»Meine Freunde«, mischte sich Lahab mit betonter Milde ein, »es ist vielleicht nicht recht, einen würdigen Mann wie Suwaid in seinen Knabenerinnerungen zu unterbrechen ...«

»Es ist aber doch wahr!« rief Suwaid. »Der al-Uzza wurden Menschen auf den Steinen geschlachtet, zu Ehren derselben Götzin, nach der du dich vordem so stolz Abd al-Uzza nanntest!«

»Unerhört!«

»Keine Verunglimpfung von Namen!«

»Das ist Bruch des Friedensbannes!«

»Aber, meine Lieben!« gab sich Lahab den Anschein, die Menge besänftigen zu wollen. »Ich fühle mich nicht beleidigt. Suwaid meint es nicht so. Ihr habt es ja selbst gehört. Er sprach nur als Knabe.«

In einer schallenden Lachsalve ertranken zunächst alle Worte.

»Ruhe! Wir wollen Abu Lahab hören!«

Und Lahab konnte sich wieder verständlich machen.

»Liebe Pilger, Nachbarn und Schutzgenossen«, fuhr er fort, »in Nächten wie heute gilt es seit je als gute Sitte, sich zu vergnügen.«

Stürmischer Beifall belohnte ihn für diesen offenbar fast allen sehr willkommenen Hinweis.

»Erzählt doch ein Märchen!« hörte man schließlich, als der Lachsturm verebbt war.

Der Vorschlag fand Anklang.

»Ja, ja!«

»In solchen Nächten werden immer Märchen erzählt. Das ist alter Brauch.«

»Ein guter Brauch!« pflichtete Abu Lahab dem Sprecher bei. »Warum auch nicht? Hier unter uns sitzt Nadr ibn al-Harith, der die schönsten Märchen weiß. Ihr braucht nur zu wollen!«

»Ruhe für Nadr!«

»Los, Nadr, erzähl ein Märchen!«

»Ein Märchen, ein Märchen, ein Märchen!« schrie man im Chor.

Mohammed war blaß geworden. An Niederlagen war er gewöhnt und ebenso an seines Onkels Abu Lahab tückische Feindschaft; aber in diesem Fall mußte er sich sagen, daß er der raffinierten Taktik seiner Gegner, Gehör zu erlangen, sich nicht gewachsen gezeigt hatte. Seine Anhänger hatten ihn nicht im Stich gelassen, das Mädchen Paula war ihm eine unerwartete Hilfe gewesen, und mit Suwaids Beistand hatte er ebenfalls nicht rechnen können. Nicht einmal seinen fanatischen Gegnern, wie Abu Dschahl, konnte er die Anwesenden zuzählen. Nadr stand wie die meisten seiner mekkanischen Mitbürger Mohammed gegenüber, und er hatte kaum die Absicht, den Propheten mit seinen Märchen zu widerlegen. Es war mehr die Eitelkeit des Dichters und Vortragskünstlers, die Nadr veranlaßte, dem Wunsche Abu Lahabs nachzukommen.

Das kränkte Mohammed um so mehr, als er mit der Möglichkeit einer Bekehrung des Weitgereisten schon gerechnet hatte. War ihm Suwaid nicht auch infolge seiner Bekanntschaft mit den Juden von Jathrib zu Hilfe gekommen? Wenn auch nicht der jüdischen Religion, so konnte Nadr doch unmöglich der persischen des Zoroasters fremd geblieben sein, war er doch sogar im alten Balch gewesen, dem Sitz des Erzmagus, des höchsten Priesters der Feueranbeter. Mohammed liebte seinen Onkel keineswegs und hatte dazu auch keinen Grund; aber Nadr ibn al-Harith haßte er von nun an, weil er seit dieser Nacht glaubte, der Künstlerberuf des anderen stelle sein eigenes Prophetenansehen in den Schatten.

Es traf ihn tief, daß die Gläubigen nach seiner Überzeugung ähnliches dachten, da keiner von ihnen ihn zum Bleiben drängte. Dabei war sein eigenes versteinertes Gesicht weit mehr die Ursache ihres Verhaltens als das wirkliche Geschehen.

Im Gedränge, das beim Hinausgehen am Zelteingang entstand,

befand sich auch Suwaid, der Mann aus dem Chazradschstamm von Jathrib. Draußen hörten die Abwandernden noch den Lärm, der Nadr begrüßte, während die dann eintretende Stille keinen Zweifel ließ, daß Lahabs Freund eben sein Märchen begann.

XIV

Das Märchen war das von Sal und Rudabe.

In den weiten Ländern des Iran, die von Gebirgen und Wüsten erfüllt sind und zugleich von fruchtbaren Tälern und reichen Ebenen, eine Lust für die Menschen, darin zu wohnen, lebte einst ein großer und vornehmer Fürst. Er hieß Sam. Sein Land trug er vom Schah-in-Schah, dem Kaiser des Iran, zu Lehen, der ihm auch das Amt eines Feldherrn einer seiner Armeen verliehen hatte. Nichts fehlte Sam als ein Sohn. Doch deswegen verzagte er nicht. Er suchte, wie so oft, seinen Harem auf.

Unter den schönen Frauen dort befand sich ein Mädchen, an dessen Leib sich seine Liebe entflammt hatte. Von ihm wünschte er sich den Sohn. Tatsächlich kam die Geliebte auch nieder und gebar ihm einen Knaben.

Alle Damen des Harems waren entzückt über die Schönheit des Kindes, wenn auch nicht zu leugnen war: der Sohn des Fürsten Sam war mit schlohweißen Haaren zur Welt gekommen.

Sam empfand nicht wie seine Frauen. Er glaubte die Gebote des guten Gottes Ormazd stets treulich gehalten zu haben, und nun schämte er sich des Greises, wie er bei sich den Neugeborenen nannte, der ihm als Sohn in der Wiege lag.

Er glaubte, daß ihm der böse Ahriman, der Höllenkönig und ewige Zerstörer, einen Tort angetan habe. Und da es einem Mächtigen an dienstwilligen Händen selten zu fehlen pflegt, so war auch das Kind bald verschwunden.

Wer hat nicht vom Berg Albrus gehört? Hoch in die Wolken ragt er, so hoch, daß keines Menschen Auge seinen Gipfel je erschaute, geschweige, daß er ihn erklomm. Dort oben hatte eine Simurg, ein Vogelweib aus dem Geschlecht des sagenhaften Flügeltieres Greif, ihr Nest aus hundertjährigen Baumstämmen erbaut. Von dort schoß sie auf das ausgesetzte Fürstenkind hinab, um es ihrer Brut zum Fraße vorzuwerfen. In diesem Augenblick hörte das Ungeheuer, das bei den Persern als ein Geschöpf Ahrimans galt, eine Stimme: »Glorreicher Vogel, lebe nach deiner Natur, die du von mir, deinem Schöpfer, erhalten hast, doch achte Gott in seinen Geschöpfen. Hüte den Knaben!«

Erst nach Jahren drang das wunderbare Gerücht von einem Jüngling, der in der Wolkenburg einer Simurg lebe, in die Welt. Zum Fürsten Sam kam es durch eine Karawane, die am Fuß des Albrusgebirges gelagert hatte.

Als nicht glaubwürdig schob der Fürst jedoch die Erzählung von sich fort, als ein Geschwätz, »wie es die Karawanenleute am Lagerfeuer lieben«.

Dennoch konnte er es nicht hindern, daß die seltsame Geschichte immer wieder zu ihm zurückkehrte. Arme Hirten und Kameltreiber seien es, die sie aufgebracht haben, hielt er sich zwar vor – er jedoch sei ein mächtiger Fürst und berühmter Feldherr –, ganz unziemlich sei daher für ihn, den Hirngespinsten kleiner Leute so anheimzufallen! Das hinderte jedoch nicht, daß er immer bedrückter wurde, bis er sich schließlich nicht mehr gegen den schrecklichen Gedanken zu wehren vermochte, jener Jüngling bei dem Geistervogel könne sein eigener Sohn sein.

Er forschte nach.

Am Albrusberg hatte er befohlen, das Kind auszusetzen. Zwei der Knechte lebten noch, und beide schworen hoch und teuer bei Ormazd, den Neugeborenen, wie ihnen befohlen, auf der nackten Erde des Berges Albrus niedergelegt zu haben und, um nicht weich zu werden, daraufhin eilends zurückgekehrt zu sein. Sam begriff seinen Abscheu vor den weißen Haaren seines Kindes nicht mehr und ebensowenig seine Furcht vor den Spottreden der Edlen und Großen in Iran. Er bereute die Tat und sah nur noch seine Schuld.

In dieser Not versammelte er die Gelehrten und Frommen Mobeds seines Landes, um deren Rat zu vernehmen. Und der war so, daß er bereits am nächsten Tag mit einem schimmernden Geleit von Edlen und gepanzerten Waffenträgern zum Albrus zog.

Der Anstieg war beschwerlich. Als die Männer aber in eine Höhe kamen, wo es nur noch Felsen und gelegentlich etwas Firnschnee, aber keine Sträucher und Pflanzen mehr gab, sahen sie ein, daß sie den Gipfel nie erreichen würden. Ihre Harnische und schweren Waffen hatten sie längst abgelegt. Noch immer jedoch brannte in der Brust des Fürsten die Frage, ob der wunderbare Jüngling im Burgnest der Simurg sein Sohn sei. Denn so hoch er auch gekommen war – keiner aus seiner Begleitung hatte von dem, was sich über ihnen in der ungeheuren Höhe befinden mochte, etwas wahrnehmen können.

Da beschloß er im Vertrauen auf die übernatürlichen Kräfte der Simurg, sich selbst zu zeigen, und befahl, helle Feuer in seinem Höhenlager zu unterhalten und auch das Kostbarste nicht zu schonen, wenn es nur brennbar sei. So wartete er, zwischen Hoffnung und Angst hin und her geworfen, das Wunder möge aus seiner Unsichtbarkeit heraustreten, mit seinen Genossen auf das Ende der Nacht.

Doch der Tag schien sich in der Nacht verloren zu haben, so dunkel war der Himmel, der die Welt einhüllte. Kein Weckruf ertönte. Lautlos harrten die tapferen Krieger des Feldherrn. Sie hatten Furcht. Und dann zuckten die ersten Blitze um den dicht verhüllten Berg, worauf sich Krachen und Gedröhn zu einem einzigen betäubenden Lärm übereinanderschichteten. Eine Steigerung schien unmöglich. Und doch war das alles nichts gegen den Bergbruch. Der Albrus schien sich von seinen Grundfesten gelöst zu haben, um sich auf alles Leben zu werfen. Im gewaltigen Sturz schoß es heran, Berg oder Wolke – es war die Simurg. Wie zwei Feuer glühten rot ihre Augen aus dem Schatten ihres Körpers, dessen Umrisse nicht abzusehen waren. An einer Klaue hing ihr, mit dem Gürtel verbunden, eine menschliche Gestalt. Es war ein Glück, daß der Riesenvogel außerhalb des Lagers aufsetzte. Dem Winddruck der Schwingen hätten die Zelte nicht standhalten können. Während der zur Erde getragene Mensch sich von der Klaue löste, ließ sich wie ein leises Säuseln eine dennoch unüberhörbare Stimme vernehmen:

»Leb wohl, Sohn«, sagte sie, »Bruder meiner Kinder. Nicht Ahrimans sind wir. Ormazd, der beste Gott, gab dich mir, als du meine Beute warst. Jetzt gebe ich dich an Sam Neriman, Fürst von Sabul. Er hüte dich wohl.«

In der nun folgenden Stille erhob sich die Simurg, ohne daß man auch nur eine Bewegung ihrer Schwingen bemerkte.

Dann war sie ein Punkt.

Dann war sie verschwunden.

Noch immer jedoch rührten sich weder Sam noch seine Mannen. So sehr ließ das Wunder sie erstarren. Wie gebannt sahen sie die Schönheit des silbergelockten Jünglings mit den dunklen Augen, der aus einer anderen Welt zu ihnen gebracht worden war. Fürst Sam rührte sich als erster. Ungeachtet des Unterschieds an Jahren war die Ähnlichkeit zwischen ihm und dem Jüngling nicht zu übersehen. Kein Zweifel war möglich, daß sich in beiden Vater und Sohn gegenüberstanden. Und als Sam überwältigt vor dem Neugeschenkten in die Knie sank, zerriß zustimmender Heereslärm und Zuruf die ungewohnte Stille.

»Ich knie vor Gott und gelobe, dir nie mehr ein Harm zuzufügen und dir alle deine Wünsche zu erfüllen, mein Sal, Sohn des Sam, Enkel des Neriman.«

War die Schönheit Sals ein Wunder, so war es ein größeres, daß alle Menschen, die ihnen sahen, ihn zugleich auch liebten. Das zeigte sich, als er im Rubindiadem Sabulistans als Thronfolger des Fürstentums in Sabul einzog.

Doch so groß auch die Güte des Ormazd, des Schöpfers und Lenkers der Gestirne, ist – Ahriman, der Böse, ruht nie, und so weiß keiner, ob eine Gefahr, die er überstand, auch die letzte war. Sal hatte die Weisheit eines Greises und die Kraft und die Kühnheit eines Jünglings; aber groß geworden war er bei einer Simurg. Es lag daher nahe, daß er die Welt erlebe, nicht nur den Iran, sondern auch Hind, Tschin, Rum und vielleicht noch das ferne Abendland.

Eine besondere Bewandtnis hatte es dabei mit Kabulistan. Das war jenes Land der Pässe, die im Süden nach Hind, im Westen nach dem Iran führten. Es gehörte demnach dem Turan an, dessen Völker den Persern von jeher verhaßt waren. Nach Meinung von Zoroasters Jüngern waren sie bevorzugte Untertanen Ahrimans. Ihnen hatte der berüchtigte Verderber Schak angehört, der jetzt auch schon die Hölle bevölkere, dessen regierende Nachkommen – von den Feueranbetern liebenswürdigerweise der »Drachenstamm« betitelt – in der Anbetung Ahrimans fortführen.

Dennoch hatte Sal einigen Grund, Kabul zu besuchen. Den letzten Krieg hatte der berühmte Feldherr Sam allein mit seiner eigenen, fürstlichen Streitmacht geführt, und nach dem Siege war Kabulistan ihm tributpflichtig geworden. Da König Mihrah von Kabul die Verträge jedoch ehrlich erfüllte, hatten sich die Beziehungen friedlicher, ja beinahe freundschaftlich gestaltet. Sal ging also als künftiger Lehnsherr nach Kabul, wo man alles tat, um einen neuen Zusammenstoß zu vermeiden, den man auch in Sabulistan nicht wünschte.

Und doch kamen die jungen Edlen in Sals Gefolge mit vielen Vorurteilen und nicht ohne Überheblichkeit nach Kabul. Sie hielten die Leute von Kabulistan für ungläubige Götzendiener, während die der Meinung waren, daß die Feueranbeter an zwei Götter glaubten, sie selber aber sich lediglich an den Stifter ihrer Lehre hielten, dem sie keine göttlichen Eigenschaften andichteten.

Die Einladung, im königlichen Palast von Kabul abzusteigen, hatte Sal geglaubt ablehnen zu müssen. Statt dessen war ein prunkvolles Lager außerhalb der Stadt errichtet worden. Doch mit Sals Einzug verschwanden Gegensätze, die vorher bestanden haben mochten, sehr schnell.

Das hing weniger mit den königlichen Geschenken zusammen, die Sal dargebracht wurden, als mit König Mihrahs Persönlichkeit. Nichts an ihm wirkte finster und abstoßend, und soweit es fremd anmutete, erhöhte es nur den Reiz. Vom ersten Augenblick an, als das Prunkzelt sich öffnete, um den König mit seinen Großen einzulassen, erhob sich zu seinen Gunsten bei den Sabulistanern eine Wolke von Sympathie, nicht zuletzt bei Sal, den als ersten eine ehrliche Freundschaft für den ersichtlich körperstarken Mann von gewinnender weltmännischer Eleganz ergriff. Eine gelöste Stimmung breitete sich aus. Sie machte es erklärlich, daß bei Anlaß eines Trinkspruches, den Sal auf den König ausbrachte, ein ältlicher, etwas geschwätziger Hofherr Mihrahs sich weitläufig über den Schatz im königlichen Harem vernehmen ließ, über die Schönheit der königlichen Prinzessin Rudabe – die er nie gesehen hatte.

König Mihrah galt in seinem Volk als tapferer Krieger und geschickter Feldherr; aber Leben und Wohlergehen seiner Untertanen galten ihm mehr als Ruhm und Ehre. Froh und glücklich machte ihn daher die Freundschaft, die sich zwischen ihm und Sal angebahnt hatte.

In dieser Stimmung betrat er seinen Harem, wo die Frauen schon recht gespannt waren, etwas über die fremden Gäste zu erfahren. Sindocht, seine schöne Königin – übrigens aus dem gleichen Geschlecht wie er selbst – beanspruchte natürlich, aus erster Hand vom König unterrichtet zu werden, der mit Lob für die Edlen von Sabulistan auch nicht zurückhielt, sich besonders aber im Preise seines neuen Freundes Sal nicht genugtun konnte.

Der Wert einer Verbrüderung mit dem Thronfolger von Sabulistan für die Bewahrung des Friedens lag auf der Hand. Doch Mihrah vergaß nicht, sich auch über Sals Schönheit, seine Klugheit und Ritterlichkeit auszubreiten. So hingerissen tat er es, daß er gar nicht bemerkte, wie Rudabe, die sich bei der Mutter befand, allmählich verstummte. Ganz in sich gekehrt lauschte sie dem Vater, wobei sie sich bei jedem seiner Worte immer mehr in ihre Vorstellung vom jungen Sal verliebte.

Daß sie ihn mit leiblichen Augen noch gar nicht gesehen habe, wurde ihr erst später bewußt, als sie sich ihren liebsten Dienerinnen anvertraute. Ganz entsetzt waren diese, die mehr Freundinnen als Sklavinnen der Prinzessin waren. An den letzten Krieg erinnerten sie und daran, daß der Sieger, Fürst Sam, Lehensherr Kabulistans geworden sei, daß die Iranier die Nordvölker Turans immer als ihre Erbfeinde und Diener Ahrimans betrachtet hätten und daß der Schah-in-Schah, der Kaiser von Iran, wie bekannt, nichts so sehr wie das Königshaus von Kabul und seinen Ahnherrn Schak verabscheue. Ein Krieg, den König Mihrah gewiß nicht wolle, könne die Folge unerwünschter Beziehungen sein.

Aber alle diese Einwände weckten nur Rudabes Zorn, dem sich die Mädchen wie gewöhnlich fügten. Gehorsam verließen sie – fünf an der Zahl – unauffällig den Palast mit dem heiklen Auftrag, Sal zu sehen, um ihn hernach der Herrin beschreiben zu können.

Von der Stadt Kabul wurde das Prunklager Sals durch den Fluß getrennt, dessen Ufer an der Stadtseite Rosengehege bedeckten. Sehr glaubhaft war es, daß die Mädchen dort für ihre Herrin Rosen holten. Sal, der nur daran dachte, auf welche Weise er wohl zu Rudabe eine Verbindung herstellen könne, erblickte sie zuerst. Sogleich ließ er sich von seinem Leibpagen einen Bogen bringen und schoß auf einen Wasservogel, den er auch so verletzte, daß dieser gerade noch bis ans Rosenufer fliegen konnte, um dort sterbend ins Wasser zu fallen. Sal fuhr in einem Kahn hinterher. Doch nicht nur der Beute konnte er sich bemächtigen, sondern auch mit den Mädchen kam er ins Gespräch, die das bunte Gefieder des Vogels bewunderten.

Besonders eines der Mädchen erregte seine Aufmerksamkeit. Es machte die Gefährtinnen auf Stellen aufmerksam, wo es besonders schöne und viele Rosen gab. Auf diese Weise blieb sie mit Sal allein. Er konnte ihr, nachdem sie sich als Rudabes Dienerin Humai zu erkennen gegeben hatte, sein Verlangen, mit ihrer Herrin zusammenzukommen, offenbaren, und sie konnte verraten, mit welchem Auftrag sie und ihre Gefährtinnen fortgeschickt worden seien, daß also Rudabe ein gleiches Verlangen beherrsche.

Zum Glück war das Mädchen klug und geschickt. In der nächsten Nacht konnte Sal am Fuß des Palastflügels erscheinen, in dem Rudabe wohnte. So groß war ihre Liebe zu dem Niegesehenen, daß sie ihre schwarzen Flechten hinunterließ, damit der Geliebte an ihnen empor in ihre Arme komme. Doch Sal nahm das Fangseil, in dessen Wurf er ein Meister war, befestigte es am Dach und klomm hinauf in das ihm von Rudabe zu seinem Empfang vorbereitete Paradies von überirdischer Pracht. Unsagbar war das Glück der Liebenden, als sie sich endlich umfangen konnten. Erst ganz kurz vor Sonnenaufgang kehrte Sal ungesehen in sein Lager zurück.

Aber die Sehnsucht der beiden Liebenden war nach diesem ersten Zusammentreffen nur noch leidenschaftlicher geworden. Weder Sal noch Rudabe konnten ein Wiedersehen erwarten. Und wie viele Einfälle die listenreiche Humai auch hatte – sie hätte immer noch mehr haben sollen – so sehr entsprach das Leid der beiden bei der kleinsten Trennung dem überschwenglichen Glück ihres Beisammenseins, obwohl es zugleich stets von der Furcht vor einer Entdeckung bedroht wurde.

Eines Tages war es geschehen.

Noch in der Nacht, mit zerrissenen Kleidern und wundenbedeckt, wankte Humai in Sals Zelt. Sie brachte die schrecklichste Nachricht, die er sich hätte ausdenken können: König Mihrah hatte die Zusammenkünfte seiner Tochter mit Sal entdeckt.

In Erinnerung an den vergangenen Krieg mit Sabulistan fürchtete er für sein Reich und für sein Volk, weil er die Einwilligung des Fürsten Sam Neriman in die Heirat seines Sohnes mit Mihrahs Tochter für unmöglich hielt und noch viel weniger die des Scheriars, des Kaisers Minutschehr von Iran, der bei der Heirat des Erben von Sabulistan mitzureden hatte und den Turan und Kabulistan haßte. Gegen seinen Freund Sal hatte Mihrah nichts; aber er war der Überzeugung, daß eine Heirat gegen des Vaters und des Kaisers Willen zum Krieg führen müsse. Die einzige Möglichkeit, ihn zu verhindern, sei, Rudabe fortzuschaffen. Im ersten Zorn hatte er sie töten wollen, war dann jedoch nicht mehr von seinem Entschluß abzubringen gewesen, Rudabe und deren Mutter Sindocht nach einem der großen Turkstämme des Nordens zu senden, wo die Königin groß geworden war. Dort werde Sal weder Mutter noch Tochter jemals finden.

Der junge Prinz war wie versteinert. Aber wenn das Leben ihm auch nicht mehr wert schien, gelebt zu werden, entging ihm doch nicht, daß Humai gerade noch dem Tode entgangen sein mochte – Rudabe und ihm zuliebe. Er schickte sich an, ihr Hilfe und Pflege zu verschaffen. Doch sie unterbrach seine Bemühungen.

»Wärest du deines Vaters, des Fürsten Sam, sicher«, fragte sie, »wenn du ihn um etwas bätest?«

»Wenn Sam seinen Eid hielte, wäre ich seiner sicher«, sagte Sal.

»Der berühmte Feldherr brauchte nur einzuwilligen, wer dürfte dann noch widersprechen?« meinte Humai. »Selbst der Scheriar nicht. Rudabe ist wohl nicht ganz so vornehm wie du, doch immerhin aus königlichem Geschlecht. Schreib deinem Vater.«

»Glaubst du, daß mein Brief eher in Sabul sein würde als ich selbst?« gab er unwillig zur Antwort.

Aber zugleich dachte er an das Abschiedsgeschenk der Simurg, die ihn behütet hatte. Eine Feder war es gewesen. Die solle er, wenn er je in seinem Leben in Not gerate, ins Feuer werfen. Und die Feder besaß er noch.

Als Andenken hatte er sie wertgehalten.

Er warf sie auf einen Tendur, auf ein Metallbecken mit glühenden Holzkohlen. In einem Nebel, der durch den Eingang drang, verschwammen die Umrisse alles dessen, was im Zelt war. Nicht für lange geschah das. Plötzlich stand ein schön gekleideter Jüngling mit scharfen Zügen und einem fast dreieckigen Kopf im Raum.

»Schreib den Brief, Sal«, sagte er, als sei er bei der Unterredung mit Humai zugegen gewesen. »Du brauchst mehr Zeit, ihn abzufassen, als ich benötige, um ihn deinem Vater zu bringen. Was du zu schreiben hast, weißt du selbst.«

Mit keinem Gedanken widersprach der Prinz mehr. Ihm schien es, als schreibe der Brief sich von selbst. Kaum gedacht, las er die Worte schon auf dem Pergament.

Vor dem Zelt standen im Kreise seiner bewundernden Gefolgsleute drei Renner, denen man allgemein tasische Abstammung, arabische Zucht nachsagte. Niemand hatte sie kommen sehen, aber keiner zweifelte, daß sie den fremdartigen Jüngling gebracht haben mußten. Ohne sich mit langem Abschied aufzuhalten, sprang der Unbekannte mit dem Brief in den Sattel, und ehe man sich fassen konnte, waren Roß und Reiter verschwunden.

Mit der Aussetzung seines Sohnes hatte Fürst Sam sich einst gegen Ormazd vergangen, und die wunderbare Wiederkehr des Prinzen war ihm ein Beweis der göttlichen Verzeihung. Sams Eid, seinem

Sohn nie etwas zu versagen, war aufrichtig gewesen, und wenn er vielleicht auch eine andere Frau für Sal lieber gesehen hätte, so achtete er doch Rudabes Vater als tapferen Kämpfer und ehrlichen Gegner.

Drei Briefe schickte er: einen an Sal, einen an König Mihrah und den dritten an Kaiser Minutschehr, den er um Zustimmung zur geplanten Heirat aufforderte.

Die Entfernungen nach Kabul und dem alten Balch, der Residenz des Scheriars sowie des Erzmagus, des obersten Priesters, waren riesig. Trotzdem machte der Bote sich anheischig, alle drei Briefe in Blitzesschnelle zu überbringen.

Sal war beim Erhalt des väterlichen Schreibens überglücklich. Nur das eine wußte er, daß König Mihrah von Sam einen Brief ähnlichen Inhalts erhalten hatte. Mit einem glänzenden Gefolge begab er sich zu Mihrahs Königspalast.

Die Begrüßung der beiden Freunde war dennoch ernster als sonst. Die Freundschaft war geblieben, aber als Sal von Rudabes Verschwinden erfuhr, wußte er, daß Entscheidendes zwischen ihnen stand. Wie erschlagen war er von Mihrahs Handlungsweise.

»Und Minutschehr?« fragte Mihrah. »Der Großfürst Sam ist sich seiner Macht zu sehr bewußt, um die kaiserliche Zustimmung zur Heirat für mehr als eine bloße Formalität zu halten. Deines Vaters Stärke kann aber auch zur Schwäche werden, nämlich dann, wenn er vergäße, daß ungewarnt der Stärkere einem verräterischen Überfall erliegen kann.«

»Du glaubst, daß Minutschehr ...?«

Mihrah lieferte einleuchtende Vermutungen über die Hinterhältigkeit des Kaisers und die Gefahr, die Sam von seiner Seite drohe. So sei es auffallend, daß Minutschehr, im Gegensatz zu seiner Gepflogenheit mit andern iranischen Fürsten, Sal niemals nach Balch, der Mutter der Städte, eingeladen habe. »Die Menschen dort sollen dich nicht sehen, gerade weil sich das Wunder längst bestätigt hätte, wie dir die Herzen der Völker entgegenschlagen.«

Sal dachte nach. Weder Sam noch die Empfänger seiner anderen beiden Briefe wußten etwas von dem Wunderpfeil.

»Wahrscheinlich ist Sam im Gebiet von Mansenderan«, meinte Mihrah, »also schneller von hier als von Balch zu erreichen. Es wäre durchaus möglich, ihn rechtzeitig zu warnen, wenn man seinen Standort genau wüßte ...«

»Andere Gefahren fürchtest du nicht?«

»Aber Sal! Mit allen Zufällen ist dein Vater in seinem Leben fertig geworden. Verrat wird das letzte sein, woran er denkt. Um Rudabe sorge dich nicht. Sie ist beim Stamm ihrer Mutter, der Königin Sindocht, in Sicherheit.«

Mit allen Ehren, die von der Kirche des Zoroaster dem Kaiser des Iran zugebilligt wurden, hatte der Erzmagus den Scheriar empfangen. Bis an das äußerste Palasttor war er ihm entgegengeschritten, um ihn dann mit Pomp ins Innere zu geleiten. Nun waren der höchste weltliche und der höchste geistliche Herr des Iran allein.

»Ich freue mich, zu vernehmen«, begann seine Heiligkeit, »daß der Thronfolger von Sabulistan sich nicht unfern von Balch aufhält und deine Majestät aus freien Stücken gebeten hat, ihn zu empfangen.«

»Ich finde, er hätte meine Einladung abwarten sollen.«

»Aber seine Bitte ist doch ein klares Treuerbieten«, meinte der Kirchenfürst, »und das ist mehr, als man von andern iranischen Fürsten sagen kann. Dabei ist Sabulistan das größte und mächtigste Land im Iran.«

»Zu mächtig, mein Vater.«

»Mächtig genug, daß Sam Neriman mit seinen eigenen Truppen und eigenem Geld Kabulistan besiegen konnte. Erinnere sich deine Majestät: du wärest dazu nicht imstande gewesen.«

»Und so würde es bleiben, wenn sich die Macht der Fürsten nicht minderte. Möchtest du das etwa nicht, Heiliger?«

»Die Fürsten Irans sind allzumal Gläubige wie du und ich. Und Bürgerkriege, mein Sohn, werden sie nicht gläubiger machen.«

»Vielleicht jedoch frömmer, dann nämlich, wenn sie Kriege verlieren sollten. Was brauchen wir reiche und berühmte Fürsten? Keiner sollte reicher und mächtiger sein als der Scheriar.«

»Regiere mit Gottesfurcht und du bist der Reichste. Ormazd gab dir genug, um es zu sein. Aber verwechsle nicht Lüge mit Klugheit, du könntest dich hinterher wundern, daß sie dir nicht bekommt. Was versprichst du dir davon, daß du in Balch das Gerücht aussprengen läßt, Sams Sohn und Thronfolger sei eine Ausgeburt Ahrimans, einer der bösen Geister und Höllensöhne Turans, während die Völker, die ihn kennen, nicht daran zweifeln, daß Gottes Segen auf ihm ruht?«

»Oh, Heiliger, bist du blind? Erkennst du nicht, daß gerade die Liebe der Menschen zu Sal ein höllischer Zauber ist, den ihm Ahriman mitgab? Ich bin Schah-in-Schah, du bist Erzmagus Irans – wir beide müssen uns verbünden.«

»In allem Guten. Rühre Sal nicht an! Wenn du es tust, weiß ich, wer von euch beiden Ahriman angehört.«

»Seid ihr nicht weise, du und deine verehrten Priester«, fuhr Minutschehr dennoch fort, »und ist Ormazd euch nicht zugetan? Euch wird er reden.«

»Wenn er will. Gedulde dich also. Der Knecht seiner Priester ist Ormazd nicht.«

Zur gleichen Zeit warf Sal seine Zauberfeder auf den Tendur, und dieses Mal stand neben dem Boten Humai, die Dienerin und Freundin Rudabes.

»Wenn du einwilligst, gebe ich Humai die Feder, aber merke wohl auf«, fuhr der Bote fort, »damit verlierst du ihren Schutz.«

»Es sei«, erklärte Sal, indem er seinen Warnungsbrief an den Vater dem Pfeilboten einhändigte, »vielleicht erlange ich durch die Feder einmal eine Nachricht meiner Braut, wenn ich sie am nötigsten habe.«

»Vielleicht. Aber vergiß nicht«, fügte die Erscheinung hinzu, »daß ich ganze Heere nicht mit der gleichen Schnelligkeit wie Briefe befördern kann.«

Damit waren der Bote und Humai verschwunden.

Wie die Dinge lagen, wäre es bei Minutschehrs Mißtrauen verwunderlich gewesen, hätte er Sal nicht bespähen lassen, und seine Kundschafter konnten nur berichten, daß Sals Aufbruch sich zu einem Marsch in westlicher Richtung entwickelte, Sal also vermutlich nach Balch wolle.

Im Verlaufe einiger Tage zeigten die Berichte jedoch das Abweichen jedes Tagesmarsches um eine Kleinigkeit von der vermuteten Richtung, und die eingezeichneten Positionen ließen erkennen, daß nicht Balch das wirkliche Ziel sei, sondern daß es vielmehr in einem Bogen umgangen werden solle. Den eigentlichen Sinn dieses Vorgehens, nämlich daß Sal auf diese Weise seinem siegreichen Vater entgegenziehen und dann in unantastbarer Übermacht mit ihm gemeinsam in die Hauptstadt des Irans einrücken wollte, kannte

Minutschehr nicht. Aber da er Sal in seine Gewalt zu bringen hoffte, um den Vater auf diese Weise zur Preisgabe seiner fürstlichen Macht zu zwingen, wollte er sich den Sohn nicht entschlüpfen lassen. Entsprach seine eigene Truppenmacht auch längst nicht mehr dem kaiserlichen Namen, so war sie doch dem Schutzgefolge Sals an Zahl weit überlegen. Nicht mehr als ein vornehmer und reicher Reisender hatte Sal an bewaffnetem Gefolge um sich. Wußte Minutschehr nichts vom Heranrücken Sams, so wußte Sal nichts davon, daß er selbst verfolgt wurde, und das war um so gefährlicher, als man in Balch aus der in Kabul beginnenden Anfangskurve seines Marsches den Punkt errechnen konnte, wo das Zusammentreffen mit dem väterlichen Heere erfolgen sollte.

Es war ein Erfolg von Sals Wachsamkeit, daß er eines Nachts auf einen vorausgesandten Spähtrupp Minutschehrs stieß und ihn ausheben konnte.

Jetzt erfuhr er, was ihm zu wissen nötig war.

Mit größter Eile wurde Sals Marsch fortgesetzt. Doch während Sal am Rande einer Kreisbahn dahinziehen mußte, konnte sein Gegner innerhalb dieses Kreises operieren und einen guten Teil des Weges abschneiden. Immer noch war nichts von Sams Heer zu sehen, als die ersten Linien von Minutschehrs Streitkräften bereits am Horizont auftauchten. Sie waren lang genug, um Sals kleine Schar zu überflügeln, und es war abzusehen, wann der Prinz eingeschlossen sein würde.

Dennoch gebot Sal Halt.

Bei einem Kampf während des Marsches sah er im voraus seine Leute aufgerieben und zerstreut.

Eine kleine Schlucht bot sich sehr gelegen dar. Bald war sie mit einer Brustwehr aus Bäumen und Ästen versehen. Zeit war gewonnen.

Der erste Sturm der Verfolger wurde durch Salven wohlgezielter Pfeilschüsse und einen Steinhagel abgewiesen.

Minutschehrs Leute fluteten zurück.

»Wie das Nest der Simurg, in dem er groß geworden ist«, sagte Minutschehr, der die Verfolgung in Person leitete, zu einem Mokbed seiner Begleitung. »Darauf versteht er sich. Werden die ehrwürdigen Väter, deine Brüder, nun endlich einsehen, daß er Ahrimans ist? Ormazd ist ferne von ihm, sag ich dir.«

In diesem Augenblick erstürmte ein Jüngling an der Spitze eines berittenen Voraustrupps von Sams Heer mit einem Galoppsprung die Brustwehr von Sals Festung. Genauso gekleidet war er wie der Bote aus der Feder der Simurg. Nur die heruntergeschobene Stahlschiene, die vom Helm über den Nasenrücken bis zu den Lippen reichte, verbarg sein Gesicht.

Unverweilt faßte der Ankömmling auf der Brustwehr Posten und hob seinen Bogen.

Es war nicht zu früh.

Denn wie vorhin Sal und dessen Gefährten die Krieger aus Balch hatten anrücken sehen, so bot sich jetzt Minutschehr der Anblick von Sams siegreichem Heere dar. Zwar würde es noch einige Zeit dauern, bis es auf dem Schlachtfeld erscheinen konnte, aber wenn der Scheriar sich Sals noch vorher bemächtigen wollte, mußte es in kürzester Zeit sein.

Von neuem stürmten die Kaiserlichen heran. Doch Schuß auf Schuß schnellte der Pfeil von der Sehne des unbekannten Jünglings. So schnell ging das vor sich, daß keiner sah, wie der neue Pfeil aufgelegt wurde und woher der Fremde ihn nahm. Das Überwältigende aber war, daß jeder Schuß traf. Bald umgab ein Wall von Leichen die Brustwehr.

Und die Truppen von Sals Vater rückten immer näher heran. Was half es Minutschehr nun, daß er sich seines Gespräches mit dem Erzmagus erinnerte und bedauerte, nicht auf ihn gehört zu haben? Nichts half ihm sein durch die Tradition geheiligter hoher Rang. Durch seinen Verrat an Sal hatte er sich dieser Würde selbst begeben. Aber er war immer noch ein Krieger, der die Waffen zu führen vermochte. Darauf besann er sich in seiner höchsten Not. Wenn Sal tot war, hatte Sam keinen Thronfolger und das Volk würde nicht mehr von Sals Schönheit und Stärke betört werden.

Minutschehr versuchte das Letzte.

Grüne Zweige schwingend, preschten Herolde heran und forderten den Prinzen Sal zum Zweikampf mit Kaiser Minutschehr heraus.

Nur bis zur Ankunft der väterlichen Truppen hätte Sal zu warten brauchen, und der allgemeine Kampf wäre ohnehin mit der Flucht von Minutschehrs Kriegern beendet gewesen.

Das widerstrebte dem tapferen Prinzen.

Er ließ eine Bresche im Verhau reißen und sprengte heraus, wobei sich sein seinerseits früher erprobter Zauber von neuem erwies.

Als Minutschehrs Männer ihn hochragend und in überwältigender Schönheit heranreiten sahen, wichen sie in scheuer Bewunderung zurück, gar nicht mehr fähig, ihn anzugreifen, selbst wenn der bevorstehende Zweikampf es nicht verboten hätte.

Auch Minutschehr sah das. Mit eingelegter Lanze stürzte er sich auf seinen Gegner. Keine Minute hatte er zu verlieren. Unter den ersten des heranrückenden Heeres von Sabulistan konnte er schon den Fürsten Sam Neriman erkennen – so nahe waren Sals Befreier schon. Doch nicht auf Sal zielte Minutschehrs Lanze, sondern auf dessen Pferd. Im gleichen Augenblick jedoch stand der junge Prinz bereits auf der Erde, Minutschehr gegenüber, den er mit seiner Lanze aus dem Sattel geworfen hatte. Minutschehrs Schwert dröhnte im letzten Streich auf Sals Schild.

Doch dann fielen das kaiserliche Schwert und des Kaisers Arm herunter. Auch Sal hatte zugeschlagen, und im selben Augenblick hatte ein Pfeil des Scheriars Kehle durchbohrt.

Minutschehr war tot.

Die Reste seines Heeres wandten sich zur Flucht oder ergaben sich wie jene, die den letzten Zweikampf ihres Kriegsherrn mit Sal umstanden hatten.

Die meisten dieser Krieger legten als Zeichen ihrer Ergebung und Huldigung die Waffen zu Füßen des Siegers nieder.

Alles aber ertrank in einem Orkan von kriegerischem Lärm und Heilrufen. Denn jetzt war Fürst Sam Neriman auf der Walstatt erschienen und schloß seinen Sohn in die Arme.

Dann zog Sam auch den unbekannten Pfeilschützen, dem er das Leben des Sohnes verdankte, zu sich heran.

»Nimm ihm den Helm ab, Sohn«, rief er, »und erlebe dein Glück!«

Vom Helm befreit, quollen die dichten, schwarzen Flechten Rudabes hervor. Sie war der Schütze gewesen, der mit seinem Wunderpfeil in den Kampf eingegriffen hatte.

Noch auf dem Schlachtfeld wurde Sal zum Nachfolger des gefallenen Minutschehr ausgerufen.

Auf einem Elefanten zogen die beiden Liebenden unter dem Jubel des ganzen Volkes als Kaiser und Kaiserin des Irans in Balch ein: Sal und Rudabe.

XV

Mit diesem Märchen war Nadr ibn al-Harith aus einem beliebten ein berühmter Märchenerzähler geworden. Noch nie vordem hatte er eine Geschichte von solchem Umfang vorzutragen gewagt. Doch das Wagnis war gelungen. Die gefürchtete Langeweile hatte sich nicht eingestellt, Zwischenrufe waren nicht laut geworden. Nadr hatte die Spannung seiner Zuhörer zu halten und immer noch zu steigern vermocht, bis er sie zu einer Bewunderung mitgerissen hatte, die nicht nur seine Hörer beim syrischen Schankwirt Tiades erfüllte, sondern bald ganz Mekka erfassen sollte, das nun einmal in allen Fragen der Kunst und des guten Geschmacks das Vorbild für Arabien war.

Für Mohammed dagegen war es eine Qual, sogar von seinen eigenen Gläubigen Nadrs Märchen rühmen zu hören. Ganz arglos geschah das. Seine Freunde waren an Niederlagen gewöhnt, und oft genug hatten sie ihren Propheten daran nur erstarken sehen.

Durch den Gedanken jedoch, daß er der Kunst eines der von ihm so verachteten Dichter hatte weichen müssen, fühlte sich der Mann der Offenbarung aufs tiefste verletzt, empfand er alles, was ihm unwiderlegliches religiöses Wissen war, als schändlich befleckt. Er, der so leicht bereit war, seine Gegner durch ein Lächeln oder ein gütiges Wort zu entwaffnen – gegen den Märchenerzähler Nadr aber glühte in ihm ein ihm selbst unerklärlicher Haß. Er, der auf Dichter und nun gar auf Märchenerzähler sonst nur mitleidig hinabgesehen hatte, weil sie sich kümmerlich alles erst ausdenken mußten, was sie den Leuten vortrugen, er, der sich seiner unnahbaren Überlegenheit stets bewußt war, weil er das, was er verkündete, mit eigenen Ohren gehört, mit eigenen Augen wirklich gesehen hatte, er, der Erkorene Allahs, fühlte sich tief gedemütigt und verunglimpft. Was war ihm ein Märchen, ein Spott- oder Streitgespräch sonst gewesen? Nein, dieser Unmut, diese unerklärliche Verdrossenheit, die ihn erfüllten, deuteten eher auf den bevorstehenden Zusammenbruch eines Gescheiterten; ein Zusammenbruch aber hieß für Mohammed ewige Verdammnis. Um so tiefer mußte er stürzen, je höher ihn Allah erhoben hatte.

Ein ähnlicher Zustand bedrohte Mohammed, in dem er sich einst auf dem Berge Hira vor der ersten Offenbarung befunden hatte. Kein glückhaftes Schweben über Hindernisse und Widerstände war seine Prophetenlaufbahn bisher gewesen.

Und nun kamen noch recht erfolgreiche neue Angriffsmethoden der Patrizier hinzu.

Statt sich mit den besser gestellten und angeseheneren Gläubigen in Streitgespräche einzulassen, wandten sie sich gerade gegen die Schwächeren, gegen die Armen und Sklaven in den Vorstädten, die zu Mohammeds gläubigsten und treuesten Anhängern zählten. Mit der Kündigung von Darlehen versuchte man die Wenigbemittelten zum Abfall zu bringen, während man bei den Sklaven noch kürzeren Prozeß machte. Sie waren ihren Herren wehrlos ausgeliefert, und mehrfach war es bei ihnen zu brutalen Mißhandlungen gekommen. So fand Abu Bekr einmal einen dunkelhäutigen Sklaven am Rande der Wüste an Händen und Füßen gefesselt, mit einem schweren Stein auf der Brust in der sengenden Mittagssonne fast verschmachtet liegen. Durch diese Quälerei sollte er dazu gebracht werden, seinem Glauben abzuschwören, nachdem er früher bereits mehrfach ausgepeitscht worden war. Abu Bekr kaufte den Sklaven frei.

Wohl halfen die Gläubigen einander, wo immer sie konnten, aber bei den Sklaven stand dem oft der Rechtszustand entgegen; die Sklaven waren Besitz ihrer Herren. Und bei den Freien, denen mit Geld hätte geholfen werden können, stellte es sich heraus, daß auch die Gemeinde der Gläubigen über reiche und opferbereite Mitglieder verfügte, daß aber die Gegner bei weitem reicher und gewillt waren, sich ihren Sieg über die Neugläubigen etwas kosten zu lassen.

Zuletzt blieb bei der Masse der Bevölkerung der peinliche Eindruck zurück, daß es seltsam um Mohammeds Einfluß bestellt sei. Warum habe Allah nicht einen vornehmen und reichen Mann aus dem Patriziat, dessen Ansehen schon immer Einfluß in Mekka bedeutet habe, zu seinem Propheten erwählt. Ja, sei es überhaupt glaubhaft, daß Allah, gerade wenn er der einzige und allmächtige Gott sei, sich mit einem fast besitzlosen Mann, der es nur durch seine Heirat zu etwas gebracht habe und der die Gläubigen nicht einmal zuverlässig zu schützen vermöge, sei es glaubhaft, daß dieser Alleinige und Gewaltige sich mit so einem Untergeordneten als Propheten begnüge?

Nicht weniger verwunderlich war allerdings eine andere Tatsache, und die verfehlte nicht, auf einige bedeutende vorurteilsfreie Männer einen tiefen Eindruck zu machen – das war die Beharrlichkeit, mit der die Gläubigen dem Propheten anhingen und ihn, ohne zu wanken, als ihr geistliches Oberhaupt verehrten.

Ganz uneigennützig geschah das; denn wenn in den ersten Jahren die mekkanische Duldsamkeit auch der Gemeinde der Gläubigen gegenüber geübt worden war, wurde mit der Zeit die Gegnerschaft gerade der Begüterten und Vornehmen immer stärker. Allmählich artete dies oft in offene Gehässigkeit aus, der sich nicht nur die Ärmeren, sondern auch die Besitzenden unter Mohammeds Anhängern immer schwerer erwehren konnten. Die Befürchtung, daß der Streit, zu dem die Allahverkündigung schließlich geworden war, mit dem wirtschaftlichen Ruin der Gläubigen enden müsse, war nicht von der Hand zu weisen. Ja, es kam so weit, daß in der Kaaba eine Proklamation feierlich aufgehängt worden war, die den Mekkanern jede geschäftliche und familiäre Verbindung mit einem Anhänger des Islams verbot, jede Heirat, jede Wohngemeinschaft. Ein solches Verhalten hätte, folgerecht durchgeführt, zur Vernichtung der Allahanbeter führen müssen, wenn Sippe und Familie nicht auch in diesem Falle stärker gewesen wären als jeglicher religiöse Zwist.

Ein überzeugendes Beispiel war Mohammeds eigene Familie der Haschimiten gewesen. Keiner seiner Oheime hatte seine Überzeugung geteilt, keiner hatte sich zu seiner göttlichen Einsetzung als Allahs Prophet bekannt. Ganz Mekka wußte um die Feindschaft Abu Lahabs und seiner Frau Umm Dschumail gegen ihren Neffen.

Und dennoch ließ kein Haschimit Mohammed etwas geschehen, der ganze Stamm wäre entehrt gewesen. Und ähnlich lag es bei den Angehörigen anderer angesehener Sippen. So mußte der gesellschaftliche Boykott am Ende zusammenbrechen. Doch als sich niemand mehr um ihn bekümmerte, waren die meisten Gläubigen verarmt oder um vieles ärmer geworden.

Aber auch die Gegner Mohammeds hatten Sorgen. Wohl vereinigten sie in ihren Händen die größere Macht, doch um im Besitz ihrer Reichtümer und ihrer vorteilhaften geschäftlichen Beziehungen zu bleiben, mußten sie ungestört verdienen, und darin glaubten sie sich durch die neue Lehre gefährdet. Mekka verkaufte vor allem Weihrauch, aber auch Spinn- und Webwaren, Stoffe und Teppiche, Metallwaren, Schmuck ... nicht weniger verdiente es an den Zeremonien mit und ohne Tradition, immer allerdings nach dem Geschmack der Pilger. Mekkas religiöse Duldsamkeit war Mekkas Stärke, und die hielten die Herren der Stadt für bedroht durch das Aufkommen einer Religion von so ausschließlichem Machtanspruch wie Mohammeds Islam.

Ich verehre nicht das, was ihr verehrt,
Und ihr verehrt nicht, was ich verehre.
Und ich werde auch nie das verehren, was ihr verehrt,
Und ihr wollt nie das verehren, was ich verehre.
Ihr habt eure Religion, und ich habe die meinige.

Von Tag zu Tag war die Not gestiegen, und schon rechneten sich viele Gläubige aus, wann ihre Existenz in Mekka unhaltbar geworden sein würde.

Angesichts dieser Lage konnte Mohammed sich nicht länger den bereits seit einiger Zeit schwelenden Gedanken seiner Getreuen verschließen, vorübergehend nach Abessinien auszuwandern und sich so den Nachstellungen der mekkanischen Gegner zu entziehen. Auch seine Tochter Rukaija mit ihrem Gatten Othman, dem Omaijaden, waren darunter.

Nach der Lehre Mohammeds verehrten die Gläubigen in Jesus, dem Sohn der Maria, einen ihrer früheren Propheten, und daher erhofften sie wohl nicht unbegründet im christlichen Abessinien eine günstige Aufnahme.

Sicher war diese Auswanderung kein leichter Entschluß, weder für die Gläubigen noch für Mohammed – mußte sich ihm doch der Gedanke geradezu aufdrängen, daß dies der Beginn von Flucht und Zerstreuung seiner Gemeinde sei und daß Abfall oder neue Flucht der Daheimgebliebenen bald folgen würden. War er mit seiner Lebensaufgabe gescheitert? Wenn das Schlimmste eintreten sollte, welche Stadt würde ihn aufnehmen, welches Dach ihn beschützen?

Die Zeiten der großen Mekkakarawanen waren auch Zeiten von gesteigertem Seeverkehr auf dem Roten Meer. Wenn bei der gegenwärtigen Geschäftslage nur noch kleine Gelegenheitskarawanen von Fall zu Fall nach Mekka oder einem der umliegenden Orte kamen, ließen sich nur wenige Segel auf dem Meer sehen, und auf dem Strand gab es nur ein paar Fischerboote, deren fetteste Beute draußen die Haie waren. So war es im Mekkahafen Suaiba gewesen.

Plötzlich hatten sich dann fremde Leute am Strand sehen lassen. Zuerst glaubte man an eine Karawane; aber die Berittenen kamen auf Kamelen, Maultieren und Eseln und viele auch zu Fuß. Man hatte es also mit geringen Leuten zu tun und mußte sich daranhalten, um aus den Ankömmlingen den erhofften Gewinn zu ziehen. Fische und andere Nahrungsmittel wurden verkauft und manchem Fremden auch Unterschlupf in den vorhandenen Hütten gewährt.

Doch die Hauptsache sollte noch kommen.

Suaiba war gar nicht das Ziel dieser Leute, deren Zahl allmählich auf mehr als achtzig angelaufen war, was sich auch denken ließ, denn sie kamen aus Mekka, wo man sich mit Kleinigkeiten nicht abgab. Sie wollten übers Meer. Zur afrikanischen Küste wollten sie, am liebsten gleich südwestlich nach Zulal, dem abessinischen Hafen der Hauptstadt Aksum. Nun ankerte aber kein stärkeres Schiff und besonders keins aus Zulal, wie sonst wohl während der Pilgerzüge, im Hafen. Die Fischerboote, soweit sie nicht vor der Küste kreuzten, hatte man auf den Strand gezogen, oder sie schaukelten in etwas tieferem Wasser zwischen den Sandbänken. Auch waren es nur offene Boote, die sich selten außer Sicht der Küste und fast nie aufs hohe Meer begaben. Über eine Küstenfahrt südwärts bei günstigem Nordost oder Nordwest auch nur zu reden, konnte sich ein Fischer nur schwer entschließen. Doch das mußte geschehen, um an der engsten Stelle das Rote Meer zu überqueren. Man war gezwungen, auf die Fischer zu warten, die gerade auf Haifang draußen waren. Vielleicht fanden sich Kühne unter ihnen, die es wagten, die Landsicht zu verlassen und direkt Zulal anzusteuern. Denn die Fahrt zur Meerenge hätte wenig Sinn gehabt. Sie würde auf der afrikanischen Seite zusätzlich eine Landreise bis Aksum bedeuten – das war das Fünffache der Entfernung von Mekka nach Suaiba.

Zuletzt gelang das Unwahrscheinliche doch. Nach langem Feilschen und der Aufopferung eines nicht unbedeutenden Teils ihrer Habe standen den Auswanderern drei Boote zur Verfügung.

»Allah ist groß«, psalmodierten die Gläubigen und berührten mit ihren Stirnen den Sand, »er ist der Barmherzige, der Alleinige, Allmächtige, Allwissende, der Herr am Tage des Gerichtes. Er ist der Herr und Schöpfer aller Dinge, die sind, es gibt keinen Gott außer ihm, und Mohammed ist sein Prophet.«

Zum letzten Mal beugten sich die Gläubigen bis auf den Boden, auf dem sie knieten. Als sie sich aufrichteten, fuhr der baritonale Tenor des einen Auswanderers statt des Chores fort:

»Der du der Herr bist der Welt und aller Welten, die fürder sein werden, und aller, die je waren – Allah! –, nimm deine Hand nicht von deiner Gemeinde, die hier zu dir fleht, sondern halte sie über denen, die ausziehen in ein fremdes Land, um auch dort deinen Namen zu verherrlichen allerwegen. Wende ihnen die Herzen zu, die Herzen der Abgeneigten, halte deine Hand über ihnen auf dem Meer, bewahre sie vor Ungemach auf dem Land und sei ihnen nahe. Denn du allein bist ihr Trost und ihr Glück. Laß sie fröhlich sein an dir und ihr Brot essen und guten Mutes sein, so es dir gefällt. Denn du bist der Herr, unser Gott, ohne dessen Willen kein Stäubchen vergeht. Wenn du sprichst: es werde! – so ist es. Wenn du dein Antlitz abwendest, so wird es nicht sein.«

Als die Gemeinde nach dem Gottesdienst ihren Propheten umringte, fand man es ganz natürlich, daß er zunächst seine Tochter Rukaija etwas beiseite zog. Es war nicht sicher gewesen, daß Mohammed sich zum Abschied von seinen Freunden und Glaubensgenossen nach Suaiba begeben würde. Er war überraschend erschienen, und man wußte, daß er noch keine Gelegenheit gehabt hatte, mit ihr allein zu reden.

»Da ist ja unser junger Herr«, wandte sich Mohammed sofort Rukaijas Sohn zu und freute sich sehr, daß der sonst so scheue Dreijährige ihm als seinem Großvater ganz unbefangen und eher wie einem Spielgefährten begegnete. Mohammed liebte den Jungen.

»Ich soll dir etwas von deiner Mutter bringen. Sieh her!« Er holte einen kleinen Gegenstand hervor, einen in Gold gefaßten Zahn.

»Kadidscha will, daß du ihn dem Jungen um den Hals hängst. Alles mögliche soll er bewirken, vor allem aber soll Djafar ein großer, starker Mann und ein Verteidiger des Glaubens werden. Weißt du, was das ist?«

»Ein Zahn«, sagte Rukaija, »aber kein Menschenzahn – das sehe ich wohl.«

»Nein«, schmunzelte Mohammed, »ein Eselszahn.«

Rukaija verzog den Mund.

»Lach nicht!« berief sie ihr Vater. »Unsere Herrin Kadidscha tut nichts, worüber zu lachen wäre. Es ist ein Zahn aus dem Eselskinnbacken des Gerippes, mit dem ihr Vetter Saad ibn Abi Wakkas den Sturm auf eine unserer Versammlungen abwehrte. Einen der Angreifer schlug er damit zu Boden. Das war der erste Gewaltakt in der Geschichte unserer Gemeinde. Verstehst du nun, warum die Mutter einen Zahn davon deinem Djafar als Amulett um den Hals gehängt wissen will?«

Othman kam zu den beiden.

»Es ist Zeit, Rukaija«, sagte er zu seiner Frau.

»Aber siehst du denn nicht?« rief sie, »die Boote! Sie ziehen die Boote hinaus!«

»Wenn man sie hier beladen würde, bekäme man sie nicht über die Sandbänke.«

»Ja, aber das Wasser!«

»Das ist nicht so tief.«

»Schamloser! Wie hoch sollen wir Frauen unsere Kleider wohl aufheben?«

»Gar nicht, wenn du nicht willst. Wir kommen beide sicher hinüber – du mit, ich ohne Kleider.«

Damit hatte er sein Gewand schon abgeworfen und war nun, wie die Fischer, nur noch mit einem Lendenschurz bekleidet. Das darauf Nächstliegende dauerte nicht länger. Er nahm seine Frau auf die Arme und planschte mit ihr ins Wasser.

Rukaija müsse natürlich immer etwas Besonderes haben, dachten die andern Frauen voll Neid. Und wenn Othman nicht so vornehm und ein richtiger Mann wäre ... Aber er sei eben kein richtiger Mann, sondern seiner Rukaija hörig, und Dame Raita, seine Mutter, sei sehr zu beklagen.

Die andern schienen dagegen lieber richtige Männer sein zu wollen, auch wenn ihnen dabei hochgeschürzte Frauen auf dem Wege zur Barke unter die Augen kommen sollten, selbst wenn denen dabei das Wasser über die Gürtellinie stiege. Jedenfalls lud Othmans Beispiel nicht zur Nachahmung ein.

Nur ein einziger machte eine Ausnahme. Er hatte vor wenigen Tagen eine Frau genommen, der er gern zeigen wollte, daß sie wenn auch keinen so feinen Mann wie Rukaija, so doch einen nicht weniger verliebten habe. Damit seine Frau angezogen bleibe, zog er sich aus und befand sich bereits mit der Beglückten auf seinen Armen mitten im tiefen Wasser, als auf dem Weg von Ukaz eine Staubwolke herunterkam.

Waren es Freunde oder Verfolger?

Alles wandte sich der Wolke zu, auch das flitternde Jungehepaar.

Und da geschah es.

Sie entglitt ihm bei der heftigen Bewegung und platschte mit ihrem ganzen Staat kreischend in die aufspritzende Nässe.

Außer ihrem neuen Ehemann kümmerte sich niemand um sie.

Eine wichtige Botschaft mußte gekommen sein. Denn nun sah man: ein einzelner kam. Es war ein Bote. Auf einem der leichtfüßigen hellen Rennkamele kam eine Frau herangebraust.

Othman kam allein zurück. Rukaija befand sich bereits in der Barke. Offenbar wollte er die letzten Segenswünsche des Schwiegervaters für dessen Tochter entgegennehmen. Aber Mohammed befand sich bereits auf dem Weg zum Kamel, das gerade in die Knie ging. Wenn eine Botschaft gekommen war, kam es dem Propheten als erstem zu, sie zu vernehmen. Das weibliche Wesen in blauen Hosen und schwarzem Gewand, das jetzt aus dem Sattel kletterte, kam ihm bekannt vor, und als es jetzt den Schleier etwas beiseite schlug …

»Saada!« rief Mohammed.

Es war in der Tat Saada, die Frau des Sakram ibn Amr, Saada, die junge Freundin Kadidschas.

Sakram war nicht wie sein Bruder, der Vorbeter Chuwailid, ein starker, stattlicher Mann, sondern oft kränkelnd und eher etwas kümmerlich; aber trotzdem hatte das Ehepaar allen Mut zusammengerafft und war nun im Begriff, nach Abessinien auszuwandern. Jetzt freilich war Saada ganz auf ihre Botschaft konzentriert.

»Waraka schickt mich«, rief sie ohne weitere Einleitung. »Du mußt sofort zurück nach Mekka. Kadidscha ist erkrankt.«

»Waraka?« fragte Mohammed bestürzt, »dann ist es schlimm.«

Othman griff nach der Nase von Saadas Kamel.

»Dieses Tier ist erschöpft«, sagte er, »aber unsere anderen Kamele können ohnehin nicht in Suaiba bleiben. Ich suche das schnellste heraus.«

»Gebt Saada zu trinken«, befahl Mohammed. »Waraka läßt mich holen?« wiederholte er dann ganz verstört.

Nicht schnell genug konnte es ihm gehen.

Den wenigen Kamelen der Auswanderer waren die Lasten bereits abgenommen worden, um sie in die Boote zu bringen, und so dauerte es nicht lange, bis einem als tauglich befundenen der Reitsattel aufgelegt war.

Der Abschied war kurz und herzlich. Als Mitbegründerin der Gemeinde genoß Kadidscha bei den Gläubigen große Verehrung, und ihre Erkrankung galt allen als ein Unglück für alle.

»Betet für sie – betet!« war das letzte, was sie von Mohammed hörten, als er davonritt.

XVI

Nach Warakas Geschmack war zu viel Weiblichkeit um Kadidscha gewesen. Er war Junggeselle. Aber das entsprach nicht etwa einer Abneigung gegen das andere Geschlecht. Kadidscha schätzte er sehr, und an seiner schönen Kusine Rukaija hing er mit aufrichtigem Wohlgefallen, das allerdings so weit nicht ging, sie seinem Freunde Othman zu mißgönnen. Er fand, sie sei gut anzuschauen – das war alles. Wenn er aber von dem Wunsch überfallen worden wäre, an Othmans Stelle zu sein, hätte er wohl schleunigst Reißaus genommen.

Jetzt scheuchte er die Tocher Fatima vom Lager der fiebernden Mutter. Mehr als ihr dies bißchen Ruhe zu verschaffen, vermochte er nicht, und er wußte sehr wohl, wie wenig das war. Selbst die Notwendigkeit dieses Wenigen hatte er erst am steigenden Fieber erkannt, das mit allen Mitteln herabgedrückt werden mußte und sich gerade dann hartnäckig behauptete, wenn wohlmeinende Krankenbesuche Hilfe bringen wollten. So hilflos wie noch nie fühlte er sich an diesem Krankenbett. Bei jeder Handreichung, mit der er sich dem steigenden Fieber entgegenwarf, einem kalten Umschlag, einigen schmerzstillenden Tropfen, verzweifelte er mehr wegen des Ausbleibens der erhofften Wirkung, bis er, allein geblieben mit ihr, eine leichte Beruhigung feststellte, die auf den ersehnten Schlaf hoffen ließ.

Und nun streckte sie sich aus. Ein paar tiefe Seufzer lösten sich aus ihrer Brust, und langsam zitternd, als wehrten sie sich, senkten sich die Lider über ihre Augen.

Um weder durch Bewegung noch Laut etwas zu verderben, zwang sich Waraka zu vollständiger Regungslosigkeit. Erst als die Atemzüge tiefer und regelmäßiger wurden, wagte er an einen Erfolg seiner Bemühungen zu glauben.

Ganz vorsichtig verdunkelte er den Raum. Im Begriff, sich lautlos zu entfernen, sah er plötzlich unter Kadidschas Bett einen roten Wuschelkopf hervorkommen. Sofort legte er den Finger auf den Mund und wurde auch verstanden. Das Mädchen, das geräuschlos hervorkrabbelte, nickte und schloß sich ihm an.

Waraka kannte diese funkelnden, schwarzen Augen, und er versuchte gar nicht erst, sie wie ein Kind, das sie war, an die Hand zu nehmen. Auch der Onkeltitel war nur eine von der Kleinen ihm verliehene Ehrenbezeichnung.

Als keine Gefahr mehr bestand, begann das Gespräch, und selbst da noch flüsternd.

»Hattest du nicht gehört, daß alle das Zimmer verlassen sollten?« fragte Waraka.

»Wenn ich herausgekommen wäre, hätte mich Fatima gesehen.«

»Und du meinst, sie hätte Krach gemacht?«

»Sicher! Und das hätte Kadidscha aufgeregt.«

»Könnt ihr euch denn nie vertragen – du und Fatima?« seufzte Waraka.

»Nein. Fatima ist häßlich.«

»Dafür kann sie nichts.«

»Natürlich nicht. Aber sie ist auch böse, und dafür kann sie. Sieh mal, Onkel, immer wenn ich zu Kadidscha und Mohammed gehe, ziehe ich meine geringsten Kleider an, nur damit sie sich nicht ärgert. Hilft aber alles nichts!«

Die beiden waren inzwischen die Treppe hinuntergestiegen und betraten nun den Raum, in dem sich in vergangenen, besseren Zeiten häufiger und zahlreicher Käufer und Mieter von Kamelen einzufinden pflegten. Aber ganz leer war er auch jetzt nicht. Zwei andere hatten ihn zu ihrer Bequemlichkeit aufgesucht: es waren Fatima und ihre jüngere Schwester Umm Kulthum.

Warakas Begleiterin war Aischa, die Tochter einer schönen ägyptischen Mutter und des Bankiers Abu Bekr, des unerschütterlichsten Gläubigen und Anhängers des Propheten. Dieser Umstand hatte es gegen jede arabische Sitte zuwege gebracht, daß Aischa, obwohl sie in keiner Weise etwas mit den Haschimiten, Mohammeds Familie, zu tun hatte, sich so oft und so selbstverständlich in Kadidschas Haus aufhielt.

Als gar aus Gründen der Sicherheit in erst kürzlich vergangener Notzeit Kadidscha im Zelt von Abu Bekrs Ziegenhirten Amr ibn Fuhaira Unterschlupf gesucht hatte, war fast kein Tag ohne Aischas Erscheinen vergangen, sei es mit einem Auftrag ihres Vaters, der Kadidscha und damit dem Gesandten Gottes seine Hilfe nicht versagen mochte, sei es aus eigenem Antrieb.

Auch über das persönliche Band zwischen Mohammed und Aischa wußte Waraka genug, um das Verhältnis der beiden Familien mit allem, was daraus entsprang, wenigstens erklärlich zu finden: Aischa war nach bis zur Verzweiflung führenden mütterlichen Wehen im gleichen Augenblick zur Welt gekommen, als Mohammed jene denkwürdige große Offenbarung auf dem Berge Hira gehabt hatte. Gleichzeitig in allen vier Himmelsrichtungen war ihm damals der Erzengel Gabriel in menschlicher Gestalt erschienen, die Füße auf der Erde, das Haupt hoch in den Wolken.

Auch Abu Bekr begriff, was Mohammed sofort geltend gemacht hatte, daß ein derartiger zeitlicher Gleichklang mit einer Offenbarung eine fehlende Stammes- und Familienverbindung wohl ausgleichen könne.

Mohammed hatte Aischa durch die Stunde ihrer Geburt mit sich verbunden erklärt, weil religiöse Bedingungen allen anderen vorangehen, auch denen des Stammes und Geschlechtes, die bisher zu allen Zeiten die einzigen gewesen waren, die man in Arabien hatte gelten lassen. Mit Ausnahme seiner Tochter Fatima war er mit dieser ganz neuen Auffassung bei fast allen unmittelbar Beteiligten durchgedrungen. Fatima aber haßte Aischa und hatte auch bei Aischa keine Liebe erwecken können.

»Treibst du dich hier auch schon wieder herum? Du rothaarige Hexe! Wie ein Luchs fällst du nachts die Menschen an! Eine Tochter Iblis' bist du mit deinen verfluchten Haaren, eine Tochter des Teufels!« fuhr sie Warakas Begleiterin an.

»Ruhe!« gebot der Onkel. »Ich bin glücklich, daß deine Mutter eingeschlafen ist, und du nichtsnutziges Mädchen willst sie durch deinen Lärm wecken? Jetzt, da es um ihr Leben geht!«

»Nein!« keuchte Fatima mit unterdrücktem Flüstern. »Tu mit mir, was du willst, Onkel Waraka. Aber mach, daß die Mutter am Leben bleibt! Sie ist die einzige auf der Welt, die mich lieb hat. Sie ...«

»Dann komm nicht mehr ins Vorderhaus zurück. Unter keinen Umständen! Jeden Augenblick kann der Gesandte Gottes zurückkehren. Denk dran, wie unglücklich er sein würde, wenn er erfahren müßte, wie du dich gegen deine Mutter vergangen hast. – Und du, Umm Kulthum, paß auf Fatima auf. Sperr sie ein, wenn es nicht anders geht. Und Aischa soll sie in Ruhe lassen. Aischa ist ein Schützling des Propheten. Die bring ich schon nach Hause!«

»Du, Onkel, ich nehme Fatima mit zur weißen Kamelstute! Die kriegt ein Fohlen. Dabei bleibt Fatima. Sie wird die Mutter nicht mehr stören.«

Tatsächlich verließen die beiden Schwestern behutsam das Zimmer. Aischa, die kein Wort gesprochen hatte, ging noch einmal zur Tür und schaute hinaus.

»Sie sind fort«, sagte sie und schloß die Tür wieder zu.

Waraka, dessen ärztliches Auge gewohnt war, menschliche Körper durch die Kleider hindurch zu erkennen, stellte wieder einmal fest, wie sehr doch dieses Mädchen bei aller Zierlichkeit ihren acht Jahren in der Entwicklung voraus sei. Wie eine sehr junge Frau wirkte sie.

Mehr noch verblüffte ihn ihre geistige Entwicklung. Selbst Erwachsene reichten oft nicht an ihren Verstand und ihre Begabung heran.

Waraka galt mit Recht als klug, und so ließ er sich es auch niemals einfallen, sie als Kind zu behandeln. Ihrem Vater, Abu Bekr, sosehr er zu den Spitzen der Gläubigen gehören mochte, bereitete sie zuweilen einige Sorgen, und mit ihrer Mutter, die am liebsten nur um ihre Jahre gewußt hätte, wäre es ohne die weisen Vermittlungen des Vaters kaum gut gegangen. Es war nicht leicht mit Aischa.

»Warum sagtest du eigentlich, Onkel, daß du mich nach Hause bringen wolltest? Meinst du, ich könnte allein nicht hinfinden?« begann sie.

»Natürlich nicht. Es geschah nur, um die Mädchen wegzubringen.«

»Besser wäre es dennoch, du ließest das sein. Fatima wird alles als Begründung für ihre weiteren Ungezogenheiten gebrauchen. Und dann kannst du auch gar nicht.«

»Wieso? Ich könnte dich nicht nach Hause bringen? Vielleicht paßt es dir nicht. Aber ich bin sicher, deine Mutter hat dir einen Sklaven zur Begleitung mitgegeben.«

»Hat sie. Aber von dem ist nicht die Rede, und der konnte auch. Aber du kannst nicht. Du bist Arzt, und Kadidscha könnte dich brauchen.«

»Allerdings ...«

»Daran hast du gar nicht gedacht?«

»Wäre mir schon eingefallen!«

»Womöglich zu spät. Aber nicht davon will ich mit dir reden. Ich möchte dich etwas fragen. – Doch nein, du weißt es nicht.«

»Von einem Arzt«, meinte Waraka, »wollen die meisten gerade das wissen, was er ebensowenig weiß wie jeder andere. Aber Leute, die Kranke gesund zu machen versuchen, sind darum noch keine Wahrsager und Götzenpriester.«

»Du nicht, Waraka. Du hältst dich wohl zu uns Gläubigen, doch in Wirklichkeit glaubst du gar nicht.«

»Ich muß wissen, um glauben zu können, und wenn ich weiß, brauche ich nicht zu glauben.«

»Ich wenigstens glaube zu wissen, woher Kadidschas Krankheit kommt«, meinte Aischa, »aus Amrs Zelt. Ich selbst habe bis auf die Knochen gefroren, wenn ich sie besuchte.«

»Es wäre weniger gefährlich gewesen, wenn sie in Mekka geblieben wäre.«

»Sie hatte Angst um Fatima und Umm Kulthum. Sie wollte nicht, daß die Mädchen totgeschlagen würden. Dabei hätten die Haschimiten ihnen nichts geschehen lassen!«

»Angst hilft nicht, Aischa. Auch bei Krankheiten nicht.«

»Das mußt du wissen, Waraka. Und doch hast du Angst.«

»Soll ich nicht? Ja, ich habe Angst, Aischa. Daß Kadidscha sterben könnte – davor habe ich Angst. Mohammeds wegen. Du kennst doch seine Anfälle. Dann deckt Kadidscha ihn zu und legt ihm ihre Hände auf. Immer noch brachte sie ihn damit zum Bewußtsein. Ich kenne zwar die Ursachen nicht; aber ich weiß, daß es so ist. Ich habe es erlebt. Nun denke dir Mohammed ohne Kadidscha! Allein!«

»Ich bin doch da, Onkel Waraka! Tag und Nacht will ich beten, daß Allah dich Kadidscha gesund machen läßt, und Allah ist barmherzig. Aber er ist auch unerforschlich, und wenn es nötig werden sollte, werde ich wohl auch noch seinem Propheten den Mantel aus Hadramaut überdecken und ihm meine Hände auflegen können. Was aber keine kann, auch nicht Kadidscha – das kann ich! Alle Suren kann ich auswendig, und die Leute hören sie von mir ebenso gern oder noch lieber als von Mohammed. Und wenn er etwas vergessen hat, fragt er mich. Ich vergesse nichts. Unentbehrlich bin ich ihm. Nein, Onkel Waraka, Mohammed wird nie allein sein. Solange er lebt, ich bin da. Immer bin ich da. Ich!«

Waraka war zu sehr eingeweiht, um sich erstaunt zu zeigen.

»Du weißt doch, Aischa«, sagte Waraka, »daß Mohammed Mekka verlassen und anderswohin ziehen will?«

»Dann ziehe ich eben mit.«

»Also du ziehst mit. Und deine Eltern, dein Vater?«

»Abu Bekr nehm ich auch mit. Er ist Mohammeds Freund, wahrscheinlich sein bester. Der ist dann auch da.«

Waraka gab ihr zum Abschied die Hand.

»Den Vater nimmst du mit«, schmunzelte er. »Das ist ja ein großes Glück für ihn.«

Obwohl Kadidscha den Verfolgungen mit ihren beiden jüngsten Töchtern in die Berge und zu den Herden ausgewichen war, hatten Plünderer nicht wie bei den Häusern anderer Geflohener sich der günstigen Gelegenheit, da das Eigentum verlassen war, bedienen können.

Mohammeds Adoptivsohn Zaid ibn Haritha hatte sich des Hauses angenommen, das ohnehin fast lebenslang seine Heimat gewesen war. Mit ihm war auch seine erste Frau geblieben, von der er auch einen Sohn hatte, obwohl sie eine Reihe von Jahren mehr zählte als er. Amina, Mohammeds Mutter, hatte sie ihrem Sohn nämlich mit drei Kamelen und einigen Ziegen als karges Erbe hinterlassen. Jetzt freilich hatte Zaid Versäumtes nachholen zu müssen geglaubt. Er hatte in Zainab bint Dschahsch eine zweite, recht anziehende junge Frau genommen, allerdings ohne mit ihr Nachkommen zu zeugen. Mit diesen beiden Frauen und seinem Adoptivbruder, dem um vieles jüngeren Ali, hatte er Kadidschas Haus geschützt.

Zaid war weithin als begabter, rühriger Mann bekannt, mit dem Plünderer und Diebe anzubinden sich scheuten. Ohne ihn hätte Mohammed kaum seinen Seidenhandel durchführen können, auf den er sich, um nicht gänzlich auf Kadidscha angewiesen zu sein, geworfen hatte. Zaid, einer der ältesten, unbeirrbaren Gläubigen, betrachtete das als seine religiöse Pflicht angesichts der zeitraubenden Aufgaben, die seinem Adoptivvater und Herrn durch dessen göttliche Berufung zufielen.

Auch Ali hatte sich bereits als tapferer junger Draufgänger einen Namen gemacht. Immer wieder trieben ihn seine Neigungen zu seinem Onkel, dem Schwertfeger Hamza. In der Kaufstadt Mekka war die Herstellung von Waffen etwas Seltenes, Hamzas Erzeugnisse jedoch waren nicht nur als Seltenheit, sondern auch wegen ihrer Güte begehrt und in der Hand des Erzeugers gefürchtet.

Hamza war übrigens der einzige von Mohammeds Verwandten, der sich zu ihm bekannte. Vor wenigen Jahren, in einer Zeit größter Hoffnungslosigkeit für Mohammed und seine Verkündigungen, war Hamza in die Gemeinde der Gläubigen eingetreten, aus Überzeugung also, zu einer Zeit, als viel Mut zu einem solchen Schritt gehörte. Etwa zugleich mit der Bekehrung des Omar al-Chattab geschah das, eines sehr respektierten und sehr selbstbewußten Patriziers, mütterlicherseits mit den Machzum verwandt. Gerade er wollte sich damals mit der gedrückten Lage seiner Glaubensgenossen in keiner Weise abfinden, und tatsächlich setzte er es auch durch, daß man ihnen innerhalb und außerhalb der Kaaba ihre Bürgerrechte als Mekkaner wieder einräumen mußte. Das war ein überzeugender, ganz offensichtlicher Erfolg. Aber gerade, daß er so offensichtlich war, erhöhte nur den Haß der Gegner, und heute vertrat auch Omar die Meinung, daß Mekka von den Gläubigen aufgegeben werden, daß man auswandern müsse, und da Abessinien nach der Ansicht der meisten nicht mehr in Frage komme, sei eine arabische Stadt zu suchen, die sich bereit zeige, Mohammed und seinen Anhang freundschaftlich aufzunehmen.

So gut wie eine Entscheidung war das; denn Omar besaß nicht nur wegen seiner Abstammung und verwandtschaftlichen Verbindungen großes Ansehen, sondern weit mehr noch wegen seines unbeugsamen, energischen Charakters, der durch seine imponierende Erscheinung unterstützt wurde. Wettergebräunt und dunkelhäutig, mit kohlschwarzem Haupthaar und Bart, war er in keiner Weise zu übersehen. Nicht seiner eigenen Person zuliebe hatte er sich zur Auswanderung entschlossen. Er war in seinem Hause sicher; aber er wußte nicht, wie beim Ansteigen der Haßwelle in Mekka ein drohender Bürgerkrieg zu verhindern wäre.

Mißmutig beendete Zaid seinen Rundgang durch die Ställe. Geplündert waren sie nicht. Das hatte er verhindern können. Aber sie waren leer. Die Kamele, einst Kadidschas stattlicher Besitz, waren bis auf einige wenige Tiere geschwunden, und es gab keine Aussicht, die alten Bestände zu erneuern. Als er nun das Vorderhaus aufsuchte, um nach dem Seidenlager zu sehen, kam ihm seine junge Frau Zainab entgegen: Dschafar sei da und suche dringend Ali.

Dschafar war, wie Ali, des Abu Talib leiblicher Sohn; auch er war von einem Verwandten adoptiert worden, und zwar von Abu Talibs nächstälterem Bruder Abbas, um dem wenig bemittelten Talib die Lebenshaltung zu erleichtern. Jetzt hatte das schon lange schwer erkrankte Haupt der Haschimiten sich nicht ausreden lassen, daß seine Tage gezählt seien, und darauf gedrungen, seine Nachkommen um sich zu versammeln.

Das war kein unerwarteter, aber doch ein neuer schwerer Schlag für Mohammed und seine Gemeinde.

»Ali ist nicht da«, sagte Zaid. »Halte dich nicht auf. Vielleicht ist Ali bei seinem Onkel Hamza. Ich werde selbst nachsehen und ihn sofort schicken, sobald ich ihn finde.«

»Ist das mit Abu Talib sehr schlimm für uns?« fragte Zainab ihren Mann, als sie wieder mit ihm allein war. »Reich ist er gewiß nicht.«

»Aber er ist für seine Rechtlichkeit in ganz Mekka berühmt und darum das beste Haupt, das die Haschimiten haben können. Er steht zu seinem Wort und ist unerschütterlich. Auf ihn ist Verlaß!«

»Und wenn nun Hamza sein Nachfolger würde? Der ist doch ein Gläubiger. Wäre das nicht das beste für uns?«

»Das könnte uns weit eher noch schaden. Aber glücklicherweise ist nicht Hamza Zweitältester der Haschimiten, sondern Abbas.«

»Der hat Geld!«

»Gegen uns stellen kann er sich nicht. Er wird uns beim Auswandern helfen. Dann hätte er keine Verantwortung mehr für Mohammed.«

»Glaubst du, daß er noch kommt?«

»Wer? Mohammed?«

»Vielleicht bleibt er ganz aus, da doch hier alles so schlecht für ihn steht? Und oben liegt Kadidscha und sorgt sich so um ihn.«

»Sag mal, Zainab, bist du noch gläubig? Mohammed ist Allahs Gesandter, er kommt so gewiß, wie es einen Gott gibt. Wir wissen nur nicht genau die Stunde und die Minute, und wenn Mohammed jetzt käme, hätte er sich nicht einmal verspätet! Vergiß nicht, Kleingläubige, daß er erst das Gebirge hinauf muß, ehe er Mekka erreichen kann. – Aber das sag ich dir: laß Kadidscha in Ruhe! Ich muß Ali suchen.«

»Wir werden ja sehen«, murmelte Zainab vor sich ihn, »vielleicht kommt er wirklich noch.«

Die Kamelstute kannte den Weg nach Mekka. Zu oft war sie ihn gelaufen, getrabt, gegangen. Dieses Mal war es mit dem Trab seit Stunden schon vorbei gewesen. Die ansteigenden Straßen in den Bergen mit nur geringen Erquickungen durch spärlichen Schlaf hatten sie bereits stark ermüdet auf den Weg nach Mekka gebracht, und ihr Wissen um einen ihr genau bekannten Häuserhaufen, wo an einer ihr unirrbar bekannten Stelle ihr Stall stand, hatte sie schon längst zu nicht mehr als einem immer schleppender werden Schritt ermuntern können.

Doch erreichen würde sie ihren Stall. Daran war nicht zu zweifeln. Dort würde sie mit einem Schnauben der Erleichterung in die Knie gehen, um sich lange, lange nur noch mit Trinken zu befassen und hinterher ebensolange oder noch länger, bis ihr der Bauch anschwellen würde, nur noch mit Fressen.

In nichts hatte sich die Stute getäuscht. Sie erreichte die Ställe und ihr Reiter das Haus der Kadidscha. Um nicht noch zuletzt seine Ankunft durch freundliche Begrüßung oder mehr noch durch gehässige Nachrufe und Steinwürfe verzögern zu lassen, hatte er sich durch Verschleierung seines Kopfes unkenntlich gemacht.

»Daß du da bist!« wollte ihn Zainab begrüßen, doch Mohammed sah sie gar nicht. Ohne ein Wort begab er sich die Stiege hinauf zu Kadidscha.

»Mohammed ...«, seufzte die Kranke mit einem Lächeln.

»O Vater«, überfiel ihn Fatima, »hilf der Mutter, und wenn du kein Wunder tun magst, dann bete – oh, bete! Dir wird Allah deine Bitte gewiß nicht versagen. Wenn die Mutter uns verläßt, dann bin ich ganz allein, dann hat mich niemand mehr lieb ...«

»Solange ich lebe, hat auch dein Vater dich lieb, Fatima.«

»Jawohl!« nickte das Mädchen ohne echte Befriedigung, »weil Allah es dir befiehlt, darum bist du auch zu mir gut; aber nicht, weil du mich wirklich liebst ...«

Mit einer Geste der Verabschiedung versuchte Kadidscha sich ihrer zu erwehren, und dieses Mal gehorchte Fatima sogar.

Mohammed lag mit dem Gesicht auf Kadidschas Brust, während sie ihm den Kopf wie einem Kinde streichelte.

»Mohammed, mein Gatte«, sagte Kadidscha schließlich, »versprichst du mir etwas?«

»Alles, alles!« versicherte er.

»Verlaß Fatima nicht, wenn ich ihr nicht mehr helfen kann. Sie ist unser Kind.«

Verwundert hob der Prophet den Kopf.

»Ich weiß – das ist es nicht, worum ich dich zu bitten brauchte – du tätest es ohnehin nicht. Aber als Vater kannst du ihr nicht viel helfen. Sie braucht einen Mann. Und das ist nicht leicht. Sie ist nicht besonders hübsch, dafür aber um so anspruchsvoller, und wird nie eine andere Frau neben sich dulden. Dazu ist sie viel zu eifersüchtig und zu stolz. Sie wird sich bestohlen vorkommen und beginnen, diese andere zu verfolgen. Einen Mann, der so ist wie die meisten, wird sie nicht halten können. Sie würde ihn in Mißhelligkeiten verstricken, und er würde sich von ihr scheiden. Und etwas darstellen müßte er auch. Du mußt einen Mann für sie finden, dessen irdischen

Erfolg du ganz in deine Hände nehmen kannst, und der dich so verehrt, daß er das Gute in ihr erkennt.«

»Deine Worte werden nie in mir verlöschen, Kadidscha.«

»Und du fürchtest nicht, ungerecht zu sein?«

»Gegen wen?«

»Gegen den späteren Mann unserer Fatima.«

»Wir müssen hoffen, daß der Allgerechte und Barmherzige ihn um so reicher belohnt.«

»Mein Mohammed!« seufzte Kadidscha mit dem Ausdruck einer Liebe, gleich einem Naturereignis.

Damit sank sie in die Kissen zurück.

XVII

Es hatte einmal für Mohammed eine Verzweiflung gegeben, die über alle Maßen schrecklich gewesen war. Hoffnungslos war sie ihm erschienen und in ihrer Hoffnungslosigkeit ewig. Welches menschliche Hirn konnte auf etwas noch Entsetzlicheres verfallen?

Das war damals gewesen, als sich die ersten Anzeichen seiner späteren Offenbarungen gemeldet hatten. In seinem Mißtrauen gegen sich selbst und im Bewußtsein seiner Sünden aus heidnischer Zeit hatte er sie für Eingebungen des Satans gehalten, denen nicht zu entrinnen sei. Und wenn ihm zuweilen ein Sturz in den Abgrund und ein Zermalmtwerden durch herabrollende Felsen als Ende der Qualen erschienen war, so wurde ihm sofort quälend bewußt, daß seine Seele unsterblich sei und nichts sie vor der Hölle bewahren könne.

Sogar der ersten Erscheinung des Erzengels hatte er nicht zu trauen vermocht. Erst Kadidscha hatte ihm endgültig Allahs Gnade erschlossen. Sie hatte ihn in sich bestätigt – Kadidscha –, seine ihm von Gott verliehene Frau.

Und nun war sie tot. Ganz verlassen kam er sich vor und für die Zeit seines künftigen Lebens allein. Kaum daß ihm der Gedanke an ein Wiedersehen im Paradiese noch Trost gewährte.

Aber nicht einmal diesen Trost hatte er bei einem andern geliebten Toten. Fast am gleichen Tag mit Kadidscha war sein Onkel Abu Talib gestorben, in dessen Haus er bei Tante Fatima aufgewachsen war.

Ein echter Mekkaner war Abu Talib gewesen und unbeirrbar bis an seinen Tod geblieben. Nie war es Mohammed gelungen, den alten Mann in Gegensatz zu der Mehrzahl seiner Mitbürger zu bringen. Von den hergebrachten Formen sich zu trennen lag ihm fern und noch ferner, etwa anzuerkennen, daß es immer Kräfte geben müsse, die alte Ordnung der Welt zu zerbrechen, um Neuem Platz zu machen. Er übersah nicht die Schwierigkeiten, denen sein Neffe entgegenging; aber als Haupt der Haschimiten vergaß er nie, daß Mohammed zum Geschlechte Haschims gehörte, und wenn sich einer von dessen Gegnern an seinem Leben vergangen hätte, wäre Abu Talib der erste gewesen, zur Blutrache aufzurufen. Das Wissen um diese Unbeugsamkeit Talibs hatte bis jetzt Mohammeds Leben beschützt, und kein Mensch in Mekka hielt die Haschimiten für so ehrlos, um eine Änderung ihres Verhaltens auch nur zu erwägen.

Was Mohammed bewegte, war der für ihn so fürchterliche Gedanke, der Onkel und Pflegevater, dieser makellose Mensch, könnte beim Jüngsten Gericht den Zoll seines Unglaubens mit ewiger Verdammnis entrichten müssen.

Von seiten einiger Gläubigen war diese Frage schon aufgeworfen worden. Kadidscha, die von allen hochverehrte Mutter der Gläubigen, hätte sie nicht zugelassen. Genau freilich wußte es Mohammed nicht. Die Frage stützte sich auf seine eigenen Suren. Seine eigenen? Sie waren ihm von Allah eingegeben, also waren sie nicht seine eigenen. Nicht ein einziges Wort seiner Offenbarungen konnte er verleugnen. Er war der Gesandte Gottes und hätte Gott verleugnet. Kadidscha jedoch galt ihm als Geschenk Allahs, und es war undenkbar, sie vom Allgerechten zu trennen. Und zugleich wußte er, wie wenig ihre Güte zu Verdammungen fähig gewesen wäre. Nun aber war sie tot, und er wußte nichts mehr.

Sie war ein Mensch gewesen. Nach ihr aber lohnte es sich nicht mehr, mit anderen Menschen zu reden.

Mit Omar etwa?

Aber es war ja alles besprochen: Mekka sei aufzugeben, die Bekehrung der Ungläubigen und Spötter. Später, wenn die Strafandrohungen Allahs erfolgt seien, würden die in ihrer Torheit Unbelehrbaren zugänglicher sein.

Allah sei barmherzig.

Doch später!

Jetzt konnte Mohammed einfach nicht des langen und breiten mit einer Stadt verhandeln, ob sie vielleicht so gnädig sein wolle, ihn –

den Erwählten Allahs! – mit der Gemeinde seiner Gläubigen freundlichst bei sich aufzunehmen. Er könnte nicht das größte Geschenk, das je ein Irdischer zu vergeben vermochte, anbieten und dabei darauf gefaßt sein, daß die Annahme verweigert werde.

Und wie sie ihn verhöhnen würden, die Ungläubigen in Mekka, daß niemand ihn haben wolle! Vielleicht würde sogar ein Armer, weniger stark im Glauben, in die Todsünde des Zweifels an Allah und seinen Propheten verfallen …?

Nein!

Dem allen entgehen! Mit keinem Menschen mehr reden! Selbst handeln und allein! Von einem Mißerfolg wird dann niemand etwas erfahren, und einen Erfolg könnte er als Geschenk zu Ehren der vielgeliebten Kadidscha den Gläubigen übermitteln. Er hatte ihn bitter nötig, diesen Erfolg. Wieder aufrichten würde er ihn. Er dürstete nach einer Offenbarung.

Mohammed betete ohne Unterlaß. Immer noch keine Offenbarung …

Aber wenn Mohammed Allahs Segen auf sein Vorhaben herabflehte und keine Antwort, kein Verbot kam? War das nicht so gut wie Einwilligung des Allerhöchsten und Zustimmung? Gehören Mekka und Taif nicht zusammen? Hatte er sie nicht selbst in seinen Suren – also nach Allahs Offenbarung! – »die beiden Städte« genannt? Und war er nicht der Gesandte Allahs an Mekka und – wenn Mekka nicht hören wollte! – an Taif? Wohl war ihm Gegnerschaft in Taif erstanden; aber was bedeutete Übelwollen von Menschen gegen einen göttlichen Auftrag? Durfte er kleinmütig bleiben und seiner Auslegung mißtrauen? Der menschlichen Auslegung des Gesandten Gottes? War er nicht von Allah geheiligt? Stand er Allah nicht näher als irgendein anderer Mensch?

Ja!

Mohammed wickelte sich aus seinem Mantel von Hadramaut.

Wie oft hatte Kadidscha ihn damit bedeckt, wenn er nach einer seiner Offenbarungen schweißtriefend und bebend dalag!

Er erhob sich.

Leise tastete er sich die Stiege hinunter.

Er brauchte kein Licht, er fand den Weg auch im Dunkeln.

Er fand den Stall. Er fand die Stute.

Sie erkannte ihren Herrn, und er streichelte ihr Gesicht. Sie sollte ihn einen Weg tragen, über den Allah sein Urteil noch zu sprechen hatte.

Am nächsten Tag stand die Sonne schon hoch, als Mohammed die Gartenstadt Taif erblickte. Sie lag etwa südöstlich von Mekka und war in eine Höhe hineingebaut, der eine Felsenbarre die Feuchtigkeit erhielt. Der Humus konnte also nicht zu Pulver ausdörren und vom Winde verweht werden, sondern lag in breiten Schichten auf dem steinernen Untergrund. Der Sturm konnte vielleicht einmal einen Baum abbrechen, mußte aber die Gärten stehenlassen.

Im durstigen Felsentale Mekkas dagegen löste das trommelnde Klirren und Poltern der Steine oft genug das Rauschen der Halme und des Baumlaubes ab. Acker und Bäume gab es dort so gut wie nicht, und schon gar keine Fruchtbäume.

Die Gärten von Taif brachten eine Vegetation hervor, die den Besitzern wohl manche Annehmlichkeiten bereitete. Da gab es in Arabien weit ausgedehntere Landstriche, in denen die Ernten den Eigenbedarf der Einwohner weit überstiegen und zur Grundlage einer weitreichenden und lohnenden Ausfuhr wurden.

Für die Karawanen blieb Taif ein Umweg, und die wohlhabenden Taifiten, die nur durch Handel den Stand ihrer Vermögen auf der alten Höhe halten konnten, pflegten ihre geschäftlichen Angelegenheiten zumeist durch Sachwalter in Mekka wahrnehmen zu lassen, das der große Hauptknotenpunkt und Umschlagplatz blieb. Für die reichen Leute aus Mekka – falls sie nicht ganz ihren Wohnsitz in die Nachbarstadt verlegten – blieb Taif der beliebte Erholungsplatz, wohin sie sich, besonders in der heißen Jahreszeit, gern vorübergehend zurückzogen.

Unter diesen Umständen ergab es sich jedenfalls ganz von selbst, daß jeder der beiden Städte ihre Mittelschichten und ihre Minderbemittelten besaß, daß aber die Reichen und Vornehmen zu einer einzigen Schicht zusammenwuchsen, die in beiden Städten gleicherweise regierte.

Unbehelligt zog Mohammed in diese Stadt ein. Für seinen Schutz hatte jeder selbst zu sorgen. Eine öffentliche Gewalt, der das oblag, gab es nicht, und darum auch keine bezahlten Diener, die den Fremden das Leben sauer machen konnten. Man half sich gegenseitig, wo immer es erforderlich war. Handwerker gab es, die von der Bezahlung für ihre Dienstleistungen lebten, aber ebenso Sklaven, die ein Reicher mitgebracht hatte, um nie in Verlegenheit zu geraten und auf diese Weise Kosten zu sparen. Das meiste, was geschah, war Improvisation; es geschah darum nicht schlechter und nicht weniger.

An wen sollte Mohammed als Fremder sich wenden?

In Mekka wäre die Frage leicht zu beantworten gewesen: Auf dem Markt und an der Kaaba traf man vom Patrizier bis zum Sklaven die ganze Bevölkerung durcheinandergewürfelt. In Taif war man im Bauplatz weit weniger beengt, und die Gärten, die in Mekka fehlten, luden in Taif ihre Besitzer ein, sich ihrer zu bedienen.

Da er die vielen nicht sogleich erfassen konnte, beschloß Mohammed, sich an die Mächtigsten, also an die Vornehmsten und Reichsten, zu wenden, an die gleichen Menschen demnach, an die er sich während seiner ganzen Prophetenlaufbahn in Mekka bereits mit dem Ergebnis gewandt hatte, daß ihm – mit geringen Ausnahmen – von ihnen Gegnerschaft entgegengebracht wurde.

Die Vornehmsten in den beiden Städten waren unstreitig die Machzum, die Omaijaden, die Rabia. Die Mächtigsten in Taif waren die drei Brüder Machzum: Dschalil, Mas'ud und Habid.

Insofern traf es sich für Mohammed günstig: Habid, ein leutseliger junger Herr, hatte seine Brüder zum Essen eingeladen, und so fand Mohammed sie beieinander.

»Ah, der Seidenhändler Mohammed ibn Abdallah, nicht wahr?« sagte Musa, der Hausherr, als Mohammed hereingeführt wurde. »Ich erinnere mich. Aber damals in Mekka verkaufte mir die Stoffe ein anderer. Dein Angestellter wahrscheinlich? Oder ist er dein Mitinhaber? Zaid heißt er, wenn ich nicht irre. Ein gewandter Kaufmann.«

Auch Mas'ud hätte gern die Ware gesehen. Er fragte, ob Mohammed die Ballen draußen habe. Er solle sie hereinschaffen.

Nur Dschalil machte ein verkniffenes Gesicht. Er schien sich seines Gedächtnisses allerdings nicht ganz sicher zu sein …

Mohammed aber sagte: »Ich bringe euch Besseres, ihr Menschen, als meine Stoffe.«

»Nun, so schlecht ist deine Seide gar nicht«, meinte jedoch Habid.

»Besser und heiliger ist Gottes Wort«, kam es von Mohammed.

Dschalil sprang auf.

»Jetzt weiß ich es!« rief er. »Das ist der Unruhestifter von Mekka!« Seine Stimme überschlug sich vor Haß. »Glaubt nicht, es sei der Furz einer Sau, was so einer sagt! Ich war ja dabei. Damals! Beinahe hätten sie ihn in Mekka zerrissen, als er widerrief, und sie hatten schon gedacht, er wollte vernünftig werden und unsere Götter anerkennen. Ganz ungereimtes Zeug brachte er vor. Sein Allah solle keine Söhne und nur Töchter haben. Kein Wort verstand ich. Aber gefährlich ist er! Wir kennen doch unsern Vetter Omar al-Chattab. Wie schwer es ist, ihm zu widersprechen – das wissen wir doch! Und was ist nun? Omar ist zu diesem Kerl da übergegangen! Dem Gesandten Gottes!«

Er trat ganz dicht an Mohammed heran. »Aber das will ich dir noch sagen: wenn Gott dich wirklich gesandt hat, dann will ich den Behang der Kaaba zerreißen!«

Auch Mas'ud konnte nicht länger an sich halten: »Hat Allah keinen Besseren als dich finden können?«

Mohammed hüllte sich in sein Wissen um Allahs Nähe.

»Daß ich ein Haschimit bin, kränkt mich nicht. Allah ist allwissend. Schlimmeres als ich von euch erfuhr, würde ich willig auf mich nehmen, könnte ich die große Sünde ungeschehen machen, deren Widerruf euch so in Zorn versetzt. Allah verkündigte in seiner Offenbarung: ›Nie sandte ich einen Propheten, ohne daß Satan, wenn der Prophet etwas wünschte, einen Satz mit seinem Wunsch einschiebt. Aber Gott löscht aus, was Satan einschob. Laß dich nicht fortdrängen von Allahs Zeichen, nachdem sie dir offenbart wurden. Sei nicht einer, der Götzen verehrt.‹ Und nun mögt ihr tun, was euch recht dünkt. Auch du, o Habid.«

Habid zauderte. Dann antwortete er aber doch:

»Ich werde mich wohl hüten, mit dir zu reden. Denn bist du ein Prophet, so ist es gefährlich, dir zu widersprechen. Und bist du ein Lügner, so ist es unter meiner Würde, mit dir zu sprechen.«

Nach dem Forteilen der drei Herren, die sich nicht mehr um ihren Gast gekümmert hatten, blieb Mohammed nicht lange allein. Ein Dienender trat eilends ein.

»Komm schnell«, sagte er. »Du hast keine Zeit zu verlieren.«

»Bist du aus dem Haus hier?« fragte Mohammed. »Schicken dich deine Herren?«

»Sie sind nicht meine Herren, und sie würden mir Übleres antun, als mich nur aus dem Hause zu werfen, wenn sie wüßten, daß ich dich warne.«

»Wovor?«

»Später! Nur schnell jetzt! Ich weiß eine kleine Außentür. Von der ist es ein Sprung bis zu den Gärten meiner Herrschaft, und dort kann ich dich vorläufig verbergen.«

Durch verworrene Gänge und gelegentlich auch Zimmer folgte Mohammed dem Unbekannten.

»Kennst du mich denn?«

»Du bist der Gesandte Gottes. Wir sind auch aus Mekka. Ich bin ein Freund von Dschaudhar, dem Hausverwalter von Dame Raita bint Rabia. Meine Herren sind zwei Brüder der Familie Rabia, Utba und Saiba, und mit ihr verwandt, gewissermaßen auch mit dir. Raita ist doch die Mutter deines Schwiegersohnes.«

»Raita hat ihn verstoßen.«

»Weil er deine Tochter heiratete, ich weiß. Aber gesprochen habe ich doch mit Othman.«

»Und?«

»Kein ›und‹, Mohammed! Jetzt lauf so schnell du kannst. Dorthin, siehst du? Und wirf dich ins nächste Gebüsch! Ich komme gleich.«

Es waren in der Tat kaum mehr als dreißig Meter von der kleinen Pforte bis zum Gartenrand des Nachbargrundstückes, und Mohammed brauchte nicht lange zu warten, bis sein neuer Bekannter scheinbar gemächlich herankam. Der Sklave brauchte nicht zu laufen, er war im Garten zu Hause.

»Hier herein darf der Mob nicht«, beruhigte er Mohammed. »Und um dein Kamel kümmere dich nicht. Ich zeige dir noch den verborgenen Platz, wo ich es zur Dunkelheit anbinden werde. Von Taif bis Mekka auf den eigenen Füßen ist ein beschwerlicher Weg, das bist du nicht gewohnt. Aber bei Dunkelheit hat sich der Mob längst verzogen, und dann kannst du fortschleichen.«

»Höre –«

»Ich heiße Sam.«

»Also Sam, ich verstehe dich nicht. Du sprichst vom Mob. Ich habe doch niemandem etwas getan. Die Leute hier kennen mich ja gar nicht!«

»Sage mir: Bist du nur nach Taif gekommen, um dich totschlagen zu lassen? Hier bist du nicht in Mekka, hier schützt deine Familie dich nicht. Die Machzum waren zu dritt gegen dich; aber selbst machen sie sich natürlich die Hände nicht schmutzig. Wenn sie eine Horde brauchen, haben sie die auch, ob die Leute dich kennen oder nicht. Um dich geht es ihnen überhaupt nicht, sondern nur um die Mächtigen. Denen gehorchen sie als Sklaven, als Schuldner, als kleine Gewerbetreibende, die mit dem Verdienst rechnen müssen, der ihnen von den Reichen zufließt. Sie wollen leben. Das ist alles.«

Ein näher kommendes Geschrei ließ sich vernehmen.

»Da sind sie schon«, sagte Sam. »Zuerst werden sie Habids Haus durchsuchen, und wenn sie dich nicht finden, ist hoffentlich das Schlimmste vorüber. Sei aber nicht neugierig und verbirg dich«, mahnte er.

»Und du, Sam, warum hilfst du mir?«

»Du hast manches günstige Wort über Christus gesagt, und deswegen sind von deinen Gläubigen viele in das koptische Abessinien gegangen – darüber habe ich mit Othman geredet. Ich bin selbst ein Christ.«

»Und deine Herren? Könnten sie für mich gewonnen werden?«

»Wie die Mäuse für die Katze. Für dich gewonnen, weil sie aus Mekka sind? Die opferten am liebsten auf allen Altären, um es allen recht zu machen. Aber totschlagen werden sie dich wohl nicht. Denk an die Mala! Man hat es hier nicht gern, wenn ein Mann aus Mekka in der Nachbarstadt umgebracht wird. Und die Blutrache schätzt man bei uns auch nicht sehr.«

»Sa–aam!« hörten die beiden gedehnt rufen.

»Ich muß fort«, sagte Sam hastig. »Laß dich nicht blicken! Ich komme wieder.«

Es lag für Mohammed kein Grund vor, den Ort, der ganz sicher schien, zu verlassen.

»Was ist da draußen für ein Lärm?« fragte Herr Saiba seinen Diener. »Aber du interessierst dich ja nie für etwas. Du bist einfach langweilig, Sam!«

»Sehr wohl, Herr«, nickte Sam, »langweilig. Deswegen weiß ich aber doch, was los ist. Die Machzum haben einen Mann aufgespürt, den sie nicht in Taif haben wollen. Und nun jagen sie ihn.«

»Nur nicht einmischen!« warnte Saiba ängstlich. »Wenn du dir die Finger verbrennst …«

»Ich denke nicht daran.«

»Jedenfalls verläßt du tagsüber unsere Gärten nicht, Sam«, befahl Utba ibn Rabia, der hinzukam.

»Ich bin gerührt«, entgegnete Sam mit einem Spott, den die Brüder von ihm gewohnt waren, »wie meine Herren sich um mich sorgen.«

»Bilde dir das ja nicht ein!«

»Ganz recht. Es ist nur das Risiko, mich billiger verkaufen zu müssen, wenn ich irgendwo anstoße.«

»Du bist überhaupt unverkäuflich – niemand würde dich haben wollen. Du wirst nie ein guter Sklave werden.«

»Gewiß nicht, Herr. Ich wurde nicht dazu geboren.«

»Du hättest es lernen können, Zeit genug dazu hattest du.«

»Aber Utba«, lachte Saiba, »gib dich doch mit dem nicht ab! Er will einfach nicht. Das solltest du doch wissen.«

»Ganz recht, Herr. Ich will nicht.«

»Und eingemischt hast du dich auch längst?«

»Im Gegenteil! Ich habe ausgemischt. Den Gehetzten nämlich. Und wenn meine Herren ihn nicht wieder einmischen, bleibt er draußen und wir anderen mit ihm, was im Sinne meiner Herren sein dürfte.«

Die Brüder schwiegen. Aber ganz unzufrieden schienen sie auch nicht zu sein.

»Wo du deinen Schützling hast, will ich dich gar nicht erst fragen«, sagte Saiba: »Natürlich in unserem Garten.«

»Aber Saiba!« rief sein Bruder, »wenn die Machzum hier nun eindringen!«

»In unser Besitztum? Das glaube ich nicht. Aber du, Sam, wer dein Schützling ist, willst du uns doch nicht verraten? – Darum sag ich es dir lieber.«

»Nun?« fragte Utba.

»Es ist Mohammed ibn Abdallah, den seine geistlichen Freunde den ›Gesandten Gottes‹ nennen.«

»Bei der Kaaba!« rief Utba. »Schlimmeres war wirklich nicht möglich!«

»Tut mir leid, Herr«, meinte Sam nicht übermäßig beeindruckt, »daß ich dir nicht mit dem Schaitan in Person dienen kann. Mühe geben will ich mir.«

»Selbstverständlich muß er bei Dunkelwerden fort«, unterbrach Saiba das Geplänkel. »Aber ein wenig leid tut er mir auch. Wenn man bedenkt, daß Vornehme wie Omar al-Chattab, unser Vetter Othman, Vermögende wie Abu Bekr zu seinen entschiedenen Anhängern gehören, und er muß sich nun in einem fremden Garten verbergen –« Er unterbrach sich: »Was meinst du, Sam? Er muß doch hungrig sein?«

»Sicher! Und ich hatte noch keine Gelegenheit, dem abzuhelfen. Er ist während der letzten Nacht geritten. Bis morgen wird er nicht zur Ruhe kommen. Vor allem wird er Durst haben.«

»Dann bring ihm eine von unseren Trauben. Aber eine große!«

»Sehr wohl, Herr.«

»Wir Brüder dürfen natürlich nicht mit ihm reden und nichts von ihm wissen.«

»Ausgezeichnet, Herr! Laß das Reden und Wissen nur meine Sache sein.«

Damit ging Sam.

»Allmächtiger! Allerbarmer! Allwissender! Allah! ... mir, einem gebrechlichen Sünder und Menschen, ist es unmöglich, deine Gnade zu begreifen, die du über mich ausgeschüttet hast. Du bist der Unerforschliche! Und wenn ich in der Rechten die Sonne und in der Linken den Mond hielte, so könnte ich immer nur zu dir beten. Daß wir Menschen deine Geschöpfe sind, ist unser Stolz und unsere Würde, daß wir sind und vergehen nach deinem Willen, deine Gnade. Nur deinem Erbarmen verdanken wir das Wissen um dich, Unendlicher, Ewiger, der immer war und immer sein wird. Und ich flehe dich an, mich zu festigen durch deine Zeichen; denn ich bin nicht einer, der Götzen verehrt.«

Diese Worte sprach Mohammed in der Stellung des Gebets neben seinem Kamel, das mit lang ausgestrecktem Hals an seiner Seite lag.

Wie verabredet, war die Stute, mit Wasser und Futter versehen, bei Dunkelheit an der angegebenen Stelle in Taif gewesen. Unbehindert hatte Mohammed entweichen können. Selbst hatte er freilich nichts dazu beigetragen. Kaum daß er noch Sam bemerkt hatte, so erschöpft war er. Wenn man ihm ernstlich aufgelauert hätte und wenn Sam nicht gewesen wäre, hätte er sich nicht in Sicherheit bringen können. Die Stute, die den Weg kannte, hatte ihn geführt. Eine eigene Überlegung hatte er nicht mehr aufgebracht. Völlig zusammengebrochen war er gewesen.

Nur eins erfüllte seine Seele: seine Sünde, seine unverzeihliche Sünde! Durch seinen Ritt nach Taif habe er Allah in Versuchung zu führen versucht. Als ein Fordernder habe er, der Wurm Mohammed, vor dem Allmächtigen gestanden. Er habe von Allah eine Antwort gefordert, und diese sei ihm so niederschmetternd wie nur möglich geworden!

Etwas anderes hatte er nicht mehr denken können. Wenn das, was ihn bewegt hatte, überhaupt ein Denken gewesen war.

Nun aber wußte er plötzlich, daß er auf dem Weg nach Mekka Nachla erreicht hatte.

Während des Betens hatte er nichts an weltlichen Geräuschen vernommen, nun jedoch hörte er ein Rascheln wie von gleitenden Schlangen im Laub. Es war, als gäben sich Schlangen – harmlose Nattern, wie er sah – ein Stelldichein. Dann verschwanden alle natürlichen Größenverhältnisse. Eine Luft von einem wunderschönen Blau hüllte ihn ein. Er konnte sie anfassen, diese Luft, sich an ihr hochziehen. Dann wurde er gehoben. Schlangenleiber umgaben ihn; aber sie beengten ihn nicht. Er konnte sich durch sie bewegen und sie sich durch ihn. Sie verschmolzen.

Da wußte er, daß er mit schlangengestaltigen Dschin, mit Geistern, zusammen war. Er hörte sie reden. Sie hatten sein Beten gehört, und nun predigten sie ihren Genossen von Allah und nannten Mohammed seinen Gesandten.

Er war glücklich. Wenn die Menschen ihn nicht hatten hören wollen – Geister hatten ihn gehört. Er hatte sie bekehrt, und sie lobten Gott.

Zuletzt vernahm er die Stimme des Erzengels. Er kannte sie so gut, daß er nichts zu sehen brauchte.

Die Stimme sprach: IN MEKKA ERWARTET DICH EINE NACHRICHT, GESANDTER!

Mit einem Gefühl des Entzückens sank er zusammen. Das war eine Offenbarung, eine richtige Offenbarung! Er hatte recht. Er wußte allerdings nicht, ob er die Offenbarung aus seinem Innern ausstrahlte oder ob sie aus dem All zu ihm kam, ihn zu durchdringen.

Ihm genügte: Allah hatte ihm verziehen und ihn in seiner Sendung befestigt.

Als er erwachte, wiederholte er die Worte des Erzengels Gabriel: In Mekka erwartet dich eine Nachricht.

Die Stute schien sie zu verstehen. Als er sie bestieg, erhob sie sich eilig.

XVIII

Auf die Nachricht, die ihm durch die Offenbarung geworden war, mußte Mohammed in Mekka noch warten. Das erste, was ihn erreichte, waren nicht so sehr Nachrichten als bereits erfolgte unausweisliche Tatsachen. Nicht einmal sein Haus konnte er betreten. Schon im Vorbogen erwartete ihn Zaid. Dann ging es zum Haus, das einst vor dem Kauf durch Kadidscha das Eigentum des Kaufherrn Musa ibn Chalil gewesen war und nun der schönen Rukaija gehörte. Trotz deren Abwesenheit war es weder geplündert noch verwahrlost. Das hatte Onkel Dschaudhar bewirkt, ein Sklave zwar, aber Dame Raitas Haushofmeister und Verwalter ihres Besitzes. Es sah so aus, als habe Raita bint Rabia alles angeordnet.

In Wirklichkeit hatte sie jedoch weder etwas angeordnet noch befohlen, sondern nur gewußt, daß Dschaudhar so sehr der Familie gehöre, daß sie lediglich nichts zu merken brauche, wenn alles so geschehen sollte, wie sie es im Grunde selbst wollen müßte.

Schon in seinen Kinderjahren war Othman der Gegenstand von Dschaudhars Sorge gewesen, und das hatte sich so wenig geändert, daß er sich niemals berechtigt oder verpflichtet geglaubt hätte, seine Hand vom Sohn des Hauses abzuziehen. Mochte Othman wen auch immer geheiratet haben – Rukaija war eine schöne Frau, von der jedes Ungemach fernzuhalten für Dschaudhar selbstverständlich war. Und wenn es Othman auch noch so lange beliebte, von Mekka fernzubleiben, bei seiner Rückkehr mußte er seine Wohnung in einem Zustand vorfinden, wie es einem Mitglied seiner Familie geziemte. Nicht ein Kissen fehlte und kein Teppich, und keine Spur von Staub war zu bemerken. Dame Raita hatte genug Sklaven, über die Dschaudhar verfügte.

Als erster kam Othman, aber nicht nur, um den Schwiegervater mit Willkommen und Umarmung zu grüßen. Er war ersichtlich kummerumwölkt. Und er hatte Grund dazu.

Die Verbindung zwischen Mekka und den ausgewanderten Gläubigen war immer eng geblieben. Der Negus Negesti, Herrscher des aksumitischen Reiches, hatte Mohammeds Anhänger als Anwärter auf das Christentum betrachtet und das Ersuchen der heidnischen Kaufmannsstadt, sie wieder zurückzuschicken, glatt abgelehnt. Mohammeds unseliger Versuch, sich der Masse der Mekkaner dadurch zu nähern, daß er deren Lieblingsgöttinnen al-Lat und al-Uzza höher eingeschätzt hatte als zuvor, war bald in Aksum bekannt und als geglückter Vergleich aufgenommen worden. Unter den Ausgewanderten hatten viele an Heimweh gelitten und gehofft, daß sie bei einem Umschwung der Gesinnungen in ihrer Vaterstadt wieder ein erträgliches Leben erwarte. Zu den ersten Rückwanderern auf Grund dieser falschen Annahme gehörten Rukaija und Othman, die erst in Mekka selbst erfuhren, daß die Dinge dort schlimmer als je standen.

Meine Sünde, dachte Mohammed, meine große und schwere Sünde!

Dennoch wäre es Mohammed trotz allem vielleicht ein Trost gewesen, mit der Tochter und dem Schwiegersohn, mit dem ihn vieles verband, wieder vereint zu sein.

Nachkommen – das war es, was sich so viele, vielleicht die meisten Menschen wünschten, aber kaum mit einem so wilden Verlangen wie gerade die Araber.

Mohammed machte keine Ausnahme.

Kadidscha war für ihn stets in jeder Hinsicht ein über alles höchst zu verehrendes Wesen, und so dankte er ihr unbeirrbar für seine vier Töchter, wenn er auch freilich den frühen Verlust seiner beiden Söhne nie völlig verschmerzt hatte.

Unbeschreiblich war daher sein Glück gewesen, als seine Tochter – seine Rukaija! – mit einem Knaben niedergekommen war, seinem Enkel! Sein Leben werde er fortsetzen und das, wenn Allah wolle, in vielen Geschlechtern.

Und nun war der Enkel gestorben.

»Gerecht ist der Allgerechte«, rief Mohammed, »für meine furchtbare Sünde ist er gestorben, weil ich, wenn auch noch so entfernt, zwei menschenerdachte Göttinnen in Allahs Nähe zu rücken versucht habe!«

»Bitte, lassen wir Rukaija jetzt ruhen«, bat Othman seinen Schwiegervater, »lange konnte sie nicht mehr schlafen. Ich bin froh, daß es jetzt geschieht.«

Rukaija mußte offenbar in einen sehr tiefen Schlaf versunken sein. Mehr wie eine Bildsäule als ein lebendiger Mensch lag sie regungslos auf ihrem Lager. Sehr lange sah Mohammed sie an. Sie war immer noch schön. Vielleicht noch schöner. Ihr Gesicht war gleichsam durch den Schmerz geadelt. Es regte an, sie zu lieben, aber es machte nicht froh, sie anzusehen.

Othman und Mohammed waren nicht allein im Haus. Doch obwohl es die Wartenden drängte, mit dem Gesandten Gottes zu reden, störten sie ihn nicht im Gebet.

Außer einigen Emigranten, die mit den bekümmerten Eltern des verstorbenen Kindes zurückgekehrt waren, warteten noch Omar al-

Chattab und Mohammeds Onkel Hamza, ein Block von einem Mann, der ein zweihändiges Schwert mit der Leichtigkeit handhabte, als sei es ein Dolch.

»Wenn Mohammed nicht selbst davon anfängt, erwähnen wir lieber nicht die Art und Weise, wie sein Enkel umgekommen ist«, meinte Omar.

»Ich glaube auch, daß es besser ist, nicht davon zu sprechen, besonders nicht in Rukaijas Gegenwart. Aber ich habe nie etwas Ähnliches gehört. Von einem toll gewordenen Hahn umgebracht!«

»Es war ein Hahnenkampf, und die Sporen des Tieres waren durch geschliffenen Stahl verlängert.«

»Mit den Sporen geschah es nicht«, berichtigte Hamza. »Er flog hoch und hackte mit dem Schnabel auf des Jungen Gesicht ein.«

»Doch die Folge kann eine Blutvergiftung gewesen sein. Die Bisse tollwütiger Hunde und Katzen sind meist unmittelbar tödlich.«

»Und der Wutbiß eines Kamels ergibt Knochenfraß. Das ist verbürgt.« –

Bei der anscheinend fast hoffnungslosen Lage von Mohammed und seinen Anhängern konnte deren vorzeitige Rückkehr aus Abessinien die schon bestehenden Schwierigkeiten nur steigern. Jedenfalls wurde Mohammeds Ansehen, das ohnehin bereits im Absinken war, dadurch nur noch weiter belastet und der Haß seiner Landsleute gegen ihn und seine Gemeinde ermuntert.

Mohammeds Leben war zwar nicht unmittelbar gefährdet. Abu Sofjan, der Omaijade, der wenn auch nicht dem Namen, so doch den Tatsachen nach Mekka beherrschte, war Koraischite. Er hatte den Boykott gegen Mohammeds Familie zurückgenommen, ehe dieser von selbst in sich zusammengebrochen wäre. Es rechtzeitig zu tun war klug gewesen. Abu Sofjan vergaß nie das Schicksal der Chuzaa, der früheren Herren von Mekka, die sich durch innere Stammesfehden gegenseitig aufgerieben hatten, bis Mekka mit all seinen großen Möglichkeiten den Koraischiten als reife Frucht zugefallen war. Blutrache und Bürgerkrieg waren das warnende Gespenst für alle Mekkaner. Abu Sofjan und sein Freund Abu Dschahl glaubten Mohammed und seinen Anhang durch wirtschaftlichen Kampf und Schikanen aus Mekka hinausdrängen zu können, und außerdem hielten sie einen Sieg dieses religiösen Schwärmers überhaupt für unmöglich. Sie dachten, daß die Zeit gegen Mohammed arbeite. Einen Mann aus kleiner Familie, ohne großes Vermögen, mit mäßigem Einkommen und am Ende gar ein Bettler, würden die Mekkaner nie als Gesandten Gottes anerkennen – war Abu Sofjans Überzeugung, womit er recht haben konnte, soweit es die Leute von Mekka anging. Bis jetzt hatte sich nur Hamza von Mohammeds eigener Familie zu ihm bekannt.

Auch das Unternehmen mit Abessinien schien ein Mißerfolg werden zu wollen, und im Augenblick erleichterte es Mohammeds Lage keineswegs. Gerade das Wohlwollen, mit dem der Negus Negesti die gläubigen Einwanderer begünstigte, ließ mit Sicherheit darauf schließen, daß er sie für die straff organisierte koptische Kirche zu gewinnen dachte. In diesem Fall standen die Kämpfe mit Abessinien noch bevor, oder Mohammed mußte Anhänger verloren geben, die zu gewinnen ihn so viel Mühe gekostet hatte.

Genaugenommen war also die Rückkehr ein Treuebekenntnis zu Mohammed, und die ganze Entwicklung drängte dazu, die Gläubigen mit dem Gedanken an die Notwendigkeit ihrer Auswanderung aus Mekka vertraut zu machen ohne Arabien zu verlassen.

Unüberwindlich schien den persönlichen Freunden Mohammeds die Erschütterung zu sein, in die Kadidschas Verlust den Propheten gestürzt hatte. Nach dem ersten Wiedersehen mit Othman und Rukaija hatte Mohammed sein eigenes Haus immer noch gemieden. Es war Kadidschas Sterbehaus, alles erinnerte dort an sie, er mochte durch nichts an sie und damit an ihren Tod gemahnt werden, nicht einmal durch seine Töchter Fatima und Umm Kulthum.

Wenn seine Offenbarung in Nachla nicht gewesen wäre, hätte er möglicherweise sogar eine Begegnung mit seinen Anhängern vermieden. Das wäre sehr ungerecht gewesen; denn die Gläubigen hatten ihrer Überzeugung von Mohammeds göttlicher Sendung schwere Opfer bringen müssen. Nicht nur Kadidschas beträchtlicher Besitz hatte sich während der Verfolgungen verflüchtigt, auch Abu Bekr hatte den größten Teil seines großen Vermögens verloren. Die Gläubigen mit mittlerem und geringerem Einkommen bis zu den Armen waren nicht verschont geblieben, selbst die Sklaven hatten ihre Anhänglichkeit an den Islam durch Mißhandlungen büßen müssen. Und nun, da alles zusammenbrach, versank das religiöse Haupt der Gemeinde in Teilnahmslosigkeit, ja, es konnte sich der Eindruck verbreiten, daß der Urheber und Verkünder gar nicht mehr so recht an seine Lehre und seine eigene Sendung glaube. Dem stand allerdings die letzte Offenbarung entgegen. Es war mehr ein taktisches und diplomatisches Versagen, was man Mohammed vorwerfen konnte, und Omar al-Chattab war nicht der Mann, ihm das nachzusehen. Er war selbstbewußt und gewohnt, daß man seine Worte nicht nur hörte, sondern meist auch befolgte.

Bei Abu Bekr hatte ihn Mohammed getroffen.

»Höre, Gesandter Gottes«, sagte Omar, »du stehst Allah näher als irgendein anderer Mensch. Das muß, ob es uns nun gutgeht oder schlecht, in deinem ganzen Verhalten zum Ausdruck kommen. Mißdeutungen von seiten der Gläubigen darfst du dich nicht aussetzen, und schon gar nicht von seiten der Ungläubigen, deren Haß mit jedem Tag steigt. Die Gemeinde muß heute fester und zuversichtlicher zu ihrem Propheten stehen denn je.«

»Ich bin nur ein Mensch, ein sündiger Mensch, Omar, und ohne Kadidscha bin ich nicht mehr ich selbst.«

»Du bist nicht ohne Allah, Prophet!«

»Gewiß nicht ...«

»Kadidschas Verlust trifft uns alle, und die Gläubigen verargen es dir nicht, daß er dich stärker trifft als sie. Aber wenn er dich in Gefahr bringt, dich selbst zu verlieren, so kannst du dem abhelfen. Frauen gibt es genug.«

»Wie? Du meinst doch nicht ...«

»Jawohl! Heiraten sollst du.«

»Aber wen denn?«

»Du siehst«, wandte Omar sich lächelnd an Abu Bekr, »Mohammed ist uns in keiner Weise verloren. Man braucht ihm nur von Heiraten zu reden, gleich fragt er: wen denn?«

Bei diesem Gespräch hatten die drei Männer Aischas Anwesenheit übersehen oder auch nur nicht für wichtig gehalten.

»Soll Mohammed ibn Abdallah eine Alte heiraten oder ein Mädchen?« fragte sie jetzt.

»Aber Aischa!« rügte Abu Bekr. »Du benimmst dich wieder einmal recht ungehörig.«

»Das finde ich nicht«, widersprach Omar. »Aischa kann alle Koranverse auswendig. Da ist es doch ganz natürlich, daß sie fragt. Wissen muß es freilich Mohammed selbst. Wenn ich er wäre, würde ich eine Witwe, die mit einem Mann umzugehen versteht, für passend halten.«

Aischas Gesicht verzog sich nun ebenfalls zu einem Lächeln, das fern von Hochachtung für Männer im Alter ihres Vaters war.

»Vielleicht hat so eine Witwe gelernt, einen Mann zu behandeln«, sagte sie. »Aber der Gesandte Gottes ist doch kein gewöhnlicher Mensch. Sorge dich nicht, Mohammed, jede Frau und jedes Mädchen kann es sich zur Ehre anrechnen, wen immer du auch heiratest.«

Der Vater und Omar schwiegen, so bedeutende Männer sie auch sein mochten, während Aischa wieder zu ihren Puppen ging.

»Erinnerst du dich noch des Suwaid ibn al-Samit?« erkundigte sich Abu Bekr, »des Mannes aus Jathrib? Das war damals, als dein Onkel Abu Lahab den Kaufmann Nadr ibn al-Harith mit seinem Märchen so übel gegen dich ausspielte.«

»Gewiß. Ich hätte Suwaid gern einmal gesprochen, doch ich traf ihn nie mehr.«

»Er hat sich sehr für dich ausgesprochen. In der Weinschenke des Syrers Tiades war es. Bilal war auch dabei.«

»Ich weiß. Es war sehr voll, und im Gedränge kamen wir nicht zusammen.«

»Ihr werdet nie mehr zusammenkommen. Suwaid ist tot.«

»Tot?«

»Er war noch einmal hier und fragte nach dir. Aber damals warst du in Suaiba.«

»Wie ich das beklage! Ich bin sicher, Suwaid wäre gläubig geworden wie Tufail ibn Amr und Ijas ibn Muad aus dem Stamme Aus, beide auch aus Jathrib.«

»Ja, dort ist alles ganz anders als hier in Mekka«, meinte Omar. »Hier hat man es nur mit Koraischiten zu tun – dort gibt es die drei jüdischen Stämme und die beiden arabischen der Chazradsch und Aus. Dort umgibt sich jeder kleine Häuserhaufen mit Mauern und Befestigungen. Und alle möchten unabhängig sein, jeder möchte herrschen. In Jathrib ist ständig Krieg zwischen diesen vielen Teilen und Teilchen. In einem dieser Gefechte ist Suwaid gefallen.«

»Sie kommen wieder«, erklärte Abu Bekr, »Leute aus dem Stamme Chazradsch, und dieses Mal wird es nicht sein wie in der Weinbude. Dieses Mal wirst du mit ihnen reden, Gesandter Gottes.«

Ja, das sei es! überkam es Mohammed plötzlich. Die bevorstehende Ankunft der Männer aus Jathrib sei die Nachricht, die ihn nach der Offenbarung in Mekka erwartet habe! Nun habe sie ihn erreicht!

Die Notwendigkeit, Mekka zu verlassen, unterliege keinem Zweifel mehr. Weder Omar noch Abu Bekr, die beide bei einer Auswanderung größte Opfer bringen müßten, betrachteten sie als vermeidbar. Auch damit, daß Abessinien als Auswanderungsziel aufzugeben sei, dagegen Jathrib in den Vordergrund rücke, schienen sie sich zu befreunden. Dabei hatten sie keine Offenbarung wie Mohammed gehabt.

Ganz anders als Mekka sei Jathrib – hatte Omar gesagt, und er hatte recht, überlegte Mohammed. In der Tat waren fast alle bestimmenden Auffassungen der koraischitischen Stadtbevölkerung Mekkas ein Hindernis für Mohammeds Lehre. Das religiöse Leben war hier an sich sehr primitiv und den kaufmännischen Interessen weitgehend untergeordnet, denen auch Mekkas Toleranz entsprang. Sosehr diese daher auch Mohammeds Auftreten anfänglich begünstigt hatte, sobald Befürchtungen in bezug auf den Handel gegen Mohammeds Lehre laut wurden, hörte die Duldsamkeit auf, eine zuverlässige Lebensgrundlage zu sein. In Wirklichkeit war sie nur ein kaufmännisches Zugeständnis an die vielen Sekten und Götterdienste der breiteren Kundschaft, die beileibe nicht abgestoßen werden, sondern so eng wie nur möglich als Kundschaft an Mekka herangezogen werden sollte.

Mekka selbst war ein festgefügtes Gemeinwesen, in dem die Geschlechter und Familien wohl ihre alten Rechte und Pflichten aus der Beduinenzeit bewahrten, was aber nichts daran änderte, daß die Stadt gewohnheitsmäßig von den Mächtigeren gelenkt wurde, was in einer Einstammesstadt immer nur die Reichen und die Patrizier sein konnten. Wenn unter denen sich ein so selbstherrlicher Mann wie Abu Sofjan befand, so konnte er es zum Beispiel durchsetzen, dic Urkunde über den Boykott der Haschimiten in der Kaaba aufhängen und, trotz des Einspruchs Abu Dschahls, wieder abnehmen zu lassen, als er die Undurchführbarkeit eingesehen hatte. Und dabei war Abu Dschahl doch auch ein Machzum.

Bei einer so straffen Leitung war es erklärlich, daß keine andere Stadt es mit Mekka aufzunehmen wagte.

Daran dachte auch in Jathrib niemand. Die Bevölkerung wäre bei einer kriegerischen Auseinandersetzung nie einig gewesen. Auch die drei jüdischen Stämme waren es nicht; sie waren eher noch in sich selbst gespalten. Ähnlich verhielt es sich mit den Arabern, die sich erst später in der Stadt festgesetzt hatten.

Der Tod des Suwaid war kein Einzelfall. Niemand war in Jathrib seines Lebens sicher, und sein festes Haus unbewaffnet zu verlassen für jeden ein Wagnis.

In Mekka dagegen war die Blutrache wohl ebenso grundsätzlich anerkannt; aber ihre Entfesselung galt wegen der gefährlichen Folgen als unvereinbar mit den Pflichten gegen die Stadt und die Mitbürger. Religiöse Streitigkeiten hatten demgegenüber keine Rolle zu spielen.

In Jathrib war das schon wegen der Jehovareligion unmöglich. Sie erst hatte das jüdische Volk hervorgebracht. Den geringen christlichen Minderheiten der Stadt aber verlieh der Anschluß an eine Weltreligion eine Geltung, die sie sonst nie gehabt hätten. Das arabische Gesetz der Wüste, wie es sich bei den Beduinenstämmen herausgebildet hatte und bei ihren städtischen Nachkommen immer noch galt, konnte in den religiösen Auseinandersetzungen natürlich nur eine geringe oder gar keine Rolle spielen. In religiöser Hinsicht trat das Arabertum erstmalig mit Mohammeds neuer Religion arabischen Gepräges auf, die mit den älteren Religionen so viele Berührungspunkte hatte und dennoch viel weiter zurückgriff, nämlich auf die Hanifenreligion des zum arabischen Stammvater gemachten Abrahams. Mit der Eingottreligion des Islams konnten die Araber zum ersten Mal mit den Anhängern anderer Offenbarungsreligionen in Diskussion treten. Das war zuletzt der Grund, warum einzelne Persönlichkeiten aus Jathrib von sich aus die Verbindung mit Mohammed gesucht hatten. Diese Männer kannten genug vom Christentum, vor allem aber vom Judentum, daß ihnen der Glaube an einen einzigen allmächtigen Gott und an ein Leben nach dem Tode nichts Neues mehr war. Wichtig für sie war, daß Mohammed ihrer Nation angehörte und daß der Gesandte Gottes zu ihnen, den Arabern, gesandt war. Die Ablehnung der Götzendienste, die aus geschäftlichen Gründen in Mekka so gepflegt wurden, bedurfte bei den Bewohnern Jathribs gar nicht erst der Einwirkung des Propheten.

Nun traf Mohammed den Gläubigen Abu Salama, der ebenfalls aus Abessinien zurückgekehrt war und den er bei Othman verfehlt hatte.

Wenn Abu Salamas Gedächtnis auch von dem Aischas übertroffen wurde, so war es doch gut genug, daß er sich als Korankenner bei den Gläubigen bereits einen Namen gemacht hatte. Sein Begleiter Chuwailid pflegte mit seiner wohlklingenden, starken Stimme bei gemeinsamen Gebeten die Einzelstellen zu übernehmen. Beide waren unerschütterliche Anhänger Mohammeds.

Daß die Begegnung im Hause der verstorbenen Kadidscha stattfand, war kein Zufall. Chuwailid und sein jüngst verstorbener Bruder Sakram ibn Amr, Saadas einstiger Mann, gehörten zur Verwandtschaft der Verewigten.

Mohammed hatte sich inzwischen überwunden und betrachtete nunmehr die Erfüllung seiner Aufgaben als Kadidschas Vermächtnis. Wie früher war er stets wieder von Gläubigen umgeben.

»Wir gehören zu den ersten, Gesandter Gottes«, sagte Abu Salama, »die aus Abessinien zurückkehren. Wir taten es jedoch nicht wegen des Gerüchtes von deinem Vergleich mit den Leuten von Mekka, das, wie wir jetzt wissen, nicht stimmt ...«

»Nach den Berichten hat man euch sehr freundlich aufgenommen?«

»Gerade deswegen fürchteten wir, den Verlockungen zu erliegen und abtrünnig zu werden oder, falls wir standhaft blieben, eines Tages nicht mehr zu wissen, wovon wir unser Leben fristen sollten.«

»Glaubst du, daß du das in Mekka immer wissen wirst?«

»Anfangs mögen einige von uns das gedacht haben; aber jetzt weiß jeder, daß es hier viel schlimmer steht, als es in Abessinien je um uns gestanden hat. Was mich anlangt, so bitte ich dich um deine Erlaubnis, nach Jathrib zu gehen.«

»Nach Jathrib?« Mohammed stellte sich unwissend.

»Ja, Gesandter Gottes, nach Jathrib. Ich habe in Erfahrung gebracht, daß eine ganze Reihe von Einwohnern dort für deine Lehre gewonnen sei. Das ist kein Gerücht. Einige dieser Männer kenne ich persönlich, und zwei haben mich eingeladen, bei ihnen zu leben, bis ich dort Fuß gefaßt habe.«

»Als Kaufmann? Als Gewerbetreibender?« erkundigte sich Mohammed.

»Ich würde mich gewiß nicht scheuen, mir meinen Lebensunterhalt zu erwerben, wie wir es in Mekka gewohnt sind, nur dürfte ich dabei meinen Glauben an deine Lehre nicht verleugnen müssen. Für abhängige Gäste aber ist es schwer, standhaft zu bleiben. In Abessinien habe ich das beobachtet. Heute sind wir ein paar hundert Gläubige, doch wenn wir uns mit den Anhängern in Jathrib vereinigten! Ich denke dabei an die arabischen Stämme der Chazradsch und Aus. Sie bilden zur Zeit die Mehrheit in der Stadt.«

»Ich könnte mir denken, Abu Salama, daß es dir gelänge«, meinte Mohammed. »Bis jetzt haben die Stämme sich einzeln an die Stadt Mekka gewandt, um sie als Verbündete gegen den andern Stamm zu gewinnen. Immer vergeblich. Jetzt aber haben sich sechs Chazradschiten – wie sie sagten, Gläubige – angemeldet. Vielleicht gehören auch sie zu deinen Freunden in Jathrib. Ich muß mit ihnen reden, und wenn sie bereit sind, unsere Anhänger nicht nur als Schutzgenossen, sondern als vollberechtigte Bürger aufzunehmen ...«

»Du erlaubst mir also die Reise nach Jathrib?«

»Wenn du nicht lieber die sechs Boten abwarten willst?«

»Da du mir die Reise erlaubst, ziehe ich morgen«, erklärte Salama begeistert. »Gib mir deinen Segen.«

»Und du?« wandte sich Mohammed an Chuwailid, der geblieben war, »läßt du deinen Freund allein ziehen?«

»Er wird nicht lange bleiben. Vorläufig aber habe ich noch einige Angelegenheiten in Mekka zu ordnen.«

»Brauchst du Hilfe?«

»In einem Fall, wenn es dir genehm wäre, sogar deine.«

»Ich höre, Chuwailid.«

»Es war uns als Kadidschas Verwandte immer eine Ehre, dein Haus zu betreten. Du kennst also meinen verstorbenen Bruder Sakram, und so weißt du, daß er nicht gerade der Stattlichsten und Kräftigsten einer war. Seine Witwe Saada kennst du ebenfalls. Kadidscha mochte sie gern, und wenn sie Hilfe brauchte, bat sie mit Vorliebe Saada zu sich. Das letztemal sahst du sie übrigens in Suaiba. Sie brachte Warakas Botschaft an dich.«

»Ich weiß, doch gesprochen habe ich kaum mit ihr.«

»Du mußtest sofort nach Mekka. Du warst immer ein vorbildlicher Gatte. In jeder Hinsicht! Das beweisen schon deine sechs Kinder, von denen du allerdings nur deine vier Töchter behieltest.«

»Wozu erzählst du mir, was wir alle wissen, Chuwailid?«

»Weil eine Frau mit achtundzwanzig Jahren noch nicht alt ist.«

»Aber auch kein kleines Mädchen mehr.«

»Nein, sie weiß schon, welche Wünsche sie gehabt und welche ihr davon erfüllt wurden. Ich glaube, daß mein Bruder seiner Frau viele unerfüllt ließ.«

»Und?«

»Saada ist gut gebaut und mollig. Das ist ein Vorteil; denn ausgezogen sind die Molligen weicher und nicht so stakig wie die Mageren. Findest du nicht auch, Mohammed ibn Abdallah, daß zu allem, was einer Frau obliegt, zweierlei vorhanden sein muß? Erstens die leiblichen Mittel und zweitens der richtige Charakter, und was den anlangt, ist von einer etwas Ausgehungerten mehr zu erwarten als von einer Übersättigten.«

»Ich dachte, Saada sei deine Schwägerin, du sprichst von ihr, als wolltest du sie verkaufen.«

»Nur verheiraten! Mich darum zu bemühen, verlangt schon der Anstand von mir als ihrem Schwager. Und da Omar mir sagte, daß du eine Witwe wolltest …«

»Omar riet mir zu einer Witwe. Ich wollte gar nichts.«

»Vergiß nicht, Gesandter Gottes, Saada ist eine zuverlässige Gläubige, und ihr Mann gehörte mit mir stets zu deinen treusten Anhängern.«

»Ich habe es nicht vergessen, Chuwailid, und deinen Worten entnehme ich, daß du auch zu denen gehörst, die mich verheiratet sehen möchten. Ich danke dir wie den andern für eure Teilnahme. Die Meinungen von Gläubigen sind für mich stets beachtlich. In diesem Fall habe ich Umm Amar, die Jungfrauenbeschneiderin und Hebamme, die sich auch mit Heiratsvermittlungen befaßt, bitten lassen, sich nach einer geeigneten Frau für mich umzusehen.«

»Die Vermittlungsgebühren könntest du sparen. Schau dir Saada bei mir an. Ganz ohne Schleier.«

»Ich sah sie bereits. Auch ohne Schleier.«

»Nun ja«, meinte Chuwailid, »durch Kadidscha seid ihr gewissermaßen verwandt, und daß du es vielleicht nicht so eilig hast, kann ich begreifen. Abu Salama geht bereits nach Jathrib, und die andern Gläubigen werden ihm folgen. Sehr lange wird es nicht dauern, bis die ganze Gemeinde Mekka verlassen hat. Hast du keine Bedenken, als einer der letzten in Mekka zu bleiben? Wenn dir keiner mehr hilft – fürchtest du nicht, daß sie dich hier eines Tages totschlagen könnten?«

Auf Mohammeds Antlitz entstand jenes Lächeln der Gelassenheit, das seine Feinde erbitterte und seine Freunde begeisterte.

»Schon mehr als einmal haben sie, wenn ich zur Kaaba ging, mit Schmutz nach mir geworfen und mich auch getroffen. Aber es gibt nichts auf der Welt, was das Gebet eines Gläubigen beeinträchtigen könnte. Du weißt es, Chuwailid, wie du weißt, daß ich der Gesandte Gottes bin. Allah ist allmächtig und allwissend. Solange er mir nicht sagt, daß meine Zeit gekommen sei, werde ich leben. Noch befahl er mir nicht, Mekka zu verlassen. Du jedoch magst ziehen, sobald es dir ratsam erscheint, und der Segen Allahs sei mit dir.«

»Wahrlich, du bist der größte unter den Menschen, Gesandter«, sprach Chuwailid. »Dir verdanke ich es, daß ich ein Gläubiger bin. Ich verging mich, als ich dich mit dem Maß zu messen wagte, das man an gewöhnliche Menschen anlegt.«

Asma bint Umm Amar war in ihrem Alter, Mitte der Zwanzig, für eine Hebamme noch jung; aber als Tochter ihrer Mutter Umm Amar, der erfahrensten und gefürchteten Hebamme von Mekka, keineswegs neu im Beruf. Als halbes Kind schon hatte sie der Mutter den verdächtigen Korb mit allen benötigten Instrumenten an die Lager der Gebärenden nachtragen müssen. Heute freilich hatte sich manches für sie geändert. Aus dem ungeheuren Respekt, den ihr einst gewisse Instrumente, haarscharfe Damaszener Messer, eingeflößt hatten, war inzwischen ein ungestillter Neid auf die berühmtere Mutter geworden; denn Asmas bisherige Fälle waren einfache Entbindungen gewesen, die ganz natürlich verlaufen waren. Fälle, bei denen das Kind aus dem Leib der Mutter hatte geschnitten werden müssen, waren ihr bei den ersten Anzeichen von der Mutter aus der Hand genommen worden.

Asma konnte also nicht wie Umm Amar auf eine Reihe von munteren, jungen Mekkanern beiderlei Geschlechts hinweisen, die auf diese Weise von ihr ans Licht und ins Leben gehoben worden waren. Daß dabei allerdings das Leben der Mutter nicht erhalten geblieben war, hatte den Ruf der Alten nicht vermindern können; denn Ärzte wie in Alexandria, Damaskus oder Antiochia, die angeblich den Kaiserschnitt ausführten und dabei Mutter und Kind am Leben erhielten, gab es in Mekka nicht.

Des begehrten Schattens wegen waren die Gassen des steinigen Mekka eng, und schmal die hochgeschossigen Häuser. Auch Umm Amar besaß eins, ohne daß sie darum, wie es einer Hausbesitzerin zugekommen wäre, zu den angesehenen Einwohnern gehört hätte – um die Wahrheit zu sagen: nicht einmal zu den geachteten.

Umm Amar hatte nie etwas anderes getan, als was berufsmäßig von ihr zu erwarten gewesen war. Und nicht einmal ihr Beruf war die Ursache.

Es gab Heiratsvermittlerinnen, die in allen Kreisen wohlwollender

Herablassung gewiß sein konnten. Allerdings waren sie keine Hebammen und schon gar nicht Jungfrauenbeschneiderinnen. Auch übten sie ihre Vermittlungen fast ausschließlich zugunsten angesehener, ja vornehmer Familien des Patriziats aus. Von ihnen waren keine unziemlichen Schilderungen der körperlichen Vorzüge ihrer Kandidatinnen zu befürchten, die sie wohl kaum anders als völlig angezogen gesehen hatten. Sie waren zuverlässige Bewahrerinnen der guten Sitte, und ihr Ruf stützte den der Familien, die sie brauchten.

Von einer Umm Amar dagegen erzählte man sich nicht ohne Mißbilligung, daß sie eine alte Vettel zu einer jungen, blühenden Frau hinauflügen könne oder daß man wenigstens des Versuchs ihrerseits gewärtig sein müsse.

Aber ... ebenso unbestreitbar war es gleichzeitig, daß die alte Hebamme mit der größten Praxis von Mekkas Frauen mehr wußte als irgendeine andere – von der Breite der Becken, der Gebärfähigkeit und überhaupt von vielem, was bei einer Heirat zu wissen dienlich sein mochte.

Bei den Karawanen galt der Spruch: Ein Karawanenmann müsse wissen, wann sein Kamel brünstig werde. Damit war das Lob der Erfahrung und Erprobung so klar ausgedrückt, daß man Umm Amar für gleiche Eigenschaften auf ihrem Gebiet nicht gut schelten konnte. Es gab daher immer noch Familien, die selbst beim Gebrauch einer noch so feinen Vermittlerin zusätzlich das Gutachten der Alten einholten.

»Die Heiratsvermittlerin«, rief die muntere Gassenjugend ihr und der Tochter denn auch nicht spottweise hinterher, nicht einmal: »die Hebamme«. Es blieb bei der »Jungfrauenbeschneiderin«, wenn ein Wort wie ein Roßapfel oder Eselsmist wirken wollte. Begründet war das freilich nicht; aber die Bosheit bedarf keiner Begründung, weil sie – eingestanden oder nicht – den innigsten Wünschen der vielen dient. Die weiblichen Lehrlinge der Alten waren zum Feueranmachen und Kochen auf den Hof geschickt worden.

Umm Amar und Asma waren allein.

»Sag mal, Asma, mein Kind, weißt du, daß dein halbverrückter Seidenhändler wieder in Mekka ist?«

»Halbverrückter?«

»Meinetwegen auch ganz Verrückter. Aber du wirst es mit Abu Sofjan und den andern vornehmen Herren noch völlig verderben, wenn sie herauskriegen, daß du dich zu diesem Kerl hältst.«

»Du kannst es ihnen ja sagen«, meinte Asma grimmig, »dann wissen sie es aus bester Quelle. – Daß Mohammed ibn Abdallah wieder in Mekka ist, weiß ich übrigens. Ich war selbst bei dem Wunder in der Kaaba.«

»Bei welchem Wunder?«

»Du kennst doch den alten Abu Dschahl – nun, der war's! Der ist genauso einer, wie du eine bist. Die alten Götzen von Mekka!«

»Nun, ich denke ...«

»Bitte, Mutter, spare deine Worte. Alle sagen genau dasselbe. Auch der Abu Dschahl ...«

»Ich bitte mir mehr Respekt aus! Vergleiche mich gefälligst nicht mit dem alten Trottel!«

»Jedenfalls ist er ganz deiner Meinung. Jedem, der es hören wollte, erzählte er, daß er Mohammed beim Beten in der Kaaba den Kopf zerschmettern wolle.«

»Hätte er es nur getan!«

»Blöd genug wäre er dazu. Und sehr viel hat auch nicht daran gefehlt, noch dazu in einem höchst gefährlichen Augenblick. Abu Bekr, der dabei war, hatte nichts bemerkt. Er war im Gebet versunken, als der Engel des Herrn den Gesandten Gottes berührte. Sofort tat Aischa bint Abu Bekr alles Nötige – ich erkannte sie erst später, noch war sie tief verschleiert. Sie bedeckte den Bewußtlosen mit einem Mantel und berührte ihn, genau wie es früher Kadidscha tat, mit den Händen. Da geschah es! – Du bist alt genug, Mutter, um zu wissen, wie gemein die Menschen sind. Keiner warnte, keiner rührte sich, als Abu Dschahl mit einem schweren Basaltbrocken die Kaaba betrat.«

»Und du, meine Tochter?«

»Ich wollte schreien, doch es kam kein Ton aus meiner Kehle. Aischa war es. Zwar schrie sie nicht, doch riß sie ihren Schleier vom bleichen Gesicht, und mit ihren schwarzen Augen funkelte sie den Alten an, daß er zurückwich und mit unsicheren Schritten eilends die Kaaba verließ. Den Stein hatte er vorher fallen lassen.«

»Und dann?«

»Das kannst du dir doch denken! Draußen ging es natürlich über das Großmaul her. Er habe vor einer Rotznase von einem Mädchen Reißaus genommen, nachdem er vorher bei allen Göttern und Göttinnen sich verschworen habe, Mekka von dem Lästerer Mohammed zu befreien.«

»Und Abu Dschahl?«

»Glaube nur nicht, daß der still gewesen sei. Mit Aischa habe das Ganze überhaupt nichts zu tun, sagte er. Im letzten Augenblick habe sich zwischen ihr Gesicht und ihm der Kopf eines Kamels und auch wieder nicht eines Kamels geschoben; denn der Kopf habe sich zusehends verändert, habe ein Raubtiergebiß bekommen und sich zu abschreckend satanischen Zügen verunstaltet.«

Von seiten Umm Amars kam es weder zu einem Wort noch einer Geste des Unglaubens.

»So ganz mit rechten Dingen ist es freilich bei deren Geburt nicht zugegangen«, meinte sie nur.

»Bei der von Aischa? Mutter, mach dich doch nicht lächerlich! Du ärgerst dich doch nur, daß Kadidscha einem Fall, den du schon aufgegeben hattest, zuletzt noch eine glückliche Wendung gab.«

»Lächerlich machst du dich, du Unverschämte! Als gelernte Hebamme müßtest du wissen, daß der Fall hoffnungslos war. Nach allen Regeln der Kunst konnte Zainab die Geburt nicht überleben. Und was ist? Zainab lebt heute noch, und Aischa war plötzlich da.«

»Du vergißt, daß du mich fortgeschickt hattest und ich alles miterlebte, Mutter. Mit dem Schaitan hat das nichts zu tun. Diese Geburt erfolgte nach Allahs, des Allmächtigen, Willen auf den Augenblick genau mit Mohammeds erster großer Offenbarung. Seit Beginn ihres Lebens ist sie mit Mohammed verbunden.«

»Dann soll er doch sie heiraten, seine Verbundene!«

»Wieso heiraten?«

»Ach so, du weißt nicht, daß man nach mir geschickt hat. Ich soll für deinen Seidenhändler eine Frau besorgen.«

»Dann tu es doch!«

»Leicht gesagt! Eine ›Gläubige‹ soll es sein! Eine ganz verrückte Zumutung, unter einigen hundert Allahgläubigen eine Frau zu finden. An heiratsfähigen Jungfrauen gibt es unter ihnen nur eine einzige, und das ist Aischa.«

»Um so besser! Ihr Vater, Abu Bekr, ist ganz gewiß einverstanden.«

»Weiß ich. Aber Mohammed will dazu noch eine andere, die sich auf den Haushalt und was weiß ich sonst noch versteht. Aber wir kennen doch die Männer! Hinterher kommen dann die andern Wünsche. Schön soll sie sein, schwellende Formen haben, und wie es um die Vermittlungsgebühr steht, vermag niemand zu sagen.«

»Mohammed ibn Abdallah hat keine Schulden, und die Haschimiten sind eine achtbare Familie.«

»Gerade deswegen halten seine Onkel nicht zu Mohammed. Und überhaupt: wenn er erst einmal nicht mehr in Mekka ist –? Es gehen doch viele von seinen Freunden jetzt weg?«

»In einigen Monaten – und so lange bleibt er bestimmt noch – hast du ihn längst verheiratet.«

»Meinetwegen ... Und wenn er früher fortgeht, wird Abu Sofjan sich nicht mehr groß darum kümmern, wer ihn verheiratet hat. Auch dann nicht, wenn es etwas länger dauern sollte.«

»Was geht dich Abu Sofjan an, Mutter? Gibt er dir Geld, wenn du keins hast?«

»Mit dir ist nicht zu reden, Asma, und ich fürchte sehr für dich, wenn ich daran denke, was aus dir noch werden soll. Was sie aus Mohammed und seinen Verrückten machen, siehst du selbst.«

»Nicht überall ist Mekka, Mutter.«

»Nein. Nicht überall. Aber aus Abessinien kommen nach und nach alle zurück. Allerdings nur, um zu sehen, daß es hier noch schlimmer für sie geworden ist. Doch das ist nicht meine Sache. Ich soll Mohammed ja nur verheiraten. Und du glaubst wirklich, daß es möglich sei, Asma?«

»Ich weiß sogar schon eine, bei der es kaum Schwierigkeiten gäbe. Hast du nicht an Sakrams Witwe Saada gedacht? Sie gehört zu Kadidschas Familie, gegen ihre Herkunft ist nichts einzuwenden.«

»Saada ist mir bekannt. Sie kam einmal zu mir, um bei mir Unterricht zu nehmen.«

»Unterricht? Worin?« fragte Asma.

»In der Liebe und allem, was dazu gehört, du Törichte.«

»Und machte sie Fortschritte?«

»Sie ist unstreitig begabt. Es hatte bei Sakram nur alles keinen Zweck. Der war durch die schönsten Kunstgriffe nicht als Mann zu entflammen. Da gab sie es auf.«

»Das ist bei Mohammed nicht anzunehmen. Er war ein vorbildlicher Ehemann und zeugte mit der Kadidscha sechs Kinder. Außerdem ist er der Gesandte Gottes. Seine Frau zu werden wäre für Saada eine große Ehre. – Natürlich stellt auch Mohammed Ansprüche.«

»Da ich ihm befriedigende Auskünfte geben kann, wird es mir schon gelingen, ihn zu überzeugen.«

»Du nimmst also den Auftrag an, Mutter?«

»Bin ich eine Heiratsvermittlerin oder nicht? Dieser Fall liegt völlig klar. Es wäre Sünde, ihn nicht zu übernehmen.«

In der nächsten Zeit wurde das Schicksal Mohammeds und seiner Gemeinde mehr von Ereignissen in Jathrib beeinflußt als von Vorgängen in Mekka.

Das Verhältnis der beiden arabischen Stämme, der Aus und der Chazradsch, drängte zu einer Entscheidung. Beide zusammen hatten die Mehrheit in der Stadt, was die arabische Herrschaft gewährleistet hätte, wenn die übliche Stammesfeindschaft nicht auch hier wieder ein Hindernis für die natürliche Entwicklung gewesen wäre.

Es begann damit, daß eine Abordnung der Aus nach Mekka kam, um die Kaufmannsstadt aufzufordern, ihrem Stamm gegen die Chazradsch zu helfen. Dieser wenig diplomatischen Bitte folgte eine Absage. Krieg war das letzte, wozu Mekka bereit war, und erst recht, da kein vernünftiger Grund vorlag.

Für Mohammed dagegen war die Anwesenheit der Ausiten eine willkommene Gelegenheit, sich ihnen als der Gesandte Gottes an die Araber vorzustellen. War es auch nicht das, was die Männer aus Jathrib, die ja den Krieg zwischen zwei arabischen Stämmen vorbereiteten, gesucht hatten, so machte Mohammed doch auf einige der Unterhändler einen solchen Eindruck, daß einer von ihnen, Ijas ibn Muad, den Islam annahm.

Der Krieg wurde allerdings dadurch nicht verhindert, und in dem darauffolgenden Buatkampf, der bis zur Erschöpfung beider Stämme geführt wurde, fiel auch Ijas. Die Oberhand freilich behielten unter Hudairs Führung die Aus, denen auch Ijas angehört hatte. Sein Bruder, Saad ibn Muad, und des Anführers Sohn, Usaid ibn Hudair, überlebten den Kampf, und durch den Sieg stieg ihr Einfluß. Sie bewogen eine größere Anzahl aus ihrem Geschlecht, sich für Mohammed zu erklären.

Gleichzeitig warben Abu Salama und der tüchtige Organisator Musab ibn Umair, der ebenfalls aus Abessinien zurückgekehrt war, mit bestem Erfolg für Mohammed. Die schweren Verluste des Buatkampfes hatten auch auf die zahlreicheren Chazradsch einen tiefen Eindruck gemacht. Sie erkannten, daß bei einer Fortsetzung der Bruderfehde sehr leicht aus Jathrib wieder eine jüdische Stadt werden könne. Viele begannen eine Neigung zu zeigen, sich dem Stifter der neuen arabischen Religion zuzuwenden, der in Mekka solche Erregung hervorgerufen hatte. Jedenfalls fanden sich schon bald bei den meisten Geschlechtern von Jathrib Anhänger des Gesandten Gottes.

So weit freilich waren die Chazradsch doch noch nicht, daß sie gemeinsam mit den Leuten der Aus Mohammed aufgesucht hätten. Aber bei der nächsten großen Wallfahrt kamen zwölf Chazradschiten, von denen fünf den Islam bereits angenommen und die sieben andern willens waren, es zu tun, nach Mekka. Mit Mohammed trafen sie außerhalb der Stadt bei der sogenannten al-Akaba, einer steilen Berghalde vor Mina, zusammen.

Hier gingen die Leute aus Jathrib Verpflichtungen ein, die zum Teil für sie schon überholt waren, wie etwa das Verbot, neugeborene Kinder zu töten, woran in Jathrib kein Mensch mehr dachte, während es für das heidnische Mekka durchaus noch Sinn hatte. Ferner wurde die Enthaltung von Abgötterei, Diebstahl, Unzucht und Lüge gelobt. Kein Versprechen wurde gegeben, Mohammed in einem etwaigen Krieg beizustehen, wohl aber, ihm in allem Guten zu gehorchen.

Dem Fehlen eines Kriegsversprechens verdankte dieses Abkommen den Namen der »Weiberhuldigung«, während das Gelübde, Mohammed in allem Guten zu gehorchen, ihm von Anfang an in Jathrib die Machtstellung eines Stadtherrschers geben mußte. Nicht so sehr religiöse Gedanken als vielmehr die klare Erkenntnis beider Stämme von der Notwendigkeit führte diese Regelung herbei. Sie war der entscheidende Bruch mit dem bisher für unumstößlich gehaltenen arabischen Grundsatz, daß der Stamm die Ursache und das Ziel alles menschlichen Handelns, daß des Stammes Ehre die Ehre jedes einzelnen sei.

Angesichts einer beträchtlichen jüdischen Minderheit, mit der sie in ein und derselben Stadt zusammenlebten, waren sich die beiden Stämme ohnehin nähergekommen. Sie hatten in den grausamen Verlusten des Buatkampfes bereits eine sich anbahnende Katastrophe zu erblicken vermocht, der rechtzeitig Halt geboten werden müsse. Nun hatten zwar die Ausiten den Sieg errungen. Er war der besseren Führung durch Hudair und anderen Umständen zu verdanken gewesen, die sich jederzeit ändern konnten, und so weit war der Stammesgedanke noch nicht überwunden, daß sich der eine freiwillig der Oberherrschaft des andern unterworfen hätte.

Doch die Juden führten es den Arabern Jathribs ja vor Augen, daß sich aus einer Religionsgemeinschaft auch ein politischer Zusammenhalt ergeben könne. Und die Zusammenfassung der gesamten arabischen Macht war notwendig, wenn die Stadt arabisch bleiben sollte. Keiner der beiden Stämme brauchte dabei seiner Ehre, kein Stammesangehöriger seinem Ansehen etwas zuzumuten. Allah, der Allmächtige, der Einzige, hatte ja an sie, die sie Araber waren, seinen Boten geschickt, den Gesandten Gottes, und ihm in allem Guten zu gehorchen konnte gewiß nicht erniedrigen.

So günstig sich das Abkommen von al-Akaba demnach für Mohammed in der Folge auswirken konnte, so hatte es doch den Nachteil, daß nur Chazradschiten an ihm beteiligt waren. Erst bei der nächstjährigen Wallfahrt kamen dreiundsiebzig Gläubige aus beiden Stämmen, darunter zwei Frauen, nach Mekka. Usaid ibn Hudair, der Ausit, war wieder dabei und ferner Kaab ibn Malik, der Dichter. Nur ein Heide war beim Treffen anwesend, das am gleichen Ort wie im Vorjahr und wiederum nachts stattfand. Dieser eine war Mohammeds Onkel Abbas, das Haupt der Haschimiten. Seine Anwesenheit bewies, daß die Familie nicht gesonnen war, ihren Angehörigen Mohammed preiszugeben, zugleich aber auch, daß der Geldwechsler Abbas zwar die Verbindung mit dem Neffen, dessen Möglichkeiten sich bereits abzeichneten, nicht völlig abbrechen und es dennoch mit den Machthabern in Mekka nicht verderben mochte. Das tiefe Geheimnis, das die Verhandlungen umgab, schien das zu ermöglichen.

Außerdem war es für die Haschimiten, die mit Ausnahme Hamzas ohnehin nicht zu den Gläubigen gehörten, zweifellos ein Vorteil, wenn sie auf ehrenhafte Weise von den Verpflichtungen befreit wurden, die ihnen ihre Verwandtschaft mit Mohammed auferlegte, und das war der Fall, wenn die Stadt Jathrib ihn aufnahm und ihm ihren Schutz versprach.

Die Versammlung schloß mit der Wahl eines Ausschusses von neun Chazradschiten und drei Ausiten, der von nun ab die Leitung zu übernehmen hatte.

XIX

Die beiden Patrizier, Abu Dschahl, der Machzumite, und Abu Sofjan, der Omaijade, überquerten den Markt von Mekka. Einige Kamelreiter in ihren Diensten folgten ihnen. Das war nichts Ungewöhnliches. Der Markt war Treffpunkt und Mittelpunkt für Gespräche über den Handel, über städtische Angelegenheiten und, wenn es sich ergab, über diejenigen der Altäre. Auch die Gewänder der feinen Herren waren jedermann bekannt. Sie bestanden aus schwerer weißer Seide. Nur die Flecken- und Knitterlosigkeit des eleganteren und gutaussehenden Abu Sofjan wurde von einem andern so leicht nicht erreicht. Da half auch die Vornehmheit seinem Freunde Abu Dschahl nicht. Abu Sofjan sah immer aus, als wenn er täglich seine Kleider wechsele, mindestens einmal, wenn nicht öfter.

Mehrere Gläubige kamen ihnen auf dem Weg zur Kaaba entgegen. Darunter auch verschleierte Frauen. Nachrufe voll Bosheit und Haß erreichten die Beter noch, ehe sie den Tempel betraten.

»Weißt du noch, daß du einmal gelobtest, dem Mohammed ibn Abdallah deinen Fuß auf den Nacken zu setzen, während er bete?« fragte Abu Sofjan seinen Freund.

»Warum fragst du?«

»Weil du es nicht tatest.«

»Er hatte immer ein Dutzend Leute und mehr um sich, die bereit waren, sich auf jeden zu stürzen, der ihren Propheten angriff.«

»Und heute?«

»Heute würde das Volk mir helfen, und das ist in jedem Fall zahlreicher als eine Handvoll Verrückter.«

»Darf ich dir etwas sagen, Abu Dschahl? – Ein Mann aus edlem Geschlecht verliert auch bei einem Sieg, wenn er sich mit gewöhnlichen Leuten herumprügelt.«

»Zuletzt wird uns nichts anderes übrigbleiben. Du wirst es noch sehen, Abu Sofjan.«

»Hoffentlich nicht; denn dann hätten wir verloren.«

»Verloren? Wir? Lächerlich!«

Die Herren waren in eine der engen, steilen Gassen der inneren Stadt eingebogen. Um ihnen unliebsame Berührungen zu ersparen, mußten ihre Begleiter hier ein Kamel, dort einen Esel zur Häuserfront abdrängen. Das geschah so selbstverständlich, daß es die Schritte der edlen Herren nicht behindern konnte.

Störend war eher das monotone Schlagen und Knarren, das von keinem Handwerksbetrieb in der Nachbarschaft herrühren konnte. Bisher hatten sie den Lärm hier noch niemals vernommen.

Und dann sahen sie es: Tür und Fensterläden eines Häuschens schwangen unbefestigt im Wind. Offenbar war die Wohnung leer.

»Wie gefällt dir das?« fragte Abu Sofjan.

»Die Schweine sind ausgerückt!«

»Nun ja. Das wollten wir doch. Nicht wahr?«

»Aber doch nicht so!«

»Nein, nicht so. Aus Mekka hinaus mit ihnen, damit sie sich zerstreuen, unsertwegen auch umkommen. Jedenfalls aber völlig verschwinden. So wünschten wir es uns. Mir scheint, wir haben in dieser Sache kein Glück. Auch der Negus lehnte uns die Ausweisung unserer Ruhestörer aus Abessinien ab. Das war eine schwere Niederlage, Abu Dschahl.«

»Sie kommen ja ganz von selbst aus Abessinien zurück!«

»Warum? Denk einmal nach. Weil sie Mohammed und seiner Lehre treu bleiben.«

»Immerhin sind die Gläubigen Mekkaner. Auch die Gläubigen sind unsere Leute. Wir können doch nicht zugeben ...«

»Abu Dschahl! Es handelt sich doch nicht darum, was wir zugeben können, sondern darum, was wir durchzusetzen die Macht haben.«

»Und es geht uns etwa auch nichts an, daß Mohammed mit den Männern aus Jathrib anbandelt? In nächtlichen, geheimen Zusammenkünften? Oder ist dir davon nichts bekannt?«

»Dasselbe wie dir.«

»Und wir hätten die Macht nicht, die Leute aus Jathrib, wenn sie aus Mina nach Mekka zurückkehren, aufzuheben und bei uns zurückzuhalten? Das Volk von Mekka hat schon damit begonnen.«

»Ich weiß. Einer der Fremden wurde mit Gewalt nach Mekka geschleppt. Er heißt Saad ibn Ubada. Aber vergiß nicht, daß wir eine Einstammesstadt sind. Mekka gehört uns Koraischiten, und zwei von unserm Stamm haben sich sofort für Ubada eingesetzt. Man hat sich bei ihm entschuldigen müssen.«

»Wir dürfen das nicht einreißen lassen. Die beiden Kerle, und wenn sie täglich dem Hubal, der al-Uzza oder al-Lat opfern, sind Verräter.«

»Sie haben die Stadt vor Schaden bewahrt. Die Macht, uns selbst zu schaden, haben wir. Wenn du das meinst? Was die Jathribleute taten, geschah während einer Wallfahrt, und dann sind Mekka und die Gebiete der benachbarten Messeorte gebannt. Fehden und selbst Blutrache sind verboten. Du weißt, Abu Dschahl, daß dieser Bann, den ganz Arabien anerkennt, die Grundlage unseres Handels ist. Wir können ihn nicht selbst brechen.«

»Ganz Arabien! Ist Jathrib noch eine arabische Stadt? Und wie lange ist sie es noch? Vergiß den Buatkampf nicht, Abu Sofjan. Die Chazradsch und Aus bringen einander um, sag ich dir. Eine Einigung kommt niemals zustande.«

»Wahrscheinlich nicht. Vielleicht nicht.«

»Du hältst eine Einigung überhaupt für möglich?«

»Es ist schwer, daran zu glauben; aber wenn sie käme ...«

»Dann müßten wir rechtzeitig einschreiten. Das meinen mein Sohn Ikrima und Suhail ibn Amr auch. Du weißt doch, wie die Aus uns um Unterstützung gegen die Chazradsch baten.«

»Wenn die Einigung erfolgte, dann müßten wir sie hinnehmen, sowenig gelegen sie uns auch käme.«

»Immer mußt du das letzte Wort behalten.«

»Auf das letzte Wort bin ich nicht stolz, wohl aber auf das richtige.«

»Und wie steht es mit der Verfemung der Haschimiten und dem Aufhängen der Urkunde in der Kaaba? Damals warst du sehr dafür, bis dann auf einmal nichts gewesen sein sollte.«

»Man muß einen Fehler einsehen und dann auch beenden können.«

»Fehler? Das möchte ich nun gerade nicht sagen. Es ist wahr, die Haschimiten waren und sind keine Gläubigen. Aber wahr ist auch, daß aus Mohammed und seiner Horde arme Schlucker geworden sind. Und jetzt verlassen sie Mekka wie Ratten ein leckes Schiff. Bald sind wir sie los, Abu Sofjan! Los sind wir sie! Ist das nichts?«

»Jawohl, wir sind sie los, und sie hinterlassen uns Sorgen und Schwierigkeiten, von denen wir nicht wissen, wie sie auslaufen werden. Aber Mekka ist stark, Abu Dschahl«, tröstete Abu Sofjan, »es wird schon nicht so schlimm werden.«

»Das erste vernünftige Wort, das ich heute von dir vernehme, Omaijade. – Übrigens, damit du nicht nur Unerfreuliches von mir hörst, etwas, das dich erheitern wird: Mohammed wird Sakrams Witwe Saada heiraten. Umm Amar, die Hebamme, hat das vermittelt.«

»Aber die ist doch keine Gläubige?«

»Umm Amar nicht – Saada um so mehr. Das hat sie jedoch nicht abgehalten, bei der Hebamme Unterricht darin zu nehmen, wie eine Frau ihren Mann in eheliche Hochform bringen kann.«

Beide Männer lachten.

»Schön kann ich es aber doch nicht finden«, meinte Abu Sofjan, »daß eine richtige Mekkanerin ohne Scheu einem Unruhestifter wie Mohammed ihre Dienste anbietet.«

»Umm Amar ist Heiratsvermittlerin, und ich weiß, sie hatte Angst genug, wir könnten etwas von ihren Bemühungen um Mohammeds Glück erfahren.«

»Laß sie nur Angst haben! Besser, als wenn sie mit dem besten Gewissen und für wen auch immer ihr Gewerbe trotzig ausgeübt hätte. Das wäre ein noch schlechteres Beispiel. – Aber damit hast du recht, Abu Dschahl, unter diesen Umständen werden wir Mohammed los, und das sehr bald.«

»Noch nicht so bald! Mit Saada allein, die ja auch noch eine junge Frau ist, glaubt Mohammed nicht auskommen zu können. Er braucht obendrein noch eine jüngere, eigentlich ein Kind, nämlich Abu Bekrs Tochter Aischa.«

Abu Sofjan wurde hellwach.

»Wirklich? Das ist wichtig zu wissen: der beste Freund des Gesandten Gottes auch noch dessen Schwiegervater? Das erhöht Abu Bekrs Einfluß in der Gemeinde. Man muß abwarten, wie sich die andern dazu stellen. Ich meine Omar, Hamza, den Neffen Ali ...«

»Jedenfalls werden wir ganz so schnell Mohammed nicht los«, wiederholte sich Abu Dschahl. »Und solange wir ihn in Mekka haben ...«

»Werden wir nichts gegen ihn unternehmen. Hier schützen ihn die Haschimiten, und wenn ihm die Jathribleute außerdem noch wirklich ihren Schutz versprachen ... Wir müssen dafür sorgen, daß sich das aufgebrachte Volk nicht an ihm vergreift. Versprich mir das, Abu Dschahl.«

»Du bist unerträglich. Hier handelt es sich schließlich um die Vernichtung von Gegnern und nicht darum, was Rechtens ist und was nicht.«

»Was Mekka schaden würde und was nicht, Abu Dschahl. Bedeutet dir das nichts?«

»Es bedeutet mir so viel, daß ich nachgebe, wenn ich deine Befürchtungen auch nicht ganz zu teilen vermag. Aber du, Abu Sofjan, wirst die Folgen auszufechten haben.«

»Werde ich. Mach dir keine Sorgen.«

Zainab, die Ägypterin, schlug den Vorhang beiseite.

»Bist du allein, Abu Bekr?«

Die Zahl der Mitarbeiter hatte sich seit dem Sinken von Abu Bekrs Geschäften stark vermindert. Er war allein.

»Komm herein, Zainab. Sei bitte nicht böse, daß ich deiner Dienerin das Geld für die Stoffe nicht gab. Ich hatte es nicht, und ich werde es auch in Zukunft, vielleicht für lange Zeit, nicht haben.«

»Ich bin deine Frau, und was dich trifft, muß auch mich treffen, das ist nur gerecht. Außerdem hast du mir in unserem Leben schon so viel geschenkt, Grund genug, dir immer dankbar zu sein. – Nein, deswegen komme ich nicht. Es handelt sich um unser Kind, um unsere Tochter Aischa.«

Einen leichten Seufzer, durch ein Lächeln gemildert, ließ Abu Bekr vernehmen.

»Ich weiß, Zainab, du meinst, ich sei schuld, wenn sich das Mädchen manchmal gegen deine besseren mütterlichen Einsichten sperrt ...«

»Manchmal?«

»Du meinst öfter als nötig?«

»Vielleicht auch das. Aber lassen wir es.«

»Gern. Ich möchte ja nur eine liebevolle Übereinstimmung mit dir. Auch in bezug auf Aischa. Wir sollten als Eltern beide nicht vergessen, daß Aischa ein weit über den Durchschnitt begabtes Kind ist.«

»Jawohl. Unheimlich frühreif. Sie hat den Verstand eines erwachsenen Mannes und die Schlauheit von vielen Frauen.«

»Es freut mich, daß du es einsiehst. Vielleicht findest du dich unter diesen Umständen damit ab, daß sie nicht immer bequem ist.«

»Sie ist meine Tochter!«

Abu Bekr lachte.

»Ich gebe es zu, daß ich ein wenig in sie verliebt bin. Ich muß immer an dich denken, Zainab.«

»Du bist ein alter Schmeichler! Aber heute hilft dir das nicht. Du irrst dich. Ich will über etwas ganz anderes mit dir reden.«

»Bitte!«

»Ist es wahr, Abu Bekr, du willst Aischa mit Mohammed ibn Abdallah verheiraten?«

»Von wem weißt du das?«

»Was fragst du noch. Von Aischa natürlich.«

Abu Bekr verstummte. Er strich seinen langen, mit Henna aufgehellten Bart. Sein Gesicht war nicht ganz ohne Verlegenheit.

»Gesprochen habe ich allerdings mit Aischa ...«

»Du mit ihr? Oder sie mit dir?«

Abu Bekr erschrak.

»Woher weißt du?«

Nun lachte Zainab.

»Ich kenne meine Tochter, und ich kenne meinen Mann.«

»Jedenfalls wäre es mir lieber gewesen«, meinte Abu Bekr, leicht verärgert, »deine Tochter hätte mir überlassen, erst mit dir zu reden.«

»Das tust du ja jetzt. Außerdem kennen wir beide die Vernarrtheit, mit der das Mädchen seit langem an Mohammed hängt. Damit werden schon viele Fragen beantwortet, die sonst aufzuwerfen wären. Man könnte zum Beispiel sagen, du seist jünger als Mohammed.«

»Das habe ich nicht vergessen. Aber wir sind uns doch einig, daß wir Mekka verlassen müssen.«

»Und warum gehen wir nicht? Besser gleich als dieses endlose Warten.«

»Weil der Gesandte Gottes seine Einwilligung noch nicht gab, deswegen gehen wir noch nicht.«

»Und er?«

»Er wartet noch auf Allahs Offenbarung und will Mekka nicht verlassen, bevor er mit mir nicht verschwägert ist. Doch eine Ehe braucht ja nicht gleich vollzogen zu werden, wenn du Aischa noch für zu jung hältst.«

»Oder Aischa sich selbst. Das meinst du doch wohl, Abu Bekr?«

»Auf alle Fälle können wir die Möglichkeit nicht ablehnen, daß wir in dieser Verbindung Allahs Willen zu sehen haben.«

»Weil Aischa in der Nacht von Mohammeds erster Offenbarung geboren wurde?«

»Hoffentlich hast du Kadidschas Hilfe dabei nicht vergessen?«

»Ich vergaß sie nicht. Und dann vergaß ich auch nicht, daß du als Vater deine Tochter verheiraten kannst. Das ist in Alexandrien auch nicht viel anders als hier.«

Mit großer Zärtlichkeit, in der er seine Ängste bei Zainabs Entbindung noch einmal erlebte, nahm Abu Bekr sie in seine Arme.

»Hast du sonst noch eine Frage, Mutter meiner Tochter?«

»Ja. Und eine sehr wichtige.«

Sie ließ sich auf ein Kissen nieder, ehe sie fortfuhr:

»Du bist heute schon einer der Maßgeblichen in der Gemeinde, vielleicht der Maßgeblichste. Dazu verhilft dir nicht zuletzt deine lange Freundschaft mit Mohammed.«

»Nicht meine Verdienste.«

»Sei nicht zu bescheiden, Abu Bekr. Du hast Verdienste. Und *daran* wird sich auch nichts ändern.«

»Woran denn?«

»Vielleicht an dem Vertrauen der Gemeinde zu Mohammed.«

»Zainab!«

»Du weißt doch, daß Mohammed eines Morgens erzählte, ihm sei in der vergangenen Nacht eine Reise nach Jerusalem und zurück geglückt? Nun, man will ihm das nicht glauben, und einige wollen sich aus diesem Grund sogar vom Islam lossagen. Schilt mich nicht, Abu Bekr, daß ich dir das sage. Sieh einmal: Wie ich dich kenne, rechnest du dir es zur Ehre an, daß der Gesandte Gottes deine Tochter heiratet. Aber was dann, wenn man ihn nicht mehr anerkennt?«

»Gehört Aischa auch zu den Abtrünnigen?«

»Das glaub ich nicht.«

»Weiß sie von dieser Geschichte?«

»Sie kennt sie.«

»Und hat sie nichts dazu gesagt?«

»Nichts.«

»Dann ist sie auch die gleiche geblieben.«

»Und du? Hast du es denn nicht gewußt?«

»Ich hatte zu arbeiten. Du weißt, wir müssen, soviel wir können, von unserem Besitz, vielmehr von dem, was uns von ihm blieb, mitnehmen. Aber ich werde nach dem gemeinsamen Gebet zu den Gläubigen sprechen. Wenn der Gesandte Gottes etwas sagt, ist es auch wahr, weil er es sagte. Nichts ist verwunderlicher an einer Reise nach Jerusalem in einer Nacht als die Offenbarungen, die Allah ihm sendet. Für den Allmächtigen ist nichts unmöglich, und wer an dem Gesandten Gottes zweifelt, zweifelt an Gott. Das ist, was ich ihnen sagen werde. Und sie werden glauben, Zainab. Nicht mir; aber dem Allmächtigen, Ewigen, Unerforschlichen. Ich weiß es.«

Erleichtert atmete Aischas Mutter auf.
»Dem Himmel sei Dank!« sagte sie.
»Auch ich danke ihm«, erklärte Abu Bekr. »Dafür danke ich ihm, daß er mir, einem sündigen Menschen, Gelegenheit gibt, Zeugnis für ihn abzulegen. Für ihn und seinen Gesandten.«
»Jetzt weiß ich auch, daß Aischa nie zweifelte«, unterstützte Zainab ihres Gatten Worte. »Das Kind könnte es nie begreifen, wie sich jemand lossagen kann.«
»Es ist spät«, schloß Abu Bekr. »Die Gläubigen versammeln sich morgen früh bei uns auf dem Hof zum Gebet.«

XX

Bei ihrem Vorhaben, mit Aischa zu sprechen, hatte Asma etwas Glück. Zuerst begünstigten die Umstände sie so, daß sie sich unbemerkt in Abu Bekrs Haus schleichen konnte, dann stieß sie auf Salman, einen persischen Sklaven und Verschnittenen, der in der Hauptsache Aischa beigegeben war, um sie auf ihren eigenwilligen Wegen zu begleiten, zu denen vorher die mütterliche Einwilligung einzuholen man ihr nun einmal nicht angewöhnen konnte.
»Was willst du?« erkundigte sich Salman.
»Ist deine junge Herrin hier?«
»Du siehst ja, daß ich da bin. Also hat auch sie das Haus nicht verlassen. Sie ist im Garten, und ich will sie fragen, ob sie dich empfangen will. – Nein, du brauchst mir nicht zu sagen, wer du bist. Du bist Asma, die Jungfrauenbeschneiderin.«
»Ich bin Asma, die Hebamme.«
Salman war durchaus nicht bedenklich.
»Wenn du das lieber willst, auch das.«
Im Garten sei seine junge Herrin, hatte er gesagt. Und dort war Aischa.
Garten freilich war selbst im Mekkahaus eines ursprünglich so wohlhabenden Mannes wie Abu Bekr ein kleiner Hinterhof, dem zwei oder drei Bäume und einige Büsche die Freuden des Lebens abrangen.
Aber die Freude war da, und wenn Aischa ihre kleine rote Schaukel in Schwung setzte, wäre sie in einem wirklichen Garten auch nicht viel größer gewesen.

Als Asma erschien, schwang Aischa gerade über ihren Kopf hinweg. Dann zügelte sie den Schwung und brachte ihre Schaukel schließlich ganz mit den Füßen zum Stehen, während sie von dem Brettchen herabglitt.

»Verzeih bitte die Störung, Tochter des edlen Abu Bekr«, begann Asma. »Ich habe ein Anliegen und möchte dich gerne sprechen.«

»Hast du Salman nichts gesagt?« fragte Aischa.

»Es wäre mir lieber, wenn ich dir selbst meine Bitte anvertrauen könnte. Geht das?«

»Alles geht, wenn man will. Salman sagte mir jedoch, daß du Jungfrauenbeschneiderin bist. Ich hoffe, daß dich keine Absichten in dieser Hinsicht zu mir führen?«

»Nicht im geringsten, junge Herrin. Was ich mit dir besprechen möchte, geht nur mich an.«

»Dann komm mit mir«, meinte Aischa, »was du mir sagen willst, braucht ja wohl sonst niemand zu hören.«

Damit verließ sie vor Asma den Garten. Beide mußten erst zwei Türen hinter sich bringen, bis sie in Aischas Zimmer waren, das die junge Herrin hinter sich abschloß.

»Nun sind wir allein, Asma bint Umm Amar, du kannst ganz frei sprechen. Außer mir hört dich niemand.«

»Das ist gut so. Danke! Wenn meine Mutter wüßte, weshalb ich bei dir bin, müßte ich wohl mehr als eine Nacht auf dem Bauch liegen.«

Aischa verstand nicht.

»Warum auf dem Bauch?«

»Weil sie mich peitschen würde.«

»Aber du bist doch schon erwachsen und auch nicht gerade schwach.«

»Sie hat noch andere, darunter recht starke Frauen um sich, die bei ihr die Hebammenkunst erlernen.«

»Deine Mutter ist wohl sehr für die feinen Leute? Ja, dann verstehe ich, daß sie das Haus meines Vaters nicht wohlwollend betrachtet.«

»Was ihr Geld einbringt, betrachtet sie immer wohlwollend, gleichgültig, was es sein mag. Ich aber bin eine ausgebildete Hebamme. Wenn ich sie verlasse, bringt ihr das kein Geld ein. Im Gegenteil!«

»Du willst fort?«

»Genauso wie deine Eltern und die andern Gläubigen will auch ich nach Jathrib. Nur kennen mich die Gläubigen nicht. Ihren Versammlungen und gemeinsamen Gebeten fernzubleiben, hatte ich meine Gründe.«

Aischa überlegte.

»Und wenn du mit dem Gesandten Gottes sprächest?«

»Junge Herrin! Vier- bis fünfhundert Gläubige wollen nach Jathrib. Andere kommen täglich aus Abessinien zurück. Jeder will sich verabschieden oder anmelden bei Mohammed ibn Abdallah.«

»Du hast recht«, sagte Aischa. »Es könnten sich Schwierigkeiten ergeben.«

»Aber du, Aischa, du gehst doch bestimmt nach Jathrib?«

»Ich gehe mit Mohammed«, erklärte Aischa bündig. »Aber wann? Vorläufig weiß der Gesandte selbst noch nicht, wann er geht.«

»Er sollte nicht zu lange warten. Seine Lage wird immer gefährlicher in Mekka.«

»Das stellt der Prophet Allah anheim.«

»Ich will ja gerne warten. Wenn du gehst, kannst du mich doch mitnehmen! In Jathrib will ich ohne zu klagen unter einer Dachrinne im Freien nächtigen. Und eine Dienerin kannst du immer gebrauchen. Ich kann dich baden, massieren und, wenn du willst, frisieren. Denk auch an Fatima. Ihr Vater wird sie sicher nicht in Mekka lassen. Es mag Sünde sein, das zu sagen, aber es ist wahr! Sie haßt dich. Mehr als eine Todsünde haßt sie dich!«

»Ich weiß es.«

»Dann kannst du gar nicht genug Menschen haben, die bedingungslos zu dir halten. Denk an Lüge und Verleumdung, an das Scheußlichste, was ein Mensch gegen den andern aushecken kann! Denk an Fatima! Von ihr kannst du das Schlimmste erwarten.«

»Davon bin ich überzeugt, Asma. Und besonders unangenehm wird es in der ersten Zeit sein. Ich hasse Fatima nämlich auch – keinen Menschen sonst –, aber sie hasse ich und weiß nicht einmal, warum. Nun, Mohammed wird sie verheiraten müssen. Je eher, um so besser. Er wird das schon fertigbringen. Denn mit mir in einem Haus leben zu müssen – das wird Fatima nicht gefallen.«

Asma erstaunte.

»Du mit Fatima in einem Haus?«

»Natürlich! In Mohammeds Haus. Ich kann ihn doch nicht allein lassen. Was soll er denn anfangen ohne mich, wenn eine Offenbarung über ihn kommt, jetzt, da Kadidscha nicht mehr ist? Ich bin doch die einzige, die weiß, was da zu tun ist. Ihn mit seinem Mantel zuzudecken, damit ist es doch nicht allein getan. Ich weiß genau, wenn es soweit ist, daß ihm sein Bewußtsein zurückkehren will. Er muß meine Hände auf sich spüren, bis er völlig erwacht ist. Du weißt nicht, Asma, wie vollkommen ich vom ersten Augenblick meines Lebens mit Mohammed verbunden bin. Ich wurde geboren, als ein Kamelreiter rief: ›Der Mond geht auf – kommt, unsere Reise beginnt!‹ In diesem Augenblick kam die Offenbarung des aufgehenden Mondes über Mohammed.«

»Ich weiß es nicht? Junge Herrin, ich war doch dabei, als du zur Welt kamst«, sagte Asma ganz ruhig und erzählte dann, daß Abu Bekr der Umm Amar gedroht habe, sie zu töten, wenn seine Frau Zainab stürbe, und daß sie, Asma, Angst gehabt habe, er könne sie, falls das Schlimmste einträte, gemeinsam mit der Mutter umbringen.

Aischa begriff nicht.

»Vor meinem Vater hattest du Angst?«

»Schreckliche Angst!«

Zitternd habe sie im Nebenraum gelauscht, bis dann ein quäkender Kinderschrei die Stille durchdrungen habe und Abu Bekr und Kadidscha mit der Nachricht von ihrer Geburt herausgekommen seien.

»Und dann fragst du, Asma, ob du mit mir zusammen nach Jathrib darfst! Mit niemand anderem als mit mir! Vor unserm Aufbruch bleibst du bei mir. Da sucht dich niemand.«

»Junge Herrin ...«, Asma zögerte, »ich bin nur eine einfache Hebamme, glaubst du, daß ich mir damit in Jathrib die Mittel zum Leben verdienen kann?«

»Aber Asma! Du hast Wichtigeres mit Mohammed zusammen erlebt als die meisten anderen Gläubigen. Die Schwangeren unter ihnen werden ihre Kinder nur mit deiner Hilfe zur Welt bringen wollen.«

»Und du willst Mohammed heiraten?«

»Wen denn sonst? – Übrigens hat der Gesandte Gottes um mich angehalten, und mein Vater ist einverstanden.«

»Und sonst ... sonst weißt du nichts?«

Aischa dachte erstaunt nach. Dann erhellte sich plötzlich ihr Gesicht.

»Ach so!« rief sie dann. »Du meinst Saada? Da siehst du, daß der Gesandte Gottes alles bedenkt. Er weiß doch, wie sehr er mich nötig hat, aber auch, daß ich noch recht jung bin. Wir brauchen also Saada für den Haushalt. Schon Fatimas wegen brauchen wir sie. Auch meine Eltern finden das ganz vernünftig.«

»Und Saada?« fragte Asma.

»Saada hat ihre Talente als Hausfrau erwiesen und ist gewiß von ihnen überzeugt. Sie wird es schon einsehen, daß er neben ihr, der älteren, noch eine ganz junge Frau braucht, neben der Witwe eine Jungfrau. Und daß Mohammed gerade mich nötig hat, wissen alle. Was denkst du, Asma?«

»Ich ... ich denke, daß du schon mit allem fertig werden wirst. Und ich werde stolz darauf sein, dir zu dienen, junge Herrin Aischa.«

Weiter kam Asma vorerst nicht, doch sie konnte mit dem Ergebnis ihres Gesprächs mit der Tochter Abu Bekrs zufrieden sein. Jetzt hörte man ein rhythmisches Klopfen, das Aischa sofort verstand. Sie zog den Riegel zurück, und Salman, der Sklave, trat ein.

»Du sollst zum Herrn kommen«, sagte er.

»Ist das so nötig? Kannst du nicht sagen, du habest mich nicht gefunden?«

»Das geht nicht, Aischa. Es sind Leute beim Herrn. Das hat mit dir zu tun, scheint mir.«

Aischa seufzte tief auf.

»Na, dann! – Asma bint Umm Amar bleibt hier, bis ich wiederkomme. Achte darauf, Salman, daß niemand sie sieht.«

Ton und Geste der kleinen Haustochter ließen keinen Zweifel zurück, daß sie fest auf Gehorsam rechnete. Das konnte sie aber auch bei Salmans Pflichteifer.

»Nimm deinen Schleier, Aischa«, sagte er, »es sind fremde Männer bei deinem Vater, Leute, die mit Kamelen kamen. Sie haben sie in den Ställen der Kadidscha untergestellt.«

Der Schleier schien ihr durchaus entbehrlich, und einem anderen oder gar einer anderen hätte sie vielleicht widersprochen. Bei Salman, dessen Beharrlichkeit sie kannte, hielt sie das für Zeitverschwendung.

Dennoch behielt sie den Schleier zurückgeschlagen. Sie fand ihren Vater im Gespräch mit Mohammed und seinem Neffen Ali, vor denen bedurfte es für Aischa keiner Verhüllung.

Die drei Männer waren in einer Auseinandersetzung über die Reisestrecke nach Jathrib und über die beste Art, Kleidung und Hausrat neben Menschen auf Kamelen zu befördern.

Abu Bekr hatte mit einem Geschäftsfreund in Jathrib ein Abkommen getroffen, und der hatte vertragsmäßig die Kamele geschickt. Jetzt konnte im Hause Abu Bekrs keine Hand feiern. Der Abzug der Familie stand unmittelbar bevor.

»Leider kann ich nicht mit euch«, wandte sich der Vater an Aischa, »ich reise gemeinsam mit dem Gesandten Gottes von Mekka nach Jathrib. So ist es abgemacht, und es wäre mir ein großer Kummer, wenn es nicht dabei bliebe.«

»Dann bleibe ich eben bei euch«, meinte Aischa gelassen.

»Das ist es eben!« Abu Bekr hielt es für geboten, sich an dieser Stelle des Gespräches gegen weibliche Einwände und Wünsche abzusichern.

»Du weißt ja, Kind, daß der Gesandte Gottes ursprünglich Mekka nicht verlassen wollte, ohne dich vorher geheiratet zu haben. Nur als mein Schwiegersohn wollte er nach Jathrib.«

»Nun, und?« fragte Aischa ungerührt. »Das kann er doch haben! So lange dauert eine Heirat doch nicht, wenn alle einverstanden sind.«

»Gewiß!« stotterte Abu Bekr ein wenig, wobei er den Eindruck hinterließ, daß er recht froh wäre, wenn er seiner Tochter bereits alles gesagt hätte. »Es ist aber nicht eigentlich das, weswegen ich Mohammed ibn Abdallah um Geduld bitten muß. Deine liebe Mutter, Aischa, ist krank geworden und bedarf selbst mehr der Leitung und Hilfe, als daß sie leiten und helfen könnte. In Jathrib ist erste Unterkunft wohl gesichert. Aber alles Unerwartete, die Verhandlungen, die ersten Einrichtungen – das alles kann niemand so wie du, Aischa!«

Es ließ sich nicht leugnen, Abu Bekr bettelte regelrecht um die Hilfe seiner kleinen Tochter.

Begeistert war sie gerade nicht.

»Und Mohammeds Töchter, seine Frau, die Saada – muß ich die auch noch aufpacken?«

»Nein, o nein!« sprachen alle drei Männer gleichzeitig, um Aischa zu beschwichtigen. Mohammeds weibliche Verwandte würden später, wenn der Gesandte Gottes schon fort sei, von Ali nach Jathrib gebracht werden.

Aischa wäre nicht zurückzuhalten gewesen, als sie jetzt, scheinbar ganz ohne Not, ihren Schleier über ihr Gesicht herunterließ. Sie war offenbar nicht sehr glücklich, der Familie geopfert zu werden.

Ali! fiel ihr da ein. Wozu sei eigentlich Ali, dieser dumme Junge, noch da? Für die beiden unverheirateten Mädchen, die leicht füllige Umm Kulthum mit der etwas schwerfälligen Auffassungsgabe und die verrückte Fatima, diese widerliche Beißziege? Möge er die beiden, und was sonst noch dazukomme, nach Jathrib verfrachten. Er selbst sei auch nicht besonders schlank, von schön gar nicht erst zu reden.

Aber dem Gesandten Gottes sei er ergeben.

Den Vetter Mohammed vergöttere er geradezu.

Ob er den Tod Abu Talibs, seines Vaters, wohl als gleiches Verhängnis empfunden habe wie den Kadidschas?

XXI

Anfangs war Saada sehr damit zufrieden gewesen, die Frau des Gesandten Gottes zu werden. Sie hatte sich ganz als die alleinige Nachfolgerin Kadidschas gefühlt und in dem Glauben gesonnt, deren gehobene Stellung in der Gemeinde zu erben. Die Tatsache, daß Mohammed außer ihr noch Abu Bekrs Tochter Aischa heiraten werde, war für sie ein herber Stoß. Vergebens hatte ihr Schwager Chuwailid sie auf die große Bedeutung von Mohammeds ältestem Freund mit dem Ehrennamen des völlig Zuverlässigen hingewiesen, der trotz seiner letztjährigen Verluste mit dem Rest seines großen Vermögens unter den gläubigen Emigranten in Jathrib immer noch zu den Bemittelteren gehören und seinen Einfluß eher noch steigern würde.

Tatsächlich machte sich Abu Bekr weniger als früher aus Geld und Verlusten. Er war ernstlich gewillt, nur noch seinen religiösen Pflichten zu leben und zählte zu ihnen auch die Dürftigkeit von Wüstennomaden. Ein Kleid für den Sommer und eins für den Winter hatte er in letzter Zeit immer öfter in seinen Reden gefordert, eine Kleiderregel, von der die Frauen auszunehmen er in seiner männerhaften Gedankenkürze mehr als tunlich vergaß.

Auf Geld und Prunk kam es Saada ebenfalls nicht so sehr an, dagegen um so mehr auf das, wonach ihr Verlangen in ihrer früheren

Ehe mit Sakram beklagenswerte Einschränkungen hatte erleiden müssen. Sie setzte Ehe mit den ehelichen Freuden des Bettes gleich und war fest davon überzeugt, daß Männer genauso dachten.

Umm Amar hatte Saada begabt genannt, und zwar hatte sie damit das Gebiet der körperlichen Betätigung der Frau mit einem Mann gemeint. Als einen kostbaren Besitz besaß die erfahrene Hebamme ein chinesisches Seidentuch mit zahlreichen Abbildungen von Stellungen, in denen zwei Menschen verschiedenen Geschlechts besonders wirkungsvoll sich finden und miteinander verschmelzen konnten. Saada kannte nicht nur diese Stellungen alle, sondern hatte es unter Umm Amars Aufsicht durch fortgesetzte Übungen auch dahin gebracht, sie meisterhaft ausführen zu können.

In allen andern Fragen des Lebens war Saada nicht sehr anspruchsvoll, nur in bezug auf ihre besonderen Kenntnisse und Fähigkeiten verstand sie keinen Spaß. Auf sie gründeten sich ihre Ansprüche, einen Mann zu beherrschen. Jede ihrer Hoffnungen auf Lebensglück und Erfolg beruhte auf dem Hervorrufen eines männlichen Begehrens, wie es ihr noch nie wirklich zuteil geworden war.

Mohammed war ein Mann, der fleischlicher Beziehungen zu Frauen wohl fähig war und sie auch wollte, in dem darüber hinaus aber noch eine weite Welt lebendig wirkte, die stärker war als alle herrschsüchtigen Begierden einer kleinen Witwe.

Immerhin war die Ehe mit Mohammed für Saada noch ein Gewinn. Die Verehrung für den Gesandten Gottes war innerhalb der Gemeinde kaum zu erschüttern, und seine Frauen konnten stets einer Achtung und eines Lebens sicher sein, um das die meisten anderen weiblichen Gläubigen sie zu beneiden allen Grund hatten.

Die Tage des großen Auszuges aus Mekka waren Tage einer geheimnisvollen und regen Geschäftigkeit. Noch immer war für Mohammed selbst das Zeichen nicht gekommen, daß auch er die Stadt verlassen solle. Den anderen Gläubigen gab er freigebig die Erlaubnis dazu und seinen Segen. Unter diesen Umständen war es begreiflich, daß jeder der Abziehenden sich vom Propheten verabschieden wollte. Das geschah vornehmlich nachts. Die Umgebung von Mohammeds Haus, in dem er so lange mit Kadidscha gelebt hatte, war daher mit huschenden Schatten erfüllt. Hier und da erklang ein leises, sofort wieder ersticktes Waffenklirren. Auch das Innere des Hauses war keineswegs leer, wenn auch die Außenmauern im Dunkeln lagen. Auf anderes Licht als das einiger Ölfunzeln wurde verzichtet.

Wie unter Wind im Gestrüpp erschauerte bei Umarmungen und geflüsterten Abschiedsworten die Nacht.

Abu Bekrs Kamele ließen gerade die Stadtgrenze hinter sich. In das kleine Frauenzelt über dem Kamelsattel, das Zainab und ihre Tochter hatte aufnehmen sollen, hatte Aischa Asma zu ihrer Mutter gesteckt. Die junge Hebamme sei besonders geeignet, die Dame gegen die Schwankungen des Kamelschrittes zu stützen und ihr, falls sie kränker werden sollte, mit Arzneien zu helfen. Sie selbst wolle noch vom Vater und Mohammed Abschied nehmen. Zainab hatte nichts einzuwenden gehabt. Auf diese Weise kam Asma unangefochten aus Mekka heraus, und wie wenig Aussicht es hatte, sich Aischa zu widersetzen, wußten außer der Mutter auch die anderen.

In dieser Nacht erfolgte eine Trennung, die nur vorübergehend sein sollte, der Abschied der Gemeinde von ihrem Haupt. Abu Bekr und Ali waren bei Mohammed geblieben, und nun huschte noch ein zierliches, kleines Etwas, das an die Stufen gewöhnt zu sein schien, die Treppe hinauf, als sich plötzlich auf einem dürftig erhellten Absatz eine andere Gestalt ihm entgegenwarf, ihm eine Handvoll unheilbringender Nüsse vor die Füße schleuderte und schrie:

»Dreimal verflucht und dreimal siebenmal verflucht, rothaariges Gespenst, Tochter des Scheitan!«

Dabei wälzten sich auch schon beide einander kratzend und beißend am Boden.

Es war Aischa, die von Fatima überfallen worden war.

Dann kamen die Männer.

Fatima floh ins Dunkle, wohin sie zu verfolgen ziemlich hoffnungslos war. Mohammed stolperte sogar über eine Nuß und wäre fast die Treppe hinuntergefallen, wenn nicht plötzlich Saada dagewesen wäre und ihn gehalten hätte.

»Diese blöden kleinen Schäfchen!« schalt sie die Mädchen, ohne zugunsten der einen oder anderen eine Ausnahme zu machen. Und gerade das mißfiel Mohammed.

»Ich wünsche, daß du dich über Aischa nicht abfällig äußerst. Ich selbst stehe dem Koran kaum näher als sie. Ist sie erst einmal hier bei uns, so will ich, daß du sie als deine Freundin behandelst. Für Fatimas schlechtes Benehmen kann Aischa nichts. Sie ist liebenswert und klug.«

»Komm, Aischa«, bat Saada in einem ganz andern Ton, »ich mach dich wieder zurecht.«

Dazu war auch Veranlassung vorhanden. Fatima hatte in ihrer Wut das Kleid ihrer Feindin vom Hals herab zerrissen, und nun sah Saada zu ihrer Verwunderung Aischas linke Brust. Sie war spitz und steil und dabei doch füllig – kein kleines Mädchen war das mehr, sondern eine durchaus mannbare junge Frau.

Selbst das Halbdunkel war Saada noch zu hell, um das Mädchen so vor den Männern stehenzulassen. Saada legte, um sie fortzuführen, ihren Arm um Aischas Schulter, als die Kleine eine Rückzugsbewegung machte. Das war kein Widerstand. Aischa sah nur Mohammed in das blasse Gesicht, als wenn sie dort etwas Vertrautes erblickte.

Da begann er auch schon zu taumeln, und Aischa konnte seinen Fall nur dadurch mildern, daß sie ihn in ihren Armen auffing.

Was dann erfolgte, war eine Reihe oft geübter Handgriffe. Mohammed wurde von ihr mit seinem grünen Mantel aus Hadramaut zugedeckt. Dann legte Aischa ihre Hände flach auf die Stelle seines Herzens und strich mit ihnen an seinem Körper entlang. Erst als sie eine Veränderung an ihm bemerkte, nahm sie ihre Hände von seinem Leib und umfing mit ihnen sein Gesicht.

Mohammed kam zu sich und erhob sich, als sei das Natürlichste von der Welt geschehen.

»Der Herr segnet sichtbar dein Kommen, Aischa«, sagte er. »Endlich hat mir der Erzengel den Befehl gebracht, daß auch ich Mekka verlassen soll. – Wir müssen nun alles Weitere mit Ali besprechen, Abu Bekr.«

»Lassen wir die Männer allein, Aischa«, meinte Saada, »ich nähe dein Kleid.«

Am nächsten Morgen mußte Saada die Hebamme Umm Amar, die nebenbei noch das größte Klatschmaul Mekkas war, aufsuchen und sich bei ihr beschweren, was für einen unbrauchbaren Mann sie ihr vermittelt habe. Mohammed verliere sich völlig in seinen religiösen Spekulationen und sei für nichts sonst zu brauchen. Natürlich dürfe Umm Amar nichts davon weitererzählen, was diese auch hoch und heilig versprach, mit dem Erfolg, daß am nächsten Tag die ganze Stadt überzeugt war, daß Mohammed, zu keinem Entschluß fähig, auf seinem Lager vor sich hin döse.

Inzwischen wartete er schon in der Höhle auf der Spitze des Berges Thaur südlich von Mekka den Ablauf aller bereits getroffenen Vorbereitungen ab. Abu Bekr war bei ihm.

Zum Entweichen beider aus Mekka sollten Abu Bekrs Sohn aus einer früheren Ehe, Abdallah, und Aischa Beihilfe leisten. Der Vater selbst hatte sie von der Aufgabe entbunden, die Familie und den Haushalt nach Jathrib zu überführen, weil ihm während der Beratung nach Mohammeds Offenbarung die Überzeugung gekommen war, des Mädchens Willensstärke und Verstand seien in erster Linie für Allahs wichtigsten Dienst, die Befreiung seines Gesandten und dessen sicheres Geleit in den neuen Wirkungskreis Jathrib, einzusetzen.

Außer den beiden Geschwistern waren noch zwei andere mit Hilfeleistungen beteiligt, der frühere Sklave Amir ibn Fuhaira, den Abu Bekr freigekauft hatte, und dessen Freund, ein Kameltreiber.

In allen Himmelsrichtungen trieb Amir seine großen Schaf- und Ziegenherden in Mekkas Umgebung auf die Weide. Es konnte daher auch nicht auffallen, wenn er auf dem Berge Thaur oder wo auch immer sonst mit seinen Ziegen anzutreffen war. Die Höhle aber kannte nur der Hirte. Der Zugang zu ihr war eine zerklüftete Bergspalte, die den Eingang mehr verdeckte als enthüllte. Auf diese Weise war es möglich, die Flüchtlinge jeden Nachmittag mit Milch und Ziegenfleisch zu versorgen.

Nachts brachte Abdallah allein oder mit seiner Schwester Nachrichten über die Vorgänge in der Stadt. Auch Spöttereien konnten wichtige Hinweise geben. Daß Ali festgehalten wurde, stand fest; aber daß die Mekkaner sich an dem weiblichen Teil von Mohammeds Familie vergreifen würden, war nicht anzunehmen. Es hätte sich nicht gelohnt, wegen ein paar Frauen die Haschimiten zu erklärten Feinden zu machen.

»Natürlich kann man das nicht mit Sicherheit sagen«, meinte Abu Bekr während des Gesprächs, das er mit Mohammed darüber führte. »Daß unsere Gegner an nichts als an den eigenen Vorteil denken, ist mir wohl klar. Keineswegs überzeugt davon bin ich, ob sie klug genug sind, immer den eigenen Vorteil zu erkennen.«

»Fürchte dich nicht, Abu Bekr, Gott ist mit uns. Ich spüre seinen Erzengel in dieser Höhle. Ich weiß, wem ich trotz aller Gefahren meinen Seelenfrieden verdanke. Allah stärkt mich mit Heeren, die du nicht siehst. Er macht den Plan der Ungläubigen zunichte.«

»Oh, Gesandter«, sagte Abu Bekr, »glaube nicht, daß ich wanke.«

»Das werde ich niemals glauben, mein Freund.«

»Fünf Tage sind wir nun unentdeckt in dieser Höhle. Gestern sagtest du, daß unsere Zeit gekommen sei, und heute bringen die Kinder Nachricht, daß man sich anscheinend in Mekka zu beruhigen beginne. Auf die beiden Kamele, die sie mitbrachten, kannst du dich verlassen. Sieh her, es sind gute Renner und, was ebenso nötig ist, gute Steiger. Auf Amir ibn Fuhaira können wir zählen.«

»Ich kenne ihn.«

»Und auf den Gefährten, den er mitbringt – obgleich er ein Heide sein mag –, ebenfalls.«

»Allah ist gnädig und barmherzig. Laßt uns beten.«

Während Mohammed und Abu Bekr in der Höhle noch ihr Gebet verrichteten, kam draußen Aischa zu Abdallah gelaufen. Der junge Mann wandte sich, einen Grashalm zwischen den Zähnen, nach ihr um.

»Was ist denn?« fragte er, »sind sie schon fertig? Es wird allmählich Zeit.«

»Noch ist Amir nicht da. Aber der ist immer pünktlich. Der ist kein Grund zur Aufregung.«

»Wer denn sonst?«

»Du, Abdallah! Du hast etwas Wichtiges vergessen.«

»Wirklich wichtig?«

»Bei einer Reise, wie sie dem Gesandten Gottes bevorsteht, ist alles wichtig.«

»Wenn du nicht herumkommandieren kannst, Aischa, bist du nicht glücklich.«

»Und wenn du nicht schlampig sein kannst, fehlt dir etwas.«

»Dieses Mal bist du im Unrecht, Aischa! Nichts hab ich vergessen.« Er zählte auf: »Futter, Mundvorrat, Decken …«

»Und Wasser? Ohne Wasser kommen sie nicht bis zur ersten Tränke. Dann können sie lieber gleich hierbleiben!«

»Oh, bitte, vier Schläuche Wasser! Das dürfte wohl bis zum nächsten Brunnen genügen.«

»Das würde sogar etwas weiter genügen – man müßte die Schläuche nur am Sattel festmachen können!«

»Und ich war doch sicher, die Stricke fein aufeinander zurechtgelegt zu haben.«

»Zurechtgelegt wohl; aber leider nicht mitgenommen. Sie von zu Haus zu holen, dazu ist es jetzt zu spät.«

»Vielleicht finden wir irgendwo etwas Bast. Was meinst du?

»Bast würde nicht halten.« Sie griff nach seinem Mantel. »Dies hier ist stärker.«

»Aber Aischa! Wir können die Wasserschläuche doch nicht in meinen Mantel einwickeln!«

»Einwickeln natürlich nicht, aber in Streifen reißen!«

»Was? Meinen schönen Mantel? Dann nimm doch lieber deinen!«

»Du bist ein wunderbarer Bruder.«

»Das ist doch auch wahr, Aischa! Du bekommst leicht einen neuen Mantel. Was bekäme ich?«

»Auf keinen Fall einen neuen Mantel.«

»Siehst du!«

»Halte das nächste Mal deine Gedanken besser beisammen, dann geschieht dir das nicht. Und an die Hauptsache denkst du überhaupt nicht. Du bist ein wirklich dummer Junge. Ob du einen Mantel umhast oder nicht, darum kümmert sich kein Mensch. Ich aber bin ein Mädchen und habe unter meinem Mantel nur ein Hemd an, ein kurzes, ärmelloses Hemdchen. Ich denke, du kennst unsern Vater.«

»Du hast recht, Aischa. Nehmen wir meinen Mantel.«

Als die Streifen zugerichtet waren, kam Amir mit seinem Freund, und die Herren selbst waren auch bereits reisefertig.

Die Mala, die Vereinigung großer Kaufleute und Karawanenherren in Mekka, hielt bekanntlich ihre Beratungen jeweils in dem privaten Besitztum irgendeines Mitgliedes ab.

Zur Zeit war es das prächtige und große Haus Abu Sofjans, des Hauptes der Omaijaden, der es in den letzten Jahren bei seinen Standesgenossen in der Mala durch seine Fähigkeiten zu besonderem Einfluß gebracht hatte.

Die Herren saßen in zumeist seidenen Kleidern oder doch in solchen, denen man Wert beimessen konnte, auf den Polsterbänken an den Wänden des mäßig großen Saales.

Die anwesenden Karawanenherren waren bemerkenswert. Karawanen brauchten nun einmal einen zwar meist recht spärlich zugemessenen bewaffneten Schutz; und so verfügten ihre Herren außer über Kameltreiber und Angestellte jeder über eine kleine Anzahl Söldner, deren Kamele nicht so sehr für Lasten als für den Kampf bestimmt waren. Eine besonders tüchtige kleine Gruppe davon besaß Abu Sofjan, und ihm hatten die andern Herren ihre eigenen Söldner unterstellt, als die Angelegenheiten Mekkas begonnen hatten, ihre Unzufriedenheit zu erregen. Er verfügte also als einziger in Mekka über eine Kampfmacht, über deren Verwendung und Erfolge die Herren jetzt hören sollten.

Von den großen Geschlechtern waren vor allem die Machzum mit Abu Dschahl, Aswad ibn Abd al-Asad und Asi ibn Wail vertreten, ferner die Omaijaden mit Ukba ibn Abi Muait. Aus Taif war al-Achnas ibn Sarik gekommen. Auch Abdallah ibn Dschoddan war da, der weit über Mekka hinaus den Sklavenmarkt in Arabien beherrschte.

»Werte Herren und Freunde«, begann Achnas von Taif. »Ich habe meine Karawanenwachen ebenfalls zur Verfügung gestellt. Ich tat es gern. Ich weiß nämlich, daß meine Klopffechter nicht schlafen, sondern noch manches unter unserm Abu Sofjan dazulernen werden, was sie noch brauchen können.«

Ein beifälliges Lächeln und Schmunzeln der andern bestärkte seine Worte.

»Auch ich habe acht schwertfähige Sklaven beigesteuert«, erklärte der Sklavenhändler Ibn Dschoddan. »Ihr wißt, Freunde, wie schwierig der Markt gerade für meinen Handel liegt, wenn jede entfernte Stadt sich unter den fadenscheinigsten Vorwänden unterfangen kann, einen Sklaven freizusprechen. Jede andere Ware kann man wohl stehlen; aber man kann sie auch zurückfordern. Irgendwo muß sie ja sein. Aber was will man gegen einen freien Mann machen, für den man viel Geld bezahlt hat, der aber hinterher von der Gemeinde, in der er lebt, geschützt wird. Nur Scherereien hat man womöglich noch!«

»Ganz so schlimm kann es wohl mit Ibn Dschoddans Gewerbe noch nicht stehen«, meinte Asi ibn Wail, der Machzumit. »So bald werden wir wohl für ihn noch nicht sammeln müssen!«

Das war von dem vermutlich Reichsten der Anwesenden gesagt worden. Das Gelächter war laut, und selbst Ibn Dschoddan steuerte ein kleines Lächeln bei.

Damit war freilich gewissermaßen die Vorrede der Verhandlung noch nicht beendet, als jetzt ein Mann aufstand, der vielleicht gar nicht zugelassen worden wäre, wenn er nicht ebenfalls ein paar Söldner geschickt hätte, was auf eine Änderung seines früher getadelten Verhaltens hatte schließen lassen. Niedrigerstehenden gegenüber konnte Abu Sofjan von schwer erträglicher Hoffart sein, Gleichgestellten dagegen begegnete er stets mit vorbildlicher und gewinnender Höflichkeit.

Der Mann, der sich erhob, war al-Arkam, der Machzumit. Er hatte vordem Mohammed in seinem Hause empfangen und ihm bei dessen Verkündigungen seinen Schutz gewährt.

»Meine Vettern und Freunde«, begann er, »ich habe mich euerm Beispiel angeschlossen, weil ich auf die Dauer dem nicht widerstehen möchte, was so vielen wohlgeborenen und bewährten Männern als richtig erscheint. Aber ihr wißt ja auch, daß schon unsere Vorfahren, wenn man eine Entscheidung von ihnen erwartete, überzeugt zu werden verlangten, daß man also die Forderung begründen mußte. Wir alle sprechen die gleiche arabische Sprache, sagt mir demnach mit klaren Worten – ich bitte euch von Herzen –, was hat Mohammed ibn Abdallah getan, wodurch hat er sich gegen die Stadt, gegen uns, meinetwegen auch gegen das Volk vergangen, um mit Recht Maßnahmen zu verdienen, wie sie gegen ihn und seine Anhänger angewandt wurden?«

Auf diese Ansprache folgte ein Schweigen, das keineswegs freundlich war. Daß er damit das Wohlwollen seiner Standesgenossen wiedergewonnen habe, brauchte er ihm jedenfalls nicht zu entnehmen. Nach einigem Hin- und Hergestottere, das mehr dem Wissen um al-Arkams Sprachgewandtheit als dem um die Schwäche der eigenen Argumente zuzuschreiben war, stellte es sich als der Wille aller andern heraus, daß Abu Sofjan, der Befehlshaber der bewaffneten Kamelreiter, die Antwort übernehmen möge.

»Mir ist es völlig gleichgültig«, sagte Sofjan, »welchem Gott oder welcher Göttin ein Mekkaner oder ein Gast opfert ...«

Zustimmende Rufe von mehreren Mitgliedern verstärkten diese tolerante Anschauung.

»Ich würde auch nicht den Beruf in mir fühlen«, fuhr Sofjan fort, »meine Nase in Allahs Angelegenheiten zu stecken ... Nur muß man mir nicht zumuten, etwas durchaus Widersinniges, ja Unmögliches zu glauben. Wenn Allah wirklich einen Menschen zu seinem Gesandten gemacht hätte, so ist er doch deswegen immer noch der Allwissende. Er kennt also die Menschen, zu denen er seinen Boten schickt. Und der sollte Mohammed sein? Ein Haschimit?«

»Ganz ehrbare Familie«, meinte al-Arkam.

»Aber klein!« übertrumpfte Abu Sofjan. »Kleine Leute sind sie. Ein Mann aus dem Nichts. – Das ist Mohammed! Und den soll Allah zu seinem Gesandten gemacht haben? An so einen Menschen wird das Volk niemals glauben. Das Volk glaubt an uns! An die Überlegenheit der Wohlgeborenen, der edlen Herren, an die Leute mit Geld, an Leute mit Erfolg!«

»Das ist wohl wahr«, rief al-Achnas ibn Sarik aus Taif, »aber leider haben die Lügen des Mohammed etwas Gefährliches in sich. Denk an Othman aus deinem eigenen Geschlecht, Abu Sofjan. Nun ja, der war geil nach der Rukaija, Frau Kadidschas und Mohammeds Tochter; aber Omar, der Verwandte der Machzum! Zuerst sprach er, wie wir sprechen. Und jetzt? Jetzt ist er ein Anhänger Mohammeds. In Jathrib ist er auch schon.«

Länger konnte sich Abu Dschahl nicht still verhalten. Jahrelang hatte er schon gegen den Seidenhändler Mohammed gewettert, und jetzt, da die Gefährlichkeit des Unruhestifters nicht mehr zu verkennen war, sollte er schweigen? Er dachte nicht daran! Das Wort Jathrib war sein Stichwort.

»Kurz abtun! Das ist das einzig richtige Verfahren bei diesen Verbrechern!« schrie er. »Die meisten sind ohnehin schon fort und geflohen. Aber Mohammed ist noch da, und sein Freund, der Abu Bekr, konnte sich von ihm auch noch nicht trennen. Und so ist es auch mit seinem Vetter Ali. Seine Weiber sind ebenfalls noch da.«

»Sein Vetter Ali ist versorgt«, meinte Abu Sofjan so nebenbei, was keiner als eine Annehmlichkeit für Ali auslegte. Doch Abu Sofjan fuhr gelassen fort: »Liebe Freunde, ihr alle oder doch fast alle habt wohl in den letzten Jahren den Wunsch gehabt, Mekka von den Unruhestiftern zu befreien ...«

»Abtun!« schmetterte Abu Dschahl hinein. »Auf andere Weise kommen wir nie zu einem wirklichen Ende!«

»Werte Herren«, nahm Abu Sofjan das Wort wieder an sich, »ihr hört meinen Freund Abu Dschahl. Er ist aus dem edlen Geschlecht der Machzum; aber davon haben wir nichts gehört, was er zu tun gedächte, wenn ein Verwandter seiner Familie umgebracht würde.«

»Wenn es um die großen Dinge geht, kann man nicht alles so genau nehmen!« polterte Abu Dschahl.

»Was mich anlangt, so bin ich noch keineswegs davon überzeugt, daß alle Machzumiten der gleichen Meinung seien, und ich bin fest entschlossen, jeden Mord an einem Omaijaden durch Blutrache zu ahnden. Die Ehre meiner Familie ist für mich keine Kleinigkeit, mit der ich es so genau nicht zu nehmen brauchte.«

»Und was soll werden, Abu Sofjan, wenn du dich fürchtest, Gewalt anzuwenden? Ohne Gewalt keine Macht.«

»Das ist noch nicht sicher. Sicher dagegen ist, daß wir durch Mord und Totschlag nicht nur uns, wie wir hier sind, auseinanderbringen, sondern alle Einwohner Mekkas!«

»Ach was! Das Volk braucht nur vernünftig zu sein und sich zu sagen, daß wir besser als die Massen wissen müssen, was für Mekka nötig ist. Wenn man alle, die an den Geheimniskrämereien von al-Akaba teilgenommen haben – ob aus Mekka oder aus Jathrib, gleichviel! –, rechtzeitig aufgehoben hätte und hier in Mekka als Geiseln für das Wohlverhalten der andern festhalten würde – könnten wir unbesorgt sein.«

»Liebe Freunde! Und du, Abu Dschahl, was du forderst, geschah bereits, zwar nicht auf meine Veranlassung; aber Saad ibn Ubada aus Jathrib wurde tatsächlich, als er von al-Akaba zurückkehrte, mit Gewalt und unter Mißhandlungen nach Mekka verschleppt. Es ist nun recht gut, zu wissen, was dann geschah. Kannst du dich noch erinnern, Abu Dschahl? Zwei Koraischiten – Männer unseres Stammes! –, die Ubada Dank schuldeten, legten Einspruch ein und gewährten ihm ihren Schutz.«

»Dann will ich dir etwas sagen, Abu Sofjan«, schrie Abu Dschahl ihn an, »man hätte den Ubada erst recht festhalten und die beiden Koraischiten zusammen mit ihm und allen andern, die bei al-Akaba dabei waren, durchprügeln sollen!«

»Das wäre eine Kleinigkeit gewesen«, meinte Abu Sofjan sehr von oben. »Wir verfügen über eine wohlausgebildete und gut bewaffnete Kamelreitertruppe ...«

»Na also!«

»Aber sie ist nicht groß genug, um all dem zu begegnen, was sich aus unsern ersten Übergriffen ergeben würde. Es ist überhaupt ganz unwahrscheinlich, daß wir nicht nur mit einer kleinen Truppe, sondern selbst mit einem ganzen Heer von Söldnern und befreundeten Beduinenstämmen einen Bürgerkrieg verhindern und zugleich unsern Einfluß erhalten könnten.«

»Bürgerkrieg wäre das Ende unserer Herrschaft in Mekka!« erklärte al-Arkam als eine feststehende Tatsache. »Denkt an die Dschurhums und an die Churzaa, Freunde. Diese Stämme haben sich durch innere Fehden selbst vernichtet – sonst hätten wir Koraischiten Mekka niemals bekommen.«

»Von den Churzaa wurde in Mekka eigentlich nie viel gesprochen«, meinte al-Achnas ibn Sarik aus Taif leichthin.

»Um so mehr wurde an sie gedacht«, fügte Asi ibn Wail, ein Vetter Abu Dschahls, nun doch hinzu.

Was in den Köpfen der andern vorging, ließ sich nur schwer sagen. Die Herren waren in der Absicht erschienen, sich durch einige kräftige Sätze das Herz zu erleichtern und Abu Sofjan zu unmißverständlichen Maßnahmen zu ermuntern. Die Probleme erwiesen sich aber als so kompliziert, daß sie zur Hauptsache noch gar nicht gekommen waren. Die Hauptsache aber war die Sorge, daß Mohammed in einer auswärtigen Machtstellung Mekka unbequem werden könnte. Die Klügeren allerdings begannen bereits zu ahnen, daß unerbittliche Tatsachen sie dazu zwingen würden, ihre Ansichten zu überprüfen. Niemals aber wären sie zu der Erwägung bereit gewesen, ob sie ihre Schwierigkeiten nicht dem eigenen Verhalten verdankten. Immer würde Mohammed der Feind, der Schuldige und seine Ruchlosigkeit ohne Grenzen sein.

Zur Zeit blieb den edlen Herren freilich nur übrig, sich mit den Tatsachen abzufinden: Ebenso wie seine Gläubigen hatte Mohammed, und zwar mit Abu Bekr, Mekka verlassen. Zurückgeblieben waren nur noch seine weiblichen Familienmitglieder und Ali. Mit dem konnte die hohe Versammlung sich also noch befassen, und sie verfügte, daß Ali unverzüglich Mekka zu verlassen habe. Abu Sofjan solle dafür sorgen.

»Dafür dürfte Ali selbst sorgen«, erklärte Abu Sofjan. »Er wird viel zu froh sein, aus Mekka hinauszukommen. So schnell wie nur möglich. Haben meine edlen Freunde sonst noch Wünsche?«

XXII

Wenn Mohammed auch der unerschütterlichen Überzeugung war, daß er nach Allahs Willen Jathrib erreichen werde, so unterließ er doch nichts, die Reise so sicher wie nur möglich zu machen.

Abu Sofjan war zwar vorsichtig gewesen und hatte den Kamelreitern keine allzu gefährlichen Befehle gegeben, doch Mohammed verließ sich nicht auf die Vernunft seiner Gegner. Aus einem zufälligen Zusammentreffen mit einem Streiftrupp konnte ein bewaffneter Zusammenstoß werden. Die Überlegung befriedigte Mohammed keineswegs, daß ein Mord an ihm Mekka die größten Schwierigkeiten bereiten würde. Er ging lieber Abu Sofjans Kamelreitern völlig aus dem Weg, und das konnte er nur, wenn er die beiden Hauptstraßen nach Jathrib, den Küstenweg und den oberen Bergweg, vermied. Er scheute die großen Beschwerden nicht und verschwand mit seiner Begleitung im Küstengebirge.

Erst nach Überwindung unwegsamen Berggeländes stieß er bei Arg auf das letzte Stück des üblichen Weges nach Jathrib, und von da ab war keine Gefahr mehr für ihn.

In wenig Zeit waren sie in der kleinen Landstadt Kuba.

Es traf sich unbequem für Mohammed und Abu Bekr, daß sie wegmüde und erschöpft in glühender Mittagshitze ankamen. Die Gläubigen in Jathrib waren ihnen täglich den Weg nach Mekka ein Stück entgegengegangen. Aber gerade in dieser Stunde war niemand da, sie zu empfangen. So mußten sie sich an der Pracht des Pflanzenwuchses vorerst genügen lassen, bis sie im Hause des Kultum ibn Hidm sich an Früchten erquicken konnten, vor allem aber, ebenso wie ihre Kamele, an dem frischen fließenden Wasser, bevor sie der festen Nahrung des Gerstenbreis mit Datteln zusprechen konnten. Da sie sehr der Ruhe bedurften, waren sie im Grunde ganz zufrieden, daß die Wiederbegegnung mit den andern Gläubigen erst bei sinkender Sonne stattfinden konnte.

Das geschah an einem Montag. Doch Mohammed blieb noch einige Tage in Kuba, auch dann noch, als Amir ibn Fuhaira und dessen Freund schon auf ihren erholten Kamelen nach Mekka zurückgekehrt waren, dieses Mal auf dem gewöhnlichen Weg und ohne die Gefahren und Strapazen eines heimlichen Rittes durch die Wüste.

Die Gefahren lagen hinter Mohammed, und wenn er sich auch mit einigem Recht sagen durfte, daß Abu Sofjan wahrscheinlich nicht weniger froh darüber sei, mit seiner, Mohammeds, Person von allen Schwierigkeiten befreit zu sein, wie er selbst sich freue, mit heiler Haut aus Mekka heraus zu sein, so ließ sich Mohammed doch Zeit, seine Reise nach Jathrib, das unmittelbar hinter Kuba lag, fortzusetzen. Erst am Freitag, am fünften Tag seiner Ankunft in der kleinen Landstadt, bestieg er zu diesem Zweck sein Kamel.

Das war ganz natürlich. Die Gläubigen lebten schon eine ganze Weile in Jathrib ohne ihr geistliches Oberhaupt, dessen Ankunft sich verzögerte. Im Gegensatz zu andern arabischen Städten spielte die Prophezeiung vom jüdischen Messias in Jathrib seit jeher eine große

Rolle. Als Warnung oder auch frohlockend hatten die Juden oft genug auf ihn verwiesen, und mancher neue Gläubige unter den Arabern Jathribs hatte die Prophezeiung einfach auf Mohammed übertragen und war allen Ernstes der Meinung, daß sein Volk damit den Juden ihren Messias gewissermaßen entwendet habe.

Die plötzliche Eingliederung neuer Einwanderer in die mehrstämmige Einwohnerschaft einer Stadt war unter keinen Umständen ohne größere oder kleinere Störungen denkbar, und bei solchen Gelegenheiten hatten die Gläubigen gern auf die noch ausstehende Ankunft ihres Gesandten Gottes hingewiesen, die alles befriedigend regeln würde. Mohammeds Einzug war daher für die ganze Stadt, vor allem aber für die Gläubigen und darüber hinaus für die Araber, das große Ereignis. Einer verlorenen Schlacht wäre es zu vergleichen gewesen, hätte er sich unbemerkt und in aller Stille vollzogen.

Sogar die Juden beteiligten sich – vorwiegend allerdings mit Spott. Als die arabischen Häuser ihre Menschen auf die Straßen zu schütten begannen, fehlte es ihrerseits nicht an Zurufen: Die Araber möchten sich beeilen, ihr Glück komme auf einem Kamel! Das Kamel sei sehenswert mager und dürr. Sehr gekränkt waren die Araber nicht. Wenn es den Juden nicht paßte, könnten sie in die eigenen Quartiere gehen, dort würden sie nichts sehen und hören. Das war es aber eben: Die Juden wollten sehen und hören, sie waren neugierig, und den Mund hatten sie niemals recht halten können.

Das Kamel machte sich wenig aus dem, was diese unberechenbaren Menschen mal wieder anstellten. Es wußte, daß es seine wohlbemessenen Wegstrecken zu gehen, zu traben, zu laufen habe und dafür, wenn es an der Zeit sei, so viel Wasser zu trinken bekomme, wie es nur fassen könne und, wenn alles so sei, wie es sich gehöre, noch ebensoviel Futter. Es wunderte sich nicht, wenn ihm seine Last aufgelegt wurde. Versuchte man, ihm ungebührlich viel zuzumuten, stand es einfach nicht auf. Mit dem Prügeln war es dann so eine Sache. Die Kameltreiber wußten nämlich aus Erfahrung, daß ihre selbstbewußten Tiere nicht nur rachsüchtig waren, sondern auch ein vorzügliches Gedächtnis besaßen. Gerade dann, wenn so ein Mensch schon längst alles vergessen hatte und ohne Stock und ohne Waffe frei dastand, erinnerte sich ein Kamel haarscharf erlittener Unbill, und dann hieß es laufen – weil er mußte, und für das Kamel, weil es wollte. Denn der Biß eines wütenden Kamels bewirkt leicht Knochenfraß, was freilich mehr der Mensch als das Kamel weiß. Aber all dieses Wissen und Vermögen ergab zusammen die Grundlage einer geordneten Karawane.

Sich als Teilnehmer einer Karawane vorzustellen fiel Mohammed freilich gar nicht ein. Ganz locker hielt er im Gegenteil das Leitseil und überließ es damit seinem Reittier, mit dem Ansturm fertig zu werden, der nunmehr hereinbrach. Die Gläubigen, gleichviel ob die alten aus Mekka oder die neuen aus Jathrib, fielen vor ihm auf die Knie, umarmten seine Beine und küßten seine Sandalen – Freudenbezeigungen, von denen auch ein Teil für Abu Bekr abfiel. Ohnehin hatte er den längeren Bart und wurde deswegen von diesem oder jenem auch mit dem Propheten verwechselt. Alle schienen jedenfalls glücklich zu sein, daß der Gesandte Gottes nun endlich in der neuen Heimat eingetroffen sei. Von allen Seiten begann auch das Betteln, Mohammed möge bei ihnen wohnen. Wenn es bereits eine Eifersucht zwischen den Gläubigen aus Mekka und Jathrib gab, so war es nur die Eifersucht, welcher Gläubige der bessere Gläubige sei.

Das Gedränge wurde immer größer.

Wer einen harten Kamelfuß nicht auf seinen Zehen spüren wollte, mußte sich vorsehen. Dem Kamel machte es weniger aus.

Alle aber sahen, wie der Prophet seine Arme weit ausbreitete, und hörten seinen Ruf:

»Wo ich wohnen soll, mag Allah entscheiden!«

Damit bekam das Kamel das Zeichen zum Weitergehen, was es, eingeschlossen in einer Woge von Menschen, auch tat.

»Dort, wo mein Reittier stehenbleibt, soll ich wohnen«, rief Mohammed, während er weiterschaukelte.

Ob er dabei durch unmerkliche Zeichen sein Kamel in eine von ihm gewünschte Richtung brachte, war nicht festzustellen, und es wurde auch niemals behauptet. Mohammed kannte Jathrib nicht und wußte nicht, in welchem Stadtteil er sich gerade befand, als das Tier, von dem Geschrei der Gläubigen und Heiden, Juden und Christen gelangweilt, vor dem geräumigen Haus des Arabers Abu Aijub stehenblieb. Das war im Viertel des chazradschitischen Stammes Banu Malik. Mohammed stieg ab und betrat, vom überglücklichen Aijub geleitet, das Haus, in dem er fürs erste mit seinen Angehörigen wohnen sollte.

Abu Bekr, der sich und seiner Familie schon von Mekka aus in einer Vorstadt eine Unterkunft bei seinem Geschäftsfreund gesichert hatte, verfügte sich dorthin. Daß Mohammeds Angehörige noch nicht angekommen waren, traf sich insofern günstig, da seine Wohnung sogleich sein Hauptquartier wurde, wo die dringend nötigen Besprechungen stattfanden.

Eine öffentliche Zustimmung wie in Jathrib war Mohammed in Mekka nie zuteil geworden. Im besten Fall hatte man ihn geduldet, wenn man ihm nicht üble Schimpfworte nachrief oder durch Dreckwürfe Abneigung und Verachtung zum Ausdruck brachte. Was die von Mohammed so wenig geschätzten Dichter anlangte, so hatten sie sich in Jathrib nicht anders als sonst in arabischen Städten und Ländern verhalten. Gegenstand ihrer Gesänge waren immer der Stamm, die Stammesehre, die Stammeskämpfe mit Blutvergießen, Mord und Totschlag gewesen. Religiöse Fragen wurden kaum berührt, und dann mit dem teilnahmsarmen Abstand, der in den besseren Kreisen Mekkas ebenfalls zum guten Ton gehörte.

Seit dem Eindringen des Islams in Jathrib war dagegen die Bedeutung des Stammes, dem kurz vorher noch von den Arabern in der blutigen Buatschlacht so verheerende Ehren erwiesen worden waren, sehr zurückgegangen. Eine Eifersucht zwischen Aus und Chazradschs gab es zwar immer noch; aber die aufgeworfene Streitfrage war nicht mehr, welcher Stamm mehr Mitglieder des andern umgebracht habe, sondern welcher die besseren und verläßlicheren Gläubigen stellte.

Das ergab ganz von selbst die schiedsrichterliche und herrschergleiche Stellung Mohammeds in Jathrib. Daß er das sofort erkannte, war das Glück Mohammeds und seiner religiösen Bewegung. Ohne aufzuhören, Allahs Gesandter zu sein, wurde Mohammed Politiker. Wirkungsvoll ergänzten sich beide.

Musab ibn Umair, der als anerkannter Korankenner sowie als Vertreter und Vertrauter Mohammeds natürlich als einer der ersten zur Stelle war, konnte alle neuen Gläubigen aus Jathrib schon nicht mehr mitbringen. Es waren zu viele, die er bekehrt hatte. Und auch die alten Gläubigen aus Mekka mußten auf den nächsten Freitag vertröstet werden. Dann sollte in einer religiösen Zeremonie das erste gemeinsame Gebet auf dem Musalla, dem Gebetsplatz auf dem Gebiet des Geschlechts der Salama, abgehalten werden.

Die Vorbereitungen bewiesen Musabs Talent zur Leitung und den eifrigen Willen der Neubekehrten.

Von den Mekkanern waren Omar und Abu Bekr bei der Begrüßung zugegen. Sie hatten mit den früheren Streitigkeiten der arabischen Stämme in Jathrib nichts zu tun gehabt; aber sie brauchten die Autorität ihres Propheten nicht zu stützen. Darum bemühten sich die Araber von Jathrib schon von selbst. Die Aus hatten in der Schlacht von Buat gesiegt. In ihr war Mohammeds Bewunderer, der vielbeklagte Ijas, Bruder des Saad ibn Muad, gefallen. Alten Stammesgepflogenheiten hätte ein uferloser Dünkel aller Ausiten entsprochen. Nichts davon war bei Saad und ebensowenig bei Usaid ibn Hudair, dem Sohn des Hauptes der Aus, des Siegers von Buat, zu bemerken. Der Stamm der Aus war an Zahl dem der Chazradsch unterlegen. Sich in der Siegerstellung zu behaupten wäre für sie, wenn überhaupt möglich, sehr schwierig gewesen. Vom Sieg wurde nicht gesprochen, wohl aber von der Tatsache der zahlenmäßigen Überlegenheit der Chazradsch, der Rechnung getragen wurde. Der größte Wert aber wurde von den Mitgliedern beider Stämme auf das durch die Gläubigkeit entstandene Bruderverhältnis gelegt, das jeder andern Verwandtschaft vorgehe.

In dieser Überzeugung unterschieden sich die anwesenden Chazradschiten, von denen al-Barra ibn Marur, wie in al-Akaba, wieder zugegen war, in keiner Weise von den Aus. Das war auch unstreitig richtig; denn wenn sie überleben wollten, mußten beide Teile bedingungslos Frieden halten. Das Bewußtsein, sich dabei dem Gesandten Gottes, also dem Willen Allahs, direkt zu unterwerfen, erleichterte diesen Vorsatz. Allahs Willen zu tun konnte keinen Gläubigen erniedrigen. Mohammed aber flößte die Seltenheit des menschlichen Friedenswillens keine Bedenken ein. Davon, der Gesandte Allahs zu sein, war er überzeugt, und so hielt er sich bei allem, was den Menschen dies als Tatsache erscheinen ließ oder was sonst seinen Zielen förderlich war, an den unerschütterlichen Glauben, daß Gott ihn berufen habe.

Der gleichen Gewißheit waren die Gläubigen, und – es mochte geschehen, was wollte – immer wieder wurden sie in diesem Glauben bestärkt.

Was in späteren Besprechungen auch noch fortgesetzt oder von Mohammed einfach verordnet werden mochte, gegen einen wichtigen Grundsatz Omars und Abu Bekrs erhob sich kein Widerspruch, obwohl beide damit uralte Stammesanschauungen auf die Gemeinde der Gläubigen übertrugen. Als etwas ganz Selbstverständliches äußerten sie, daß alle Gläubigen verpflichtet seien, für ihre Mitgläubigen einzutreten. Was besonders für Omar, aber auch für Abu Bekr in den Auseinandersetzungen mit den ungläubigen mekkanischen Landsleuten selbstverständlich geworden war, konnte in Jathrib nicht ohne weiteres den gleichen Anspruch erheben. Hier war ihre Meinung der erste Schritt zur Bildung einer Umma, einer geschlossenen Gemeinde aller Einwohner der Stadt.

Jathrib hieß die Stadt, in einer breiten fruchtbaren Ebene der Landschaft Hedschas gelegen, seit Menschengedenken bei allen arabischen Stämmen. Doch neben dieser altarabischen Bezeichnung hatte sich schon seit geraumer Zeit *al-Medina*, was soviel wie »die Stadt« bedeutete, durchgesetzt. Vor allem die in den Vororten Wohnenden gebrauchten den Namen Medina, wenn sie sich nämlich »in die Stadt« begaben. Erst später, unter dem wachsenden Einfluß Mohammeds und der damit zunehmenden Bedeutung dieses Ortes, wurde Medina zu *der* Stadt, zur Stadt des Propheten – *madinat annabi*, während die alte Bezeichnung Jathrib mehr und mehr in Vergessenheit geriet.

Doch Medina war keine rein arabische Stadt. Nicht nur, daß noch nicht alle Araber Gläubige waren, lebten noch drei jüdische Stämme mit ihnen zusammen, und einer von ihnen hatte im Kampf bei Buat für die Ausiten sogar den Ausschlag gegeben! Zahlenmäßig konnten sich die Juden mit den Arabern freilich nicht messen; aber sie waren da, und, wie sich gezeigt hatte, nicht immer nur als Zuschauer.

Die Christen in Medina kamen ihrer geringen Zahl wegen nicht sehr in Betracht, und es war begreiflich, daß Mohammed bei ihnen an die günstige Aufnahme seiner Gläubigen im koptischen Abessinien dachte. Wichtiger waren ihm natürlich die Juden; aber auch mit ihnen hoffte er zu einer religiösen Annäherung zu gelangen.

»Siehe sie, die da glauben, und die Juden und die Nazarener und die sabäischen Christen«, sagt er in der zweiten Sure, neunundfünfzigster Vers, »– wer immer an Allah glaubt und an den Jüngsten Tag und das Rechte tut, die haben ihren Lohn bei ihrem Herrn, und Furcht kommt nicht über sie, und nicht werden sie traurig sein.«

Er nannte sie – also auch die Juden – »Kinder des Buches«.

Mohammed ging nämlich von dem Gedanken aus, daß für jede der genannten Offenbarungsreligionen ein Kitab, ein Buch, im Himmel aufbewahrt werde, daß diese Bücher übereinstimmen und – soweit sie nicht menschlich verfälscht seien – die reine göttliche Wahrheit enthielten. Er selbst nahm für seine Offenbarungen in Anspruch, daß sie Auszüge aus dem Kitab des arabischen Volkes seien, Auszüge, die ihm der Erzengel Gabriel zeige. Da zwischen dem Kitab der Juden und dem von Mohammed verkündeten kein Unterschied bestehe, konnte Mohammed sehr wohl an eine religiöse Annäherung denken, die schließlich auch im Interesse der Juden lag.

Die erste Begegnung der Gläubigen war jedenfalls voll von Hoffnungen. Sie konnten sich, auch wenn sie es jetzt noch nicht waren, doch als die künftige Mehrheit von Medina ansehen, und sie besaßen auch noch die – noch dazu göttlich beglaubigte! – schiedsrichterliche Persönlichkeit, die sie so dringend gebrauchten. Der neue Emir von Medina war das Haupt der Gläubigen, und niemand war stark genug, ihn von diesem Platz zu verdrängen.

Mohammed selbst aber war begreiflicherweise sehr angetan von der Entwicklung der Dinge in Medina. So leicht hätte sich auch kein Mensch wohl dem Vergleich zwischen dem ihm in Medina dargebrachten Triumph und seiner Behandlung in Mekka entziehen können, wo er, von seinen heidnischen Gegnern beschimpft, beworfen und oft auch getroffen, nicht selten schmutzstarrend die Kaaba betreten hatte, um dort mit gezeigter Gelassenheit zum Gebet vor Gott niederzuknien. Mohammed hatte Schmutz und Verhöhnung als Allahs Willen hingenommen und sah keinen Grund, das Vordringen und die Verbreitung des Islams als etwas anderes zu betrachten. Was konnte ihn, einen sündigen Menschen, höher beglücken als eine so unmißverständliche Bestätigung durch den Allerhöchsten.

Zwei Tage nach der ersten religiösen Veranstaltung auf dem Musalla traf Ali in Medina ein, und einige Tage später kamen Mohammeds weibliche Angehörige, mit Ausnahme seiner Tochter Zainab, die ihren Mann, den heidnischen Mekkaner Abu'l-Asi ibn ar Rabi, nicht hatte verlassen wollen, ferner noch einige Mitglieder des Haushalts von Abu Bekr. Damit war die gesamte mekkanische Gemeinde in Medina versammelt. Es fehlten nur die Gläubigen, die noch in Abessinien waren, sowie die in Mekka mit Gewalt Zurückgehaltenen.

Aischa war schon vor ihrem Vater in Medina gewesen, und sofort nach Mohammeds Ankunft hatte sie ihre alten Gewohnheiten wieder aufgenommen. Bereits bei der ersten Musalla-Feierlichkeit hatte sie tiefverschleiert neben dem Propheten gesessen, um ihm notfalls flüsternd auszuhelfen, wenn er während der Predigt aus seinen Suren zitierte. Niemand hätte das sonst gekonnt, nicht einmal der Korankenner Musab ibn Umair. Aischa aber versagte nie, und Mohammed fühlte sich vollkommen sicher mit ihr an seiner Seite. Ein Abirren vom Wortwörtlichen einer einmal verkündeten Offenbarung hätte die Gläubigen verwirren können – dem beugte Aischas Anwesenheit vor. Sie hielt sich für unentbehrlich, und sie war es auch. Ähnlich dachte Abu Bekr. Er war stolz darauf, daß seine Tochter den Gesandten Gottes heiraten sollte; aber er wußte auch, daß er eine väterliche Weigerung mit dem Altersunterschied der beiden begründen könnte und daß die Ehe nicht die unerläßliche Folgerung der religiösen Bindung Aischas an Mohammed sei ..., falls die eigenwillige Aischa Widerstand zeige. Doch sie zeigte keinen, vielmehr hielt sie sich dadurch für geschmälert, daß die Ehe nicht schon in Mekka geschlossen worden war. Nicht einmal der Gedanke an Saada störte sie. Für Aischa war Aischa die Einzige, die Unentbehrliche! Ohne sie konnte – durfte – der Gesandte Gottes sein Werk nicht vollenden.

Ihr Machtwille war also ein ganz anderer und ging weit über den der Saada hinaus. Daß Mohammed neben ihr noch jede andere Frau, die ihm beliebe, heiraten könne, bezweifelte Saada im Grunde gar nicht. Wenn sie etwas gegen Aischa hatte – und natürlich hatte sie etwas gegen sie –, war es deren Schönheit und aufreizendes Wesen, in dem alles die Männer anzog. Für sich selbst nahm sie die durch Umm Amars Unterricht noch gesteigerte Kunst in der Wollust des Bettes in Anspruch, die sie Mohammed bei ihr, einer erfahrenen Witwe, in Fülle genießen lasse, die ihm aber so ein unerfahrenes Jüngferchen, ein halbes Kind noch, nie bieten könne. Für völlig überflüssig hielt sie demnach die Unentbehrliche, was die von sich überzeugte Witwe denn auch einmal veranlaßt hatte, dem Gesandten Gottes ihre Pantoffeln an den Kopf zu werfen, weil er sich erlaubte, seine eigene Meinung über die Möglichkeiten der Ehe zu haben.

Mohammed war von seiten der Gläubigen – Mann oder Frau – ein anderes Verhalten gewohnt. Die arme Saada hatte sich infolgedessen bescheiden müssen, künftig einem hoffnungslos Undankbaren alle Freuden des Paradieses ohne Gehorsamsgegenleistung zu bescheren.

Zwar verstimmte diese Undankbarkeit Saada etwas; aber einen Mann hatte sie immerhin. Und ein Mann sei ein Wertgegenstand. Mit diesem Trost hatte Saada die Rechnung zuletzt abgeschlossen.

Alles, was künftig Mohammed anging, war in der Hauptsache nunmehr Aischas Angelegenheit.

XXIII

Die ersten und vordringlichen Aufgaben, die Mohammed in Medina erwarteten, waren nicht so sehr religiöser Natur. Von den beiden arabischen Stämmen hatten sich allmählich die meisten zum Islam bekannt. Sie bildeten als Ansar, als Helfer, von nun ab gemeinsam mit den mekkanischen Auswanderern, den Muhadschirun, die Gemeinde der Gläubigen. Die Voraussetzung für eine Festigung der Verhältnisse in Medina, ja für Medinas Bestand, war damit gegeben.

»Die den Glauben angenommen haben und ausgewandert sind und um Allahs Willen mit Leben und Gütern gekämpft haben – und die, die Obdach gegeben und Hilfe geleistet haben«, verkündete Mohammed in der achten Sure, dreiundsiebzigster Vers, »die sind untereinander nahe verbunden.«

Die Lage der ausgewanderten Mekkaner war anfangs naturgemäß sehr schwierig. Wer wie Abu Bekr Reste seines Vermögens retten konnte, hatte die Möglichkeit, sie in Handelsunternehmungen anzulegen und damit seinen Lebensunterhalt zu bestreiten. Aber nicht alle hatten etwas gerettet, und es war gut, daß Wohltätigkeit eine der wichtigsten Pflichten eines Islambekenners war. In dieser Hinsicht bewährten sich die Neugläubigen. So wurde den Ausgewanderten Land verpachtet oder ihnen auf andere Weise zu helfen versucht; aber es blieben immer noch genug Obdachlose übrig, die froh waren, wenn sie jeden Abend unter einem hervorstehenden Dach ihr Nachtlager fanden.

Da kam Mohammed auf den Gedanken, einen Bruderband ins Leben zu rufen. Eigentlich war dieser Gedanke die folgerichtige Weiterentwicklung des schon begonnenen Versuchs, die Stammesgepflogenheiten und die der Gemeinschaft hinderlichen alten Anschauungen durch Gepflogenheit und Regeln der Gläubigen zu ersetzen. Jeder Ausgewanderte sollte mit je einem Gläubigen aus Medina eine Bruderschaft eingehen. Kein Altgläubiger würde dann noch ohne persönlichen Freund in Medina leben und einsam bleiben. Damit war der unter Arabern immer so wirksamen Macht der Blutsverwandtschaft viel von ihrem Bedrohlichen genommen, und es gab unter den Gläubigen beider Städte viel Bereitschaft und nur selten ein Zögern. Fast schien es so, als könnte die Bruderschaft den Vorrang vor der Verwandtschaft gewinnen, als gegenteilige Gefühle erwachten, deren Stärke Beachtung verdiente.

Die Mehrzahl aus den Stämmen Aus und Chazradsch waren überzeugungstreue Gläubige geworden. Aber ein Teil des angesehenen altarabischen Adels, die Geschlechter, die zu den Aus gehörten, und auch einige chazradschitische Geschlechter hielten sich zurück. Nur mit Widerstreben unterwarfen sie sich einem Fremden und träumten grollend von den guten alten Zeiten ihrer Selbständigkeit. Zur offenen Gegnerschaft konnten sie sich jedoch nicht entschließen. Dem Namen nach waren sie Gläubige wie die andern auch und dem Gesandten Gottes verbunden, nur ... waren sie ihm nicht treu. Bei dem Ansehen, das sie genossen, konnte es sich Mohammed nicht leisten, sie unbeachtet zu lassen. Er konnte, nein, er mußte Rücksicht auf sie und den geheimen Krieg nehmen, den sie gegen ihn führten. Er mußte mit ihnen rechnen und war nie sicher, ob sie in der Stunde der Entscheidung ihre Pflicht tun würden. Man nannte sie Munafikun, die Heuchler, oder besser noch: die Unzuverlässigen.

Wahrscheinlich infolge des großen Eindrucks, den das erste gemeinsame Freitagsgebet auf dem Musalla hinterlassen hatte, kamen einige von diesen geheimen Gegnern auf den Gedanken, in Nachahmung einer jüdischen Synagoge einen Masdschid, ein Bethaus des Islams, zu errichten, das ihnen gehören würde. Waren sie nicht Gläubige, mußte Mohammed ihnen nicht dankbar sein für ihren Eifer? Würde er eine Einladung, dort zu predigen, überhaupt ablehnen können?

Sie hatten zwar etwas davon gehört, daß Mohammed in den wenigen Tagen seiner Anwesenheit in Kuba dort den Grundstein zu einem ähnlichen Haus gelegt habe; aber ihr Masdschid würde in Medina stehen, und größer würde es auch sein.

Die Absicht, diesen Masdschid auf dem Platz zu errichten, wo sich das Kamel des Propheten bei dessen Einzug hingelegt hatte, konnte allerdings nicht verwirklicht werden.

Diesen Platz hatte Mohammed bereits für seinen Dar, einen von Wohnungen umgebenen Hofraum, erworben, wo er sich wohl mit seinen Freunden besprechen, aber niemals religiöse Feierlichkeiten abhalten konnte. Doch ganz in der Nähe hatte sich ein anderer Platz gefunden, der beinahe noch geeigneter erschien.

Tatsächlich hatte Mohammed, da ihm die näheren Umstände nicht bekannt waren, keinen Grund zu einem Einspruch gesehen und in der Errichtung des Bethauses vielmehr die Möglichkeit erblickt, die Unzuverlässigen näher an sich heranzuziehen. Der

Masdschid war also als einfacher Lehmbau aus Luftziegeln begonnen, aber groß genug angelegt worden, um einer stattlichen Anzahl Gläubiger Einlaß gewähren zu können. Da man bei dieser Gelegenheit die natürliche Achtung vor dem Gesandten Gottes in jeder Hinsicht wahrgenommen hatte, war es zu keinerlei Mißhelligkeiten gekommen, vor allem war nichts darüber bekannt geworden, daß man, von wem auch immer, Beiträge zu den Kosten erbeten habe.

Als daher in diesen Tagen Abu Bekr und Aischa bei Mohammed erschienen, dachte er nichts anderes, als daß alles in schönster Ordnung sei und sich auf das angenehmste entwickele.

Ali war schon vorher gekommen. Er war in Kuba gewesen, um sich dort nach den Fortschritten des neuen, kleinen Masdschid zu erkundigen, und hatte eine Zeichnung davon mitgebracht. Außer ihm waren noch Saada und Fatima da. Bei Aischas Eintritt wurde Fatimas Haltung sofort steif und ablehnend, während Aischa niemanden zu bemerken schien und mit großen, leeren Augen an allen vorbeisah, als ihre Brust bei einem Blick in die Karte des sitzenden Mohammed Wange berührte. War es nun dessen rasche Wendung zu Aischa – jedenfalls war das zuviel für Fatima. Ihr Gesicht verkrampfte sich zu einer wutblitzenden Fratze.

»Du Dirne!« schrie sie wild, »Hure! Willst du hier, ganz öffentlich, meinen Vater verführen? Weißt du überhaupt, Vater, wen du heiraten willst? Du hattest Ali befohlen, während der Reise von Mekka nach Medina auf den Anstand der Frauen zu achten, und das hat Ali auch getan. Hinter Teppiche hat er uns in kleinen Käfigen auf die Kamele gesetzt, niemand von uns bekam etwas zu sehen. Aber solche Schanddirnen wie die da ...!«

»Fatima! Schweig!«

»Ach, Vater, du hast mich ja gar nicht lieb! Nur Allahs wegen tust du so! Aber die da – solche Huren finden immer Mittel und Wege, die Männer aufzureizen. Jeden Morgen – jeden! – war Ali bei ihrem Kamel, fingerte daran herum und hörte nicht auf mit Schwätzen. Jeden Morgen! Das ist nun deine Braut!«

»Saada! Bring sie fort!«

»Wenn ich kann.«

Saada ergriff Fatimas Handgelenk. Aber sofort riß Mohammeds Tochter sich los und umkrallte den Hals ihrer Stiefmutter, bis deren Augen herausquollen. Die Männer mußten Saada befreien, worauf Fatima kreischend und heulend davonstob.

»Nein, Gesandter Gottes«, erklärte Saada nach Atem ringend, »mit deiner Tochter mußt du schon selbst fertig werden. Ich habe keine Lust, mich von ihr erdrosseln zu lassen.«

»Saada hat wohl recht«, meinte Abu Bekr. »Ich sehe aber auch, daß Aischa meine Tochter ist, ein jungfräuliches, unbescholtenes Mädchen ...«

»Fatimas Stiefmutter kann Aischa nicht sein«, mischte Ali sich ein, »vielleicht ist es unter diesen Umständen besser, sie vorher anderweit ...«

»... anderweitig zu verheiraten?« vollendete Abu Bekr.

»So leicht ist das nicht. Ich werde sie nie einem Mann geben, den sie ablehnt.«

»Da siehst du es, Ali!« warf Saada nicht ohne Spott ein.

»Jetzt sag lieber du mir, Saada«, fragte Mohammed mit einem Gleichmut, der Abu Bekr nichts nachgab, »wie war es in Wirklichkeit mit dem, was Fatima über Ali und Aischa erzählte?«

»Genau so, wie Fatima es sagte. Aischa aber hat dir, dem sie versprochen ist, nicht das geringste vergeben. Wir Frauen sahen es alle. Ich bin sicher, Ali hat von Aischa damals überhaupt nichts zu sehen bekommen, weder mit noch ohne Schleier, und das lange Geschwätz machte ihn auch nicht glücklich. Immer hinterher war er voller Verdruß und niedergeschlagen, und abends am Lagerfeuer war es Fatima, die ihre Blicke nach Ali schmiß, nicht Aischa.«

»Hoffentlich siehst du nun ein, Ali«, meinte Mohammed, »daß sich niemand mehr Sorgen um Aischa zu machen braucht.«

»Ich sehe es ein, Vetter. Ich habe eben kein Glück.«

»Das kann der Mensch nie wissen. Darum ist es das beste, er stellt alles Allah anheim. Was dich anlangt, Ali, ist es klar, daß du heiraten mußt.«

Ganz Abwehr war Ali, als habe man ihm vorgeschlagen, schnurstracks und freiwillig in die Hölle zu fahren.

»Heiraten?« rief er. »Aber Gesandter Gottes, ich habe kein Geld, um mir eine Frau zu kaufen, und erst recht keins, um sie zu ernähren!«

»Ausreden!« erklärte Mohammed. »Du stehst mir blutsmäßig am nächsten, mein Adoptivsohn bist du auch. Es fehlt dir also nicht an Gelegenheiten, deine großen Fähigkeiten zu erweisen. Eine bedeutende Laufbahn bis zur höchsten Spitze bei uns liegt vor dir, und wenn du mein Schwiegersohn werden wirst ...«

»Was? Ich soll doch nicht Fatima ...?«

»... heiraten. Jawohl. Und wenn Fatima Kinder kriegt, bist du der Vater der Enkel des Propheten und mein Schwiegersohn – vergiß nicht –, ich habe keinen leiblichen Sohn. Kein Mensch steht mir dann so nahe wie du. Und was Fatima betrifft«, fuhr er liebevoll fort, »ich weiß, was du sagen, ja, was du denken magst. Sie ist die Schönste nicht. Aber Allah gibt schöne und weniger schöne Kinder, und er will, daß alle gleichermaßen geliebt werden. Auch wenn Fatima unbequem ist, liebe ich sie. Und ihrer Mutter, der von den Gläubigen höchstverehrten Kadidscha, habe ich auf deren Totenbett versprochen, Fatima immer zu lieben und ihr den besten Ehemann zu verschaffen, den es gibt.«

»Nannte sie meinen Namen?«

»Nein, Ali, das tat sie nicht. Ich aber habe für Fatima den besten Ehemann versprochen, den es gibt. Und einen besseren als dich gibt es nicht. – Ali! Nicht so schöne Frauen sind treu und machen weniger Umstände!«

»So? Deswegen heiratest du wohl die schöne Aischa?«

»Was Aischa und mich verbindet, ist durch ihre Geburt und seit ihrer Geburt Allahs Wille. Bete, Ali! Wenn Gott will, kann er mir einen anderen Willen auferlegen.«

»Verzeih mir, Gesandter Gottes, und laß mir, ich bitte dich, Zeit.«

»Du willst es mit mir durchkämpfen? Tu es, Ali, aber jetzt verlaß uns noch nicht. Es gibt, wie man mich merken ließ, noch etwas zu besprechen.«

»So ist es«, sagte Abu Bekr, »es geht um den Masdschid in Medina.«

Und damit erhielt Mohammed Aufklärung darüber, welche Bewandtnis es mit der neuen Moschee habe, deren Bau bereits begonnen sei.

»Aber wenn die Munafikun ein Bethaus bauen«, wandte Mohammed ein, »so läßt das doch hoffen, daß sie sich aus Unzuverlässigen zu überzeugten Gläubigen entwickeln.«

»Das dachte ich zuerst auch«, meinte Abu Bekr, »wenn sie aber nicht nur unzuverlässig, sondern geheime Gegner sind, so sind sie unter der Maske von Gläubigkeit viel gefährlicher, weil sie ohne diese Maske an unsere wirklich Gläubigen gar nicht herankämen.«

»Hast du irgendwelche Anhaltspunkte?«

»Du kennst doch Abu Kais ibn Abi Anas?«

»Mit seinen Anschauungen stand er mir bereits nahe, bevor ich nach Medina kam.«

»Möglicherweise tut er das jetzt noch, und bei seinem Alter und als einer der Häupter der Chazradsch kann er einen wichtigen Einfluß ausüben ...«

»Na also!«

»Weil er dabei war, habe ich denn auch die Wünsche nach Darlehen einiger anderer Munafikun nicht abgelehnt, sondern noch bei meinen Geschäftsfreunden unterstützt. Stutzig wurde ich erst, als sie bald darauf erklärten, daß sie kein Geld brauchten, vor allem aber, als der alte Abu Kais – du kennst ihn, wie er ist – mir verschmitzt zustach, daß, wenn man Geld brauche, man es am besten von den Gegnern nehme.«

»Von welchen Gegnern?«

»Frage Aischa, Gesandter Gottes.«

»Von den Juden«, sagte Aischa und erzählte dann, wie sie in einer Arbeitspause den Neubau betreten habe, um beim Eintritt anderer Menschen, die ersichtlich nicht zu den Werkleuten gehörten, hinter eine aufgestellte Schicht Ziegel zu treten. Von den Neuangekommenen kannte sie den alten Abu Kais ibn Ali Anas. Aus den Gesprächen entnahm sie, daß der andere Abu Amir von den Aus allah war, ferner der Rabbiner der Kuraiza und ein großer, starker Mann namens Ruben von den Kainuka.

»Es gibt, wie mir gesagt wurde, unter den Kainuka sehr reiche Goldschmiede, die auch auf Zins leihen. Und von Geld war die Rede. Ich erinnere mich noch genau eines Satzes des Rabbiners. Er heißt Isachar. Er sagte zu den beiden Munafikun: ›Euer Gott ist arm, aber wir sind reich und bauen euerm Gott ein Bethaus.‹«

»Du kennst doch Aischas untrügliches Gedächtnis, Mohammed«, meinte Abu Bekr, »und siehst also, warum diese Männer von meinen Geschäftsfreunden und mir kein Geld wollten, und du kannst sicher sein, daß jüdisches Geld nur gegeben wird, um entscheidenden Einfluß dafür einzuhandeln.«

»Dessen bin ich gewiß. – Ali! Du begibst dich sofort nach Kuba. Unser Masdschid dort muß unbedingt eher fertig werden als der in Medina. In Kuba werden wir die große Feier veranstalten, die für Medina vorgesehen war. Was glaubt ihr, zu wem werden die Gläubigen gehen, die wirklich Gläubigen; zu mir oder den Munafikun?«

»Wenn sie Allah lieben, zu dir!« sagte Abu Bekr.

»Außerdem haben wir auch noch unsere Altgläubigen aus Mekka«, fügte Ali hinzu.

»Jedenfalls muß ich die Kraftprobe wagen«, erklärte Mohammed. »Wir müssen Omar, Musab, Hamza und noch unsere engsten Freunde von al-Akaba herbitten ... Und noch eins, meine Freunde! Wie war das? ... Die andern wollen stolz darauf sein, daß von niemandem Kostenbeiträge erbeten wurden? – Mögen sie! ... Unsern Masdschid dürfen nur die Ärmsten bezahlen, die Altgläubigen aus Mekka, die sich in Medina unter Dachvorsprüngen ihr Nachtlager suchen. Die sind stolz darauf, Allah ihre Frömmigkeit beweisen zu können, weil sie das, was sie zu Allahs Ehre geben, von dem Geringen nehmen, das sie besitzen. Kein anderer darf beisteuern! Wir breiten hier ein großes Laken aus, und jeder Altgläubige wirft hinauf, was er entbehren kann, Münzen oder geretteten Schmuck – gleichviel! Oder was ihm sonst zu spenden möglich ist, mag es noch so wenig sein! – Übernimmst du das, Abu Bekr?«

»O Mohammed!« rief Aischa, »du bist groß! Wie wäre es möglich, dich nicht zu lieben? – Übernimmst du die Sammlung, Vater?«

»Ich übernehme sie, meine Tochter. Mohammed ibn Abdallah ist wahrlich der Gesandte Gottes.«

»Er ist es in Wahrheit!« begeisterte sich Ali. »Und ich heirate seine Fatima, weil er es so will.«

»Amin«, sagte der Prophet und schloß den Vetter in seine Arme.

XXIV

»Sehr weit kann es bis zum Brunnen nicht mehr sein«, sagte einer der Reiter, auf dem Ritt gen Osten.

Er gehörte offenbar zu den dreien, die Besitzer der Kamele waren, während die beiden anderen das Gefolge ausmachten. Es waren die Leute von Abu Kais, dem schon wegen seines Alters eine ausreichende Bedienung zustand. Von dem Brunnen Mauna auf der Grenze zwischen den Streifgebieten der Beduinenstämme Hudhail und Sulaim war freilich noch nichts zu sehen; aber die Kamele streckten alle fünf Hals und Kopf in gerader Linie vor, als zielten sie auf einen bestimmten Punkt – und der war der Brunnen. Die Tiere kannten ihn und witterten sein Wasser.

Nachdem die Reiter aus ihren Sätteln geglitten waren – Abu Kais ibn Abi Anas von seinen beiden Dienern pfleglichst unterstützt – und die Herren sich aus der Hörweite zurückgezogen hatten, ehe sie sich niederkauerten, begann das Gespräch.

Es handelte sich um den Masdschid in Medina, um dessen Bau die Herren und ihre engeren Freunde solche Anstrengungen gemacht hatten. Deswegen waren sie hier.

»Ich hab es mir gleich gedacht«, knurrte Abu Kais, der Alte, »niemand ist da.«

»Wir müssen Geduld haben«, meinte Abu Amir ar-rahib, »bestimmt kommen welche, ob nun von den Banu Salim oder den Hudhail – ist ja auch gleich!«

»Stimmt«, gab Abu Kais zu, »kommen werden schon welche – aber wann? Tagelang zu warten habe ich keine Lust.«

»Das können auch wir uns nicht leisten!«

»Gut, daß ihr das einseht. Es scheint ohnehin so, als sei der Masdschid in Medina umsonst gebaut. Wir waren stolz darauf, unsere Araber, was die Kosten anlangt, ungeschoren zu lassen. Seid ihr noch stolz? Ich nicht! Es ist einfach großartig, was Mohammed macht. Nur bei den mekkanischen Altgläubigen zu sammeln, die kein Geld haben oder so gut wie keins. Und jeder kann hinein in seinen Masdschid. Die Altgläubigen sind allein schon Hunderte. Und die Ansar aus Medina sind viel mehr. Aber ich weiß schon, was Mohammed beabsichtigt. Im Raum um den Masdschid von Kuba herum können Tausende stehen, während das Bethaus in Medina leer sein wird. Das wollt ihr nicht? Waffenhilfe braucht ihr nicht von den Beduinen. Sie sollen nur unsern Masdschid füllen. Den Islam brauchen sie nicht anzunehmen. Mohammed stellt keine unbequemen Forderungen.«

»Du mit deinem Mohammed! Du hast ja schon vor ihm nicht anders geredet als er. Unsere Sterne waren dir nicht gut genug. Für dich mußte es ein allmächtiger, allwissender Gott sein. Mich wundert es nur, Abu Kais, daß du dich nicht den Juden angeschlossen hast.«

»Magst du die Juden, Abu Amir? Viele Araber waren es übrigens nicht, die sich zum Glauben der Juden bekannten. Und ich bin sicher, wo du sie heute finden kannst. In Kuba, bei Mohammed!«

»Hört schon auf, ihr beiden!« rief Abu Kais, der Jüngere. »Unser Alter kann nicht mehr zurück. Er hat es nun einmal mit uns angefangen. Was Mohammed betrifft, hat er freilich recht. Aber unfehlbar ist der Gesandte Gottes auch nicht. Immerhin vertreten wir die alten Geschlechter, und unser Einfluß bei allem, was den Stamm und damit die Familie angeht, ist immer noch groß.«

»So ganz falsch ist das nicht. Daß bei Blutsbrüderschaften die Fremden uns näher verwandt sein sollen als unsere eigenen Blutsverwandten?« Abu Kais zuckte die Achseln. »Für Mohammed wäre es zwar ein Vorteil ..., wenn er es durchsetzte.«

»Ja, Abu Kais, da liegt die Grenze seiner Macht! Blut bindet stärker als –«

»Du meinst, als der Islam?«

»Vorläufig – glaub ich jedenfalls.«

»In al-Akaba haben Aus und Chazradsch – jawohl, auch die Chazradsch! – versprochen, Mohammed zu gehorchen.«

»In allem Guten, Abu Kais!«

»Ihr mögt recht haben. Vielleicht haben wir noch nicht verloren.«

»Nun – und was siehst du dort? – Die ersten Freunde von den Hudhail!«

Der Masdschid in Kuba war fertig geworden! Am gleichen Tage, an dem die Moschee in Medina eröffnet werden sollte, konnte in der ersten Moschee des Islams in Kuba die Feier Allahs, des Allwissenden stattfinden. Mohammed hatte zu ihr eingeladen.

Daß die Kosten allein durch die Sammlung unter den in Mekka ausgeraubten Altgläubigen bestritten worden waren, hatte einen gewaltigen Eindruck gemacht. Bis jetzt schon hatten die medinesischen Gläubigen sich nicht dagegen gesperrt, wie es der Islam gebot, ihre neuen mekkanischen Mitbürger zu unterstützen. Deren Opferbereitschaft entfachte den Eifer der Mediner noch mehr.

Sie fühlten sich an ihrer Ehre gepackt. Das war zweifellos ein Erfolg für Mohammed; aber der hinter seinem Rücken erfolgte Bau der Medina-Moschee hatte ihn nachdenklich gemacht. Seine Versuche, die Juden religiös zu gewinnen und von ihnen als Erfüllung ihrer Propheten anerkannt zu werden, waren ihm mit Witz und Hohn und dem Einsatz jüdischen Geldes zu seiner Bekämpfung vergolten worden. Nicht einmal die Araber aus Medina, die vor seiner Ankunft Anhänger des Judentums geworden waren, hatten zu ihm gefunden. Alles das hatte ihm eine herbe Enttäuschung bereitet. Aber die Ergebenheit der Gläubigen war unerschüttert geblieben. Die Bücher, auf die sich jüdische Streitredner beriefen, konnten Araber nicht lesen, doch was Mohammed dagegen vorbrachte, glaubten sie bedingungslos.

»Andere haben eine Moschee erbaut, um Unheil und Unglaube und Spaltungen zwischen den Gläubigen zu stiften. Und wahrlich, sie schwören: ›Wir bezwecken nur Gutes.‹ Aber Allah ist Zeuge, daß sie Lügner sind.«

Das hatte Mohammed mit der Autorität einer Offenbarung bereits mit seiner Einladung nach Kuba verkündet und aus der Wirkung ersehen, wie wenig Anziehungskraft die Juden für seine Anhänger besaßen. Aber die Juden versteckten sich ja hinter den Unzuverlässigen, und das waren Männer aus ersten Geschlechtern, die zwar keine Herrschgewalt besaßen, doch stets einen beträchtlichen Einfluß ausgeübt hatten. Ihre Opposition konnte ihm manche Sorge bereiten.

Mohammed war Araber genug, um zu verstehen, wie schwierig das Problem war. Wohl wäre es ein Sieg auf der ganzen Linie gewesen, wenn der Vorrang des Bruderschaftsverhältnisses vor der Blutsverwandtschaft durchgekämpft hätte werden können. Doch auch Mohammeds Gefühl wehrte sich gegen einen so umstürzenden Eingriff in die Familie, die bisher die einzige Grundlage des Zusammenschlusses gewesen war. Das Erbrecht der Familie würde beseitigt werden. Erbe würde irgendein Wahlbruder, während der nahe Blutsverwandte, auch wenn er den Erwerb des Besitzes begünstigt hatte, leer ausgehen würde.

Mohammed wurde sich allmählich klar, daß die Religionsfeier in Kuba gerade infolge der Bemühungen seiner offenen und mehr noch seiner geheimen Gegner eine weitwirkende Wende in der Entwicklung des Islams herbeiführen könnte: die Abkehr vom Judentum und den andern Offenbarungsreligionen, die Entwicklung des Islams zu einer nationalarabischen Religion. Er, der alles, was geschah, auf Allahs Willen zurückführte, betrachtete bereits das, was sich noch ereignen könnte, als Bekundung des göttlichen Willens, also auch den Umstand, daß etwa die üblen Absichten seiner Feinde nur ihm und seinen Zielen dienlich sein würden.

Der große Tag begann mit einem gedrängten Zug von Menschen, die alle aus Medina heraus dem kleinen Kuba zuströmten. Die Altgläubigen hätten schon genügt, den Masdschid mehr als zu füllen. Aber dazu kamen noch die Gläubigen aus Medina und auch viele

Neugierige, da ja niemand, der sich beteiligen wollte, gezwungen war, den Islam anzunehmen.

Seit Mohammeds Verkündigung aus dem hundertachten Vers der neunten Sure die Medina-Moschee verwarf, galt der Besuch der Kuba-Moschee bei den Gläubigen als ein Bekenntnis zu Mohammed, während die Teilnahme an einem Gottesdienst im Masdschid von Medina als öffentliche Auflehnung gegen den Gesandten Gottes betrachtet wurde. Es bewies die wachsende Macht Mohammeds, daß es von den Gläubigen immer mehr als das größte denkbare Vergehen angesehen wurde, sich dem Willen des Propheten zu widersetzen. Das galt auch für einen so selbstbewußten und herrschgewohnten Mann wie Omar und ebenso für Abu Bekr.

Auf dem ganzen weiten Raum um das kleine Bethaus von Kuba standen dichtgedrängt Gläubige, darunter auch Neugierige, die noch nicht zu Mohammed gefunden hatten, und andere, die Gründe zu erhalten hofften, ihn zu bekämpfen.

Aber derartige Hoffnungen waren ziemlich aussichtslos. Als Mohammed aus dem Innern des Masdschids heraustrat, sah er nur die gebeugten Rücken der Gläubigen und auch der wenigen Ungläubigen vor sich, und zwar, was mehr war, statt wie bisher in der Richtung nach Jerusalem, nach Mekka. Seine Helfer und Ordner hatten das anstandslos bewirkt. Niemand wagte es, sich auszuschließen. Die Gründe erfuhren die Teilnehmer erst durch Mohammeds Predigt.

Die Kaaba, sagte er, die der große Hanif und Allahanbeter Abraham wieder aufgebaut habe, sei seit dieser Zeit das Heiligtum der Araber, und was auch geschehen sei oder noch geschehen werde, so sei es doch die Pflicht eines jeden Gläubigen, wenigstens einmal in seinem Leben zur Kaaba zu pilgern und den schwarzen Stein durch dreimaligen Umlauf zu ehren. Jedes Gebet aber sei in der Richtung des Gebetshauses der Kaaba zu verrichten. Und dann verkündete er den sechsundsiebzigsten Vers der achten Sure:

»Und die Blutsverwandten sind einer des andern nächste Verwandte. Dies ist in Allahs Buch. Allah weiß alle Dinge.«

Damit war alles Gegenteilige, was vorher verkündet war, nach den Regeln der Gläubigen gelöscht. Die neue Verkündigung stellte das Familienerbrecht für alle Zeiten wieder her.

Darüber ward nichts gesagt und nichts darüber, daß die Änderung der Kibla nach Jerusalem in die nach Mekka eine Absage an das Judentum bedeuten konnte und auch bedeuten sollte. Nach diesem

Tage fühlte sich Mohammed stark genug, alles, was den Juden nicht paßte, ihren Witzeleien zu überlassen.

Er hatte Wichtigeres vor sich. Da die Gläubigen aus Mekka verdrängt und von der Kaaba ausgeschlossen waren, erschien es fast sicher, daß die Pflicht der Gläubigen zur Pilgerschaft nach der Kaaba früher oder später zum Krieg mit Mekka führen müsse. Freiwillig würden die Mekkaner die Ansprüche der Gläubigen kaum gewähren. Allerdings war Medina durch das Akaba-Abkommen nicht zur Kriegshilfe verpflichtet. Angesichts der Entwicklung, die das Verhältnis zu Mohammed nun nahm, besagte das freilich nur wenig, obwohl im Grunde nur Mohammed selbst und vielleicht eine Gruppe Vertrauter das Kommende klar voraussahen und zum Kampf entschlossen waren.

Aber die Bevölkerung – gleichviel, ob Altgläubige aus Mekka oder Neugläubige aus Medina – war allen kriegerischen Verwicklungen durchaus abgeneigt. Die Mediner hatten so lange mit Mekka in Frieden und Freundschaft gelebt, und die wenigen Mißhelligkeiten nach dem Akaba-Abkommen waren ebenfalls beigelegt worden. Die mekkanischen Altgläubigen hatten eher noch tiefere Gründe gegen alle kriegerischen Handlungen, wenn sie auch vor und während ihrer Auswanderung nicht gerade glimpflich behandelt worden waren, ohne jemals Genugtuung zu erhalten. Dennoch ging der Gedanke, das Schwert gegen ihre eigenen Verwandten zu erheben, durchaus gegen das Gefühl der Blutsverwandtschaft, das seit Generationen fest in ihnen verankert war.

Soweit es die Altgläubigen betraf, hätte es Mohammeds und seiner engeren Freunde Absichten sehr gefördert, wenn Mekka vorsorglicherweise mit dem Angriff begonnen hätte. Aber der alte Gegner Abu Dschahl hatte nicht mehr die gleiche Macht in Mekka, wie er sie zu Beginn von Mohammeds Prophetenlaufbahn gehabt hatte. Er war längst von dem vorsichtigen und klugen Abu Sofjan abgelöst, und dem kam es vor allem auf die Sicherheit der Karawanen an, die von Mekka ausgingen oder dahin wollten. Ob diese nun den Küstenweg oder den im Innern nahmen – stets mußten sie durch die Gebiete recht unzuverlässiger Nomaden, mit denen sich selbst ein schwacher Gegner zum Nachteil mekkanischer Kaufleute verbünden konnte. Lieber ließen die Herren von Mekka über Sicherungstribute an die Beduinen mit sich reden.

Wie sich Mohammed mit der Sammlung für den Masdschid von

Kuba zuerst und ausschließlich an die Altgläubigen gewandt hatte, so tat er das auch in dieser schwierigen Angelegenheit.

Selbstverständlich griff ein Altgläubiger niemals an. Angreifer waren – was auch geschehen mochte – immer nur die bösen und hinterlistigen Mekkaner! Und tatsächlich hatte sich in den Jahren und noch ganz zuletzt viel ungesühnte Schuld aufgehäuft. Sie brauchte nur ins immer wache Gedächtnis zurückgerufen werden, um jedem Feind Mekkas die Gewißheit zu geben, sich dem Erzfeind gegenüber in bitterer Notwehr zu befinden.

Da war der unvergessene Boykott und der gehässige Wille, die wirtschaftliche Existenz der Gläubigen zu vernichten. Die Schimpf- und Hohnworte, die ihnen nachgerufen, der Mist, der ihnen nachgeworfen wurde. Da waren die mit Gewalt in Mekka Zurückgehaltenen und die zuallerletzt noch körperlich Mißhandelten, ehe sie Mekka entfliehen konnten. Sogar Frauen und Mädchen! Die Angehörigen des Gesandten Gottes ebenfalls darunter. Aischa bint Abu Bekr, das Wunder und die Blume des Islams, konnte sich erst in Medina von dem Fußtritt eines mekkanischen Rohlings erholen.

Schlimmer als all das war für Mohammed, daß er jahrelang den Verstockten in Mekka von Allah und dem Jüngsten Gericht und von der Vergeltung des Allerhöchsten gepredigt und auch dafür nur Hohn geerntet hatte. Wo sei die Vergeltung geblieben? hatte man ihn gefragt. Nie werde sie kommen! hatte man gelacht.

Nun aber war die Kaaba der Mittelpunkt der arabischen Religion. So war es verkündet! Einmal in seinem Leben müsse jeder Gläubige sie, um dort zu beten, aufsuchen, wenn er am Jüngsten Tag gerechtfertigt vor seinem Herrn und Gott erscheinen wolle, während die Ungläubigen im Höllenfeuer ewige Qualen erleiden würden.

Und jetzt versperrten die Verdammten das heilige Bethaus den Gläubigen. Um seiner ewigen Seligkeit willen müsse jeder Gläubige sich den Zutritt zum erlösenden Heiligtum erkämpfen.

»Gott schützt die Gläubigen, und er liebt keine betrügerischen Leugner«, verkündete Mohammed mit der zweiundzwanzigsten Sure, neununddreißigster Vers. »Denjenigen, die kämpfen, ist die Erlaubnis gegeben, denn sie haben Unrecht erlitten – und Gott ist mächtig, ihnen zu helfen. Die aus ihrer Heimat Vertriebenen sind es ohne anderes Recht, als weil sie sagten: Allah ist unser Herr.«

Und in Sure zwei, hundertsechsundachtzigster Vers, heißt es:

»Bekämpft auf dem Wege Gottes die, die euch bekämpfen, aber

begeht keine Übergriffe, denn Gott liebt die nicht, die Übergriffe begehen. Tötet sie, wo ihr sie trefft, und vertreibt sie von der Stätte, von wo sie euch vertrieben haben, denn Ärgernis ist schlimmer als Mord. Bekämpft sie jedoch nicht beim Heiligtum, es sei denn, daß sie euch dort bekämpfen; und wenn sie euch bekämpfen, so tötet sie; denn das ist der Lohn der Leugner!« Auf diese Weise verkündete Mohammed den heiligen Krieg, den Krieg auf dem Wege Gottes.

Seine Stellung als Haupt des Islams verlangte, daß seine Altgläubigen unabhängige und gleichberechtigte Einwohner von Medina – also ebenfalls Besitzende – würden. Die Plünderung mekkanischer Karawanen bot sich als nächstliegender und ertragsreichster Erwerbszweig an.

Das war kein plumper Eigennutz; denn Mohammed gehörte zu den wenigen Einwanderern, die nicht gänzlich mittellos nach Medina gekommen waren.

In den letzten Jahren hatte sich Mohammed um seinen Seidenhandel, der nicht zuletzt durch Kadidschas Hilfe begründet worden war, nicht so kümmern können, wie sonst ein mekkanischer Kaufmann es wohl getan hätte. Aber sein Adoptivsohn, der tüchtige Zaid ibn Haritha, hatte das mehr als nur ausgeglichen. Auch bei der Auswanderung hatte er rechtzeitig den Warenbestand nach Medina überführt und dort Wohn- und Geschäftsräume gemietet. Von der außerordentlich glücklichen Eingebung Mohammeds, nach dem Willen Allahs dort zu wohnen, wo sein Kamel sich niederlassen würde, hatte niemand etwas wissen können, auch Zaid nicht, und daher verfügte Mohammed jetzt über zwei Wohnungen, über die im Hause des Aijub und eine bei Zaid.

Von Saada wäre es zuviel verlangt gewesen, wenn sie nicht hätte versuchen sollen, aus dieser Lage Nutzen zu ziehen. Noch wiederholt hatte Fatima ihren Vater vergebens angefleht, es ihr nicht zuzumuten, mit Aischa in ein und demselben Hause zu leben. Da Mohammed nicht daran dachte, von seiner Heirat mit Aischa zurückzutreten, hatte Fatima sich anschließend zu Saada geflüchtet. Die Stiefmutter möge durch ihr Verhalten Aischa und Abu Bekr zwingen, hatte Fatima gebettelt, auf die Ehe mit Mohammed zu verzichten. Auch das hatte nicht verfangen, selbst der Hinweis nicht, daß Mohammed gezwungen sei, genau wie ihr, der Saada, auch für Aischa in seiner Dar ein eigenes Häuschen zu errichten, in dem allein dessen Herrin zu bestimmen habe.

Nun war Saada in keiner Weise so veranlagt, um sich ein Eingehen auf Fatimas Wünsche und überhaupt eine ständig flennende Stieftochter vergnüglich denken zu können, und da die Heirat zwischen Fatima und Ali sowieso beschlossen war, hatte sie Mohammed kurzerhand vorgeschlagen, seine Wohnung bei Zaid an Ali abzutreten, worauf dessen Heirat bereits vor Aischas Einzug in Mohammeds Wohnung bei Aijub stattfinden könne.

Gut traf es sich, daß Aijubs Haus unmittelbar gegenüber von Mohammeds Dar lag, weil Saada dadurch in der Lage war, auch nach Fertigstellung ihres Eigenhäuschens die Aufsicht über die Wohnung des Gatten und das Dienstpersonal weiter auszuüben.

Dieser Ausgang nicht vorherzusehender Schwierigkeiten schien Mohammeds Meinung zu bestätigen, daß sich bei Abwarten und Geduld fast alles ganz von selbst regele. In diesem Fall hätte er ehrlicherweise auch sagen können, daß ihn Saada geregelt habe. Mit Rücksicht auf den Gesandten Gottes war es jedenfalls ein recht stattlicher Zug geworden, der Fatima vom väterlichen Haus in die Wohnung des künftigen Gatten brachte. Und nun saß sie auf dem Polsterlager an der Wand und nahm die Glückwünsche entgegen, die auszusprechen sich die Frauen und Mädchen gedrängt fühlten.

Natürlich befand sich unter ihnen auch Fatimas jüngere Schwester Umm Kulthum bint Mohammed. Sie hatte mit Saada Honigkuchen gebracht. Ihrer jugendlichen Gewandung, einer lichtgrünen Bluse mit hellrosa Hosen, gesellte sich die Jugend der Trägerin, und wenn sie auch nicht die Schönheit ihrer älteren Schwester Rukaija erreichte, so war sie doch gut anzusehen, und ihr heiteres Wesen gewann ihr die Zuneigung sogar der Frauen, also erst recht die der Männer.

Ali jedoch war nicht so glücklich, wie er an seinem Hochzeitstag eigentlich zu sein hatte. Ihm entging Fatimas mißtrauische Eifersucht nicht, mit der sie es wahrnahm, daß Umm Kulthums lebhaftes Gespräch mit dem Schwager Othman, Rukaijas Gatten, Alis Neugier erregt hatte. Dabei war Othmans Anwesenheit das Ereignis des Tages. Er hatte seine Frau unter Warakas Obhut in Mekka gelassen und den beschwerlichen Weg nach Medina nicht gescheut ..., etwa um Fatima und Ali zu beglückwünschen? Das sei doch mehr als unwahrscheinlich, sagte sich Ali selbst, und in diesem Augenblick waren ihm die sanften und schmalen Rundungen unter Umm Kulthums leichter Hosenseide weit anregender als der ganze Othman, so großartig und für die Gläubigen auch wichtig dessen Abstammung sein mochte.

Ali dachte vielmehr, daß es eigentlich ein und dasselbe gewesen wäre, statt Fatima deren reizende Schwester zu heiraten, um sich dann nicht ohne Bitterkeit daran zu erinnern, daß es sich hierbei ja gar nicht um ihn handele, daß es Mohammeds Gelübde sei, das er erfülle.

Damit wandte er sich wieder Fatima zu, der Tochter des Gesandten Gottes, dessen Schwiegersohn er nun war, des vielbewunderten Vetters! Und dann – man war unter Verwandten – küßte er der Hocherrötenden die Hand.

Unter den Festteilnehmern befanden sich Omar, Mohammeds Onkel Hamza, sein Adoptivsohn Zaid und Abu Bekr, denen an Othmans Erscheinen gewiß viel gelegen war. Zwar zogen sie sich nicht mit dem Gast aus Mekka zurück; aber wer die Gewohnheit der Gläubigen kannte, dem fiel vielleicht trotzdem auf, daß Mohammed leise mit den einzelnen sprach, während der elegante und bei den Frauen beliebte Othman so tat, als gehe ihn das alles nichts an. Und das war auch tatsächlich der allgemeine Eindruck.

Die Hoffnung, daß Mohammed bei der Hochzeit seiner Tochter seine Abneigung gegen den Wein schweigen ließe, erfüllte sich nicht. Es war nicht immer so gewesen. Früher hatte Mohammed dem Wein zugesprochen und diesen sogar als eine Gabe Allahs, für die man dankbar sein müsse, gelobt. Immerhin verstanden die Gläubigen die Wende zur Enthaltsamkeit. Der Anblick Betrunkener sei meist abstoßend, und aus dem Weingenuß ergeben sich ebensooft noch Streit und vielerlei andere Sünden. Jedenfalls gab es bei der Hochzeit der Prophetentochter nur leicht gesäuertes Wasser, ein Umstand, der den Schluß der Feier beschleunigte.

Saada widersprach nicht, als ihr Mann andeutete, daß es Zeit zur Heimkehr sei, und Umm Kulthum verabschiedete sich von Othman. Natürlich hätte man Frauen niemals nachts allein nach Hause gehen lassen, um so weniger an diesem Tage, da Zaid berichtete, daß es auf den Straßen unruhig sei. Dazu kam noch, daß Mohammeds Wohnung im Hause Aijubs zum Viertel des chazradschitischen Geschlechtes Banu Malik gehörte, das wieder an das des jüdischen Kainuka-Stammes stieß. Der ganze Weg von der Wohnung des jungen Ehepaares war länger; aber gerade die letzte Strecke konnte ungemütlich werden. Unter den jüdischen Priesterstämmen war der der

Kainuka als besonders randalierfreudig verrufen, und unmittelbar bevor man Mohammeds Wohnung erreichte, war es nötig, deren Viertel zu durchkreuzen. Hier war es denn auch, wo der Gesandte Gottes mit seiner Begleitung in eine der regelrechten Straßenschlachten geriet, wie sie früher üblich waren, nun aber von Mohammed nicht mehr geduldet werden konnten.

Das Gebiet von Medina war gegen alle Fehden und jede Ausübung der Blutrache gebannt. Mohammed und Abu Bekr zogen sich mit den Frauen zurück, um so schnell wie möglich die bergende Wohnung Mohammeds zu erreichen. Sie durften sich nicht in eine Prügelei verwickeln lassen, und davor schützten sie Omar, Onkel Hamza sowie einige Gläubige und Sklaven wie Salman, den Mohammed Aischa geschenkt hatte und der mit ihr in die Wohnung ihres künftigen Gatten übersiedeln sollte.

Zum Glück ließ Hamza in Medina sein Zweihänderschwert aus Vorsicht stets zu Hause, sonst wären wohl, wie früher, am nächsten Morgen zwei oder drei Tote im Straßenstaub zu finden gewesen. Aber in den Händen von Männern wie Hamza und Omar waren Stöcke auch nicht ganz ungefährlich. Den Anlaß zum Streit hatte der neue Masdschid in Medina gegeben, der im Gegensatz zur Fülle in Kuba bei seiner Einweihung so leer gewesen war. Bezeichnenderweise waren es meist Ungläubige, die sich ereiferten, bis dann auch noch die Juden sich einmischten. Sie behaupteten, daß dieser Masdschid eigentlich eine Synagoge sei und jeder, der in ihr einer gottesdienstlichen Handlung beiwohne, sich damit zum Judentum bekenne.

»Du siehst also, Mohammed«, sagte Omar, als er mit ihm nachher darüber sprach, »wie gefährlich es ist, sich den Juden nähern zu wollen. Sie können nicht leben ohne Hohn und Spott.«

»Du hast recht, Omar. Dennoch werde ich sie nicht zum Islam zwingen. Jedenfalls vorerst nicht. Was später mit ihnen geschieht, werden sie selbst durch ihr Verhalten bestimmen.«

»Und das erwartest du von ihnen?«

»Gute Mediner zu sein. Immer den Nutzen der Stadt im Auge zu haben. Sie dürfen die Stadt, die sie schützt, nicht verraten.«

»Wenn sie das nie getan hätten, wäre das jüdische Jathrib nicht von Arabern eingenommen worden.«

»Vielleicht haben sie nun inzwischen einiges dazugelernt, mein Omar.«

»Sie wollen belehren, nicht lernen.«

»Mag wohl sein«, meinte Mohammed. »Wir aber müssen achtgeben, daß uns nicht ein Schaden erwächst.«

»So Gott will.«

»So Gott will.«

XXV

Die Geräusche, die Mohammed vernahm, kamen für ihn nicht unerwartet. Sein Haus war von Fatima verlassen worden, und er hatte vorhin noch Abu Bekr gebeten, nicht zu zögern, ihm Aischa zuzuführen. Mit großer Herzlichkeit wurde sie, als das nun geschah, von Mohammed begrüßt.

Auch Saada hütete sich sehr, diese Freudenbeweise durch eine saure Miene zu trüben. Umm Kulthum aber hätte die jüngere Schwester Aischas sein können und dachte mit einem jetzt noch gegenstandslosen Verlangen an den Tag, da sie selbst das väterliche Haus mit dem eines Gatten vertauschen würde.

Aischas persischer Eunuch Salman, der jetzt mit den andern Teilnehmern am letzten Gefecht eintraf, wußte von dem großen Korb und den Taschen Aischas mehr als die Träger, die sie hergeschafft hatten. Da es sich um die Mitgift seiner Herrin handelte, kannte er auch den Inhalt des Korbes und der Taschen und konnte nun anordnen, wohin alles zu schaffen sei.

Nicht ohne einige Eitelkeit erwähnte Saada, daß sie noch vor Ablauf der Woche ihr neues Haus beziehen werde, wo ihr Mann sie dann besuchen würde. So lange könnten die beiden Mädchen bei ihr wohnen, ein Vorschlag, der, da Aischa keinen Einspruch erhob, angenommen wurde.

Einwände waren glücklicherweise schon früher und rechtzeitig von Aischas Mutter, der schönen Ägypterin Zainab, gemacht worden, und zwar gegen ihres Gatten Sparsamkeitstheorie, die bekanntlich für alle Gläubigen, auch für jeden des schönen Geschlechts, nur je ein Kleid für den Winter und eins für den Sommer gelten lassen wollte. Im Falle Aischas kam er nicht so billig davon. Trotzdem war die Mitgift für einen immerhin noch bemittelten Vater recht dürftig, und die Ballen wären noch kleiner ausgefallen, wenn Aischa nicht – was man jetzt lachend erfuhr – auf ihre Puppen bestanden hätte. Ihre rote Schaukel lag obenauf im Korb. Es war Aischa, die

Mohammed mit der Frage in Verlegenheit brachte, ob er sie auch tüchtig schaukeln würde.

»Was wollt ihr«, wehrte sie sich gegen neue Heiterkeit, »Mohammed weiß doch, daß ich noch sehr jung bin. Der Gesandte Gottes wird gar nicht wollen, daß ich auf jedes Vergnügen verzichte. Ganz hoch wird er mich schaukeln – nicht wahr, Mohammed?«

»Natürlich«, tröstete Saada über jeden Zweifel mit einiger Ironie hinweg, »Mohammed lernt schnell.«

»Ich wäre sehr undankbar«, steuerte Mohammed noch bei, »wenn ich das nicht täte. Für so vieles habe ich Aischa zu danken, was sie nicht erst zu lernen brauchte, sondern schon wußte.«

Auch wenn es nicht Mohammed gewesen wäre, der es sagte, so waren doch alle der Meinung, daß es der Wahrheit entspreche, und diese allgemeine Überzeugung dämpfte die Heiterkeit.

Das übrige blieb Salman und der Ausführung seiner Anordnungen überlassen. Für Saada war diese Nacht ohnehin eine verlorene Nacht. Sie konnte die beiden Mädchen und Aischas Mutter also getrost mit nach oben nehmen.

Die Männer blieben allein zurück. Mit der Zahlung von vierhundert Dirrhem durch Mohammed an Abu Bekr war die Heirat geschlossen.

Othman hatte ganz im geheimen Mekka verlassen. Daß er bei seiner bettlägerigen Frau Rukaija verweile, wurde dort allgemein angenommen, eine Vermutung, die von Waraka unterstützt wurde.

Mit Hilfe eines Beduinenstammes war Othman aus Mekka entkommen, und durch seine Vermittlung hoffte er ebenso unbemerkt wieder hineinzugelangen, je nachdem, wie sich die Gläubigen entscheiden würden. Mit Rücksicht darauf war Othman in Medina auch nicht öffentlich aufgetreten. Außer Mohammeds Angehörigen war seine Anwesenheit nur dem kleinen, jetzt versammelten Kreis bekannt, und diesem erschien Othmans Meldung als sehr wichtig.

Mohammeds Verkündigung, die es jedem Gläubigen zur Pflicht machte, wenigstens einmal in seinem Leben zur Kaaba zu pilgern, und die Verlegung der Kibla von Jerusalem nach Mekka war dort sehr wohl vermerkt worden. Mit Recht sagten sich die Weiterblickenden, daß Stadt und Kaaba als Mittelpunkt des Glaubens und der Lehre Mohammeds von den Gläubigen wahrscheinlich nicht so leicht preisgegeben werden würden, was bei dem so unerwarteten Erfolg des Islams in Medina Schwierigkeiten ergeben könnte, denen unterderhand rechtzeitig entgegenzuwirken gut wäre.

Der Handel Mekkas lag in vieler Leute Händen. Aber der einzelne wußte selten mehr, als er selbst tat und wollte. Von den Unternehmungen der wenigen wirklich Entscheidenden, an denen er möglicherweise teilnahm, erfuhr er Einzelheiten, wenn überhaupt, vielleicht erst dann, wenn sich Erfolg oder Mißerfolg herausstellten. Aus guten Gründen, nämlich um im Falle eines Mißerfolgs persönlich immer noch glimpflich davonzukommen, hielten die Hochmögenden begreiflicherweise auf Geheimhaltung ihrer Pläne.

Dennoch war Othman, nicht zuletzt wohl dadurch begünstigt, daß er selbst Omaijade, also Angehöriger von Abu Sofjans Geschlecht, war, zur Kenntnis derartiger Pläne gelangt.

Mohammed habe es in einer gebildeten Stadt wie dem reichen und mächtigen Mekka zu nicht mehr als zur Rolle eines Querulanten bringen können; aber gerade einem Narren könne der ganz unwahrscheinliche Erfolg in Medina um so leichter zu Kopf steigen, und wenn man das unvermeidliche Elend der Auswanderer aus Mekka bedenke, so würde der Narr auch Leute finden, um dem ehrbaren Kaufmann Ungelegenheiten zu bereiten. Zu einem regelrechten Krieg mit Medina brauche es ja gar nicht zu kommen, doch mit ein wenig Straßenraub und Angriffen auf kleine, schwache Karawanen müsse man rechnen. Die aber könnten bei vielfältigen Wiederholungen dem Handel beträchtlich schaden.

Ein wirklich großer Begleitschutz von etwa rund tausend Mann für eine Karawane, um die es sich lohne, sei gewiß nicht billig, doch immer noch nicht so teuer wie ein Kriegsheer. Also kein Krieg – nein, aber große Karawanen, um die kleineren ohne Verlust an Mekkas Gesamthandel entbehren zu können.

Daß zur Zeit eine derartig große Karawane zusammengestellt werde, dafür glaubte Othman sich verbürgen zu können. Von Damaskus aus solle sie organisiert werden. Dorthin seien die einzelnen Teile aus Antiochia und selbst Byzanz beordert, und von Gaza aus beginne der Anmarsch. Die Führung habe Abu Sofjan übernommen. Auch Abu Dschahl sei dabei. Diese Namen allein gewährleisteten schon die Größe der Karawane und ihren Wert. Um Kleinigkeiten konnte es sich nicht handeln.

»Das Othmans Nachricht für uns sehr bedeutungsvoll ist, brauche ich nicht zu sagen«, begann Mohammed. »Es erhebt sich jedoch eine

Frage, die sofort entschieden werden muß. Willst du in Medina bleiben oder nach Mekka zurückkehren, Othman?«

»Die Antwort ist natürlich deine Sache, Gesandter«, meinte der Schwiegersohn.

»Oder sagen wir: des kleinen Kreises, der hier versammelt ist.«

»Wegen Othmans Sicherheit in Mekka habe ich bei seinen verwandtschaftlichen Beziehungen keine Bedenken«, erklärte Omar.

»Vorausgesetzt, daß er ebenso unbemerkt wieder hineinkommt, wie er herausgekommen ist«, fügte Abu Bekr hinzu; »aber das könnte glücken. Othman ist bei mir als Geschäftsfreund aus Hira abgestiegen, ein Zusammentreffen mit Gläubigen, die ihn kennen, ist nicht erfolgt. Von seiner Anwesenheit hier wissen also nur Menschen, die den Mund halten werden.«

»Außerdem bin ich überzeugt, daß du auch mit deinem Onkel Abbas in Mekka rechnen kannst, wenn du etwas wissen willst«, bemerkte Othman.

»Will er gläubig werden?« fragte Mohammed schnell.

»Das habe ich damit nicht gesagt, eher denke ich, daß er sich gern nach allen Seiten decken möchte.«

Mohammed seufzte. Immer noch wollte sich seine Familie ihm in ihrer Mehrzahl nicht anschließen. Das bereitete ihm Kummer.

»Othman könnte also jetzt noch nach Mekka zurück«, stellte Omar fest. »Aber damit lange zu warten, hielte ich für bedenklich.«

»Was sagt Waraka zu Rukaijas Befinden?« fragte Mohammed.

»Sie klagt, wenn ich nicht bei ihr bin«, gab Othman zur Antwort. »Aber Waraka meint ...«

»... das habe nichts zu bedeuten?« warf sich Mohammed im voraus dagegen auf. »Das hat sehr viel zu bedeuten! Ich sage gewiß nichts gegen Waraka. Er ist Kadidschas Vetter und ein kluger Mann. Kommt auch mit vielem von diesem Unsinn nicht, mit dem Leute, die andre heilen wollen, sich sonst gern wichtig machen. Aber er kennt nur den Leib – das Herz, den Magen und vielleicht noch ein wenig die Eingeweide. Sehr gut kennt er die. Aber den Kopf kennt er nicht und bildet sich ein, es sei gleichgültig, was so ein Kopf sich alles zusammendenkt, wenn der Kranke sich nicht wehren kann. Gar nicht gleichgültig ist das! Leben und Sterben kann davon abhängen! Der Kranke muß wollen. Leben wollen muß er. Aber der Wille sitzt ihm nicht im Bauch und nicht im Herzen. Im Kopf sitzt er. Mein

Othman, du brauchst nichts zu tun. Aber dasein mußt du. Sie muß dich sehen und hören und sicher sein, daß du sie siehst und hörst! Geh zu meiner Rukaija nach Mekka. Ich bitte dich! Wenn du Rukaija liebst, liebst du auch Allah, und umgekehrt.«

Bei diesen Worten Mohammeds wurde Omar etwas gerührt, und gerade das machte ihn mißtrauisch gegen sich selbst.

»Als dem Vater deiner Tochter widerspreche ich dir nicht – ich glaube, keiner von uns tut es, auch wenn du keine Offenbarung für diesen Fall hast ...«

»Ich habe keine Offenbarung, mein Omar.«

»Dann wisse: Soweit es Rukaija angeht, sind deine Worte richtig. Wir brauchen nur noch zu überlegen, ob Othmans Rückkehr etwa dem Kampf auf dem Wege Gottes hinderlich werden könnte.«

»Du meinst, Othman könnte uns bei der Entscheidung fehlen?« fragte Mohammed. »Aber es gibt vieles dabei zu bedenken, und ich meine, die Listen unseres Schatzmeisters sind immer in Ordnung, so werden es seine Gedanken wohl auch sein. Laßt uns Zaid ibn Haritha hören!«

»Niemand außer uns weiß von Othmans Anwesenheit«, erklärte Zaid, »so kann es also gar keinen Eindruck machen, wenn er jetzt erst einmal nach Mekka geht. Omar sagte ja auch, er halte längeres Verweilen Othmans für bedenklich. Die große Karawane werden wir so bald nicht vor die Klingen bekommen. Bis dahin ist das, was er tut, weder nützlich noch schädlich.«

»Dann so schnell wie möglich mit ihm nach Mekka!« pflichtete Omar bei. »Vielleicht kann er uns dort nützlicher sein als hier.«

»Damit sind unsere Sorgen jedoch nicht erledigt«, sprach Zaid weiter. »Vor allem ist unsere Hauptfrage nicht beantwortet, und die lautet: Sind unsere Gläubigen zu irgendwelchen kriegerischen Handlungen überhaupt bereit?«

»Die sind ja viel zu feige!« schnob Ali verächtlich.

»Bei den Altgläubigen kann man das verstehen«, vermittelte Abu Bekr, »sie können sich an den Gedanken nicht gewöhnen, mit blankem Eisen auf die eigenen Verwandten loszugehen.«

»Jedenfalls wollen sie nicht.« Mit diesen Worten setzte Zaid einen Punkt. »Infolge meiner Tätigkeit komme ich mit allen Schichten der Gläubigen häufiger und näher zusammen als ihr.«

»Aber versuchen könnten wir es doch!« ging auch Abu Bekr vor.

»Wenn wir das nicht wollten«, lächelte Zaid, »könnten wir ebensogut Medina wieder verlassen ...«

»Und den Islam aufgeben!« schrie Omar.

»Du sagst es«, meinte Zaid mit höflicher Verneigung. »Falls man ein wenig Geduld hätte, könnte man freilich auch noch warten.«

»Worauf?« donnerte Ali.

»Daß unsere Meinung der wenigen bei den vielen sich durchsetzt«, warb Zaid. »Bruder Ali und du, unser Vater«, wandte er sich auch an Mohammed, »du siehst und hörst, was dir der Erzengel Gabriel offenbart, und das stellt dich hoch über alle andern Menschen. Und dann verkündigst du, was du gesehen und gehört hast, deinen gläubigen Mitmenschen. Nur in solchen Augenblicken der Erschütterung vor deiner unnahbaren Größe siehst und hörst du sie, sehen und hören sie dich. In solchen Augenblicken können sie nicht sofort fassen, was du ihnen verkündigst.«

»Zaid hat recht«, gab Mohammed zu, »ich weiß es schon lange; aber Zaid sagt es uns mit den Worten der andern, die wir verstehen müssen.«

»Jawohl, mit den Worten der andern«, wiederholte Zaid. »Niemand von ihnen könnte Gesandter Gottes sein ...«

»Nein, niemand von uns.« Mit inniger Gläubigkeit bestätigte es Omar.

»Wer bin ich?« fuhr Zaid fort. »Ich bin ein kleiner Mann ohne das Ansehen, das die Zugehörigkeit zu einem berühmten Geschlecht verleiht. Vor mir braucht niemand einen heiligen Respekt oder gar Furcht zu haben. Daß ich den andern dürftige Unterstützungen zukommen lasse, bedeutet nichts. Es geschieht von Amts wegen. Und daß ich unter besonderen Umständen andere um Spenden anbettele, bedeutet ebensowenig. Aber dafür trennt mich nichts von ihnen, ich gehöre zu ihnen.

Wie begann es? Das Akaba-Abkommen verpflichtete niemanden zur Kriegshilfe. Also: Krieg oder kriegerische Handlungen kommen niemals in Frage – das galt allgemein als eine unerschütterliche Selbstverständlichkeit. Dann aber verkündete der Gesandte Gottes den Krieg auf dem Wege Gottes, den Heiligen Krieg. – Woran hielten die Gläubigen sich zuerst? Daran, keine Übergriffe zu begehen, und das wollten sie ja auch nicht. Erst sehr allmählich besann man sich auf die verkündigte Erlaubnis Allahs zu kämpfen. Aber eine Erlaubnis ist kein Befehl, und so war man beruhigt, weil man entschlossen war, keinen Gebrauch von ihr zu machen. Womit auch? Waffen, Kamele, Proviant – alles fehlte ihnen, jedenfalls in ausreichender Menge. Doch nach einiger Zeit, wie es nicht ausbleiben konnte, kamen diejenigen zu Worte, die immer alles, um sich als überlegen zu erweisen, um und um wenden. Bekämpft sie! hörte man da. Aber nur, wenn sie euch bekämpfen! Tötet sie, vertreibt sie! – Aber nur von den Stätten, von denen sie euch vertrieben haben! Kämpft nie beim Heiligtum! Allerdings, wenn sie euch dort bekämpfen, dann tötet sie; denn das ist der Lohn der Leugner!«

»Nun und ...?« drängte Mohammed. Alle Hörer waren gespannt.

»Das freilich sei ja nun die Auflage einer göttlichen Strafe, also nicht nur eine Erlaubnis, sondern ein Befehl, dünkte es bereits vielen.«

»Also sind sie schon – wenn auch noch nicht alle – für den Kampf auf dem Wege Gottes?« fragte Omar.

»Sie waren es und sind es immer noch. Die andern aber ...«

»Die andern aber?«

»Nicht etwa, daß sie sich gegen den Gesandten Gottes wandten, im Gegenteil, sie stöhnten nur in ihrer Verwirrung: Wenn doch Allah zu uns spräche oder sein Gesandter uns ein Zeichen brächte! – Gerade da aber kam Mohammeds Verkündigung: ›Schon zeigten wir deutlich die Zeichen für Leute von Glauben.‹ – Wer aber wollte wohl nicht den richtigen Glauben haben? Wohlgemerkt! Ich spreche von den mekkanischen Altgläubigen. Unter ihnen aber wächst täglich die Bereitschaft zum Kampf. So ist die Lage.«

Ein Schweigen breitete sich aus.

In demselben Maße, wie das Bewußtsein, mit den Gläubigen draußen eine Einheit zu bilden, die Männer in diesem Raum durchdrang, erhöhte sich die Nüchternheit der gesprochenen Worte zur Feierlichkeit.

»Allah spricht nicht irgend etwas«, ließ Mohammed sich vernehmen, »und hinterher ist es anders. Allah weiß alle Dinge und kennt jedes Warum.«

Die Anwesenden sahen Mohammed an, als habe er die tiefste Weisheit verkündet.

»Allah ist allwissend und groß«, fügte Omar hinzu.

Keiner von den Männern erstaunte – nicht über sich selbst, nicht über die Freunde, als sie nun niederknieten, mit ihren Stirnen den Boden berührten und nach ihrer Gewohnheit das Gebet vollzogen.

Als sie sich erhoben, hatte jeder von ihnen mit Allah gesprochen.

»Das Band, das uns Gläubige in Mekka zusammenhielt, hat sich in Medina nicht gelockert«, triumphierte Omar.

»Wenn wir der Altgläubigen sicher sind«, meinte Ali, »können wir auf die andern ebenfalls zählen. Die Altgläubigen sind für die aus Medina der Halt.«

»Man kann sich also täuschen, nicht wahr, Ali?« fragte Zaid.

»Ich war ungerecht, verzeiht.«

»Aus menschlicher Unvollkommenheit, aber nur, weil du unserm Vater, dem Propheten, gerecht werden wolltest.«

»Allah ist barmherzig«, erklärte Mohammed bedeutungsvoll. »Wenn wir aber mit dem Heiligen Krieg rechnen können, so entbindet uns das nicht von der Überlegung, wie er geführt werden müßte. Wir beten, daß Allah uns helfe – was er tun wird! –, um so mehr ist es unsere Pflicht, alle Möglichkeiten, die wir Allah verdanken, für seinen Sieg einzusetzen.«

Über einen Punkt gab es kaum eine Meinungsverschiedenheit, nämlich daß die Altgläubigen, die der Beute am meisten bedurften, auch das erste Beispiel im Kampf auf dem Wege Gottes geben müßten. Sie sogleich in ihrer Gesamtheit aufzurufen wurde verworfen und überhaupt der Grundsatz festgestellt, daß die Teilnahme am Kampf nur freiwillig erfolgen dürfe.

Othman war es, der auf den Entschluß der Machthaber in Mekka hinwies, daß die kleinen Karawanen, um die wirtschaftliche Kraft der Stadt nicht zu gefährden, zugunsten der großen bewaffneten Karawanen aufgegeben werden sollten. Aber eine solche Umstellung sei nicht so leicht durchzuführen. Noch gebe es eine Reihe von kleineren, wenig beschützten Karawanen, die sich unterwegs befänden, und wenn sich gelegentlich mit Gläubigen Streit ergäbe …

Gewiß könnte es unter solchen Umständen zu Kämpfen kommen, meinte auch Omar. Ein Dutzend Gläubige oder auch nur die Hälfte würde genügen. Streifen durch die Beduinengebiete seien ohnehin zu unternehmen, um mit den Nomaden gegenseitige Schutz- und Hilfsverträge abzuschließen. Dabei könne man natürlich einmal einer mekkanischen Karawane begegnen.

Nur der Angriff sei den Gläubigen nicht erlaubt, fügte Abu Bekr hinzu.

Das sei selbstverständlich, gab ihm Mohammed recht, darauf

müsse man die Teilnehmer einer derartigen Streife ganz besonders aufmerksam machen. Nie sei allerdings zu vergessen, daß das Leben auf einer Streife ein anderes sei als in einer Stadt, und der Gesandte Gottes könne natürlich nicht die Verantwortung übernehmen, wenn etwa ein Gläubiger durch eigenes Verschulden die Grenze verletze, die ihm durch die Offenbarungen und die aufgestellten Grundsätze gezogen sei, Übergriffe seien nach Allahs Willen verboten. Gott liebe nicht diejenigen, die Übergriffe begehen.

Alle Beteiligten waren einstimmig der Meinung, daß eine solche Verletzung eine gewaltige Sünde wäre und einem Ungehorsam gegen den Gesandten Gottes gleichkäme. Lästerung des Propheten aber sei es, ihm für den Ungehorsam gegen seine Gebote auch noch die Verantwortung zuzuschieben.

Als die Freunde auseinandergingen, ein jeglicher an seinen Ort, waren sie recht mit sich zufrieden. Wie sollten sie auch nicht? Die Umstände ließen sich offenbar günstig an, und sie hatten ihr Mögliches getan. Und dann: Mohammed! Er war ein ganz anderer als in den Tagen nach Kadidschas Tod. Allahs Güte hatte ihn wieder aufgerichtet.

Die Strapazen seiner noch kurzen, aber recht bewegten Ehe hatte Mohammed mühelos überstanden, und überdrüssig war er der im Bett so anspruchsvollen Witwe ebenfalls nicht geworden. Die Vorstellung jedoch, die sich Saada gemacht hatte, daß sie alle Möglichkeiten ihres Mannes restlos ausschöpfen und ihn auf diese Weise als ihren Alleinbesitz behaupten könnte, beruhte auf dem Fehlen jeglichen Vermögens bei ihr, die Voraussetzungen zu verstehen, in denen Mohammeds Treue für Kadidscha so unerschütterlich gewurzelt hatte, Voraussetzungen, die sich nicht wiederholen konnten. Im Gegenteil! Sein Verhältnis zu Kadidscha war für Mohammed so selbstverständlich gewesen, daß er nie mit vorwitzigen Gedanken daran herumgedeutelt hatte. Das Denken an die Unvergeßliche war für ihn zu einem Kult geworden, den er mit den Gläubigen teilte. Zu Kadidschas Lebzeiten hatte er niemals nach anderen Frauen ein Verlangen; aber dieser Zustand war mit der Verklärten gestorben.

Saada war es, die ihn vom sinnlichen Wesen der Frau überzeugte und gleichzeitig bewußt machte, wie entleert von geschlechtlichen Begierden die hinter ihm liegende Zeit war. Doch statt ihn damit ausschließlich an sich zu ketten, hatte sie ihn befreit und einen

Drang in ihm entfesselt, Versäumtes nachzuholen. Hemmungen gab es für ihn nicht. Das arabische Ideal verlangte vom Mann geschlechtliche Betätigung, je ausgiebiger und vielseitiger, um so ruhmwürdiger. Daher gehörten zur fürstlichen Repräsentation der Herrscher wohlversehene Harems.

Aischa kannte Mohammed bereits seit deren Geburt. Beide wußten es nicht anders, als daß Besonderheiten sie miteinander verbanden, was den Außenstehenden dann durch Aischas Neigungen und Fähigkeiten für den Koran sichtbar wurde. Kadidscha hatte als Folgerung daraus zuerst damit begonnen, das Kind wie eine Erwachsene zu behandeln. Für sie gehörte Aischa zu Mohammed und darum zu ihr. Für Mohammed dagegen blieb noch lange der Islam das Band um ihn und Aischa. Das Feuerwerk ihrer schwarzen Augen, das Schütteln ihrer roten Locken, die Art, ihre Füße zu setzen und ihre Hüften sprechen zu lassen, konnte ihn lediglich zu der Feststellung veranlassen, daß Aischa nicht nur ein schönes, sondern auch ein anmutiges Kind sei.

Jetzt aber hatte er Aischa geheiratet. Sie lebte mit ihm unter einem Dach. Ihr ein eigenes Häuschen bauen zu lassen, konnte er ebenfalls nicht umhin. Als seine Frau hatte sie ein Recht darauf.

Äußerlich gesehen, ergänzten sich Mohammeds Heiraten vorbildlich. Saada war willig und geeignet, den Vollzug ihrer Ehe ständig zu erneuern, während die Beteiligten die Ehe der Aischa in Ansehung von deren Jugend noch anstehen lassen konnten.

Mohammed glaubte wie andere Männer in ähnlichen Fällen, daß es ein Beweis männlichen Anstandes sei, ein jungfräuliches Mädchen unbestürmt zu lassen, um dessen Zartgefühl zu schonen. Noch eine ganze Reihe weiterer wohllautender Worte hätte er zur Begründung bereit gehabt, nur wußte er leider nicht, ob sie stimmten. Das zu untersuchen, hatte er unterlassen. Dabei war er von Saada als Mann geweckt worden, während doch im Sinne seiner Vorbildlichkeit eine weniger leichte Erregbarkeit vorteilhafter gewesen wäre.

Allerdings hingen Erfolg und Mißerfolg nicht von Mohammed, sondern von Aischa ab.

Aischa war aber kein gewöhnliches Mädchen.

Hätte ein männlicher Sturm sie angefallen, so wäre sie – freilich je nach Laune – wahrscheinlich nicht zusammengebrochen. Sie würde das Ereignis vielleicht als ihren weiblichen Reizen angemessen hinnehmen und schnell erspähen, wie alles zu ihrem Besten zu wenden sei. Würde der Verlauf weniger abkürzend sein, so hätte sie wohl kaum etwas gegen eine Erweiterung ihrer Hochzeitsnacht gehabt; denn als kluges Mädchen war sie viel zu neugierig auf den Mann vor ihrem und in ihrem Bett, um das eheliche Vorspiel nicht einige Tage, ja sogar Wochen noch auszuhalten.

Jetzt war Saada in ihrem Eigenheim und hatte Umm Kulthum mitgenommen. Aischas Mutter war wieder bei sich zu Hause. Mohammed und Aischa waren allein mit ihrer Bedienung. Mohammed befand sich durchaus in der Stimmung, auf Saada einmal verzichten zu können, und wenn seine Ehe mit Aischa schon vollzogen gewesen wäre, hätte ihn alles zu seiner jungen Frau hingezogen.

Er traf sie, als sie sich gerade von ihrem Sklaven anziehen ließ. Salman gehörte ihr, und schon im Hause ihres Vaters hatte sie ihn dazu abgerichtet. Ein langes Kleid war nicht vorgesehen, sondern nur eine Hose und darüber eine Bluse in gleicher Farbe – zu Ehren ihres Gatten im haschimitischen Grün. Fertig war sie allerdings noch nicht, als Mohammed eintrat. Auf einen Wink des Herrn verschwand Salman.

Die Bluse hatte Aischa noch nicht an. Sie war gerade dabei, das Hosenband zu einer Schleife zu binden.

»Laß mich das machen«, bat Mohammed, »oder glaubst du, ich kann das nicht ebensogut wie Salman?«

Jahrelang war Aischa zu Mohammed ins Haus gekommen, und er hatte sie mit seinen Töchtern bei Gelegenheiten gesehen, bei denen man von einer Erwachsenen Scham hätte erwarten können. Jetzt aber kreuzte Aischa ihre Arme über ihren Brüsten, die von dem kurzen Hemdchen oben nicht mehr bedeckt waren. Gleichzeitig glitten ihre freigelassenen Hosen an ihren Beinen herunter.

»Bitte, Mohammed, gib mir meine Bluse.«

Sie sträubte sich, als er ihre Arme herunternehmen wollte.

»Bitte, die Bluse!«

Über ihr Alter hinaus waren ihre Brüste voll entwickelt und zugleich jugendlich spitz und fest. Sie reizten Mohammed.

»Aber wir sind doch verheiratet, Aischa. Hast du das vergessen?«

Das Zittern in Mohammeds Stimme überhörte sie durchaus nicht, obgleich sie so tat, und ebensowenig verkannte sie dessen Bedeutung. Es gefiel ihr. Schnell hob Aischa das Knie und sah mit Vergnügen, wie sie den dicht vor ihr Stehenden durch die Berührung verwirrte.

Sie freute sich, ihn dahin zu bringen, daß er sich nach ihr sehnte. Immer mehr! Dessen war sie nun sicher. Ihre Bluse holte sie selbst, und die Hose zwang sie Mohammed herauszugeben, indem sie nach Salman rief.

»Natürlich sind wir verheiratet. Das weiß ich doch«, sagte sie, als sie ihr Hosenband zu einer hübschen Schleife zusammenfügte. »Du dagegen wußtest doch, wie jung ich noch bin, als du mich dir vom Vater geben ließest.«

»Willst du mich denn nicht?« fragte er mehr erstaunt als empört, »davon hat mir dein Vater nichts angedeutet ...«

»Ach, Mohammed, du bist schrecklich! Und ich hab immer gedacht, du seist klug, weil du doch schon so alt bist. Wir gehören zusammen. Ich bin nur dumm, weil ich noch so jung bin. Laß mir doch bitte Zeit, daß ich mich an den Gedanken gewöhne, deine Frau zu sein und ganz dir zu gehören. Du bist ja so gut!«

Mohammed fand, sie spreche wie eine liebevolle Tante mit ihm, und nur das Funkeln ihrer Augen und das Beben ihres Mundes widersprachen dem Eindruck, den sie offenbar hervorrufen wollte. Sie hatte angefangen, ihn aufzureizen.

»Du hast inzwischen Saada«, setzte Aischa ihre Bemühungen erbarmungslos fort, »auf mich kannst du doch ruhig noch warten.«

In diesem Augenblick hätte er sie am liebsten an sich gerissen. Aber er könne doch nicht das Vertrauen eines Kindes verraten, das freilich so gar nicht mehr wie ein Kind sei.

Das Hin und Her seiner Gedanken fesselte ihn geradezu körperlich. Nur einen Atemzug lang. Aber Aischa genügte er. Sie warf sich auf den Rücken, zog ihre Beine, wobei sich ihre Hose strammte, fest an sich heran und ließ sie strampeln.

Bei einem erwachsenen Mädchen wäre das eine unglaublich freche Herausforderung gewesen. Aber er sah nichts mehr von Frechheit. Dagegen brachen alle seine Hemmungen in ihm zusammen. Er griff nach ihr, wobei sein rechter Arm mitsamt der Hand zwischen ihre Beine geriet.

Der letzte Akt schien gekommen zu sein. Doch wenn es Aischa auf eine derartige Beschleunigung angekommen wäre, hätte sie es wohl dahin gebracht, daß Mohammed sie im Liebeskampf vorher Stück für Stück ausgezogen hätte.

Offenbar entsprach das nicht Aischas Absicht. Vielmehr schwang sie ihr rechtes Bein hoch über Mohammed hinweg, und mit einer

Drehung stand sie, wie es einer jungen Dame ziemte, korrekt bekleidet, mitten im Raum. Trotz ihrer zierlichen Gestalt konnte sie auf diese Weise ganz von oben auf ihren Mann heruntersprechen.

»Und jetzt, Mohammed, laß uns wie vernünftige Eheleute miteinander reden«, sagte sie.

Mohammed sagte gar nichts. Den Seufzer, der ihm vom Herzen kam, unterdrückte er, um sein Bedauern nicht gar so laut werden zu lassen.

XXVI

Der seelische Zustand der Altgläubigen, wie er von Zaid geschildert worden war, hatte es möglich gemacht, hin und wieder kleine Abteilungen auf Streife zu entsenden. Die Rolle der Beduinen bei Eröffnung des neuen Masdschid in Medina hatte nicht dazu ermuntert, sie weiterhin ausschließlich dem Einfluß der unzuverlässigen Geschlechter von Medina zu überlassen, und dazu forderte Othmans Bericht zur ständigen Beobachtung des Gebiets zwischen Mekka und Medina heraus, was ebenfalls ein freundschaftliches Verhältnis zu den Stämmen wünschenswert machte. Für Kamele und Waffen, soweit nicht vorhanden, sorgte Zaid.

Die Abteilung des Abdallah ibn Dschahsch zählte mit ihm selbst neun Mann, bei der Menschenarmut Arabiens keine unbedeutende Zahl.

Zwei Tagereisen südwärts von Medina waren die Männer bereits scheinbar ohne einen bestimmten Auftrag unterwegs. Jetzt erst war die Zeit gekommen, zu erfahren, was zu geschehen habe.

Abdallah war drahtig schlank und mit einer Haut, der man es ansah, daß Sonne und Wind sie gegerbt hatten. Sein Glaube an den Islam war aufrichtig. Seinetwegen hatte er genug Verfolgungen durch seine mekkanischen Mitbürger ertragen, Rechnungsführer bei Karawanen und oft auch Karawanenführer war er gewesen. Aber immer weniger hatte er in seinem eigentlichen Beruf eine ihm zusagende Tätigkeit gefunden. Auf einen langen Bart, wie die Kaufleute ihn trugen, die selten einmal Mekka verließen, hatte er verzichtet. Er hätte ihm hinderlich werden können. Sein Bart umschloß sein Kinn, ehe er sich mit dem Schnurrbart der Oberlippe vereinigte. Er war ein Mann, dem man es ansah, daß er, wie es sein Beruf erheischte, mit Waffen umzugehen und auch zu befehlen verstand.

»Meine Gefährten«, wandte er sich zu den andern acht, die um ihn herumhockten, »wie lange sind wir von Medina fort?«

»Zwei Tagereisen, o Abdallah; aber das weißt du ebensogut wie wir.«

»Du sagst es«, nickte Abdallah, »und jetzt haben wir einen Brunnen der Hwazim erreicht ...«

»... und willst uns sagen, wohin die Streife geht?«

»Das weiß ich selbst nicht, mein Achmed, und trotzdem denke ich, werden wir es erfahren.«

»Aber wie denn, wenn du es nicht weißt? Du hast doch mit dem Gesandten Gottes vor der Abreise gesprochen.«

»Du bist vorlaut, mein Achmed. Höre also gut zu, denn vom Gesandten Gottes werden wir, wie ich glaube, alles erfahren. Meine Gefährten«, sprach er in das Befremden der andern hinein, »ursprünglich hatte Abu Ubaida euch führen sollen. Daß man dann mich auswählte, damit müssen wir uns abfinden: ihr, daß ihr mir zu folgen habt, ich, daß ich euer Anführer bin.«

Die Versicherung der andern, daß sie ihm ebensogern wie dem Abu Ubaida folgten, bewies in der Art, wie sie abgegeben wurde, das Vertrauen der Männer zu ihrem Führer.

»Warum man mich mit dem tüchtigen Ubaida austauschte, werdet ihr leicht begreifen. Es hatte sich nämlich herausgestellt, daß Ubaida der Kunst des Lesens nicht mächtig sei, während ich sowohl das Lesen wie das Schreiben beherrsche. Der Gesandte Gottes gab mir bei meiner Abreise ein Schreiben mit, das nach zwei Tagereisen zu öffnen ist.«

Damit zog Abdallah ein Schriftröllchen hervor und reichte es Achmed zur Prüfung der Unversehrtheit des Siegels im Wachs.

»Zieh in Allahs Namen und mit seinem Segen nach Nachla«, las Abdallah dann vor; »aber lege keinem deiner Begleiter einen Zwang auf. In Nachla sollst du den Koraischiten auflauern.«

Ein Schweigen, das keineswegs sofortiges Verstehen oder gar Zustimmung ausdrückte, folgte.

Man war im gebannten Monat Radschab, in dem jede Fehde und jede Gewalttätigkeit verboten war. Sonst waren die Araber jeder festen Ordnung mit Geboten und Verboten abhold, und ihr Gewohnheitsrecht der Blutrache gefährdete nicht selten den Bestand eines Stammes bis zu dessen Ausrottung. Das Bannen gewisser Zeiten und bestimmter Gebiete wurde dagegen von ganz Arabien streng gehalten. Es bot manchem eine Möglichkeit zu überleben. Der Bruch eines anerkannten Bannes galt als sittliches Verbrechen bei Leuten, denen sonst nichts höher galt als die Freiheit, alles zu tun, was ihnen gerade beliebte.

Das war es, was das Schweigen der neun Männer, eingeschlossen Abdallah, hervorgerufen hatte.

»Was bedeutet, wir sollen den Koraischiten auflauern?« fragte Achmed, »wir sind im Radschab.«

»Allah liebt die nicht, die Übergriffe begehen, hat der Prophet verkündigt«, erklärte Abdallah, »wenn die Ungläubigen allerdings uns bekämpfen ...«

»Das werden sie nicht tun.«

»Vielleicht. Das hängt davon ab, wer gerade stärker ist – sie oder wir.«

»Meine Gefährten«, sagte Abdallah, »hier ist das Schreiben des Gesandten Gottes, dem wir Gehorsam schulden, und darin steht, daß ich euch zu nichts zwingen darf. Ihr müßt euch also selbst entscheiden, was ihr wollt. Ich zwinge euch zu nichts. Das sei ferne von mir.«

»Im Schreiben steht: ziehe nach Nachla«, meinte Achmed. »Ich sehe keinen Grund, es nicht zu tun, selbst wenn wir dabei mit Ungläubigen zusammentreffen, was nach dem Schreiben des Gesandten wahrscheinlich ist. Wenn wir die Schwächeren sind und sie uns angreifen, werde ich mich verteidigen.«

Achmed empfing Zustimmung, nur zwei der anderen meinten, es sei vielleicht besser, jedem Zusammentreffen mit Ungläubigen aus dem Wege zu gehen. Dann käme es gar nicht in Frage, sich mit Verwandten schlagen zu müssen.

»Nach Verwandtschaft haben die Ungläubigen nicht gefragt, als sie mir meinen Lebensunterhalt versperrten. Dreck haben sie mir nachgeworfen!«

Es war Abdallah, der es sagte; aber auch seinen Begleitern war ähnliches widerfahren. So wurde denn beschlossen, am nächsten Morgen die Reise nach Nachla fortzusetzen.

Am nächsten Morgen waren von den neun nur noch sieben da. Man wollte wissen, daß zwei nach ihren Kamelen hatten sehen wollen, die verschwunden gewesen seien. Nach kurzem Warten drängte Abdallah zum Aufbruch. Vermutlich wollten die beiden auf diese rücksichtsvolle Art von der Entschließung ihrer Gefährten abweichen; aber sie konnten auch bei einer unerwarteten Rückkehr versuchen, die anderen auf ihre Seite zu ziehen. Die Reise wurde also ohne sie fortgesetzt.

Sieben Mann auf guten Kamelen waren in keiner Weise in der Wüste verloren.

Die Stimmung in der Gruppe des Abdallah war trotz des Fehlens der beiden Gefährten sehr gut, ja heiter. Aufsteigende Bedenken beseitigte die Erwägung, daß der Radschab auch für Mekkaner gelte und besonders für die. Außerdem ließ Abdallah einen weiten Bogen nach Osten zu machen, um die Richtung zur hochgelegenen Wüste Ruba'l-Chali zu nehmen und Nachla in nördlicher Richtung anzusteuern, was die Herkunft von Medina verwischen mußte. Auf dem Marsch rief Abdallah den Isa, einen seiner Begleiter, zu einem Gespräch heran.

»Du warst in Abessinien, Isa?«

»Ich gehörte zu den ersten, die hingingen, Saleh, der vor uns reitet, und ich.«

»Aber von Mekka aus zogt ihr nicht nach Medina?«

»Wir haben es gar nicht berührt. Jahrelang waren wir nicht mehr in Mekka. Ich glaube nicht, daß man uns dort überhaupt noch kennt. Nicht einmal in der Weinbude des Tiades war ich, wo man sich damals oft traf, wie ich hörte.«

»Warum nicht?«

»Ich hatte kein Geld. Und nach Mekka kamen wir nicht, weil wir in Abessinien viel mit Salama zusammen waren. Den kennst du ja. Er ging als erster nach Medina und wollte uns als Gläubige bei sich haben. Wir sollten ihm helfen. Darum zogen wir vom Hafen Suaiba an der Küste direkt nach Medina.«

»Und ich bin froh, daß man euch, wie du meinst, nicht mehr in Mekka kennt.«

»Dafür gehören wir zu den ersten Altgläubigen in Medina. Hältst du das etwa für schlechter?«

»So meine ich das natürlich nicht«, beruhigte Abdallah ihn. »Wir sollen doch in Nachla eine mekkanische Karawane treffen, so jedenfalls schreibt es der Gesandte Gottes, und der weiß vieles, was wir nicht wissen können, darum müssen wir mit der Begegnung rechnen.«

Isa verstand seinen Führer sofort.

»Du meinst, wir sollten mit den Leuten reden?«

»So ist es, Isa. Aber ich bin unter den Leuten des Karawanengewerbes noch allzu gut bekannt. Mir sind sie früher nachgelaufen, weil ich damals die Macht hatte, Leute als Begleitmannschaft anzuwerben.«

»Und nun glaubst du, daß ich …?«

»Vielleicht auch noch Saleh.«

»Aber das hat doch keinen Zweck, Abdallah. Wir sind im Radschab! Kämpfen dürfen wir nicht.«

»Allah bewahre uns! Das wäre eine große Sünde. Der Gesandte Gottes betont es ausdrücklich in seinen letzten Verkündigungen. Nur wenn sie angreifen, dürfen wir kämpfen.«

»Sie werden uns nicht angreifen.«

»Das käme noch darauf an, mein Isa. Was denkst du, was würden die Leute aus Mekka machen, wenn du und Saleh euch als Kinda-Beduinen und Pilger ausgeben würdet?«

»Wenn sie mehr als zwei sind, würden sie uns zu sich ans Feuer zu einem Schwatz einladen. Besonders wenn ich einen Weinschlauch mitbrächte. Und wir haben Wein! Nicht viel, doch dafür würde es langen.«

»Während ihr mitten im Erzählen seid, wird – stell dir das vor! – bei den Kamelen und bei den Lasten etwas los sein. Ein Lederballen, der zu Boden knallt, gibt einen ganz hübschen Krach ab. Was werden sie tun?«

»Sie werden nachsehen.«

»Nicht alle, weil sie die ihnen zunächst liegenden Kamele nicht unbeaufsichtigt lassen; aber ein bis zwei bestimmt – ist übrigens auch gleichgültig, wie viele. Daß du jedoch mit ihnen gehst, um ihnen zu helfen, ist eigentlich selbstverständlich.«

»Ich soll …?«

»Ihnen helfen. Wenn sie jedoch über die Diebe – oder was da sonst sein sollte – kommen und blankziehen …«

»Was sollten sie sonst wohl tun?«

»Das ist nicht deine und nicht meine Sache. Wenn du blankes Eisen siehst, das nicht aus deiner Scheide kam, dann greife sie an und dann stoß zu! Ein Schwert hast du nicht. Das ist der beste Beweis deiner friedfertigen Gesinnung. Ein gutes, handliches Messer, das man nicht sieht, tut's auch. Und wenn du zugestoßen hast, dann sind wir auch noch da, und wir sind sechs. Wenn die andern also nicht sehr viel mehr sind … Hauptsache ist immer die Überraschung. Mit einem Dutzend und selbst noch etwas darüber können wir es unter solchen Umständen aufnehmen.«

»Und du glaubst, der Radschab ...?«

»Wir müssen es tun. Nach der letzten Verkündigung ist das Allahs Befehl. Der Gesandte Gottes wird uns nicht im Stich lassen, dessen bin ich sicher, Isa, wenn wir die große Sünde des Angreifens vermeiden.«

»Aber stehlen ist doch auch Sünde, Abdallah!«

»Weder in der Verkündigung Mohammeds noch in den Erläuterungen zum Bann ist vom Stehlen die Rede. Ich stelle alles Allah und seinem Gesandten anheim.«

»Du bist geriebener als ein Grieche, Abdallah.«

»Wir sind beide gläubig, Isa. Ich handle, wie es mir mein Glaube gebietet.«

»Ich bin nicht weniger gläubig als du. Um meines Glaubens willen bin ich doch aus Abessinien zurückgekehrt.«

Vorläufig ist es ja noch nicht soweit, daß wir uns entscheiden müssen. Wir wissen nicht, ob wir die Karawane treffen, ob es sich lohnt, und wie stark die Begleitmannschaft ist, das wissen wir auch nicht. Wenn ich dich höre, scheint mir unser Glaube in Abessinien stärker gefährdet gewesen zu sein. Ich wollte auch einmal hin, hab es dann doch nicht getan, als ich durch Abu Bekr Verdienst bekam.«

»Heute wärst du wahrscheinlich noch da, wo du bist. Es ist wahr, wir wurden in Abessinien gut aufgenommen; aber daß es uns auf die Dauer möglich gewesen wäre, uns dort in unserm Glauben zu behaupten, glaube ich nicht. In Abessinien herrscht die älteste christliche Kirche, die koptische aus Ägypten. Anfangs hat der Negus Negesti wohl geglaubt, uns zum Christentum bekehren zu können.«

»Und das gelang nicht?«

»Nur bei wenigen und eher bei den feinen Leuten als bei unsereinem.«

»Waren denn überhaupt feine Leute bei euch?«

»Einige schon. Unsern Othman, den Omaijaden, kennst du ja. Er ist aus dem gleichen Geschlecht wie Abu Sofjan, das Großmaul in Mekka, der uns alle wegwischen würde, wenn er könnte.«

»Wenn er könnte, würde er uns auch aus Medina verjagen. In Mekka gibt es fast keine Gläubigen mehr, und die noch da sind, sind es nicht mehr freiwillig. Alles wegen Abu Sofjan und Abu Dschahl, seinem Freund.«

»Abu Sofjans Schwiegersohn, Talha ibn Ubaidallah, war auch mit uns in Abessinien. Leider trat er vor seinem Tod zum Christentum über.«

»Und seine Frau – wurde die Christin?«

»Abu Sofjans Tochter, die Umm Habiba? Nein. So wild ihre Eltern uns Gläubige hassen, ebenso fromm ist die Tochter. Für sie gibt es nichts Höheres als den Gesandten Gottes.«

»Aber zurückgekehrt ist sie trotzdem nicht.«

»Sie lebt im Palast des Negus Negesti.«

»Also im Harem. Und dabei so fromm?«

»Du bist genau wie alle andern. Ihr glaubt immer, daß die Töchter feiner Leute schön seien, wenigstens hübsch. Die Habiba sieht genauso aus wie ihre Mutter Hind bint Rabia. Dick, sag ich dir. Nur in einem ist sie das Gegenteil. Die Hind hört nicht auf, über uns Gläubige zu keifen, so daß es selbst Abu Sofjan manchmal zuviel wird. Aber frömmer als Habiba kann keiner von uns sein. Und der Negus hat nur eine Frau, die Königin der Könige. Was er sonst an Weiblichkeiten haben mag, muß er mit dem Abuna, dem höchsten Geistlichen seines Landes, abmachen. Die Habiba ist nicht darunter. Man braucht sie nur anzusehen – dann weiß man es.«

»Ich will dir was sagen, Isa: unsere Zeit ist ein großes Durcheinander.«

»Das ist wohl schlimm, Abdallah; aber mehr für die andern. Wir, die wir glauben, haben Allah und seinen Gesandten. Uns kann nichts geschehen.«

Der Sklave Antar war Mohammeds Hochzeitsgeschenk an Fatima. Mit langem Genörgel, daß Aischa Salman bekommen habe, hatte sie es durchgesetzt, daß sie selbst auch bedacht worden war, und zwar ebenfalls mit einem Ungläubigen. Salman war ein persischer Magusier, Antar ein Araber, der sich aber den Weg zu Allah nicht hatte weisen lassen wollen.

Die Fatima sei eine faule Katze, knurrte er in sich hinein, als ob man täglich ein Lamm geschenkt bekomme! Vielleicht würde es Ali gefallen, wenn seine junge Frau es ihm selbst zubereitet hätte. Aber nein, sie müsse ausgehen. Nicht weil er, Antar, nun allein in der Wohnung sei und nun selbst das Lamm über dem Holzfeuer braten müsse, denke er das; aber er sei nicht mehr der Jüngste, und ihm gefalle das ewige Gezänk der verheirateten Kinder nicht.

»Ist Fatima nicht da?« fragte Ali. Er trat eben ein.

»Nein, sie ist fortgegangen.«

»War sie verschleiert?«

»Die Tochter des Propheten geht nie unverschleiert auf die Straße.«

Antar äußerte das wie eine Zurechtweisung und sehr von oben; denn schließlich gehörte er zum Hause Mohammeds, und er war froh, einmal etwas Günstiges über dessen Tochter sagen zu können.

Ali näherte sich neugierig dem Herd.

»Was machst du denn da?«

»Geschenk von Abu Kais, dem Scheich der Chazradsch.«

»Das freut mich aber! Nicht so sehr wegen des Lamms – viel mehr noch wegen der freundlichen Gesinnung.«

»Versteh schon. Aber wart ab, bis er sagt, was er von dir will.«

Ali lachte.

»Das hätte ich wissen müssen? Niemals wirst du zugeben, Antar, daß es auch anständige, uneigennützige Menschen geben könnte.«

»Wenn es sie gäbe, würde ich es nicht bestreiten. – Es kommt jemand. Wir können dann gleich essen. Es wird Fatima sein.«

Er eilte hinaus. Vor ihrem Eintritt sollte sie erfahren, daß ihr Gatte schon da sei.

Viel Erfolg hatte Antars Vorsorge jedoch nicht.

Denn mit den Worten: »Was ist dir heute wieder einmal danebengegangen, daß du schon so früh wieder zu Hause bist?« wurde er begrüßt.

Auf solche Fragen pflegte Ali erfahrungsgemäß nicht zu antworten.

»Hoffentlich hast du das Fleisch nicht verbrannt, Antar?« hetzte sie darum schnell eine andere Frage hinterher. »Konntest du nicht warten, bis ich wieder zurück war? Aber natürlich. Man braucht nur mal für einen kleinen Augenblick den Rücken zu wenden.«

»Aber Fatima!« ermahnte sie Ali. »Antar kocht doch ausgezeichnet. Von dem könnten wir viel lernen. Ich jedenfalls.«

»Aber die Hausfrau bin ich!«

»Wer denn sonst, Fatima? Du bist doch die einzige Frau in meinem Haushalt.«

»Bis jetzt.«

»Was soll das heißen: bis jetzt?«

»Verstell dich nicht so. Ich kenne deine Schliche.«

Dem armen Ali wäre freilich wohler gewesen, wenn er sich auf Schliche verstanden hätte.

»Sag mir lieber, wo du warst«, meinte er, »vielleicht weiß ich dann, woher deine schlechte Laune stammt.«

»Ich kann sein, wo ich will.«

»Von mir aus kannst du. Ich sehne mich gewiß nicht nach deinem ewigen Gezänk.«

»Wer zankt? Das tust du! Ich brauchte nur hereinzukommen, da hast du schon damit angefangen!«

»Also gut, ich habe angefangen«, stöhnte Ali.

»Saada sagt auch …«

»Aha, also Saada. Aber die ist doch sonst gar nicht so gehässig.«

»Aber ich – nicht wahr? –, das willst du doch sagen?«

»Beantworte dir diese Frage lieber selbst, Fatima. Ich habe keine Lust dazu.«

»Natürlich!« – Fatima lachte schrill. »Aber dazu hast du Lust, der Aischa nachzulaufen. Ich weiß doch sehr gut, wie du jeden Morgen bei ihrem Kamel herumwinseltest, als wir von Mekka auszogen. Damals wollte sie nicht, doch wie kann man wissen, was solche Huren gerade wollen!«

»Fatima!« empörte sich Ali, »du sprichst von der Frau des Vaters. Er hat sie geheiratet!«

»Er hat mit ihr Hochzeit gefeiert; aber die Ehe ist noch immer nicht zustande gekommen. Saada weiß das ganz genau. Der Vater ist dieser Dirne ja viel zu alt! Jetzt will sie einen Jungen. Dich! Und du? Du warst immer hinter ihr her. Und dann könnte es dir auch passen, einen alten Trottel mit Geld wie Abu Bekr zum Schwiegervater zu kriegen. Selbst wirst du doch nie zu etwas kommen. Dazu bist du zu dumm und zu faul!« Sie warf sich aufs Wandpolster. »Ach, jag mich doch fort, dann hast du, was du willst!«

Es war nicht der erste Krach Alis mit seiner Frau, er war im Gegenteil schon einiges gewohnt.

»Wegen eines dummen und faulen Kerls wie mich würde ich an deiner Stelle keine Tränen verschwenden«, meinte er gelassen.

»Es ist einfach lächerlich, wie sich der Vater und du – und wer sonst noch seine Finger darin haben mag – um die erbeutete Mekkakarawane anstellen. Steht da herum, nützt keinem etwas; aber anrühren darf sie niemand.«

»Du gehörst selbst zu denen, die empört waren, als Abdallah die Beute mit den beiden Gefangenen in Medina einbrachte. Sie sei zu Unrecht im Radschab erkämpft worden, hieß es. Manche wollten sogar den Isa, der den tödlichen Stoß geführt hatte, vor Gericht stellen. Nicht nur die Munafikun, die Unzuverlässigen, grollten, das ist uns ja nichts Neues; aber auch unsere Ansar, unsere Helfer, die Neugläubigen und selbst wir Muhadschirun, die Altgläubigen. Wie froh war alles, als der Gesandte Gottes befahl, die Beute stehenzulassen und nicht anzurühren.«

»Und jetzt schimpfen alle, daß sie nicht verteilt wird und die Kamele nur ihr Futter fressen und sonst zu nichts dienlich seien.«

»Allahs Wille, Fatima.«

»Noch ist keine Offenbarung gekommen. Saada sagt es auch. Bei einer Verteilung bekäme der Gesandte Gottes als Emir ein Fünftel für sich selbst, seine Angehörigen, die Bedürftigen, die Reisenden. Wir sind Angehörige, Ali, also wir bekämen auch etwas. Denk dran.«

»Abdallah behauptet, sie seien von den Mekkanern angegriffen worden. Aber sind sie es wirklich, Fatima?«

»Sollen wir nicht unseren Gläubigen glauben?«

»Ich glaube dem Gesandten Gottes. Was er tut, ist wohlgetan.«

»Du bist sein Schwiegersohn. Bringe dein Ansehen, das du mir verdankst, zur Geltung.«

»Es wird auch alles ohne mich so, wie es richtig ist, erfolgen.«

»Jeder kann mal seine Meinung ändern«, griff Fatima nochmals an, »aber du nicht. So gescheit bist du nicht, das sehe ich. Ja, wenn diese unausstehliche Person, deine Aischa, etwas wollte, gleich wärst du Feuer und Flamme.«

»Damit mußt du dich an deinen Vater wenden. Er hat gewollt, daß wir heiraten. Ich habe ihn nicht darum gebeten.«

»Weil du für ein anständiges Mädchen, das auf sich hält, nichts übrig hast. Bei dir muß es so ein Flittchen wie die Aischa sein. Geh doch zum Vater und sag ihm, daß du sie ihm wieder abnimmst. Er wird froh sein, sie loszuwerden und mich wieder im Haus zu haben.«

Ali machte sich zum Ausgehen fertig.

»Wo willst du hin?«

»Zu deiner Stiefmutter«, sagte Ali, »die du so geschmackvoll mein Flittchen nennst.« Damit ging er.

Seit dem Einzug der Beutekarawane in Medina befand sich der Gesandte Gottes in Bedrängnis. Zuerst war die allgemeine Entrüstung über den Bruch des Landfriedens im Monat Radschab aufgeflammt. Eine ehrlose Tat hatte man diesen Vorfall in Medina genannt. Es wurde nicht bestritten, daß die Aussendung der Streife rechtlich einwandfrei erfolgt sei. Mohammed hatte Abdallahs Verhalten darum auch nicht offen verurteilen können, sondern lediglich erklärt, daß er von Abdallah und dessen Gefährten mißverstanden worden sei. Den Missetätern aus Unverstand hatte das wenig geholfen. Ihre Glaubensgenossen hatten sie wie Abschaum behandelt und Erzsünder, denen nichts als Zerknirschung übrigbleibe, wenn ihnen Allah verzeihen solle.

Mohammed hatte demnach nur erreicht, daß er selbst den Angriffen entzogen war. Erst die erstaunliche Zurückhaltung der Mekkaner hatte ein leichtes Abklingen des Volkszornes bewirkt. Sie hatten keine Buße für den Getöteten verlangt und die beiden Gefangenen einfach zurückgekauft. Aber die Stimmen der Munafikun, der Unzuverlässigen, und das Gezeter der Juden verstummten so leicht nicht.

Immerhin übte der Anblick der nicht verteilten reichen Beute auf die Gläubigen seine Wirkung aus. Das mochte Mohammed wohl vorhergesehen haben; nicht erwartet hatte er aber, daß seine ältesten und treuesten Freunde ihm nun mit Vorstellungen kamen. Vor allem war gerade Abu Bekr der Meinung, daß Abdallah und seine Begleiter zu hart behandelt seien, zwar nicht vom Gesandten, doch vom Volk. Selbst Omar widersprach Abu Bekr nicht so, wie es Mohammed erhofft hatte, und sein Onkel Hamza ibn Mutalif mit seinem durchdringenden Baß brachte alle möglichen und unmöglichen Forderungen vor, damit den Mißachteten Genugtuung verschafft werde.

Keine Kleinigkeit war es für Mohammed, den berühmtesten Krieger der Gläubigen drohen zu hören, daß er nicht eine Fingerbreite sein Schwert aus der Scheide fahren lassen werde, auf keinen Fall für eine Gemeinschaft, von der die Tapferen statt durch Dank durch Mißachtung und üble Nachrede belohnt würden.

Bedrückend war es, daß Omar, statt, wie sonst wohl, Hamza zur Ordnung und Mäßigung zu rufen, schwieg und Mohammed seiner Verlassenheit überließ. Für den brach angesichts des eindeutigen Verhaltens seiner Freunde alles über ihm zusammen.

Da haben sie es nun, konnte es nur noch denken, als er, Röte und Blässe wechselnd, auch schon vornüber fiel. Gleichzeitig erleichterte ihn der Gedanke, daß nun ein Höherer ihm seine Macht genommen habe, um selbst die Entscheidung zu fällen.

»Aischa!« rief Abu Bekr. »Rührt ihn nicht an! Ich hole Aischa!«

Aber das hatte Salman schon besorgt. Jetzt kam dessen Herrin mit dem grünen Mantel aus Hadramaut, den sie über Mohammed legte. Dann kniete sie neben ihm nieder, legte ihre Hände auf seine Herzgegend und endete damit, ihm ihre Handflächen auf seine offenen Augen zu legen. Stürme durchrasten seinen Leib. Das Heben und Fallen der Arme verstärkte sich und ebenso das Zucken der Schultern. Auch in den Augenblicken einer scheinbaren Beruhigung fuhr Aischa unbeirrt in ihrer Behandlung fort.

Die Männer bemerkten nichts, was ihnen das Ende der Offenbarung angezeigt hätte, als Aischa sich erhob und Mohammed beim Aufstehen half.

»Er muß sich erst sammeln«, sagte Aischa und ließ Salman die Gäste in ihr Zimmer führen, um dort, bis man sie rufen würde, zu verweilen.

Als sie zurückkehrten, saß Mohammed auf den Polstern, neben ihm Aischa. Sie war es, die ihnen die Offenbarung vortrug.

»Sie werden dich befragen«, sprach sie, »nach dem Kampf im heiligen Monat. Seinen Frieden zu brechen ist schlimm; aber sich abzuwenden von Allahs Weg, Gott und die heilige Moschee zu verleugnen und sein Volk daraus zu vertreiben ist schlimmer bei Allah; und Verführung schlimmer als Totschlag. Und sie werden nicht aufhören, euch zu bekämpfen, als bis sie euch von euerm Glauben abtrünnig machen, so sie dies vermögen. Wer sich aber von euch von seinem Glauben abtrünnig machen läßt und als Ungläubiger stirbt, dessen Werke sind vergeblich hienieden und im Jenseits, und des Feuers Gefährten sind sie und verweilen ewig darinnen. Aber die, die glauben, und die, die ausgewandert sind und den Heiligen Krieg führen, können auf seine Barmherzigkeit hoffen, denn er ist nachsichtig und barmherzig.«

Die Männer hörten die Verkündigung mit der Achtung, die ihr gebührte. Abu Bekr hatte zudem noch die Genugtuung, sie von seiner geliebten Aischa zu vernehmen, und auch die beiden andern, die ohnehin an die junge Frau des Gesandten Gottes gewöhnt waren, fühlten sich durch sie dem Willen Allahs genähert.

Abu Bekr begann. »Das löst alle unsere Schwierigkeiten«, sagte er.

»Jetzt wird keiner mehr dem Abdallah und seinen Begleitern Ehrlosigkeit vorwerfen dürfen«, erklärte Omar.

»Keiner wird noch begreifen, warum die Lasten der Karawane nicht verteilt werden sollten. Die den Heiligen Krieg führen, können auf Allahs Barmherzigkeit hoffen. Ist es nicht so, Mutter der Gläubigen?«

Bei diesen Worten Hamzas errötete Aischa vor Lust. Von einem so bedeutsamen Verwandten Mohammeds und unter schweigender Zustimmung der andern als »Mutter der Gläubigen« angesprochen zu werden befriedigte ihre Eitelkeit in hohem Grade.

»Dabei darf man nicht übersehen, was die Verkündigung den Gläubigen verspricht, die im Heiligen Krieg fallen«, sagte sie. »Wem nach seinem Tode Allahs Barmherzigkeit versprochen ist, dem steht mit seinem Tode das Paradies offen. Allah verspricht nichts, was er nicht hält.«

»Allah ist barmherzig.«

Mit diesen Worten setzte Mohammed sein Siegel auf Aischas Auslegung. Als Aischa ihn ausgesprochen hatte, war ihr Gedanke ihm noch neu gewesen; aber sofort hatte er seinen großen Wert für den Islam erkannt. Jeder Gläubige erstrebe das Paradies. Durch die Befolgung zahlreicher Vorschriften und Gebote könne er hoffen, in einem langen Leben, voll von Opfern und Anfechtungen, das ersehnte Ziel zu erreichen. Dem Gläubigen, der am Kampf auf dem Wege Gottes, am Heiligen Krieg, teilnehme, öffne ein tödlicher Schwertstreich, ein Lanzenstich weit die Pforten des Paradieses. Für ihn gebe es keine Angst, ob er das Jüngste Gericht bestehen werde. Mit dem Verklingen seines Herzschlages werde er im Paradiese sein.

Ähnliches mochte Omar gedacht haben.

»Die Offenbarung kam zur rechten Zeit«, sagte er. »Wir dürfen nicht zögern, sie sofort zu verbreiten.«

»Das ist richtig«, meinte auch Abu Bekr, »warten dürfen wir nicht. Wenn es Mohammed recht ist, gehe ich mit Aischa in die Stadt. Gläubige treffen wir überall. Meine Tochter spricht die Verkündigung, und ich sage eine Versammlung auf dem Musalla an. Ihr werdet sehen: Alle werden kommen.«

Niemand zweifelte daran, auch Mohammed nicht. Er äußerte nur den Wunsch, noch etwas Dringliches mit Abu Bekr zu besprechen, und es sprach nichts dagegen, daß Omar an Stelle des Vaters mit Aischa ginge.

»Vergiß deinen Schleier nicht«, bemerkte Abu Bekr noch.

»Aber Vater«, wehrte sich Aischa, »ich verlasse doch nicht unverschleiert das Haus. Ich weiß, was ich mir als Mutter der Gläubigen schuldig bin.«

Von einem Kinde gesprochen, hätte das erheiternd wirken können. Aber keiner lachte. Die Männer, die am Aufbau des Islam und eines sich aus ihm entwickelnden Staates beteiligt waren, nahmen Aischa ernst. Auch für Ali fand sich ein Auftrag, und bald waren Abu Bekr und Mohammed allein.

Das Dringliche, das Mohammed mit seinem alten Freund Abu besprechen wollte, war Aischa. Aber es blieb ungewiß, ob selbst die väterliche Autorität dem schlichten und geraden Gemüt Abu Bekrs den Einfluß auf seine Tochter verschaffte, um die Wünsche seines Schwiegersohnes wirksam fördern zu können. Es kam alles auf Aischa und sehr wenig auf Abu Bekr an. Das sagte er Mohammed auch, als der ihm die geringe Neigung des Mädchens zum Vollzug der abgeschlossenen Ehe vortrug. Abu Bekr sah vorerst nur die Rechtslage, ohne nach den etwaigen hintergründigen Absichten Aischas Ausschau zu halten. Ihr Verhalten gebe Mohammed das Recht, sich von ihr zu trennen, meinte er. Diesen Ausweg tat Mohammed als unmöglich ab. Der Freund wisse, daß er die Ehe gerade deswegen so sehr gewünscht habe, um durch sie mit ihm verwandtschaftlich verbunden zu sein, und da Abu Bekr der gleiche Wunsch geleitet hatte, konnte er diesen Einwand nicht gut ablehnen.

»Aber Aischa?« fragte Mohammed.

»Sie wird dir nicht fortlaufen«, erklärte Abu Bekr im Ton einer festen Überzeugung, »das hat mir der heutige Tag bestätigt. Und du kannst ihm kaum etwas anderes entnommen haben. Aischa ist fromm. Der Islam und seine Ausbreitung gehen bei ihr über alles. Du aber bist der Gesandte Gottes, Mohammed! Freilich ist Aischa auch ein Mädchen und, wie wir beide wissen und wußten, ein sehr junges. Sie ist noch Jungfrau. Da müssen wir Männer immer auf Seltsamkeiten gefaßt sein.«

»Aber ihr Verstand!« rief Mohammed. »Sie begründete zum Beispiel ihre Weigerung damit, daß sie noch kein eigenes Haus wie Saada habe. Nun, in dieser Woche noch ist ihr Haus fertig, was sie jedoch nicht abhält, wiederum Aufschub zu verlangen. Das ist doch alles schwer zu begreifen.«

»Bei einem jungfräulichen Wesen wie Aischa sollten wir uns nicht so sehr an ihre Worte halten. Vielleicht ist es gar nicht das Haus, sondern der Umstand, daß sie nicht deine einzige Frau ist. Hast du daran nie gedacht?«

»Saada?« fragte Mohammed.

Abu Bekr zuckte die Achseln. »Möglich ist das schon. Ich habe gewiß nichts gegen Saada; aber da du mich fragtest, mußte ich es dir sagen.«

Mohammed dachte nach.

»Unser verwandtschaftliches Verhältnis, mein Abu Bekr«, sagte er dann, »würde jedenfalls nicht gestört, wenn mich Saada verließe.«

»Mich würde sie auch nicht stören«, erklärte Abu Bekr mit starker Betonung der eigenen Person, »wenn sie bliebe.«

»Aber Aischa kann der Islam nicht entbehren!«

»Du sagst es, Gesandter Gottes. Übrigens bin ich sicher, daß Aischa keinen andern Mann will als dich, oder … ich müßte von meiner Tochter überhaupt nichts verstehen.«

Es war gar nicht verwunderlich, daß Umm Amar, die alte Hexe von Mekka, einigen Wert darauf gelegt hatte, die Witwe Saada in die ebenso geheimen wie erlesenen Künste der Liebe einzuführen. Zur Verschwendung ihrer Weisheiten an unbegabte oder unhübsche Frauen neigte Umm Amar nicht. Ihre Tätigkeit als Hebamme machte sie nicht von Eigenschaften ihrer Patientinnen abhängig, und auf irgendeine Weise bekam sie immer ihr Geld. Aber der Unterricht in der Kunst, die Wollust zu wecken und zu steigern, war eine Liebhaberei von ihr, die persönlich bereits über die Jahre hinaus zu sein glaubte, aus ihrer Wissenschaft selbst Nutzen ziehen zu können.

An Saada hatte Umm Amar ihre Freude gehabt.

Es gab weibliche Wesen wie das Jungmädchen Aischa, der man ansehen konnte, daß sie noch als ältere Dame schlank sein würde, und andere, denen man in ihrer Jugend auch angesichts eines noch vorbildlichen Körpers weniger vollkommene Formen in ihren höheren Jahren voraussagen konnte. Zu ihnen gehörte Saada. Aber noch befand sich ihr gewandter und geschmeidiger Körper auf dem Höhepunkt seiner Entwicklung. Wenn damals in Suaiba Mohammed nicht sofort sein Kamel zum Ritt nach Mekka und zu Kadidscha hätte besteigen können, wäre Saada am nächsten Morgen dazu imstande gewesen, und sie hätte nicht gezögert, es zu tun. Sie war eine gute Reiterin und hatte an ihren Reittieren so viel Freude wie Umm

Amar an Saadas zwar nicht überschlanken, aber wohlgeschwungenen Beinen.

Jetzt jedoch war Umm Amar wie immer in Mekka, und überhaupt hätte sie der Saada in deren gegenwärtiger Lage nicht helfen können. Auch ihr Schwager Chuwailid, vor dessen Haus in Medina sie saß, wäre dazu nicht in der Lage gewesen, obwohl es eine Zeit gegeben hatte, da er die Frau seines Bruders nicht nur geschwisterlich betrachtet hatte.

Und nun war alles aus.

Mit einem Kamel und vierzig Dirhem hatte Mohammed sie wieder zu ihren Verwandten geschickt, wo sie nun saß und der Zeit nachtrauern konnte, da sie eine Mutter der Gläubigen gewesen war, die Frau oder doch eine Frau des Emirs.

Chuwailid war nach seiner letzten Unterredung mit Mohammed in Mekka sofort aufgebrochen und hatte gleich begonnen, ein Holzhaus mit einem Palmendach, wie er sie von Abessinien her kannte, zu errichten. Es war bereits vor Mohammeds Einzug in Medina fertig gewesen. So war Chuwailid sehr wohl in der Lage, seine Schwägerin aufzunehmen, nur konnte er ihr die Stellung der ersten Frau und Hausherrin nicht mehr einräumen. Das hätte recht unerwünschte Verwicklungen gegeben.

Damit beschäftigten sich Saadas Gedanken im Augenblick freilich nicht. Sie erblickte auf dem Weg noch ziemlich weit entfernt eine Gruppe von Männern, die sich dann auflöste und einen von ihnen allein zurückließ. Offenbar sei es der Mann, der seine Begleiter weggeschickt habe, dachte Saada, und der Mann sehe ganz so aus wie Mohammed! Ja, und dann erkannte sie, daß er es tatsächlich sei. Wollte er etwa zu ihr? Ursache genug wäre vorhanden gewesen.

Nachdem er die Scheidungsformel vor seinen Zeugen und ihr heruntergesagt hatte, sei er ohne Begründung davongerannt. Warum? Weil er sich schäme! Und wenn er, um ihr das zu sagen, jetzt zu ihr komme, sei er doch nicht ganz schlecht. Die anderen Männer habe er darum aber doch nicht fortzuschicken brauchen, die hätten es ruhig hören können! Für alle Fälle holte sie jetzt ihren gelben Schleier, den sie auf ihrer Hochzeit getragen hatte.

»Chuwailid ist nicht da, wenn du zu dem willst?«

»Ich will zu dir, Saada.«

»Da sieht man, daß man Gesandter Gottes und trotzdem anständig sein kann.«

»Soll das eine Frechheit sein, Saada?«

»Nein, ein Lob für Mohammed ibn Abdallah. Wahrscheinlich sind deine Eltern sehr anständige Leute gewesen, und das haben sie auf dich vererbt. Ein Kamel und vierzig Dirhem sind zwar reichlich wenig. Aber diesen Besuch warst du mir noch weit mehr schuldig, Gesandter Gottes. Etwas anderes kannst du doch von mir nicht mehr wollen.«

»Doch, Saada! Deswegen bin ich ja hier!«

»Ach so ... Du willst etwas? Was kann ein Mann von seiner geschiedenen Frau noch wollen?«

»Die Versöhnung, Saada. Die Versöhnung ist das Beste, sagt Allah.«

»Allah ist allwissend und barmherzig«, stimmte Saada bei. »Ich hab es dir vorher gesagt, mein Mohammed, und jetzt bist du schnell selbst dahintergekommen, welcher Unterschied zwischen einem unerfahrenen Jüngferchen und einer erfahrenen Frau besteht.«

»So ist es nicht ganz, weißt du, Saada ...«

»Du – sag mal, Mohammed –, ich hab Aischa eigentlich immer gern gehabt, schon früher, wenn ich sie bei Kadidscha antraf. Sie ist schön. Darüber gibt es für mich keinen Streit! Aber sie ist auch gescheit, und das kann zuweilen noch mehr bedeuten. Nur die Dummen sind gefährlich. Mich wundert, daß Aischa immer noch Ausflüchte macht. Denn so ist es doch?«

»Sie weiß ja noch gar nicht, was Liebe ist.«

»Dann soll sie es lernen! Das wäre mir lieber als das ewige Hinundherzerren. Übrigens glaube ich nicht einmal, daß du ihr zu alt bist.«

»Das meinte Abu Bekr auch.«

»Da haben wir's! Wenn es sich um Frauen handelt, sind selbst Männer, die sonst nicht mal so dumm sind, rechte Einfaltspinsel. Du hast mit Abu Bekr über deine Ehe gesprochen?«

»Ja.«

»Auch über mich?«

»Ja.«

»Und er hat dir geraten, dich von mir zu scheiden, weil Aischa wahrscheinlich deine einzige Frau sein wolle?«

»Ja.«

»Nun – und? Sei einmal ehrlich, Mohammed. Was ist Aischas wirklicher Grund?«

»Du.«

»Also doch! Und warum dann Versöhnung mit mir?«

»Nein, Saada, du hast es ganz falsch verstanden! Wegen der Scheidung hat mir Aischa einen schrecklichen Krach gemacht. Von einigen Kleinigkeiten abgesehen, seist du die beste und ehrlichste Frau, die sie kenne. Sie verlangt, daß wir wieder heiraten und daß du sofort nach Hause kommst, und zwar als meine Frau. Dann will sie jeden Widerstand gegen den Vollzug der Ehe mit mir aufgeben. Nun weißt du's.«

»Nun – lieber wäre mir's ja, du holtest mich meinetwegen zu dir zurück.«

»Und es gibt kein Aber, Saada?« warb Mohammed ...

»Aber wenn Aischa dir wegläuft, bessert das für niemanden etwas. Und Abu Bekr ist für die Gemeinde sehr wichtig.«

»Also?«

»Ich will dir etwas sagen, Mohammed, ich hab eine gemeinsame Bekannte aus Mekka bei mir. Darf ich sie holen?«

»Wer ist es?«

»Asma bint Umm Amar.«

»Die Tochter der Hebamme in Mekka?«

»Jetzt ist sie bei uns, die Tochter. Die Gläubigen sind sehr froh, daß sie eine eigene Hebamme haben und ihre Kinder nicht länger von einer Ungläubigen zur Welt bringen lassen müssen.«

Asma war sofort zur Stelle. Man konnte sicher sein, daß sie nur darauf gewartet hatte, dem Gesandten Gottes vorgestellt zu werden. Mit einer so günstigen Gelegenheit, wie sie sich jetzt darbot, hatten jedoch weder Saada noch Asma gerechnet. Asma beteuerte, alle Kenntnisse und Fähigkeiten einer gelernten Hebamme zu besitzen und daß die Mutter sie nur aus eigennützigen Gründen nie freigegeben habe. Die andern Lehrlinge seien immer von Umm Amar gekauft worden, freie Mädchen habe sie grundsätzlich nicht ausgebildet.

Was Asma erzählte, war durchaus glaubhaft und befriedigte Mohammed. Einen Vermittlungsschilling, meinte er nur, gebe es bei einer zweiten Heirat zwischen ihm und Saada nicht mehr zu verdienen. Sie seien einig.

»Nicht ganz«, sagte Saada.

»Aber Saada!« widersprach Mohammed, »was der Koran dem auflegt, der eine Frau, von der er sich geschieden hat, von neuem heiraten will, das erfülle ich. Wir brauchen also nicht zu warten. Ich weiß schon einen Sklaven, den ich freikaufe. Damit ist alles erledigt.«

»Für dich und vielleicht für uns; aber nicht für Asma.«

»Ich habe doch nichts dagegen, daß sie sich in Medina niederläßt.«

»Medina ist groß. Asma braucht einen Bauplatz, um dort Räume für sich, für ihre Lehrlinge und ihre Patientinnen zu errichten. Bitte, Mohammed, überlasse Asma doch die Ecke auf der Ostseite deines Dar. Dort kommt kaum jemals einer hin, und für eheliche Eigenhäuser wirst du den Platz nie brauchen.«

»Und damit ist alles geordnet?« fragte Mohammed.

»Alles.«

»Dann komm schnell, Saada, wir werden schon erwartet. Wir müssen sofort nach Hause.«

»Du kannst es ja nicht erwarten, endlich das zu erhalten, was dir von Aischa zusteht. Was weißt du schon! Aber ich werde ihr helfen. Das ist das, was ich für dich tun kann.« –

Nicht alles verlief so, wie sich Mohammed das gedacht hatte. Der herzlichen Begrüßung Saadas durch Aischa hatte er noch beiwohnen können, wobei er sich allerdings schon als etwas beiseite gestellt vorgekommen war. Auch seine Tochter Umm Kulthum war zugegen gewesen, die Schlafgenossin Aischas, seit sie in das Haus ihrer Mannes gezogen war. Durch nichts hatte Aischa ihre Absichten sicherer durchsetzen können als dadurch, daß die beiden Mädchen zusammen schliefen. In Gegenwart der Tochter konnte Kadidschas Witwer seine junge Frau nicht gewaltsam nehmen – falls er überhaupt gewagt hätte, es zu tun.

Seine frisch geschiedene und ebenso frisch wiedergeheiratete Saada war weniger schwierig und – zumal es sich ja nicht um ihr eigenes, sondern um das Ehelager einer andern handelte – reichlich kurz angebunden. Mohammed wurde also mit seiner Tochter Umm Kulthum in Aischas neues Eigenhaus geschickt, um es für die Herrin hübsch einzurichten.

»Sie werden doch so bald nicht zurück sein? Was meinst du, Saada?« fragte Aischa.

»Sie werden erst dann sichtbar werden, wenn du es willst. Ich habe Umm Kulthum gesagt, sie bekomme noch Nachricht von dir – sonst möge sie in deinem Haus übernachten.«

»Und ich?«

»Du würdest dann hierbleiben, natürlich ohne Umm Kulthum. Dafür aber mit Mohammed.«

»Aber warum?«

»Weil es hier größer und in vieler Hinsicht angenehmer ist. Natürlich hast du dein Eigenhaus haben wollen. Schon weil ich eines hab. Ist es nicht so? Nun, jetzt hast du es ja. Aber als ich meines zum ersten Mal betrat, habe ich mir erst einmal den Kopf an der Tür gestoßen. So eng ist alles. Ein kleiner Vorraum, grad groß genug, um die Sandalen zu wechseln. Und dann Küche, Schlafraum, Wohnung alles in einem. Mit Mohammed darüber zu sprechen hat gar keinen Zweck. Der hält dann eine lange Rede, daß es unter Gläubigen keine Unterschiede geben und der eine nicht mehr als der andere haben dürfe und daß es für viele noch lange nicht so gut sich ergeben habe. Nein, so richtig bewohnen werde ich das Haus erst dann, wenn ich es mir habe umbauen lassen. Das kriegen wir schon.«

Aischa fand auch, daß ihr für ihre Hochzeitsnacht der Sinn nicht nach einem Raum stehe, der ihr völlig unvertraut sei, und so waren die beiden Frauen in diesem Punkt einig.

»Aber das eine muß ich dir noch sagen, Liebste«, fuhr Saada nun fort. »Versuche nicht, Mohammed noch weiter hinzuziehen und zu narren.«

»Was kann schon geschehen? Ich bin ihm unersetzlich. Vergiß nicht, daß ich den Koran auswendig kenne und besser kenne als er selbst. Mich kann er nicht wegschicken.«

»Wahrscheinlich nicht. Schon deines Vaters wegen nicht, bei dem Einfluß, den Abu Bekr hat. Irgend etwas besteht wohl auch zwischen euch, von dem ich nichts weiß. Ich habe gedacht, da Kadidscha seine einzige war, müsse das auch so bleiben, und darin hab ich mich geirrt. Dagegen ist mir ganz klar, was du willst. Du bist gar nicht dumm, so jung du sein magst. Du weißt, daß er sterblich in dich verliebt ist, und möchtest, indem du dich ihm verweigerst, das Feuer schüren. Doch dabei mußt du immer damit rechnen, daß auch das Gegenteil eintreffen kann. Es wäre möglich, daß du den Mann, statt ihn zu reizen, langweilst und er deiner überdrüssig wird.«

»Ich bin ihm unersetzlich.«

»Jeder und jede ist ersetzlich. Was mich anlangt, so hängt das gegenwärtig von dir ab, Aischa. Oder glaubst du, daß wir die letzten von Mohammeds Frauen sind?«

»Ich halte das für möglich, Saada; aber eine Gewißheit gibt es nicht. Meine Überzeugung ist, daß er ohne mich nicht auskommen wird.«

»Wegen der Offenbarungen?«

»Auch der Offenbarungen wegen. Die Männer, Saada, sind schrecklich stolz darauf, daß wir in einer Männerwelt leben, in der sie alles zu bestimmen haben. Sie halten das für ein Naturgesetz.«

»Stimmt das etwa nicht, Aischa?«

»Ich kenne von Kind auf eine Reihe von Männern von Ansehen und Klugheit, aber daß sie klüger als ich seien, konnte ich nicht finden.«

»Doch deine Pflicht hast du trotzdem getan?«

»Alles gibt Allah, auch die Fähigkeiten. Aus ihnen ergibt sich die Pflicht. Es wäre also eine Sünde gegen Allah, wenn ein Mensch seine höheren Fähigkeiten einem andern mit geringeren unterstellte.«

Solche Erwägungen waren Saada noch nie gekommen. Nach ihrer Meinung war die »Kleine« entweder vollkommen verrückt oder vielleicht doch irgendwie auf eine ihr unbekannte Weise gescheit. So fragte Saada sie ein zweites Mal nach dem, was ihr selbst als der Sinn des Lebens erschien.

»Nun drück dich mal nicht länger, Mädchen, und sag einmal ganz ehrlich: Bist du überzeugt, daß wir beide Mohammeds letzte Frauen sind? Er ist immerhin über fünfzig.«

»Ich sagte bereits, daß ich das nicht wisse. Sieh mal, Saada, Mohammed ist ein Mann, und Männer sind bodenlos eitel. Je mehr Frauen, je mehr Kinder, desto stolzer sind sie. Gewiß, Kadidscha war seine einzige; aber das kann auch folgenden Grund gehabt haben: Mohammed hat Kadidscha niemals gekauft. In ihrer Ehe war sie rechtlich die Stärkere. Mohammed hatte sehr wenig von seiner Mutter geerbt und einfach kein Geld. Andere Frauen hatte er neben Kadidscha nicht, also eine sehr lange Zeit nicht. Wundern würde es mich nicht, wenn er alles nachholen möchte, was er versäumt hat.«

»Und das würde dich nicht stören?«

»Vielleicht … aber ohne mich auskommen könnte er nicht. Immer müßte er wieder zu mir zurück.«

Saada wußte zwar nicht, warum; aber es schien ihr gar nicht so zweifelhaft, ob Aischa nicht doch recht habe, sei es aus Gründen, die sie verstand, sei es aus andern, die ihren geistigen Horizont überstiegen.

»Du bist wunderbar, Kleine«, sagte sie, »schlank, wie es dir nach deiner Jugend zukommt; aber trotzdem siehst du schon ganz erwachsen aus. Aber das werden wir ja gleich sehen!«

»Was willst du, Saada?«

»Dich baden. Eine Braut wird gebadet. Das steht fest. Ich wollte dich nur fragen, ob es dir was ausmacht – weißt du, bei meinem Schwager Chuwailid ist manches noch recht unvollkommen –, und wir beide gehören ja doch zusammen, da könnten wir ja auch zusammen baden, meinst du nicht? ...«

»Salman!« schritt sie sofort zur Tat, »hast du das Bad für deine Herrin vorbereitet?«

Salman hatte bereits eine umfangreiche Holzbalge aufgestellt und Wasser aufs Feuer gesetzt. Als er von Saadas Begehren erfuhr, blieb er sehr gelassen. Wenn er eine zu baden habe, sei die zweite auch nicht viel mehr Arbeit. Das gehe in einem hin.

»Siehst du?« sagte Saada und begann Aischas Bluse zu öffnen.

Ob sie von Saada oder Salman ausgezogen wurde, schien Aischa gleichgültig zu sein. Jedenfalls ließ sie sich das Hemdchen widerspruchslos aus dem Gürtel heraus und über ihre roten Haare ziehen. Das war sie offenbar so gewohnt.

»Kaum zu glauben, daß du ein unerfahrenes Jüngferlein sein sollst, alles an dir, du Süße, verhält sich so, als habest du schon Allah weiß wie viele Männer gehabt. Aber ich vergaß. Du hast ja auch Brüder!«

»Das ist doch albern, Saada. Du könntest dir doch sagen, daß ich mir aus dummen Jungen nie etwas gemacht habe. Als Kinderwärterin bin ich zu jung und als Tante noch nicht alt genug. Das wäre eher etwas für dich!«

»Aber jung genug bist du, daß man dir noch die Hosen abziehen kann«, erklärte Saada mit heiterer Bestimmtheit.

»Doch nicht zu dem Zweck, der dir vielleicht vorschwebt.«

»Bewahre! Eine verheiratete Frau wie du«, spottete Saada.

»Hör auf!«

Von Aischa selbst war der schmale Bund gelöst worden, der ihre Hose über den Hüftknochen festgehalten hatte.

»O du!« schrie Saada in ehrlichem Entzücken auf. »Daß du schön bist, habe ich gewußt; aber wie sehr du es bist, sehe ich erst jetzt.« Damit umfaßte sie Aischas Hüften und schwenkte sie um sich herum.

Vom Rest des heruntergeglittenen Kleidungsstückes befreite Salman dabei die junge Herrin. Salman scheute überhaupt keine seiner Obliegenheiten. Als es bei Aischa nichts mehr zu tun gab, machte er sich unverweilt an Saada, die ihm dabei entgegenkam, da sie ja ihre Knoten und Knöpfe besser kannte als er.

Ein wollüstiges Streicheln war es, als Frau Saada das Mädchen mit ihren Händen zu seifen begann, um dann den gleichen Dienst von Aischa allmählich ebenso entgegenzunehmen. Die Rückseiten der beiden Herrinnen jedoch betrachtete der Sklave als seinen besonderen Dienstbereich, dessen Pflege er sich mit Händen und Schwämmen hingebungsvoll widmete, bis es dann soweit war, daß die Badenden, sich ins Wasser senkend, alle Seifenspuren beseitigten, um sich schließlich in schimmernder Nacktheit in die ausgebreiteten Laken Salmans zu schmiegen.

Das Massieren Aischas übernahm Saada, und ein wenig wunderte sie sich, welch geringen Widerstand sie selbst bei gewagten Griffen erfuhr. Da Erfahrung bei Aischa kaum in Frage komme, so lasse das auf große Phantasie schließen, dachte die Eheschwester. Immer weniger glaubte Saada noch an einen leichten Triumph über die Unerfahrene, und immer mehr verstärkte sich ihr Entschluß, ein freundschaftliches Verhältnis zu Aischa anzustreben und aufrechtzuerhalten. Das, was sie, Saada, unter Liebe verstehe, genüge Aischa zweifellos nicht, um ihre Machtansprüche durchzusetzen.

Von dem aber, was Salman nun anbrachte, verstand Saada etwas. Sie teilte die Leidenschaft der Frauen, hübsche Kleider, und sei es auch nur probeweise, anzuziehen. Den Gefallenswert eines Kleides konnte sie nur erkennen, wenn sie es angehabt und am eigenen Körper gesehen hatte, obwohl das Stückchen polierten Metalls, das ihr als Spiegel diente, ihr bestenfalls das Gesicht zeigte. Aber bei ihrer durchaus noch vorhandenen Schlankheit war das Verlangen groß, in das wunderbare Gespinst zu schlüpfen, das Salman Aischa für ihre Hochzeitsnacht brachte. Hier und da gab es noch in Mekka kleine Mengen von diesem Wunderstoff, der von Rukaijas erstem Verlobten, Utba, einst eingeführt worden war. Er war zu kostbar, um ihn nicht zu schonen und zu bewahren. Der größte Teil war damals ohnehin gleich ins Ausland gegangen; denn für den Export hatte ihn Utba erworben.

Aischas Mutter, die schöne Ägypterin Zainab, verdankte ihren Besitz der Liebe ihres Gatten Abu Bekr, und da sie dessen unerschütterliche Neigung für Mohammed kannte, war es gewissermaßen ein Gegengeschenk, wenn sie nach Aischas Maßen ein Gewand daraus für die Tochter hatte fertigen lassen.

Salman brachte eine lange Hose, deren Weite beim Herunterhängen lose, breite Falten bildete. Sie war mit der ärmellosen Hemdbluse zusammengearbeitet. Jedes Zerschneiden der Körperlinie durch einen Gürtel wurde dadurch vermieden, Aischas Zierlichkeit wurde betont, und dennoch wirkte ihre Gestalt größer. Da Saadas Körpermaß sich bei näherer Prüfung doch als zu bedeutend erwies, mußte sie sich leider begnügen, das Hosenkleid Aischa neidvoll überzuziehen. Der Schleierstoff verbarg nichts und gab zugleich Aischas Haut einen zauberhaften Schmelz. Bei jeder Bewegung ihres biegsamen Körpers wechselte der Anblick ihres Gewandes, der dann zur Verlockung wurde, wenn beim gelegentlichen Lockern der Falten der Schleier ungedoppelt ein Stück Haut freigab.

Aischa sei noch ein Kind, versuchte Saada sich einzureden; aber das weibliche Dreieck am Schnittpunkt der Schenkel hatte sich bereits entwickelt. Und es war roten Haares.

Das göttliche Dreieck hatte Sakram ibn Amr, Saadas erster Mann, es genannt, dessen bescheidene Körperkräfte ihn nicht gehindert hatten, mehr von der menschlichen Vorgeschichte zu wissen als andere. In Aksum hatte er Saada auf die Darstellung des christlichen Gottes als Auge in diesem Dreieck hingewiesen und, wie er gemeint hatte, als Erinnerung an die große Muttergöttin aus einer Vorzeit, da man sich nur eine Göttin und noch keinen Gott hatte vorstellen können.

»Alles sehr schön«, flüsterte Saada Aischa ins Ohr; »aber wenn du merkst, daß ein Mann dir an die Haut will, muß selbst das kostbarste Gewebe herunter, dann gilt nur die Haut, nichts als sie, Liebling.«

Aischas Eigenhaus war eingerichtet, wurde aber nicht von ihr sofort bezogen. Saadas vorsorgliche Maßnahmen bewährten sich. Umm Kulthum hatte ihr mädchenhaftes Vergnügen daran, anstelle ihrer Stiefmutter Aischa, den Haushaltungsvorstand in deren Wohnung zu spielen. Sich in Umm Kulthums Tätigkeit zu mischen war Saada viel zu faul. Sie begnügte sich, mit ihr zusammen zu schlafen; denn da sie nun einmal Mohammed und Aischa nicht im Wege sein durfte, hätte sie wohl auch in ihr eigenes Haus gehen können, wo sie ja auch eigentlich hingehörte, doch für Saada war das Alleinschlafen ein durchaus unerwünschter Zustand, den sie nach Möglichkeit zu vermeiden trachtete, was sie im Falle ihrer Stieftochter Umm Kulthum noch dazu mit dem Anschein sorgender Mütterlichkeit umgeben konnte.

Jedenfalls hatte es Mohammed nicht zuletzt Saada zu danken, daß seine Wohnung beim Abu Aijub von allem Störenden befreit war. Außer ihm selbst, seiner Braut Aischa und dem Sklaven Salman, der die Fähigkeit des Störens gar nicht besaß, war niemand zugegen und wurde niemand erwartet.

Aischas Hochzeitskleid war weniger bergendes Gewand als ein besonders wirksames Mittel, die männliche Begehrlichkeit zu entflammen – wenn irgend möglich, bis zur Weißglut. Daß Aischa klug ihre Mittel einzusetzen wußte, zeigte ihr Verhalten. Offenbar hatte sie Bedenken, inmitten alltäglicher und profaner Tätigkeiten ein Gewand wie ihre Hochzeitshose vorzuführen. Kaum eine andere Erwägung konnte der Grund dieser vorläufigen Zurückhaltung sein als jene, das Schleiergewand könnte seine starke Wirkung auf männliche Sinne wenn nicht verlieren, so doch vermindern. Die Frage, ob solcherart Erwägungen noch die eines Kindes seien, ergab sich unter den gegebenen Umständen von selbst.

Tatsächlich hatte Aischa auch die Durchsichtigkeit des Schleiers durch einen ebenfalls leichten, aber nicht gerade durchsichtigen sonnengelben Hausmantel abgeschirmt. Geschlitzt war der Mantel auch. Jeder dieser Schlitze wirkte wie in einem Mühlbach ein Stau, der das Gefälle der Strömung erhöhte. Wenn man die männliche Begehrlichkeit als Bewegung erzeugende Kraft mit der Stoßkraft eines Baches in Vergleich setzte, konnte man kaum über Aischa und deren Eignung für Hochzeitsbetten im unklaren bleiben.

Sogar in Mohammed dämmerte es auf, daß Aischas Bereitschaft nicht allein von einem durch Saadas Wiederaufnahme erfüllten Vertrag zu erwarten sei. Die sich anbahnende Erkenntnis ermutigte ihn jedoch, auf die Vertragstreue seiner kleinen Frau durch sein ganzes Auftreten mit einer Sicherheit zu bestehen, wie er sie im allgemeinen Aischa gegenüber gar nicht besaß.

Noch hatte sie auf den Mantel auch nicht verzichtet.

»Du bist ungerecht, mein Mohammed«, sagte sie, »du willst mich ausziehen oder möchtest mich veranlassen, es selbst zu tun. Ich soll mich also vor dir schämen, bevor du mir darin folgtest, falls du überhaupt des Schämens vor einem Mädchen noch fähig bist. Was weiß ich schon von einem Mann! Nein, mein Lieber, zuerst ziehst du dich aus. Wozu brauchst du bei mir Sandalen? Daß du ein weißes Gewand angezogen hast, war lieb von dir. Du tatest es gewiß mir zu Ehren. Aber jetzt brauch ich es nicht mehr. Zieh es aus wie die Sandalen. Völlig nackt will ich dich vor mir haben.«

Und so hatte sie ihn dann.

Unbehaglich fühlte sich Mohammed dabei nicht. Bei einem Ehevollzug galt die Entfesselung des Körpers für alle als selbstverständlich und richtig. Die Entkleidung war also der Zustand, wie er sich gehörte, und das geradezu gesetzlich. Allerdings gab er mit den äußeren Umrissen des Körpers auch dessen sichtbare Auswirkungen seelischer und sinnlicher Verfassungen preis.

Nun hatte Aischa zwar behauptet, von Männern nichts zu wissen. Doch mochten es Hinweise erfahrener Frauen oder blitzschnelles Erfassen sein, Aischa empfand die kräftigen, körperlichen Auswirkungen von Mohammeds Wollust sofort als Angriff. Wohl erweckte dieser Angriff ihre Verteidigungs- und Selbstbehauptungskräfte, doch fast zugleich schon wurden sie durch andere Gefühle überflutet, die Aischa zu Mohammed hinspülten.

Ihren Mantel verteidigte sie nicht mehr, und während Mohammeds Gesicht in ihre Schleier tauchte, deren aufreizende Auswirkungen sie schonungslos auf ihn losließ, merkte sie bald, daß er ihr – nach Saadas Worten – an die Haut wolle. Auch diese verteidigte sie nicht mehr. Aischas Hose verwandelte ein Stückchen Boden in eine süße Aussage von der Trägerin. Mohammed aber versank um so unbehinderter, anbetend und von Glück verzehrt, in die äußersten Tiefen seiner geliebten Frau.

Der Gesandte Gottes war ein Fünfziger, und die Kraft des Geschlechtes hatte ihn noch nicht verlassen.

XXVII

Der letzte Tawaf um die Kaaba war erfolgt. Die Sonnenstrahlen erleuchteten gerade noch die Wand der eng aneinander gebauten Häuser, die den Markt von Mekka gegen Westen begrenzten. Über die Berge hinweg, die außerhalb der Stadt lagen, würde die Sonne dann im Roten Meer versinken. Das wußten viele; aber nicht alle hatten das Meer gesehen, zumal die Beduinen nicht, die sich von ihm für ihre Herden keinen Nutzen versprechen konnten. Die mächtige Stadt Mekka dagegen, die zu den Zeiten ihrer berühmten Messen jedermann, Einheimische und Gäste, vor allen gewalttätigen Handlungen und sogar vor der Blutrache schützte, war für die häuserlosen Beduinen in ihren Zelten, vom Herdentrieb bis zur Schur, das Ziel ihrer Sehnsucht. Dort konnte man für alles, was Beduinen besaßen – vom Kamel bis zur Wolle –, alles haben, was es dort gab. Vor allem Wein. Bei Weinbudenbesitzern waren Kamele geradezu das Zahlungsmittel. Das Kamel stand einstweilen im Stall und wurde allmählich vertrunken. Die Kreide regelte den Verlauf.

Bei Imra ibn Hischam war das buchstäblich nicht der Fall. Nicht daß man von ihm hätte sagen können, er habe keine Kamele; aber er schätzte nicht die allzu großen Intimitäten, die mit deren Verwahrung und Abrechnung verbunden gewesen wären. Auch war er durchaus kein Eigenbrötler, der jeder neuen Bekanntschaft aus dem Wege ging, wo sie sich von selbst ergab. Nein, auf Wiedersehen zur nächsten Dattelernte in Mekka! Dieser Abschiedsgruß hatte für ganz Arabien Geltung. Er hätte nur darum nicht für Imra gegolten, weil er gar nicht damit rechnen konnte, alte Bekanntschaften zu erneuern.

Um so mehr jedoch war er darauf aus, neue zu machen, ohne dabei zuviel von seiner eigenen Person preiszugeben.

Für einen Mann der Art Imras gab es also keinen Ort, wo er besser hingehörte als in eine Weinschenke zur Messezeit in Mekka. Menschen, deren Bekanntschaft man machen konnte, gab es genug; Kurzweil an Sang, Tänzen und Märchen ebenfalls, und Wein, um nicht zu verdursten, erst recht. Auch an Weinbuden war zur Pilger- und Messezeit kein Mangel. Die des Tiades genoß wegen der vielen Jahre, in denen der Patron immer wiedergekehrt war, einen gewissen Ruf. Imra konnte das Lokal nicht verfehlen. Statt der Kamele besaß er Dirhems, eingetauscht beim Geldwechsler Abbas, dem Onkel des Gesandten Gottes. Wer brauchte denn auch zu wissen, welchen Pfand Imra eingesetzt, welchen Gegenstand er verkauft hatte?

Es war durchaus möglich, daß so ein Stück sich auf einem der Kamele befunden hatte, die bei Nachla geraubt und deren Lasten inzwischen verteilt worden waren. Imra hatte zur Gruppe des Abdallah ibn Dschahsch gehört – es war nicht seine Schuld gewesen, daß er am Überfall nicht hatte teilnehmen können, weil er sein fortgelaufenes Kamel zurückholen wollte. Und so war es nicht unwahrscheinlich, daß er schließlich doch seinen Beuteanteil erhalten hatte.

In Mekka war Imra zwar geboren; aber als Kind schon hatten ihn seine Eltern mit sich nach Abessinien genommen. Nach seiner Rückkehr war er unmittelbar nach Medina gegangen, und jetzt erkannte niemand in dem bärtigen jungen Mann das Kind von einst. Daß er nicht erkannt werden wollte, war ausschließlich seine Sache. Als Fremder glaubte er, mehr zu erfahren.

Anscheinend wußte er bereits allerlei. Nicht nur die Weinbude hatte er gefunden, er kannte sich auch in ihrem Innern aus. Im Vorraum, der mehr für Fremde und vor allem auch für die Beduinen bestimmt war, weil sie sich dort den Tänzerinnen näher befanden, hielt er sich nicht erst auf. Er ging gleich an den Platz der guten Bürger, wo zuweilen auch Vornehme anzutreffen waren.

»Dort sieht der Fremde ja nicht so gut. Willst du ihm das nicht sagen?« wandte sich das Schankmädchen an ihre aufsichtführende Vorgesetzte, jene Paula, die bereits bei Mohammeds Wettstreit mit dem Märchenerzähler zugegen gewesen war.

»Bring mir den Wein nur hierher«, meinte jedoch Imra, »von dem Roten. Und für dich auch einen Becher. Es ist ja noch leer in der Bude, und so wirst du noch Zeit haben.«

»Bist du ein Abessinier?« fragte Paula, als sie den Wein brachte.

»Wie kommst du darauf?«

»Ich hörte dich auf dem Markt abessinisch sprechen. Weißt du, das gehört zu meinem Beruf, einiges über meine Gäste zu wissen und über solche, die es werden könnten. Und dann interessieren mich Abessinier ohnehin, weil ich hoffe, daß mir einer etwas über einen alten Bekannten sagen kann. Der ist nämlich aus Abessinien.«

»Das bin ich auch«, log Imra, dem es recht war, auf diese Weise seine Person noch mehr zu verschleiern.

»Für einen Abessinier sprichst du recht gut arabisch«, lobte Paula, »fast mekkanisch, doch mit einem ausländischen Akzent.«

»Nun ja, möglich wäre es schon, daß ich deinen Bekannten kenne. Nur vergiß nicht, Abessinien ist groß.«

»Und Bilal – so heißt er – war nur ein Sklave. Aber ein gescheiter Kerl! Ich habe mich gern mit ihm unterhalten. Abu Bekr, einer von den Geldleuten in Mekka, hat ihn freigekauft. Aber Bilal hat ihn wohl, statt nach Abessinien zu gehen, nach Medina begleitet.«

Inzwischen kamen noch einige Kaufleute, von Paula lebhaft begrüßt. Ihnen wurde Imra als Abessinier vorgestellt. Ohne Rücksicht auf den vermeintlichen Ausländer setzten sie ihre Gespräche fort.

Nun bedeutete das nicht viel, da es grundlegende Geheimnisse über geplante oder in Durchführung begriffene Unternehmen nicht geben konnte, weil viele mittlere, ja selbst kleinere Kaufleute daran beteiligt waren. Was für Waren sie in Mekka einführten und umschlugen, war allerdings deren Geschäftsgeheimnis. Die Marschrichtung und die Termine einer Karawane dagegen von Mekka aus zu bestimmen war völlig unmöglich. Sehr viele Beduinenstämme waren zwar durch Vertrag zu ihrem Schutz verpflichtet, weil sie die ihnen daraus zufließende Einnahme für sicherer hielten als eine ungewisse Beute und sich auch nicht gern mit Mekka verfeinden mochten, wo man sich immer wieder einmal treffen mußte. Aber eine Sicherheit für jeden Fall ergab sich daraus für die Karawanen nicht. Der Karawanenführer konnte darum jederzeit Änderungen treffen, die er für richtig hielt und wovon man in Mekka erst hinterher erfuhr.

»Was fragst du mich, Hamed«, ließ sich gerade ein wohlgekleideter Mann vernehmen, hinter dessen Gesicht man mehr einen Gelehrten als einen Kaufmann vermutet hätte. »Ich habe meinen Handel mit Persien. Mein Partner sitzt in Hira. Ein sehr guter Mann. Tüchtig, kann ich dir sagen. Ich bin ganz zufrieden und sehe keine Veranlassung, in das Geschäft mit Syrien einzusteigen. Was du wissen willst, kann dir nur Abu Sofjan sagen. Aber er ist ja nicht in Mekka.«

»Das letzte, was wir hörten, ist, daß die Karawane aus Gaza abgegangen sein soll.«

»Das könnte stimmen; aber wo ist sie jetzt?«

»Was wir bestimmt wissen, ist, daß Abu Sofjan sie führt, und das ist uns die beste Gewähr dafür, daß sie sicher nach Mekka kommt.«

Die ganze Stadt Mekka befand sich in wilder Aufregung. Bei allen Mekkanern gab es fast nur eine Meinung. Und die war erstens, daß ihr Handel in unerhörter Weise angegriffen sei, und zweitens, daß die Angreifer mit Stumpf und Stiel ausgerottet werden müßten. Keine Gefangenen, nur Tote dürfe es geben! Bei den andern natürlich und ohne Rücksicht auf die Verluste an Lösegeldern, die von den armen Schluckern ohnehin nicht bezahlt werden könnten.

Da die Zeit zu kurz war, um befreundete Beduinenstämme aufzubieten, mußten die Mekkaleute, so wenig kriegsgeneigt sie sonst waren, dieses Mal schon selbst zu Felde ziehen.

Die Straßen waren voll von Leuten, die herumliefen, sich mit Waffen zu versehen oder die eigenen herrichten zu lassen. Die Geschlechter liefen weniger. Die hatten gebrauchsfähige Waffen. Das schuldeten sie ihrem Stand.

Und wieder einmal könne man sehen, wie weitblickend und richtig diese Großen handelten. Während Abu Sofjan sich in der Ferne für den mekkanischen Handel herumschlage, sei Abu Dschahl in Mekka geblieben und könne nun das Kommando über die Entsatztruppe übernehmen, die zur Verteidigung der großen Syrienkarawane ausrücken müsse. Denn das war nötig geworden. Abu Sofjan hatte durch Eilboten in Mekka Hilfe angefordert. Der Ruf, zu den Waffen zu greifen, war nicht ungehört verhallt. Auch die kleinen und mittleren Kaufleute stellten sich als Kämpfer zur Verfügung, während es den feinen Leuten schon die Tradition gebot, bei so wichtigem Anlaß nicht zurückzubleiben. Mit imponierenden Zahlen konnte man rechnen: tausend Mann, siebenhundertfünfzig Kamele und hundert Pferde.

Dazu kam dann noch der Troß, vor allem dessen weiblicher Teil.

Die Mekkaner wußten, was sie sich schuldig waren. Ganz Arabien mußte darüber reden, wenn sie nach altarabischer Kriegssitte im Triumphzug vor der Schlacht ausrückten. Mit Lärm und Pomp. An den Raststätten wurde Vieh geschlachtet, Wein ausgeteilt und die Krieger durch Gesänge und Tänze der mitgebrachten Frauen und deren Handpauken ergötzt. Auch im Kampf würden sie nützlich sein. Welcher Mann von Ehre möchte vor weiblichen Augen feige erscheinen? In keinem Fall ein Mann aus Mekka!

Um die große Karawane vor einem feindlichen Zusammenstoß zu bewahren, hatte sich Abu Sofjan anfangs mit größter Behutsamkeit östlich von der eigentlichen Karawanenstraße gehalten, um dann nach Erhalt neuer Nachrichten plötzlich einen Haken zum Westen zu schlagen und dort an der Küste sich fortzuschleichen. Er konnte damit rechnen, in Sicherheit zu sein, und schickte an die Entsatztruppe Boten, daß deren Eingreifen nicht mehr nötig sei.

Natürlich wußte Abu Sofjan, daß Abu Dschahl das Kommando über die Entsatztruppe hatte. Das war von ihm selbst mitangeordnet worden. Ihm war Abu Dschahls Eigentum sehr wohl bekannt, aber auch dessen Tatkraft, der die rasche Aufstellung der Streitmacht zu danken war. Mit dem plötzlichen Ausbruch kriegerischer Begeisterung, die den Gepflogenheiten der Mekkaner so sehr widersprach, hatte wohl niemand gerechnet, nicht einmal die besonnenen Freunde Abu Sofjans, selbst Suhail ibn Amr nicht. Dieser angesehene und fähige Kaufmann hatte sich in den letzten Jahren immer mehr nach vorn gespielt und galt jetzt allgemein als Abu Sofjans Stellvertreter, wenn der nicht da war.

Und jetzt war er nicht da.

Sonst hätte es sich wohl kaum ereignet, daß ein paar hundert Menschen mit einem Höllenlärm einlaßbegehrend das Führerzelt umringten. Selbst Abu Dschahl hatte sich – so willkommen ihm die Kundgebung sein mochte – genötigt gesehen, einige zuverlässige Bewaffnete am Eingang zu postieren, um jedes Eindringen zu verhindern. Im Zelt ging das Gespräch um so eifriger weiter.

»Da hörst du es, Abu Dschahl!« sagte Abdallah ibn Dschoddan, der Sklavenhändler und dementsprechend einer der einflußreichsten Bewohner Mekkas. »Wenn man die Kerle sich mit Wein vollaufen läßt, sind sie nicht mehr zu gebrauchen.«

»Du, mein Abdallah, scheinst schwerhörig zu sein«, erwiderte Abu Dschahl, »dabei schreien sie laut genug.«

»Jawohl! Daß sie sich weigern, ohne gekämpft zu haben, nach Mekka zurückzukehren. Sie tun gerade so, als seien sie allesamt berühmte Streiter.«

»Und darüber ärgerst du dich? Ich hätte nie gehofft, unsere Duckmäuser so weit zu kriegen, daß sie endlich das zu tun verlangen, was nötig ist.«

»Nötig?« meinte Abdallah ibn Dschoddan. »Ich habe nichts gegen Krieg und Kämpfe. Daß ich von der stärkeren Partei schon vorher gegen Pauschale die Kriegsgefangenen aufkaufen konnte, ist schon mehr als einmal für mich ein glänzendes Geschäft gewesen. Aber die da draußen, die wollen ja keine Gefangenen machen. Die wollen alles gleich totschlagen. Hörst du das denn nicht?«

»Ich finde das sehr richtig.«

»Ich nicht. Einen toten Mann kann ich nicht mehr verkaufen. Und ein totes Mädchen ebenfalls nicht.«

»Meine Freunde«, mischte Suhail sich ein, »Abu Sofjan hat uns sagen lassen, wir sollten ohne Kampf nach Mekka zurückgehen. Das erspart uns vieles. Bis jetzt haben wir schließlich alles so getan, wie es Abu Sofjan wollte, und ich kann nicht finden, daß es Mekkas Schade gewesen sei. Man kann nicht alles nur als Geschäft ansehen.«

»Und die Karawane?«

»Die ist gerettet. Deswegen brauchen wir nicht zu kämpfen.«

»Allerdings nicht«, sagte Abu Dschahl. »Aber Mekka? Ohne seinen Handel ist Mekka nicht lebensfähig. Auf unsern Felsbrocken wächst nichts. Also ist Mekka nur zu halten, wenn man ein Geschäft damit machen kann. Nun gibt es große und kleine Geschäfte, und wenn eins nicht das einträgt, was es sollte, oder gar Verluste bringt, so darf man nicht gleich verzweifeln. Aber das eine Geschäft, das ganz große, das nur einmal zu machen ist und einen auf lange Zeit, vielleicht auf immer gesund macht – wer das an sich vorübergehen läßt, der hat nicht nur ein Geschäft, der hat sich selbst verloren. Es mag ja sein, Ibn Dschoddan, daß du dieses Mal nicht ganz auf deine Rechnung kommst, obwohl das für den, der dich genau kennt, noch keineswegs gewiß ist. Für mich jedenfalls nicht. Ist mir aber ganz gleichgültig. Heute geht es um Mekka. Bei allen Göttern unserer geliebten Stadt kann ich behaupten, daß ich von Beginn an für schärfste Maßnahmen gegen den Unruhestifter Mohammed ibn Abdallah und seine Verrückten gewesen bin. Es hat nichts genützt, es sind nur mehr geworden. Jetzt, da wir sie endlich aus unserer Stadt heraus haben, bekämpfen sie zum Dank für Mekkas Nachsicht unsere Karawanen. Nicht für die Herausgabe geraubter Waren oder wegen einer Entschädigung für den Toten von Nachla will ich kämpfen, sondern für Mekka, das endgültig frei sein muß von allen Sorgen. Dann wird es seinen Reichtum bewahren und steigern. Das gilt auch für dich, Ibn Dschoddan. Mohammed ist bei seiner Raubhorde. Darauf könnt ihr euch verlassen. Es wird einen Kampf ohne Gnade geben; wie die da draußen es schreien. Auch das ist gewiß!«

»Man hätte es dem Volk doch lieber etwas schonender beibringen sollen, Abu Dschahl – das mit dem Rückzug«, meinte Suhail.

»Schonender? Sie sind in der richtigen Stimmung!« schrie Abu Dschahl und stürzte zum Eingang.

Draußen breitete er die Arme aus.

»Freunde! Mitbürger! Mekkaner! Ihr habt recht, es geht um Mekka! Keine Gefangenen! Totschlagen! Damit Mekka reich bleibt und immer reicher wird. Dann setzt sich kein Beduinenstamm mehr für die Raubmörder ein!«

Im gleichen Augenblick hob sich Abu Dschahl schon vom Boden. Mochte er auch nicht der Leichteste sein, es fanden sich genug kräftige Arme, die ihn begeistert in die Höhe rissen.

»Hoch, Abu Dschahl! Hoch! Hoch, Abu Dschahl! ...«

Es bedurfte keiner besonderen Befehle. Die Feuer wurden gelöscht, und Mekkas großmächtiger Karawanenschutz setzte sich in Marsch.

Mohammed hatte auf seinem Dar hölzerne Podeste von der geringen Höhe zweier Handbreiten herrichten lassen, damit man nicht etwa bei Besuchen oder Beratungen nasse Füße bekomme. Besuch war da, und zwar von dem altem Abu Kais ibn Abi Anas. Dieser Führer der Chazradschiten hatte anfänglich zu den Munafikun, den Unzuverlässigen, gehört, sich aber nach der Freigabe der Nachla-Beute ganz für Mohammed entschieden. Als unmißverständliches Zeichen seiner neuen Gesinnung hatte der alte Herr einen schönen Teppich als Gastgeschenk mitgebracht, der, sofort auf dem Podest ausgebreitet, jetzt dazu diente, die Unterhaltung feierlicher und bequemer zu machen.

Mohammed war recht zufrieden. Wohl hatte es sich herausgestellt, daß er als Gesandter Gottes auf die Massen mehr Einfluß als die früher so unbestritten herrschenden feinen Leute hatte. Dennoch ging er ihnen nicht aus dem Wege, sondern ließ sich gern mit den Vornehmen sehen. Das bedeutete, daß sie ihn immerhin anerkannten. Ob nun mehr aus Furcht als aus Überzeugung, ließ Mohammed dahingestellt sein. Eine öffentliche Freundschaftsbekundung wie die von Abu Kais galt ihm jedoch als Sieg, besonders jetzt, da er seine Anhänger, und zwar die Ansar, die Helfer aus Medina, ebenso wie die Muhadschirun, die Emigranten aus Mekka, aufgeboten hatte, ihm auf einem Streifzug zu folgen, der gegen die große Syrienkarawane von Mekka unternommen werden sollte. Dieses Unternehmen versprach eine reiche Beute bei geringer Gefahr, falls sich nur genügend Mannschaften zusammenfinden würden.

Abu Kais entschuldigte sein Fernbleiben mit seinem hohen Alter, stellte aber zehn seiner Kamele zur Verfügung, was Zaid, der die Ausrüstung und Verproviantierung unter sich hatte, gern vernahm. Nach seinem Bericht hatten sich dreiundachtzig Emigranten und zweihunderteinunddreißig Medinaleute, also dreihundertvierzehn Mann, mit nunmehr siebzig Kamelen gemeldet.

Aber nicht nur der Stamm Chazradsch war bei dieser letzten Besprechung vertreten, sondern auch der Stamm Aus durch seinen Scheich Abu Amir ar-Rahib, der allerdings keineswegs wie Abu Kais seine schwankende Haltung aufgegeben hatte. Einen Juden mitzubringen, hatte er freilich mit Rücksicht auf die Chazradsch nicht gewagt. In der Buatschlacht waren die Aus mit dem jüdischen Kainukastamm verbündet gewesen, und nicht zuletzt den Kainuka hatten sie den Sieg zu danken gehabt. Darüber hätte es leicht zu unerwünschten Erörterungen kommen können und darüber – wenn auch sehr im Gegensatz zu Mohammed –, daß Jehova wohl ein jüdischer, Allah aber ein arabischer Gott sei.

Abu Amir hatte sich also zu seiner Begleitung mit einigen Ausiten, die noch dazu treue Gläubige waren, begnügt. Einige Bemerkungen über die Verletzung des Monats Radschab und über den Ramadan fallenzulassen, in dem der neue Streifzug erfolgen würde, war Abu Amir sich selbst schuldig gewesen. Das war aber auch alles. Selbstverständlich war das schöne Geschenk des Abu Kais, der Teppich, zu bewundern. Durch Stillschweigen hätte man den alten Herrn gekränkt, der obendrein das Haupt der Chazradsch war. Dabei stellte sich dann heraus, daß auch die Aus nicht mit leeren Händen gekommen waren. Ein Religionsverbot Mohammeds besagte, daß Frauen in ihrem Haus mit fremden Männern nur durch einen Vorhang von ihnen getrennt sprechen durften. Als nachträgliches Hochzeitsgeschenk für Aischa brachte Abu Amir einen dünnen Vorhang, der die Verständigung und – vielleicht auch die Sicht – nicht allzusehr erschwerte. Das Stück war mit Seide bestickt und nicht ohne Wert.

Fast schien es, als sei es dem Abu Amir nicht unlieb, daß der chazradschitische Teppich ein wenig durch den Vorhang in den Hintergrund geriet. Weniger Teppich und Vorhang jedoch waren es, die das bewirkten. Es war mehr Aischa, Tochter des edlen Abu Bekr, die den Geschenken und damit dem Vorhang seine Bedeutung gab.

Dieser Umstand ließ unvermeidlich Abdallah ibn Masud in das Geschehen eingreifen. Er war gleichsam Mohammeds Schatten. Nicht nur um sein Schuhwerk und seine Kleidung kümmerte er sich auf das sorgsamste, auch der diskrete Begleiter des Gesandten Gottes war er auf allen dessen Wegen, so daß jedermann auch ibn Masud Platz machte, wenn der Prophet ein fremdes Haus betrat. Doch das war nicht alles. Mehr als einmal hatte Mohammed die Gläubigen auf ihn hingewiesen, der ihnen, ohne je abzuirren, den Islam vorlebe.

Abdallah ibn Masud war aus kleiner Familie, aber kein Sklave wie der Perser Salman. Er war ein Schutzgenosse des koraischitischen Geschlechtes Zuhra.

»Ich werde ihn anbringen«, sagte er, und damit nahm er den Vorhang, um sich mit ihm in der Richtung von Aischas Haus zu entfernen.

Nicht sehr lange nach seinem Verschwinden erschien, gefolgt von Salman, Aischa mit einem lichten Gesichtsschleier in gelber Farbe. Niemand wurde durch ihn gehindert, festzustellen, wie schön Aischa war. Sie begrüßte die Männer und dann Amir besonders.

»Die Herrin wünscht dir ihren Dank für den kostbaren Vorhang auszudrücken«, sagte Salman, was der Ausit Abu Amir mit einer Verneigung entgegennahm.

Dann wandte Aischa sich selbst an den Chazradsch Abu Kais ibn Abi Anas, dessen vollen Namen sie aussprach.

»Auch dir«, sagte sie, »habe ich für den wundervollen Teppich zu danken, den mein Gatte erhalten hat und dessen wir uns jetzt alle erfreuen.«

Damit setzte sie sich neben Mohammed, der ganz froh war, sie bei sich zu haben, weil unmittelbar vor dem großen Streifzug der Koran sehr wohl noch eine Rolle spielen konnte.

Dennoch, ganz wohl war Mohammed innerlich nicht. Seine Empfindungen waren eher zwiespältig. Seine männliche Eitelkeit genoß es, in Aischa eine schöne Frau zu haben; aber zugleich erregte es seine Eifersucht, daß sie unter einem so dünnen Schleier andern Männern Gelegenheit gab, das zu bestätigen.

Im Augenblick war wohl der am meisten Befriedigte Abu Kais. Man sah es dem alten Herrn an, daß er wegen der persönlichen Ansprache durch die entzückende kleine Frau sich den Triumph über seinen Rivalen Abu Amir beimaß. Es störte ihn nicht, wenn der »eitle Fant«, wie er bei sich Abu Amir nannte, vielleicht anderer Meinung war. In Wirklichkeit sei es doch so, daß dem Abu Amir der Radschab und Ramadan Aischas wegen gar nicht mehr viel ausmachten.

Immerhin war der Ramadan mit seinen Fastengeboten für Mohammeds Streiftruppe doch recht lästig, ja, an glühend heißen Tagen konnte die Marschgeschwindigkeit stark beeinträchtig werden, wenn die Leute ihren Durst bis nach Sonnenuntergang hinunterknirschen mußten. Die taktische Bedeutung der Schnelligkeit erkannte Mohammed sofort; die Gläubigen mußten die Karawane erst suchen und vielleicht, wenn ihr Standort endlich ausgemacht war, eine lange

Umgehungsstrecke hinter sich bringen. Ein Mann langer Entschlüsse war Mohammed durchaus nicht. So erklärte er den Bruch des Fastens auf Reisen und Kriegszügen für erlaubt. Diesen Vorteil hatten die Mekkaner vor den Kämpfern des Islams also nicht mehr.

Mohammeds Truppe verfolgte noch immer den Weg nach Mekka, als Imra Ibn Hischam, von Mekka kommend, zu ihr stieß. Genaues über Abu Sofjans Standort und seine Pläne konnte auch er nicht sagen, sondern nur, daß man in Mekka annähme, er werde alles versuchen, das Marschtempo der Karawane zu beschleunigen. Dazu dürfte er sich des Marktes von Badr bedienen, um dort den Rest der Karawane unter dem Schutz der Beduinenstämme unterzubringen, die es übernommen hatten, für das Marktrecht von Badr aufzukommen.

Mohammed ließ Imra zu sich kommen, um ihn ohne Zeugen zu verhören.

»Dieses Mal«, begann er, »ist dir dein Kamel nicht fortgelaufen. Wir haben also Glück gehabt? Doch reden wir nicht mehr von deinem Kamel, das offenbar den Munafikun zuneigt. Du hast deinen Anteil an der Nachla-Beute erhalten und ihn durch deine Reise nach Mekka gut anzulegen versucht. Das spricht für deine Gesinnung. Hoffen wir, daß sie mit der Zeit auch dein Kamel ergreift.«

Wohl sprach Mohammeds Lächeln von einigem Zweifel, aber auch von seiner Großzügigkeit in der Beuteangelegenheit, die Imra als echter Araber zu schätzen wußte.

»Es gibt immer noch Leute in Mekka«, fuhr er mit seinem Bericht fort, »die sich deiner und der Gläubigen wohlwollend erinnern. Vielleicht sind sie noch zu gebrauchen. Ich meine nicht nur die Christin Paula beim Weinschenk Tiades ...«

»Ach ja, die Paula ...«

»Sie war sehr darauf aus, Näheres über Bilal zu erfahren. Zuletzt vermutete sie, er sei mit Abu Bekr nach Medina gegangen.«

»Wie recht sie damit hat, hast du ihr freilich nicht sagen können. Aber dumm ist sie nicht.«

»Gewiß nicht – auch wenn sie mich für einen Abessinier hielt, was mir natürlich sehr paßte.«

»Und Abbas? Welchen Eindruck hattest du von ihm?«

»Dein Onkel wird Mekka nicht verlassen, weil sein Geschäft gerade jetzt ziemlich gut geht. Aber mit dir will er es auch nicht verderben, Prophet. Mir war er in allem behilflich.«

»Und was sagt er von Bar?«

»Das gleiche wie viele andere. Aber ich bin überzeugt, er weiß mehr als die andern.«

»Das könnte stimmen.«

»Die Verbindung mit dem edlen Othman und deiner Tochter Rukaija hält er auch aufrecht. Die Hauptsache kommt jedoch noch, Gesandter Gottes. Du weißt doch, daß die Mekkaner Abu Sofjan mit einer Abteilung zu Hilfe kommen wollten, und inzwischen sind sie auch, vermutlich mit viel Getöse, ausgezogen.«

»Also doch!«

»Beunruhige dich nicht, es ist kein Grund dazu vorhanden. Ich tat so, als wolle ich an einer Raststelle zu der Truppe stoßen.«

»Nun, und?« drängte Mohammed. »Wieviel sind es, und wie sind sie bewaffnet?«

»Ich kam gar nicht zu ihnen. Mir begegneten zwei von diesen Leuten, die nach Mekka zurück wollten. Abu Sofjan hatte eine Botschaft gesandt, das Heer möge nach Mekka zurückgehen. Er habe keine Hilfe mehr nötig.«

»Hat keine Hilfe mehr nötig ...«, sann Mohammed. »Es ist gut, Imra, du kannst gehen, aber zu niemandem ein Wort, wer es auch sei.«

»Kein Wort, Gesandter Gottes.«

Es war das erste Gespräch, das Imra nach dem Vorfall bei Nachla mit Mohammed unter vier Augen zuteil geworden war, und er hatte den Eindruck, daß ihm, wenn nicht überhaupt verziehen, so doch noch Gelegenheit gegeben werde, durch einen Akt unmißverständlicher Ergebenheit zu vollkommener Verzeihung und vielleicht sogar zu Gunst zu gelangen. Viel Zeit zur Rast blieb Imra allerdings nicht. Mohammed änderte die Marschrichtung von Süden scharf nach Westen. Falls sich diese Anordnung bewähren sollte, hätte auch Imra gewonnen. Scharf nach Westen ging es auf Badr zu.

Badr war ein besuchter Markt in einiger Entfernung von der Küste. Er lag auf einer von Anhöhen und Dünen umgebenen sandigen Ebene. Auch einige Brunnen waren vorhanden.

In den letzten Marschtagen hatte sich etwas ereignet, wovon man nicht sagen konnte, ob es für eine der beiden Parteien – Mekka oder Medina – ein Glück oder ein Unglück sein würde und für welche der beiden. Es hätte auch die Katastrophe werden können, nämlich für Mohammed und seine Gläubigen.

Als die Mediner heranzogen, hatten sie zunächst von ihren Gegnern nichts wahrnehmen können; denn die Mekkaner unter Abu Dschahl hatten bereits jenseits der Höhen westlich von Badr ein Lager aufgeschlagen.

Dann waren die Gläubigen bitter enttäuscht, als sie nichts von der Karawane erblickten, die sie anzutreffen gehofft hatten. Diese schwere Enttäuschung wich blankem Entsetzen, nachdem ihre Streifen die Anwesenheit eines starken mekkanischen Heeres feststellten, dem sie jetzt gegenüberstanden.

Wenn die Gläubigen diesem Entsetzen nachgegeben hätten, wäre daraus folgerichtig die Katastrophe erwachsen. Siebenhundert Kamele und hundert Pferde waren in der Verfolgung in jedem Fall siebzig Kamelen überlegen. Die Gläubigen brauchten nur – und sei es auch noch so wenig – zurückzuweichen, und sie waren verloren.

Demgegenüber sah Mohammed noch keineswegs seinen Untergang für sicher an. Blitzartig begriff er die Lage, in die er geraten war, und vor allem, daß jetzt keine Zeit zu endlosem Gerede sei, mit dem ihn die Gläubigen schon so oft ermüdet hatten. Als Allahs Fügung betrachtete er diesen Umstand.

Indem Gott die Mekkaner den Seinen Auge in Auge gegenüberstellte, versperrte der Höchste jeden andern Ausweg als nur den Kampf auf seinem, dem Wege Gottes. Nie war ihm, Mohammed, das gelungen, doch jetzt blieb nur noch der offene Kampf mit seinen früheren Mitbürgern übrig, die ihn so oft verhöhnt hatten, weil die prophezeite, zermalmende Strafe Allahs ausgeblieben war.

Dies sei Allahs Kampf, war Mohammed fest überzeugt. Nicht allein seien die Gläubigen. Er, der Allmächtige, werde seine himmlischen Heerscharen senden, die drei Erzengel Gabriel, Michael und Israfil mit je tausend andern Engeln.

»Wenn ihr«, rief Mohammed den Gläubigen zu, »über dem diesseitigen Talrand wäret und die Feinde auf dem jenseitigen und die Karawane unten zwischen euch beiden – und hättet ihr euch noch so sehr zum Kampf entschieden –, ihr wäret doch uneins. Aber der Kampf findet statt, weil Allah eine Sache entscheiden will, die entschieden werden muß!«

Dann schmetterte er in die Hunderte, daß jeder im Kampf auf dem Wege Gottes Gefallene sofort das Paradies erlange. Ohne Fegefeuer! Ohne Jüngstes Gericht! Alle Sünden seien gebüßt und durch Allahs Barmherzigkeit verziehen!

Was wußten die Gläubigen vom Jüngsten Gericht? – Daß es gewiß sei, wußten sie über jeden Zweifel genau, und daß Allah barmherzig sei, wußten sie ebenfalls. So sei es ja offenbart. Aber was wußten sie über den Grad ihrer Sünden? Allah sei allwissend, er wisse es. Sie jedoch seien nicht allwissend und könnten in ihrer sündigen Hoffart sich irren. Nicht einmal um alle Sünden wüßten sie unirrbar alles.

Das eine aber sei offenbart, und daran zu zweifeln sei eine Lästerung Allahs: Der im Kampf auf dem Wege Gottes Gefallene gelange unmittelbar ins Paradies!

Das erste Entsetzen wurde von gläubiger Zuversicht abgelöst. Ein feuriger Kampfeswille erwachte, denn im Kampf lagen ja die Glückslose, Tod und Paradies waren eins. Sich die Feinde suchen, je schärfer bewaffnet sie waren, um so besser! Jeder von ihnen konnte zum Spender des Paradieses werden, und Ungläubige zu töten, die sie, die Gläubigen, aus der Kaaba und ihrer Heimat vertrieben hatten, war verdienstvoller Gehorsam gegen Allahs Gebot. Allah liebt die Gehorsamen. Allah und seinem Gesandten gehorchen!

Ein Rausch ließ die Gläubigen durcheinanderwirbeln. Wer noch nicht gerüstet war, bemühte sich eilends um ein metallverstärktes, ledernes Kriegskleid, und dabei festigte auch der Boden noch ihre Zuversicht. Der Regen hatte den losen Sand gangbarer gemacht, und so beschwingte er geradezu die Hufe und Füße. Die Gläubigen selbst waren auf ihrem Anmarsch noch mit einer mäßigen Husche davon gekommen; aber in und um Badr mußte es mit ganzer Kraft heruntergepladdert sein. Auch die Anwesenheit Mohammeds war dem Kampfgeist und der so notwendigen Einigkeit der Gläubigen förderlich. Immer wieder versicherten ihm Gruppen von ihnen, daß sie ihm folgen wollten, wohin er sie führe. An Gelübden und Beteuerungen überboten sie sich.

Auch Hubab ibn al-Mundir widersprach dem Propheten nicht direkt. Er fragte nur, ob die Brunnen infolge einer Offenbarung offengelassen seien, und erst als Mohammed das verneinte, veranlaßte er, daß alle mit Ausnahme des einen, bei dem die Truppe sich aufstellte, zugeschüttet wurden. Es war ein Fehler gewesen, daß die Mekkaner sich dieser Brunnen nicht bemächtigt hatten.

Daß Mohammed noch ungerüstet war, beunruhigte niemanden, sah man doch Abdallah ibn Masud, den zuverlässigen Betreuer seines Propheten, um dessen Sachen bemüht. Nicht einmal das Aufschlagen einer Hütte aus Zweigen fiel auf. Da Masud es so angeordnet hatte, machte sich keiner darüber eigene Gedanken.

Übrigens stand auch der hochgeachtete Omar in der Nähe.

Daß Aischa nicht da sei, bedauerte Masud.

Warum? Ob Masud eine Offenbarung erwarte? fragte Omar. Er zweifele nicht, daß sich Masud fast so darauf verstehe wie Aischa. Auch fürchte er nicht, daß eine Offenbarung unter den Gläubigen eine Unruhe hervorrufe. Sie seien keine Heiden. Und er verlasse sich auf Masud.

An Mohammed war noch keine Veränderung zu bemerken. Er richtete die Reihen seiner Truppe zu schnurgeraden Linien aus und bediente sich dazu eines Pfeils, mit dem er im Eifer einem Mann, dessen Bauch hinausragte, etwas unsanft draufschlug. Der Getroffene schwieg nicht still, worauf Mohammed ihm den Pfeil mit der Aufforderung reichte, sich seine Genugtuung an ihm, Mohammed selbst, zu nehmen. Aber der Zwischenfall endete damit, daß der Aufgebrachte ihn umarmte, ihn küßte und sich unter dem Beifall der Umstehenden bedingungslos zu ihm bekannte.

Auf diese Weise entstand etwas, was den Arabern bei ihrem Mangel an Kampfdisziplin neu war: ein fester und doch beweglicher Block, bereit, über alles, was ihm entgegenstand, hinwegzurollen.

So erwarteten die Gläubigen die Schlacht.

Sie hatten nur siebzig Kamele, konnten also in ihrer Gesamtheit nicht als Berittene kämpfen. Die Mekkaner dagegen waren mit ihrer Unmenge von Reittieren als eine in berittene Einzelkämpfer aufgelöste Masse zu erwarten. Der Vorteil der Krieger zu Fuß bestand nun darin, daß immer mehrere von ihnen sich mit einem Angreifer befassen konnten, daß die Beinsehnen der Tiere vom Boden aus unschwer zu durchhauen waren und ein abgeworfener, bereits am Boden liegender Reiter mit Leichtigkeit abzutun war. Den siebzig Kamelreitern der Gläubigen blieb die Aufgabe, hinter der Linie etwa durchbrechende Feinde im Reiterkampf zu beseitigen. Die Geschlossenheit ihrer religiösen Überzeugung vermittelte den Gläubigen eine Disziplin, die ihre Aufstellung erleichterte. Sonderwünsche wurden nicht vernommen. Der Gesandte Gottes war unter ihnen. Keiner deutete Mohammeds Taumeln, von dem er plötzlich befallen wurde, als Schwäche – alle empfanden es als Allahs Nähe. Ergriffenes Schweigen herrschte, als Masud seinen Propheten zur Laubhütte brachte.

Zwischen fahler Blässe und übermäßigem Rot wechselte Mohammed seine Gesichtsfarbe, bis dann der Schweiß in Strömen aus ihm herausbrach.

Omar warf die Arme hoch.

»Ihr Gläubigen«, schrie er, »Allah ist bei seinem Gesandten! Seid getrost!«

Einen wilden Schrei aus über dreihundert Kehlen entfesselte diese Kunde. Wie Donner wehte er über den Sand.

Gleichsam als Antwort kam ein ungeheurer Lärm mit Pauken und Blechgeschmetter von der anderen Seite des Tals. Abu Dschahls Heer kam auf die Gläubigen zu. Das war also der Augenblick, da der Unruhestifter von Mekka mit allen seinen Verrückten endgültig ausgerottet werden sollte. Auch die Beduinen hatten nach Abu Dschahls Willen zu lernen, daß einzig das mächtige und stolze Mekka belohnen, aber auch strafen könne und daß nichts sonst der Erwägung wert sei, weil es in Mekka in Hülle und Fülle gebe, was ein Araber nur jemals brauche, und dazu Frieden, Gesittung und Recht.

Zugleich war es jedoch auch der Augenblick, da die Aufstellung der Gläubigen ihre erste Wirkung ausübte. Der Vormarsch der Mekkaner stockte, der Lärm verebbte.

Man hatte ein Durcheinander von erschreckten Menschen erwartet, von Reitern und Unberittenen, von Gewappneten und Ungewappneten, von Sichzankenden, Sichbeschimpfenden, die nicht wußten, wie sie ihrem Untergang entgehen könnten – kurz, vom Untergang abgesehen, nicht viel anders, als es bei ihnen selbst aussah.

Statt dessen stand ihnen eine festgefügte, regungslose Mauer lebender Männer gegenüber.

Angesichts des Unerwarteten wurde den Mekkanern unheimlich zumute.

Allerdings war nach den arabischen Kriegsgepflogenheiten eine Pause vor Beginn des allgemeinen Kampfes vorauszusehen gewesen.

Vor einer Schlacht mußten einige auserwählte Krieger von jeder Partei ihr Waffenglück gegeneinander versuchen. Niemand durfte sich einmischen, helfen oder hindern, ehe nicht durch Tod oder Flucht der Beteiligten der Kampf entschieden und die Überlebenden und Gefallenen zum Ruhm oder Schimpf den Dichtern überliefert waren.

Dieses erbaulichen Orakels wollten sich die Mekkaner und damit auch die Gläubigen nicht begeben.

Die mekkanischen Kämpfer ritten bereits auf ihren Rennpferden in den freien Raum zwischen den beiden Streitkräften, der vorerst ihnen und ihren Gegnern allein gehören sollte. An Zahl waren es drei, und es schien fast so, als glaubte ihre Partei, daß die Vornehmheit ihrer Abstammung sie unüberwindlich mache.

Gut anzusehen waren sie jedenfalls in ihren ledernen Kriegsgewändern, auf denen die Metallbeschläge blitzten. Mit den Händen hielten sie die in die Steigbügel gestemmten indischen Lanzen aufrecht, die wegen ihrer Bruchfestigkeit berühmt waren, und davor ihre Schilde. An den Seiten hingen ihnen die Schwerter aus Damaskus. Es war an nichts gespart worden, und insofern war der spornende Zuruf ihrer Freunde nicht unberechtigt. Zwei davon waren Brüder, nämlich Utba und Saiba ibn Rabia, die sich durch den Kampf von dem Vorwurf ihrer Standesgenossen reinigen wollten, den Gläubigen gar zu vorurteilsfrei gegenüberzustehen, hatten sie doch Mohammed in Taif bis zum Abend Unterschlupf vor dem Pöbel gewährt, ehe sie ihn aus ihrem Garten vertrieben hatten. Der dritte war Aswad ibn Abd al-Asad, ein Machzumit, also aus dem Geschlecht Abu Dschahls.

Beim Lanzenstechen wären Kamele im Nachteil, beim Schwertkampf aber im Vorteil gewesen. In diesem Fall jedoch entsandten die Gläubigen ihre Kämpfer ebenfalls auf Pferden. Daß ihnen die Pferde nicht gehörten, machte ihnen nichts aus. Sie waren in der glücklichen Lage gewesen, sie bei ihrem Anmarsch zu stehlen. Fertig gesattelte Ausreißer waren es gewesen, so daß sich ihrer Verwendung jetzt kein Hindernis entgegenstellte.

Nun brausten sie mit eingelegten Lanzen den drei Gegnern entgegen, indes Omar mit gezogenem Schwert seinen Platz vor der Linie der Fußkrieger einnahm, wie diese vorerst ein Zuschauer. Die gläubigen Kämpfer waren: Mohammeds Onkel Hamza, Mohammeds Vetter Ali und Saadas Schwager Chuwailid.

Reiten konnten auch sie. Wer konnte es nicht? Aber Aswad ibn Abd al-Asad war ein Künstler zu Pferde, und er ritt sein eigenes Tier, das ihn kannte. Mit einem kleinen Schenkeldruck gelang es ihm, unmittelbar vor dem anstürmenden Chuwailid in Sekundenschnelle nach links auszuweichen. Chuwailid glitt in rasender Geschwindigkeit an seinem Gegner vorüber, der sofort eine Seitenbewegung vollzogen hatte und nun die eingelegte Lanze dem andern in die ungedeckte Seite rannte. Eins der Pferde war ohne Reiter.

Von den Gläubigen ein einziger Schrei: »Allah!«

Sie riefen den an, auf dessen Weg sie kämpften.

Ali hatte im ersten Anrennen Glück. Gegen die Regeln seines Waffenlehrers wollte Saiba, mit dem Ali es als erstem zu tun hatte, durch seinen Schild der Lanzenspitze des Gegners eine Richtung nach eigenem Willen geben.

Die Richtung änderte er zwar; aber die Lanzenspitze Alis ging nicht ins Leere, sondern in Saibas Hals.

Hamzas Kampf verlief anders. Gleich beim ersten Anprall war Utba ibn Rabias Pferd auf die Hinterhand gesackt und der Reiter hinabgerutscht. Hamza war sowieso mehr für Schwertkampf als für einen, bei dem in vielem ein Pferd den Ausschlag gab. Er sprang ebenfalls ab und griff Utba an, indem er sein Zweihänderschwert herausriß. Der Rabia war als guter Fechter bekannt und durfte hoffen, was ihm an Größe und Wucht fehlte, durch Kunstfertigkeit auszugleichen. Mit Selbstvertrauen setzte er seine leichte, elegante Damaszener Klinge gegen Hamzas Selbstgeschmiedete ein. Mit fachmännischer Anerkennung stellte Hamza die hohen Eigenschaften der Waffenerzeugnisse von Damaskus fest. Kein Splitterchen sprang aus Utbas Klinge, seine Schneide blieb trotz der gewaltigen Schläge so scharf wie die von Hamza. Zu bewundern war jedoch, daß Hamza mit seinem Zweihänder ganz allein in seiner Rechten den Finessen seines Gegners durchaus gewachsen war. Er wirbelte seine wuchtige Waffe genauso leicht und geschickt wie der andere die seine und konnte ihn schließlich doch ermüden. Bei der ersten fast unscheinbaren Blöße, die Utba sich gab, saß ihm der Zweihänder tief zwischen Schulter und Hals. Eine winzige Drehung der Waffe noch, und der Kopf wäre davongerollt.

Um die Pferde kümmerten Ali und Hamza sich nicht. Wenn die Schlacht gewonnen wurde, würden sie so viel haben, wie sie wollten.

Sie nahmen ihre Plätze in der Linie der Gläubigen wieder ein. Chuwailid aber lag tot auf der Walstatt, und seine Seele befand sich bereits im Paradiese. Der Überlebende der anderen Seite, Aswad, ritt dagegen wieder zu seiner Partei. Mit einem Sieg zwei zu eins endete das Treffen der Einzelkämpfer für die Gläubigen.

»Allahs himmlische Heerscharen sind um uns, sind um uns!« rief Mohammed. »Allah will unsern Sieg! Den Feigen die ewige Hölle! Den Tapferen das Paradies!«

Abu Dschahl war viel zu sehr von sich überzeugt, um die Schlacht aus größerem Abstand zu lenken, als die Mekkaner jetzt vorrückten. Aber wenn er auch vorn war, sah er doch nicht, daß die kleine Schar der Gegner leicht zu umgehen und von den Flanken her aufzurollen gewesen wäre. Und selbst wenn er das gesehen hätte, waren die Leute, die er anführte, gar nicht gewohnt, Befehle zu empfangen, und noch weniger, sie auch auszuführen.

Die Gläubigen empfanden sich unter Allahs Hut, jeder einzelne von ihnen mit einer köstlichen Verheißung, wenn er sein Leben verlöre. Die Mekkaner dachten an die Güter der Karawane und viele von ihnen an den eigenen Anteil, den sie mit ihrem Besitz daran hatten. Sie vertrauten der Macht ihrer Stadt und ihrer Waffen.

Die Linien der Gläubigen zu sprengen, versuchten die Mekkaner gar nicht erst. Sie ritten einfach dorthin, wo sie ihre Gegner sahen, die sie schon durch ihre bloße Übermacht unter den Hufen ihrer Reittiere niedertreten mußten.

Mohammed bückte sich und hob mit seinen Händen Sand auf. Mit einem Fluch warf er ihn den Anreitenden entgegen, und ein günstiger Wind trug ihn weit.

»Verflucht seid ihr, die ihr Allahs Gläubige aus Abrahams Kaaba vertrieben, die ihr ihnen Heimat und Besitz geraubt habt! In das Feuer der Hölle mit euch, dort mit Heulen und Zähneklappern auf ewig zu verweilen! Keine Gnade für euch am Jüngsten Gericht!«

Wohl durchdrang der Fluch erregend die Gläubigen, aber keiner verließ seinen Platz.

Bis zum Zusammenstoß warteten sie – dann begann die Schlacht.

Mohammed lag in der Laube. Masud hatte ihm ein Kissen unter den Kopf geschoben und ihn mit dem grünen Mantel aus Hadramaut zugedeckt, ganz wie Kadidscha es getan hatte und Aischa es tat. Mohammeds Atem ging wie das Schnauben eines Kamels. Noch wagte Masud nicht, dem Verkrampften die Hände auf die Brust zu legen. Das sparte er sich für später auf. Vielleicht würde er dadurch Mohammed ins Bewußtsein zurückreißen. –

Die Schlacht endete mit einer völligen Niederlage für die Mekkaner. Eine Menge ihrer berühmtesten Leute, darunter Mohammeds unversöhnlicher Feind Abu Dschahl, lagen rings tot auf der Walstatt. Während sich die Masse der Mekkaner in wilder Flucht befand, wurden noch viele gefangen.

Als man dabei war, die aufgehäuften Leichen der Gefallenen in eine Zisterne zu werfen, rief Mohammed ihnen triumphierend zu:

»Nun, sind Gottes Zusagen nicht in Erfüllung gegangen?«

Und auf den Einwand, daß es sich doch um Tote handle: »Sie sprechen nicht; könnten sie sprechen, so würden sie sagen: Er hat wahr gesprochen!«

Es gab genug herrenlose Reittiere, die den Gläubigen die Verfolgung erleichterten, genug fortgeworfene Waffen, die von den Mekkanern nur als hinderlich empfunden worden waren. Nicht einmal gedacht hatten sie daran, daß die Gläubigen eine offene Schlacht mit ihrer Übermacht annehmen würden.

»Oh, Prophet, feure die Gläubigen zum Kampf an, sind auch nur zwanzig Standhafte unter euch, sie überwinden zweihundert, und so unter euch hundert sind, so überwinden sie tausend der Ungläubigen, die ein Volk ohne Einsicht sind.« So hieß es später in der achten Sure, offenbart in Medina.

Das war auch der Eindruck, den die umwohnenden Beduinenstämme von der Schlacht bei Badr empfingen: Die mekkanischen Kaufleute seien keine kriegstüchtigen Männer. Wohl hatten sich diese Stämme zum Schutz des Marktrechtes von Badr verpflichtet; aber nach dem Kampf war davon keine Rede mehr. Nach ihrer Gewohnheit unterwarfen sie sich dem jeweils Mächtigeren, und der war in diesem Fall Mohammed. Der in Badr abgestellte Teil der Karawane wurde ihm anstandslos ausgeliefert.

Aber Flucht und Verfolgung gingen mit einer solchen Schnelligkeit vor sich, daß der Hauptteil der Karawane, der an der Küste davonzog, bald eingeholt wurde. Alles ging so schnell, daß man an der Spitze der Karawane nicht wußte, was am Ende geschah. Dort aber schmiß man die Lasten ab, um nur rasch auf den Kamelen davonzukommen. Sehr viele von ihnen wurden jedoch alles los: Lasten, Kamele und ihre Freiheit. Als ein Bruchteil der großen Karawane Mekka erreichte, war alles andere längst eine Beute der Gläubigen geworden.

Die Gefangenen befahl Mohammed gut zu behandeln, als er mit ihnen nach Medina zog.

Immer aber gab es noch einzelne Nachzügler, nicht so sehr der Beute wegen, denn die sollte in Medina verteilt werden, sondern Leute, die sich aus einem triftigen Grund verspätet hatten. Oft waren es Leichtverwundete, die sich erst so weit hatten erholen sollen, bis sie die Reise nach Medina ohne fremde Hilfe hatten antreten können.

Imra ibn Hischam gehörte zu ihnen. Aber statt daß man ihm einen Gefährten gegeben hatte, der sich seiner annehmen konnte – und er hatte eine ganz achtbare Hüftwunde erhalten –, mußte er sich eher noch um seinen Begleiter kümmern.

Es handelte sich da um eine alte Bekanntschaft.

Imra hatte den andern in Mekka beim Weinschenk Tiades getroffen. Dort hatte sich folgende Szene abgespielt:

»Aber du bist doch ein Abessinier«, sagte der Mann aus Mekka, »ich verstehe nicht, wie du da unter Mohammeds Gläubige geraten bist?«

»Geboren wird man ohne ein Warum und Wozu; aber zu einem Sohn, einem Glaubensgenossen zu werden, muß man schon selbst einiges dazu tun. Daß ich kein Abessinier und kein Christ mehr bin – als solcher wurde ich geboren –, verdanke ich dem Umstand, daß ich ein Gläubiger des Islam wurde.«

»Nun ja«, nickte der Alte, »das gibt's natürlich.«

Der Herr aus Mekka war der Kaufmann Nadr ibn al-Harith, aber er war nicht lange genug dort gewesen, daß seine Vorstellungen von den Sternengöttern und Göttinnen des mekkanischen Olymps so beherrscht wurden, wie es sich für einen ehrbaren Kaufmann und Bürger geziemt hätte. Einen Teil seines Lebens hatte er in Hira an der persischen Grenze und in Persien selbst zugebracht. Er hatte die persische Staatsreligion der Magusier, den Dualismus des Zoroaster und die Religion des Mani, der die Lehre des Zoroaster mit der von Christi Jüngern verquickte, ebenso kennengelernt wie christliche Lehren, besonders die der nestorianischen Christen, die in Persien schon aus Gegnerschaft gegen Byzanz gefördert wurde. Auch über eine Reihe der zahlreichen christlichen Sekten hatte er sich unterrichten können, so über die Nikolaiten, die zur Reinigung des Geistes den Körper alle Ausschweifungen überwinden ließen, und über die mesopotamischen Messalianer, die das Gebet mit Unzucht verknüpften. Die Monophysiten, zu denen die Kopten gehörten, die nur eine Natur Christi bejahten, waren ihm ebenso bekannt wie der christliche Dreigötterglaube der Tritheiten.

Es war demnach kein Wunder, daß er sich allmählich auch für den Islam und die Lehren Mohammeds etwas mehr interessiert hatte als damals, da sein guter Bekannter Abu Lahab, Mohammeds Onkel, ihn davon zurückgehalten hatte. Nicht aus Gegnerschaft gegen den Islam und ebensowenig wegen seiner kaufmännischen Interessen, die ganz woanders als in Syrien lagen, hatte er sich Abu Dschahls Zug angeschlossen, den er mehr für einen Vergnügungsausflug gehalten hatte, sondern ausschließlich darum, um sich von dem Verdacht der keineswegs immer nur toleranten Mekkaner zu säubern, er könne vielleicht doch einmal zu Mohammed abschwenken. Eine Freigeisterei, die sich aus seinem umfangreichen Wissen fast von selbst ergab, hatte ebenso unausbleiblich diesen Verdacht ergeben.

Und nun zog er mit dem einstigen Tischgenossen aus der Bude des Tiades so friedlich, wie man es von ihm gar nicht hätte erwarten können, nach Medina. Glück im Unglück nannte er das bei sich.

»Sag bitte, alter Herr«, begann Imra das Gespräch, »warum seid ihr eigentlich so kopflos vor uns ausgerissen? Ihr wart doch viel mehr als wir!«

»Als Mekkaner kann ich dir darauf keine Antwort geben, Imra. Ich bin gar kein richtiger Einheimischer mehr und verstehe sie auch meistens nicht. Daß sie gegen euch auszogen, hatte mit Vernunft schon gar nichts mehr zu tun. Aufs Kämpfen verstehen sie sich ohnehin nicht, und Söldner aufzunehmen war keine Zeit.«

»Ihr wart dreimal so stark. Von euern Kamelen und Pferden ganz abgesehen.«

»Du vergißt die Überraschung. Solange die Gläubigen in Mekka waren, schmissen sie mit Kot und Dreck hinter ihnen her. Daß sie den Kampf annehmen würden – daran dachte kein Mekkaner. Ich denke mir das so: Als sie euch in Schlachtordnung antrafen, waren sie nicht nur entsetzt, denn daß die Stellung gut war, davon verstanden sie gar nichts, sie waren empört! Nach ihrer Überzeugung kam es euch nicht zu, Widerstand zu leisten. Sie hatten euch doch so oft beschimpft und sich so viel über euch zusammengelogen, daß sie schließlich selbst daran glaubten. Sich ohne Not Feinde machen und dann noch die Feinde unterschätzen ist die größte Dummheit, die es gibt.«

»Um so mehr wundere ich mich, daß du sie gemacht hast. Nun ja – schimpfen habe ich dich nicht gehört, und daß du mit Dreck geworfen hast, kann ich mir nicht vorstellen; aber ...«

»Mitgezogen bin ich, das ist wahr, und es war eine Dummheit. Ich will mich nicht entschuldigen; aber ich bin selbst erstaunt, welche Kraft in einem Rausch steckt, wenn er über ein ganzes Volk kommt.

Doch jetzt bin ich alt genug – so hoffe ich wenigstens –, und ganz dumm glaube ich auch nicht zu sein. So dürfte sich das bei mir wohl nicht wiederholen.«

»Vielleicht.«

»Du traust mir nicht, Imra?«

»Mehr als so leicht einem andern.«

»Also?«

»Du bist nicht ganz dumm, wie du sagst. Warum gehst du dann nicht den sicheren Weg?«

»Wenn ich den nur wüßte!«

»Du kennst ihn genau. Es ist der Weg des Islam. Unser Gesandter Gottes will kein Gott sein, und keiner will ihn dazu machen. Die Unannehmlichkeiten, die den Christen mit ihrem Jesus daraus erwachsen, gibt es also beim Islam überhaupt nicht, mein Nadr.«

»Ist mir auch lieber.«

»Siehst du!«

»Jawohl, und wenn es einen Gott gibt, kann es auch nur ein einziger sein.«

»Und Allah ist der einzige. Er ist allmächtig, allwissend, er ist allgütig und allbarmherzig.«

»Hat dich das, Imra«, fragte Nadr, »aufhören lassen, koptischer Christ zu sein?«

Imra äußerte sich nicht dazu, daß er ja gar kein Abessinier, sondern ein Araber und sogar ein aus Mekka gebürtiger sei. Das halte nur auf, war seine Meinung.

»Der Dreigöttergott machte mir zu schaffen«, sagte er. »Abessinien veranlaßte mich jedenfalls nicht. Übrigens hat es auch sehr schöne Gegenden. Am hochgelegenen, riesigen Tanasee zu leben ist ein Vergnügen. Von dort stürzt sich der Blaue Nil nach Ägypten zu die Berge hinunter. Und der See hat nicht nur Krokodile, mehr als dir vielleicht lieb sind, sondern auch viele große und kleine Fische, die sehr wohlschmeckend sind. Und fruchtbar ist das Land am See, kann ich dir sagen!«

Imra flunkerte durchaus nicht. Er hatte tatsächlich dort gelebt und sich dabei sehr wohl befunden.

»Dann hat dich also der Islam nach Arabien gezogen?«

»Du sagst es: der Islam.«

»Es soll gar nicht schwer sein, ein Moslem zu werden«, tastete Nadr vor ...

»Du brauchst nur zu erklären: Es gibt keinen Gott außer Allah, und Mohammed ist sein Prophet.«

»Das zu sagen ist nicht schwer, Imra. Aber wenn ich mein ganzes Leben überdenke ...«

»Wir sind allzumal Sünder, und Allah ist barmherzig.«

»Allah wohl. Doch die Gläubigen? Würden Sie mich aufnehmen im Islam?«

»Sei nicht töricht, Nadr. Sind die Gläubigen mehr als Allah, der König am Tage des Gerichtes? Dann wird er entscheiden, ob du ins ewige Feuer oder ins Paradies eingehst. Allah ist der Gerechte.«

»Verzeih, Imra. Bis zum Jüngsten Tag kann ich nicht warten.«

»Solange du verstockt warst, hat Allah auf dich gewartet. Aber wenn du jetzt, willig geworden, dich zu Allah und seinem Gesandten bekennst – welcher Gläubige dürfte es wagen, dir den Weg zum Islam zu vertreten? Damit würde er sich anmaßen, an Stelle Allahs dir das Urteil zu sprechen; denn als Ungläubiger müßtest du ins Feuer.«

»Und du meinst, daß die Gläubigen mich als ihresgleichen behandeln würden?«

»Wenn du dich als ihresgleichen verhältst ...«

»Auch wenn ich erst noch nach Mekka zurückginge? Du kannst dir doch denken, daß ich dort noch Geschäfte ...«

»Es gibt noch viele Gläubige in Mekka. Solche, von denen man es weiß, und andere, von denen niemand es weiß, daß sie gläubig sind. Keine Sorge, mein Nadr. Sobald du kannst, kommst du später zu uns nach Medina. Es sei denn, der Gesandte würde dir befehlen, in Mekka zu bleiben, bis er dich ruft. Auch das könnte vorkommen.«

Das gerade war es, was Nadr am wenigsten fürchtete, er würde, ohne daß ihn ein Vorwurf träfe, die endgültige Entscheidung, die Aufgabe Mekkas, hinausschieben.

»Nun wohl«, sagte er, »durch einen derartigen Befehl würde mich der Prophet als Gläubigen anerkennen.«

»Das müßte er in jedem Fall, wenn du die Formel erst ausgesprochen hast.«

»In Medina?«

»Du kannst auch schon als Gläubiger in Medina einziehen.«

»Natürlich möchte ich das! Ich würde mich sicherer fühlen, weißt du. Könntest du mir nicht auch genau sagen, was ich dabei alles machen muß? Hinterher werde ich dann nicht mehr auffallen.«

»Es ist nicht schwer. Ich kann es dir ja auch zeigen.«

»Nein, laß es mich selbst ausführen. So lerne ich es leichter.«

Imra fand, daß Nadr ein erfahrener Mann sei, der nicht viel Umstände mache. Nun sei wohl das Gebet immer ehrwürdig und erwecke zu allen Zeiten unter allen Bedingungen Allahs Wohlgefallen, unter Störungen so gut wie in einsamer Kammer, also allein und auch unter fremden oder bekannten Zeugen, immer sei Allah da, wo ein Beter sich niederlasse. Diese kleine Lichtung mit Sandboden am Wege sei jedoch für Nadrs erstes Gebet und die damit verbundene Lehrstunde besonders zu begrüßen, weil keinerlei Ablenkungen zu befürchten seien.

Nadr war gleicher Meinung, und nachdem die Kamele in die Knie gegangen und gefesselt waren, was Imra nicht vergaß, kniete Nadr einige Schritte abseits.

Lästige Erinnerungen an frühere Spöttereien, die der Anblick betender Moslemin hervorgerufen hatte, wenn sie mit ihren Stirnen den Boden berührten und dabei einen mehr entgegengesetzten Körperteil etwas auffällig hinausstreckten, unterdrückte er mit schamgeborenem Ärger. Was er tue, sei notwendig, und es zu tun sei die höchste Zeit. Damit sammelte er sich, dem Imra alles nachzusprechen. Imra stand links von Nadr ibn al-Harith.

»Allah – es gibt keinen Gott außer dir – du bist der Allmächtige – der Allwissende – der Allgerechte – der Barmherzige – und Mohammed ist dein Prophet. – Lob sei Allah, dem Weltenherrn – dem Erbarmer, dem Barmherzigen – dem König am Tage des Gerichtes!«

In einem Bruchteil des Augenblicks, als mit der letzten Silbe Nadrs Stirn den Boden berührte, blitzte etwas, und – der Kopf des Beters lag vor dessen Rumpf.

Mit seinem Gewissen hatte Imra keinen Streit zu bestehen, obwohl er Nadr ehrlich zugetan war. Aber auf dem Zuge mit ihm nach Medina sei der Freund, wenn man es recht bedachte, eigentlich schon tot gewesen. Daß Nadr nun, seines Kopfes beraubt, vor ihm liege, sei eine Unvermeidbarkeit, die mit ihm, Imra, eigentlich nichts zu tun habe. Nadr habe nichts bemerkt, nicht einmal etwas geahnt, keiner Schuld sei er sich bewußt gewesen, und mit seinem letzten Wort noch sei er ein Gläubiger geworden und Allahs Barmherzigkeit anheimgefallen. Frei von allen Zweifeln, frei von allen Ängsten sei das geschehen, im Sinne dessen, was man unter einem Tod verstehe, sei es eigentlich gar keiner gewesen, und die Spanne Leben, um die Nadr verkürzt worden sei, könne bei seinem Alter durch die Vergünstigung, die er gewann, als ausgeglichen gelten. In der Weinbude des Tiades und bei der Paula hatte Imra nicht nur Nadr selbst, sondern auch dessen persisches Märchen kennengelernt. Bei dem Anklang, den es gefunden hatte, war es selbst von berufsmäßigen Märchenerzählern in die Vorträge aufgenommen worden, mit denen sie in den frohen Nächten nach den Fasten ihre Zuhörer unterhielten. Auf diese Weise kam es nicht selten vor, daß einzelne und beliebte Erzeugnisse der Märchenkunst wiederholt angehört wurden.

Imra hatte Nadrs Märchen nur einmal vernommen, war aber so davon angetan, daß er Verehrung und Dankbarkeit für den Dichter empfand. Das Märchen war ihm immer noch gegenwärtig, als er nun dem Verehrten im Bewußtsein die Augen schloß, seinen Dank abgestattet zu haben.

Daß Nadrs Tod keine zwingende Folge einer Offenbarung war, wußte Imra. Er selbst hatte Mohammed danach gefragt. Wie alle kannte er auch des Propheten Versöhnlichkeit. Unmißverständlich hatte er befohlen, die Gefangenen gut zu behandeln, und nur zwei von ihnen ausgenommen: einen alten Gegner, den Omaijaden Utba ibn Abi Muait, und Nadr. Was der Grund zu Utbas Tod war, wußte Imra nicht. Es gehe ihn auch nichts an, meinte er. Vermutlich habe der jetzt schon alles hinter sich, wenn auch nicht mit einem so schönen und leichten Tod wie Nadr.

Über den jedoch machte sich Imra Gedanken.

Falls das Märchen eine Lästerung oder auch nur eine Verunglimpfung Mohammeds enthalten hätte, wäre das Imra als zureichender Grund erschienen, den Urheber zu töten. Aber das war, wie er sehr gut wußte, nicht der Fall. Dann bleibe also nur, daß die Mehrzahl der Besucher des Weinschanks seinerzeit das Märchen einer Predigt des Propheten vorgezogen habe? Eine Niederlage durch eine Dichtung, also durch rein geistige Mittel, vertrage Mohammed demnach nicht?

»Nur Allah ist allwissend«, seufzte Imra. Von nun ab werde wohl von seinem fortgelaufenen Kamel nie wieder die Rede sein.

Aber als er dann sein Kamel bestieg, war seine Teilnahme an allem, was Kamele anging, weit geringer als der Wunsch, Nadr hätte noch am Leben bleiben dürfen.

Die Nachricht von der Niederlage bei Badr rief in Mekka ungeheures Leid und Trauer hervor. Die meisten Familien hatten Gefallene zu betrauern oder grämten sich darüber, daß sich Angehörige von ihnen als Kriegsgefangene in Medina befanden. Auf Abu Lahab, der nicht am Kampf teilgenommen, sondern einen Vertreter gestellt hatte, machte die Nachricht einen so gewaltigen Eindruck, daß die Krankheit, an der er litt, kurz darauf seinem Leben ein Ende machte.

In Mekka beschloß man, sich jeder lauten Klage über die Toten zu enthalten, damit die Leute aus Medina nicht frohlockten, und ebenso entschied man sich, mit dem Loskaufen der Gefangenen zu warten, damit Mohammed nicht auf Grund zu großen Eifers der Mekkaner die Preise hinaufschraube. Aber dieser Beschluß war schwer durchzuführen. Nachdem ein Mekkaner sich heimlich nach Medina begeben und seinen Vater für viertausend Drachmen losgekauft hatte, gab es kein Halten mehr. Die Gefangenen wurden also für die Summen freigekauft, die Mohammed verlangte.

Die Ereignisse gaben Mohammed genug Anlaß zur Genugtuung, und es wäre widernatürlich gewesen, wenn er sie nicht empfunden hätte. Aber die Nachricht, die sein Schwiegersohn Othman, der wegen der Krankheit seiner Frau an der Schlacht bei Badr nicht hatte teilnehmen können, ihm nun aus Mekka brachte, traf ihn hart.

In der Liebe zu Kindern, vor allem aber zu den eigenen, die ihm Kadidscha geboren hatte, war Mohammed nicht zu überbieten. Und nun war Rukaija tot, Kadidschas und seine schöne Tochter.

Othman wohnte als Gast bei seinem Schwiegervater, wo sich Aischa und Saada, aber auch seine junge Schwägerin Umm Kulthum seiner annahmen. An Othmans Liebe zu Rukaija und an seiner Trauer über ihren Tod zweifelte niemand.

Noch ein anderer Schwiegersohn aus Mekka war erschienen, und er war nicht einmal zu spät nach Badr gekommen. Es war Abu'l Asi ibn ar-Rabi, der Mann von Mohammeds Ältester, Zainab, die sich noch immer in Mekka aufhielt. Obwohl Abu'l Asi Heide war und bei Badr auf seiten der Mekkaner gekämpft hatte, war er für Mohammed nicht so sehr Kriegsgefangener als der Mann von Zainab. Als der Prophet unter den Kostbarkeiten, die von der Tochter zum Loskaufen ihres Mannes geschickt worden waren, ein Halsband wiedererkannte, das Kadidscha ihr geschenkt hatte, versammelte er sofort seine Altgläubigen und erlangte deren Zustimmung, den Schwiegersohn ohne Bezahlung freizugeben.

Dieses väterliche Verhalten trug insofern seine Frucht, daß Abu'l Asi nur nach Mekka ging, um mit seiner Frau als Gläubiger nach Medina zurückzukehren.

Etwas peinlicher noch lag die Familienangelegenheit im dritten Fall, weil es das Haupt der Haschimiten, Mohammeds Onkel al-Abbas, betraf. Auch er war bei den Mekkanern kämpfend bei Badr gefangengenommen worden. Schon immer hatte er jedoch die Verbindung mit seinem Neffen insgeheim aufrechtzuerhalten versucht, woraus Mohammed bereits manches Mal Nutzen gezogen hatte.

Abbas ohne Lösegeld freigeben hätte diesen aber bei seinen mekkanischen Mitbürgern verdächtig gemacht. Er zahlte also tausend Drachmen an Lösegeld.

Was aber keiner wußte, war, daß Abbas das Geld von Mohammed zurückerhielt.

Bald nachdem Imra – durch den Kopf des Märchendichters bei Mohammed bestens legitimiert – seinen Platz in Medina wieder eingenommen hatte, merkte er, daß er von allem, was er hätte tun können, das Richtigste getan hatte, und zwar nicht nur für sich selbst.

Es war nämlich allmählich ein öffentliches Geheimnis, daß der bejubelte Prophet sich nur über einen ihm unbequemen Menschen zu beklagen brauchte, um zu erleben, daß sich gleich irgendwelche Diensteifrige fanden, die dem Gesandten Gottes durch den Tod des Lästigen von seinen Sorgen befreiten. Wie Imra auch immer war, an den Tatsachen nahm er keinen Anstoß. Und so konnte ihn Mohammed als einen seiner treuesten Anhänger betrachten.

Mit der Karawane war Wohlhabenheit und bei besonderen Umständen sogar Reichtum über die Gläubigen in Medina gekommen. Dies festigte natürlich Mohammeds Stellung und zugleich auch seiner Anhänger Gläubigkeit. Aber das hinderte nicht, daß über die Beuteanteile heftiger Streit ausbrach, wodurch die Sieger bewiesen, daß sie trotz aller Frömmigkeit nicht aufgehört hatten, echte Araber zu sein.

Dieser Zustand konnte gefährlich werden. Mohammed sah das sofort. Sowohl als Gesandter Gottes wie auch als Emir, was ohnehin zusammenhing, hatte er die Pflicht und bei seinem Glück auch die Möglichkeit einzugreifen.

Die Unruhen legten sich auf der Stelle, als er die Verteilung übernahm.

Nach altarabischem Herkommen behielt er sich selbst ein Fünftel der Beute vor. Dieser Teil sollte Gott, dem Propheten, dessen Angehörigen, den Armen, Elternlosen und Reisenden gehören.

Mit Beistand erwählter Gläubiger, unter denen wiederum Zaid ibn Haritha eine wichtige Rolle spielte, wurden die Anteile zusammengestellt, man ließ wählen, und wenn eine Einigung nicht erzielt werden konnte, entschied das Los. Daß aber zuletzt jedermann bei dem Verfahren sich zufriedengestellt sah, bewies, wie Mohammed, der als höchster Richter allen vorstand, an Macht gewonnen hatte und wie unwiderstehlich der Glaube an ihn zu werden begann.

Es gab allerdings auch keinen, der sich benachteiligt fühlen konnte, und sogar einige, die unerwarteten Gewinn erzielten. Unter ihnen war Othman. Er hatte am Kampf überhaupt nicht teilgenommen. Dennoch erhielt er, da er sich verpflichtet hatte, seinen vollen Anteil. Und das galt nicht nur für Othman. Zugunsten einiger anderer in ähnlicher Lage wurde ebenso entschieden wie für den Schwiegersohn des Propheten.

Othman ließ sich vorerst in der Öffentlichkeit nicht gern blicken, und die Stimmung in Mohammeds Wohnung war mit Rücksicht auf ihn leicht verhangen. Aischas und Saadas natürliche Heiterkeit wurde nicht über Gebühr laut. Ganz ließ sie sich freilich nicht unterdrücken. Mit dem Tod muß jeder rechnen, und für das Glück ist jede Zeit richtig. Auch der überbeschäftigte Mohammed erhielt von ihm Auftrieb. So sehr in Anspruch genommen war er, daß seine Frauen, oder besser seine Aischa, ihn kaum noch anders als nachts sahen – weit öfter, als Saada eigentlich lieb war, wenn sich diese auch in Erhoffung anderer Tage damit abfand. Eine Überraschung war es für beide, als der Gatte noch bei lichtem Tag Zaid mitbrachte, um bei Datteln und Gerstenbrei, den Salman gekocht hatte, die Gespräche fortzusetzen.

Darüber waren die Männer sich einig, daß in dieser Zeit jede Maßnahme den Aufbau einer Gemeinde und eines Staates befördern mußte, wenn sie ihn nicht verzögern oder ihm gar gefährlich werden sollte.

Gegen derartige Erwägungen hatte Aischa nichts, höchstens daß sie – ohne viel davon merken zu lassen – Anregungen beisteuerte, vielleicht auch eine Ansicht Mohammeds unterderhand mit einer eigenen auswechselte.

Bei solchen Gesprächen war sie froh, ihren Schleier, wie jetzt bei Zaid, fortlassen zu können. Das zarte Gesicht im Rahmen ihrer rötlichen Haare, die Brauen über den großen, schwarzen Augen sorgfältig mit dem Stift nachgezogen, das hinreißende Lächeln ihrer von Henna geröteten Lippen – es fehlte ihr nicht an Waffen gegen die armen Männer.

Sie wußte, wie hilflos Mohammed ihr gegenüber war. Jedenfalls gab es Leute aus dem Kreis um den Propheten, die sich lieber gleich mit ihren Ansuchen an Aischa wandten. Sie waren der Meinung, das Verfahren damit abzukürzen. Und was den Schleier anlangte, so war er stets sehr dünn, und Aischa wußte mit ihm umzugehen. Jetzt brauchte sie keinen, weil auch Zaid als Mohammeds Adoptivsohn eher noch enger zur Familie gehörte als Othman.

Saada meinte, sie wolle ihr eigenes Haus aufsuchen, da die Männer sicher noch über die Umra die Gemeinde, und anderes von Wichtigkeit sich besprechen möchten.

»Und deswegen willst du fort?« widersprach Aischa. »Gehörst du nicht dazu? Und außerdem haben wir Frauen des Propheten noch über unsere eigenen Angelegenheiten mit ihm zu reden. Hast du das vergessen?«

»Ach, Aischa«, wand Saada sich verlegen, »es muß doch nicht jetzt sein.«

»Gerade jetzt! Es ist ganz gut, daß wir Zaid hier haben. Er weiß gut über die Beute Bescheid.«

Mohammed war gesättigt, wozu bei ihm nicht sehr viel gehörte. Und doch war er nicht zuletzt des Mahls wegen nach Hause gekommen, weil tagsüber für ihn keine Gelegenheit gewesen war, etwas zu sich zu nehmen. Aber jetzt war er satt, und Aischa, die Salman das Eßgerät zum Abtragen reichte, reizte dadurch das Begehren des Gatten nach ihr, daß sie ihre Zöpfe über sein Gesicht streichen ließ. Lächelnd griff er danach und hielt sie zurück.

»Und was hat meine mir von Allah verliehene Aischa mit der Beute zu tun?«

»Unsern Anteil wollen wir als Frauen des Propheten«, sagte Aischa und warf Saada einen strengen Blick zu, damit ihre Eheschwester nicht von neuem Anstalten mache, sich herauszuwinden, während ihre großen Augen Zaid bezwingend einfingen, damit er ihr nicht entgleite.

Bis jetzt hatte Mohammed etwaige Ansprüche seiner Frauen einfach noch nicht bedacht, obwohl er weibliche Begehrlichkeiten zu befriedigen in der Lage und durchaus nicht geizig war, schon gar nicht

Aischa gegenüber, die er begehrte und mit der er sich durch Allah in besonderer Weise verbunden fühlte.

»Nun sag schon, Aischa, was du haben willst«, munterte er sie auf. »Vielleicht kann ich es dir wirklich verschaffen.«

»Von dir will ich überhaupt nichts, Mohammed. Denk einmal nach. Daß wir für würdig befunden wurden, Gattinnen des Propheten zu werden, entsprach Allahs Willen und nicht den Zufällen deiner menschlichen Begierden. Wenn es also Allahs Wille war, daß er uns ehrte, so entfließt auch alles, was uns zukommt, seinem erhabenen göttlichen Willen. Es gehört uns aus eigenem Recht und nicht, weil du es uns aus Übermut zuwirfst. Ich verlange, daß Allahs Wille respektiert und nicht durch menschliche Willkür ersetzt wird. Oder sagt eine Offenbarung etwas anderes?«

»Es gibt keine Offenbarung darüber.« Mohammed sagte es.

»Also?« fragte Aischa.

Mohammed hob den Blick zu Zaid.

»Was machen wir?«

Zaid verwies darauf, daß einzelne Stücke, die schwer einzuteilen gewesen seien, für besondere Fälle zurückgehalten wurden.

»Wenn du nun«, fuhr er fort, »den Wert dessen, was deine Gattinnen entnehmen, dem Anteil hinzufügst, den du aus deinem Fünftel den Armen zugedacht hast, so wäre kaum etwas dagegen einzuwenden.«

»Aber das wäre ein Gesetz für alle Zeiten. Hast du auch daran gedacht, mein Zaid?«

»Ich dachte daran, mein Vater. Aber Allah hat nie befohlen, die Frauen geringer als Männer zu achten. Es wäre ein Gesetz zu Ehren der Frauen.«

Mohammed dachte nach.

»Tue, was du sagst, mein Zaid«, meinte er dann. »Ich gebe dir Vollmacht.«

Gold war Zahlungsmittel in Indien, Persien und wo auch immer; aber die byzantinischen Goldmünzen galten ihrer klaren und genauen Prägung wegen als die besten.

Von diesen goldenen Byzantinern ließ sich Aischa einen Beutel voll geben, dazu eine Kette rauchfarbener Perlen und einen stählernen Kasten syrischer Arbeit.

»Laß ihn in meiner Wohnung einmauern«, sagte sie zu Salman,

»und bewache alles, was darin ist. Es ist mein Besitz mit allem, was, wie ich hoffe, noch dazukommt.«

Auch in der vergangenen Nacht hatten Fatimas Drangsale noch nicht geendet. Erst gegen Morgen war das Kind unter Schmerzen zur Welt gebracht worden, bis es dann durch einen langgezogenen blechernen Schrei seinen Anspruch auf eigenes Leben in die Welt geschickt hatte. Obwohl der Name des Schreiers, Hassan, bereits feststand, fehlte ihm zu einem souveränen, menschlichen Wesen noch viel.

»Laßt uns nicht zu weit gehen«, schlug die Hebamme daher auf Grund ihrer tieferen Erfahrung der jungen Mutter vor. »Legen wir ihm nicht zu früh etwas auf, was er womöglich verabscheut. – Soll deine Mutter dich Hassan nennen? Wie gefällt dir Hassan?« lockte Umm Amar.

Zum erstenmal in seinem Leben hatte der Knabe Hassan diesen Laut vernommen. Ob er auf ihn einen großen Eindruck machte, war nicht zu erkennen. Jedenfalls klappte er auf einmal den Mund zu und verschloß ihn obendrein mit seinen kleinen Fäusten. Der Zustand, der sich daraus ergab, entsprach nun offenbar seinem Willen, und das verbürgte diesem Zustand Dauer.

»Wie niedlich!« meinte Fatima ganz verklärt.

»Es wird uns schön zu schaffen machen«, versuchte Umm Amar ihren Enthusiasmus zu dämpfen.

Aber Fatima war nicht so leicht zu bändigen.

»Ach, du!« wehrte sie die Hebamme ab. »Du denkst nur daran, was er dir für Arbeit machen wird.«

»Dabei sieht er dir nicht einmal ähnlich«, bemängelte Umm Amar. Doch Fatima war nicht aus der Fassung zu bringen.

»Wenn er nur Ali ähnlich sieht. Das ist die Hauptsache.«

Doch dann trat das Ereignis ein, mit dem Fatima insgeheim gerechnet hatte: Der Vater ließ sie nicht im Stich. Er hatte einst der Mutter versprochen, es seiner Tochter nie an väterlicher Liebe fehlen zu lassen, und jetzt, bei ihrem ersten Kinde, war er da und hatte außerdem noch Ali mitgebracht. Wenn ihr etwas über Kadidschas schweren Verlust hinweghelfen konnte, waren es diese beiden Männer: der Gatte und der Vater.

Fast schön sah Fatima in diesem Augenblick aus, so geborgen fühlte sie sich im Schutze ihrer Familie.

Tief bewegt blickte Mohammed auf Fatima und das Kind, sein zweites Enkelkind. Wenn doch Kadidscha diesen Tag noch hätte erleben können!

Dann umarmte er in einer jähen Aufwallung des Gefühls seinen Schwiegersohn Ali.

Auch wenn Mohammed kein eigener Leibeserbe mehr geschenkt werden sollte, in diesem Knaben würde sein Geschlecht weiterleben.

XXVIII

In den Ländern zwischen Mittelmeer und Persischem Golf war der Begriff der Freiheit anders als auf der großen Halbinsel zwischen Asien und Afrika. Außerhalb Arabiens konnte der Druck eines Despoten oder der einer kleinen Kaste von Sklavenhaltern und in jedem Fall der Steuerdruck noch so groß sein: wenn der Stamm, das Volk, der Staat nicht von fremden Eroberern beherrscht wurde – was oft gleichbedeutend war mit Vertreibung oder Sklaverei –, betrachteten die Menschen dort ihre Lage als relativ erträglich und waren stolz auf ihr kärgliches Maß an Freiheit.

Die Araber dagegen zollten wohl den Reicheren und Angeseheneren in ihrer Mitte eine gewisse Ehrerbietung, besonders wenn die Scheichs oder Emire seit Generationen von Angehörigen berühmter Familien gestellt worden waren. Dadurch erlangten die Familien dann einen bleibenden Einfluß. Doch das bereicherte die Inhaber einer derartigen Stellung meist noch nicht, weil sie ihren Stamm oder ihre Stadt aus eigenen Mitteln zu repräsentieren hatten, und ebensowenig erhöhte sich deren Macht. Denn die Freiheit der Araber war ein selbstverständliches persönliches Recht, das jeder einzelne für sich selbst beanspruchte und für sich allein ausübte.

Der Versuch, hier eine Tyrannei zu errichten, mußte sehr bald ihr Ende finden, weil die vorgeblichen Untertanen einfach verschwanden. Die Wüste war nahe und weit. Sie gab die Ehre zurück, die von der Tyrannei bedroht gewesen war. Ihre Sittengesetze verlangten nichts, worüber der Freie, bevor er sie befolgte, nicht seine eigene Entscheidung fällte.

Die gleiche Freiheit wurde jedem von jedem zugestanden, denn auch der andere vermochte jederzeit sein Kamel oder sein Pferd zu besteigen und sein Schwert zu ziehen. Jeder Araber war König über sich selbst und – soweit er sie schützen und erhalten konnte – über seine Familie.

Eine Vorschrift gar über das, was er denken dürfe, wäre einem Araber als die Ausgeburt eines Irrsinnigen erschienen. Jeder konnte einer Meinung widersprechen, wenn er selbst eine andere hatte, wie jeder ihm widersprechen durfte. Das ganze war ein anregendes Spiel und diente der geistigen Übung in der Kunst der Rede. Freilich mußte jeder es auf ein Gelächter der Hörer ankommen lassen, wenn es ihm nicht gelang, sie für seine Ansichten zu gewinnen. Aber die Freiheit der Gedanken und Rede war allen etwas so Selbstverständliches wie die Luft, ohne die sie nicht atmen konnten.

Die Sittengesetze waren zwar zugleich eine unerläßliche Rechtsordnung; aber deren Auswirkungen kamen nicht von einer höheren Gewalt auf sie zu. Sie übten sie, wie die Blutrache, die das Leben des einzelnen schützte, indem sie vom Mord abschreckte, selbst aus. Sowohl die Familie des Töters wie die des Getöteten mußten einen Ausgleich erkämpfen, wollten sie sich nicht gegenseitig ausrotten. Unter solchen Umständen war es keine Seltenheit, daß man klugerweise mit dem Ausgleich, mit Sühne und Schadloshaltung, begann, um Menschenleben zu retten.

Dazu kam, daß zu gewissen Zeiten und in gewissen Gebieten jeder Streit und auch die Blutrache für alle Araber ruhten. Das waren auch die großen Gelegenheiten zu gemeinschaftlichen gottesdienstlichen Handlungen. Aber niemand fragte dabei, zu welchem Sternengott oder welchen Göttinnen sich der andere bekannte. Das war das unverbrüchliche Recht jedes einzelnen.

Schon siebenhundert Jahre vor Mohammeds Geburt gab es Juden in Arabien, ein Beweis dafür, daß die weltlichen und geistlichen Herrschaftsmethoden in Palästina derart waren, daß damals bereits zahlreiche Juden sich veranlaßt sahen, ein Land mit Gedanken- und Gebetsfreiheit aufzusuchen.

Nachdem dann das Christentum auf dem Gebiet des römischen Reiches die herrschende und später Staatsreligion geworden war, retteten sich zahllose, meist gnostische Sekten vor Verfolgungen vorwiegend nach Arabien. Flüchtlinge dieser Art konnten natürlich nur Ketzer sein, Menschen mit Phantasie und geistiger Beweglichkeit. Ihre Anschauungen, darunter vor allem der Gedanke an einen alleinigen, unsichtbaren, weil geistigen Weltengott, drangen mit ihnen auf und in die Araber ein, mit denen sie verschmolzen. Und in einer solchen Bevölkerung begann der Islam, nachdem er sich von Mekka befreit hatte, seinen Weg in die Welt.

Die Voraussetzungen, auf die sich Mohammeds Hoffnungen und die seines engsten Kreises wie Abu Bekr, Omar, Ali sowie der ersten Missionare in Medina stützten, war die Tatsache, daß die Aus wie die Chazradsch ihn als Gesandten Gottes anerkannten, auch wenn der Grund nicht allein religiöser Natur, sondern auch die Erkenntnis in den beiden arabischen Stämmen war, daß der Kriegszustand zwischen ihnen sie gegenseitig aufreiben würde und sie Medina dann nicht mehr behaupten könnten. Daß die Araber in Medina sehr bald gute Moslemin wurden, entsprach nicht nur der Furcht vor dem Jüngsten Tag, sondern auch der Einsicht in eine politische Notwendigkeit.

Weit weniger erfüllten sich die Hoffnungen, die Mohammed und auch manche seiner Gläubigen auf die Juden in Medina gesetzt hatten. Wohl waren sie zum Teil Nachkommen von Bewohnern, die bereits siebenhundert Jahre vor Mohammeds Geburt in Arabien zu finden gewesen waren. Doch diese erste jüdische Emigration war im Gegensatz zu den damaligen Verhältnissen in Palästina erfolgt. Diese Auswanderer hatten sich von ihrem Volk und in vieler Hinsicht auch von dessen religiösen Vorschriften getrennt. Weit größer war der Flüchtlingsstrom der Juden, die sich infolge der Ausrottungskriege des Titus und Hadrian aus dem Gebiet des heidnischen römischen Reiches in die Freiheit gerettet hatten, also wohl im Gegensatz zu Rom, aber keineswegs zum jüdischen Volk und den unbeugsamen Vorschriften der Jehova-Religion. Im Gegenteil! Sie hatten jeden Kompromiß zur Rettung ihrer Existenz abgelehnt. Sie waren Repräsentanten der jüdischen Exklusivität, der religiösen Sekten und in jedem Fall des Dogmas vom auserwählten Volk. Sie bauten ihre uralten Handelsbeziehungen um, errichteten in den Städten Synagogen, Schlösser in den unbewohnten oder dünn bewohnten Gegenden und lebten dort, mit ihren Proselyten vermischt, in Ansehen und durchweg in Wohlstand.

Wie in anderen arabischen Städten war dies die Lage der Juden in Medina, einer Stadt, die ihnen bis zum Eindringen der Araber gehört hatte. Einflußreich waren sie immerhin geblieben. Und zwei von ihren drei Stämmen nannten sich auch noch Priesterstämme.

Ihre Häuser hatten sie in ihren Stadtvierteln so zusammengebaut, daß die Rückwände und Hofmauern wie Schutz- und Burgmauern wirkten. Wer sich ihrer bemächtigen wollte, mußte sie erst einmal belagern. Was erwarteten nun Mohammed und seine Getreuen von diesen Juden? Mohammed hatte von der Reihe der jüdischen Propheten stets mit höchster Achtung gesprochen, während die dem Jesus von Nazareth gewidmete Ehrerbietung mehr den Christen zugedacht war. Als erste Kibla – die Richtung beim Beten – hatte er Jerusalem festgesetzt, was er erst später zur Strafe für die jüdische Widerspenstigkeit mit Mekka vertauscht hatte. Dem Propheten und dessen Anhängern schien es für soviel bekundeten guten Willen nicht zuviel verlangt, daß die Juden ihn als den Vollender und als den letzten in der Kette der Propheten anerkennen sollten, ja als den Messias, der den Juden bereits geweissagt war.

Von Mohammed aus gesehen, war es keine unbillige Zumutung; denn er stützte sich auf seine Offenbarungen als neue Tatsachen, die erforderlichenfalls auch ältere aufhoben. Insofern hatte er es schon leichter, da er die in Frage kommende religiöse Literatur, die Thora, das Alte Testament der Bibel, gar nicht kannte. Die Übereinstimmung dieser im Himmel aufbewahrten Bücher mit seinen Offenbarungen war für ihn keine bloße Annahme, die hätte nachgeprüft werden können, sondern göttliche, ihm vom Erzengel Gabriel überbrachte Wahrheit. Er hätte sich selbst aufgeben müssen, um davon einen Deut preiszugeben.

Das gleiche war aber auch bei den Juden, wenigstens bei ihren Schriftgelehrten, der Fall. Als sich ihre palästinensischen Vorfahren nach Arabien retteten, war ihnen der salomonische Tempel – der einzige Tempel des Judentums! – kein steinernes Bauwerk gewesen, das zerstört, aber auch wieder aufgebaut hätte werden können, sondern die Wohnung des unsichtbaren Jehova, der die Juden zu seinem auserwählten Volk gemacht hatte. Er war gewissermaßen die gelindeste Verkörperlichung eines reinen Gottesgedankens, und schon daraus war zu entnehmen, daß es dem Judentum nicht an Sekten gefehlt hat, die Andersdenkende verwarfen und, wenn sie die Macht dazu hatten, auch verfolgten. Jedenfalls war es begreiflich, daß die Juden von Medina oder vielmehr deren Schriftgelehrte vom Schriftwerk, das sie nicht zu Unrecht als die Quelle ihrer Religion betrachteten, nicht einem Nichtjuden zuliebe auch nur ein Wort aufzugeben bereit waren. Die Religion war der Beruf der Schriftgelehrten. Ihr verdankten sie ihre bevorzugte Stellung.

Soweit Mohammed und seine Gläubigen angenommen hatten, sich auf die Juden stützen zu können, war es eine Fehlannahme gewesen. Ein Glück für den Islam war es noch, daß außer den jüdischen Theologen kaum ein Mensch die hebräische Sprache noch verstand. Selbst die Masse der Juden bediente sich des Arabischen.

Mohammed hoffte mit seiner Überzeugung Glauben zu finden, wie er selbst an sie glaubte: Zwar seien die Juden und Christen Kinder des Buches, und es gelte alles, was er von ihnen verkündet habe. Aber im Laufe der Generationen sei manches verlorengegangen, vieles habe sich eingeschlichen, und oft auch hätten Schriftgelehrte und Priester ihnen Unverständliches abgeändert, auch geradezu verfälscht. Er, Mohammed, sei auch zu den Kindern des Buches gesandt, um das göttliche Wort rein und klar wiederherzustellen. In diesem Sinne sei der Islam der Vollender und der Erneuerer der alten Religionen.

Der Sieg bei Badr erleichterte Mohammed seine Aufgaben als Gesandter Gottes. Selbst nichtarabische Einwohner Medinas befreundeten sich mit dem Gedanken an eine Umra, an eine Gemeinde aller ohne Unterschied des Bekenntnisses und der Rasse. Auch Juden konnte man darüber reden hören. Was sie jedoch nicht vermochten, war, einen Witz, den sie für gut hielten, einmal nicht auszusprechen. Es war gewiß nur selten die Absicht gewesen, den Emir und neuen Machthaber herauszufordern, und unter andern Umständen wären solche Fälle harmlos verlaufen. Aber der stets würdige und gelassene Mohammed war empfindlich geworden. Er wurde von den Juden vor Probleme gestellt, deren Existenz ihm bis zur Hidschra unbekannt gewesen war – ihm sowohl wie den Ungläubigen und Gläubigen.

Daß Medina einst ausschließlicher Besitz der Juden gewesen war, bedeutete keineswegs, daß sie jetzt mit dem Verlust der Stadt alles verloren hätten, was das Leben lebenswert machte. Sie hatten noch viel zu verlieren, was durch die Kunst des Möglichen leicht zu behalten gewesen wäre. Die drei jüdischen Stämme waren eine starke Minorität, der auch Mohammed wie den Munafikun, den unzuverlässigen Mitläufern, Rechnung trug.

Wenn alle seine Gegner sich vereinten, könnten sie ihm gefährlich werden, war seine Meinung, und dies schien angesichts der Racheschwüre der Mekkaner, der Unzuverlässigkeit der reichen arabischen Geschlechter in Medina und der ablehnenden Haltung der Juden durchaus gerechtfertigt zu sein. Das Witzereißen und die anderen

Versuche der Juden, den Sieg von Badr herabzusetzen, schadeten Mohammed nicht, weil die Vorteile zu greifbar waren und der Prophet selbst auf kriegerische Ehren seiner Gläubigen dadurch verzichtet hatte, daß er den Sieg einzig und allein dem Willen Allahs zuschrieb. Um so mehr mußte er seinen Erfolg ausnutzen und seinen Gegnern zuvorkommen.

Vorsichtigerweise rechnete er immer damit, daß die drei Judenstämme nach dem Vorbild der arabischen Stämme Aus und Chazradsch sich eng zusammenschließen würden oder ihre Einheit auf Grund der gemeinsamen Abstammung und Religion bereits unauflöslich vorhanden sei.

Vorerst begnügte er sich damit, lästige Gegner – und keineswegs nur Juden – beseitigen zu lassen. Für keinen dieser Morde wurde Blutrache oder Sühnegeld verlangt. Nun war zwar seit Mohammeds Einzug Blutrache in Medina verboten; daß aber in diesen Fällen überhaupt von keinem gesetzlichen Ausgleich die Rede war, wurde als eine Bestätigung von Mohammeds Macht angesehen.

Drei jüdische Stämme gab es in Medina. Außer den grundbesitzenden Nadir und Kuraiza, die wie die andern Medinenser von der Landwirtschaft lebten, die Kainuka, die keine Ländereien besaßen, sondern als Handwerker, vor allem als Goldschmiede, wohlhabend geworden waren. Die Erzeugnisse der Kainuka hatten einen guten Ruf. Die Goldarbeiten gingen sowohl nach Syrien wie nach dem südlichen Jemen, wo man sie ebenfalls schätzte und kaufte. Für die Kainuka wäre es Zeit- und Geldverschwendung gewesen, ihre Muskelkraft an den Acker oder an Dattelernten zu vertun.

Bezeichnenderweise konnten sich jedoch die Grundbesitzer der Nadir und Kuraiza nicht dazu überwinden, ihre Religionsverwandten ohne Grundbesitz als gleichberechtigt anzusehen, was sich besonders bei Heiraten auswirkte. Durch solche künstlichen Standesunterschiede wurden die natürlichsten inneren Bindungen des Judentums in Medina zerstört. Wenn die Kainuka sich ihre Frauen nicht aus anderen Städten holten, heirateten sie Araberinnen.

Je mehr sich nun bei Mohammed die Überzeugung festigte, daß ihm die Juden gefährlich werden könnten, je mehr er also seine Pläne darauf auszurichten begann, sie aus Medina zu vertreiben, um so mehr boten sich ihm die Kainuka als Punkt des schwächsten Widerstandes an.

Anlaß für den Angriff waren, ohne im einzelnen nachgewiesen zu sein, verschiedene Gerüchte. So sollten die Kainuka Mohammeds Aufforderung, zum Islam überzutreten, abgewiesen haben. Auch sollte ein Kainuka auf dem Markt südwestlich des Stadtviertels der Chazradsch einen zwar oft geübten, doch immerhin nicht recht passenden Scherz mit einer arabischen Frau sich erlaubt haben. Ein Gläubiger habe daraufhin in Verteidigung der Araberin den Kainuka totgeschlagen, worauf die Juden den Gläubigen erschlugen.

Doch Mohammed hatte damals schon seine achte Sure, Vers siebenundfünfzig bis neunundfünfzig, verkündet und damit zweifellos die Grundsätze seiner künftigen Politik:

> Siehe, schlimmer als das Vieh sind bei Allah die Ungläubigen, die nicht glauben.
> Die, so du einen Bund mit ihnen machst, jedesmal den Bund brechen und nicht gottesfürchtig sind.
> Und so du sie im Krieg gefangennimmst, verscheuche durch Strafe ihr Gefolge; vielleicht lassen sie sich mahnen.
> Und so du Verräterei von einem Volk fürchtest, erweise ihm das gleiche. Siehe, Allah liebt nicht die Verräter.

Damit führte die Furcht vor einem möglichen Verrat dazu, den Verrat zu einer festen Tatsache zu erheben. Der Gegenstand der Gerüchte oder Behauptungen, der den Anlaß zum Angriff auf die Kainuka gegeben hatte, war also völlig gleichgültig. Mohammed hatte seine Entscheidung schon getroffen, und daß er den Anlaß gern den Angegriffenen zuschob, war begreiflich. Etwas anderes war es, daß die Juden ihre Religionsverwandten, in diesem Fall die Kainuka, völlig im Stich ließen, als sie von den Gläubigen belagert wurden. War es nun Neid auf deren Wohlhabenheit oder Gleichgültigkeit, die sie daran hinderten, ihnen zu Hilfe zu kommen?

Mohammed konnte das natürlich nur recht sein. Aber da er sich nicht gern schämen mochte, die Juden so überschätzt zu haben, dankte er Allah für seine Gnade.

»Du wirst keinen Juden in Medina dulden«, sagte Omar, »das weiß ich. Aber die Munafikun kannst du nicht rausschmeißen.«

»Gewiß nicht«, meinte auch Mohammed. »Alle unsere Gläubigen aus Medina sind mit ihnen verwandt.«

»Und es sind die besten Geschlechter! Die ärgern sich ja nur, weil sie nicht mehr alles allein zu bestimmen haben.«

»Abdallah ibn Ubaij will mich sprechen.«

»Natürlich! Der selbstgewählte Führer der Chazradsch«, sagte Omar. »Empfangen mußt du ihn, doch vergiß nicht, Mohammed, er ist dein gefährlichster Gegner.«

»Das sind die geheimen Gegner immer. Ich freue mich, daß ich den Juden keine andere Wahl lassen werde, als meine offenen Feinde zu werden.«

»Mit den Munafikun ist das leider nicht zu machen. An guten Ratschlägen ihrerseits wird es uns nicht fehlen.«

»Aber an Hilfe ihrerseits wird es unseren Feinden fehlen.«

»Die Kainuka werden die Belagerung nicht lange aushalten können. Sie sind nicht darauf eingerichtet. Sie werden sich auf Gnade und Ungnade ergeben müssen. Was willst du mit ihnen machen?«

»Ich will erst Abdallah ibn Ubaij hören.«

Bei Mohammeds Belagerung des Kainuka-Stammes blieb Abdallah ein ruhiger Zuschauer, obwohl die Kainuka bei früheren Kämpfen auf seiten der Chazradschiten als deren Verbündete gestanden hatten.

Inzwischen hatte die Belagerung der Kainuka damit ihr Ende gefunden, daß der jüdische Stamm sich kampflos auf Gnade und Ungnade hatte ergeben müssen.

Mohammed wählte die Ungnade. Er verurteilte den männlichen Teil zum Tode, den weiblichen als Kriegsbeute zur Sklaverei.

Keine Hand erhob sich zugunsten der Unglücklichen, auch die Munafikun hatten ihre geheimen Versprechungen, den Angegriffenen zu helfen, nicht eingelöst, selbst Abdallah ibn Ubaij nicht. Er stand an der Spitze des alten arabischen Adels und hatte sich bereits als Führer der Chazradschiten gesehen. Groß war seine Erbitterung, von einem Eingewanderten wie Mohammed verdrängt worden zu sein. Aber einmal um das andere war er schwankend und unentschlossen gewesen, ohne Mut, wirklich sein Leben für seine Sache einzusetzen. Als gläubiger Mitläufer war er an Mohammed gebunden und dennoch ihm untreu.

Jetzt freilich, da es sich um die Frage handelte, ob Abdallah ibn Ubaij, ohne sich zu rühren, seine alten Kampfgenossen abschlachten lasse, ging es um seine Ehre. Selbst die Gläubigen hätten ihn bei einem Versagen verachtet.

Obwohl unter diesen Umständen eine halböffentliche Unterredung im Hof von Mohammeds Dar ihre Vorzüge gehabt hätte, war Abdallah ibn Ubaij die Gelegenheit, Mohammed in dessen Wohnung zu treffen, aus andern Gründen nicht unerwünscht. Unter vier Augen freilich – wenn er das erhofft hatte – sprach er Mohammed auch dort nicht. Aischa war anwesend, und ihr dünner, safrangelber Schleier löschte sie keineswegs aus.

»Ich war stets bereit, mit dir zu reden, mein Abdallah«, begann Mohammed, »und ich freue mich, daß du den Weg zu mir gefunden hast.«

»Du erweisest mir Ehre, Prophet.«

»Ich wüßte nicht, wie das zu vermeiden wäre. Einem Manne wie dir gebührt sie.«

Damit war allen Höflichkeiten zwischen den beiden Politikern in Medina Genüge getan, und sie hätten wohl noch einiges hinzugefügt, wenn Aischa nicht der Meinung gewesen wäre, daß sie dadurch mit ihrem Gespräch nicht vorankämen, und das sagte sie ihnen auch.

»Vergiß nicht, mein Gatte«, fügte sie noch hinzu, »weswegen Abdallah ibn Ubaij hier ist. Du weißt es so gut wie ich. Und ebenso wie ich hast du auch schon darüber nachgedacht.«

»Hast du? Dann bist du wohl der gleichen Ansicht wie er?«

»Nicht ganz. Daß du dich der Juden entledigen mußt, wird Ubaij wohl nicht einsehen. Sie sind deine Gegner und nicht seine.«

»Ich gebe zu, daß sie es nicht sind, junge Herrin«, ging Abdallah ohne weiteres auf Aischas Vorstellungen ein, obwohl sie nur eine Frau war, »sie sind alte Kampfgefährten und Freunde, und meine Ehre wäre mit einem untilgbaren Makel befleckt, wenn dein Gatte sie töten ließe.«

»Würden deine Kampfgefährten und Freunde zaudern, unsere Gläubigen und damit auch mich zu töten, wenn sie dazu in der Lage wären?«

»Das weiß ich nicht, mein Mohammed, bis jetzt waren sie nicht dazu in der Lage, und es sieht auch nicht danach aus, daß die Juden von Medina, welchen Stammes immer, jemals dazu in der Lage sein werden. Ich aber bin kein Jude, sondern habe mich als Gläubiger bekannt und, meinen Pflichten als Gläubiger gemäß, den Kainuka nicht geholfen, obwohl ich sonst Veranlassung dazu gehabt hätte.«

»Du hast es nicht leicht, mein Abdallah«, gab Mohammed zu.

»Es wäre leichter, wenn ich mich nicht für dich erklärt hätte, Prophet. Treue habe ich dir aber gehalten.«

»Wenn du das nicht getan hättest, wärest du jetzt in der Lage der Kainuka«, entgegnete Mohammed nicht ohne Schärfe.

»Er ist es nicht, Mohammed«, mischte Aischa sich ein. »Alles Reden darüber, welche Folgen es hätte, wenn dieses oder jenes geschehen oder nicht geschehen wäre, ergibt keine Tatsachen. Tatsächlich ist Abdallah ibn Ubaij dein Bruder im Islam und hat Anspruch darauf, von dir als dein Bruder behandelt zu werden. Er hat sich niemals feindselig gegen dich erwiesen.«

»Und was er gedacht hat?« brauste Mohammed auf.

»Allah weiß es. Er ist der Allwissende. Wir sind Menschen.«

Ein wenig ärgerte es Mohammed, daß er keine Antwort – jedenfalls keine richtige – auf Aischas Einwürfe fand. Zugleich aber war er mit Dank an Allah erfüllt, der ihm eine so kluge Frau verliehen hatte. Alles war so folgerichtig, daß ihr zu widersprechen Allah zu widersprechen hieße.

»Wir sind allzumal Moslemin und glauben an Allah und seinen Gesandten, dem wir unsere Meinung nicht vorenthalten dürfen, wenn wir sie auf Grund des Korans zu haben glauben.«

Aischa machte eine kleine Pause. Sie war überzeugt, die Männer würden sie nicht unterbrechen. Nun ja, auch anderes wußte sie! Sie kannte den Koran, besser als Mohammed selbst.

»Gewiß, Abdallah ibn Ubaij, du bist, was du auch sonst sein magst, auf alle Fälle ein Gläubiger«, fuhr sie fort. »Nun weißt du doch, daß die Kainuka den Ahmed, einen Gläubigen wie wir, erschlagen haben. Glaubst du, Verrat an deinen früheren Freunden zu begehen, wenn du für Ahmed ein Sühnegeld verlangtest?«

Etwas verlegen zauderte Abdallah.

»Eigentlich nein …«, sagte er dann. »Aber zuerst wäre es doch wohl Sache des Emirs, Sühne zu verlangen und den Betrag festzusetzen.«

»Also Mohammeds Sache?«

»Ja, Mohammeds Sache. Er ist Hüter des Gesetzes in Medina.«

»Und wenn Mohammed keine Sühne verlangte? Würdest du dann für den toten Ahmed Sühne begehren?«

»Ich würde es tun.«

Aischa lächelte.

»Du hörst es, Mohammed«, sagte sie.

»Abdallah ibn Ubaij braucht sich nicht zu bemühen«, erklärte Aischas Gatte steif. »Ich werde die Sühne festsetzen.«

»Das ist richtig«, pflichtete Aischa ihm bei. »In der achten Sure heißt es: ›Verscheuche durch Strafe ihr Gefolge, vielleicht lassen sie sich mahnen.‹ – Allah will also ihre Besserung, und die kann durch den Tod nicht erreicht werden.«

»Jawohl, junge Herrin«, ereiferte sich Abdallah. »Dein Weib sprach wahre Worte, Prophet. Die Worte des Korans sind immer wahr. Strafe die Kainuka, doch lasse sie am Leben.«

»Setze die Sühne so hoch an, wie du magst«, unterstützte ihn Aischa, »du kannst ihnen ohnehin alles nehmen, was sie nicht schon beiseite geschafft haben.«

«Und wovon sollen sie ohne Eigentum in Medina leben?« fragte Abdallah verstört. »Grundbesitz haben sie nicht.«

»So kann man ihnen diesen nicht nehmen«, meinte Aischa ungerührt.

»Beim Ackerbau haben sie nie etwas geleistet«, stieß Abdallah trotzdem vor. »Sollen sie etwa verhungern? Dann könnte man sie besser gleich totschlagen und ihre Frauen verkaufen. Aischa, junge Herrin, kannst du denn nicht begreifen ...?«

»Was ich nicht begreife, bist du, o Abdallah. Ihren wichtigsten Besitz, ihre Kunstfertigkeit und handwerklichen Fähigkeiten, kann man ihnen überhaupt nicht nehmen. Von allen Juden in Medina brauchen sie unsere Stadt am wenigsten.«

»Also Ausweisung?« – Abdallah gebrauchte das Wort, als sei der Verlust der Heimat das größte Unglück, das Menschen widerfahren könne. – »Meinst du das, Aischa?«

»Ich weiß nicht, was der Gesandte Gottes vorhat«, verschloß sich Aischa.

»O mein Abdallah«, sagte Mohammed, »gerade wenn mir scheinbar etwas Bedrohliches und Feindliches zustieß, habe ich darin oft schon Allahs Willen, den Islam zu erhöhen, erkennen müssen. Du, Ubaij, bist ein Gläubiger, du gehst mich etwas an, nicht aber die Kainuka. Den Ungläubigen ist das höllische Feuer gewiß. Wenn sie mit dem Leben davonkommen, haben sie es dir zu verdanken. Du hast deine alten Kampfgefährten nicht verraten, sondern gerettet. Übrigens haben dieses Mal die Kainuka nicht gekämpft. Ich aber halte gar nichts davon, ein Volk, das sich selbst aufgibt, nur darum zu stützen, damit es sich weiterhin hinterhältig Allahs Willen widersetzen kann.«

»Tun sie das denn?«

»Denke nach! Ich bitte dich! Bist du ernstlich der Überzeugung, daß die Juden jemals aufhören werden, den Gesandten Gottes herabzusetzen und zu versuchen, ihn lächerlich zu machen –«

»Das ist so ihre Art.«

»Eben! Wer den Gesandten Gottes lächerlich machen möchte, lästert Allah. Gotteslästerer zu schützen, hat Allah mich nicht zu den Menschen gesandt.«

Dies war einer der Augenblicke, in denen Aischa stolz darauf war, die Frau des Propheten zu sein.

Oft genug fühlte sie sich Männern überlegen, besonders dann, wenn diese sprachen, was nicht nötig gewesen wäre und nur ihren Zielen schaden konnte. Aischa kannte die Tugend des Schweigens, und jetzt handelte sie danach.

Mohammed habe alles gesagt, was zu sagen gewesen sei, dachte sie. Warum also davon sprechen, daß den Gläubigen aus dem Umbringen der Kainuka große Nachteile entstehen könnten? Sie wurden doch von den andern Juden gar nicht als gleichberechtigt anerkannt und hatten darum nicht nur gern fremde Jüdinnen, sondern weitgehend auch Araberinnen aus Medina geheiratet, waren also mit Familien verwandt, die inzwischen den Islam angenommen hatten.

Daß man es ihnen freistellen könne, ebenfalls gläubig zu werden, bedeute nicht das geringste, da das jedem ohne Unterschied der Rasse und des bisherigen Glaubens freistehe. Es sei sogar damit zu rechnen, daß viele von den Kainuka davon Gebrauch machen würden. Aber davon reden? Das hieße doch nur, Abdallah Trümpfe zuspielen.

Auch Mohammed sagte nichts weiter, und sein Schweigen bedeutete die Auweisung der Kainuka aus Medina.

Er konnte wohl großmütig sein und frühere Vergehen verzeihen, nur nicht den Verdruß, der ihm mit hinterhältigen Worten und dem, was er Lügen nannte, zugefügt worden war.

Die Kainuka mußten ihren gesamten Besitz ausliefern und konnten dann mit Frauen und Kindern Medina verlassen. Doch nicht alle machten davon Gebrauch. Manche blieben zurück und vermehrten die Reihen der Neugläubigen. Die andern verließen Arabien und siedelten sich in Andraat im Ostjordanland an. Ihre Erzeugnisse an Goldwaren und Schmuck behielten den alten Ruf und gewannen in Byzanz neue Absatzmärkte zu den alten hinzu, so daß die Verluste bald ausgeglichen waren.

Nach der Vertreibung der Kainuka war noch aus keinem Anzeichen zu ersehen, daß Mohammed sich mit der Enttäuschung über seine Ablehnung durch die Juden allmählich abzufinden gedenke. Die Kainuka waren eher als die weniger gefährlichen seiner Gegner zu betrachten. Immer häufiger kam es vor, daß auf geheimnisvolle Weise Spötter, die sich der Beleidigung des Propheten schuldig gemacht hatten, gewaltsam beseitigt wurden, und dabei erwiesen sich neu angewandte Methoden als besonders wirkungsvoll. Jedenfalls führte die List Muhammeds ibn Maslama, für die er die ausdrückliche Genehmigung des Propheten eingeholt haben sollte, schließlich zum Ziel.

Der Fall des Kab ibn al-Aschwaf war ungewöhnlich. Durch seinen Vater gehörte er dem Stamm der Taijiten an, seine Mutter war eine Jüdin. Dem Gerücht nach sollte er sich ebenfalls der jüdischen Religion angeschlossen und sein dichterisches Talent zur Verspottung des Propheten mißbraucht haben. Die Behauptung, daß er nach der Schlacht bei Badr eine Hetzreise nach Mekka gemacht habe, lag damit gar nicht so fern. Unbestreitbare Tatsache war dagegen nur, daß Kab in Medina ein befestigtes Haus besaß und obendrein noch durch seine Stärke und Tapferkeit berühmt war.

Muhammed ibn Maslama tat sich nun mit drei anderen Gläubigen zusammen, und diese vier Männer nahmen unter dem Vorwand, eine Verschwörung gegen Mohammed anzetteln zu wollen, Verbindung mit Kab auf. Außerdem brauche er auch Lebensmittel, erklärte Muhammed ibn Maslama und bot Kab an, als Pfand für spätere Bezahlung, Waffen bei ihm zu hinterlegen. Kab schöpfte keinen Verdacht. Er war froh, so tüchtige Gesinnungsgenossen gefunden zu haben, und die andern überstürzten nichts. Sie warteten, bis sie ihn in einer mondklaren Nacht aus seiner Burg hervorlocken konnten. Dann erst fielen sie über ihn her.

Der Ruf von Kabs Stärke und Tapferkeit war auch wahrlich nicht unbegründet. Nur mit äußerster Mühe vermochten die vier ihn zu überwältigen.

Immerhin hatte Kab die ihn umwohnenden Juden wachrufen können, und die hatten auf ihren Dächern Feuer entfacht. Dennoch gelang es den vier Mördern, zu entkommen und sich beim Gebet des nächsten Tages bei Mohammed einzustellen.

Der Fall stand keineswegs allein da. Die Juden wagten nicht mehr ihre Häuser, geschweige denn ihr Stadtviertel zu verlassen.

Seltsamerweise hörte die Mehrzahl der Juden aus den verbleibenden Stämmen der Nadir und Kuraiza, so klug sie sich dünken mochten, nicht auf, sich über den Wert der mit ihnen geschlossenen Verträge zu täuschen. Um sich rechtzeitig persönlich in Sicherheit zu bringen, fiel es ihnen zu schwer, sich von ihrem wertvollen Eigentum, ihrem Grundbesitz, freiwillig zu trennen. In ihrer Überheblichkeit lehnten sie es ab, aus dem Schicksal ihrer Glaubensgenossen, der Kainuka, Lehren zu ziehen. Die Kainuka seien Habenichtse und könnten nie mit ihnen verglichen werden.

Ein Vorfall wie der folgende hätte ihnen doch zu denken geben müssen.

Es handelte sich um den Mordfall des Muhaisija ibn Masud. Er und seine Familie waren einem reichen jüdischen Mitbürger zu großem Dank verpflichtet. Trotzdem ermordete er ihn, und als sein heidnischer Bruder Huwaisija ihm heftige Vorhaltungen machte, war alles, was er sagte: Auch wenn der, der ihm diesen Mord befohlen habe – Muhaisija nannte den Namen nicht –, ihm geboten hätte, seinen eigenen Bruder umzubringen, hätte er sich nicht bedacht.

Von dieser Antwort empfing der Bruder einen starken Eindruck. Er erkannte, daß eine Religion, die bei ihren Gläubigen einen so unbedingten Gehorsam hervorrufe, etwas Wunderbares sein müsse. Noch am gleichen Tag bekannte sich auch Huwaisija zum Islam.

Doch weder große noch kleine Vorgänge solcher Art konnten die Juden in ihrer Überzeugung von der Besitzmacht erschüttern und deshalb auch darin nicht, daß der Emir von Medina stets auf sie als den besitzstärksten Teil der Einwohnerschaft Rücksicht nehmen müsse. Die Vorstellung, gar auch ihr Vermögen zu verlieren, bereitete ihnen wahre Höllenqualen. Ein Leben ohne Besitz erschien ihnen nicht mehr lebenswert, diese Überzeugung ließ sie jedes Risiko eingehen.

Noch freilich war die Zeit nicht gekommen, den Bürgerkrieg fortzusetzen. Die Jagd auf mekkanische Karawanen versprach nach dem Beispiel von Badr zu großen Erfolg, um sie nicht fortzusetzen. Nicht mehr den Weg längs der Küste nach Syrien wagten die mekkanischen Kaufleute für ihre Karawanen zu benutzen. Sie zogen den andern im Osten über die Hochebene im Innern des Landes vor.

Zaid ibn Haritha, der immer häufiger mit Führungsaufträgen betraut wurde, setzte an der Spitze einer solchen Kolonne von hundert Kamelreitern nach und holte sie beim Brunnen Karada im Nedsch ein. Allerdings entkam der koraischitische Begleitschutz, darunter Abu Sofjan selbst; aber die Ladung an Gold und Silber war so groß, daß Mohammeds Prophetenfünftel zwanzigtausend Drachmen ausmachte.

Übrigens befaßte sich Mohammed mit der den Gläubigen so willkommenen Beute auch noch auf eine andere Art, als nur Steuer von ihr zu erheben. Es war keineswegs selten, dem Gesandten Gottes schwertumgürtet, kamelberitten und mit der Lanze auf den großen Reisestraßen der Landschaft zu begegnen. Seine kriegerische Ausstattung war die eines großen Herrn. In zwei wichtigen Teilen war sie es in der Tat. Sie hatte nämlich Abu Dschahl gehört und war erst durch dessen Tod an Mohammed gekommen.

Abu Dschahl würde es in seiner Eitelkeit wohl kaum über sich gebracht haben, ein namenloses Kamel zu besteigen, das nicht wie die schnellsten Rennpferde von den Dichtern besungen werden würde. Seine weiße Kamelstute Badu-Hawa war in ganz Arabien berühmt. Der Stamm, aus dessen Zucht sie hervorgegangen war, rühmte sich dieses schlanken, graziösen Wesens, das es mit dem schnellsten Rennpferd aufnahm.

Mohammeds engere Freunde betrachteten es als ein glückliches Zeichen, daß Hawa es gar nicht erst einmal versucht habe, den neuen Reiter abzuwerfen oder sich ihm zu verweigern, sondern daß sich zwischen beiden allmählich eine Art Zugehörigkeitsverhältnis herausgebildet habe. Daß man einem so erhabenen Wesen wie Badu-Hawa auch besondere Kräfte des Verstandes und Empfindens beimaß, schien verständlich.

Eine Klinge dagegen gewann ihr Leben erst in der Hand des Meisters. Für Hamzas Ehrlichkeit bedeutete es sehr viel, eingestanden zu haben, daß auch er kein besseres Schwert zu schmieden vermöge als die Dhul-fikar aus Damaskus. Sie hatte an Abu Dschahls Seite gehangen, wie sie jetzt an der Seite Mohammeds hing.

Keinen Gläubigen hätte es befremdet, sich den Gesandten Gottes als Krieger und Feldherrn vorzustellen. Für sie war es das Selbstverständlichste von der Welt, den Propheten alle Aufgaben lösen zu sehen, die an ihn herantraten, auch die eines Kriegsbefehlshabers. Man war ganz im Gegenteil sehr befriedigt, zu vernehmen, daß Mohammed sich ein Kettenhemd anfertigen lasse.

Omar und Ali hatten bereits Beweise kriegerischer Begabung abgelegt. Und Zaid? Bis vor kurzem hatte er nur mit seinen Rechnungsbüchern, seinem Seidenhandel und dem Haus der Kadidscha zu tun gehabt. Und nun betätigte er sich an der Spitze von hundert Kamelreitern mit einem Erfolg, wie man ihn sich nicht besser wünschen konnte.

Alles deutete auf kriegerische Auseinandersetzungen, das war auch in Medina die allgemeine Ansicht. Wenn die Mekkaner ihren Karawanenhandel nicht ganz aufstecken wollten, bleibe ihnen ja gar nichts anderes übrig, als durch Vergeltung und Beute ihre Verluste auszugleichen, wenigstens aber Mohammed von weiteren Angriffen auf Karawanen abzuschrecken.

In beiden Städten bereitete man sich auf den Kampf vor.

Die Ladung der Restkarawane, die Abu Sofjan vor dem Schicksal von Badr bewahrt hatte, stand noch unberührt in Mekka. So groß waren die Wut und die Befürchtungen dort, daß die Eigentümer dieser Ladung sie mit großer Bereitwilligkeit zur Ausrüstung einer neuen Truppe herschenkten. Dieses Mal jedoch verließ man sich nicht nur auf Bürger von Mekka, sondern auch auf benachbarte, Mekka verpflichtete Beduinenstämme. Dazu kamen dann noch die Leute, die bei Mohammeds Einzug in Medina die Stadt verlassen hatten. Auf diese Weise gelang es Mekka, ein gut ausgerüstetes Heer von dreitausend Mann mit dreitausend Kamelen und zweihundert Pferden aufzustellen.

Soweit stand für Mekka alles ganz gut; aber viel gelernt hatten die Mekkaner nicht. Vielleicht war es nicht einmal so sehr der berechnende Abu Sofjan selbst als seine Frau Hind gewesen, die es durchgesetzt hatte, daß man das Heer nicht ohne eine zureichende Anzahl von Frauen hinauslassen solle. Hind bint Rabia, eine Tochter dieses vornehmen Geschlechtes, war ebenso dick wie haßsüchtig, und besonders hatte sie es auf Mohammed und den Islam abgesehen. Sie hatte sogar lieber auf ihre keineswegs schlankere Tochter verzichtet und sie mit Mann nach Abessinien gehen lassen, als sich mit deren Hinneigung zum Koran abzufinden. Ihr Vater, Utba ibn Rabia, war bei Badr durch Hamzas Hand gefallen, in derselben Schlacht hatte sie auch ihren Vatersbruder Zaiba und ihren Bruder al-Walid verloren.

Durch diese Unglücksfälle war ihr Rachedurst bis zu einem Grad gelangt, der ihr kaum noch etwas Menschliches gelassen hatte. Mit ihr hatte niemand gern etwas zu tun.

Statt der Begeisterung, mit der die Gläubigen an ihrem Propheten hingen, sollten die Nähe der Frauen und deren Gesänge die mekkanischen Krieger entflammen. Wie unrühmlich auch das Ende bei Badr gewesen sein mochte, so verzichteten die Mekkaner auch bei diesem Kriegsunternehmen nicht auf Pomp, Gelage und Geprahle bei jeder Stätte des Gebetes.

Bei Abwa wurde von vielen stürmisch verlangt, die Leiche von Mohammeds Mutter aus dem Grabe zu reißen.

Das sei ein vortreffliches Pfand, fand man, das Mohammed schon auslösen werde. Immerhin gab es noch genug ritterliche Elemente im Heer, die sich der Ausführung eines so gemeinen Vorschlages mit Erfolg widersetzten.

Unter den Gläubigen in Medina verbreitete sich beim Anmarsch des feindlichen Heeres natürlich eine starke Spannung. Es gab auch noch genug Gegner des Emirs, die ihre Hoffnung nur mühsam verbergen konnten.

Nicht zum ersten Mal wurde Medina angegriffen, wenn man jetzt auch sagen konnte, daß es gar nicht Medina, sondern Mohammed sei, der mit seinen Gläubigen von den Mekkanern angegriffen werden solle. Genaugenommen sei es ein mekkanischer Bürgerkrieg, der durch die Schuld der Politiker auf das falsche Gelände geraten sei.

Bei früheren kriegerischen Verwicklungen hatte man nach dem strategischen Grundsatz gehandelt, Medina sei keine enggebaute, mauerumgürtete Stadt, die sich als Einheit verteidigen lasse, um so besser stehe es um die gemeinschaftliche Verteidigung. Das eigene Haus werde jeder verteidigen; der Kampf von den Dächern aber mit Steinen und brennendem Öl, ferner die genauen Kenntnisse aller Wege und Stege – das alles seien Vorteile für die Verteidigung, die bei einer offenen Feldschlacht wegfielen.

Auf diese Weise war es verhindert worden, daß Medina je erstürmt und besetzt wurde. Auch das Eindringen der Araber in die einst jüdische Stadt war wohl eine Folge von Unterwanderung und Verhandlungen, nicht aber von offenen Kriegen gewesen.

Ursprünglich hatten die Gläubigen an keine andere Verteidigungsmethode als die der Vorfahren gedacht. Auch Aischa hatte mit Mohammed von nichts anderem gesprochen, schon deswegen, weil Abu Bekr und andere angesehene Männer und sogar der große Stamm der Chazradsch keine andere Möglichkeit zu sehen schienen. Jedenfalls schlug Abdallah ibn Ubaij, der seinen Stamm in den Kampf führen sollte, das gleiche vor, und Mohammed empfing einen warnenden Traum, der ihm ebenfalls gebot, in der Stadt zu bleiben und sich dort zu verteidigen.

Dann jedoch verschaffte sich die von Mohammed selbst geförderte Überzeugung von der Unbesiegbarkeit der Gläubigen Geltung. Angesehene und tapfere Männer, die sich persönlichen kriegerischen Ruhm erworben hatten, wie Omar, Hamza und Ali, hielten jedes Zurückweichen für unter ihrer Würde und verlangten den Kampf im freien Feld.

Draufgängerische Krieger, meinte Abdallah ibn Ubaij, halten sich stets für die klügsten, obwohl sie den Verstand rasender Bullen haben.

Damit war eine Entscheidung Mohammeds unumgänglich geworden.

Durch ein langes Gebet an Allah bereitete er sie vor.

Dann begab er sich in Aischas Haus und begann seinen Kettenpanzer anzuziehen. Gerade noch zur rechten Zeit sei der Panzer fertig geworden, meinte er dabei.

»Mir wäre es recht, wenn er nie fertig geworden wäre!« rief Aischa voll Unmut und warf sich aufs Polster.

Mohammed war sehr ernst. Alles, was er in Mekka hatte aushalten müssen, hätte nur ein tapferer Mann durchstehen können. Das wußte er. Aber den eigenen Leib hatte er noch nicht nacktem Stahl unmittelbar aussetzen müssen. Er hatte keine Angst und glaubte auch, daß es ihm im Ernstfall nicht an Tapferkeit fehlen würde. Aber wissen konnte er das nicht. Er hatte zu Allah gebetet, mehr konnte er nicht tun.

»Zweifelst du am Mut deines Gatten, Aischa?«

Sie warf ihre Arme um seinen Hals.

»Ach, Mohammed! Ich will, daß du mir zurückkommst, verstehst du das denn nicht?«

»Das ist Allahs Sache. Ihm müssen wir sie anheimgeben.«

»Durch vieles spricht Allah zu uns. Bist du sicher, daß du nichts überhört hast? – Sieh mal: Abdallah ibn Ubaij. Du sagst, er sei nicht zuverlässig, ein Munafikun. Aber jetzt benimmt er sich nicht wie ein heimlicher Gegner.«

»Er benimmt sich, wie zu erwarten gewesen ist. Er möchte sich um den Kampf drücken.«

»Wie falsch, wie ungerecht, Mohammed! Hier in Medina wird er und kein Chazradsch es vermeiden können zu kämpfen. Hier geht es um ihr eigenes Viertel, ihre eigenen Häuser, ihre eigenen Familien.«

Mohammed sann nach.

»Vielleicht tue ich Abdallah unrecht. Ungerechtigkeit ist eine schwere Sünde, Aischa.«

»Kein Mensch ist ohne Sünde. Und Allah ist barmherzig, besonders wenn der Sünder gläubig ist und bereut. Bereust du, Mohammed?«

»Ich will beten, daß mir Allah Gewißheit sende.«

Das war ein Zugeständnis, und Aischa sah ein, daß sie ihren Mann zu einem weiteren Zugeständnis nicht bewegen könne. Auch war ihr im Augenblick die Antwort auf die Frage, ob die Gläubigen dem Feind entgegenziehen oder ihn in der Stadt erwarten sollten, das wichtigste.

»Ali ist auch nicht mehr so versessen auf eine offene Feldschlacht«, sagte sie, »er ist sehr bedenklich geworden.«

»Auf einmal also Ali? So große Freunde seid ihr doch gar nicht.«

»Du meinst wegen deiner Fatima? Natürlich weiß ich, daß sie mich haßt. Wie die Sünde, würde ich sagen, wenn ich nicht sehr zweifelte, daß sie die Sünde haßt. Jedenfalls nicht so sehr wie mich. Auch hat Ali von seiner Meinungsänderung nicht zu mir selbst gesprochen ...«

»Es stimmt schon. Er hat mit mir darüber gesprochen. Wir hätten Aischas Plan annehmen sollen, meinte er, und wenn es mir recht sei, blieben wir hier in Medina.«

»Und du?«

»Ich habe ihm etwas Ähnliches gesagt wie das, was ich dir jetzt wiederhole, Aischa: Es ziemt sich nicht für einen Gesandten Gottes, wenn er einmal das Panzerhemd angezogen hat, es wieder abzulegen, bevor er für den Glauben gekämpft hat.«

»Aber hier in Medina würden alle mit uns Gläubigen kämpfen! Nicht nur die Munafikun – auch die Ungläubigen, die Christen, selbst die Juden!«

Mohammed lächelte.

»Die Juden wollen sogar in eine Feldschlacht mit uns ziehen. Ich habe das abgelehnt. Als Mitkämpfer könnten sie recht gefährlich werden. Es ist besser, auf den ungewissen Nutzen zu verzichten. Und dann, Aischa, ich habe noch nie in offener Schlacht mit den Gläubigen zusammen gekämpft.«

»Sie werden dir folgen, was du auch wählst.«
»Sie werden Allah folgen, und dann werden sie siegen.«
Aischa begriff nicht.
»Und ich?« fragte sie.
»Du bleibst hier.«
Mit einem düsteren Gesicht, aber ohne ein Wort sonst, setzte sie sich seufzend.

XXIX

Der Ausritt der Krieger auf dem Wege Gottes aus Medina nahm sich ganz stattlich aus. Die grüne Fahne des Hauses Haschim trug Ali. Sie war mit einem frommen Spruch bemalt, während der Spruch auf der Standarte des Hamza mit seinem wildzerzausten Bart und seinem Zweihänderschwert weniger auf die Barmherzigkeit des Allmächtigen hinwies, sondern mehr das grimmige Gesicht und die schwellenden Muskeln des Kämpfers ausdeutete und sich an die irdische Sterblichkeit der Menschen wandte.

Nach einem dreistündigen Ritt durch die Wüste machte sich jedoch einige Unruhe bemerkbar, und zwar in den Reihen der chazradschitischen Gläubigen, die trotz der Abmahnung des Abdallah ibn Ubaij unter dessen Anführung Mohammed zugezogen waren. Nun kam Abdallah herangaloppiert, obwohl seine Männer bereits kehrtmachten, um in Richtung Medina zurückzureiten.

»Ich bin sehr bestürzt«, meldete er; »aber die Chazradsch wollen nicht mehr.«

»Und du, Abdallah?«

»Ich habe dir abgeraten, Gesandter, ich bitte, erinnere dich. Und vergiß nicht: Ich bin nicht Emir der Chazradsch, sondern nur ihr Anführer im Kampf. Jetzt wollen ihre Ältesten der Sippen nun einmal nicht mehr, da du meinen Rat, der schließlich auch der ihre war, abgelehnt hast.«

»Nicht die Ältesten entscheiden, und auch du, Abdallah, entscheidest nicht, sondern Allah.«

»Das ist auch die Meinung der Chazradsch.«

»Und dann verlaßt ihr den Islam und euern Propheten vor der Schlacht?« fragte Mohammed.

»Sie sagen, daß Allah die Schlacht nicht will und sie darum auch gar nicht stattfinden wird. Oder hattest du eine Offenbarung?«

»Ich hatte einen Traum.«

»Warum sprachst du nicht davon? Hättest du es doch getan, Prophet!«

Was konnte Mohammed antworten? Sein Traum gab ja Abdallah und den Chazradsch recht.

Omar und Ali waren unterdessen herangetreten und nahmen eine drohende Haltung an. Mit einer Handbewegung wies Mohammed sie zurück.

»Schütze Medina«, sagte er dann zu Abdallah – »wenn die Stadt es nötig haben sollte.«

Die Verabschiedung erfolgte nicht zu früh. Die Chazradsch waren nur noch in der Ferne zu sehen, als Abdallah ihnen nachritt.

Damit verlor Mohammed dreihundert Mann und verfügte nur noch über siebenhundert Krieger, mit denen er dreitausend unter Abu Sofjan die Spitze bieten mußte.

Aber Abu Sofjan war gerade kein großer Schlachtenlenker. Freilich sah er nicht nur prächtig aus in seiner silberglänzenden Rüstung mit dem Mantel aus Jemen darüber. Aber er war aus Mekka, und die Mekkaner hielten sich an die altarabischen Gewohnheiten. Die Gläubigen dagegen hatten durch den Islam eine ganz neue Grundhaltung bekommen, die sich auch – ohne daß sich viele dessen bewußt waren – im Kriege auswirkte. Das Verhalten der chazradschitischen Gläubigen war nur ein Rückfall in frühere Gewohnheiten gewesen.

Das mekkanische Heer war an Medina vorbeigezogen, weil man glaubte, sich mit der Stadt nicht in einem erklärten Kriegszustand zu befinden. Die Überzeugung, daß ein Straßengemetzel in einer größeren Stadt blutiger als eine Feldschlacht ablaufen könnte, war wohl mehr der Grund der weitherzigen mekkanischen Auffassung. Sie ließen sogar Mohammeds Heer ruhig an sich vorbeiziehen und eine starke Stellung am Fuß des Berges Uhud einnehmen, der noch dazu das Heer im Rücken deckte. Es sei immer so gewesen, dachten die altmodischen Mekkaner: Der Aufmarsch der Gläubigen sei eben eine Aufforderung zum Kampf, der ohne Ehrverlust nicht abgelehnt werden dürfe.

Eine kleine Anhöhe seines linken Flügels ließ Mohammed von fünfzig Bogenschützen zur Deckung seiner Flanke gegen feindliche Reiterei besetzen. Da er dem Anführer, dem Abdallah ibn Gubair, den ausdrücklichen Befehl gegeben hatte, den Platz auf keinen Fall zu verlassen, war seine gesamte Aufstellung kaum noch zu brechen.

Auch die üblichen Zweikämpfe, bei denen Ali seinen Gegner erlegte, endeten nicht ungünstig für die Gläubigen.

Dann erst begann die Schlacht.

Das Getöse der wuchtigen Schläge von Stahl auf Stahl, des Aufeinanderprallens und des Geschreis der Kämpfenden war gewiß nicht gering, wurde aber weit überboten von dem Höllengekreisch der mitgebrachten Weiber aus Mekka. Von alters her war es eben so Sitte, und da so leicht nichts Abschreckenderes aufzubringen war, ließ es sich denken, daß zu irgendeiner Zeit einmal ein Feind nicht so sehr vor stählernen Schwertern als vor den widerlichen Hexen Reißaus genommen habe.

Das schöne Geschlecht freilich war in völligem Verkennen von Rhythmus und Harmonien anderer Meinung. Wieder einmal hielt es sich für den Hüter des Paradieses und dachte sich gar nichts dabei, seinen Kriegern zu drohen, es werde sich ihnen versagen, wenn sie wichen.

Damit hatten die Frauen jedoch in diesem Fall keinen Erfolg. Ob die Herren Mekkaner die weiblichen Drohungen mehr als Versprechungen auffaßten und sich danach verhielten, ließ sich nicht sagen. Die Leute aus Mekka wichen jedenfalls, so gut sie nur konnten, weil sie es mit der Disziplin der Gläubigen und der Kraft ihrer Überzeugungen nicht aufnehmen konnten.

Das fast schon vorauszusehende Ende der Schlacht nahm einen überraschenden Verlauf, weil der Kriegsplan Mohammeds durch eine befehlswidrige Eigenmächtigkeit umgestoßen wurde.

Beim Vordringen fielen die Medinenser natürlich als erstes über das Lager der Gegner her, um es zu plündern. Dieser Anblick war aber mehr, als die Disziplin der fünfzig Bogenschützen, die sonst ebenso zuverlässige Gläubige waren, ertragen konnte. Oft genug wurden in dem meist recht armen Arabien Kriege nur um der Beute willen geführt, immer jedoch auch um ihretwillen.

Trotz der Drohungen und Vorstellungen ihres Führers verließen also die Bogenschützen ihren Posten, um sich einen Anteil an der Beute zu sichern.

Die mekkanische Reiterei, bei der sich auch Abu Sofjans Sohn Muawija aufhielt, wurde von dem erfolgreichen Chalid ibn al-Walid geführt. Er sah sofort die Blöße des Gegners, die sich aus dem Ungehorsam der Bogenschützen ergab. Schnell sammelte er seine Reiter, stürzte sich auf Abdallah ibn Gubair und die wenigen Männer, die ihrem Führer treu geblieben waren, hieb sie nieder und fiel Mohammeds Heer in den Rücken.

Jetzt war es mit Plünderungen vorbei. Eine große Verwirrung entstand unter den Gläubigen, die ohnehin genötigt waren, sich nach zwei Seiten zu verteidigen. Einige begannen schon den Mut zu verlieren. Immerhin war es nicht ausgeschlossen, daß auch sie sich noch einmal zum Widerstand ermannten. Als nun aber eine hallende Stimme verkündete – später behaupteten die Gläubigen, es sei der Schaitan gewesen –, daß Mohammed gefallen sei, suchten alle, darunter auch Mohammeds Schwiegersohn Othman, in wilder Flucht Medina zu erreichen.

Doch war Mohammed gar nicht tot. Eine Schar seiner Anhänger hatte mit Todesverachtung um seine Rettung gekämpft. Als ihn ein gewaltiger Schwertstreich zu Boden geworfen hatte, war die Nasenstange seines Visiers in seinen Mund eingedrungen. Einige Zähne seines herrlichen Gebisses wurden ihm dadurch ausgebrochen; aber mit Hilfe seiner unbändigen Verteidiger konnte er doch die Südkluft am Uhudberge hinaufklettern. Dieser Hohlweg war so eng und verschlungen, daß es nicht schwer war, ihn gegen die Mekkaner abzuriegeln, die kühn genug waren, sich hineinzuwagen. Viele Gläubige, die das Schlachtfeld noch nicht verlassen hatten, scharten sich auf der Platte oberhalb der Kluft um den Gesandten Gottes.

In dieser Stellung konnte man in verhältnismäßiger Sicherheit abwarten, was die Mekkaner wohl tun würden. Ohne Schwierigkeit hätten sie in Medina eindringen und dort den Straßenkampf aufnehmen können.

Vorerst freilich schienen sie noch zu beraten, wenigstens sah man auf einem Vorsprung am Fuße des Berges Abu Sofjan inmitten seiner Begleiter. Zunächst hörten die Gläubigen allerdings nur Abu Sofjans Stimme.

»Omar ibn al-Chattab!« schrie er hinauf, indem er seine beiden Hände an den Mund legte. »Komm doch zu uns, Vetter, wie sich das gehört. Komm zur weißen Fahne des edlen Omaijaden! Willst du mit den dreckigen Haschimiten zugrunde gehen? Sie sind wie hungrige Schweine und ernährten sich immer schon von den Abfällen, die wir ihnen zukommen ließen! Hörst du mich, Omar?«

Omar folgte dem Beispiel des Vetters.

»Um dich nicht zu hören, Abu Sofjan, müßtest du keine solche Großschnauze sein. Vielleicht schenke ich dir später bei Gelegenheit deinen Kopf. Ich wüßte sowieso nichts damit anzufangen. Und mit deiner weißen Fahne werde ich meinem Kamelhengst den Hintern wischen!«

Nein. An Medina zog das Heer der Sieger vorbei, als es sich nach Mekka wandte. Vorher aber überließ es den Weibern, eine Schlacht gegen Medina zu gewinnen.

»Hamzas Herz will ich«, sang Hind mit gellender Stimme. »Hamzas Herz! Er hat mir den Vater erschlagen. Er hat mich trostlos gemacht. Bringt mir sein Herz!«

Die andern Weiber waren mittlerweile emsig dabei, den Toten, wie es Sitte war, Nasen und Ohren abzuschneiden.

»Macht mir eine Halskette daraus!« kreischte Hind.

Sie war abstoßend; aber niemand vermochte sie zu beruhigen. Sie riß sich los. Sie suchte Hamzas Leiche. Wahschi, ein riesiger Sklave, hatte ihn mit seiner Lanze durchbohrt.

Hind kniete neben der Leiche und schnitt sie auf. Gleich einem Banner schwang sie Hamzas Eingeweide über ihrem Haupt. Blutverschmiert und häßlich war sie wie der tiefsten Hölle entsprungen, als sie halb von Sinnen in Hamzas Leber biß.

Mit einem einzigen Lanzenhieb warf Abu Sofjan sein Weib zu Boden. Er war ein Herr. In diesem Augenblick verabscheute er Hind, und er verprügelte sie, bis sie wieder zu sich kam. Es sei besser, sein Weib rechtzeitig durchzubleuen, als später für ihre Fehler zu leiden, meinte er.

Hinterher ordnete Abu Sofjan an, dem Hamza ein steinernes Grabmal zu setzen.

Er war eben ein Herr.

Mohammed war jetzt ein Feldherr.

Sein Gesicht war stark verschwollen – blutbedeckt und schrammendurchzogen sein Schädel. Dennoch saß er im kriegerischen Schmuck seines Kettenpanzers und seiner Waffen straff auf Badu-Hawa, seiner eleganten und hochmütigen Kamelstute.

Dann erst begab er sich zur Walstatt hinab.

Dort betrachtete er in tiefer Bewegung die Leichen seiner gefallenen Gläubigen, die in so gräßlicher Weise verstümmelt worden waren. Bestattet wurden sie in einer religiösen Rangordnung. Die besten Korankenner kamen in die erste Reihe. Trotz seiner Kopfwunden, seiner blutenden Knie und einer Schulterverletzung legte sich Mohammed in Medina nicht heilungsuchend nieder. Mit den Kampfgenossen von der Uhudkluft und Aischa, die sich ihm mit der erhöhten Autorität der Pflegerin eines Verwundeten angeschlossen hatte, zog er sogleich vor Abdallah ibn Ubaijs Haus, um ihn zu sich hinaus zu bitten.

Weder in seiner Miene noch in seiner Stimme war etwas anderes als brüderlich-verwandtschaftliche Zuneigung zu bemerken.

Mohammed lächelte.

»Du siehst uns schwer geschlagen vor dir, Abdallah«, begann er. »Frage dich selbst, wer richtig gehandelt hat. Aber es war Allahs Wille. Wir wissen nicht, zu welchem Zweck er dich zur Untreue verleitete.«

Mohammeds Begleiter waren sehr bereit gewesen, Abdallah ibn Ubaij und die anderen Chazradsch, soweit sie zugegen waren, anzuspeien und zu beschimpfen; aber was Schimpf und Zorn nicht vermocht hätten, brachten Mohammeds milde Vorwürfe zuwege. Sie schämten sich. Ihnen selbst wurde das Urteil überlassen, und es fiel – gegen sie aus.

»Du siehst, Abdallah ibn Ubaij«, sagte Aischa, »der Gesandte Gottes will euch nicht zürnen. Wir können ohne euch nicht sein, ihr nicht ohne uns. Vergessen wir den Tag von Uhud. Er sei der letzte, an dem wir nicht einig waren. Und künftig werdet ihr nie mehr in den Irrtum verfallen, daß ihr eurer Freiheit etwas vergebt, wenn ihr euch dem Gesandten Gottes anschließt.«

Damit war der Bann gebrochen. Die Chazradsch umringten den Steigbügel Mohammeds und das »Weib des Propheten«, das sie nicht weniger verherrlichten als ihn selbst. Aischa fand das ganz in der Ordnung. Die meisten Keime der Zwietracht in Medina waren, soweit das überhaupt unter Menschen möglich ist, erstickt.

Bereits am nächsten Tag setzte sich Mohammed wieder an die Spitze des Heeres, das zu einem großen Teil aus Verwundeten bestand, um – wie er ausrufen ließ – den Feind zu verfolgen.

In Hamra al-Asad, das auf dem Weg nach Mekka, einige Meilen von Medina entfernt lag, machte er halt und ließ Feuer anzünden, die auf weite Entfernung gesehen werden konnten. Mohammed dehnte seinen Aufenthalt sogar auf mehrere Tage aus, ohne daß sich ein Gegner gezeigt hätte.

Die Mekkaner zogen siegesbewußt und beglückt nach Hause. Niemand könne bestreiten, daß sie gesiegt hätten, war ihre Meinung. Sie dachten nicht daran, sich durch die allerschönsten, noch so weit sichtbaren Feuer verlocken zu lassen, noch einmal anzufangen. Sie selbst habe es nur mit zweiundzwanzig Toten getroffen, die schuftigen Medinenser dagegen mit siebenzig! Sei das etwa nichts?

Schließlich zog Mohammed wieder ab. Er hatte die Feinde verfolgt. Leider aber seien die Flüchtigen zu schnell geflohen. Er habe sie nicht mehr erreicht.

Damit hatte auch Medina seinen Sieg.

Es gelang Mohammed also wohl, den unglücklichen Eindruck der Schlacht von Uhud auf die Gemüter der Gläubigen auszugleichen, was in der Tat für ihn die Hauptsache war; aber etwas anderes war es mit seinem Ansehen bei den Beduinen. Ihren Gewohnheiten gemäß schlossen sie sich immer dem an, der sich als Mächtigster erwiesen hatte, und der war bei Uhud offensichtlich nicht Mohammed gewesen. Unter diesen Umständen boten sich die Juden von Medina ihm als besonders geeignet an, bekriegt zu werden und im Falle des Sieges seinem Ansehen dadurch aufzuhelfen. Sie waren zur Stelle, und man brauchte ihnen nicht erst in der Wüste nachzujagen, sie hatten Besitz und versprachen Beute, und schließlich waren sie für ihn gefährlicher, als es irgendein noch so großer Wüstenstamm jemals hätte werden können.

Der Kainukastamm gab ein warnendes Beispiel, doch die Juden, weit entfernt, davon zu lernen, legten im Gegenteil nach der Uhudschlacht ihrem Spott keine Zügel an. Sie dachten nicht darüber nach, ob sie dazu stark genug seien, um sich das leisten zu können.

Aber Mohammed dachte darüber nach und fand, sie seien es nicht.

Damit mochte er wohl recht haben, denn selbst unter so mißlichen Verhältnissen konnten sich die beiden übriggebliebenen jüdischen Stämme, die Nadir und die Kuraiza, nicht zu einem Zusammenschluß überwinden und auf ihre gewohnte Feindseligkeit verzichten.

An einem Kriegsgrund fehlte es natürlich nicht.

Mohammed berief sich auf eine Offenbarung, daß ein Nadirit, dem er einen Besuch abstattete, ihn durch einen Stein habe töten wollen. Hiermit war für die Gläubigen die Schuld des Stammes

Nadir hinlänglich erwiesen. Sofort wurde der Krieg erklärt, und nachdem die Juden sich in ihre Burgen und Höfe zurückgezogen hatten, begann der Krieg.

So ganz allein standen die Juden anscheinend auch nicht. Viele Munafikun forderten sie auf, im Kampf durchzuhalten, und versprachen ihnen Unterstützung. Aber wie gewöhnlich versagten sie und rührten keine Hand.

Sogar die Palmen der Juden ließ Mohammed umhauen.

Mit Rücksicht auf das langsame Wachstum der Palmen widersprach das dem arabischen Völkerrecht. Selbst die Gläubigen vermerkten es unwillig. Doch Mohammed verkündete auf Grund einer Offenbarung, daß Gott allein die Verantwortung übernehme.

»Nicht ihr wart es, die die Palmen fälltet oder sie stehenließet, sondern Gott, der es so wollte, um die Ungläubigen zu beschämen.«

Nach Verlauf einiger Wochen mußten die Nadir sich unter der Bedingung ergeben, daß sie die Stadt verlassen und nur die bewegliche Habe behalten sollten, die sie auf ihre Kamele laden konnten, mit Ausnahme von Silber, Gold und Waffen. Mehrere von ihnen brachen ihre eigenen Häuser ab und luden das Material auf die Kamele, damit es nicht in die Hände der Gläubigen falle.

Darauf zogen sie ab, mit ihren Festkleidern angetan und unter Sang und Spiel, und begaben sich teils nach Chaibar, teils nach Syrien.

Mohammed aber verkündete in der neunundfünfzigsten Sure, Vers zwei und drei, gleichsam als Auslegung zur Vertreibung der Nadir:

Es ist Gott, der die Ungläubigen unter den Besitzern der Schrift aus ihren Wohnungen verjagt hat. Ihr glaubtet nicht, daß sie sich würden verjagen lassen, und sie meinten, ihre Burgen schützten sie gegen Gott, aber Gott warf Furcht in ihre Herzen, so daß sie mit eigener Hand ihre Burgen zerstörten.

Hätte Gott ihnen nicht vorgeschrieben auszuwandern, so hätte er sie in dieser Welt gestraft, und in der nächsten erwartet sie Höllenpein.

Aber wirklich durchgesetzt hatte sich der Islam mit der Austreibung des Stammes Nadir noch nicht. Die Beute an Grundbesitz war zwar willkommen, mehr aber noch die an Waffen und auch an Edelmetallen. Der tüchtige Zaid konnte den Waffenbestand beträchtlich erhöhen, und das war in Anbetracht dessen, was die Gläubigen aus Mekka erfuhren, überaus notwendig. Der geheimnisvolle Tod von Gegnern Mohammeds, nicht nur in Medina, war kein Ausgleich für eine verlorene Schlacht – jedenfalls nicht bei den Beduinen. Deren primitive Ansichten über Kriegführung ließ sie nicht erkennen, daß nur ein Disziplinverstoß der Bogenschützen Mohammed um den Sieg in der Uhudschlacht gebracht hatte.

Der Prophet dagegen hatte unter Umgehung aller anderen Möglichkeiten seine Gläubigen davon zu überzeugen verstanden, daß nur der Ungehorsam gegen einen Befehl des Gesandten Gottes Allah veranlaßt habe, ihnen seinen Schutz zu entziehen, damit sie sich in einer künftigen Schlacht im gleichen Zustand befänden, in dem sie bei Badr gewesen waren, nämlich in dem der Unbesiegbarkeit. Das war, wie Mohammed und nicht zuletzt Aischa sofort erkannt hatten, der Ausgleich der empfangenen Niederlage.

Das Schicksal des Islams hing demnach vom Zusammenhalt der Gläubigen ab.

Über die inneren Vorgänge in Medina war man in Mekka nicht so genau unterrichtet wie umgekehrt.

Doch das erkannte Abu Sofjan wohl, daß die Austreibung der Gläubigen aus Medina zumindest im Interesse der mekkanischen Karawanen höchst erwünscht sei, und daran war er entschlossen alles zu setzen, was Mekka aufbringen könne, was gewiß nicht wenig war.

Welche arabische Stadt, welches arabische Land würde die ausgetriebenen Gläubigen nehmen? – Keins wahrscheinlich. Mit Abessinien hatte es auch nicht ganz geklappt, und so würde ihnen kaum etwas anderes übrigbleiben, als im Norden auf byzantinischem Gebiet irgendwo Unterschlupf zu finden. Gerade dort aber saßen bereits ebenso vertriebene medinensische Juden. Diese Gläubigen könnten einem leid tun, dachte Abu Sofjan, zumal auch genug Verwandte darunter seien. Aber da helfe leider nichts als eine wirklich riesige Heeresmacht, damit diesem Mohammed ibn Abdallah endlich aufgehe, daß ein Kampf Wahnsinn wäre und damit alles, was nur noch einen Funken Vernunft habe, von ihm abfalle.

Das waren keineswegs Phantasien. Mekka stellte tatsächlich ein neues Heer auf – zehntausend Mann. Es hatte Zeiten gegeben, die nicht so fern lagen, da hätte kein Mensch in Mekka geglaubt, daß Mohammed ibn Abdallah der Stadt einmal so teuer kommen würde.

Ein Verlustgeschäft, für das es kein Beispiel gab, war das. Keine Aussicht, auch nur einen kleinen Teil der Ausgaben wieder hereinzubringen. Alle Mekkaner sahen das ein, doch keiner wußte es anders oder gar besser.

Daß diese Nachrichten aus Mekka, die zum Teil von Abbas stammten, in Medina Niedergeschlagenheit verbreiteten, war begreiflich. Der Leute, die überzeugt waren, auch diesen Angriff zu überstehen, wurden immer weniger. Mohammed hatte noch keinen Plan und darum noch keine Hoffnung. Er meinte, Mekkas Bevölkerung habe ohne eigentliche Notwendigkeiten an überlebten Göttern festgehalten, und so sei Hoffnung, daß mit ihren altmodischen Kriegsmethoden das gleiche der Fall sei.

»Aber einen festen Plan hast du noch nicht?«

»Wie kann ich das, Aischa? Ohne zu wissen, was die Mekkaner tun? Wenn ich das erst sehe, wird mir schon etwas einfallen. Vielleicht mir, vielleicht auch dir.«

»Mir wäre es gleichgültig«, meinte Aischa, »wenn nur jemandem etwas einfiele.«

Ihr Sklave Salman, der sie gerade bediente, vernahm es.

»So?« fragte er. »Ich will nicht behaupten, daß mir etwas einfällt. Dazu verehre ich dich zu sehr, junge Herrin. Aber ich könnte an etwas erinnern, was ich selbst gesehen habe.«

»Etwa in Persien?« erkundigte sich Mohammed.

»Du sagst es, Herr. Im dreißigjährigen Krieg zwischen Persien und Byzanz, da war es. Damals zog man um die persischen Städte oft Gräben, und dieses Hindernis haben die Byzantiner meist nicht überrannt.«

»Der Gedanke ist gar nicht so schlecht, Salman!« rief Aischa.

»Medina ist groß«, gab Salman zurück.

»Was brauche ich ganz Medina«, meinte Mohammed. »Um die jüdischen Kuraiza ziehe ich bestimmt keinen Graben! Einen Teil der Stadt einhegen und Wasser hinein in den Graben. Das ist wie eine Zitadelle, in der sich die Gläubigen verteidigen können. Auf sie allein kommt es an.«

»Dann müssen wir aber anfangen«, erklärte Aischa.

»Und zwar sofort. Ich grabe selbst mit. Laß die Gemeinde zusammenrufen, Salman. Die Gläubigen sind niedergeschlagen genug. Es ist besser, sie tun etwas.«

Schon seit Tagen lag eine Wolke über Medina. Sie war aus Staub.

Die Viertel der Aus und Chazradsch waren mit einigen Abrundungen jüdischer Siedlungen aus dem Stadtgebiet herausgeschnitten worden. Vorhandene Stadtburgen und Gehöfte wurden, wenn möglich, in die Befestigung einbezogen und dazu auch, wenn es sich ergab, was vom Besitz der Kainuka und Nadir an Brauchbarem zurückgeblieben war. An den offenen Grenzstrecken wurde ein Graben ausgehoben, der zusammen mit den Bauwerken die ganze Fläche umschloß.

Es war Mittagszeit, also die Stunde der Schläfrigkeit. Und Mohammed schlief. Er lag nicht – schon seit längerer Zeit hatte er kein Bett mehr gesehen – weder mit noch ohne Aischa –, er stand an eine Mauer gelehnt und schlief.

Aber Abu Bekr paßte auf, daß niemand ihn wecke.

Omar allerdings fühlte sich zu stark – und er war es auch –, um seine Zeit mit Postenstehen zu vergeuden, doch hatte auch er ein Auge darauf, jede Störung vom Propheten fernzuhalten.

Als Mohammed erwachte, schalt er die Freunde.

Ob er besser sei als die andern Gläubigen? Der Graben müsse fertig werden!

Damit schaufelte er schon einen Korb mit Erde voll und schleppte ihn mit einem andern Gläubigen weiter.

Die Arbeiten durften nicht ruhen.

Aischa verließ auch während des Grabenbaues Mohammed keinen Tag. Wenn seine Arbeitsgruppe Nachtschicht hatte, unterhielt sie in einem Zelt ein kleines Feuer, damit der Prophet sich in der kalten Nacht wärmen konnte. Nicht einmal für eine Stunde verließ Aischa ihn. Saada, mit der nach wie vor ein freundschaftliches Verhältnis bestand, brachte von zu Hause Gerstenbrei und andere Nahrung. Zugleich berichtete sie ihr, was ihr wichtig genug erschien, mitgeteilt zu werden. Den Rang als höchster von Mohammeds Frauen überließ Saada ohne weiteren Kampf Aischa. Diese war nicht nur die Tochter des einflußreichen Abu Bekr, sondern sie war eben – Aischa, und so beherrschte sie Mohammeds Harem wie gelegentlich ihn selbst.

Nicht alle Frauen freilich. Die Zainab war des Adoptivsohnes Zaids Frau gewesen. Es hatte sogar einer Offenbarung und einer ausdrücklichen göttlichen Willensbekundung bedurft, daß Mohammed sie trotzdem hatte heiraten können. Aber darauf mochte Zainab stolz sein – Aischa hatte bis jetzt nie ein Wort mit ihr und über sie geredet –, und unter diesen Umständen hüteten andere sich ebenfalls, es zu tun. Das war nicht vergnüglich für Zainab und sollte es auch nicht sein.

Dabei war Aischa keineswegs blind dafür gewesen, daß Zainab durchaus nicht häßlich war. Im Gegenteil, sie war hübsch anzusehen und besaß ein aufreizendes Lachen; der Augenaufschlag war gekonnt! Vor allem hatte Aischa sich vorgestellt, wie Zainab in einem Sommergewand von durchsichtiger Seide und ohne Unterkleid ihre weißschimmernden Gliedmaßen auf das gejagte männliche Wild unbarmherzig würde einwirken lassen.

Neidisch war Aischa nicht – eifersüchtig auch nicht. Sie wußte, wie schön sie selbst war. Ihre Einstellung wurde mehr durch die Tatsache veranlaßt, daß Zainab nach ihr, Aischa, die erste Frau war, die Mohammed zu sich ins Bett nahm.

Außerdem hatte Zainab Eigenschaften, die der gute Zaid ibn Haritha, ihr früherer Mann, kaum bemerkt hatte – sie konnte eine gallige, übellaunige und zänkische Frau sein.

Aber Zainab blieb als »Neue« nicht allein.

Die großen Verluste der Gläubigen in der Uhudschlacht hatten zahlreiche unversorgte Nachkommen ergeben. Ein Witwengesetz war die Folge: Jeder Gläubige wurde verpflichtet, eine der Witwen zu heiraten und die dazugehörigen Waisen zu versorgen.

Die Notwendigkeit dieses Gesetzes wurde von den Überlebenden auch nicht bestritten; wohl aber fanden sie es ungerecht, daß Mohammed, der bei Uhud Feldherr gewesen sei, nun frei ausgehen solle.

»Natürlich bringst du ein großes Opfer«, Aischa hatte ironisch gelächelt, als sie davon erfuhr. »Aber da du dir das jetzt leisten kannst, wirst du so bald nicht aufhören. Mir ist es völlig gleichgültig, ob deine nächste nun Umm Salama oder sonstwie heißt! Wenn du mich behalten willst, muß ich allein, und zwar ganz allein ich, deine Vertraute sein. Du weißt es.«

»Ich weiß es. Und nach meinem Willen wird sich darin nie etwas ändern. Uns kann nichts trennen. Aber gegen Umm Salama kannst du wirklich nichts haben. Sie ist ...«

»... die Witwe Salamas, der als erster Missionar des Islams nach Medina ging. Er war einer der wenigen Bogenschützen, die bei Uhud ausharrten, und er liegt in der vordersten Reihe begraben.«

Doch in diesem Fall war nicht Aischa, sondern Umm Salama das

Hindernis gewesen. Umm Salama hatte nicht wollen. Sie habe vier Kinder und ziehe einen ordentlichen Haushalt vor. Sie habe nicht die geringste Lust, mit der schönen und jungen Aischa um seine Gunst zu ringen.

Der Sklave Salman mußte Aischa hinzubitten.

Mohammed, der Fürst und Prophet, hatte mit seinem gepflegten Bart, seinen bis auf die Schultern fallenden Locken und seinen großen Augen sehr würdig und auch sehr gut ausgesehen – wie ein Mann eben, der imponiert und Frauen gefallen kann.

Doch nicht er war so sehr das Ziel weiblicher Blicke gewesen.

Vorerst hatten die beiden Frauen einander gemustert, und das Unerwartete war geschehen: Auf den ersten Blick hatten sie aneinander Gefallen gefunden. Umm Salama hatte Aischa bei sich entzückend genannt und umgekehrt Aischa in Umm Salama eine vernünftige und gute Frau zu erkennen geglaubt.

Sie hatten einander so viel zu erzählen gehabt, daß alle Versuche Mohammeds, sich ins Gespräch einzufädeln, gescheitert waren.

Wenn die Damen etwas gewünscht hatten, war Salman dagewesen, sie zu bedienen.

Erst bei Anbruch der Dunkelheit hatte sich Umm Salama so nebenher Mohammeds erinnert.

»Ich werde also in dein Haus kommen«, hatte sie gesagt, »als deine Gattin.«

Aischa hatte sofort eine große Hochzeit mit neuen Kleidern für beide verlangt, und Mohammed hatte alles versprochen.

Diese Hochzeit hatte Mohammed eine fünfte Frau beschert.

Natürlich war Omar zur Hochzeit gekommen. Wie andere Gäste hatte auch er nicht eitel Glückseligkeit ausgestrahlt, dazu war zu kurze Zeit seit der Schlacht bei Uhud verstrichen, und Omar hatte ebenfalls seinen Schwiegersohn verloren. Nun beklagte er sich, daß er für seine Tochter Hafsa keinen Mann finde: Abu Bekr habe erklärt, er sei zu alt. Da habe er an Ali gedacht, aber Fatima …

Allgemeines Gelächter hatte ihn jeder weiteren Ausführung enthoben.

Für Omar war das kein Trost gewesen. Ob er denn seiner Tochter sagen solle, hatte er gefragt, daß die vornehmsten Männer des Islams sie zurückwiesen?

Omar war offensichtlich gekränkt gewesen, und das ergab auf keinen Fall einen Grund zur Heiterkeit.

»Mohammed.«

Aischa hatte den Gatten angestoßen.

»Ja. Und ...?«

»Du weißt doch, wie fromm und tiefgläubig das Mädchen ist.«

»Du meinst: ich?«

»Sie ist aus einem der vornehmsten Geschlechter Mekkas.«

»Wenn du meinst ...«

»Mohammed ibn Abdallah möchte dir etwas sagen, Omar.«

Damit hatte Aischa die Sache in Gang gebracht. Omar hatte die Heirat als Auszeichnung betrachtet, und am gleichen Tag war mit dem Bau der Wohnung für die tugendhafte und stille Hafsa bint al-Chattab begonnen worden.

Mohammeds Sklave, Salman, den sein Herr der Aischa geschenkt hatte, war Perser und Magusier. Das eine ging aus dem andern hervor. Durch nichts war er zu bewegen gewesen, von der erhabenen Religion des Zoroaster abzuweichen. Daß er obendrein noch verschnitten war, machte ihn für den neuen Harem des Propheten nur noch verwendbarer. Im Haushalt Aischas und dadurch mit Abstand in dem Mohammeds nahm er, ohne gläubig zu sein, eine unübersehbar wichtige Stellung ein.

Aischa hörte ihn an und verstand ihn auch, als er ihr meldete, daß Umm Salama sie zu einem Gespräch bitte. Mohammed sollte also nichts von der Unterredung wissen, sonst hätte Umm Salama ebensogut zum Graben hinauskommen können.

Die Sorge für den Propheten könne Aischa ruhig für kurze Zeit Masud überlassen, der immer glücklich sei, wenn er den Gesandten Gottes wie ein treuer Wachhund umgeben dürfe.

Und Umm Salama sehe nicht so aus, daß sie Abu Bekrs Tochter wegen eines Weiberklatsches von der Grabenarbeit weghole, dachte Aischa.

Seit jener Zeit, da ihr gefallener Mann, Abn Salama, lange vor dem Einzug des Propheten in Medina als Werber für Mohammed und den Islam bereits in der Stadt gewesen sei, habe sich vieles in dem Verhältnis der Gläubigen zu den Juden geändert. Gerade dank der Juden und ihres Jehovas sei der Glaube an einen einzigen Gott nicht als etwas so ganz Fremdartiges und Ungewöhnliches erschienen und damit auch nicht die grundsätzliche Ablehnung aller Götter und Göttinnen. Die großen Fortschritte, die Abu Salama und sie als seine Frau in der Gewinnung von Neugläubigen hatten, die bald – Aischa wisse es – zu einer Gemeinde angewachsen seien, sei nicht zuletzt auf diesen geistigen Zustand in Medina zurückzuführen gewesen.

Natürlich sei auch der Koran selbst eine große Hilfe gewesen, der immer wieder auf die Übereinstimmung Mohammeds mit den jüdischen Propheten und auf die Übereinstimmung der himmlischen Bücher der Juden mit dem der Araber hingewiesen habe, aus dem Allah seinem Gesandten Auszüge offenbart habe.

»Ist es Schuld der Gläubigen, daß es mit den Juden so ganz anders wurde?« fragte Aischa.

»Gewiß nicht. Zumal die Juden, wie Mohammed sagt, ihre Bücher verfälscht haben. Ähnliche Gedanken tauchten damals auch unter den Juden auf, die es beklagten, daß ihr Glaube durch jüdische Sekten einerseits und Eiferer wie den Rabbi Issachar andererseits zerrissen werde. Einige von ihnen fühlten sich dadurch zum Islam hingezogen. Mit der Witwe Raihana, die eine Gläubige ist, und deren verstorbenem Mann waren wir eng befreundet. Sie lebt noch unter den Kuraiza und sucht Zuflucht bei den Gläubigen.«

»Und das jetzt? Die Mekkaner können jeden Tag hiersein.«

»Gerade deswegen. Wenn wir besiegt werden, fürchtet Raihana, daß die Kuraiza sich gegen uns wenden. Fanatisch wühle der Rabbi Issachar gegen uns. Und dann möchte sie nicht in dem feindlichen Lager sein.«

»Vielleicht wäre sie dort sicherer.«

»Du kennst meine Freundin nicht, Aischa. Raihana ist eine wirklich fromme Frau. Willst du sie sehen? Sie ist hier.«

»Wenn es schnell geht. Du weißt ja, ich muß wieder zum Graben.«

Es ging schnell, und es entschied sich schnell. Zuerst hatte Aischa gedacht, Raihana könne bei ihnen bleiben, und war sogar bereit, ihr das eigene Häuschen für eine Weile abzutreten. Aber dann fiel ihr ein, daß Raihana eine wirklich fromme Frau sein möge, aber sichtlich ebenso schön wie fromm sei. Nicht etwa, daß Aischa sie deswegen grundsätzlich ablehnte, doch plötzlich hatte sie es wieder sehr eilig, was durchaus berechtigt war. Wenn es Raihana für nötig halte, könne sie kommen, sagte Aischa etwas kühl. Umm Salama werde schon für sie sorgen.

Noch einige Tage, und die Mekkaner waren da.

Nicht alle zehntausend – und so viele waren es – kamen natürlich aus Mekka. Die Mekkaner richteten sich nordwestlich von Medina ein, die mit ihnen verbündeten Ghatafanstämme, die Salaimiten und Murra mehr östlich, jeder Stamm nach seiner Art und seinem Belieben. Sie hieben Palmenstämme und Olivenbäume um, was nicht für sehr vornehm galt, und ließen ihre Tiere in der frischen Gerste der Gläubigen weiden. Da sie mit dem Feind nicht sogleich handgemein werden konnten, schrien sie ihm wenigstens ätzende Schimpfworte zu. Einen solchen Graben hatten sie noch nie gesehen, und da er etwas Neues war, erklärten sie ihn, als gute Araber, die sie waren, zu etwas höchst Unanständigem. Sie wußten mit ihm nichts anzufangen und befürchteten hinter ihm unbekannte Gefahren und Fallen.

Mit den Weibern, die sie wiederum aus Mekka mitgeschleppt hatten, war es etwas anderes. Die kannten die Söhne der Wüste und hielten sie offenbar als fleißige Abschneiderinnen und Einsammlerinnen von männlichen Ohren, Nasen und Hoden für die eigentlichen Sieger.

Die Gläubigen ließen sich dadurch nicht anfechten. Zu den Stunden des Gebetes verrichteten sie es. Es war ihnen gleichgültig, ob Leute es seltsam fanden, daß sie ihre Stirnen mit dem Boden vermählten, indes sie ihre Gesäße dem Himmel entgegenstreckten. Sie verrichteten ihre Gebete in der vorgeschriebenen Form und waren überzeugt, daß Allah im Vergleich mit dem scheußlichen Getanze und dem schrillen Gekreisch der Weiber die Seinen schon erkennen werde.

Alles war das übrigens auch nicht, was sich an kriegerischen Begebenheiten zutrug.

Der Graben war durchweg etwa einen Klafter breit, und an einer engen Stelle gelang es mekkanischen Berittenen, ihn zu überspringen. Unter dem jubelnden Zuruf ihrer draußen gebliebenen, zuschauenden Kampfgefährten tummelten sich die Glücklichen dann mit kriegerischem Getöse auf feindlichem Gebiet und forderten die feigen Gegner mit Gebrüll zu Zweikämpfen heraus, die dann auch erfolgten. Ein Mekkaner blieb tot zurück, die andern sprengten als glorreiche Sieger wieder über den Graben, um im Triumph von den Ihrigen aufgenommen und beglückwünscht zu werden.

So hätte es noch lange weitergehen können, wenn Mohammed nicht gefunden hätte, daß alles, was geschehe, bei weitem nicht zureiche, um seine Gläubigen so zu beschäftigen, daß sie auf keine dummen Gedanken kämen.

In Nuaim ibn Masud vom Ghatafanstamm Asga hatte er den Mann schon längst bereit. Nuaim war ungewöhnlich verschlagen und gewissenlos. Mit unglaublicher Dreistigkeit stellte er sich bald den Juden, bald den Koraischiten oder Beduinen als ihr aufrichtiger Anhänger vor und brachte es in kurzer Zeit dahin, ein solches Mißtrauen zwischen ihnen zu säen, daß sie voneinander das Schlimmste glaubten und darum stets ablehnten, was jeweils die anderen vorschlugen.

Wohl erhoffte Mohammed, daß die Belagerer allmählich ein Unternehmen aufgeben würden, zu dessen erfolgreicher Ausführung es am nötigen Zusammenhalt zwischen ihnen fehlte. Aber eine Gewißheit darüber besaß er noch nicht, als ihm ein Unterhändler gemeldet wurde.

Es war Rabbi Issachar von den Kuraiza.

Mohammed kannte ihn. Doch mehr als er wußte Aischa über ihn. Sie wußte sogar, daß der Rabbi sich um Raihana bemühe, sowohl um ihre Seele, um aus ihr eine strenggläubige Pharisäerin zu machen, als auch um ihren Leib, um die schöne Witwe als seine Frau für Haus und Bett zu gewinnen. Issachar hätte Ursache gehabt, vorsichtig zu sein. Mohammed war nicht allein. Omar, Abu Bekr, Ali und Zaid waren bei ihm.

Er kannte alle drei und begrüßte keinen mit der gebotenen Höflichkeit. Auch Mohammed nicht. Zehntausend Mann standen für Mekka vor Medina. Issachar glaubte seinen Gefühlen keine Beschränkung mehr auflegen zu brauchen. Unter den gegebenen Umständen gaben die Kuraiza nun einmal den Ausschlag, und daß sie sich nicht gegen Mekka wenden und auch nicht neutral bleiben würden – dafür habe er, Issachar, gesorgt. Ganz von Triumph erfüllt war er und noch nicht alt genug, ihn verbergen zu können.

»Mohammed ibn Abdallah«, begann er, »du bist nicht unser Prophet. Wir haben genug eigene. Und die Mekkaner sind nicht unsere Feinde. Wenn wir Bundesgenossen suchten, würden wir lieber die Mekkaner wählen als dich und deine Gläubigen. Wir geben euch drei Tage Zeit. Wenn ihr bis dahin nicht kapituliert, werden wir Juden vom Stamm der Kuraiza zu Mekka übergehen.«

Das war sehr kühn, aber auch sehr frech. Noch ehe Issachar geendet hatte, sah er bereits blankes Eisen. Er lachte verbissen.

»Der große und feine Omar!« lachte er. »An einem waffenlosen Unterhändler sich vergreifen – das kann er!«

Zugleich hörte er ein Schwert in die Scheide zurückstoßen.

»Mir ist es lieb, mein Issachar«, sagte der Prophet, »dich und deinen Stamm so vor uns zu sehen, wie ihr wirklich gesonnen seid. Aber wir wollen auch nichts übereilen. Dich haben wir nun gehört; aber was sagt dein Stamm?«

»Dasselbe.«

»Das werden wir sehr schnell wissen. Zaid ibn Haritha wird sich zu den Ältesten der Kuraiza begeben. Ich gebe dem Stamm einen Tag Zeit, Issachars Forderung zu bestätigen oder zurückzuziehen. Keine Antwort gilt als Bestätigung. Geh, Zaid!«

Wütend folgte ihm Issachar.

Daß man ihn nicht als selbstverständliches Oberhaupt und Machthaber der Kuraiza anerkannte, machte ihm Verdruß.

In der folgenden Nacht schon ersahen die Gläubigen, wie recht sie daran taten, auf Allah zu vertrauen.

Es wurde so kalt, wie es seit dem Jahr des Elefanten, als die Abessinier Mekka angegriffen hatten, in ganz Arabien nicht gewesen war. Das Gras, das die Mekkaner für ihre Reittiere brauchten, welkte dahin. Ein Sandsturm fegte ihre Zelte hinweg, Regengüsse machten es ihnen unmöglich, mit dem nassen Kamelmist ihre Feuer zu unterhalten. Ohne Dach, ohne Feuer hockten sie regenüberflutet in triefenden Kleidern jämmerlich frierend da – und fielen der Ruhr zum Opfer. Mehr als hundert Menschen starben täglich. Nur noch das wilde Verlangen nach trockener Unterkunft in den Häusern von Medina veranlaßte einen letzten, verzweifelten Angriff.

Als auch der gescheitert war, zogen sie ab. Durch Waffen waren die wenigsten umgekommen. Aber gesiegt hatte der Islam.

Auch Mohammed war dieser Überzeugung gewesen, als ihm durch eine Offenbarung die Nachricht wurde, daß Gott die Bekämpfung des jüdischen Stammes Kuraiza wolle.

Die Kuraiza selbst dürften sich nach allem, was vorgefallen war, wohl kaum etwas anderes erhofft haben. Ohne den Kampf zu suchen, schlossen sie sich in ihrem zu einem Teil recht stark befestigten Stadtviertel ein. Daß sie das Schicksal der Kainuka und Nadir teilen müßten und ihres Bleibens in Medina nicht mehr sei, werden sie sich wohl selbst gesagt haben. Natürlich rechneten sie auch mit der Unterstützung durch den arabischen Stamm der Aus, ihrer alten Eid- und Kampfgenossen, als sie ihre Kapitulation anboten.

Die Aus legten auch tatsächlich für ihre alten Verbündeten Fürbitte ein, und damit war die Lage für Mohammed durchaus nicht einfach. Denn die Aus waren alle Gläubige, also seine eigenen Anhänger geworden, die er nicht vor den Kopf stoßen durfte. Auch waren die Bindungen der Juden zu ihren arabischen Mitbürgern schon in Zeiten zustande gekommen, da man von Mohammed und dem Islam in Medina noch wenig oder gar nichts wußte.

Aus diesen Gründen durfte Mohammed selbst nicht entscheiden. Er fragte also die Ausiten, ob es ihnen recht sei, wenn er die Entscheidung einem aus ihrem eigenen Stamm überlasse, worauf sie mit Freuden eingingen. Die Aufgabe fiel Saad ibn Mu'adh zu.

Dieser Ausit war nicht irgendwer – schon wegen seines Alters nicht. In den letzten Grabenkämpfen war er schwer verwundet worden und lag nun in einem Zelt, wo eine Frau ihn pflegte. Saad war ein fanatischer Anhänger Mohammeds.

Natürlich bestürmten die Ausiten ihren Stammesgenossen, den Kuraiza Schonung zu gewähren, erschraken aber, als Saad nur antwortete:

»Es ist für Saad Zeit, dafür zu sorgen, daß ihn kein Tadel vor Gottes Angesicht trifft.«

Mohammed mischte sich nicht ein, weder zum Guten noch zum Bösen. Er mußte immer an die Verstümmelungen denken, die von den mekkanischen Frauen nach der Schlacht bei Uhud an den Leichen seiner Freunde vorgenommen worden waren, an die Ketten von getrockneten Nasen und Ohren, mit denen die Damen aus Mekka sich hatten schmücken wollen. An seinen Onkel Hamza mußte er denken, dessen Leib Hind bint Rabia zerfleischt hatte. Und mit diesen Mekkanern, dachte Mohammed, haben die Kuraiza sich verbündet, um über Allahs Gläubige herzufallen.

Das alles dachte Mohammed. Aber er sagte nichts.

Dafür sprach Saad.

Allen Anwesenden und auch Mohammed nahm er den Schwur ab, daß sie sein Urteil, so wie er es fälle, ohne die geringste Änderung unweigerlich vollstreckten.

Dies war Allahs Sache, und Saad war ein bewährter Gläubiger. Was sollten die Gläubigen tun? Das Urteil würde ein Gottesurteil sein.

Sie schwuren.

Und dann sprach Saad:

»Alle Männer töten! Alle Frauen und Kinder macht zu Sklaven! Die Güter verteilt auf die Gläubigen!«

Das allgemeine Entsetzen der Hörer war unverkennbar. Aller Blicke wandten sich an Mohammed.

Der zuckte die Achsel.

»Das ist Gottes eigenes Urteil im siebenten Himmel«, sagte er.

Zu Mohammeds großem Verdruß konnte Rabbi Issachar rechtzeitig entkommen. Sonst blieb kein männlicher Kuraiza am Leben.

Auch Aischa meinte zu Umm Salama:

»Mit Juden zusammen in einer Stadt würde Mohammed nie sicher sein. Wir aber sind seine Frauen und müssen wissen, wohin wir gehören.«

»Er ist unser Prophet«, sagte Umm Salama.

Er sei der Prophet aller Gläubigen, sagte sie auch zu ihrer Freundin Raihana, und in diesem Punkt wurde ihr nicht widersprochen. Dennoch war es schwer zu sagen, ob die Lage eine andere gewesen wäre, wenn die Gläubigen – wie es Umm Salama gewollt hatte – Raihana bei sich behalten und sie nicht in das Stadtviertel der Kuraiza zurückgeschickt hätten. Daß Raihana im Zug des Geschehens damit unter die Frauen der Kuraiza geriet, war eigentlich schon zurechtgebogen, und Mohammed hatte obendrein das Recht, und zwar unter den Kuraizafrauen, die unter die Gläubigen aufgeteilt wurden, zu wählen.

Nun hatte der Prophet die schöne Raihana gewählt und sich bereit erklärt, die Gläubige zu heiraten.

Damit schien alles in Ordnung zu sein, vor allem, soweit es Raihana anlangte.

Kein weibliches Wesen würde doch die ehrenvolle Stellung einer Frau des Gesandten Gottes ablehnen, und bei ihrer Schönheit brauchte Raihana nicht einmal von Aischa allzuviel zu befürchten, ganz abgesehen von Mohammeds Rechtlichkeit und – Sinnlichkeit. Alles sprach dafür, daß Raihana bei der Vernichtung der Kuraiza ihr Glück gemacht habe.

Gerade das aber wollte Raihana nicht. Es widerstrebte ihr, unmittelbar nach der Ausrottung aller männlichen Kuraiza das Oberhaupt der Feinde, denen sie zum Opfer gefallen waren, zu heiraten. Es war offenbar auch nicht Mohammed, der sie abschreckte. Als sie vor ihm stand, fühlte sie seine Blicke auf ihrer Haut, was ihr durchaus nicht unangenehm war. Dennoch beharrte sie, es sei ihr, als solle sie am Tage nach dem Tode ihres Mannes einen neuen heiraten.

Aber sie sei doch mit keinem der Getöteten verheiratet gewesen, wandte Mohammed ein. Das gab Raihana zu. Doch sie habe manche gekannt, und mit andern sei sie verwandt, sogar nahe verwandt gewesen. Gegen ihn, den Propheten, habe sie nichts. Als Gläubige verehre sie ihn. Er brauche sie nur weiterhin als Gefangene anzusehen und für sich als Sklavin zu fordern. Dann sei sie unter seiner Hand und habe zu gehorchen. Das sei dann Gottes Wille.

Die kommende Nacht war die der Umm Salama.

Pflichtgemäß ging Mohammed zu ihr. In ihrem Bett jedoch fand er Raihana.

XXX

Nach der bisher geltenden Ordnung hätten die Juden in Medina ansässig und zugleich Mitglied der Umma, der Stadtgemeinde, bleiben können. Der Übertritt zum Islam war nie von ihnen verlangt worden. Die Schwierigkeiten hatten vorwiegend darin gelegen, daß bei den Gläubigen die Religion die Grundlage ihrer Organisation war, die so weit ging, daß jeder Gläubige das Recht auf die Unterstützung durch seine Glaubensgenossen hatte, und zwar ohne jede Begrenzung, also gegen jeden Ungläubigen.

Ihre Überheblichkeit, besonders bei allen religiösen Angelegenheiten, zu unterdrücken oder sich auch nur zurückzuhalten war den Juden zu schwer gefallen, ebenso wie sie ihre inneren, oft recht lächerlichen Gegensätze nicht vermocht hatten zu überwinden. Auf diese Weise zwangen sie den Islam, seine Ansprüche immer mehr zu erhöhen.

Jetzt gab es außer einigen aus fremden Städten versprengten Einzeljuden keine jüdische Gemeinde mehr in Medina. Sie hatten Mohammed ihre Anerkennung versagt, ohne sich gegen ihn behaupten zu können.

Nach der Beseitigung der Juden hatte sich Mohammeds Stellung stark befestigt. Von seiten der Geschlechter, den Unzuverlässigen, war höchstens allerlei Verdruß, aber kein offener Widerstand mehr zu erwarten. Auch die Umma, die Stadtgemeinde, war jetzt auf Grund einer Religionsgemeinschaft in sich geschlossen. Alle Nichtgläubigen wurden von ihr als ihre geborenen Feinde angesehen.

Der Sieg über Medina, die Voraussetzung für die weitere Ausbreitung der Macht Mohammeds in Arabien, war erreicht. Dies verfehlte auch nicht, seine Wirkung auf die teils feindlichen, teils schwankenden Beduinenstämme auszuüben. Aber das Ansehen Mekkas stand so fest und war so alt, daß es durch die jüngsten Ereignisse noch nicht hatte umgestürzt werden können. Schließlich war ja auch die Schlacht bei Uhud eine klare Niederlage für Mohammed gewesen und der Grabenkrieg kein Sieg. Und jetzt?

Die Hunderte an Toten waren nicht durch das Schwert der Gläubigen gefallen, sondern durch Stürme und Wolkenbrüche umgekommen, also durch die Ungnade Gottes oder die Ungnade von Göttern, die nur allzusehr Ursache hatten, ihr Mißfallen zu zeigen. Die Hauptsache freilich war die Frage: Ist der Mensch der Grund seiner Siege oder in Gunst und Ungunst, die ihm widerfahren, das Opfer unbekannter Mächte? – Das mußte erst erkannt, erkämpft, zu Ende gedacht werden.

Doch das war mehr etwas für einen Waraka als für Mohammed.

Bei Mohammed und seinen Gläubigen gab es kein Vermuten, sie glaubten an Allah, und was Näheres über seinen Willen zu wissen nötig erschien – darüber gaben unmißverständliche und unbezweifelbare Auskunft die Offenbarungen des Propheten.

An Waraka ibn Naufal, dem Arzt, haftete unverlierbar ein Hauch von Wissenschaftlichkeit, und an ihm als dem Verwandten und Freund der Kadidscha ebenso ein Hauch von Heiligkeit. Infolgedessen glaubte man auch in den Kreisen der Frommen nicht immer, ihn zu verstehen – man begnügte sich einfach, ihn zu den Gläubigen zu rechnen.

Nun war Waraka nach Medina gekommen, wo er sich, mehr als mit Einzelfällen, mit Vorbeugungsmaßnahmen gegen die menschenfresserische Ruhr befaßte. Damit schlug er im Grabenkrieg die letzte, entscheidende Schlacht für den Islam.

In der Welt der Beduinen kam man noch nicht zu einer rechten Deutung der Ergebnisse von Mohammeds Kämpfen und Nichtkämpfen. Ihrer Gewohnheit gemäß entschieden sich die Nomaden weder für noch gegen Mohammed, weder für noch gegen Mekka. Gewinn und Verlust dieser Zufallskämpfe hielten sich allerdings nicht die Waage. Der Gewinn fiel mehr zu Mohammeds Gunsten aus, wobei Zaid ibn Haritha sich bei der Wegnahme mekkanischer Karawanen unerwartet kriegerischen Ruhm erwarb.

Ein Vergeltungszug gegen die Mustalik-Beduinen im Westen von Medina hätte für Mohammed und Aischa leicht gefährliche Folgen haben können, obwohl er als Kriegszug recht erfolgreich gewesen war. Aischa hatte sich Mohammeds starkem Aufgebot angeschlossen. Das entsprach durchaus ihrem Entschluß, bei Ereignissen des Krieges und der Politik möglichst persönlich dabeizusein. Was sie selbst sah, zog sie Berichten aus zweiter und dritter Hand vor.

Dem Angriff der Gläubigen war ein voller Sieg gefolgt. Die Oasen der Mustalik waren besetzt, ihre Männer gefangen, um nur gegen hohes Lösegeld ihre Freiheit wiederzuerlangen, zweihundert Frauen wurden unter den Kriegern des Islams verlost, darunter auch Dschowairija, die Tochter des besiegten Scheichs.

Mohammed ließ sich den Gewinner Dschowairijas kommen. Er war schon alt und hatte nur für Gold etwas übrig.

Neun Unzen habe er vom Vater für die Freiheit des Mädchens verlangt, grollte er; aber so viel wolle der Geizkragen für die Tochter nicht herausrücken. Vielleicht könne der Gesandte Gottes mehr erzielen. Mohammed möge sich das Mädchen doch einmal ansehen. Dabei pries er die schwarzen Locken, die Dschowairija auf ihre Schultern fallen lasse, ihre Augen, ihre Brüste, überhaupt ihre Figur …

Die Schilderung des Thabit ibn Kais hätte dichterischer ausfallen können, aber falsch war sie nicht, nur unnötig. Denn da Dschowairija aufreizend war, hatte sie auch Mohammed erregt, und da er durch sie erregt worden war, hatte er sie auch eingehend besichtigt.

Indes Mohammed auf diese Weise mit dem alten Eigentümer der Dschowairija und anschließend auch mit deren Vater, der das Lösegeld zahlen sollte, verhandelte, befaßte sich auch Aischa mit der schönen Witwe. Schließlich hatte sie sich der Truppe nicht zuletzt deswegen angeschlossen, um bei allem, was sich an wichtigen Ereignissen begeben könne, in Person zugegen zu sein. Es wäre zuviel von Aischa erwartet gewesen, den Fall der Häuptlingstochter nicht als wichtig zu betrachten. Mit einer noch nicht abgeschlossenen Vermehrung von Mohammeds Harem hatte sie sich abgefunden, doch die Herrschaft über den Harem beanspruchte sie für sich und damit die Herrschaft über Mohammed.

Obwohl Zainab bint Dschahsch, die frühere Frau des Zaid ibn Haritha, mehr als nur hübsch und Mohammed ihr völlig verfallen gewesen war, hatte Aischa sie bis auf diesen Tag überhaupt nicht beachtet, was der Autorität der Tochter des Abu Bekr nichts genommen und sie eher erhöht hatte – auch bei Mohammed.

Doch als ihr Dschowairija zugeführt wurde, stockte ihr doch ein wenig der Atem vor der verführerischen Wirkung, die von dieser Frau ausging.

»Konntest du den alten Thabit ibn Kais denn nicht veranlassen, sich mit dem Angebot deines Vaters zufriedenzugeben?« begann Aischa.

»Er ist ein Mummelgreis. Ich bin froh, daß ich ihn los bin. Was soll er mit mir, und vor allem, was soll ich mit ihm.«

»Nun, ältere Männer können klug sein, was man bei den jungen nur selten findet«, meinte Aischa, die nach der Männerdummheit stets als erstem Ausschau hielt, um den Mann beurteilen zu können.

»Meiner war mächtig hinter mir her. Ob er klug war, weiß ich nicht. Wahrscheinlich hätte ich ihn dann nicht um den Finger wikkeln können.«

»Und wenn dich nun ein Kluger kaufte?«

»Ich glaube nicht, daß sich einer fände. Ändern würde es auch nicht viel. Die Männer sind alle gleich. Man muß sie nur sehen lassen, daß man hat, wonach sie sich sehnen – gleich fangen sie Feuer.«

Aischa fand, daß sie keinen Anlaß zur Besorgnis habe. Rasend verliebt war Mohammed in Zainab gewesen – heute mußte sie froh sein, wenn er sich seiner Pflichten ihr gegenüber gelegentlich erinnerte. Mit Dschowairija werde es sich nicht anders verhalten. Es gebe viele schöne Frauen in Arabien, während es mit den klugen nicht so üppig bestellt sei. Mohammed aber liebe beide: schöne und kluge, was er nur in ihr, Aischa, vereint besitze. Und das wisse er auch.

Dschowairija drehte sich aufreizend in den Hüften und brachte es zugleich fertig, sich hochmütig zu spreizen, als sie zu Mohammed gebracht wurde.

»Ich wüßte etwas Besseres für dich«, sagte Mohammed, »als lediglich losgekauft zu werden. Es käme dabei doch noch sehr darauf an, wer dich kaufte, Dschowairija.«

»Kenne ich den?« fragte sie und spielte dabei die Unbefangene.

»Ich denke schon, ich bin es, der dich loskaufen und sogar heiraten will.«

Es überraschte Mohammed keineswegs, daß die Kostbare auf einmal alle Unbefangenheit und Ahnungslosigkeit verlor und sich mit glänzenden Augen bereit erklärte. Nicht einmal ihre Begeisterung verbarg sie.

Dschowairijas Vater zahlte zwölf Unzen Gold. Das war aber nicht so hart, wenn man bedachte, daß der Scheich als Schwiegervater des Propheten mit seinen Kriegern ebenso augenblicklich freigelassen wurde, wie die von überflüssiger Zurückhaltung befreite Tochter sich mit dem Wunsch ihres neuen Gebieters nach Verschmelzung begeistert hingab.

Mancher andere Gläubige würde vielleicht die überstürzte Eile unschicklich finden; aber Mohammed stand als Gesandter Gottes über jeder Kritik. Nicht einmal Aischa machte eine Bemerkung, als Dschowairija am Morgen der Rückreise nach Medina als legitime Ehefrau hinter Mohammed auf der Kamelstute Badu-Hawa erschien. Obwohl Aischa genug Gründe dagegen hätte vorbringen können, zog sie es vor, ihr eigenes Kamel mit dem kleinen Frauenzelt über dem Sattel zu besteigen.

Alle Mustalik aber zeigten sich bereit, gute Moslemin und zuverlässige Gleichberechtigte in einem Staat zu werden, der größer und mächtiger zu werden versprach, als Arabien je einen gesehen hatte.

Mohammed verband damit große Hoffnungen. Er dachte, daß sich, durch das Beispiel der Mustalik angeregt, auch ein Großteil der anderen Beduinenstämme sich ihm allmählich anschließen würde.

Ein Wechsel der Stimmung in Mekka selbst gab ihm dazu auch einige Veranlassung. Die Kaufleute fanden, daß die Kriegskosten sich nicht lohnten, daß die Karawanenverluste nicht geringer geworden seien und man besser mit Mohammed einen Frieden suche, der dem Handel wieder Sicherheit gewähre.

Neben vielen anderen bestätigte auch Onkel Abbas diesen lautstarken Umschwung in der Gesinnung in Mekka. Allerdings fügte er auch hinzu, daß die Kriegspartei mit ihren zugkräftigen Phrasen noch keineswegs geschlagen sei und, da sich die Vornehmen und Einflußreichen ihr zuneigten, man noch nicht voraussagen könne, wofür Mekka sich entscheiden werde.

Erst einmal mußte Mohammed aber mit seinen Getreuen nach Medina, dem natürlichen Ausgangspunkt aller seiner Unternehmungen, zurückreiten.

Auch der Vorstoß nach der Oase al-Muraisi gegen die Mustalik war von Medina aus erfolgt. Außer Alt- und Neugläubigen aus Medina nahmen daran auch noch aus benachbarten Beduinenstämmen junge Leute teil, die sich unter den Augen des Propheten und für ihn auszuzeichnen hofften.

Unter ihnen war Safwan, der Sohn eines wohlhabenden Pferde- und Kamelzüchters vom Stamme Sulaim. Fast noch ein Knabe, aber schon ein tapferer Kämpfer, wurde er zuweilen belächelt, aber sonst gut gelitten. An Mohammed hing er mit leidenschaftlicher Verehrung, und aus Furcht, ihn zu erzürnen, machte er um Aischa stets einen großen Bogen, nur aus Angst, von ihr gesehen zu werden oder sie zu erblicken.

Einmal wäre es dennoch fast geschehen. Es ergab sich in einem schütteren Gehölz um einen Brunnen. Seines Durstes wegen hatte Safwan es aufgesucht, bis er dann zu seinem Schrecken wahrnahm, daß Aischa wohl aus ähnlichen Gründen das gleiche getan hatte. Mit einem Schreckensschrei stob Safwan davon, kam aber freilich nicht weit. In seiner Überhast stolperte er und fiel in den Sumpf. Ein helles, silbernes Lachen der Fünfzehnjährigen war die Folge. Mit allen Spuren seines Unfalls nahm Safwan schließlich Reißaus. Er war noch jung, und irgendwann einmal muß jedes männliche Wesen seine erste Erfahrung mit der Unbarmherzigkeit der Frauen machen. Safwan hatte sie gemacht.

Bereits auf dem Hinmarsch gegen die Mustalik hatte sich ein anderer Fall begeben, der bewies, daß sich das Regiment über Medina durchaus nicht so gefestigt hatte, wie es sich die Gläubigen einbildeten. Der Schauplatz war wiederum ein Brunnen gewesen. Zwei Männer wollten aus ihm Wasser schöpfen. Auch das hätte sich ermöglichen lassen. Aber der eine der Männer war ein Neugläubiger aus Medina, der andere ein altgläubiger Emigrant aus Mekka und Bediensteter Omars.

Es kam also zum Streit, und Abdallah ibn Ubaij, der die Chazradsch bei Uhud vor dem Kampf zurückgeführt und damit die Niederlage verschuldet hatte, hielt seinen engeren Mitbürgern vor, wie wenig Dank sie von der Aufnahme Mohammeds und seiner Emigranten gehabt hätten. Omar drang in Mohammed, Abdallah töten zu lassen; Mohammed aber wollte keine Parteileidenschaften zum Aufflammen bringen. Außerdem war Abdallah ibn Ubaij auch feig genug, hinterher alles abzuleugnen und dadurch die Verachtung seiner eigenen Leute auf sich zu ziehen.

Doch jetzt ging es nach Medina zurück, und man war der Meinung, daß sich nichts Unangenehmes mehr ereignen werde. Man habe nur zu viele Munafikun, zu viele Unzuverlässige, mitgenommen. Das Unternehmen habe sich als ungefährlich angelassen und gleichzeitig Beute versprochen.

Wie das Schlingern von Booten wirkte der Paßgang der Kamele. Wer sich daran gewöhnt hatte, verfiel leicht wieder diesem Gefühl des Wiegens und Schwimmens.

Ein Wiegen und Schwimmen in einem Meer, unbegrenzt nach oben, nach unten und nach allen Seiten, frei auch von hemmenden Körperkonturen, eine körperlose Welt in beglückendem Blau – auch das Empfindende blau und körperlos. Nur wenn im Wiegen die zum Körper drängende Welt sich ablöste, empfand sich das Gefühl als nackte Frau, die ihrer Welt entstieg, um sich sogleich wieder in ihr aufzulösen – ein Blaues in Blau.

Nichts störte dieses Einssein des Gefühls mit sich selbst, so fern jedem Leid, daß es auch der Freude keinen Raum mehr bot, bis ein schwaches, stärker werdendes Ahnen von etwas Möglichem, Zweitem sich auftat. In dem Maße, wie das Ahnen Furcht wurde, verdichtete sich ein Wollen zur Furcht zum Grauen, aus dem ein Zweites entsteigen würde, das nichts anderes als Furcht und Grauen sein konnte.

Hoffnungslos entschwand die Seligkeit des Körperlosen, das Grauen mit der Furcht vor der Verwandlung drang in das Gefühl ein. Es spürte Gliedmaßen an sich entstehen, ein Schwarzes schwamm in einem Meer, das nicht mehr unbegrenzt und nicht mehr blau war. Mit Beinen und Füßen trat das Gefühl ins Schwarze und spürte seine nackte Sohle im Gesicht eines Zweiten. Das Gefühl entdeckte sein Selbst, an das es gebunden war.

Es grenzte sich ab. Es suchte sich und das andere, vor dem es Furcht hatte. Es suchte das Abenteuer, dessen Ausgang es nicht kannte. Aus dem Traum schälte sich ein Mensch.

Für Aischa war das andere nicht nur Mohammed.

Ein bohrender Druck ließ sie empfinden, daß etwas, was aus ihrem Bewußtsein entschwunden war, wieder dahin zurücktreten wollte. Vorläufig dachte sie nur, daß sie in Medina etwas Entscheidendes zu tun habe, das natürlich auch mit Mohammed in Beziehung stehe. Und dann war die Gedankenirre während ihres Erwachens größerer Klarheit gewichen.

Nun wußte sie es: Dschowairija! Bedenken wegen unvermeidlicher künftiger Berührungen mit der Beduinin hatte sie nicht.

Zur Auswahl seiner Frauen hätte man in mancher Hinsicht Mohammed beglückwünschen können. Aber auf einen derartigen Gedanken kamen die Gläubigen nicht. Für sie wurden ihm seine Frauen wie seine Offenbarungen von einer höheren Macht zuteil, was den Respekt vor den »Müttern der Gläubigen« nur erhöhte, und tatsächlich hatte der Zufall auch oft die ausschlaggebende Rolle gespielt. Jedenfalls war Aischa überzeugt, daß Dschowairija ihr die Herrschaft über den Harem des Propheten und über diesen selbst nicht entreißen würde. Allerdings hatte sie genug Phantasie, und sie kannte Mohammeds Sinnlichkeit zu gut aus eigenem Erleben.

Nein – darüber war Aischa sich klar: Warten würde Mohammed nicht! An den Ästen geeigneter Bäume würde er noch während der Reise Mäntel und Decken aufhängen lassen, die so einen abgegrenzten Raum für den Ehevollzug bilden würden. Auf Schicklichkeit legte Mohammed, wenn er eine schöne Frau nackt haben wollte, keinen großen Wert, und Dschowairija sei viel zu stolz, eine Frau des Propheten zu werden, dachte Aischa, um nicht auf eine zweifellos aufreizende Art willig ihr Hemd hinabgleiten zu lassen. Diese Beduinin würde dem neuen Gatten nichts von dem vorenthalten, was sie zu bieten habe.

Ganz ohne Bitterkeit waren solche Vorstellungen für Aischa freilich nicht; aber Macht bedeutete ihr mehr, sie tröstete sich damit, daß eine noch so schöne Frau sie nicht aus Mohammeds Bett vertreiben könne. Nach irgendeiner Frist käme er doch in wildem Verlangen wieder zu ihr, der Geliebtesten der Geliebten.

Ganz von ungefähr berührte Aischa ihre Halskette aus blauem Amethyst. Sie war ein Geschenk des Dichters Lebid, der ihr in ihrer Kindheit so zugetan gewesen war, daß Freunde und Bedienstete des Hauses Abu Bekr damit gerechnet hatten, Aischas Vater würde dem jungen Verwandten die Tochter überlassen. Mohammeds Werbung war dazwischengekommen, und Abu Bekr war zu sehr ein Gläubiger des Islams, um dem Gesandten Gottes ein Mädchen zu verweigern, das von seiner Geburt an mit dessen Offenbarungen verbunden war.

Die Halskette war Aischas Talisman. Ein Glücksgefühl durchdrang sie, als sie die Verlorene wieder fühlte und sich des schmerzlichen Suchens und des Jubels beim Finden erinnerte. Es hatte Ärger gegeben, weil der Kette wegen der Aufbruch hatte verschoben werden müssen.

Inzwischen müsse sie eingeschlafen sein, überlegte sie.

Oh, diese nachlässigen Leibwächter und dieser Trottel von einem Reitdiener!

Auf einmal habe es den Kerlen offenbar nicht schnell genug gehen können.

Statt des Lagerlärms, der Zurufe und des Schnaufens der Kamele hörte sie nichts. Sie sah ... nichts. Sie war allein an einem Wüstenbrunnen, liegengelassen wie ein Paket. Kein Mensch habe es der Mühe wert gefunden, nachzusehen, ob sie sich auch auf ihrem Kamel in ihrem Sattelzelt befunden habe.

Einen schönen Krach würde sie machen, nahm sie sich vor.

An eine Gefahr dachte sie vorerst überhaupt nicht. Mohammed werde seine Leute schon auf Trab bringen, um Aischa bint Abu Bekr, die Gattin des Propheten, schleunigst wieder zur Truppe zurückzuholen. Dieser Gedanke minderte den ersten Schrecken, der ohnehin mehr ein Verdruß über schlechte Bedienung gewesen war.

Der Schreck kam erst jetzt, als ein Schatten auf sie fiel. So ganz allein war sie gar nicht. Dort stand ein lebendiges Wesen, ein Mann, und sie hatte das Gefühl, daß er sie schon eine Weile angestarrt habe. Jetzt freilich wandte er ihr mehr den Rücken zu. Seine Augen konnte sie nicht sehen.

»Verschleiere dich, Herrin«, rief er, »sonst wird mir der Gesandte Gottes zürnen!«

Nur eines Atemzuges bedurfte es, bis Aischa hellwach war.

Eine Gefahr war dieser Mann nicht. Er war gar kein Mann. Höchstens ein Jüngling, ein großer Junge. Aischa lächelte.

»Du bist der Junge, nicht wahr, der meinetwegen in den Sumpf fiel?« lachte sie laut.

Mit abgewandtem Gesicht hockte er sich nieder. Daß sie sich seinetwegen nicht glaubte verschleiern zu müssen, ging ihm gegen die Ehre.

»Ich habe gekämpft wie die andern«, sagte er. »Und dich haben sie hiergelassen und vergessen, scheint es. Kein Mensch ist noch von ihnen im Lager.«

»Stimmt«, gab Aischa zu. »Du wirst mich zur Truppe bringen.«

»Es wird lange dauern, bis wir sie erreichen. Mein Kamel lahmt. Deswegen kam ich so spät.«

»Kann es mich tragen, dein Kamel?«

»So etwas Kleines und Leichtes wie dich trägt es allemal. Ich gehe nebenher. Nur verschleiern mußt du dich. Ich bin Safwan ibn Muattal vom Stamme Sulaim.«

»Also Safwan. Und wer ich bin, weißt du auch!«

»Oh, natürlich! Du bist Aischa bint Abu Bekr. Aber gerade darum mußt du dich verschleiern!«

Lässig zog Aischa ihren Schleier vors Gesicht. Er war dünn genug. Doch das konnte Safwan nicht sehen.

»Hast du Angst, Safwan? Ich weiß schon, du hast mit den andern gekämpft. Daran zweifle ich auch nicht. Aber ich will wissen, ob du Angst hast!«

»Vor wem?«

»Erst einmal vor dem Gesandten Gottes.«

»Das ist Gottesfurcht«, knurrte er.

Aischa sah mit Vergnügen, wie er sich wand. Um nicht zu spüren, daß er in sie verliebt sei, hätte sie nicht Aischa sein dürfen.

»Aber vor mir bist du ausgerissen, damals in dem Gehölz am Brunnen.«

»Ich bin gefallen.«

»Eben weil du ausreißen wolltest, bist du gefallen«, blieb sie unerbittlich. »Du bist ein braver Junge, Safwan, und ein braver Junge lügt nicht.«

»Ich lüge nicht.«

»Du hattest Angst. Das verstehe ich. Aber ich will wissen: War diese Angst Abscheu vor mir? Sag die Wahrheit!«

»Oh, Aischa! Wie kannst du so etwas sagen! Wir jungen Männer des Islams brauchen außer des Allmächtigen Gegenwart auch das Wissen um eine Frau, für die es sich lohnt, kämpfend zu sterben. Für mich bist du das, Aischa. Seit ich dein Bild in mir trage, sind auch meine Gebete inbrünstiger. Vielleicht ist das Sünde, und vor der habe ich Angst. Ja, Aischa, ich habe Angst, vor dir habe ich Angst!«

Aischa fühlte sich zur Heiterkeit aufgerufen, aber eine Rührung unterdrückte sie. Dieser große Junge sei in der Tat fähig, sein Leben für sie zu lassen. Vielleicht. Dieser Gedanke erstickte ihr Lachen. Aischa stand auf.

»Wir müssen nach deinem Kamel sehen«, sagte sie. »Ich bin verschleiert, Safwan. Du brauchst keine Angst zu haben.«

Dann mußte Safwan doch noch beiseite gehen. Aischa hatte sein Hemd verlangt. Als ihr junger Anbeter seine übrige Kleidung wieder angezogen hatte, diente das Hemd, in Streifen gerissen, dem Kamel als Verband.

»Wir müssen alles genau überlegen, was wir sagen werden«, bedeutete Aischa dem Safwan.

»Warum?«

»Es gibt bei der Truppe eine ganze Reihe von Menschen, die mir gegenüber ein schlechtes Gewissen haben, weil sie mich liegenließen. Was, meinst du, werden sie tun?«

»Sie werden dich und den Gesandten Gottes um Verzeihung bitten, junge Herrin.«

»Möglich. Leichter wäre es jedoch, etwas Schlechtes über mich – also auch über dich – auszudenken, um den Zorn von sich abzulenken. Verstehst du das nicht?«

»Nein, Herrin.«

Von dem, was Aischa dachte, nämlich daß auch manches davon abhänge, was sich aus dem Beisammensein Mohammeds mit Dschowairija ergeben habe, sprach sie zu dem jungen Trottel, wie Aischa den Safwan bei sich nannte, kein Wort.

»Sag mal«, fragte er, »mußte es ein alter Mann sein, den du heiratetest? Hast du dich nie zu einem Jungen hingezogen gefühlt?«

»Ich mochte wohl einen. Seinetwegen hänge ich so an meiner Halskette. Er hat sie mir geschenkt.«

»Der Halskette wegen also?«

»Nein. Alte Männer, wie du das nennst, sind oft weniger langweilig als junge. Auch jüngere brauchen nicht langweilig zu sein. Der mir die Kette schenkte, war ein Dichter. Nicht alle Jungen sind Dichter. Bist du ein Dichter, Safwan?«

Safwan war kein Dichter und fand es ungerecht, daß es außer Helden noch andere geben solle, die etwas konnten, was ihnen Vorzüge gebe, deren Gründe kein Mensch zu verstehen vermöge.

Ein hinkendes Kamel, ein zwar junger, aber müder Bursche, der nebenhergehen mußte, ein weibliches Wesen, das froh sein mußte, auf dem Sattel hocken zu können und nicht ebenfalls laufen zu müssen, erzielen im Zusammenwirken keine nennenswerten Geschwindigkeiten.

Beim letzten Halt der Truppe vor Medina erreichte Aischa sie endlich. Das Lager war bereits aufgeschlagen.

Nun begann das, woran Aischa gedacht hatte, der Klatsch: Aischa mit einem Mann!

Auch an Dschowairija hatte Aischa nicht zu Unrecht gedacht. Wie sie es sich ausgemalt hatte, befand sich Mohammed mit ihr im improvisierten Zelt. Vom Verlust Aischas war er noch gar nicht unterrichtet.

Der arme Safwan hatte Lob und Lohn für seine Mühen erwartet und begriff nicht, daß er statt dessen bissige Bemerkungen erntete, ja, daß man vor ihm ausspie, und erst als er die Ungeheuerlichkeit der ihm gemachten Vorwürfe zu begreifen begann, berief er sich schäumend auf die Autorität der Frau des Propheten: Nichts habe er getan, sich gar nichts zuschulden kommen lassen, die Gattin des Gesandten Gottes sei Zeugin.

Aischa wartete nicht auf Mohammed. Sie begab sich sofort nach Medina. Auch sie hatte der nächtliche Ritt mit dem nachfolgenden Empfang im Lager angegriffen. Es verlangte sie vorerst nach nichts so sehr als nach Ruhe. Sie legte sich ins Bett und befahl Salman, niemanden zu ihr zu lassen.

Auf diese Weise konnte sich der Klatsch ungestört ausbreiten.

Eigentlich war gar keine Ursache dafür vorhanden. Ein großer Junge wie Safwan fing gleich beim leisesten Versuch, eine unvorsichtige Bemerkung aus ihm herauszulocken, zu toben und mit dem Schwert herumzufuchteln an. Damit machte er sich so unbeliebt wie nur möglich; aber da er der einzige denkbare Zeuge war, so blieb der Klatsch selbst eigentlich hoffnungslos. Doch bleibe immer etwas hängen – damit konnten sich die Verleumder trösten.

Und dieser Jemand, an dem etwas hängenbleiben sollte, war Mohammed. Üble Nachrede mußte seine Stellung schwächen. Unter den Hetzern standen daher auch die Munafikun, die Unzuverlässigen, obenan, unter ihnen wiederum Abdallah ibn Ubaij. Wenn der nicht erst kürzlich, als es sich darum gehandelt hatte, zu seinem Wort zu stehen, durch sein jämmerliches Verhalten an Achtung eingebüßt hätte, wäre es ihm vielleicht gelungen, den Stamm Chazradsch gegen die Aus und beide gegen Mohammed aufzubringen.

Natürlich wirkte es auch verhängnisvoll für Aischas Ruf, daß Hamna, Mohammeds Schwägerin, sein Hofdichter Hassan ibn Thabit und der Altgläubige Mistah aus dem Geschlecht Abd Manaf, vor allem aber ein Mann wie Ali, der Treueste der Treuen, gegen die Lieblingsfrau des Propheten auftraten.

Zunächst spaltete sich die Bevölkerung in zwei Teile.

»Nimm dir für Aischa eine andere Frau«, riet Ali, »wir haben genug davon. Keinen Gläubigen wird es stören, wenn der Gesandte Gottes sich so viele davon nimmt, wie er mag.«

»Also keinen Gläubigen wird es stören, wenn eine gläubige Frau vom Propheten zu Unrecht verstoßen wird?«

»Das ist nicht ›zu Unrecht‹! Fatima sagt auch ...«

»Halt, mein Ali. Fatima und du – das habe ich zu verantworten. Aber ich tat es nicht, damit du nun einem mir nahestehenden Menschen schweres Unrecht tust.«

»Unrecht! Ich?«

»Du sagst: Es gibt keine Beweise. Nun wohl, gedenke Allahs. Wenn du eine Anklage erhebst, und es gibt keinen Beweis, dann verleumdest du.«

Ali wurde verlegen.

»Ich habe keine Beweise.«

»Dann weißt du also nichts?«

»Nichts. Allah möge Fatima und mir verzeihen, wenn wir Aischa Unrecht getan haben.«

»Aischa ist zu ihren Eltern gezogen«, sagte Mohammed. –

»Hast du es dir überlegt, Aischa?«

Es war ihre Mutter, die fragte. Trotzig warf sich Aischa im Bett herum. Zainab begann von neuem.

»Mohammed ist gut. Er liebt dich. Ich weiß es. Soll ich mit ihm reden? Erst muß er versprechen, dir zu verzeihen. Und dann sagst du ihm alles. Du wirst sehen, nachher, wenn du gestanden hast, wird dir viel wohler sein.«

»Mir ist wohl, wenn ihr mich zufriedenlaßt.«

»Und an deinen Vater denkst du gar nicht?«

»Denkt er an mich?«

»Was kann er denn tun?«

»Was er von selbst wissen müßte. Er kann – nein, er müßte zu Mohammed gehen und von ihm verlangen, daß er von allen, die Schlechtes über mich reden, Beweise fordert und sie, wenn sie sie nicht bringen, zu Verleumdern erklärt.«

»Aber Kind! Sie sagen alle, du könntest reden, was du wolltest, und ebenso auch verschweigen, eben weil es keine Beweise gebe. Mohammed kann doch nicht ganz Medina vor den Kopf stoßen.«

»Warum nicht?«

»Und dein Vater kann das auch nicht! Bei so vielen Leuten kann er sich nicht unbeliebt machen. Sieh das doch ein, Aischa! Selbst Menschen, die dir wohlwollen, meinen, du solltest irgend etwas zugeben, was nicht so schlimm sei – dann verzeihe dir Mohammed, und alles sei wieder in Ordnung, wenn du nur deinen Trotz und deinen Hochmut aufgeben möchtest.«

Die Mutter warb mit ihrer ganzen Gefühlsseligkeit. Aischas Lachen darauf wirkte fast wie ein Schlag – und so empfand Zainab es auch.

»Reizende Gläubige«, sagte Aischa. »Eine Lüge, bei Allah beschworen, und alles ist wieder in Ordnung. Mit der Lüge mag sich Allah abfinden. Auf den kommt es bei den Gläubigen ja nicht an.«

»Du lästerst, Aischa!« sagte Abu Bekr, der gerade eingetreten war. »Es ist schrecklich, so etwas von dir hören zu müssen.«

»Auch du warst einmal gläubig, Abu Bekr. Jetzt verleugnest du Allah. Du gehst mich nichts mehr an.«

Fast unmöglich war es dem Vater, zu glauben, daß er die Worte seiner Tochter wirklich gehört habe. Jetzt spielte er seinen höchsten Trumpf aus.

»Und der Gesandte Gottes – geht der dich auch nichts an?«

»Mir scheint eher, ich gehe ihn nichts an. Bis jetzt hat er sich um seine erkrankte Frau noch nicht gekümmert.«

Nun aber konnte die Mutter sich nicht länger zurückhalten.

»Mohammed ist auf dem Wege nach hier!« rief sie. »Ali sagt es. Er ist unten.«

Aischa richtete sich jäh in ihrem Bett auf.

»Ali!«

Sie war offenbar nicht weit davon entfernt, in Wut auszubrechen, als der Vater sie beschwichtigte:

»Der Gesandte Gottes sprach mit ihm.«

Mohammed lag ausgestreckt auf dem Polster. Sein Stöhnen und sein Umsichschlagen wurden schwächer – bald würde er ganz aufhören. Darauf verstand sich Aischa. Sie schlug also den Mantel, der Mohammed verdeckte, etwas zurück und begann sein Gesicht mit kaltem Wasser abzuwaschen. Niemand störte sie dabei. Kein anderer hätte sich berufen gefühlt, ihr zu helfen oder gar an ihrer Stelle die Bemühungen um Mohammed zu übernehmen. Bei einer Berührung des Propheten mit dem Übersinnlichen durfte sich niemand dazu drängen. Etwas anderes war es mit Aischa.

Niemand im Raum wagte zu sprechen oder gar den aus einer anderen Welt Zurückkehrenden etwas zu fragen, als er sich aufrichtete – weder Zainab, die schöne Ägypterin, noch deren Gatte Abu Bekr.

Auch Aischa wartete auf Mohammeds erstes Wort.

Das kam auch und verkündete die frohe Botschaft, daß Allah ihm Aischas Unschuld offenbart habe.

Die Eltern waren beschämt, doch überwog ihre Freude.

Außerdem bestimmte die gleiche Offenbarung noch, daß diejenigen, die verheiratete Frauen der Untreue beschuldigten und nicht imstande seien, vier Augenzeugen zu stellen, mit achtzig Peitschenhieben bestraft und nicht mehr als Zeugen gebraucht werden sollten, »es sei denn, sie kehren um und bessern sich, denn Gott ist gnädig und barmherzig«, hieß es weiter.

Für drei Schuldige erhielt dieses strenge Gesetz sofort rückwirkende Kraft, für Mistah, Hassan ibn Thabit, den Dichter, und für Hamna, die Schwester von Zainab bint Dschahsch, Mohammeds eigener Schwägerin. Die Gemeinde der Gläubigen ließ sich jedoch zu keiner Änderung bewegen. Sie beschloß ferner, nach Safwan ibn Muattal zu suchen, der in der ersten Aufregung geflüchtet war. Die Gemeinde wollte dem jungen Menschen jetzt seine Ehrenhaftigkeit und Unschuld öffentlich bezeugen.

Die Verurteilten jedoch bekamen ihre Strafe, wobei es Hassan ibn Thabit insofern schlecht traf, daß Safwan für den Tag von Hassans Auspeitschung noch einmal nach Medina kam, um mit der flachen Klinge die Peitschenhiebe zu ergänzen.

Von da ab wurde Safwan in Medina nicht mehr gesehen.

Die Strafvollstreckung an Hamna stieß bei einigen einflußreichen Frauen und gerade bei Mohammeds Harem auf Widerstand. Hafsa insbesondere war entsetzt bei dem Gedanken, daß Hamna ausgezogen und öffentlich ausgepeitscht werden sollte.

In diesem Widerstreit der Meinungen schaltete Asma bint Umm Amar, die Hebamme und Frauen-Heilkundige, sich ein. Sie machte geltend, daß es sich doch nicht um die Peitschenhiebe, sondern ausschließlich um die Schicklichkeit handle. Sie, Asma, nun habe in ihrem Haus an der Mauer einen Raum für Dampfbäder, Massagen, Turnen und andere Heilsamkeiten. Dort pflegten sowohl die Patientinnen wie sie selbst und ihre Lehrlinge gewohnheitsmäßig nackt zu sein. Anderes könne man zum Beispiel eine schwangere Frau nicht untersuchen, und um eine Frau so richtig durchzukneten, könne sie ihre Kleider nicht anbehalten. Manches Mal sei eine Gehilfin in Schweiß gebadet wie bei einem Dampfbad. Bei ihr könne die Strafe an Hamna ganz unauffällig vollzogen werden, als handle es sich um eine Art Heilverfahren.

Hafsa sah ebenfalls die Schicklichkeit gewahrt. Mohammed erklärte die ganze Angelegenheit für eine Frauensache, doch müsse die verleumdete Aischa um ihre Zustimmung angegangen werden. Mit der Auflage, daß Hamna ihre Striemen zum Beweis ausreichend erlittener Strenge hinterher vorweise, stimmte auch Aischa zu. Dabei dachte sie daran, wie Hamna ihr ins Gesicht gespuckt habe, und empfand ihre Bedingung als sehr gelinde Vergeltung.

Der Tag der Urteilsvollstreckung war für Asmas Heilpraxis natürlich der Tag eines großen Geheimnisses. Gegen die Entkleidung bereitete die Delinquentin selbst keinen Widerstand. Scham wurde nicht verletzt.

Asmas Lehrlinge waren junge, kräftige und vor allem wohlgeübte Mädchen. Die eine stützte sich mit dem Rücken an die Wand und bildete mit ihren Händen eine Schüssel, auf die sich die andere, vornübergebeugt, mit dem Kinn stützte, nachdem sie Hamna auf ihren Rücken genommen und deren Schenkel an den Kniekehlen straff nach vorn gezogen hatte. Den Leib der andern mußte Hamna, um sich festzuhalten, ihrerseits umarmen.

Auf diese Weise war Hamnas Körper ohne alle Hilfsmittel in die denkbar vorteilhafteste Lage gebracht.

»Hab keine Angst«, sagte Asma sachlich. »Deine Brüste, deine Nieren oder was sonst gefährdet ist werden überhaupt nicht berührt. Dein Gesäß und deine Schenkel aber sind wirklich so richtig stramm, wie man es sich nur wünschen kann. Die halten schon was aus, Mädchen! – Zapple nicht, Hamna. Wir alle haben für dich getan, was wir nur konnten. Die Hiebe auf den Blanken mußt du schon fühlen.«

Damit ergriff sie die aus der Mittelrippe eines Palmblattes gebildete Peitsche und begann mit dem Auszählen.

Hassan ibn Thabit wurde durch die Hiebe, die er erhalten hatte, aus einem beklagenswerten Verirrten zu einem leidenschaftlichen Bewunderer und Hofdichter Aischas. Das mißliche war höchstens, daß Aischa eine ihr zugefügte Unbill nicht leicht vergaß – nicht dem Hassan und vor allem nicht Ali.

Hassans Gedicht machte dennoch die Runde und blieb auch nicht ohne Wirkung:

Sie ist keusch und ernst, nicht Gegenstand von Verdacht,
Erhoben über den Sinn der Gedankenlosen.
Was erzählt wird, bleibt nicht an ihr haften,
Es ist nur Erdichtung eines Mannes, der dir Übles nachredet.
Wie sollte dies möglich sein, da doch meine Liebe
Und meine Hilfe, solange ich lebe,
Der Familie des Gesandten Allahs gehört,
Der Zierde aller Versammlungen!

Mohammed war den Dichtern an sich so wenig zugetan, daß er das Beste tat, was Hassan widerfahren konnte, wenn er ihn mehr nach seiner Brauchbarkeit als nach seinem literarischen Glanz bewertete.

Somit blieben also Hassans Anstrengungen nicht unbelohnt. Ja, er machte durch sie sein Glück. Mohammed schenkte ihm den befestigten Hof Baihara und später noch die koptische Sklavin Schirin.

XXXI

In Mohammeds Augen bestand Hassans Brauchbarkeit in der Beliebtheit seiner Verse beim breiten Volk, vor allem bei den Beduinen. Auf diese kam es an. Sie sollten ihm auf seinem Weg voranhelfen. Dieses Voran war in Wirklichkeit allerdings ein Zurück, nämlich zurück nach Mekka.

Jeder Araber und auch jeder Fremde hatte zu allen Zeiten ungehindert nach Mekka kommen können. Jeder Besucher erhöhte den Wert der Messen, war umworbene Kundschaft. Ihm Schwierigkeiten zu bereiten wäre sehr gegen Mekkas Interessen gewesen. Der älteste und stärkste Vorwurf, der gegen Mohammed erhoben worden war, bestand gerade darin, daß die Lust, nach Mekka zu kommen, von den unduldsamen Gläubigen geschmälert wurde. Nun aber gereichte die Unmöglichkeit, Mekka zu besuchen, was jedem sonst erlaubt war, Mohammed und seinen Gläubigen zur Erniedrigung vor ganz Arabien und den Nachbarländern.

Mohammed wußte sehr wohl, daß der Islam eine derartige Ächtung nicht auf sich beruhen lassen dürfe und daß er durch einen neuen Markt in Medina den seit Jahrhunderten altgewohnten in Mekka nicht zu beseitigen vermöge. Dennoch, Mekka war nach wie vor eine Repräsentation für ganz Arabien. Dort durften die Gläubigen nicht minderen Rechtes oder gar rechtlos sein.

Durch Krieg diesen Zustand zu beseitigen schien Mohammed jedoch, schon im Hinblick auf die anwachsende Friedenspartei in Mekka, unnötig, jedenfalls verfrüht zu sein. Er beschloß, von der jedem sonst gegebenen Möglichkeit, Mekka als Pilger zu besuchen, unter peinlichster Wahrnehmung aller Formalitäten Gebrauch zu machen. Und dabei rechnete er damit, daß eine große Anzahl Beduinen sich ihm und der mit ihm ziehenden Gruppe seiner Anhänger anschließen würden. Er hoffte, daß dieses Aufgebot – wenn auch nach Vorschrift das Schwert in der Scheide – seinen Eindruck nicht verfehlen werde. Ungestört hoffte er in Mekka seine Umra, seinen Umlauf um die Kaaba, ausführen zu können.

Diese Berechnungen Mohammeds waren zwar nicht auf sichere Verträge, doch auf keineswegs unbegründete Vermutungen aufgebaut. Tatsächlich war der Zug gegen die Mustalik ein voller Erfolg gewesen. Der Stamm fiel nie mehr von ihm ab oder vom Islam, den er angenommen hatte. Andere Erfolge kamen hinzu, aber auch Enttäuschungen fehlten nicht. Doch im ganzen betrachtet, überwogen die Erfolge. Zur Teilnahme an Beutezügen konnte Mohammed auch mit der Beihilfe von Beduinen rechnen. Ob sich diese Bereitwilligkeit auch auf eine Wallfahrt, an der nichts zu verdienen war, ausdehnen würde, stand nicht fest, zumal Mohammed – um freundschaftliche Vereinbarungen mit den Beduinen zu erleichtern – ihnen gegenüber nicht auf der Annahme des Islams bestanden hatte.

Jedenfalls hielt Mohammed Zeit und Gelegenheit für gekommen, in bezug auf Mekka den entscheidenden Schritt zu tun. Dazu glaubte er sich Allahs Willen durch einen Traum versichert, daß ihm auf einer Wallfahrt der Schlüssel zur Kaaba ausgeliefert würde. Seiner Aufforderung, ihn auf einer Wallfahrt zu begleiten, folgten auch altgläubige Emigranten und neugläubige Medinenser. Die Beduinen jedoch blieben aus, und durch eine Gefolgschaft von vielleicht tausend Pilgern konnte er nicht hoffen, Mekka zu imponieren, weder als Wallfahrer noch als Kriegsherr. Mohammeds bester Schutz war vielmehr der friedliche Charakter seines Zuges. Man versah sich mit den üblichen Pilgertrachten, sammelte Opfertiere und führte an Waffen nur Schwerter mit sich. In Dhu'l-Hulaifa auf dem Wege nach Mekka legte Mohammed selbst seine profanen Kleider ab und zog Pilgertracht an.

Aber auch die letzte Möglichkeit einer Wende zu Mohammeds Gunsten schien sich nicht zu ergeben. Die mekkanische Friedenspartei wollte zwar immer noch im Interesse des Handels ein gutes Einvernehmen mit Mohammed herbeiführen. Doch die Kriegspartei der Vornehmen und Einflußreichen, an deren Spitze Ikrima, Abu Dschahls Sohn, stand, der des Vaters Haß auf Mohammed geerbt hatte, setzte die Aufstellung eines Heeres durch und ließ durch Reitertrupps die Gläubigen beobachten.

Anfangs dachte Mohammed daran, die mekkanischen Truppen einfach zu umgehen und dann die wehrlose Stadt zu überfallen, doch das vertrug sich nicht mit der religiösen Auffassung Abu Bekrs von einer Pilgerschaft. Mohammed schwenkte scharf nach Westen ein, wo er seine Anhänger auf unwegsamen Felsenpfaden verschwinden ließ, um mit ihnen überraschend in al-Hudaibija an der Grenze des heiligen Bezirks zwischen dem Fatima-Tal und der Stadt wieder aufzutauchen.

Durch Boten schlug er den Mekkanern ein Übereinkommen vor. Er gelobte, ihre Karawanen in Frieden zu lassen, wenn sie ihm den Besuch des Heiligtums gestatten würden.

Vorerst dauerte das Hin und Her der Verhandlungen noch eine ganze Weile. Um sie abzukürzen, schickte Mohammed seinen Schwiegersohn Othman nach Mekka. Er glaubte, daß dessen gute und vornehme Beziehungen ihn schützen würden. Und dann versammelte er seine Anhänger unter einem grünen Baum um sich und ließ sie schwören, ihn in dem bevorstehenden Entscheidungskampf nicht im Stich zu lassen. Mit Begeisterung legten die Gläubigen den Eid ab, obwohl nach menschlichem Ermessen der Kampf einer verhältnismäßig so kleinen Schar nur halbbewaffneter Männer gegen eine große Übermacht völlig hoffnungslos war. Aber die Gläubigen vertrauten auf Allah und den Gesandten Gottes.

Worauf Mohammed vertraute, war nicht ersichtlich.

Kurz nach dem Eid lief die Nachricht ein, daß Othman lebe und daß ein gegenteiliges Gerücht falsch sei. Nahezu gleichzeitig kam eine Gesandtschaft aus Mekka unter Führung von Suhail ibn Amr im Lager an. Dadurch wurde Mohammed, ein religiöser Schwärmer, dem man nicht selten vorwarf, daß er sich über Tatsachen hinwegsetzte, zu einem Diplomaten und Politiker, der sich über religiöse Schwärmer, ja, wenn es ihm wichtig erschien, auch über seine treuesten Anhänger hinwegsetzte.

Die mekkanische Kriegspartei bestand durchaus nicht aus Männern, die etwa nicht ihre eigenen Interessen allen anderen voranstellten. Ihr Ziel war selbstverständlich Mohammeds Vernichtung. Aber das Ergebnis ihrer Debatten war eben gewesen, daß nach einem Jahr ohne Beutezüge kein einziger Beduine mehr zu Mohammed stoßen werde und das Verhältnis der Gläubigen zu ihrem Propheten sich bis zur Auflösung gelockert haben würde.

Mohammed dagegen sah nur ein Ziel, und das war Mekka und die Kaaba, aus der die Gläubigen verdrängt worden waren. Die mekkanischen Friedensvorschläge forderten: Mohammed soll für dieses Jahr den Besuch des Heiligtums aufgeben und dafür im folgenden Jahr die Erlaubnis erhalten, dort eine Umra zu vollziehen.

Den Mekkanern ging es vor allem um das Prestige. Mohammeds Wallfahrt wurde auf diese Weise von ihrer Erlaubnis abhängig gemacht. Und oberflächlich besehen, hatten die Mekkaner auch die Macht, alles durchzusetzen, alles, was sie wollten. Eigentlich hätten sie gar keine Unterhändler zu senden brauchen, die – in der verhängnisvollen Lage, in der sich Mohammed befand – für ihn die Rettung waren. Verhandlung statt Kampf, den Mohammed zu vermeiden sehr froh sein mußte.

Aber die mekkanische Kriegspartei hatte wohl augenblicklich die Oberhand, doch war sie nicht so völlig bedingungslos am Ruder. Die starke Friedenspartei war immer noch da, und bedächtige Mitglieder der Kriegspartei selbst, wie etwa Abu Sofjan, hatten die Lehren von Badr nicht vergessen. So war es denn gekommen, daß man nicht Abu Dschahls Sohn, den haßerfüllten Ikrima, an die Führung der Verhandlung herangelassen hatte, sondern Suhail, auch er ein starrer Aristokrat, doch einer mit etwas weiterer Sicht, der eher Abu Sofjan nahestand. Auf seiten der Gläubigen dagegen herrschte vollkommenes Vertrauen zum Gesandten Gottes und Siegeszuversicht, falls es zum Kampf kommen sollte.

Doch gerade das erleichterte Mohammed seine Aufgabe nicht, wie er sie sah. Sein Ziel war, so bald wie möglich die Wiederzulassung der Gläubigen zur Kaaba zu erzwingen. Demgegenüber erschien es ihm nicht entscheidend, ob sich die Erfüllung seines Traumgesichtes um ein Jahr verzögerte.

Bei einem unvermeidlichen Waffengang hätte sich Mohammed ebenfalls auf seinen Traum und den Eid seiner Mitgläubigen als Siegesgarantien gestützt. Doch nun war überraschenderweise die Gesandtschaft eingetroffen. Auch das könne nicht ohne Billigung Allahs geschehen sein, mußte Mohammed denken, und so sei die Aufforderung an die Gläubigen, sich durch ihren Schwur ihm zu verpflichten, als Prüfung anzusehen, bei deren Bestehen der Lohn nicht ausbleiben würde.

Mohammed sah die Erreichung seines Zieles zum Greifen nahe. Er mußte es auf Biegen oder Brechen ankommen lassen und seiner Macht über die Gläubigen vertrauen, wenn er sich über sie hinwegsetzte.

Tatsächlich war die Enttäuschung seiner Anhänger ungeheuer, als er sich bereit erklärte, auf das vorgeschlagene Übereinkommen mit den Mekkanern einzugehen. Zur Festsetzung der Einzelheiten forderte er ein schriftliches Dokument, das auch zugestanden wurde.

Aufgesetzt wurde es in einem kleineren Kreise unter dem großen Baum der Eidesleistung. Suhail führte seine Mitunterhändler ein. Für Mohammed war das einc Veranlassung, ebenfalls einige Gläubige hinzuzuziehen. Doch das geschah alles im Freien, und Mohammed kümmerte sich nicht darum, wenn einer der Seinen sich einmal entfernte und dadurch eigentlich alle Gläubigen teilnahmen.

Mohammeds Bart war wegen seiner Schönheit berühmt, wie sie nur der ständige Gebrauch von Schermesser und Kamm herbeiführen kann.

Suhail wäre nicht als ein feiner Mann angesehen worden, wenn er nicht einen ähnlichen Ehrgeiz betätigt hätte.

Mit einer leichten Handbewegung forderte er sein Gegenüber auf, zu beginnen.

»Im Namen Allahs, des Barmherzigen und Erbarmenden«, begann er, doch schon unterbrach Suhail:

»Das ist bei uns nicht üblich. In deinem Namen, Allahummah, beginnen wir.«

»Oh, bitte. So würden meine Eltern auch begonnen haben.«

Mohammed achtete nicht auf die Gläubigen, die das als Verleugnung Allahs deuteten, sondern fuhr fort:

»Dies ist ein Friedenstraktat zwischen Mohammed, dem Gesandten Gottes, und Suhail ...«

Weiter kam er nicht; denn nun sprach Suhail:

»Als Gesandten Gottes erkenne ich dich nicht an, denn dann würde ich dich ja nie bekriegen, was immerhin möglich wäre und ich mir vorbehalten müßte ...«

»Behalte dir vor, Suhail. Gegen Mohammed ibn Abdallah und Suhail ibn Amr wirst du nichts haben? Also fahren wir fort: Ein zehnjähriger Waffenstillstand wird geschlossen. Beide Parteien könnten Bündnisse schließen, mit wem sie wollen. Minderjährige Koraischiten, die ohne Erlaubnis ihres Vormunds Mohammed zulaufen, müssen zurückgegeben werden. Umgekehrt übernimmt Mekka diese Verpflichtung nicht, wenn es sich um Abhängige von Mohammed handelt. Mohammed gibt den Besuch Mekkas für dieses Jahr auf, aber im folgenden werden die Mekkaner für drei Tage ihre Stadt verlassen. Während dieser Zeit können Mohammed und seine Anhänger eine Umra vollziehen.«

Mit diesem Traktat, den sie für demütigend hielten, waren die Gläubigen durchaus nicht einverstanden. Dennoch stellte sich heraus, daß Mohammed seine Macht über die Gläubigen nicht überschätzt hatte. Offener Widerstand wurde ihm nicht geleistet.

Ein Teil der Gläubigen war, wie Abu Bekr, in seinem unbegrenzten Vertrauen zum Propheten nicht irrezumachen. Andere, wie Omar, tobten. Omar sagte, wenn er nur hundert Männer seiner Meinung finden könnte, würde er Mohammed verlassen. Aber er fand diese hundert eben nicht, und so war er nach einer Weile ganz glücklich, daß Mohammed ihn nicht länger übersah und wieder das Wort an ihn richtete.

Eine Bitternis wurde den Gläubigen allerdings nicht erspart, und das zu einer Zeit, als die Unterhändler nach Abschluß des Traktates noch im Lager waren. Plötzlich erschien nämlich, vom Glauben an Mohammed ergriffen, Suhails Sohn Abu Dschandal, um unter die Gläubigen aufgenommen zu werden.

»Warum, Gesandter Gottes, bist du auf das Verbot, Leute wie mich aufzunehmen, eingegangen?«

»Dein Vater Suhail hat es verlangt, Abu Dschandal.«

»Ist das ein Grund?«

»Für unsere Gegner eigentlich nicht. Denn das Verbot zieht Leute, die Allah geneigt sind, nur um so stärker zum Islam. Das Verbot, sie aufzunehmen, bewirkt erst, was unsere Gegner verhindern möchten. Deshalb haben wir auf die Rückgabe von Überläufern verzichtet. Wir haben gar keine, die von uns fliehen.«

»Ich werde später zu euch kommen, Prophet.«

»Du wirst willkommen sein. Aber jetzt würde deine Aufnahme gegen den Vertrag verstoßen.«

Nach dem Abzug der Gesandtschaft hatte Mohammed noch einige Schwierigkeiten mit den Gläubigen, die die Wallfahrt nicht als vollzogen betrachten wollten. Aber als Mohammed sich die Haare scheren und die Opfertiere schlachten ließ, schlossen sich auch die andern an.

Und bald wurden auch die Vorteile des Traktats von Hudaibija sichtbar. In einer Offenbarung kurz danach wurde die Eidesleistung unter dem Baum zu einer Art Adelsdiplom, das den Teilnehmern am Eid das Recht gab, Mohammed auf seinem bevorstehenden Zug mit Beuteanteil zu begleiten. Das war Ehrung und Gewinn für die Gläubigen, aber eine Strafe für die Beduinen, die dem Zug nach Hudaibija ferngeblieben waren, nun aber allmählich einzusehen begannen, daß der Anschluß an Mohammed sehr vorteilhaft sei, erstens wegen der zu erhoffenden Beute und dann wegen allem, was dem Gläubigen nach seinem Tode versprochen sei.

Immer mehr begann Mohammed bei Abschluß politischer oder wirtschaftlicher Verträge mit den Beduinen die Annahme des Islams zu verlangen und hatte damit Erfolg. Der Grund lag auf der Hand. Die Beduinen hatten geglaubt, daß die Lage Mohammeds und der Gläubigen von ihrer Entscheidung abhänge, was auch insofern richtig war, daß mit der Beihilfe der Beduinen Mohammed in diesem Jahr sein Ziel erreicht hätte. Sie sahen aber auch, daß ihr Verhalten nur eine einjährige Verzögerung herbeiführe, aber den Traktat von Hudaibija, der alle Wünsche Mohammeds erfüllte, nicht hatte verhindern können.

Überhaupt lag seitens der in Frage kommenden Beduinenstämme keine grundsätzliche Feindschaft gegen Mohammed und den Islam vor. An lohnenden Beutezügen der Gläubigen, deren Tapferkeit man hoch veranschlagte, wären die Beduinen gern bereit gewesen teilzunehmen. Durch den Traktat waren die mekkanischen Karawanen nun aber gegen Angriffe durch Mohammed geschützt. Zu neuen

Beutezügen, die er gegen andere Gegner vorhatte, ließ er jedoch nur gläubige Bekenner des Islams zu, alles Gründe, daß die Beduinen sich nicht, wie die mekkanische Kriegspartei angenommen hatte, verflüchtigten, sondern vielmehr lieber den Islam annahmen, um dadurch als gleichberechtigte Mitglieder in die Gemeinde der Gläubigen aufgenommen zu werden.

Während der Zeit der Verhandlungen mit Suhail hatte Aischa sich öfter mit Mohammed beredet als selbst solche Gläubige wie Omar, Abu Bekr und Ali. Vor diesen Männern hatte sie die Nächte für sich voraus. Immer teilte sie Mohammeds Zelt. In den Tagen der Unstimmigkeiten mit seinen Anhängern brauchte er Aischa und die Vereinigung mit ihr noch mehr als sonst.

Seinen ehelichen Verpflichtungen kam er auch seinen andern Frauen gegenüber nach, aber bei keiner sonst entflammte seine alte Leidenschaft so sehr von neuem wie bei Aischa.

Jetzt sank er auf den Rücken und seufzte tief.

Aischa stieß ihn an.

»Mohammed!« rief sie.

»Ja-a ...«, röchelte er.

»Weißt du, wer mit dem Traktat gesiegt hat?«

»Wer –? Ich glaube, wir«, antwortete Mohammed.

»Davon bin ich überzeugt«, stimmte ihm Aischa zu, »aber in Mekka ist es die Friedenspartei, wenn auch die Kriegspartei verhandelte.«

»Du meinst, wegen des Waffenstillstandes?« fragte Mohammed.

»Glaub mir, sie haben das Hin und Her zwischen Einvernehmen und Krieg gründlich satt. Sie wollen ihren Handel in Sicherheit haben.«

»Wollen sie«, nickte Mohammed.

»Und daß das so bleibt, dazu könnten wir auch beitragen.«

Mohammed war interessiert.

»Was denn, meine Kluge?« lächelte er.

»Eine Ehe, mein Lieber.«

»Ach, geh! Umm Kulthum ist mit Othman verheiratet, und andere Töchter als Fatima und Umm Kulthum habe ich doch nicht mehr!«

»Töchter, das könnte dir so passen. – Nein, mein Lieber. Es ist erstaunlich, wie gern du heiratest. Ich würde es begreifen, wenn dir das allmählich langweilig würde. Scheint aber nicht so. Nun, um so besser! Von Abu Sofjan war nichts zu sehen. Statt seiner kam Suhail. So war es! Was hätte Sofjan auch vorbringen können nach allem, was er bisher sagte und tat? Er will den ehrlichen Frieden, und meinst du nicht auch, du könntest seine Entschlossenheit stärken?«

»Wodurch?«

»Durch eine nette, kleine Familienbeziehung.«

»Aber du weißt doch ...«

»Natürlich weiß ich, du hast keine Töchter mehr zu verheiraten. Und Abu Sofjan braucht gar nicht dein Schwiegersohn zu werden. Du wärest auch kein schlechter Schwiegersohn. Er hat eine Tochter, Umm Habiba.«

»Doch nicht in Mekka!«

»Nein, aber in Aksum. Ihr Mann war ein Gläubiger. Er nahm noch von dir Abschied, als er nach Abessinien ging. Dort wurde er allerdings Christ.«

»Da siehst du.«

»Jawohl, ich sehe, daß du nichts siehst. Erstens ist ihr Mann schon tot, und dann ist sie Gläubige geblieben, die nichts auf der Welt so sehr verehrt wie dich. Du mußt sie nur vom Negus Negesti erbitten. Bei ihm lebt sie in dessen Palast in Aksum.«

»Ja, ja ...«, murmelte Mohammed, »ich erinnere mich. Und sie ist Abu Sofjans Tochter? Von wem?«

»Von Umm Hind bint Rabia. Der dicken Hind, weißt du?«

»Unserer wildesten Feindin!« rief Mohammed und richtete sich auf.

»Dafür ist ihre Tochter deine frömmste und glühendste Anbeterin. Das gleicht sich aus! Außerdem kannst du die Hind nicht mehr ärgern, als wenn du die Tochter ihr vor der Nase wegheiratest.«

»Ach, Aischa!« stöhnte Mohammed, indem er sich fest an sie schmiegte, »was wäre ich wohl ohne dich! Morgen früh senden wir Boten nach Aksum.«

»Aber diese und noch manche Nacht bin ich es, die bei dir liegt.«

»Aischa! Ach, du ...«

Nach Medina zurückgekehrt, konnte Mohammed bereits ein großes Heer aufstellen, das ihm bei Hudaibija so gefehlt hatte. Ein beträchtlicher Teil davon bestand aus Beduinen, die inzwischen den Islam angenommen hatten. Allerdings fühlten die Nomaden sich dabei vor allem an Mohammeds Person gebunden.

Daß Allah, der Allmächtige und Erbarmer, im täglichen Leben der älteren Gläubigen aus Mekka und Medina eine alles beherrschende Rolle spielte, war den Beduinen nicht so leicht verständlich. Da aber die älteren Gläubigen sich ebenfalls an den Gesandten Gottes gebunden fühlten, ohne den sie die Offenbarungen, also die direkten Befehle der Gottheit, hätten entbehren müssen, so konnte man sagen, daß alle Bekenner des Islams ohne Unterschied der religiösen Schattierungen – und besonders nach Hudaibija! – sich unlöslich an Mohammed gebunden und ihm zu bedingungslosem Gehorsam verpflichtet fühlten.

Mohammeds Macht war nie so groß gewesen wie eben jetzt nach dem Waffenstillstand mit Mekka.

Es geschah oft, daß den Frauen Mohammeds und seinen anderen Familienmitgliedern für einen Tag oder für Stunden die Familienräume in seiner Wohnung verboten wurden. Für Aischa hatte so ein Verbot allerdings keine Geltung; denn in einem solchen Fall handelte es sich um wichtige Besprechungen, wenn nicht um eine Sitzung des Rates der Gläubigen, die ohnehin ohne Aischa nicht stattfand.

So ein Tag war dieser Tag.

Die Säulen des Islams waren anwesend, außer dem Gesandten Gottes der Zuverlässigste der Zuverlässigen, Abu Bekr, Omar, Ali, Zaid, der ebenso wie Mohammed selbst seine kriegerische Begabung erwiesen hatte, ferner einige mekkanische Emigranten und auch einige wenige medinensische Gläubige, die zwischen sich und den Altgläubigen keinen Unterschied mehr kannten, weil der Islam ihre Heimat geworden war.

Aischa trug über ihren roten Locken und Zöpfen einen dünnen, goldgelben Schleier, der, ohne ihre Züge zu verhüllen, ihren Haaren Glanz verlieh. Ein Schleier mußte sein, da sie mit den meisten Männern nicht so verwandt war, um ihn weglassen zu können, aber zugleich wollte sie bei Rede und Gegenrede ihr Gesicht wirken lassen. Diese Notwendigkeit schien auch Mohammed einzusehen. Jedenfalls hatte er keine Einwendung gemacht, als sie ihn noch vor der Sitzung aufgesucht hatte.

»Meine Freunde, liebe Brüder«, begann Mohammed, »ich vernahm, daß ihr mit mir heute nicht nur über Dinge des Tages sprechen möchtet, sondern über die in Vorsorge erhobene Frage, ob Allah von uns Gläubigen nicht verlangt, schon heute uns mit

Künftigem zu befassen, was während der weiteren Ausbreitung des Islams ohnehin an uns herantreten wird.«

»So ist es, Gesandter Gottes«, sagte Omar, »Allah möge mir verzeihen, daß ich unter dem Baum der Huldigung in Hudaibija deine Absichten so schlecht erkannte und zuerst meine Meinung der deinen für überlegen hielt. Jetzt handelt es sich darum, daß einige Brüder und ich glauben, Allah habe dich nicht nur zu den Leuten von Mekka und nicht nur zu den Arabern, sondern zu allen Menschen gesandt. Es gibt keinen Gott außer Allah. Sollten daher auch nicht alle Menschen des Glaubens an den Einzigen und Alleinigen, an den Allbarmherzigen teilhaft werden können?«

»Omar hat recht«, sagte Aischa, »erinnere dich, Mohammed, wie oft du die Verkündigung einer Offenbarung mit den Worten ›oh, ihr Menschen!‹ begonnen hast. So steht es im Koran, und nicht ›Mekkaner‹ oder ›Araber‹.«

»Du brauchst nicht zu fragen, Aischa«, gab Mohammed ihr recht. »Du kennst den Koran besser als irgendeiner von uns, mich selbst in meiner menschlichen Schwäche mit eingeschlossen. Zu jeder Zeit kannst du ihn auswendig hersagen.«

»Es ist so, wie du sagst, Gesandter Gottes, schon als Kind wußte sie alle verkündigten Suren wortwörtlich«, fügte Abu Bekr hinzu.

»Sie ist mir seit ihrer Geburt durch Allah verbunden«, bestätigte Mohammed. »Laßt uns also untersuchen, wie wir die Menschen …«

»Alle Menschen«, schaltete Aischa ein.

»Oder so viele Menschen, wie uns möglich ist, mit dem Willen Allahs bekannt machen. Was wir nicht vermögen, vermag Allah. Er ist der Allmächtige. Aber möge uns der Allbarmherzige davor bewahren, uns durch Lässigkeit zu versündigen. Du bist der Weitestgereiste unter uns, Abu Bekr. Vielleicht beginnst du?«

»Du hast, Gesandter Gottes, den Gläubigen den Heiligen Krieg gegen alle Ungläubigen zur Pflicht gemacht, es sei denn, sie leisten Tribut. Der Koran verpflichtet zugleich, um Kriege zu vermeiden, zur friedlichen Verhandlung.«

»Gerade du, Abu Bekr, der Redliche und Sanftmütige, sprichst von Kriegen?« wunderte sich Mohammed.

»Da wir uns gegenwärtig in dauerndem Kriegszustand mit einer Reihe von Beduinenstämmen befinden«, kam Aischa ihrem Vater zu Hilfe, »ist es wohl geboten, auch die Möglichkeiten künftiger Kriege zu untersuchen.«

»Der Kleinkrieg wird bald aufhören, wenn die widerspenstigen Stämme den Islam angenommen haben. Die Juden sind bereits so gut wie beseitigt, die Christen werden weniger Schwierigkeiten machen und, wenn sie Frieden suchen, das Kopfgeld willig bezahlen.«

Es war Zaid ibn Haritha, der das sagte, und Zaid war mit seinen Karawanen, bei denen er beschäftigt war, ebenfalls weit in der Welt herumgekommen. Er kannte Teile von Syrien und die Stadt Damaskus, war in Basra am Euphrat und in Persien gewesen.

»Es wird nicht lange dauern, und der Gesandte Gottes wird ganz Arabien beherrschen. Dann aber sind unsere Nachbarn nicht mehr Mekka oder Taif, die Hawazim oder Ghatafan – dann haben wir es mit Byzanz, das auch Syrien beherrscht, und mit Persien zu tun. Natürlich auch mit Ägypten.«

»Selbstverständlich mit Ägypten«, bekräftigte Abu Bekr, der ja mit einer Ägypterin verheiratet war.

»Du tätest also gut, Gesandter Gottes, deine Boten schon jetzt an die Höfe der großen Völkerherrscher der Welt zu senden«, riet Omar, »vor allem aber an die, deren Länder an Arabien grenzen, also nach Byzanz, nach Persien; und was ist mit Ägypten? Gehört es nicht auch zu Byzanz, Abu Bekr?«

»Ja und nein, Omar«, sagte Aischas Vater. »Der tatsächliche Herrscher ist Mokaukas. Er ist mächtig genug, sich jeden Titel beizulegen, der ihm beliebt. Aber er nennt sich nur kaiserlicher Statthalter. Er residiert im Babylon-Misr an der großen Nilbrücke, deren Mittelpfeiler eine Flußinsel bildet. Ihm verdankt es der Kaiser in Konstantinopel, daß er sich noch Herr von Ägypten nennen darf. Als Kosru der Zweite von Persien nach seinen großen Siegen ganz Syrien eroberte, blieb ihm der Weg nach Ägypten versperrt. Mokaukas war zu stark, und er war es immer noch, als dann Kaiser Heraklius siegte und Syrien zurückeroberte.«

»Aber das ist doch seltsam«, meinte Mohammed.

»Gar nicht, Gesandter«, entgegnete Abu Bekr, den die Tochter unterstützte, »Griechen gibt es in Ägypten nicht viele, einige Tausend im Delta und in Alexandria. Ägypten ist von den Kopten bevölkert, Monophysiten, die an die eine Natur des Propheten Jesus glauben und die Dreigötterei verwerfen, genau wie die Abessinier. Der ökumenische Patriarch von Konstantinopel ist für sie der Teufel. Mokaukas aber hält es mit der koptischen Kirche und den koptischen Bischöfen. Das Volk liebt ihn, und das macht ihn so stark. An ihn vor allem solltest du eine Botschaft senden, Gesandter Gottes, Mokaukas wird sie willig anhören.«

Nach der Besprechung des Rates der Gläubigen stand es fest, daß in erster Linie ein geeigneter Botschafter für Mokaukas gefunden werden müsse, und man fand ihn auch in keinem Geringeren als Othman, dem Schwiegersohn des Propheten. Er war von altem Adel, und wenn Umm Kulthum die Stellung der Schwester auch nicht völlig auszufüllen vermochte, hatte der Tod Rukaijas ihn dem Leben nicht entfremden können. Othmans gesellschaftliche Gewandtheit und heitere Gesinnung erwarben ihm eine Beliebtheit, die ihm – wie die Gläubigen glaubten – auch bei Mokaukas leicht Eingang verschaffen würde. An Dolmetschern fehlte es ebenfalls nicht, da sich unter den Leuten der Syrien-Karawanen immer welche fanden, die Griechisch konnten.

Größere Schwierigkeiten boten schon der oströmische Kaiser und der persische Großkönig, ganz abgesehen davon, daß byzantinische Armeen – wie man hörte – mitten in Persien stehen sollten.

Der Waffenstillstand mit Mekka kam Mohammed sehr gelegen, um sich vom jüdischen Gegner zu befreien, mit dem er einst in seiner mekkanischen Zeit sich zu verbünden geträumt hatte, bis daraus der jetzt bestehende Haß geworden war.

Mit den Juden bestand kein Waffenstillstand. Aus Medina hatte Mohammed zwar die drei jüdischen Stämme vertrieben oder sie vernichtet; aber etwa hundert Kilometer nordöstlich von Medina lag Chaibar, eine jüdische Siedlung, ähnlich wie es einst Medina gewesen war.

Mehr als eine Stadt war Chaibar. Eine Landschaft mit kleinen Städten, Dattelplantagen, Äckern und Gärten, dazwischen Basaltkegel, die eine vorzügliche Lage für befestigte Burgen abgaben.

Auch die Nadir aus Medina waren zu einem Teil dorthin geflüchtet und hatten natürlich ihre neuen Mitbürger gegen Mohammed aufgehetzt. Verdächtig war auch der geheimnisvolle Tod einer Reihe von Juden erschienen, ohne daß man der Täter hatte habhaft werden können. Doch wenn Mohammed auch gar nicht soviel daran gelegen sein mußte, der sich daraus entwickelnden Haßstimmung durch einen Kriegszug entgegenzutreten, so konnte ihn nach genauer Untersuchung der Zustände in Chaibar um so mehr die Beute locken, die er sich dort erhoffen durfte. Das war so offensichtlich, daß auch viele von den noch ungläubigen Beduinen ihre Beteiligung anboten. Sie wurden von Mohammed freilich abgewiesen. Er begann, mit dem Islam Ernst zu machen. Danach mußten alle Ungläubigen als Feinde betrachtet und behandelt werden.

Dagegen ließ er sein Heer nach altarabischem Brauch von Frauen begleiten, von Sängern unterhalten, zugleich gut ernähren, aber nichts strenger nehmen als die Stunden der Gebete. So zogen seine Krieger, sich unüberwindlich dünkend, durch die Wüste. Voran die grünen Wimpel des Hauses Haschim. Die Banner trugen Omar und Ali. Sie trugen Mohammeds leuchtende Farben.

Den Juden kam der Angriff ganz unerwartet. Sie zogen sich in ihre hoch gelegenen Burgen zurück, glaubten sich dort unerreichbar.

Das wären sie auch gewesen, doch die Juden von Chaibar waren genau wie die von Medina völlig uneins, und die Burgen hatten schon oft in ihren Kämpfen untereinander eine Rolle gespielt. Die Gläubigen hätten sie kaum nehmen können. Belagerungsmaschinen besaßen sie nicht, und sie hätten sich auch nicht auf deren Anwendung verstanden.

Aber nun erwies es sich, daß Mohammed die Zustände in Chaibar richtig eingeschätzt hatte: Neid und Haß unter den Juden selbst waren seine wirksamsten Verbündeten.

Nach und nach meldeten sich jüdische Verräter, die schwache Stellen der Burgen angaben oder die unterirdischen Gänge zeigten, durch die von den Besatzungen das Wasser geholt wurde. Auch Wurfmaschinen wurden aus ihren Verstecken geholt. Die Juden pflegten sie zu verwenden, und so wußten auch ihre verräterischen Landsleute mit ihnen umzugehen.

Eine Anzahl ungläubiger Beduinen vom Ghatafanstamm rückten zwar heran, um Chaibar zu helfen, zogen aber wieder ab, als sie Mohammeds Fortschritte sahen.

Die Stimmung der Gläubigen wurde noch durch den Sieg ihres Landsmannes Mohammed ibn Maslama gehoben, der in einem Zweikampf den berühmten jüdischen Streiter Marhab tötete.

Just um diese Zeit kamen die Auswanderer, die bis dahin noch in Abessinien geblieben waren, nach Medina zurück. Unter ihnen befand sich auch Alis Bruder Dschafar, der seinerzeit von seinem Onkel Abbas adoptiert war. In seinem stets wachen Familiensinn schloß ihn Mohammed, als der junge Mann zu ihm kam, freudig bewegt in die Arme.

»Ich weiß nicht, was mich mehr freut«, rief er, »die Eroberung dieser Stadt oder Dschafars Heimkehr! Aischa, komm bitte. Das ist Dschafar, Alis Bruder. Als Kinder müßt ihr euch gekannt haben.«

»Ich weiß. Sei uns willkommen, Dschafar.«

»Sei mir gegrüßt, Aischa, Gattin des Gesandten Gottes.«

»Er ist einer meiner nächsten Verwandten«, sagte Mohammed, »vor ihm brauchst du dich nicht zu verschleiern.«

Mohammed war glücklich – natürlich auch über die Eroberung Chaibars. Den Juden ließ er nur die Kleider, die sie anhatten, aber weder verkaufte noch tötete, noch vertrieb er sie. Im Gegenteil. Als Pächter konnten sie bleiben. Die Hälfte ihrer Einkünfte hatten sie an die Gläubigen abzuführen.

Das Blutbad wie unter den Kuraiza wiederholte er nicht.

Mit einem jedoch war Aischa nicht einverstanden, wenn sie auch öffentlich nichts dagegen sagte.

Von den Jüdinnen wurde eine Anzahl besonders hübscher Mädchen und junger Frauen zur Verteilung an verdiente Krieger ausgewählt. Aus ihnen bestimmte Mohammed eine für sich. Es war Safija, die bereits vor der Katastrophe der Kuraiza von Medina nach Chaibar ausgewandert war. Sie galt für das schönste jüdische Mädchen.

»Sie wird dir nicht mehr Widerstand leisten als Dschowairija«, sagte Aischa, »aber das ist nicht dasselbe. Dschowairija ist eine Araberin und gehört dem gläubigen Großstamm der Chuzaa an, die dir fest anhängen. Sie verträgt sich mit deinen andern Frauen, und deine andern Frauen vertragen sich mit ihr. Aber Safija ...«

»Weil sie eine Jüdin ist? – Ich kann heiraten, wen ich will.«

»Nach der Offenbarung kannst du das. Aber die Frauen deines Harems werden die Safija nicht als Schwester unter sich aufnehmen. Das könnte dir Verdruß bereiten.«

»Heißt das, daß ich von dir Verdruß zu erwarten habe?«

»Kaum. Ich weiß nicht mehr, wohin vor Arbeit. Fast kein Stamm, gläubig oder ungläubig, der nicht jetzt irgend etwas von dir will – und die ungläubigen Stämme am dringendsten. In Medina werden sicher schon Boten warten, die müssen alle gehört werden, und sie erwarten in jedem Fall Antwort. Dazu die Briefe ...«

»Du wirst das schon machen, Aischa!«

»Natürlich. Bisher bin ich jedenfalls mit allem fertig geworden. Doch du kannst dir vielleicht denken, daß ich für deine Safija keine Zeit habe. Ich warte lieber. Jeder Rausch legt sich einmal, und dann werden aus deinen Bräuten fast immer brave Mütter der Gläubigen.«

Mohammed lachte.

»Jede mit ein wenig Neid auf Aischa. Aber alle tun sie dann doch, was du willst. Ich bewundere dich.«

»Doch wenn dir ein hübsches Mädchen über den Weg läuft, gleich bist du wieder hinter ihr her. Ich bewundere dich auch, mein Mohammed, nämlich daß du das alles noch aushalten kannst.«

»Allah gibt mir die Kraft«, meinte Mohammed nicht ohne einen kleinen Stolz.

»Es scheint so, doch die gläubigen Frauen, weißt du, sind nicht immer so gläubig, wie du dir das wünschtest«, schloß Aischa das Gespräch.

Damit ging sie und suchte sich aus dem Schatz der Familie Kinana, nicht nur der reichsten jüdischen Familie von Chaibar, sondern von ganz Arabien, den berühmten blauen Diamanten heraus. Er war walnußgroß und besaß das reinste Feuer unter allen berühmten Steinen. Auf dem Recht einer Auswahl aus der Beute bestand Aischa, und Mohammed war gewiß nicht feige, doch so tapfer wieder auch nicht, um den Zorn seiner jüngsten und kleinsten Frau auf sich zu ziehen.

Es war nach dem Abzug aus Chaibar.

Nach einigen Wegstunden ließ Mohammed halten und eilte zu den Reitkamelen der Frauen. Dann hob er den Teppich von Safijas Sattelzelt und erklärte, schon jetzt mit ihr die Hochzeit vollziehen zu wollen.

Dieses Gespräch wurde von Mohammed ganz unbekümmert vor Zeugen geführt. Als recht unschicklich empfanden es die Kameltreiber und Krieger, und wenn Safija auch gehorsam herunterkam, so war sie doch in größter Verlegenheit und lehnte Mohammeds Begehren ab. Selbst er konnte nicht länger auf seinem Vorsatz bestehen.

Als Safija jedoch wieder in ihr Reitzelt hinaufklettern wollte, wies Mohammed die Kameltreiber davon und ließ die Achtzehnjährige über seine Schenkel und Schultern das Kamel besteigen.

Ein halblauter Ausruf erreichte ihn. Er wandte sich um.

Von der Höhe eines andern Kamels beugte sich ein verschleierter Kopf, der aber an den roten Locken unschwer als der von Aischa zu erkennen war, zu ihm herunter.

»Bist du, Gesandter Gottes«, rief sie, »ein Steigschemel für diese Jüdin?«

Sofort kam auch aus den anderen Reitzelten der Frauen ein Singsang und Gekicher.

»Judenkind, Judenkind!«

Zornig blickte Mohammed zurück.

»Warum antwortest du ihnen nicht, Safija? Sag ihnen, daß die Propheten Moses und Abraham deine Väter waren!«

Safija jedoch fürchtete sich. Sie schwieg.

In diese allzu primitiven Äußerungen des Harems mischte Aischa sich indessen nicht, obwohl sie sehr wohl wußte, daß ohne sie der Zwischenfall nicht erfolgt wäre. Sie kannte bessere Abgänge, wenn sie welche brauchte.

»Mich entschuldigst du wohl, Mohammed«, rief sie, »du weißt ja, ich habe zu tun! Auf Wiedersehen in Medina!«

Damit ließ sie ihr weißes Kamel antraben, wie Mohammed immer eins, dem seinen ähnlich, für sie bereithielt. Vier berittene Leibwächter folgten ihr.

Medina mußte noch auf Mohammeds Ankunft warten. Auf die Nachricht von Chaibars Eroberung ergaben sich die Juden des nördlich davon liegenden Fadak freiwillig dem Propheten zu gleichen Bedingungen wie die von Chaibar.

Allerdings behielt Mohammed die Einkünfte von Fadak für sich, während die von Chaibar, unbeschadet das Prophetenfünftel, den Teilnehmern des Schwurs von Hudaibija zugesprochen wurden. Auch die Juden des großen, dattelreichen Talzuges von Wadi'l-Kura ergaben sich nach geringen Kämpfen, während die von Taima sich überhaupt freiwillig unterwarfen. Die Bedingungen waren überall die gleichen. Nur die Juden, die den Islam annahmen – in Chaibar fünfunddreißg –, waren von allen Abgaben befreit und zahlten nur die Armensteuer der Gläubigen.

Mit diesem Feldzug gewann Mohammed ein großes Gebiet von einer in Arabien seltenen Fruchtbarkeit. Er unterwarf sich alle dort wohnenden Juden, also eine Bevölkerung, die sich zur mosaischen Religion bekannte, was durchaus nicht ausschloß, daß ihre Vorfahren als Araber den Glauben gewechselt hatten.

Selbstverständlich konnte ein derartiger Sieg nicht verfehlen, auf die unbekehrten Beduinen einen gewaltigen Eindruck zu machen.

Alle Gläubigen waren nun wenigstens wohlhabend oder auch reich, und die Eidgenossen von Hudaibija sogar steinreich. Wer konnte, wer wollte sich nun noch gegen Mohammed sträuben? Im Laufe der Zeit mußte auch der Unterschied zwischen Gläubigen und den Neubekehrten sich ausgleichen.

Die Worte, mit denen sich Aischa vor Chaibar von Mohammed verabschiedet hatte, entsprachen nicht nur ihrem Hochmut. Es genügte ihrem Geltungsdrang, gelegentlich zu zeigen, daß sie mit ihrem Gatten in der Art gewöhnlicher Eheleute verkehre. Sie war zu klug, um die Autorität des Gesandten Gottes, vor allem aber seiner Offenbarungen, herabzusetzen. Auf ihnen beruhte ihre eigene Macht, ohne die sie nicht hätte leben mögen.

Umm Salama war in Medina geblieben, um dort Mohammeds Haushalt aufrechtzuerhalten.

Viele – Gläubige wie Ungläubige –, die mit dem Leben des Propheten weniger vertraut waren, glaubten allen Ernstes, daß Mohammed überhaupt keine eigene Wohnung besitze, sondern abwechselnd bei seinen Frauen in deren Eigenhäusern lebe, zumal er der Außenwelt auch dort erreichbar war. Er konnte sich mit Besuchern im Hof seines Dar zu Gesprächen und Beratungen niederlassen, und es konnten Tage vergehen, ohne daß er seine eigene Wohnung betreten hätte. Aber natürlich waren für Gespräche, die Geheimhaltung erforderten, geschlossene Räume vorzuziehen, und mit seiner Familie oder auch nur einem größeren Teil von ihr hätte er nur in seiner eigenen geräumigen Wohnung zusammenkommen können.

»Aischa! Daß du da bist!« rief Umm Salama ihrer Mitschwester überrascht und voll aufrichtiger Freude entgegen.

Mit gleichen Empfindungen erwiderte Aischa Umm Salamas Umarmung.

Die beiden Frauen hatten sich gern. Umm Salama erkannte Aischas Bedeutung für den Islam, um den sie sich selbst durch ihre gemeinsame Missionstätigkeit mit ihrem verstorbenen Gatten Salama ebenfalls verdient gemacht hatte.

»Auf das Heer wirst du noch warten müssen«, sagte Aischa, »es ist noch viel zu tun, was nicht in ein paar Tagen zu erledigen ist.«

»Um so besser! Hier in Medina ist noch manches mit den Frauen in Ordnung zu bringen, wobei wir Männer nicht brauchen können. Ich habe dich so sehr herbeigewünscht! Und nun bist du da.«

»Ist Raihana auch da?«

»Selbstverständlich! Sie wohnt ja hier. Soll ich sie rufen, oder willst du lieber erst mit mir über sie sprechen, Aischa?«

»Raihana muß Mohammed sofort heiraten. Wir kennen ihn ja. Er hat eine Neue geheiratet, eine hübsche Jüdin aus Chaibar. Sie nahm sofort den Islam an; aber sie tat es wie einige Dutzend Juden aus Chaibar nur deshalb, um ihr Eigentum behalten zu können. Raihana jedoch gehört zu uns. Sie ist eine wirkliche Gläubige des Islams. Safija, so heißt die Neue, wird nie zu uns gehören, auch die andern mögen sie nicht.«

»Ich glaube auch, daß du recht hast, Aischa«, stimmte Umm Salama ihr zu. »Raihana wird das einsehen. Wir sprechen gleich mit ihr. Ich bin lange genug mit ihr befreundet. Aber da ist noch etwas anderes, und das geht dich allein an.«

»Wenn es nur von mir abhängt ... wir sind doch auch befreundet.«

»Sind wir, Aischa. Sonst würde ich gar nicht mit dir darüber reden. Es handelt sich um Zainab. Sie war lange genug mit Zaid ibn Haritha verheiratet. Etwas bleibt immer davon hängen. Jetzt ist Zaid einer unserer wichtigsten Männer, nicht nur wegen der Waffen und wegen des Geldes, auch seine kriegerischen Erfolge ...«

»Das ist schon richtig. Aber Zainab ...«

»Ich weiß schon. Zaid hat sie anstandslos an Mohammed abgetreten. Und dann die Offenbarung! Es ist alles in Ordnung. Und jetzt bist du doch auch Gegenstand einer Offenbarung!«

»Das zu wissen mag ihr schwerfallen. Aber ich weiß, was du sagen willst, Umm. Sie möchte nicht übersehen werden.«

»So ist es.«

»Seit sie mit Mohammed verheiratet ist, hab ich wohl nicht ein einziges Mal mit ihr gesprochen.«

»Und deswegen halten die andern sich ebenfalls zurück. Es kommt also alles auf dich an, Aischa.«

»Und die Verleumdung?«

»Zainab war nicht daran beteiligt!«

»Aber ihre Schwester, die Rotznase Hamna?«

»Doch sie ist nicht öffentlich ausgepeitscht worden, und du hast deine Zustimmung zu der Milderung der Strafe gegeben. Ihre achtzig hat sie inzwischen auch bekommen. Sie hat dir nur noch zu zeigen, daß sie ihre Hiebe auch richtig gekriegt hat. Liegt dir so viel daran, so was zu sehen?«

Aischa dachte nach.

»Versteh mich bitte richtig, meine Freundin«, sagte sie dann, »um Zainab zu versöhnen, werde ich nicht auf etwas verzichten, was mir zusteht. Um das nicht falsch zu deuten, ist sie nicht gescheit genug. Es genügt vollkommen, daß du mich gebeten hast. Ich werde also mit Zainab sprechen, und dann werden die andern es auch tun. Wir werden noch Ärger genug mit ihr haben. – Hamna ist eine Sache für sich. Mohammed hat Hassan ibn Thabit, nachdem der seine achtzig bekam, die Burg Bahira geschenkt. Hamna kann meine Freundschaft bekommen, wenn ihr aufrichtig daran gelegen ist.«

»Auf ihrem Rücken wird sie dich reiten lassen, um deine Freundin zu werden!« rief Umm Salama.

»Es ist Hamnas Sache, wie sie mir ihre Sehnsucht nach meiner Freundschaft beweisen will. Sie braucht aber gar nichts zu tun, mir auch nicht die Spuren der Hiebe zu zeigen.«

»Du verzichtest?«

»Vollständig.«

»Du bist eine kluge Frau, Aischa!«

»Eine nachsichtige, Umm.«

»Die Bosheit kommt aus der Dummheit, und es ist eine Freude, es mit einer Frau zu tun zu haben, die nicht dumm ist. Sieh mal, Aischa, Mohammed ist unser Herr, und wenn er schon alle diese Frauen haben muß, ist es das beste für ihn und für den Islam, wenn die Gläubigen diesen Frauen wohlwollen und, wenn möglich, sie verehren. Was sich aus der Sache mit Safija entwickelt, werden wir sehen.«

»Sie ist Jüdin geblieben. Sie tut schüchtern und ist stolz, wenn Mohammed sich in seiner Leidenschaft nach ihr öffentlich erniedrigt. Übrigens: Wenn es nach den Juden ginge, hätten wir den Propheten nicht mehr. Anläßlich eines kleinen Gastmahls ließ sich Mohammed von einer jüdischen Frau einen Hammel braten. Den ersten Bissen spie er sofort wieder aus, und so genas er. Aber mit Rücksicht auf den Gastgeber, den er nicht verletzen wollte, schluckte Bischr ibn al-Bara ihn herunter und – starb.«

Kein Wort verlor Umm Salama mehr zugunsten Safijas.

Mit Raihana aber sprachen beide noch, mit dem Erfolg, daß mit Rücksicht auf die Erfordernisse des Islams, dem sie schon so lange angehörte, sie bereit war, aus Mohammeds Sklavin seine Ehefrau zu werden. Gleich zu Anfang hatte ihr Mohammed das schon angeboten, und jetzt bewirkte die Heirat auch keine Änderung an dem ihrer Neigung gemäß bereits länger bestehenden Zustand.

Damit freilich endeten erst einmal Aischas und Umm Salamas Bemühungen um den Harem als einem Instrument des leiblichen und seelischen Wohlbefindens des Propheten und der politischen Entwicklung des Islams.

Außer dem Fall von Suhails Sohn Dschandal, der bereits in Mekka zurückgewiesen werden mußte, war einer der schwierigsten der des Abu Basir, eines mekkanischen Klienten, der in Mekka zurückgehalten worden war. Er entfloh nach Medina und wurde von Mohammed zu seiner Verzweiflung vertragsgetreu ausgeliefert.

Damit hatte sich die Sache jedoch nicht erledigt. Nach Mohammeds Ausrücken gegen Chaibar war folgendes geschehen:

Zwei Mekkaner, die Abu Basir zurückbringen sollten, waren mit ihm abgezogen. Auf dem Heimweg aber gelang es diesem, seine Wärter zu überrumpeln und den einen zu töten, während der andere nach Medina entkam und dort Anklage erhob.

Abu Basir hatte sich natürlich auch nach Medina gewandt.

Der Schleier, durch den Aischa nach Mohammeds Vorschrift für seine Ehefrauen das Zimmer hatte teilen lassen, war hauchdünn. Wenn Aischa nahe an ihn herantrat, hinderte er sie nicht, den anderen Teil des Zimmers frei zu überblicken. Dasselbe galt für sie selbst. Aber mit jedem Schritt, den sie zurücktrat, wurde ihre Gestalt undeutlicher, als tauche sie in einen Nebel. In jedem Fall war der Vorschrift genügt.

»Du bist Abu Basir aus Mekka?« fragte Aischa aus ihrem Nebel heraus.

»Wer bist du?« gab Abu Basir zurück. »Wenn ich nicht mit dem Propheten sprechen kann, bin ich verloren.«

»So schnell gibst du dich auf? Was ich von dir und deinem Landsmann vernahm, hörte sich eher so an, als verstündest du mit dem Schwert umzugehen.«

»Ich hab ihn erschlagen! Das ist wahr. Der andere war nur etwas schneller, sonst lebte er auch nicht mehr. Wird mich der Prophet ausliefern?«

»Das kann nur er dir sagen, und du weißt, daß er auf Heereszug ist. Seine Rückkunft ist ungewiß.«

»Wird er mich ausliefern? Kannst du mir darüber etwas sagen? So sprich doch!«

»Den Traktat hat er allein unterschrieben. Kein anderer sonst von den Gläubigen.«

»Und Mohammed?! Wird er mich zum zweiten Mal ausliefern?«

»Auch zum dritten Mal und öfter, wenn es sein muß. Der Traktat ist für uns wichtig. Mohammed darf ihn nicht brechen oder etwas tun, was den Mekkanern das Recht gäbe, von ihm zurückzutreten. Siehst du das nicht ein, Abu Basir?«

»Noch einmal bekommen sie mich nicht nach Mekka! So werde ich also etwas tun, damit man mich hier umbringt, oder ich bringe mich selbst um!«

»Wer so denkt, mein Basir, ist sehr mächtig, und hier bei uns wird dich niemand hindern, nur – darfst du deine Macht nicht verschenken. Umbringen kannst du dich auf mancherlei Art. Glaubst du, daß Flüchtlinge und Wegelagerer sich dir anschließen würden?«

»Ach, so?«

»Ja, so! Umkommen könntest du dann auch, aber vielleicht vorher einige Kamellasten erbeuten. Du bist doch ein Gläubiger, Basir?«

»Zweifelst du daran?«

»Nicht im geringsten! Als Gläubiger aber würdest du den Propheten und uns alle von Verlegenheiten befreien, wenn du Medina verließest.«

»Und dann?«

»Dann freilich könnten die Mekkaner zum Schutz ihrer Karawanen Truppen gegen dich aussenden.«

»Das würden sie kaum tun, wohl auch nicht können.«

»Was willst du mehr?«

»Aber schließlich? Zuletzt muß doch alles ein Ende haben. Ich bin doch kein Wegelagerer von Beruf!«

»Das Ende könnte auch sein, daß die Mekkaner Mohammed ibn Abdallah bäten, dich unter seinen Schutz nach Medina zu nehmen, damit ihre Karawanen nicht länger ausgeplündert werden.«

Beide lachten. »Du bist wundervoll!« sagte er. »Wie heißt du?«

»Aischa.«

»Die Lieblingsfrau des Propheten!«

»Dann verrate niemandem, daß du mit ihr gesprochen hast.«

Abu Basir war durchaus bereit zu verstehen. Nur daß Aischa zurücktrat, verstand er nicht. »Warum gehst du fort?« fragte er in Sorge, etwas Falsches gesagt oder getan zu haben.

»Tu, was dich gut dünkt, Abu Basir«, sagte Aischa.

Das war der Fall Abu Basir.

Aber außer ihm, der nun erledigt war, lagen noch zahlreiche Gesuche, Anfragen und Angebote vor. Die Boten und Botschafter der verschiedenen Stämme waren in Abwesenheit Mohammeds und oft auch, wenn er in Medina war, ganz zufrieden, mit Aischa verhandeln zu können. Erfahrungsgemäß konnten sie damit rechnen, daß deren Vorentscheide von Mohammed bestätigt wurden. Ganz allgemein war man überzeugt, daß alles, was an den Propheten herantrat, von beiden vorhergesehen und schon erörtert war.

Demnach mußte Aischa ihre Zeit einteilen, um allem gerecht zu werden, was auf sie zukam.

Selbst Gespräche mit Umm Salama, eine Ansprache an Zainab bint Dschahsch, Besuche anderer gläubiger Frauen und nicht zuletzt die Angelegenheiten der vorehelichen Kinder von Mohammeds Gattinnen, die Aischa im Hinblick auf Mohammeds bekannte Gesinnung zur Familie zählte, mußten trotz der Hilfe, die ihr von Umm Salama und auch Saad zuteil wurde, in den Tagesablauf eingeordnet werden, sollte nichts unerledigt bleiben.

Aischa hatte nicht übertrieben, als sie ihren Mann auf das Ausmaß ihrer Verpflichtungen hinwies, das ihr für Nebendinge keine Zeit lasse.

Ein Besuch der Asma bint Umm Amar, der Hebamme und Heilkundigen, war eigentlich gar nicht vorgesehen. Aischa aber legte auf den Ruf, für jedermann zugänglich zu sein, einigen Wert. Zudem kam Asma mit vielen gläubigen Frauen zusammen, und wo viele Frauen zusammenkommen, wurde viel geredet. Außerdem hätte Asma ohne Aischas Förderung ihr Haus an der Mauer mit Bade- und Massierraum gar nicht errichten können. Dadurch war sie also eine Klientin von Abu Bekrs Tochter geworden. Asma rechnete mit Aischas Schutz – Aischa mit Asmas Ergebenheit.

»Ich komme, um eine Fürbitte bei dir einzulegen, Aischa«, begann Asma.

»Fürbitte? Für wen?«

»Für Hamna«, kam es zaghaft zurück.

»Und damit glaubst du, mir etwas Gutes anzutun?«

»Ja, Tochter des edlen Abu Bekr.«

»Du bist nicht dumm, Asma. Laß hören«, sagte Aischa nach kurzer Überlegung.

»Muß ich dir sagen, Aischa, daß du die Erste von uns gläubigen

Frauen bist? Ich möchte nicht, daß du im stillen über mich lächelst, weil ich Selbstverständliches hervorhebe. Du bist des Propheten Lieblingsgattin. Doch auch das – es gibt Beispiele – könnte sich ändern, obwohl Mohammed im Grunde ein treuer Mann ist, so seltsam sich das nach menschlichem Ermessen auch anhören mag. Doch darüber hast du dich erhoben. Du bist mehr. Du bist dem Propheten und dem Islam unentbehrlich.«

»So? Sagt man das?«

»Zuweilen, wenn es auch nicht alle sagen. Doch das Gegenteil hörte ich nie. Du hast die Macht, Aischa. Und du hast auch die Verleumdung überstanden. Das ist mehr, als wenn du nie verleumdet worden wärest.«

»Wenn ich dir zustimmen würde, hätte ich die Macht bald gehabt.«

»Es ist die Gewohnheit der Klugheit, die dich das sagen läßt, Aischa. Auch meine Gehilfinnen sprechen nicht über alles, zum Beispiel nicht über Hamna.«

»Das freut mich, Asma, wenn ich mich auch wundere, daß du dich noch auf eine andere als die Art, die wir beide kennen, mit ihr befaßt, nämlich mit Fürbitten.«

»Das begreife ich, und was ich dir jetzt sagen will, beruht auch nur auf meiner Vermutung, aber sie ist so stark, daß ich sie deiner Klugheit unterbreiten möchte. Entscheiden kannst nur du. Ich halte es nämlich für möglich, daß ein Mensch, durch nachdrückliche Ereignisse veranlaßt, sich völlig in sein Gegenteil verwandeln kann.«

»Du denkst an Hamna?«

»An sie. Ich meine ferner, daß kein Mensch so stark sei, daß ihm nicht ein anderer willkommen sein müßte, der ihm unwandelbar ergeben ist, den er zu jeder Aufgabe gebrauchen kann.«

»Das ist schon richtig. Nur glaube ich nicht, daß Hamna sich so verändert hat.«

»Wenn ich diese Meinung teilte, wäre ich nicht hier.«

»Hamna ist Zainabs Schwester. Vergiß das nicht.«

»Ihre Halbschwester von einer jüngeren Stiefmutter. Was Hamna an Zainab bindet, war lediglich ein Wort: Familie.«

»Hältst du das Wort für stark genug, daß es aus Hamna ein Werkzeug machen konnte? Um mich zu hassen, kannte sie mich nicht genug.«

Asma dachte nach.

»Sie ist ein dummes, kleines Mädchen, die Hamna, aber nicht ohne Reiz.«

»Und jetzt? Was ist sie jetzt?«

»Eine Alleingelassene, ein Verratene und eine sehr Enttäuschte.«

»Und gerade mir sollte sie sich zugewandt haben?«

»Weil sie sich gegen dich verging, Aischa! Schuldgefühl und Bewunderung, die du doch auch andern und nicht nur dem kleinen Ding einflößt.«

»Daß sie zu Zainab nicht zurückfand, verstehe ich, Asma. Aber wie konntest du ihre Vertraute werden?«

»Ich habe ihr die Beschämung vor der Öffentlichkeit erspart; und das ist das Süße an ihr: Sie kann sich schämen. Sie hat begriffen, was sie mir verdankt. Davon bin ich überzeugt. Und dann das andere …«

»Du hast sie wohl sehr geschont?«

»Nicht gerade. Doch wir haben sie sofort massiert und haben das hinterher täglich fortgesetzt. Blut ist überhaupt nicht geflossen. Und jetzt sieht man schon nichts mehr.«

»Und was möchte sie?«

»Deine Sklavin werden.«

»Welch ein Unsinn, Asma! Der Islam betrachtet die Freigabe von Sklaven als Verdienst, nicht deren Erwerb. Ich wüßte auch gar nicht, von wem ich sie kaufen könnte.«

»Das ist nicht so wörtlich zu nehmen, Aischa. Sie meint nur, du solltest das Recht haben, sie wie eine Sklavin zu behandeln, und solltest das Recht auch ausüben!«

»Leicht zu verstehen ist das nicht.«

»Vergiß nicht, Aischa, du hast in Aussicht gestellt, wie Mohammed dem Hassan die Burg Bahira, ihr deine Freundschaft zu schenken.«

»Und die will sie auf diese Weise erlangen?«

»Freundschaft ohne vorherige Verzeihung scheint ihr undenkbar, die Verzeihung aber könne nur nach Bestrafung ehrlich sein. So falsch kann ich das nicht finden, Aischa.«

»Aber ihre Strafe hat sie doch, und recht ausreichend, erhalten!«

»Doch nicht von dir, junge Herrin! Gegen dich verging sie sich. Dir gegenüber empfindet sie ein brennendes Schuldgefühl, das nur deine Verzeihung mildern kann. Demütig und dankbar wird sie sich dir hingeben. Glaubst du nicht, daß ein Wesen wie Hamna eine dir blind ergebene Dienerin werden könnte?«

»Du meinst – geradeheraus gesagt –, daß sie ihre achtzig für Zainab erlitten hat?«

»Gesagt hat sie es nicht, und das eben ist es, warum ich von ihr spreche.«

»Nicht übel, Asma«, meinte Aischa nachdenklich. »Schweigenkönnen ist das Grunderfordernis für eine blind ergebene, dienende Freundin. Wohnen könnte sie bei mir, in meinem Haus.«

»Du hättest sie dann immer zur Hand. Und was die Verzeihung anlangt – du bist die Herrin und kannst es halten, wie du willst. Laß sie sich ausziehen. Dann kannst du das Verzeihen mit ein paar Rutenstreichen abtun, oder wenn du Gefallen an ihr findest, dabeibleiben, bis ihre schmale Rückseite die Schamröte aufweist, die sie von der geliebten Herrin zu empfangen sich sehnt.«

»Aber Zainab bint Dschahsch?«

»Zu ihr kehrt sie auf keinen Fall zurück. Wenn du aber die Kleine als Dienerin aufnimmst, hat Zainab eine Schwester gehabt. Ich schicke dir Hamna. Darf ich?«

»Wenn du sie in der Folge bei mir sehen solltest, Asma, weißt du alles.«

»Danke, junge Herrin«, sagte Asma bint Umm Amar, »und ich wünsche dir Freude an Hamna.«

»Kennst du mich, edler Othman? Doch wie solltest du?«

»Sage das nicht, Abu Basir. Wenn ich auch gerade kein Mediner bin. Du bist der, den man infolge des Vertrages von Hudaibija nicht in Medina behalten durfte. Dann gründetest du eine Räuberbande an der Küste, und schließlich baten die Mekkaner selbst darum, dich in Medina aufzunehmen, um ihre Karawanen auf diese Weise vor dir in Sicherheit zu bringen. Zuletzt wurdest du mit Dihja ibn Chalifa nach dem Norden geschickt, und zwei von deiner früheren Bande nahmst du mit.«

»Eine hohe Ehre für mich!«

»Was? Die Räuberbande?« lachte Othman.

»Nein, daß ein Herr wie du das alles weiß.«

»Aber was machst du in Petra? Seid ihr schon wieder zurück?«

»Leider ohne Erfolg. Wir wurden vom Stamm Gudam östlich der

edomitischen Berge überfallen. Dihja wurde ausgeplündert, mir gelang es, mit einem Gefährten zu entkommen.«

»Dann kehren wir also beide zurück. Du aus dem Ostjordanland – ich aus Ägypten.«

»Ist alles gutgegangen?«

»Allah hat es so gewollt, Abu Basir. Uns geht es gut, wie du an unserm Banner und den Fähnchen an unsern Lanzen siehst. Sechs herrliche Monate haben wir erlebt. Mir hat der Herrscher Mokaukas eine schöne Villa in Babylon-Misr angewiesen, wo er oft mit mir geplaudert hat.«

»Hat er den Islam angenommen?«

»Er ist alt, und alles würde von ihm abfallen, sagt er, wenn er vom Christentum abfiele. Gegen den Kaiser könnte er es aufnehmen, doch nicht gegen seine Bischöfe. Er möchte in Ruhe und im Besitz seiner Macht sterben. Aber unser Feind will er auch nicht sein und hat dem Gesandten Gottes prächtige Geschenke gesandt. Zwei schöne Mädchen aus seinem Haushalt. Recht anspruchsvoll die eine, Marija heißt sie. Dazu zwei dienende Mägde und ein Verschnittener. Knauserig war Mokaukas nicht; denn dann kam noch eine große Vase aus Alabaster dazu. In Mekka gilt Alabaster als sehr wertvoll. Ferner ein Klumpen Gold, groß wie ein Kindskopf, und zwei Kamellasten feinster ägyptischer weißer Leinwand. Dem allen ließ der Fürst noch drei auserlesene Tiere, jedes mit einem langen Stammbaum, hinzufügen: ein Pferd, ein weißes Maultier und einen ebenfalls weißen und hohen Esel aus Maskat. Der Esel stamme auch aus Arabien und solle zum Herrn von Arabien zurückkehren, meinte der Herrscher. Ist das nicht höflich?«

»Dank sei Allah für deinen großen Erfolg, Othman«, rief Abu Basir voll aufrichtiger Freude. »Ich selbst war freilich kein Botschafter, sondern nur der Diener und Helfer eines Botschafters und muß froh sein, wenn ich auch nur das Leben zweier Gläubiger nach Medina zurückbringe.«

»Das Leben von zwei Gläubigen ist mehr wert als drei noch so auserlesene Tiere, als Alabaster, Leinewand und Gold. Du kannst sicher sein, Abu Basir, Mohammed denkt genauso. Allah ist der Barmherzige.«

»Amin. Gott sei Preis!«

Beide beugten fromm ihre Häupter, bis Othman von neuem begann.

»Wir sind eben erst in Petra angekommen. Daß man nach uns die Köpfe wandte und uns bestaunte, habe ich wohl bemerkt. Du bist länger hier. Was spricht man von unserem Gesandten Gottes?«

»Die Einheimischen – also Araber wie wir – sprechen ohne Ansehen der Religion viel von ihm und nennen ihn den größten Herrscher aller Zeiten in Arabien. Aber die Fremden, christliche Griechen und magusische Perser, machen sich über den Emir von Medina nur lustig. Einen Emir von stinkenden Beduinen nennen sie ihn, die sich mit Kamelurin waschen. Nun weißt du sehr wohl, daß das nur geschieht, wenn es überhaupt nicht anders möglich ist und auch kein Wüstensand für die heiligen Waschungen vorhanden ist. Aber diese Fremden! Was kümmern sie heilige Waschungen! Sie sind es gewohnt, reicher zu sein als wir und fühlen sich als Herren, wenn sie über unsere Erde wandeln.«

»Du – es ist etwas daran. Hast du schon einmal kaiserliches Militär gesehen?«

»Ich sah es. Schon allein die Waffen!«

»Die wird uns Zaib ibn Haritha besorgen.«

»Sie haben auch Bücher über das Kriegswesen. Ich meine –«

»Sag es, Abu Basir!«

»Zuverlässige Gläubige, so wie ich, sollten sich bei den Kaiserlichen anwerben lassen. In zwei bis drei Jahren hätten sie deren Kriegskunst erlernt und könnten sie dann bei uns einführen.«

»Gar nicht schlecht!«

»Sehr lange kann es nicht dauern, daß wir über sie kommen müssen.«

»Wenn sie ungläubig bleiben, Abu Basir!«

»Das meine ich ja.«

»Nofra!« rief Othman.

Eine Dienerin kam, den Staub aus ihrem schwarzen Kleid schüttelnd, herbei.

»Das ist Abu Basir aus Medina«, sagte er, »vielleicht unterhaltet ihr euch beide. Hinterher kannst du der Herrin Marija etwas erzählen. Es wird ihr gefallen. – Unsere Zelte sind auch schon aufgerichtet. Was gibt es zu essen?«

»Gebratenes Lamm mit bitteren Kräutern und Palmkohl.«

»Und du hast dabei geholfen, nicht wahr?«

»Wir mögen euern ewigen Hirsebrei mit Datteln nicht«, meinte Nofra.

»Das Lieblingsessen meines Schwiegervaters! Aber ich hab, ehrlich gesagt, gebratenes Lamm ebenfalls lieber«, bekannte Othman. »Wir essen in den Männerzelten. Ihr beiden Mägde seid jetzt mit Marija und Schirin unter der Hand des Gesandten Gottes. Da schickt es sich für uns Männer nicht, mit euch zu essen, unverschleiert, wie ihr seid. Wenn wir aufbrechen, bekommen die andern Mädchen das Pferd, das Maultier und den Esel. Du nimmst es mit den Kamelen schon auf. Dich stört der Paßgang der Kamele ja nicht –«

»Warum auch? Das ist genauso wie ein schlingerndes Boot«, meinte Nofra. »Wie oft bin ich in Alexandria hinausgesegelt, am Pharo vorbei. Mein Vater ist Fischer.«

»Du bekommst also das Kamel mit dem schönen, breiten Sattelzelt für zwei Personen. Abu Basir ist schlank. Wenn du also willst, reist du mit ihm zusammen nach Medina.«

Nofra wollte, und Basir war nicht kleinlich.

Die Zelte waren aufgepackt, als Nofra zu dem liegenden Kamel mit dem reichgeschmückten Sattelzelt geführt wurde. Eigentlich war das Reitzelt für Marija bestimmt gewesen; aber die hatte auf dem Kamel Übelkeit befallen, so daß man sie hatte herunternehmen müssen. Von da ab war Nofra allein geritten. Als ihr nun aber auf ihr Tier hinaufgeholfen wurde, fand sie im Zeltinnern bereits ein tiefverschleiertes Wesen in schwarzer weiblicher Kleidung. Erst als das Kamel aufstand, hörte sie ein halb unterdrücktes Lachen neben sich.

»Du kennst mich, Nofra«, sagte das Wesen und schlug den Schleier zurück.

Es war Abu Basir.

»Komische Leute seid ihr«, sagte Nofra. »Als Mann darfst du wohl nicht mit mir reisen?«

»Mir selbst macht es nichts aus. Ich bin ein bewährter Straßenräuber und nicht so auf Schicklichkeit versessen. Aber der Klatsch, weißt du, Nofra? Und in Frauenkleidern fühle ich mich dir auch viel näher. Mädchenhosen habe ich freilich weggelassen. Du hast ja auch keine an. Es ist so schon warm genug.«

»Du bist ein ganz Frecher«, beklagte sich Nofra, »was kümmert es dich, was ich anhabe?«

»Ich bin ein Straßenräuber. Sagte ich das nicht? Schließlich werden wir noch mehr als einmal haltmachen. Und häßlich bist du nicht, Nofra.«

»Lieber als einer von den hochmütigen Griechen bist du mir schon«, gab Nofra zu; und nach diesen gelungenen Einleitungen stand einem näheren Bekanntwerden bald nichts mehr im Wege.

Als erster mußte Basir seine Geschichte erzählen, und die war so unterhaltend, daß er sogar auf allzu dreiste Ausschmückungen verzichten konnte. Ein ziemlich richtiges Bild von Mekka und Medina nebst ihren strittigen Verflechtungen sowie von der Gemeinde der Gläubigen fiel auch dabei ab.

Für Nofra was das eine neue Welt, und was sie von der inbrünstigen Leidenschaft arabischer Männer für das andere Geschlecht gehört hatte, fand sie durch Abu Basir vollauf bestätigt.

Ihr eigenes Leben fand sie nicht annähernd so reizvoll. Sie war die Tochter kleiner Leute und hatte sich nach der Arbeit auf dem Fischmarkt, um etwas hinzuzuverdienen, in der Haushaltung Bessergestellter nützlich gemacht, so bei der Mutter der schönen Marija. Daß Marijas Geburt zweifellos mit einem Makel befleckt war, hielt Nofra für nicht so entsetzlich. Eher schon taten das deren Eltern. Der Vater war nämlich melchitischer Priester.

»Was ist das: ein Melchit?« fragte Abu Basir.

»Das ist doch die Kirche des Kaisers mit dem Patriarchen von Konstantinopel als Oberhaupt. Alle Griechen, die keine Ketzer sind, gehören dazu, auch die in Alexandria. Ihre Priester dürfen nicht heiraten, und so ist Marija von ihren Eltern in der Sünde gezeugt«, erzählte Nofra, jedoch in einer Weise, die der Sünde nicht die gleiche Bedeutung beimaß, wie es offenbar die höheren Kreise in Ägypten taten.

»Kann ich nicht verstehen«, sagte Abu Basir kurz angebunden, »unser Gesandter Gottes hat genug Frauen, mehr als die andern; aber daß das Sünde sei, hörte ich niemals.«

»Du bist eben ein Araber, und von Religion verstehst du wohl nicht viel«, meinte Nofra um so erhabener. »Marijas Eltern wollten sie jedenfalls in ein Kloster stecken ...«

»Pfui!«

»Wieso: pfui?« erstaunte Nofra.

»Bei uns in Arabien gelten Nonnen nicht viel«, erklärte Basir. »Die kann jeder haben, wenn er für ihren Altar was zahlt. Aber daß eure Marija so etwas wollte ...«

»Eben nicht! Sie sagte, ihre Eltern sollten selbst zusehen, wie sie mit ihren Sünden fertig würden. Sie habe nichts damit zu tun und denke nicht daran, für etwas zu büßen, was sie nicht getan habe. – Ich fand das sehr vernünftig.«

»Ich finde das auch!« bekräftigte Abu Basir mit Nachdruck. »Scheint gar nicht dumm zu sein, eure Marija.«

Nein, das sei sie wohl nicht, meinte auch Nofra. Jedenfalls sei sie mit Hilfe von Kopten durchgebrannt, und sie, Nofra, habe sie begleitet, bis sie in Babylon-Misr in Sicherheit gewesen sei. Und alles wäre wundervoll gewesen, wenn …

»Wenn was …?« wollte Abu Basir wissen.

»Nun ja, Mokaukas ist ein alter Herr, und wenn die andern nicht gewesen wären, hätte er sich aus dem Treusein wohl auch nicht so viel gemacht. Die andern aber glaubten, er müsse beleidigt sein, und einige koptische Geistliche sprachen ebenfalls etwas von einem Kloster. Das Treusein, weißt du, ist Marijas Stärke gerade nicht.« »Er hätte sie ja auspeitschen können.«

»Barbar!«

»Besser als steinigen.«

»Es war in Ägypten! Vergiß das nicht! Mokaukas wollte seine Ruhe haben, und so schenkte er die Marija und Schirin und uns mit anständiger Mitgift an deinen Gesandten Gottes.«

Nicht so ganz klar sei ihm das, meinte Abu Basir; aber das sei Sache des Propheten. Wie allerdings Aischa darüber denke, wüßte er nicht.

Abu Basir kannte sich gut genug in Medina aus, um sich, nach dem was ihm Nofra von Marija erzählt hatte, eine zuverlässige Vorstellung davon machen zu können, wie Nofras Herrin sich in Medina einordnen werde. Auf eine Frau mehr oder weniger kam es wohl nicht an. Mohammed war Emir, also Fürst von Medina; aber auch der Gesandte Gottes war er, was allerdings sehr viel mehr war, doch auch sehr viel mehr Schwierigkeiten bereiten konnte. Mohammed war sich dessen gar nicht bewußt, daß er in bezug auf seine Frauen der gleichen Diplomatie bedürfe, die ihn als Staatsmann und Kriegsherrn so auszeichnete.

Hierzu kam noch Othmans Verlegenheit.

Beim Einzug der festlichen Karawane in Medina hatte sich der Rat des Islams bereits in Mohammeds Familienwohnung versammelt. Ihn anderswohin zu bescheiden wäre für Mohammed durchaus möglich gewesen; aber von dem Geschenk wußte er noch nichts. Kein Wort hatte Othman darüber verlauten lassen, und in der Sitzung berichtete er über den Erfolg seiner Gesandtschaft nur, soweit es den Islam betraf. Zu Basirs Berichterstattung gehörte Mokaukas jedoch überhaupt nicht, sosehr der Gegensatz der syrischen Christen zum ökumenischen Patriarchat in Konstantinopel sich auch mit dem Zustand in Ägypten deckte. Die Beratung über die beiden Berichte dauerte lange. Sie betraf sowohl die Neubewaffnung der Gläubigen wie die künftige Kriegführung.

Erst jetzt nahm Othman eine Gelegenheit wahr, seinem Schwiegervater von Mokaukas Geschenken zu erzählen. Mohammed gedachte bald wieder zurück zu sein, und so blieb der Rat unter Abu Bekrs und Omars Leitung versammelt.

Die wenigen Schritte bis zum Dar des Propheten waren schnell zurückgelegt. Vor dem teppichbelegten Podest auf dem Hof wurde Marija Mohammed vorgestellt. Hamna, von Aischa geschickt, war ebenfalls anwesend, um Mohammed erforderlichenfalls zur Hand zu gehen. Sie würde ihrer Herrin nur berichten können, daß Marija ein bildschönes Geschöpf sei. Ganz hellhäutig war sie. Ihre goldblonden Locken flossen ihr in sanften Wellen bis auf die Schultern. Das überenge Kleid von weißer Seide ließ jede Rundung ihres Körpers hervortreten und zeigte einen vollendeten Wuchs. Das Gesicht wirkte fast fromm. Die kleine, leicht gestupste Nase saß über einem schön geschwungenen Mund. Prachtvolle tiefblaue Augen glänzten wie Sterne. Nichts verbarg Marija. In völliger Unbefangenheit zeigte sie alles unverschleiert.

Warum auch nicht?

Marija war Byzantinerin, und byzantinische Damen gebrauchten den Schleier als Schmuck und nicht, um etwas zu verbergen. Vor Mohammed, dem sie ja gehörte, hätte Marija auf keinen Fall den Schleier nötig gehabt.

Immerhin konnten Fremde vorbeigehen.

Hamna sollte, wenn es nötig sei, Mohammed helfen – war ihr von Aischa befohlen worden. Jetzt schien es ihr, als habe er Hilfe nötig. Keineswegs stand er wie ein Herr da, der eine ihm geschenkte Frau betrachtet, sondern wie einer, der von seiner Herrin prüfend begutachtet wurde.

Er hätte mit sich zufrieden sein können. Kein Bauch entstellte seine schlanke Linie, sein gepflegter Bart, seine langen, schwarzen Haare, seine leuchtenden dunklen Augen und die weißen Zähne – die bei Uhud ausgeschlagenen waren Backenzähne gewesen –, das alles machte ihn zu einer stattlichen und reizvollen männlichen Erscheinung. So wenigstens sah Hamna ihn.

»Soll ich der Herrin Aischa bestellen, sie möge die Sitzung aufheben? Hier bist du doch nicht ungestört«, sagte sie.

Aber es war zu spät. Mohammed konnte die Augen nicht mehr von Marija abwenden. Mit ihren anmutig schwellenden Hüften, die bei jeder Bewegung das enge Gewand zu sprengen drohten, dem Blick ihrer herrlichen Augen und ihrem strahlenden Lächeln hatte sie ihn gefangen. Er befand sich in einer Verfassung, in der er auf den Besitz einer ihn entflammenden Frau nicht warten wollte und nicht warten konnte. In seinen Gedanken machte er sich schon an ihren Achseln zu schaffen, sah er die Seide dem Erdboden zustreben und empfand er ein unbändiges Verlangen, ihr Hemd an dem weißen Leuchten ihres Körpers hinabgleiten zu sehen. Nicht einmal mehr für die geringe Mühe, eine Sitzung zu verschieben, hatte er Sinn. Gleich, sofort mußte es sein!

»Die Frauen sind alle weg?« fragte er Hamna.

»Alle bis auf Herrin Aischa«, sagte Hamna.

»Auch Hafsa?«

»Auch Hafsa«, versicherte Hamna. »Sie helfen bei der Dattelernte und kommen erst abends zurück.«

Mohammed ergriff Marijas Hand.

»Komm schnell!« rief er und zog sie hinter sich her.

Mit Staunen sah Hamna die beiden in Hafsas Haus verschwinden.

Bedenken hatte Marija nicht. Sich nicht zu vernachlässigen war seit je ihre hauptsächlichste Lebensgewohnheit. Immer schon hatte sie ihrem Körper den größten Wert beigemessen, und während ihres Aufenthaltes bei Mokaukas, wo sie über alle erdenklichen Mittel verfügen konnte, waren ihre Neigungen zu etwas Selbstverständlichem geworden. Stets war sie kriegs- und liebesbereit, wie es einer so großen Künstlerin auf diesem Gebiet entsprach. Daß sich daran etwas in Medina ändern könne, hätte Marija nie begriffen.

Als sie daher nach tagelangem Ritt in die Stadt der Gläubigen eingezogen war, hatte ihr erstes in dem Verlangen nach frischen Kleidern und der Säuberung von allem Wegstaub bestanden, bis man sie und Schirin sowie die beiden Mägde zu Asmas Baderaum geführt hatte. Von der Sitzung des Gläubigenrates hatte Marija nichts gewußt, und es wäre ihr auch nicht der Gedanke gekommen, darauf nur die geringste Rücksicht zu nehmen. Außerdem hatte die Sitzung auch lange genug gedauert, da Marija noch vor Mohammed beim teppichbelegten Podest im Dar gewesen war. Es war also durchaus möglich, ja wahrscheinlich, daß der Gesandte Gottes die umfangreichen Vorkehrungen der schönen Frau nicht nur bemerkt, sondern auch eingeatmet hatte. Denn aufreizende Düfte wurden schon lange als begehrte Kostbarkeiten in Arabien eingeführt, und Mohammed zählte sie – besonders auf der Unterlage einer zarten Frauenhaut und als Ausströmung von Frauenkleidern – zu den Genüssen, die das Leben lebenswert machten.

Die berühmten Duftmeister Alexandrias aber hatten die Duftindustrie so sehr gehoben, daß auch die reichen und vornehmen Damen Konstantinopels deren Präparate allen anderen vorzogen. Diese anspruchsvollen Damen wußten Zusammenstellungen zu schätzen, die den natürlichen Körpergeruch mit einbezogen und durch diese Abrundung die Persönlichkeit der Trägerin unmittelbar mit zum Genuß machten. Aufreizende tierische Bestandteile wie Moschus und Ambra wurden durch pflanzliche Stoffe zugespitzt. Auch die verwandte Wirkung von Düften und Ekeldüften wurde berücksichtigt, nichts wurde übersehen, was zum Liebesgenuß hinreißen konnte.

Daß Mokaukas seinem Geschenk an Frauen auch die Düfte beigegeben hatte, die sie vor ihren Geschlechtsgenossinnen auszeichnen würden, konnte bei einem so großzügigen Mann nicht überraschen. Marija allein besaß eine derartige Auswahl, um damit einen großen Harem durcheinanderzubringen.

Auch Mohammed hatte keine Bedenken, sich des Hauses seiner Frau Hafsa ohne deren Erlaubnis zu bedienen. Bis zum Abend waren es noch eine ganze Reihe von Stunden, die nach seiner Erfahrung hinreichten, sich des Geschenkes des Mokaukas ausgiebig zu erfreuen. Darüber, wie abends die Lage sein würde, machte er sich keine Gedanken. Er hatte noch seine Familienwohnung und außerdem Freunde, die es sich zur Ehre anrechnen würden, dem Gesandten Gottes zu helfen. Am Abend würde er Hafsas Haus längst verlassen haben.

Jetzt war er dabei, seine Gedanken, die ihn veranlaßt hatten, Marija gleichsam als Beute fortzuschleppen, in eine paradiesische Wirklichkeit zu verwandeln. Auch Marija war nicht müßig gewesen. Weit entfernt, lediglich als Gegenstand und Mittel der Liebe zu gelten, hatte sie mit einer durch Übung erworbenen Geschicklichkeit ihren Herrn bereits seiner Gewänder entledigt, während sie sich ihrerseits ebensowenig seinen begehrlichen Blicken entzog. Er bedeckte Marijas Gesicht mit Küssen, wobei er die aus ihrem gelockerten Kleid doppelt stark aufsteigenden Düfte in vollen Zügen genoß.

Mohammed umspannte ihre Schultern und schob seinen rechten Arm unter ihre Kniekehlen. So hob er sie auf die Polster.

Daß sie es bei Mohammed mit einem Mann gesetzten Alters zu tun hatte, bedeutete für Marija keinen Nachteil. Nichts hinderte sie, sich zu überzeugen, daß er gut aussah und erstaunlich unverbraucht war. Aus unerfahrenen Jünglingen als Liebespartnern machte sie sich ohnehin nichts. Der Unterschied zu einem ausgesprochen alten Mann wie Mokaukas war jedenfalls sehr groß.

Auf dem Polster entfesselte sich Marijas Körper sogleich. Bei der ersten Gelegenheit klemmte sie Mohammed zwischen ihre Schenkel und umschlang ihn mit ihren Beinen. Dann fühlte sie sich von ihm durchdrungen, und er verlor sich in ihr.

Bis zur Erschöpfung flossen sie ineinander und merkten es gar nicht, wie sie allmählich entschlummerten.

Hamna hatte den beiden in Hafsas Haus natürlich nicht folgen können. Das war auch Aischas Meinung, die ebenfalls später als erwartet zurückkam. Bedenklich war, daß Mohammed nicht in seiner Familienwohnung war und auch Asma nichts wußte. Hamna hatte sich erkundigt.

»Und die anderen Frauen sind schon alle von der Ernte zurück?« wollte Aischa wissen.

»Alle bis auf Hafsa.«

»Dann kann sie jeden Augenblick kommen. Wir gehen hinaus, Hamna. Dann sehen wir es, wenn Hafsa ihr Haus betritt und sich etwas ereignet. Alle anderen sind jetzt hungrig und in ihren Häusern. Hoffentlich!«

Die beiden kamen gerade noch zurecht, um – selber unerkannt – Hafsa ihr Haus betreten zu sehen.

Kurz darauf hörten sie einen Schrei, über dessen Urheberin kein Zweifel bestehen konnte. Denn unmittelbar darauf kam Hafsa auf den Hof gelaufen, laut einige Namen rufend. Offenbar suchte sie Zeugen zu versammeln, und wer konnte dazu geeigneter als ihre ehelichen Mitschwestern sein?

Jetzt trat ihr Aischa in den Weg.

»Sei still, Hafsa. Wenn du etwas zu sagen hast, sag es mir.«

»Ich sag es meinem Vater Omar!«

»Laß die Männer beiseite. Von mir bekommt Abu Bekr nichts zu erfahren.«

»Dann mußt du versprechen, mir zu helfen, Aischa!«

Auf einen Wink ihrer gebietenden Freundin verschwand Hamna, während Hafsa auf Aischa einzureden begann.

Ordentlich aufgeräumt habe sie ihr Haus verlassen, es jedoch bei ihrer Heimkehr in gröbster Unordnung wiedergefunden. Gewänder und Frauenkleider seien auf dem Boden verstreut und das Bett durchwühlt gewesen. Sie habe die Decke weggerissen, und was habe sie gefunden? Mohammed und jene ägyptische Dirne! Beide nackt.

»Unverzeihlich! Und das in deinem Haus!«

»Das in meinem Bett!« trumpfte Hafsa auf.

»Dir muß Genugtuung werden«, meinte auch Aischa. »Dafür verbürge ich mich! Doch jetzt mußt du schweigen. Kein Wort jetzt.«

Das zu sagen, hatte sie sehr recht. Denn platzend vor Neugierde und lüstern kam gerade Zainab bint Dschahsch.

»Was ist hier denn los? Kann ich helfen?«

»Danke, Zainab«, lächelte Aischa freundlich, »aber Hafsa will noch auf einen Becher Tee zu mir kommen. Wir haben etwas zu besprechen.«

»Es ist dumm von mir«, erklärte Hafsa verlegen. »Mohammed hat mich erschreckt, und da hab ich eben geschrien.«

Zainab blieb nichts übrig, als sich zu trollen. Es war ja niemand mehr da. Auch Hamna war verschwunden.

Als Hafsa später zurückkam, fand sie ihr Haus in peinlichster Ordnung vor.

Hamna hatte das Ankleiden und Verschwinden der Verschlafenen beschleunigt und Marija einstweilen bei Asma untergebracht. Als Ausgleich für Hafsas Schweigen hatte Mohammed versprochen, seine Beziehungen zu Marija nicht weiter zu entwickeln. Dabei hätte es sehr gut bleiben können. Auch Aischa hätte nichts dagegen gehabt. Aber die tugendhafte Hafsa fühlte sich derart in ihrer Frauenehre gekränkt, daß sie unter Anwendung noch einer Reihe anderer hoher Worte forderte, Marija dürfe nicht in Medina bleiben.

Damit ging sie zweifellos ein wenig zu weit, und Mohammed hatte bewiesen, daß er sich durchzusetzen verstand – auch gegen Hafsas Vater Omar, und gerade gegen den. Es war mehr Marija selbst, die Medina langweilig fand, womit sie im Vergleich zur Weltstadt Alexandria und selbst Babylon-Misr, der Hauptstadt Ägyptens und seines Beherrschers, so unrecht nicht hatte. Mohammed hätte sie dennoch vielleicht halten können; aber bei ihrem Bedarf an Männern konnte er mit seinen zahlreichen Ehefrauen der Marija nicht so zur Verfügung stehen, wie sie es verlangte. Was bei Mokaukas dessen Alter gewesen war, verursachten also bei Mohammed die angesehenen Mütter der Gläubigen – Mohammeds Entfremdung von der schönen Alexandrinerin.

Als Marija daher glaubte, daß ihr Mekka zuträglicher sei, was bei dem Ruf dieser Stadt durchaus verständlich war, tat Mohammed etwas Unerwartetes: Er willigte ein. Er überließ der blonden Schönheit den Verschnittenen, der sie nach Medina gebracht hatte, die Magd Nofra und eine wohlbemessene Ausstattung. Nichts brauchte sie von dem zu missen, was Mokaukas ihr mitgegeben hatte. Außerdem wurde der kleinen, eleganten Karawane noch Aischas willige Freundin Hamna beigesellt, um Mohammeds Einfluß in Mekka für Marija einzusetzen.

So ging es zur Hebamme Umm Amar.

Die Grenze zwischen einer vielbeschäftigten Heiratsvermittlerin und einer Kupplerin verschwamm bei Asmas Mutter. Doch dahin gehende Hoffnungen, die ihr angesichts von Marijas Schönheit gekommen waren, erfüllten sich nicht. Auch in Mekka fand die Alexandrinerin nicht, was sie erwartet hatte, und schon gar nicht sagten ihr die durchsichtigen Besuche zu, die Umm Amar nicht zuletzt Marijas wegen von zahlreichen Männern erhielt.

Etwas anderes war es erst, als der wohlbeleumdete Kaufherr aus Bosra, der sich aus Anlaß eines Waffengeschäftes in Mekka aufhielt, eine Verbindung mit Umm Amar suchte. Chrisostomos – so hieß er, hatte die Vierzig schon erreicht, war also über die Albernheiten der ersten Jugend schon hinaus und ungebunden genug, um sich ganz seiner und bald auch Marijas Leidenschaft widmen zu können.

Die Annahme, Umm Amar habe Marija an Chrisostomos verkauft, war natürlich Unsinn. Das hätte Mohammed nie zugegeben. Daß die alte Kupplerin dagegen kleine oder besser noch größere Zuwendungen für die Unterstützung der Absichten des Chrisostomos gern entgegengenommen hatte, war gewiß. Das war wie die Taxe für eine Heiratsvermittlung. Der Kaufherr war Christ und bis jetzt unverheiratet.

An guten Kamelen fehlte es nicht. Marija benutzte das weiße Maultier, auf dem sie in Medina eingezogen war. Auf ihm ritt sie nach Bosra.

Gegen diese Nachrichten hatte man in Medina kaum etwas einzuwenden.

Etwas anderes war es mit einer Kunde, die Medina ebenso zuverlässig erreichte:

Marija hatte in Bosra einen Sohn geboren!

Eine Überprüfung der Daten ließ an Mohammeds Vaterschaft keinen Zweifel mehr offen. Verständlicherweise machte die erregende Tatsache ihn überglücklich. Am liebsten hätte er sich Abu Ibrahim, Vater des Ibrahim, genannt; denn den Namen Ibrahim hatte er seinem Sohn gegeben.

Eine stark bewaffnete Karawane zur Begleitung von Hamna wurde sofort nach Bosra ausgerüstet, um das Kind für den Vater zu verlangen.

Mohammeds Enttäuschung war sehr groß. Der Knabe war wenige Monate nach seiner Geburt gestorben.

Erschüttert und fast zusammengebrochen kehrte Mohammed, als sei nichts geschehen, wieder zu seinen Frauen zurück.

Niemand durfte ihm gegenüber den Namen Marija mehr erwähnen.

Marija aber gebar ihrem Chrisostomos neue Kinder.

Ein fremder Reisender in Arabien konnte noch so harmlos sein und noch so gerecht in der Begleichung alles dessen, was er kaufte, was er aß und trank, des Nachtlagers, und selbst sein Trinkwasser mit barer Münze bezahlen – er war doch davor nicht sicher, daß ihm auf einsamem Weg plötzlich ein wild brüllender, speerschwingender Mann auf Pferd oder Kamel nachstürmte und ihm mit einer ganz einfachen Begründung abzusteigen und seine Kleider auszuziehen befahl.

Wer so etwas erlebte, tat am besten, erst einmal zu gehorchen, wollte er nicht ohne längeres Gespräch speerdurchbohrt am Boden liegen.

Hinterher kam das Gespräch ganz von selbst, und dabei ließen sich die Kleider auch gegen etwas anderes austauschen. Durch Nachgiebigkeit und heitere Einflechtungen konnte man den arabischen

Gesprächspartner zur Höflichkeit veranlassen und dahin bringen, daß er seine Forderungen mehr den Regeln der Billigkeit anpaßte. Ohne Kleider konnte auch ein Fremder in Arabien nicht gut sein.

Nur das eine konnte man auf keinen Fall: den angriffslustigen arabischen Freund davon überzeugen, daß Wegelagerei und Raub in zivilisierten Ländern nicht gerade als ordnungsmäßige Formen des menschlichen Verkehrs galten.

Das Höchste, was man vielleicht erreicht hätte, wäre möglicherweise ein saftiger Fluch auf die entarteten Städter gewesen, die ihre Ehre durch Sklavenarbeit auf ihren Äckern und durch den Aufenthalt in festen Wohnsitzen schändeten.

Er aber sei ein Beduine, ein freier Araber, sein Stamm züchte Vieh, vor allem Pferde und Kamele, mit seinen Herden durchziehe er die weiten Gebiete, die der Stamm beanspruche und notfalls auch zurückerobere oder im Krieg verteidige. Natürlich stehle man auch mal; aber so ganz ehrenhaft sei eigentlich nur der Raub. Der sei kein Angriff, sondern Verteidigung, Vergeltung gegen erlittenes Unrecht, das den Arabern in ihrem Ahnen Ismael, dem Sohn Abrahams und der Hagar, zugefügt wurde. Verstoßen und vom Dursttod bedroht, wurde Ismael mit seiner Mutter in die Wüste hinausgejagt, in dies karge Land Arabien, und es sei nur billig, wenn die Araber sich ihr Recht nähmen, das ihnen vorenthalten werde.

So hatten sich die Beduinen jahrhundertelang behauptet, ohne daß sie in dieser langen Zeit die Eigenschaften erworben hätten, die unerhörte Wandlung, die das gesamte arabische Volk erfaßte, zu begreifen, ohne sich einordnen zu können, während der Islam sich stürmisch weiterentwickelte. Grundlegend widersprach er dabei den Gepflogenheiten der Beduinen.

Der Koran gebot, den mutmaßlichen Gegner vor dem Angriff zur Ergebung aufzufordern – die Beduinen kannten nur die Machtprobe und legten auf Verhandlungen wenig Wert. Natürlich hatte auf sie die Eroberung der jüdischen Gebiete mit den reichen Städten einen gewaltigen Eindruck gemacht, war doch Beute für sie der vornehmste ehrenhafte Erwerb. Aber das Ziel, zu dem der Islam führen mußte, war etwas nie Dagewesenes. Weder Rom noch Persien, noch Byzanz oder irgendeine andere Großmacht hatten jemals Arabien zu erobern vermocht. Der Islam jedoch mußte folgerichtig die eine und alleinige Herrschaft über dieses vielgestaltige Land und das fast anarchische Volk erlangen.

Wen konnte das in ihren uralten Gewohnheiten stärker treffen als die Beduinen?

Einige Stämme hatten zwar scheinbar den Weg zum Islam gefunden, aber als lockere Verbündete; das bedeutete, wie Mohammeds Wallfahrtsversuch bewies, nicht festen Anschluß und Verläßlichkeit.

Zur nächsten Wallfahrt zugelassen zu werden bedeutete schon eine Ehre. Nur bewährte Gläubige wurden von Mohammed mit einer Einladung beehrt, und ein Beduine konnte nur dann darauf rechnen, wenn er sich schon längere Zeit als leidenschaftlicher Gläubiger verdient gemacht hatte.

In Mekka wäre Mohammed noch froh gewesen, die Vielgötterei durch die Anerkennung einer Eingott-Religion zu ersetzen. Er war gescheitert und hatte in Mekka die Fahne des Islams nicht mehr offen entfalten können. Jetzt war er soweit, daß er einem Beduinenstamm, der ein Bündnis mit ihm suchte, die Annahme des Islams zur Bedingung machen konnte. Und dabei erlegte der Islam inzwischen seinen Anhängern den Kampf gegen alle Ungläubigen als bedingungslose Pflicht auf!

In Badr hatte Mohammed sehr zufrieden sein müssen, mit dreihundert Mann und siebzig Reittieren antreten zu können. Jetzt sahen seine engsten und treuesten Mitstreiter – Omar, Abu Bekr und Ali –, daß sie durchaus nicht soweit entfernt davon waren, bald schon Heere von Zehntausenden aufstellen zu müssen.

Arabien war im Grunde schon gewonnen – demnach konnte und mußte er es bald mit den Arabien einhegenden Großmächten, Byzanz und Persien, aufnehmen.

In Mekka eine Sekte. In Medina eine arabische Nationalreligion und nun bald eine Weltreligion.

Das war der Weg des Islams.

XXXII

Wenn ein abessinisches Schiff zur Verfügung gewesen wäre, hätte sich die Reise wahrscheinlich einfacher gestaltet. Von Aksum bis Zulal war es nicht weit, und von dort fast an der Küste des Roten Meeres entlang bis Janbo und dann wieder zu Land nach Medina zu reisen war verhältnismäßig einfach. Aber ein jemenitisches Schiff, auch eins aus Hadramaut oder gar aus Indien wollte der Negus für diese Staatsreise nicht. Eins aus Abessinien sollte es sein, aber die abessinischen Schiffe waren alle besetzt oder lagen auf Werften.

Des Negus' Wunsch war ganz verständlich. Er hatte sich selbst um diese Ehe bemüht und den Mohammed ibn Abdallah, der immer mehr Bedeutung in Arabien erlangte, bei der Eheschließung mit Umm Habiba bint Hind Rabia in der Kathedrale von Aksum vertreten. Um des Glanzes der persönlichen Bemühung eines Negus Negesti willen ging also die Reise vom Hafen Zulal hinüber nach der arabischen Küste, nach Hodaida, und von dort die lange Karawanenstrecke durch Jemen und den Nedsch, man schlug einen Bogen um Mekka und Taif, durchquerte die Weidegebiete der Hudhail und Kinda, um schließlich durch die der Hawazim und Sulaim nach Medina zu gelangen.

Gefährdet war der Transport nicht. Ein Angriff auf eine Karawane des Kaisers von Abessinien konnte zu Vergeltungsmaßnahmen führen. Bei den gläubigen Stämmen galt der zehnjährige Waffenstillstand mit Mekka. Und die ungläubigen Stämme der Hawazim und Sulaim dachten an die unerbetenen Besuche des Zaid ibn Haritha, die immer recht teuer zu stehen gekommen waren und zuweilen schon die persönliche Freiheit gekostet hatten.

Am Brunnen der letzten Karawanenstation vor Medina hatte Mohammeds Schwiegersohn Othman Habiba begrüßt. Othman war ebenfalls Omaijade und ihr Verwandter. Das Mahl bestand aus auf Holzkohlen gerösteter Kaninchenleber und Wachteln. Dazu gab es den Saft ausgepreßter Granatäpfel mit Wasser. Wein wurde nicht erwähnt, von Othman nicht als Umm Kulthums Mann; die Tochter des Propheten glaubte sich erst recht an das Weinverbot halten zu müssen. Habiba war Mohammeds gesetzliche Frau, und als eine leidenschaftliche Gläubige mied sie die Sünde.

Die Sünde des Neides zu meiden fiel Othman leicht. Umm Habiba gab ihrer Mutter an Dicke nichts nach und mußte überhaupt leibliche Schönheiten mehr durch Frömmigkeit ersetzen. Othman drängte sich der Gedanke auf: In Mekka werde die dicke Hind, Habibas Mutter, zur Furie, wenn sie den Namen Mohammeds nur höre. Hier aber sitze die Tochter in Erwartung des gleichen verfemten Mannes, dem sie in unwandelbarer, schwärmerischer Frömmigkeit verfallen sei.

Othman war noch rechtzeitig nach Medina gekommen, um Mohammed einziehen zu sehen, hinter dem Sattel seine tiefverschleierte neue Frau. Natürlich hinter seinem Sattel! Offenbar habe Mohammed damit zeigen wollen, daß er die Jüdin Safija rechtmäßig geheiratet und die Ehe auch bereits vollzogen habe! Unsagbar schön soll diese Safija sein. Nun – er, Othman, könne es erwarten. Als Schwiegersohn werde er sie wohl einmal zu sehen bekommen. Und was bedeute übrigens »schön«? Schöner als Aischa sei sie gewiß nicht. Die aber kenne er?

In Medina trat Othman seinen Platz an der Seite des in die Knie gegangenen Kamels der Habiba an Mohammed ab. Schneller, als er sich dem Reitzelt genähert hatte, um den Vorhang zurückzuschlagen, trat der Prophet zurück. Unverkennbar war seine Enttäuschung, nachdem er Habiba gesehen hatte.

Unmittelbar vor Habibas Eigenhaus, das fertig und von Umm Salama und Aischa eingerichtet worden war, fand die Begrüßung statt. Mohammeds Haltung war sonst ohne Tadel. Man führte das Ehepaar in das Haus der Gattin und ließ es dann allein.

Mohammed tat, was er zu tun hatte. Die nächsten Tage und Nächte blieb er bei Habiba, und auch später erfüllte er seine Pflichten, wenn die Reihe an Habiba kam.

Offenbar verlangte die Tochter Abu Sofjans nichts Unwahrscheinliches, und so war sie mit ihrem Mann zufrieden.

Niemand war eifersüchtig auf sie.

Angesichts von Mohammeds bevorstehender zweiter, dieses Mal vertraglich gesicherter Wallfahrt nach Mekka war Umm Habiba zur rechten Zeit nach Medina gekommen. Ganz allgemein war der Prophet dem andern Geschlecht nicht abgeneigt und bereit, den Frauen eine gehobenere Stellung einzuräumen, als viele andere Araber ihnen zugestanden hatten. Die Rolle der Frau als Mittel der Politik schien ihm gar nicht so fern von deren weiblicher Bestimmung.

»Er wird schon seine Vorteile in der gegenwärtigen Lage wahrnehmen, Aischa. Es schadet nichts, wenn es noch einige Tage dauert, bis man wieder mit ihm sprechen kann.«

»Du kennst ihn eben von Jugend auf, mein Zaid, darum ist es auch zu verstehen, daß wir, was ihn anlangt, leicht übereinkommen. Aber du bist auch ein Mann, der vorwärtsschaut, der sich mit dem befaßt, was kommen wird, wenn unsere gegenwärtigen Sorgen längst überholt sind.«

»Sonst würde ich es vielleicht zum Rechnungsführer einer Karawane gebracht haben, falls ich nicht noch den Kamelstall ausmistete.« Beide lachten.

Aischa hatte Mohammed nicht stören, zugleich aber keine Zeit verlieren wollen, die Ziele abzustecken, die man ansteuern müsse. Deswegen hatte sie die Unterredung mit Zaid herbeigeführt, der einer der ersten des Islams war.

»Abu Sofjan«, begann Aischa, »hat sich von seiner Hind, die ihm doch schon oft genug mit ihren Ausbrüchen lästig geworden ist, nicht getrennt. Das beweist seine Anhänglichkeit, nicht nur an das vornehme Geschlecht der Omaijaden, sondern an seine eigene, persönliche Familie, und darum wird es ihm nicht gleichgültig sein, wo seine Tochter sich aufhält.«

»Ich denke, daß er mit zwei Gedanken spielt: wie er durch Habiba an Mohammed herankommen und wie andererseits Mohammed sich durch Habiba mit deren Vater in Verbindung setzen könnte. Denn das Haupt der Kriegspartei ist Abu Sofjan nicht mehr.«

»Um das noch zu sein, hat er zu viele Beispiele von Überlegenheit und Wartenkönnen gezeigt. Wenn er mit seinen Fähigkeiten sich mehr auf die Masse seiner Mitbürger statt auf seine vornehmen Standesgenossen gestützt hätte, könnte er heute der unumschränkte Machthaber Mekkas sein.«

»Ich bin froh, daß er es nicht ist«, lächelte Zaid, »mir genügt es, daß Mohammed unumschränkter Machthaber von Medina ist. Du, Aischa, störst ihn nicht. Du hast die Macht mit aufgebaut, und nun nimmst du daran teil.«

»Du vergißt den engeren Kreis seiner Freunde, Zaid.«

»Und du vergißt Hudaibija. Dort konnte ihn auch Omar nicht umstimmen. Und was mehr ist: Jetzt ist auch Omar sehr zufrieden. Heute gehört er zu den Weitsichtigen.«

»Zu denen auch du dich rechnest.«

»Zu denen auch ich mich rechne«, bestätigte Zaid ungerührt.

»Ich auch«, gab Aischa zu.

»Wie sollte es auch anders sein? Kleine Rückschläge wird es immer noch geben, aber nicht mehr lange. Was die Beduinen nicht ertragen können, ist der Gedanke, daß es anderen Beduinen nach Annahme des Islams soviel besser geht als ihnen. Alle Gläubigen haben gleiche Rechte, allen eröffnen sich gleiche Möglichkeiten. Nein, Aischa, ungläubige Beduinen werden bald verschwunden sein. Warum sollen sie immer vor den Gläubigen zittern müssen, wenn sie mit ihnen herrschen können? Heute bereits ist Mohammeds Machtbereich groß, bald wird er ganz Arabien ausfüllen. Und was dann? Mohammed muß immer weiter voran. Niederlagen kann der Islam überstehen, doch ein Halt wäre sein Verhängnis. Keine der Arabien umgebenden Großmächte hat jemals über Arabien eine Herrschaft errichten können. Jetzt ist die Zeit gekommen, daß die Araber aus ihren Grenzen heraustreten und ihre Herrschaft den benachbarten großen Reichen auferlegen. Welchen Sinn hätte sonst der Heilige Krieg gegen alle Ungläubigen? Allah hat ihn geboten. Wer am Leben bleiben soll, den läßt er glauben. – Das sind auch deine Gedanken, Aischa, ich kenne dich.«

»Wir kennen uns, Zaid. Und Mohammed kennt uns. Er denkt nicht wie Irdische, nicht wie wir. Er vernimmt Allahs Befehle. Anders zu handeln, vermag er nicht.«

»Der Koran befiehlt, den mutmaßlichen Gegner vor dem Kampf zur Ergebung aufzufordern. In unserem Fall wären das Byzanz, die Perser und auch die Abessinier, wenn die letzten nicht als Kinder des Buches und Freunde gelten sollten, was bei den oströmischen Christen und den persischen Magusiern niemals der Fall sein kann.«

»Außerdem sind die Araberstämme im Ostjordanland christlich geworden«, sagte Aischa. »Mohammed sprach davon, al-Harith ibn Umair, der sich dort auskennt, zum König von Bosra zu senden.«

»Auf meinen Reisen bin ich ebenfalls durch das Land gekommen. So weit ist es mit al-Hariths Kenntnissen nicht her. Einen selbständigen Emir von Bosra gibt es nicht. Das Land gehört zu Byzanz. Vielleicht handelt es sich noch um den kaiserlichen Stadtkommandanten von Bosra, möglicherweise auch um den kaiserlichen Statthalter im Ostjordanland.«

»Daß Mohammed zum Statthalter in Ägypten, Mokaukas, Boten senden will, weißt du?«

»Da siehst du es wieder! Mohammed weiß, was er will. Mokaukas ist in Ägypten unumschränkter Herrscher so gut wie der Kaiser von Konstantinopel selbst. Er hat vor fünfzehn Jahren den Einfall der Perser verhindert. Bis zum Einfall der Araber ist es noch weit. Denn an friedliche Eroberungen glaube ich nicht.«

»Ich werde es sehen.«

»Davon bin ich überzeugt. Möge sich der Islam noch lange deiner erfreuen, Aischa.«

»Ich bin bescheiden. Ich hoffe, daß wir uns Mekkas mit Sicherheit erfreuen. Außerdem bin ich jung.«

»Ein Heer brauchen wir nicht. Nur als Pilger betreten die Gläubigen die Stadt. Frauen von unserer Seite außer dir keine oder doch nur wenige.«

»Zugleich möchte ich mich dort nach etwas umsehen.«

»Nach vielem vermutlich?«

»Nur nach einem, und auch das erst nach Beendigung der Pilgerfahrt. Kennst du Maimuna?«

»Wer ist das?«

»Du kennst sie also nicht. Sie ist die Schwägerin des al-Abbas, die Schwester seiner Frau, eine Witwe. Die soll Mohammed heiraten.«

»Also Abbas will, daß er sie heiratet. Wundert dich das? Abbas ist als das Haupt der Haschimiten der Nachfolger seines Bruders Abu Talib, der in Mekka den Ruf eines Ehrenmannes genoß. Darauf legt Abbas ebenfalls Wert, und er hat es verstanden, die Meinung zu verbreiten, die gleiche Gesinnung zu hegen wie die Mehrheit der Bürger. Jetzt aber sieht er den Sieg des Islams nahe und möchte das Geschlecht der Haschimiten wenigstens mit einer Mutter der Gläubigen im Harem des Gesandten Gottes vertreten haben. So etwa sehe ich es, Aischa. Dir ist es zuviel, dich um den Harem zu kümmern. Ich finde das sehr vernünftig, und ich begrüße es, daß du neuerdings mit Zainab sprichst, meiner Früheren. Sie hätte dir nie gefährlich, wohl aber gelegentlich lästig werden können.«

»Daß du Mohammeds leidenschaftlicher Freund bist, scheint mir gut zu sein, mein Zaid.« – »Warum?«

»Von dir ist nicht das gleiche wie von deiner ›Früheren‹ zu sagen. Du könntest gefährlich werden, Zaid.«

»Doch nicht dir! Dir wird überhaupt niemand gefährlich. Schon deine roten Locken …«

»Möchtest du rote Haare haben?« lachte Aischa.

»Ich wäre schon froh, wenn ich nur ein paar Haare mehr hätte.«

Was die dicke Hind an Lauten von sich gab, konnte selbst ein Wohlwollender nur mit Kreischen und Geheul bezeichnen. Hinds Gatte, Abu Sofjan, war ihr gegenüber aber sehr weit von jeglichem Wohlwollen entfernt. Das bewies schon die Lederpeitsche, die er ungern vermißte, wenn er gezwungen war, sich in das Wutgebrüll seiner Hind zu stürzen.

Zuweilen lag dazu eine Notwendigkeit vor. Heute zum Beispiel war so ein Tag. Der verkommene, haschimitische Lump – wie Hind von ihm schrie –, dieser Mohammed ibn Abdallah, für den der Speichel einer ehrbaren Frau zu schade sei, um ihn dem Jämmerling ins Gesicht zu spucken, ziehe heute dank dem erbärmlichen Versagen der mekkanischen Männer, vor allem aber des Abu Sofjan, auf Pilgerfahrt zur Kaaba.

Nicht mit einem Heer, sondern als Pilger sei er mit seinem Gesindel gekommen, dem dieser Auswurf von mekkanischen Feiglingen zuvorkommend Platz mache. Abu Sofjan voran!

An Klarheit im Ausdruck ihrer Gesinnung ließ Hind es in keiner Hinsicht fehlen.

Aber so ganz ernst nahm man sie nicht. Man hielt sie wegen ihrer Wutausbrüche für krank, und da es sich gezeigt hatte, daß einige Peitschenhiebe sie davon abbrachten, sich brüllend auf dem Boden zu wälzen, wurde von Leuten, die sie kannten, die Peitsche für ein Heilmittel gehalten. Jedenfalls hätte es dem Verhalten eines vornehmen Mannes nicht entsprochen, seine Frau einer Krankheit wegen zu verstoßen. Offenbar hatte sich Sofjan auch so an seine Hind gewöhnt, daß er sich das Leben ohne sie nicht recht vorstellen konnte. Er kannte ihre Anfälle, und sie wußte, daß er doch immer das tun würde, was er wollte. Beide glaubten einander nötig zu haben, und das befriedigte sie, dazu kam das Wissen darum, daß die Rabia und die Omaijaden sich an Vornehmheit der Familien nichts nachgaben.

Die neuesten Ausbrüche der Hind wurden dadurch ausgelöst, daß die Mekkaner gemäß dem Vertrag von Hudaibija für drei Tage die Stadt zur Vermeidung von Zusammenstößen zu verlassen hatten, was auch vertragsgemäß erfolgt war. Die Bewohner hatten sich zu ihren Herden, die meist auf den Höhen außerhalb der Stadt untergebracht waren, und auf ihren Landsitz zurückgezogen. Die Pilger imponierten wohl als zweitausend Menschen, die einem einzigen Mann leidenschaftlich anhingen. Kriegerisch jedoch sahen sie nicht aus. Außer ihren Reittieren führten sie nur noch sechzig Kamele mit sich, die als Opfer dargebracht werden sollten. Ihre Schwerter trugen sie den Vorschriften gemäß in der Scheide, obwohl sie genug an Waffen erbeutet und erworben hatten, um mehr als das Zehnfache ausrüsten zu können. Aber beide Parteien suchten einander durch Vertragstreue und Friedenswillen zu überbieten.

Natürlich hätte ein Mann wie Abu Sofjan auch in seinem Stadthaus bleiben können. Niemand hätte ihn gestört.

Aber sein zahlreiches Gesinde, seine Klienten, seine Besucher wären ein großer Haufe Menschen gewesen, vor denen er seine familiären Angelegenheiten hätte abwickeln müssen. So war es ihm lieber gewesen, dies in geziemender Entfernung bei seinen Herden und mehr im Freien zu besorgen.

Und weil er mit der mekkanischen Politik letzter Zeit, nämlich seit er sie nicht mehr allein machte, nicht recht einverstanden war, lag ihm sehr daran, kein Gerücht aufkommen zu lassen, er habe versucht, mit den Gläubigen ins Gespräch zu kommen, oder die Gläubigen hätten sich der Gelegenheit bedient, ihn in Verhandlungen zu verwickeln.

Wozu auch in Mekka? Hatte es Mohammed durch seine Ehe mit Habiba seinem Gegner doch so bequem wie nur möglich gemacht, ohne eine böse Auslegung fürchten zu müssen, sich insgeheim, jedenfalls aber ohne Aufsehen, nach Medina zu begeben. Einmal aber bei seiner Tochter, wäre es doch für Abu Sofjan sehr schwierig gewesen, ein Zusammentreffen mit seinem Schwiegersohn zu vermeiden.

Übrigens wußte Abu Sofjan genug vom Zustandekommen dieser Ehe seiner Tochter. Dennoch suchte er in Mekka noch keine Annäherung an Aischa.

Auf einem fast ebenso weißen Kamel wie Mohammeds Badu-Hawa ritt sie neben dem Propheten in Mekka ein. Für die Gläubigen war sie die unmittelbare Nachfolgerin Kadidschas so hochverehrten Andenkens. Aischa kannte ihren Mohammed und seine unkontrollierbare Eifersucht gut genug, daß sie auf dem Zug von Medina und jetzt beim Einzug sich nur verschleiert öffentlich zeigte. Erst bei der Kaaba angekommen, schlug sie das Gewebe zurück, da gläubigen Frauen während einer gottesdienstlichen Handlung und während der gemeinsamen Gebete der Schleier untersagt war.

Um unfeierliches Gedränge zu vermeiden, waren die zweitausend Pilger in Gruppen aufgeteilt, jede unter Führung von Gläubigen anerkannten Verdienstes. Mohammed umkreiste mit seiner Gruppe die Kaaba, der er mit allen Mitteln den Rang eines heiligen Hauses Allahs zu geben trachtete. Mit seinem Stab berührte er den schwarzen Stein, um dann im Innern der Kaaba die Gebete zu vollziehen.

Bei der sparsamen Pilgerbekleidung empfanden die Gläubigen Aischas Entschleierung als angemessen, mochte sie auch unverkennbar auf manche Gläubigen – und nicht nur auf die jüngeren – einen tiefen Eindruck machen.

Besorgt fragte Abu Bekr seinen Nachbarn Omar:

»Das Kind – glaubst du, ihr Anblick könnte die Gläubigen verwirren?«

»Keineswegs«, flüsterte Omar zurück, »der Allmächtige gibt, wem er will, was er will. Aischa gab er Schönheit. Und die läßt Allah jetzt sehen, eine Weihe für das heilige Haus des Herrn.«

Mit dem Tawaf, dem Umlauf um die Kaaba, verband Mohammed eine andere Zeremonie, die dadurch in den Gottesdienst des Islams einbezogen wurde. Unmittelbar danach wurde der Lauf zwischen Marwa und Safa vollzogen. In Marwa wurde auch geopfert, doch gleichzeitig verkündet, daß jeder Platz in Mekka sich ebensowohl als Opferplatz eigne. Damit behielt Marwa also nicht seine Ausschließlichkeit und wurde nach dem Willen Mohammeds zu einem Anhang des Tawafs.

Nach der Opferung ließ Mohammed sich nach der Vorschrift das Haar scheren, da die Wallfahrt zu Ende sei.

Glücklicherweise behielten Frauen, sie mochten noch so gläubig sein, ihre Haare unverkürzt. Aischa benutzte die dadurch gewonnene Frist, um im Schutz einiger ihrer Leibwächter schwarz gekleidet und ebenso verschleiert die menschenleeren Straßen nach dem Haus des Abbas auf einem Esel zu durchqueren. Daß sie erkannt werden könne, war nicht zu erwarten. Der Besuch sollte ein Geheimnis bleiben.

»Beehrst du mich im Auftrag deines Gatten?« fragte Abbas.

Er hatte sie sofort erkannt.

»Natürlich erkennst du mich«, sagte sie, »schon an meinen Haaren, nicht wahr? Mohammeds Aufträge kenne ich allerdings nicht. Er bat mich nur, mich um seine Hochzeit mit Maimuna zu kümmern.«

Mit diesen Worten rief Aischa sofort die beiden Frauen herbei, Abbas' Ehefrau und deren Schwester Maimuna.

An den glänzenden Fußnägeln ersah Aischa sogleich, daß die Hochzeiterin auf alles bereits vorbereitet war; aber eine andere Frau gepflegter und besser angezogen als sich selbst zu wissen war Aischa nicht gegeben. Als Kind hatte sie wohl, Fatimas wegen, ihre schlechteren Kleider angezogen, doch das war lange her. Nun aber fühlte sie sich mit allen Spuren des anstrengenden Tawafs recht heruntergekommen. Eine kleine Bemerkung darüber genügte, um beide Schwestern vor Dienstbeflissenheit überfließen zu lassen. Die Frauen wußten, daß sie es in Aischa mit dem Haupt des Harems zu tun hatten, in den Maimuna hineinheiraten sollte.

An Zeit fehlte es ebenfalls nicht. Als Ältester der Familie und als Maimunas Vormund komme es ihm zu, erklärte Abbas, die junge Witwe dem Neffen zu übergeben und selbstverständlich auch die Hochzeit auszurichten. Man werde Mohammed die Vertragsfrist von drei Tagen eben verlängern müssen. Alle vornehmen Familien seien einzuladen. Er selbst schreibe die Briefe.

Auf diese Weise bot es keine Schwierigkeiten, daß Aischa gebadet, gesalbt und in jeder Hinsicht so hergerichtet wurde, wie die schönen, schnell herbeigeholten Kleider es geradezu verlangten. Doch alle diese Vorkehrungen sollten sich zuletzt als überflüssig erweisen, wenn Aischa etwas, was die Vorteile ihrer bezaubernden Person ins rechte Licht rückte, jemals als überflüssig hätte betrachten können.

»Eine Frechheit!« sagte Mohammed.

»Die Botschaft von Suhail? Ich finde sie sehr höflich. Er bedankt sich in seinem Namen und in dem seiner Freunde für die Ehre der Einladung ...«

»... und sagt dann, daß wir Mekka verlassen müssen!«

»So lautet der Vertrag.«

»Ach was, Vertrag! Als wenn es etwas ausmachte.«

»Sehr viel! Versetze dich doch in Suhails ...«

»Sag lieber Abu Sofjans ...«

»Also Abu Sofjans Lage. Drei Tage haben die Mekkaner ihre Stadt verlassen. Alles ist gutgegangen. Aber daß die Mehrzahl der Leute, die sich willig ausquartierten, eher Anhänger der Friedenspartei als der der feinen Leute sind, dürfen wir schon annehmen. Diese Friedenswilligen werden nicht über den Vertrag hinaus brav bei ihren Herden bleiben. Sie kehren bestimmt zurück. Und was treffen sie hier?«

»Dich, Aischa, und mich. Ich sehe darin nichts Schreckliches.«

»Und die übrigen Pilger träfen sie ebenfalls als Gläubige, mit denen sie bisher im Krieg lagen. Was werden sie tun?«

»Bedenke doch, welche Möglichkeiten das für uns ergäbe!«

»Ganz recht. Für uns! Aber nicht für Abu Sofjan und Suhail! Man darf nicht erwarten, daß die Gegner dümmer sind, als man es selbst ist.«

»Wenn du nur deinen Kopf durchsetzen kannst.«

»Im Gegenteil! Ich leugne nicht, daß ich es gern hingenommen hätte, wenn sie dümmer gewesen wären. Aber sie waren es nicht. Deswegen ist unsere Wallfahrt doch ein Sieg des Islams. Was am Sieg fehlt, werden wir nächstes Jahr hinzufügen.«

»Heiraten muß ich nun allerdings anderswo.«

»Daß du deine Absichten nicht erreichtest, ist kein Grund, die Hochzeit abzusagen.«

»Natürlich nicht.«

»Warte aber nicht bis Medina! Was meinst du zu Abwa? Dort ist deine Mutter auf ihrer Rückreise von Medina gestorben, und die bei der Uhudschlacht geplante Leichenschändung haben die Anständigen unter den Mekkanern verhindert.«

»Und sehr weit ist es auch nicht. Übrigens, Aischa, du sahst doch Maimuna?«

»Keine Angst! Eine Dschowairija oder Safija ist sie nicht, aber auch keine Habiba. Auseinanderstehende braune Augen, keine dikken Lippen, wenn auch nicht so dünn wie die der Hafsa. Mit ihren zwanzig Jahren ist Abbas' Schwägerin noch schlank und hat gute Formen. Du wirst Maimuna noch früh genug zu sehen bekommen, und es ist sehr gut, daß du gar nicht bei Abbas warst. Dein Onkel kann uns aus einer gewissen Entfernung noch recht nützlich sein. Kennst du Chalid ibn al-Walid?«

»Aber Aischa! Ich werde Chalid nicht kennen, den Mann, der mir bei Uhud meine Bogenschützen über den Haufen warf! Ich weiß, die Bogenschützen handelten befehlswidrig. Aber das Entscheidende war, daß Chalid ibn al-Walid sich sofort mit seinen Reitern auf sie stürzte. Was ist mit ihm? Sahst du ihn bei Onkel Abbas?«

»Nicht persönlich. Er möchte dich in Medina aufsuchen.«

»Zu welchem Zweck?«

»Um von dir den Islam entgegenzunehmen und dir zu huldigen.«

»Aischa!«

»Und nicht nur Walid, auch Amr ibn al-Asi!«

»Ohne sie kann sich die Kriegspartei in Mekka nicht halten! Und für den Islam ist das mehr als eine gewonnene Schlacht. Zwei geniale

Männer! Zwei geborene Heeresanführer! Daß sie zu Abbas nicht kamen, sagt alles. Sie wollten erst ihren Besitz in Sicherheit bringen. Oh, Aischa, das ist ein glücklicher Tag!«

»Wenn sie nach Medina kommen.«

»Sie kommen, sie kommen, Aischa!«

»Das glaub ich auch.«

»Meine wunderbare, mir von Allah verliehene himmlische Frau!« Er drückte sie an sich, als wolle er nicht in kürzester Frist zu einer anderen ins Hochzeitsbett.

»Ihr müßt zugeben, daß wir mit kriegerischen Unternehmungen gegen die Araberstämme auf byzantinischem Gebiet nicht immer Erfolg hatten«, meinte Abu Bekr.

»Doch dies können wir unmöglich hingehen lassen«, widersprach Ali. »Ein Botschafter des Gesandten Gottes wird von einem Ghassaniden aufgehoben und einfach geköpft! Von seinen Begleitern aber fehlt jede Spur. Wenn sie noch leben, werden sie gehetzt. Boten unseres Propheten sind kein Wild, auf das man Jagd machen kann. Das muß man auch den Leuten in Palästina beibringen!«

»Zum König von Bosra wurde al-Harith ibn Umair geschickt«, sagte Abu Bekr. »Es gibt ein Bosra, aber es untersteht Byzanz und dürfte lediglich einen Stadtkommandanten haben.«

»Um so schlimmer für den Mörder«, erklärte Omar. »Vielleicht gerieten die Unsrigen gar nicht an kaiserliche Truppen. Doch was will das besagen? Irgendwann einmal wird es dennoch geschehen.«

»Eine kleine Truppe dürfen wir nicht aussenden«, erwog Mohammed, »aber Zaid versicherte mir, daß wir uns zwei-, vielleicht auch dreitausend Mann leisten können.«

»Unbeschadet unseres Zuges nach Mekka, Gesandter?«

»Unbeschadet. Und an der Ausrüstung fehle es auch nicht.«

»Dann stelle Zaid an die Spitze des Heeres«, schlug Omar vor.

»Daran habe ich auch schon gedacht«, nickte Mohammed. »Aber gefährlich bleibt der Zug. Es wäre das erste Mal, daß unsere Leute aus diesem Gebiet siegreich wiederkehrten. Vorsorgen müssen wir jedenfalls. Also, Befehlshaber: Zaid. Zweiter: Dschafar ibn Abu Talib.«

»Falls Zaid fallen sollte.«

»Und dritter: Ghalib ibn Abdallah, falls auch Dschafar fallen sollte.«

»Du versprichst deinen Feldherrn kein langes Leben«, sagte Abu Bekr.

»Dafür als Ersatz das Paradies. Den vierten mag die Mannschaft bestimmen, wenn er nötig werden sollte.«

»An mich denkst du nicht«, schmollte Ali.

»Dich kann ich auf dem Zug nach Mekka nicht entbehren, Ali.«

»Weißt du einen bei der Mannschaft, der ein guter vierter wäre?« fragte Omar.

»Einen sehr guten sogar! Er ist noch neu in Medina, Chalid ibn al-Walid aus Mekka.«

»Gegen den ist nichts zu sagen«, meinte auch Omar, »wahrlich nicht.«

Im Hauptraum seiner Wohnung in Medina hockte Mohammed mit untergeschlagenen Beinen auf dem Teppich. Vor ihm lag ein etwa dreißigjähriges weibliches Wesen und verbarg ihr Gesicht auf seinem Knie. Die Erschütterung ihrer Schultern ließ vermuten, daß sie stumm vor sich hin schluchzte. Auch den Augen des Gesandten entflossen Tränen, die an seinen Wangen herunterrollten.

»Er ist tot«, flüsterte er, worauf das Schluchzen der Frau laut wurde.

Leise trat Othman mit seinem Freund Waraka ein.

Beide stutzten bei dem Anblick, der sich ihnen bot.

»Er weint«, sagte Othman.

»Ich weine«, bestätigte Mohammed. »Ich weine um einen Freund. Zaid ist tot.«

Die Frau erhob sich und verschwand. Sie war Zaids Tochter.

»Ich habe mir alles erzählen lassen«, meinte Othman. »Vielleicht hörst du es lieber von mir?«

»Sprich. Ich will alles wissen.«

Dann begann Othman zu erzählen, was er bei der Truppe erfahren hatte und womit Mohammed bis jetzt verschont worden war.

Es handelte sich um die Schlacht bei Muta, das erste Unternehmen, das die Tapferkeit einer Truppe von Gläubigen gegen ein nichtarabisches Heer auf die Probe stellte. Tapfer fechtend fiel Zaid in den ersten Reihen.

»Dschafar ibn Abu Talib ergriff die heilige Fahne. Sein Tod war ebenso heldenmütig wie merkwürdig. Er verlor seine rechte Hand und nahm die Fahne in die linke. Auch die wurde ihm abgeschlagen.

Mit seinen beiden Stümpfen hielt er sie fest an sich gepreßt, ehe er fiel.

Sogleich trat Abdallah an den frei gewordenen Platz.

›Vorwärts!‹ rief er. ›Der Sieg oder das Paradies.‹

Es war das Paradies, das ihm zufiel.

Die sinkende Fahne jedoch wurde von Chalid ibn al-Walid, dem Bekehrten von Mekka, emporgehoben. Neun Schwerter zerbrachen in seiner Hand. Seine Tapferkeit überwältigte die ungleich überlegene Anzahl der Christen.

Im nächtlichen Kriegsrat wurde Chalid zum obersten Befehlshaber gewählt. Mit einem überraschenden Vorstoß durchbrach er die feindliche Stellung und erzwang sich einen glücklichen Rückzug, der ihn bei Freund und Feind als ›Schwert Gottes‹ berühmt machte.«

»In Medina freilich denkt man anders«, schaltete sich Waraka ein. »Zu viele hervorragende Männer sind gefallen, und zu groß und allgemein ist die Trauer, daß man nicht Chalid ibn al-Walid die Schuld gäbe, obwohl er die Truppe gerettet und zurückgeführt hat.«

»Aber ich habe doch gepredigt, daß die Gefallenen ins Paradies eingingen!« rief Mohammed.

»Und dies glauben zu können müßte sie doch glücklich machen«, meinte Waraka.

»Es macht sie auch glücklich«, erklärte Mohammed. »Unmittelbar vor seinem Tode bekannte sich Abdallah dazu. Der Glaube der Gläubigen ist ein Wissen. Allah selbst verkündete es ihnen. Durch mich tat er das.«

»Nimm dich auch derer an, Prophet, die zu uns zurückgefunden haben«, bat Othman. »Sie sind doch nicht alle Feiglinge und Mattgläubige, wie man sie schimpft.«

»Uns ist ein Unglück widerfahren«, beschwichtigte Mohammed, »aber für den Bestand des Islams hat das keine große Bedeutung. Allah ist stärker.«

Waraka ging mit seinem Freunde Othman an der vergrößerten Moschee vorbei in der Richtung zum alten Gebetsplatz Musalla. Es hatte der alten Freundschaft nie Abbruch getan, daß sich Waraka stets bewußt war und es seinerzeit auch gesagt hatte, was den Omaijaden entscheidend bewog, der Schwiegersohn des Propheten und mehr noch der Kadidschas zu werden. Es war Rukaija gewesen, die Gestorbene und tief Betrauerte. Othman hatte nie aufgehört, sie zu lieben, und seine Zuneigung zu Umm Kulthum war im Grunde nur die Fortsetzung einer langjährigen Gewohnheit. Umm Kulthum war Rukaijas Schwester und hatte Othmans Liebe und Verehrung geerbt.

»Trotzdem«, sagte Waraka, ohne alle seine Gedanken laut werden zu lassen, »bist du ein Gläubiger geworden und, wie ich denke, ein ehrlicher.«

»Wie denn anders?« fragte Othman. »Für unsereinen ist das selbstverständlich. Wir wissen doch, was wir glauben. Du etwa nicht? Du bist doch auch übergetreten. Quälen dich Zweifel? Bei deiner Klugheit würde ich das bedauern.«

Waraka schüttelte den Kopf.

»Zweifel möchte ich das nicht nennen. Aber erinnere dich, mein Othman: Als ich von der großen allgemeinen Trauer um die Gefallenen von Muta sprach – was sagte Mohammed darauf?«

»Er erinnerte daran, daß er von dem Eingehen der Gefallenen ins Paradies gepredigt habe. Und das hat er auch wirklich getan. Ich war selbst dabei.«

»Und dennoch Trauer?«

»Warum nicht? Der Tod ist doch nichts, um sich darüber zu freuen.«

»Aber über das Paradies müßte man sich doch freuen. Gönnst du es den Gefallenen nicht, mein Othman?«

»Du bist doch stets derselbe«, ärgerte sich Othman. »Immer oder doch fast immer bringst du es dahin, daß man dir nicht antworten kann, Waraka.«

»Auch Mohammed nicht? Kann etwa auch Mohammed mir nicht antworten?«

»Das hat er nicht nötig. Wenn Mohammed spricht, hat Allah gesprochen, und den kannst du nicht fragen.«

»Natürlich nicht. Mit einer Offenbarung ist jeder erledigt.«

»Mein Waraka! Mag sein, daß auch ich einmal – lang ist es her – unehrbietigen Gedanken nicht völlig verschlossen war. Das hörte auf, als ich Rukaija vernahm.«

»Du meinst wohl Kadidscha?«

»Nein, Rukaija. Sie war nämlich dabei.«

»Wobei?«

»Bei Mohammeds erster Offenbarung.«

»Erzähle!«

»Kadidscha war zu Abu Bekr gegangen, um dessen Frau Zainab bei deren verzögerter und gefährlicher Geburt zu helfen. Sie befahl Rukaija, inzwischen auf Mohammed aufzupassen. Er hatte einen Anfall gehabt. Doch gleich darauf sprang er auf und stürmte davon. Die Mädchen stolperten hinter ihm her, denn außer Rukaija war auch noch Asma, die Tochter der Hebamme Umm Amar, dabei. So ging es durch die engen Gassen ins Freie, den Berg Hira empor in eine steil aufwärts führende, schwarze Schlucht. Erst auf einer flachen Felsspalte kauerte er sich nieder. Die Mädchen erkannten beim unsicheren Licht der Sterne, daß es von da nahezu senkrecht in die Tiefe hinabging. Mohammed schrie ...«

»Bekam er Antwort?«

»Nichts war zu hören. ›Überall ist er‹, schrie Mohammed, ›der behauptet, er sei der Engel Gottes!‹ Nur einen Schritt war der Abgrund entfernt. Mohammed tat den Schritt nicht. Plötzlich brach er in die Knie. Die Stimme eines Kameltreibers rief: ›Der Mond geht auf – kommt, die Reise beginnt!‹ Und zugleich brach der Mond aus den Wolken. Stimmen waren da, Hufklappern und Windlichter in Händen von laufenden Sklaven. Auf Dromedaren waren Abu Bekr und Kadidscha gekommen. Es war die Nacht vor Aischas Geburt. Mohammed war vollkommen glücklich, ja verklärt.«

»Und?«

»Begreifst du denn nicht, Waraka, kluger Waraka? ›Der Mond geht auf – kommt, die Reise beginnt!‹ Diese Reise begann, die Reise des Islams. Sie begann, und wo der Islam heute ist, weißt du. Kannst du noch fragen, wo alles zu dir spricht?«

»Du hast recht, Othman. Auch ich habe nichts zu fragen. Denn wie die Antwort auch wäre – daran änderte sie nichts, daß Mohammed Allahs Gesandter ist.«

»Darf ich wissen, was du noch fragen könntest?«

»Die Antwort kannst du wissen, mein Othman. Mohammed sah und hörte, was er sagte. In allen vier Himmelsrichtungen sah er den Erzengel, die Füße an der Erde, das Haupt in den Wolken. Schleuderte der Prophet nun seine Gesichte aus sich ins All, oder kamen sie zu ihm aus dem All? Doch das brauchen wir nicht zu wissen. In der Hauptsache antwortete Allah bereits. In jedem Fall.«

Für viele weitsichtige Mekkaner unterlag es nach der geglückten Wallfahrt der Gläubigen kaum noch einem Zweifel, daß es weit vorteilhafter sei, sich dem erfolgreichen Mohammed anzuschließen, als ferner noch alle Auswirkungen der schwankenden und oft unklugen Politik des heidnischen Mekka auf sich zu nehmen.

Die andern hielten sich durch den zehnjährigen Waffenstillstand mit Mohammed noch lange genug gesichert, um eine baldige Entscheidung für nötig zu halten. Es wurde ihnen schwer, sich von den Vorstellungen und Gewohnheiten ihrer heidnischen Vorfahren zu trennen, die sie durch eine Absage an die Vielgötterei zu verraten glaubten. Auch hatten sie sich so lange ihre eigene Überlegenheit über den lächerlichen, ausgestoßenen Schwärmer vorgeredet, daß sie sich an diese schmeichelhafte Überzeugung klammerten. Wozu auch davon lassen? Die Schwerter der Pilger blieben in der Scheide und waren nicht zu fürchten.

Daran änderte auch der Abfall hervorragender Mitglieder der Kriegspartei nichts.

Bei den Beduinen lagen die Dinge einfach. Sie hatten keine Waffenstillstandsverträge. Sie konnten nicht warten. Sie mußten wählen.

Sie konnten den Islam annehmen und wurden dadurch dank Mohammeds Großzügigkeit gleichberechtigte Gläubige mit allen Vorteilen und, wie die Tatsachen bewiesen, dem Wohlstand eines Gläubigen.

Oder sie mußten als Ungläubige in ständiger Unsicherheit und Furcht vor überraschenden Überfällen leben, um vielleicht zu sehen, wie ihre Herden und nicht selten auch ihre Frauen ihnen mit ihrem Eigentum fortgeschleppt wurden.

Da bei der wachsenden Macht der Gläubigen ein anderer Ausgang in diesen Kämpfen immer unwahrscheinlicher wurde, so hätte den Beduinen die Wahl eigentlich nicht schwerfallen können; aber der Preis, den sie für ein Wohlleben und Sicherheit hätten zahlen müssen, war vielen zu hoch! Nicht nur, daß sie ihren jahrhundertealten Gewohnheiten und dem stolzen Selbstbewußtsein hätten entsagen müssen, nein, sie sollten sich auch unter den Willen eines einzigen Menschen beugen, des Gesandten Gottes, des weltlichen und religiösen Oberhauptes, der in einem schwer vorstellbaren Grade verehrt wurde. Ihre Freiheit war oft genug Hitze und Frost, Durst und Hunger und Gefahr. Sie aber hielten sie für ein köstliches Gut und nannten sie ihre Ehre.

Aus diesen Gründen war wohl vorauszusehen, daß die Entwicklung in Arabien mit dem Sieg des Islams enden, aber man für einige Zeit noch mit einem kriegerischen Durcheinander rechnen müsse.

Der Stamm Sulaim fügte den Gläubigen eine derartige Niederlage zu, daß nur deren Anführer mit dem Leben davonkam. Dagegen erbeutete Ghalib ibn Abdallah bei einem Zug gegen die Kinana ansehnliche Gewinne, und Schudscha ibn Wahb brachte bei einem Unternehmen gegen einen Stamm der Hawazim so viele Tiere ein, daß auf jeden Teilnehmer fünfzehn Kamele kamen.

Wenn die Gläubigen das Ergebnis aus diesen und anderen kriegerischen Begegnungen ansahen, konnten sie sich Gewinne ausrechnen, die auch die Beduinen, die noch rechtzeitig den Islam annahmen, ebenfalls zufriedenstellen mußten. Aber daß sie das Schwert in der Scheide lassen konnten – davon durften sie bei den einlaufenden Nachrichten keineswegs fest überzeugt sein.

Auch an diesem Vormittag war wieder allerlei Betrieb in Medina. Leute aus Mekka waren angekommen, die offenbar lieber erst einmal mit dem Gesandten Gottes gesprochen hätten, sich sonst aber zurückhielten.

»Hast du Umm Kulthum mitgebracht?« fragte Mohammed den Schwiegersohn Othman.

»Ich hab sie bei Maimuna zurückgelassen.«

»Dann könnt ihr ja Abbas erzählen, wie es Maimuna geht.«

»Vorläufig wohl kaum«, meinte Othman. »Budail ibn Waraka ist angekommen, der Scheich unserer besten Freunde, der Chuzaa-Beduinen. Doch jetzt sieht er gar nicht freundschaftlich aus. Er schnauft wie ein wütender Bulle.«

»Weißt du, weswegen?«

»Damals nach Hudaibija habe er ausdrücklich angefragt, wie es mit unserer Freundschaft zu halten sei, und du habest daraufhin ein regelrechtes Bündnis mit ihnen abgeschlossen.«

»Ja, und? Aber ich sehe schon, es ist besser, wir sprechen erst mit Budail.«

»Eine Botschaft von den Sulaim ist auch eingetroffen.«

»Von unsern lieben Feinden? Wart einmal, Othman. Bring die Sulaim doch zu Aischa. Die weiß schon, was wir brauchen. Die Verträge machen wir dann gegebenenfalls gemeinsam. Aischa ist in meinem Hause, und da sollst du mit Umm Kulthum wohnen.«

»Betrachtet ihr uns Chuzaa-Beduinen noch als eure Freunde oder nicht, möchte ich wissen«, polterte Scheich Budail.

»Wir betrachten euch als unsere Verbündete, Budail, das ist wohl mehr«, sagte Abu Bekr.

»Wenn du das meinst.«

Abu Bekrs Persönlichkeit machte auf Budail sichtlich Eindruck.

»Wir sind Freunde der Chuzaa«, erklärte Omar.

»Und was ist mit den Kinana?« fragte Budail mehr im Ton eines Angriffs als einer Frage.

»Die Beute, die Ghalib ibn Abdallah ihnen abgenommen hat, spricht nicht für unsere Freundschaft mit den Kinana«, meinte Omar. »Erzähl also lieber, was geschehen ist, ehe du auf uns schimpfst. Vorläufig wissen wir Gläubigen von nichts.«

Und dann kam es heraus, daß die Kinana, die mit den Chuzaa in Feindschaft lebten, mit Mekka ein Bündnis eingegangen seien und bei einem Überfall auf nichtsahnende Chuzaa eine Reihe von ihnen getötet, die Mekkaner aber ihrem neuen Bündnis mit den Kinana gemäß sofort Waffenhilfe geleistet hätten.

»Und wer leistet uns Hilfe?« ergrimmte sich Budail. »Ihr habt ja euern zehnjährigen Waffenstillstandsvertrag mit Mekka.«

»Einen Augenblick, Budail!« bat Abu Bekr. »Ich glaube, der Gesandte Gottes möchte dich etwas fragen.«

»Ich weiß«, begann Mohammed, »viele der Chuzaa haben den Islam angenommen und sind unsere Mitgläubigen; aber der Chuzaa-Stamm hat sich in unserm Bündnisvertrag nicht dazu verpflichtet. Es ist auch nicht von ihm verlangt worden und wird auch jetzt nicht von ihm verlangt. Vertrag ist Vertrag. Freiwillig könnte dagegen der ganze Chuzaa-Stamm dem Islam beitreten. Glaubst du, daß er dazu bereit wäre, Budail?«

»Würde der Stamm dann Waffenhilfe erhalten?«

»Das ist kein Fall eines Handels. Über die Waffenhilfe werden wir uns bereden, Budail. Berate du dich inzwischen wegen des Islams, mit wem du willst.«

»Ich werde mit Aischa sprechen«, sagte Budail.

»Die Lage ist schwierig, aber für uns nicht ungünstig. Mit der mekkanischen Waffenhilfe für die Kinana ist die große Masse der Mekkaner – sind nicht einmal alle Einflußreichen einverstanden. Eine Reihe von ihnen soll sich von Suhail und seinen Freunden zurückgezogen haben. Mit etwas Geschicklichkeit wird man Mekka dazu bringen, daß es die Kinana zum Frieden mit den Chuzaa veranlaßt.«

»Du bist also auch der Meinung, daß Mekka den Waffenstillstandsvertrag gebrochen hat?« fragte Mohammed.

Abu Bekr erschrak.

»Das habe ich nicht sagen wollen!«

»Das hast du nicht gewollt. Ich glaube dir, mein Freund. Aber gesagt hast du es, also auch gemeint.«

»Aber das können wir doch ändern!« rief Abu Bekr.

»Es fragt sich nur, ob wir wollen. In Hudaibija, Abu Bekr, wo mancher Gläubige von hohen Verdiensten an mir zweifelte, hast du mir blind vertraut. Ich habe es nicht vergessen.«

»Heute sieht jeder ein, wie recht du hattest!«

»Dann höre mich geduldig an. Auch dieses Mal.«

»Allah möge mir vergeben, was ich in Hubaidija sagte«.

»Er ist der Barmherzige. Er hat dir vergeben, Omar«, beschwichtigte Mohammed. »Daß sich unsere Wallfahrt günstig für uns auswirkte, sehen alle ein. Nun aber begreift auch, daß es sein Bewenden dabei nicht haben kann. Wir haben unseren Gottesdienst ausgeübt – für drei Tage. Das räumen die guten Handelsleute von Mekka auch allen Heiden, zu welchen Göttern sie sich immer bekennen mögen, ein. Für drei Tage haben wir die Kaaba zum Haus Allahs machen können – nicht mehr. Allah ist gnädig und barmherzig; aber er läßt seiner nicht spotten. Darum sandte er uns den Bruch des Waffenstillstandes durch Mekka. Weil wir dadurch das Recht auf die Eroberung Mekkas bekommen, tat er das. Kein Ungläubiger darf künftig Mekka und sein Gebiet betreten. Kein Götzenbild, kein Götzenstein darf unzertrümmert bleiben. Die heilige Stadt muß für alle Zeiten vom Heidentum gereinigt werden.«

Mohammed spürte, wie seine Worte in seine Freunde eindrangen, auch in Abu Bekr.

»Und jetzt ist Budail bei Aischa. Du hast ihn selbst zu ihr geschickt«, stammelte er.

»Denk an die Stunde von Aischas Geburt«, rief Mohammed, »und frage dich, ob deine Tochter Allah nicht nahestehe! Ich möchte den ganzen Chuzaa-Stamm bei der Eroberung Mekkas dabei haben, aber nicht einen einzigen Ungläubigen. Und auch alles, was sich uns sonst noch anschließen sollte, sei willkommen, wenn er sich zu Allah, dem Alleinigen, und zum Gesandten Allahs bekennt.«

»Wieviel Krieger glaubst du aufbringen zu können?« fragte Omar.

»Zehn- bis zwölftausend, davon zehntausend gegen Mekka.«

Mohammed schlug die Augen auf. Er fühlte sich auf Allahs Wegen.

Salman, Aischas persischer Sklave, hatte seit dem Anwachsen von Mohammeds Harem schon oft gedacht, daß er bald ebenso und mehr beschäftigt sei wie ein byzantinischer Verschnittener, als Damenmasseur, Bademeister oder mit andern Obliegenheiten, die ihm in Konstantinopel allerdings den schönen Titel eines Engels eingetragen hätten. Dafür habe er in Medina nur die zusätzlichen Sorgen für das Beschaffen von Lippenstiften, Schminken, Parfüms, von Henna zum Färben von Haaren und Nägeln, nicht zuletzt der Fußnägel; daß ihm in letzter Zeit noch ein regelrechter diplomatischer Dienst aufgebürdet werde, sei eigentlich gegen jede Billigkeit.

Und dies waren nun gar noch Boten der berüchtigten Sulaim! Als ob man in Medina vergessen habe, daß eine ganze Kampfgruppe der Gläubigen von diesen Unmenschen aufgerieben worden sei, deren Witwen und Waisen noch immer – meist unversorgt – ihr Schicksal in Medina betrauerten. Jetzt wandte er sich an die beiden Gesandten.

»Du bist Scheich Abu Rafi ibn Sallam.«

»So sagte ich.«

»Und du bist Abu'l-Ala, Scheich bei den Sulaim.«

»So sagte ich.«

»Dann folgt mir. Aber verlaßt die Polster nicht, die ich für euch aufgestellt habe, und nähert euch unter keinen Umständen der Wand.«

»Die beiden Scheichs der Sulaim, Abu Rafi ibn Sallam und Abu'l-Ala, wünschen, mit der Mutter der Gläubigen, der Herrin Aischa bint Abu Bekr, in Ehrerbietung zu reden«, verkündete Salman nicht ohne Feierlichkeit, worauf die beiden Gäste auf dem Polster vor der Seidenwand Platz nahmen.

Sie hätten damit ebensogut auch noch warten können; denn als die kahle Wand nach geziemender Pause die Gewährung des Anliegens tönte, rutschten sie nach vorn auf ihre Knie und verbeugten sich, bis sie mit ihren Stirnen den Teppich berührten.

Das war gar nicht die Art von Beduinen. Bei betenden Gläubigen, die es bereits in ihrem Stamm gab, hatten sie es jedoch gesehen, und so glaubten sie, damit den Eindruck von erfahrenen, gebildeten Männern zu erwecken.

Das hinderte jedoch den Gong nicht, aus dem Nebenraum zu erschallen, nur ein Schlag auf das Metall. Für Salman war es das Zeichen zu verschwinden. Er verneigte sich einmal – wie es schien – gegen die leere Wand und dann noch einmal vor den Beduinen, die allein zurückblieben.

»Ich bin die Mutter der Gläubigen, die ihr zu sprechen wünschtet«, erklang die Stimme Aischas.

Damit wurde die Wand zu einem lichtdurchlässigen Vorhang, hinter dem der Schatten Aischas sichtbar wurde.

»Bleibt sitzen«, sagte sie. »Wenn ich einen von euch näher haben möchte, werde ich ihn darum bitten. – Jetzt laßt mich erst einmal das Begehren des Stammes Sulaim wissen.«

»Unser Stamm möchte einen Bündnisvertrag, wie die Chuzaa ihn haben, und wir sollen die Bedingungen des Gesandten Gottes erfragen«, begann Abu Rafi, und er fügte mit unverkennbarem Selbstbewußtsein hinzu: »Der Stamm ist sehr zahlreich, mußt du wissen.«

Diese Prahlerei nahm Aischa als etwas Selbstverständliches hin. Nach ihren Erfahrungen erwartete sie von Beduinen nichts Unmögliches. Sie wußte, daß die Erwähnung der Stammesstärke zugleich ein Hinweis auf die Niederlage der Gläubigen war; aber der Wunsch der Sulaim nach einem Bündnis bewies auch, daß sie freundschaftliche Beziehungen für weit vorteilhafter und wahrscheinlich auch für sicherer hielten. Es komme nur auf die Bedingungen an, dachte Aischa. Man müsse die beiden erst so lange reden lassen, bis sie eine Blöße zeigten.

»Junge Herrin«, fädelte Abu'l-Ala sich ins Gespräch, »ich sehe nicht ein, warum ich einen Umstand nicht berühren sollte, den mein Bruder unerwähnt ließ. Ich meine Safwan ibn Muattal, der bereits seit längerem Gläubiger ist und schon mit den Gläubigen gegen die Mustalik gekämpft hat. Dagegen hat er wie andere Stammesmitglieder auch an dem Zug, der die Gläubigen so viele Tote gekostet hat, nicht teilgenommen. Deswegen war man im Stamm durchaus der Meinung, daß er mit uns als Botschafter nach Medina gehen solle.«

»Dann sag aber auch, warum er nicht wollte«, warf Abu Rafi ein.

»Safwan erklärte, er sei in Medina ungerechterweise beschimpft worden und er werde die Stadt nie mehr betreten. Du siehst also: nicht der Stamm, Aischa ...«

»Gewiß nicht«, gab Aischa zu, »aber ganz verständlich ist mir Safwans Verhalten doch nicht. Der Allwissende und Allgerechte begnadete seinen Gesandten mit einer Offenbarung, die Safwan von jeder Schuld freisprach. Mit allen Ehren würde euer Freund in Medina aufgenommen werden, wie sie ihm und seiner Familie zukommen.«

»Da hörst du es«, sagte Abu Rafi. »Aber Safwan ist eben dein Verwandter, und außerdem hast du einen Narren an ihm gefressen.«

»Sag lieber, wir sind besorgt um den Jungen, sein Vater und ich. Er hätte längst verheiratet sein und eine Familie gründen können. Aber um Mädchen kümmert er sich nicht, und zufrieden ist er auch nicht. Ganz unnatürlich ist das.«

»Tritt einmal näher, Abu'l-Ala«, bat Aischa und trat selbst an den Vorhang heran, »ich möchte dein Gesicht sehen, wenn ich mit dir spreche. – So ist es recht. Du hast das Gesicht eines ehrlichen Mannes, Scheich.«

»Und nun ich dich nahebei sehe, Herrin, weiß ich auch, warum Safwan Medina meidet.«

»Warum?«

»Er hat Angst.«

»Vor Mohammed?«

»Auch das. Denn er ist ein frommer Jüngling.«

»Nun, sonst brauchte er doch vor niemandem Angst zu haben.«

»Doch, Herrin! Vor dir. Eins kommt zum andern, und schließlich hat er Angst vor sich selbst.«

Aischa spürte befriedigt die Wirkung, die von ihr ausströmte. Hinreißend sah sie aus mit ihren roten Locken, den langen Zöpfen und den schwarzen Nachtaugen. Sie trat etwas zurück und verschmolz mit dem Hintergrund.

»Setz dich bitte«, sagte sie. »Ihr solltet Safwan so schnell wie möglich verheiraten, du und sein Vater.«

Abu'l-Ala zuckte die Achseln.

»Vielleicht wäre es möglich, wenn du es ihm befehlen würdest.«

»Ich?« wies ihn Aischa zurück, um auch sofort schon vorzustoßen. »Begreift doch, ihr Scheichs, wie es um euern Stamm in Wirklichkeit steht. Wenn einzelne Mitglieder einem gemeinsamen Unternehmen einfach fernbleiben, dann könnt ihr nie mit Sicherheit über den Stamm, mag er noch so stark sein, verfügen, und wenn ihr auch einmal siegtet, könnte es das nächste Mal ganz anders kommen.«

»Aber wir wollen uns ja euch völlig anschließen, genau wie die Chuzaa. Die haben auch genug Gläubige unter sich, weit mehr noch als wir!« stellte ihr Abu Rafi vor. »Wenn wir, vereint mit den Gläubigen, streiten, wird keiner von uns fernbleiben können.«

»Ihr sprecht von Chuzaa. Nun, ihr kennt Budail, und ihr wißt, was er bei den Chuzaa bedeutet. Sein Stamm will mit uns gemeinsam Mekka erobern.«

»Und wir? Uns wollt ihr nicht mit dabei haben?« riefen Abu Rafi und Abu'l-Ala.

»Nur, wenn ihr, genau wie Budail, mit euerm ganzen Stamm den Islam annehmt!«

Eine Pause entstand.

»Und dazu hat sich Budail verpflichtet?« fragte Abu'l-Ala fast schüchtern.

»Er sah es ein. Kein Ungläubiger kann künftig mit uns gemeinsam kämpfen.«

»Aber wir müssen unsere Leute doch erst dafür gewinnen«, wandte Abu Rafi ein. »Der Gesandte Gottes könnte uns doch wenigstens ein Jahr Frist geben?«

»Nicht einen Tag, nicht eine Stunde.«

Ala seufzte.

»Aischa, ich glaube, ich habe ebenfalls Angst vor dir.«

»Das ist das Beste, was du haben kannst, mein Abu'l-Ala«, meinte Aischa gelassen.

Und dann kamen sie nach ebenso langem wie vergeblichem Feilschen zum Schluß.

Die beiden Scheichs waren gekommen, Mohammeds Bedingungen zu erfragen. Aischa diktierte sie ihnen: Übertritt des gesamten Stammes Sulaim zum Islam. Oberbefehlshaber der Sulaim wird der berühmte Chalid ibn al-Walid. Ob Beute gemacht wird oder nicht, bestimmt Mohammed. Alle Sulaim werden gleichberechtigte Gläubige.

Aischa war zufrieden.

Sie wußte die Kampfkraft des starken Stammes zu schätzen.

Ein Gongschlag beschloß die Sitzung.

»Wer bist du? Und was willst du bei mir?«

Sehr freundlich war der Ton der Frage gerade nicht. Zur Freundlichkeit fühlte sich die junge Frau, die in ihrer Wohnung einen fremden Mann auf ihren Polstern vorfand, auch nicht angeregt. Es waren die heißen Stunden des Tages, und als das männliche Geschöpf sich aufrichtete, tat es das mit allen Anzeichen, daß er in einem schönen und festen Schlaf gestört worden war.

»Du bist doch Umm Habiba?« sagte der Mann.

»Das wirst du gleich sehen, wenn ich dich festnehmen lasse! Eindringen in den Harem des Propheten!«

»Ja, erkennst du mich denn nicht, Kind?«

»Oh ..., du bist es, Vater?«

»Sehr groß scheint deine Freude nicht zu sein.«

»Für mich bist du ein Ungläubiger«, versetzte Umm Habiba ungerührt. »Steh auf! Du entweihst die Polster, auf denen der Gesandte Gottes zu liegen geruht. Der Platz ist geheiligt. Hock dich auf den Teppich; aber besser noch wäre, du würdest so schnell wie möglich Medina verlassen. Wie du das machst, ist deine Sache. Ich weiß nur, daß sie dich umbringen, wenn sie dich finden.«

»Vergiß nicht, daß Mohammed einen Vertrag mit Mekka hat!«

»Gehabt hat. Du vergißt die Toten der Chuzaa. Die Chuzaa sind unsere Verbündeten. Gegen sie habt ihr die Kinana mit Waffengewalt unterstützt und seid den Gläubigen kriegerisch entgegengetreten. Damit hat Mekka den Waffenstillstandsvertrag von Hudaibija gebrochen!«

So, wie Umm Habiba das sagte, kalt und glasklar, bekam Abu Sofjan einen Begriff von Mohammeds Entschlossenheit. Er dachte jetzt wirklich an die Toten der Chuzaa, und seine eigene Lage schien ihm nicht mehr ganz ungefährlich zu sein.

»Wie bist du überhaupt zu mir gekommen?«

»Ich ging zuerst zu Aischa, aber die war nicht zu Hause.«

»Es ist heute viel Betrieb in Medina«, erklärte Umm Habiba.

»Immerhin traf ich dort ein Mädchen. Hamna nannte sie sich. Aischas Sklavin, nicht wahr?«

»Nein, ihre Freundin, und im Grunde ist es kein Unterschied, so bedingungslos ergeben ist sie der Aischa. In Wirklichkeit ist Hamna die jüngere Schwester von Zainab, die auch zum Harem gehört.«

»Seltsam!«

»Bei Aischa ist manches seltsam, und wenn du Beziehungen zu ihr hast ... Daß Hamna dich herbrachte, spricht dafür, daß Aischa nicht gegen dich ist.«

»Beziehungen zu Aischa wäre zuviel gesagt.«

»Schade.«

»Ich dachte, du könntest mir eine Unterredung mit Mohammed verschaffen –«

»Das kann ich nicht und tu ich nicht. Bei Aischa ist das etwas anderes. Sie war bisher wenigstens für eine Verständigung mit dir. Sie war es auch, die meine Ehe mit Mohammed zustande brachte.«

»Und jetzt auf einmal so ganz anders? Das begreife ich nicht.«

»Wenn die Hochzeit mit Maimuna in Mekka stattgefunden hätte ...«

»Und darüber ist er wütend, meine Tochter?«

»Sehr wütend.«

»Ich kann doch auch nicht so, wie ich will. Du glaubst nicht, wie man mich in Mekka beargwöhnt. Und dann machen diese Esel das mit den Kinana!«

»Abu Sofjan, mein Vater! Helfen kann ich dir nicht und will ich dir nicht. Wenn du jedoch das tust, was ich dir jetzt sage, dann brauchst du auch keine Hilfe. Von der Mutter weiß ich soviel wie du. Aber ich weiß auch, daß du keine Angst vor ihr hast. Du bist ein reicher Mann und bist ein vornehmer Mann. Warum willst du dich von den Krämern in Mekka abhängig machen? Das ist allmählich deiner unwürdig geworden. Du glaubst ja selbst nicht mehr daran, daß sich Mekka in seiner bisherigen Stellung behaupten kann. Denk an dich selbst, an deine Familie, an meinen Bruder Muawija, der schon bei Uhud in der Reiterei gekämpft hat. Tue gleich, was du doch tun mußt. Wenn Mekka erst die heilige Hauptstadt des Islams ist, wird der Machtbereich der Gläubigen einen Umfang haben, wie ihn Arabien nie sah. Schon jetzt gehen unsere Pläne über Arabien hinaus. Warum willst du einigen eigensinnigen Dummköpfen Einfluß auf dein Schicksal und das deiner Familie einräumen, wenn du in einem Großstaat alles haben kannst: zu deinem Reichtum neues Geld, eine Position, wie sie dir zukommt, und alle nur erdenklichen Ehren, die du auf deine Nachkommen vererben kannst. In Mekka fürchten viele, du könntest den Islam annehmen. Tu es wirklich, tu es jetzt. Es ist ganz leicht. Du brauchst nur zu sagen: Es gibt keinen Gott außer Allah, dem Allwissenden, Allgerechten. Und Mohammed ist Allahs Prophet.«

»Ich möchte ja gern, Umm Habiba, aber, verzeihe mir bitte, daß dein Mohammed ausgerechnet der Gesandte des allmächtigen Gottes sein soll, das kann ich einfach nicht glauben.«

»Mir genügt es, daß ich es weiß. Aber wenn du nicht glauben kannst, dann glaub es nicht. Die Formel kannst du deswegen doch sagen.«

»Nun ja, vielleicht hast du recht, mein Kind. Schließlich bin ich Politiker.«

XXXIII

Mohammed stellte eine Kriegsmacht auf, wie sie die Gläubigen bisher noch niemals gesehen hatten; aber er tat alles, um sein Kriegsziel zu verbergen. Unter Anführung des Abu Katada sandte er eine stattliche Kriegerschar nach Batn Idam, nördlich von Medina an der Straße nach Syrien. Er selbst brach im Monat Ramadan des Jahres acht auf. Sein Heer bestand aus Emigranten, den Muhadschirun, den medinensischen Gläubigen, den Ansar, ferner aus Beduinenstämmen, die den Islam angenommen hatten. Es erreichte die Stärke von zehntausend Mann. Zuletzt lagerte das Heer in Marr Zahran, ganz in der Nähe von Mekka. Daß der Heereszug ihnen selbst galt, glaubten die meisten Mekkaner nicht. Viele von ihnen dachten, Taif sei Mohammeds Ziel.

Die mekkanische Kriegspartei war sehr zusammengeschrumpft. An ihrer Spitze standen noch immer Abu Dschahls Sohn Ikrima, Safwan ibn Omaija und Suhail ibn Amr. Manche der früher oft genannten Persönlichkeiten sagten sich von ihrer Politik los. Bei Abu Sofjan erwies es sich, daß dessen Unterredung mit seiner Tochter Umm Habiba nicht vergeblich gewesen war. Er ließ sich von den Mekkanern, die den Kampf vermeiden wollten – und das war allmählich die Mehrzahl geworden –, zusammen mit Hakim ibn Hizam beauftragen, Mohammeds Absichten zu erkunden.

Auch Mohammeds Onkel, das Haupt der Haschimiten, al-Abbas, hielt die Zeit für gekommen, sich öffentlich zum Islam zu bekennen. Er übernahm es, die beiden Beauftragten mit sich zu nehmen und sie bei seinem Neffen einzuführen. Die beiden folgten al-Abbas in Mohammeds Zelt und huldigten ihm als dem Gesandten Gottes.

Vom gleichen Augenblick an behandelte Mohammed seine neuen Anhänger mit allem Vertrauen, das Gläubige nach dem Versprechen des Propheten von ihm erwarten durften. Er schickte sie nach Mekka zurück, um die Bewohner zu beruhigen, die sich von einem Meer von Lagerfeuern umgeben sahen und sich diesen Anblick endlich richtig deuten mußten. Furchtbebend, aber nicht ganz ohne Hoffnung vernahmen sie den Befehl, alle Haustüren geschlossen zu halten, wenn nicht, so doch in Abu Sofjans oder Hakims Haus Schutz zu suchen. Wer das tue, solle an seinem Leben und an seinem Eigentum geschützt sein.

Unmittelbar darauf gab Mohammed den Befehl zum Einmarsch. Az-Zubair besetzte die Oberstadt von Mekka, während Chalid ibn Walid in die Unterstadt einmarschierte, auch mit dem Befehl, nur die anzugreifen, die sich zur Wehr setzen würden.

Chalid stand an der Spitze der Beduinen, vor allem der Sulaim. Die Führung des Hauptheeres übernahm Mohammed selbst. Das Einrücken in die Oberstadt ging ohne einen Schwertstreich vor sich. Nur Chalid stieß auf einen kleinen Haufen kriegerisch Gesinnter, die aber schnell zerstreut wurden. Freilich gab Mohammed den Befehl, einige wenige Männer und Frauen zu töten, doch selbst von diesen wurden die meisten später begnadigt. Die Eroberung Mekkas verlief nahezu unblutig. Das war durchaus nicht selbstverständlich.

Für die Krieger, besonders die Beduinen, hätte die Erlaubnis zu Plünderung und Totschlag nicht zweimal gegeben zu werden brauchen. Daß statt dessen das Verbot kam, war für die Beutelüsternen eine Enttäuschung, eher schon eine Beeinträchtigung ihres natürlichen Rechtes, und es war ein Beweis von Mohammeds Autorität, daß sein Heer keinen Ungehorsam wagte und sich lieber mit künftigen Beutezügen tröstete.

Um so unsinniger erschien es, daß Abu Sofjans Gattin Hind wie eine Furie raste. Hinterher empfand sie es fast als Beleidigung, daß Mohammed, den sie so oft durch Wort und Tat beschimpft hatte, keinen Todes-, nicht einmal einen Verbannungsbefehl gegen sie erließ und sie sich mit dem Befehl ihres Mannes, sich ruhig zu verhalten, begnügen mußte. – Zur Vernunft zurückgekehrt, nahm sie später ebenso wie Abu Sofjan den Islam an.

Der für die Mekkaner so glimpfliche Ausgang der Eroberung ihrer Stadt war lediglich Mohammeds milder Gesinnung zu danken. Das Gefühl des Arabers für Familie und Heimat war in ihm doch stärker als der Haß, zu dem er allen Grund gehabt hätte.

Aber es konnte auch gar nicht anders sein; denn Mohammed verlangte von seinen Gläubigen das genaueste Gegenteil von allem, was für die Araber seit vielen Jahrhunderten und länger bestimmend und heilig gewesen war: die Sippe und der Stamm. Jetzt ging die Bruderschaft aller Gläubigen jeder Blutsverwandtschaft vor, und über allem stand der Islam mit dem Gesandten Gottes an der Spitze als höchste Macht. Es gibt keinen Gott außer Allah. Ohne den Glauben an einen allmächtigen Weltschöpfer wäre das nicht möglich gewesen.

Seinen Einzug in Mekka hielt Mohammed auf seinem weißen Kamel Badu-Hawa. Nach kurzem Aufenthalt führte er den Tawaf aus und berührte dabei, wie im Vorjahr, den schwarzen Stein mit seinem Stabe. Den Schlüssel zur Kaaba ließ er mit der Würde des Bewahrers dem Othman ibn Abu Talha, und den Abbas belehnte er mit dem Sikaja, dem Recht, die Pilger mit Wasser zu versehen. Sonst aber wurden alle Vorrechte aufgehoben.

In einer Forderung des Islams jedoch wäre er auch dann unerbittlich geblieben, wenn es jemand gewagt hätte, ihn um Nachsicht zu bitten: Die zahlreichen Götzenbilder in der Kaaba wurden ausnahmslos zerschlagen, dann wurde das Heiligtum von den Trümmern gesäubert. In dieser Frage hat der Islam niemals eine Ausnahme gemacht, angefangen bei den Opferstätten in der Nähe von Mekka bis zu den fernsten Kulteinrichtungen der arabischen Halbinsel. Das gleiche erfuhren Kirchen, die in Moscheen umgewandelt wurden, getreu dem ursprünglichen Gebot der Offenbarungsreligionen: Du sollst dir kein Bildnis machen noch irgendein Gleichnis!

Dann erst hörte Mekka die zum Gebet rufende Stimme des Muezzins Bilal, des Abessiniers. Nicht allen gefielen diese Laute, doch Abu Sofjan meinte nur:

»Ich will nichts darüber sagen; denn selbst die Steine an dieser Stätte würden meine Worte an Mohammed verraten.«

Was konnte Abu Sofjan auch mehr verlangen? Mohammeds Entgegenkommen gegenüber der alten Herrenschicht war so groß, daß sie sich ganz von selbst beeilte, den vordem so sehr bekämpften Islam anzunehmen. Ein gleichberechtigter Gläubiger zu sein brachte mancherlei Vorteile mit sich, und so waren die Gründe des Bekehrungseifers denn auch meist ziemlich durchsichtig. Aber den breiten Massen erleichterte das Beispiel der Vornehmen, denen sie immer zu folgen gewohnt waren, dennoch die Annahme des Islams. Daß sie sonst freilich nicht in Mekka bleiben konnten, war für alle wohl das stärkste Argument.

Nur wenige verließen freiwillig die Stadt.

Der Sieg war vollkommen, wie die hundertundzehnte Sure des Korans bezeugt:

Da Allahs Hilfe und der Sieg gekommen ist,
Und da du die Menschen scharenweise in Allahs Religion
eingehen siehst,
So singe deines Herrn Lob
Und rufe ihn um Vergebung an; denn er wendet sich nicht ab.

Nach dem Tawaf und den anschließenden Zeremonien sprach Mohammed zum mekkanischen Volk. Mekka und sein Gebiet wurde für gebannt und unverletzlich erklärt. Gleichzeitig wurde Allahs Lossagung von den Ungläubigen erneuert. Kein Ungläubiger dürfe ein Bethaus Allahs und vor allem natürlich die Kaaba betreten oder sich in Mekka aufhalten. Gottes Bethäuser und sein Land dürfe nur der besuchen, der an Allah und den Gerichtstag glaube, der das Gebet halte, die Almosen bezahle und nur Gott fürchte.

So groß Mohammeds Macht auch war, so blieben ihm Schwierigkeiten dennoch nicht erspart. Die Bevorzugung der Neubekehrten verdroß die Altgläubigen, insbesondere die aus Medina. Die Medinenser fürchteten, daß Mohammed in seiner Vaterstadt Mekka bleiben und sie verlassen könne. Um sie zu beruhigen, bedurfte es erst einer öffentlichen Erklärung, daß er mit ihnen leben und bei ihnen sterben wolle.

Zur Erhärtung seiner Erklärung ordnete Mohammed an, daß der kleine Gebetsraum, den er sich für Regentage in seinem Dar hatte errichten lassen, zu einer Moschee für die Gläubigen in Medina erweitert werde, und zwar in Verbindung mit dem vergrößerten Haus Aischas. Für ihn selbst solle der Eintritt in die Moschee von ihrem Haus durch einen Vorhang erfolgen.

Tatsächlich blieb er nach der Eroberung nur noch zwei Wochen in Mekka.

Er war sich wohl bewußt, daß Allah ihn habe siegen lassen, daß er aber für die Zeit, die er noch zu leben habe, nie mehr aus dem Kriegszustand herauskommen würde, und genauso werde es seinen Nachfolgern gehen. Daher ließ er das Heer sich gar nicht erst auflösen, als er seinen Zug gegen Taif begann.

Im Gegensatz zu Medina, das fast mehr eine parkähnliche Landschaft, und Mekka, das sich als eine offene Stadt behauptete, war Taif stark mit Ringmauern und Türmen befestigt.

Der erste Zusammenstoß fand auf freiem Feld statt. Unter der Leitung des Auf ibn Malik hatte ein großes Beduinenheer im oberen Fatimatal Lager aufgeschlagen. Hinter dem Heer stellten sie gewohnheitsgemäß als Ansporn ihre Frauen und hinter den Frauen ihre Herden auf. Ob sie nun siegen oder geschlagen würden, war das in strategischer Hinsicht so unglücklich wie nur möglich. Aber der alte, blinde Duraid ibn as-Simma, der dagegen Einspruch erhob, wurde von dem jungen dreißigjährigen Häuptling zum Schweigen gebracht.

Mohammeds Streitmacht zählte zwölfhundert Mann, darunter zweihundert neubekehrte Mekkaner. Der Prophet ließ sein Heer nach dem gefährlichen, von Klüften und Schluchten durchschnittenen Honaintal vorrücken. Hier gerieten die Gläubigen in einen Hinterhalt. Die Sulaim wichen zurück und rissen die Mekkaner mit sich, die nicht übel Lust zeigten, die Flucht bis nach Mekka auszudehnen. Die Lage war im höchsten Grade gefährlich.

Da scharten sich Abu Sofjan und Suhail, zusammen mit den nächsten Freunden, wie Ali, Omar, Abu Bekr und Mohammeds Milchbruder Abu Sofjan ibn al-Harith, um den Propheten.

»Oh, ihr Helfer Allahs und seines Gesandten! Ich bin Allahs Diener und Bote, ich halte stand!«

Mit diesem Ruf brachte Mohammed die Gläubigen zur Besinnung. Später nahm die neunte Sure auf diesen Tag Bezug.

Wahrlich, schon half euch Allah auf vielen Kampfgefilden
Und am Tag von Honain,
Als ihr stolz waret auf eure Menge.
Doch sie frommte euch nichts,
Und eng ward euch die Erde bei ihrer Weite.
Alsdann sandte Allah seine Gegenwart auf seinen Gesandten
Und auf die Gläubigen nieder
Und sandte Heerscharen herab, die ihr nicht sahet,
Und strafte die Ungläubigen.

Nach der Schlacht schickte Mohammed die erbeuteten Frauen und Herden über Nachla ins Dschirana-Tal, während der Häuptling Auf ibn Malik in Taif Zuflucht suchte.

Nachdem die überwundenen Hawazinstämme sich zum Islam bekannt hatten, wurden ihnen die Frauen allerdings zurückgegeben.

In der Hauptsache beschloß Mohammed damit fürs erste seine

direkte Einwirkung auf die kriegerischen Ereignisse. Als oberster Kriegsherr des Islams konnte er sich der Verteilung der Beute freilich nicht entziehen. Es war diesmal eine höchst undankbare Aufgabe. Die große Ungerechtigkeit, die er dabei beging, hielt er für die Ausbreitung des Islams für notwendig, aber sie war für ihn fast noch schmerzlicher als seinerzeit die Meinungsverschiedenheiten mit vielen Gläubigen zu Hudaibija. Wiederum mußte er auf die feste Bindung der alten Glaubens- und Kampfgefährten an seine Person vertrauen, was nicht überall ganz gelang, wenn auch ein großer Teil von ihnen sich zu Opfern bereit erklärte und am Ende mit seinen Entscheidungen zufrieden war.

»Vertrautmachung der Herzen« nannte Mohammed die offenbare Ungerechtigkeit, daß unter anderem die Sulaim und die neugläubigen Mekkaner, die als erste geflohen waren, höher belohnt wurden als die bewährten und zuverlässigen Altgläubigen.

Mohammed erkannte, daß seine neuen Anhänger, die weniger aus religiöser Überzeugung als aus Gewinnsucht zu ihm gestoßen waren, durch kein anderes Mittel so schnell dem Islam verbunden werden konnten.

Aber er sah auch, daß die Umma, die Gemeinde, die er zuerst in Medina angestrebt und zu einem guten Teil auch erreicht hatte, über ihre Grenzen hinausgreifen, daß der Islam zur Entstehung eines mächtigen Reichs führen müsse. Das jedoch konnte nicht in Honain oder vor Taif geschehen, sondern nur von Medina ausgehen, dem Machtzentrum der Gläubigen. An dem Punkt war der Islam am härtesten zu treffen. Dort waren noch seine alten, geheimen Feinde, die Munafikun, die Unzuverlässigen, am Werk, dort war die Unzufriedenheit mit der Beuteverteilung am größten.

Dorthin gehörte der Gesandte Gottes – und dorthin ging Mohammed.

Seine Überlegungen erwiesen sich als richtig. Taif schloß sich freiwillig dem Islam an. Mit seiner Erstürmung hätte man im besten Fall nur Zeit vergeudet.

Immerhin zeigte das Beispiel von Taif, daß mit der Eroberung von Mekka dem Islam nicht ohne weiteres alle Widersacher zufielen. Das mochte damit zusammenhängen, daß er nunmehr eine siegreiche statt eine leidende Religion geworden war. Auch waren die Anhänger so zahlreich geworden, daß Mohammed sich nicht mehr so wie früher als Herr über die Herzen der Gläubigen fühlen konnte.

Von nun an hatte Mohammed, zumindest was seine neuen Anhänger betraf, statt begeisterter Hingabe nur noch Gehorsam als das Haupt eines politischen Gebildes zu erwarten. Er konnte verlangen, was zu erzwingen er in der Lage war.

Es war für den Islam zweifellos an der Zeit, die angrenzenden Großstaaten anzugreifen. Den geringsten Widerstand hätte Mohammed wahrscheinlich in Persien gefunden, das sich seit dem Ende Chosraus II. in voller Auflösung befand. Wenn auch der Dynastie der Lachmiden die Stadt und das Gebiet Hira gehörte und Bahrain immer noch persisch war, so lagen diese Länder doch zu weit entfernt, um den Islam dort im Gegensatz zu den andern Offenbarungsreligionen als die einzig vollkommene durchsetzen zu können. Die Bevölkerung bestand aus Christen, Juden und persischen Magusiern. An ihren Religionen hielten sie fest. Doch Mohammed verlangte nicht die Aufgabe ihrer – nach seiner Lehre – unvollkommenen Religionen, sondern begnügte sich mit der Anerkennung seiner Oberherrschaft durch Tributzahlung.

In der neunten Sure hieß es im neunundzwanzigsten Vers:

> Bekämpft die unter den Schriftbesitzern,
> Die nicht an Allah glauben
> Noch an den Jüngsten Tag
> Und nicht heiligen, was Gott und sein Gesandter
> geheiliget hat,
> Bis sie Tribut zahlen und gedemütigt werden.

Nicht einmal die verhaßten Juden waren ausgenommen, wenn er ihnen die Christen auch vorzog.

Besonders in Südarabien und Hadramaut, wo infolge der größeren Entfernung vom Machtzentrum die Herrschaft der persischen Behörden noch weniger anerkannt war, hatte die Methode, Gehorsam und Tribut statt das Eingehen in den Glauben zu fordern, einen großen Erfolg. Man konnte Mohammed ohne Übertreibung als den politischen Herrn Arabiens bezeichnen.

So war es denn auch nicht verwunderlich, daß nach und nach eine ganze Reihe arabischer Dichter und früherer Gegner den Anschluß an ihn suchten, unter ihnen besonders Kaab, der Sohn des berühmten Zuhair, des Meisters der Hikma, einer Sammlung moralphilosophischer Sentenzen. Nach der Eroberung Mekkas wurde Kaabs

Furcht so groß, daß er eine glänzende Kasida auf Mohammed dichtete, als einem Licht, bei dem man Erleuchtung suche, und einem gezogenen Schwert unter Allahs Schwertern.

Das war ein Triumph für den Propheten, der sich denn auch so edelmütig zeigte, den Sänger mit dem ehrenvollen Geschenk seines eigenen Mantels auszuzeichnen. Auch sonst ist zu gleicher Zeit kein Fall einer Rache des Propheten an alten Widersachern unter den Dichtern bekannt geworden.

Die Geschichte des Kaab blieb nicht allein. Auf einem Zug des Ali gegen die Taijiten wurde nicht nur das Standbild des Gottes Fals zerstört, sondern auch Gefangene gemacht, unter ihnen eine Tochter des Dichters Hatim. Sein Sohn Adi entkam, der Tochter aber gab Mohammed die Freiheit und die Möglichkeit, zu ihrem Bruder zu reisen, den sie überredete, sich zum Islam zu bekennen. Nicht viel später traf eine taijitische Gesandtschaft in Medina ein, durch die sich der ganze Stamm Mohammed unterwarf.

In mancher Hinsicht war die Eroberung Mekkas wie eine Ernte, die der Prophet nur einzusammeln brauchte. Doch überflüssig war es deswegen nicht, daß er sich aus dem Felde nach Medina zurückgezogen hatte, dem Mittelpunkt und Machtzentrum des Islams. Es gab wohl Gläubige, wie Abu Bekr, Ali, Omar und andere, die der Überzeugung waren, der gottesfürchtigste sei zugleich der adeligste Gläubige, und die danach handelten. Diese Treuesten der Treuen nahmen alle Folgen der Vertrautmachung der Herzen gleichmütig hin. Aber der Natur der Araber entsprach eine so vollkommene Uneigennützigkeit durchaus nicht, zumal dann nicht, wenn sie die zu Unrecht Begünstigten, stolz auf ihren neuen Reichtum und womöglich noch durch ihn überheblich gemacht, sich vordrängen sahen. Genug Unzufriedenheit gab es also in Medina, die noch von den Munafikun geschürt wurde, denen ihre vornehme Abstammung wichtiger als der Islam war und die in Mohammed den Tyrannen von Medina und nicht den in mehr als einer Beziehung notwendigen Emir sahen.

Vielleicht waren es sogar diese unstreitig vorhandenen Unstimmigkeiten, die Mohammed veranlaßten, einen Feldzug gegen Byzanz feierlich zu erklären, ohne wie sonst das Ziel des beabsichtigten Kriegszuges zu verheimlichen. Der Bedarf an Kriegern war weit größer als das Aufgebot für die Eroberung von Mekka, und so konnte er wohl damit rechnen, die Unzufriedenen durch neue Aufgaben von ihren Beschwerden abzulenken.

Die Teilnahme der Beduinen war auch leichter als bisher zu erreichen. Sie rechneten offenbar auf eine großzügige Berücksichtigung bei der Beuteverteilung, zugleich jedoch dämpfte ihr großer Respekt vor der byzantinischen Kriegsmacht ihren Eifer. Viele versprachen sich von dem tollkühnen Unternehmen nichts Gutes.

Bei Mohammeds treuen Anhängern fand sein Aufruf freilich begeisterte Zustimmung. So gingen Arme, die sich meldeten, weinend fort, weil sie sich nicht selbst ausrüsten konnten, wie es von ihnen gefordert wurde. Ganz allgemein war die Bereitwilligkeit allerdings nicht. Viele fürchteten die lange, beschwerliche Reise in der Hitze so kurz vor der Dattelernte. Der Prophet mußte seine ganze Autorität aufbieten, indem er darauf hinwies, daß das Höllenfeuer für die Säumigen weit heißer sei. So wurde zuletzt doch noch ein Heer aufgestellt, an dessen Spitze er Medina verließ.

Zweifellos war Mohammeds Beharrlichkeit auch darauf zurückzuführen, daß er die Schlacht von Muta im Ostjordanland und den Verlust von Zaid und anderen Freunden und Verwandten nicht verwinden konnte und daß außerdem die Bekehrung der arabischen Stämme Palästinas auch aussichtslos war, solange sie jederzeit bei Byzanz Schutz und Hilfe finden konnten.

So begann denn die Expedition gegen Byzanz, die, gemessen an ihrem eigentlichen Ziel, als mißlungen zu bezeichnen war. Schon kurz nach Beginn der Reise bestätigten die großen Leiden und Beschwerden, daß die Einwendungen der Widerspenstigen keineswegs aus der Luft gegriffen waren. Nur bei Nacht war es möglich, zu marschieren. Um seine Leute vor der schlimmsten Hitze zu schonen, vereinigte der Prophet das Mittags- und Nachmittagsessen. Gleichwohl gab es alle Augenblicke Zwischenfälle und Verluste. Auf diese Weise wurde Tabuk erreicht, eine Oase mit Kornfeldern und Palmenplantagen, die damals die Grenze der byzantinischen Besitzungen in Arabien war. Dies sollte eigentlich der Ausgangspunkt des Zuges sein; aber nach zehntägiger Rast hatten sich Mohammed und seine Ratgeber hinlänglich von der Undurchführbarkeit des Unternehmens überzeugt. Omar leistete seinem Meister wahrscheinlich den größten Dienst, als er zur Umkehr riet, so daß diese Niederlage nicht allein am Propheten hängenblieb. Denn in Wirklichkeit ließ die Stimmung im Heer es nicht ratsam erscheinen, einen Weg zu verfolgen, auf dem die Gläubigen einer Begegnung mit kaiserlichen Truppen gewärtig sein mußten.

An kleineren Erfolgen, an denen besonders Chalid ibn al-Walid beteiligt war, fehlte es dennoch nicht. Sie brachten von Christen und auch Juden die Anerkennung von Tributen und damit willkommene Ausreden, mit denen in Medina die Ehre einigermaßen zu retten war.

Mohammed selbst aber wurde von den Ereignissen stark angegriffen. Gewaltige Strafreden gegen diejenigen, die sich unter verschiedenen Vorwänden der Teilnahme am Kriegszug entzogen hatten, waren nach der Heimkehr die Folge und gipfelten in Offenbarungen, die in den Koran aufgenommen wurden. Kein Wort sprach Mohammed mit den Schuldigen, und den andern Gläubigen verbot er ebenfalls, mit ihnen zu reden. Daß die so Gestraften in Verzweiflung gerieten, bis ihnen endlich nach fünfzig Tagen verziehen wurde, war Mohammeds wirklicher Sieg, bewies dieser Vorgang doch, wie ungeschwächt seine persönliche Macht war. Tatsächlich fand die durchaus nicht ungefährliche Krise in Medina damit ihr Ende.

Als die Zeit für die große Wallfahrt im Jahre neun sich näherte, gab Mohammed noch einmal seinen Anhängern Anlaß, sich zu wundern.

Bei der Eroberungswallfahrt war bereits verkündet worden, daß den Ungläubigen der Aufenthalt in Mekka und dessen Gebiet verboten sein solle. Schon zu Beginn von Mohammeds religiöser Tätigkeit hatten aber die Mekkaner Furcht gehabt, daß der Zugang zu den großen Festen darunter leiden könnte, eine Furcht, die jetzt, nachdem eine so große Zahl von Arabern sich der neuen Religion angeschlossen hatte, viel von ihrer Berechtigung verlor. Für die religiöse Seite der Wallfahrt empfanden freilich nur wenige innere Anteilnahme, desto mehr aber bedeuteten ihnen die Wallfahrten als Handelsmessen und Volksfeste. Mohammed durfte also damit rechnen, daß für seine arabischen Landsleute die Wallfahrten als islamische Gipfelfeste, von denen nur die Heiden ausgeschlossen sein sollten, ein Ansporn zur Annahme des Islams werden würden. Aber zuvor hatte er mit heidnischen Beduinenstämmen noch eine ganze Reihe von Bündnisverträgen, die erst abgelaufen sein mußten, ehe er als der mächtige Prophet den unerbittlichen Krieg auch gegen diese Ungläubigen beginnen konnte.

Die Wallfahrt im Jahre neun der Hidschra würde also in manchem noch an die früheren heidnischen erinnern, was Mohammed – mochten sich seine Anhänger dabei denken, was sie wollten – zu dem folgerichtigen Beschluß veranlaßte, persönlich nicht an ihr teilzunehmen.

Außerdem war es Mohammeds Ziel, seit er Mekka und die Kaaba, das Bethaus des Abraham, zur Kibla der Gebete gemacht hatte, Mekka zum Mittelpunkt des Islams überhaupt werden zu lassen, und das setzte die Festlegung eines Kults voraus, der für viele Jahrhunderte unverrückbar immer der gleiche sein mußte. Für die Gläubigen wurden die Wallfahrt nach Mekka wenigstens einmal im Leben zur Pflicht gemacht. – Nichts durfte also dabei der Willkür überlassen bleiben, für ewige Zeiten sollte es so bleiben wie zu Lebzeiten des Gesandten Gottes.

Noch bei der Eroberungswallfahrt aber war die Eroberung selbst begreiflicherweise das wichtigste gewesen, alles andere und auch der eben erst entstehende Kult war mehr dem Zufall überlassen geblieben.

Nicht einmal führende Gläubige hatten klare und einheitliche Vorstellungen. Einzelne Anhänger empfanden in den geübten Zeremonien noch das Heidnische oder vielmehr die Verfälschungen des ursprünglich reinen Gottesdienstes Abrahams und zeigten sich zuweilen exklusiver als der Prophet. So hatte ein so treuer Freund wie Omar folgende Worte an den schwarzen Stein gerichtet:

»Ich weiß wohl, daß du nur ein Stein bist, der weder nützen noch schaden kann, und hätte ich nicht den Propheten dich küssen sehen, so hätte ich es nie getan.«

Gerade beim schwarzen Stein konnte der Brauch oder auch Mißbrauch von vielen historischen Generationen Mohammed wohl den Wunsch einflößen, durch ihn seiner Religion einen festen Zusammenhalt zu geben. Aber war Omars redlicher Eifer zur Trennung des rein geistigen Erlebnisses Allahs von jeglicher Materie nicht zugleich etwas oberflächlich? Der schwarze Stein war ja gar nicht irdisch, sondern aus dem All auf die Erde gefallen, wobei allerdings die Frage, ob die Erde nicht auch ein Bestandteil des Weltalls sei, nicht aufgeworfen wurde.

Mohammed genügte es, daß er alle Götzenbilder aus der Kaaba oder wo sie sich fanden, auch angebetete Steine, hatte zerschmettern lassen. Nur den schwarzen Stein der Kaaba ließ er nicht seiner Würde berauben. Es läßt sich denken, daß es noch viele andere Punkte gab, wo die Meinungen der Gläubigen, was beibehalten werden solle und was nicht, auseinandergingen, und es ist begreiflich, daß Mohammed eine Übereinstimmung noch vor der Wallfahrt im Jahre zehn anstrebte, um dort den für alle Zukunft unwiderruflich gültigen Kult zum Leben zu erwecken. Es sollte nichts übereilt und auch das Kleinste nicht dem Zufall überlassen bleiben. Das alles erforderte Zeit. Es war also auch eine Zeitfrage, die Mohammed veranlaßte, sich zurückzuhalten, um im Jahre zehn eine einwandfrei heilige Wallfahrt des Islams in eigener Person anzuführen.

Mit der Führung der Wallfahrt des Jahres neun wurde Abu Bekr betraut.

Nein: Ob die Gläubigen nun begriffen, daß Mohammed sich persönlich von jeglicher Berührung mit Heidnischem fernhalten wollte – was während der Wallfahrt des Jahres neun kaum möglich gewesen wäre –, das mochte dahingestellt bleiben. Gegen die Führung der Wallfahrt durch Abu Bekr hatte keiner etwas einzuwenden. Aufsehen erregte etwas anderes.

Erst nachdem Abu Bekr aufgebrochen war, wurde durch die neunte Sure der »Lossagung Allahs und seines Gesandten von allen Ungläubigen« offenbart und Ali mit einer Abschrift davon nach Mekka gesandt, um sie am Schluß des Festes in Mina vor den versammelten Pilgern zu verkünden:

> Wenn sie sich bekehren, so ist es das beste für sie, aber wenn sie sich weigern, so verkündet ihnen peinvolle Strafe mit Ausnahme der Heiden, mit denen ihr Verträge habt. Bis die Frist abgelaufen ist, sollt ihr die Verträge halten. Nachher aber tötet die Götzendiener, wo ihr sie trefft. Kein Leugner kommt ins Paradies, und kein Götzendiener darf nach diesem Jahr eine Wallfahrt unternehmen und niemand den Tempel nackend umkreisen.

Den durch Verträge geschützten Heiden wurde also eine Frist von vier Monaten gewährt. Die Verkündigung war im Grunde nur eine Wiederholung der bei der Eroberung Mekkas bereits gemachten. Neu war nur das Verbot, den Tawaf nackend zu vollziehen, eine Gewohnheit, die seit Generationen geübt worden war, weil nun einmal viele Anbeter sich auf diese Weise ihren Götzen näher fühlen wollten.

Wenn Abu Bekr als Führer der Wallfahrt die Verkündigung vorgenommen hätte, wäre wohl kein Wort darüber verloren worden. Aber die Verkündigung wurde von Ali verlesen. Abu Bekr beklagte sich über seine Zurücksetzung, worauf ihn Mohammed auf andere Auszeichnungen, die ihm zuteil geworden seien, hinwies.

Dazu, daß nur ein Mitglied seiner Familie, wie Mohammed behauptete, die Verkündigung habe vornehmen können, äußerte sich Abu Bekr nicht mehr. Er stellte nur der einen Tatsache eine andere gegenüber: Er ließ von Abu Huraira und einigen anderen in seinem Namen das gleiche, und ebenfalls in Mina, verkünden.

Die Wallfahrt des Jahres neun war für den Islam und damit für den Führer der Wallfahrt ein Erfolg. Der achtundzwanzigste Vers der neunten Sure ging in Erfüllung:

> O ihr, die ihr glaubt, siehe, die Götzendiener sind unrein. Darum sollen sie sich nicht nach diesem letzten Jahr der heiligen Moschee nähern, und so ihr dadurch Armut befürchtet, so wird euch Allah, so er will, aus seinem Überfluß versorgen.

So geschah es fast wörtlich. Bei ihrer Heimkehr aus Mekka machten die Heiden einander Vorwürfe, sagten aber zugleich: Was wollen wir machen, nun, da die Koraischiten von Mekka den Islam angenommen haben, und – bekannten sich selber zum Islam.

Von jetzt ab strömten also nicht nur wie früher Araber aus allen Teilen des Landes, sondern Menschen aus allen Teilen der Welt in Mekka zusammen. Mohammed brauchte es nicht zu bereuen, in Medina geblieben zu sein. Es ging alles nach Wunsch. Nachrichten, die von der Wallfahrt angelangt waren, hatten ihm keine Veranlassung zu Einsprüchen gegeben. Aus Erfahrung glaubte er überdies daran, daß manches sich durch Schweigen von selbst erledige, wenn nur sonst niemand davon ein Aufsehen mache. In diesem Fall genüge es, war er überzeugt, daß er nunmehr wisse, wieweit er sich auf Abu Bekrs gläubige Anpassung verlassen könne, und daß er Ali auf die geringe Wirkung von dessen Versuch, sich in den Vordergrund zu schieben, aufmerksam zu machen in der Lage sei. Wenn Abu Bekr sich nicht gewehrt hätte, wäre Alis Auftreten in Mina überhaupt nicht aufgefallen. Aber auch jetzt nahm fast jedermann an, daß Ali sich auf Abu Bekrs Weisung um die Verkündigung der Lossagung bemüht habe.

Auch sonst geriet dem Propheten alles oder doch das meiste zum besten. Die Übereinstimmung mit den Gläubigen im Hinblick auf die nächste von Mohammed selbst zu leitende Wallfahrt und auf den dabei wahrzunehmenden Kult war gesichert. Für alle Zeiten sollte dieser Kult nach Mohammeds Willen das einigende Band des Islams sein; Abweichungen hätten jedoch zur Sektenbildung und Zersplitterung führen können. Um so willkommener mußte ihm daher die Erkenntnis seiner Autorität und die Zuversicht sein, daß der Weg zu dem großen Ziel gebahnt sei, das er mit Mekka als der Kibla seiner Religion aufgerichtet habe, und daß er im Jahre zehn als Alleinherrscher über das Heiligtum eine heilige Wallfahrt anführen und Allah damit sein Werk krönen werde.

Mohammed hob den Kopf. »Bist du es, Perid?«

»Heute habe ich gekocht«, bestätigte die Tochter des gefallenen Zaid. »Umm Salama bat mich darum. Sie ist nicht da. Sie ist bei deiner Tochter Fatima.«

»Möge sie Freude daran haben.«

»Wer? Fatima oder Salama?«

»Du fragst so, daß man weiß, was du denkst, Perid. Keine von beiden wird Freude daran haben, meinst du?«

»Ich wüßte nicht, wie es anders sein könnte«, sagte Perid seufzend und stellte ihre Schüssel vor Mohammed hin. »Hoffentlich hast du wenigstens Freude hieran. Es ist Hirse, mit Datteln geschmort.«

»Das ist mein Lieblingsessen, Perid. Du weißt es«, sagte Mohammed und versenkte den hölzernen Löffel in die Speise. »Da du mir also etwas Gutes antust, kann ich dich mit unguten Gedanken nicht allein lassen. Was hat Fatima mit ihrer Stiefmutter Salama und Salama mit Fatima vor?«

»Salama hat Verdienste um die Gemeinde der Gläubigen, insbesondere um die in Medina.«

»Stimmt.«

»Wie kann sie also ruhig zusehen, wenn die Tochter des Propheten den Frieden in der Gemeinde stören und Unfrieden entfachen will? Das ist ein Vergehen gegen den Islam, Gesandter Gottes.«

»Es scheint mir, Perid, auch darin habest du recht. Aber Allah ist barmherzig und gnädig.«

»Ist das ein Grund zu einer Freveltat?«

»Wahrlich nicht. Ich sagte es nur, weil Allah sich bereits barmherzig erwies. Die Freveltat zeitigte dem Islam keinen Schaden.«

»Aber sie bleibt, was sie ist.«

»Und mein Gelübde Kadidscha gegenüber, Fatima immer zu lieben, bleibt ein Gelübde.«

»Auch wenn Fatima durch Verleumdungen, die du kennst, dich von Aischa getrennt hätte?«

»Aischa ist meine mir von Allah verliehene himmlische Gattin – ermesse, daß die Trennung von ihr mich von seinem Geschenk, also von einer Gnade Allahs, getrennt hätte.«

»Und trotzdem ...«

»Uns kommt nicht zu, irdischer Sünden wegen mit Allah zu rechten. Des Allmächtigen und Allwissenden höchste Gnade ist es, uns Sünder seinen göttlichen Willen erkennen zu lassen. Allah wollte nicht meine Trennung von Aischa und seiner Gnade, das weiß ich nun; denn er sandte mir seine Offenbarung, und ich brauche mich nicht an meinem Gelübde zu vergehen. Allah ist barmherzig, o Perid.«

»Und wenn du eine Offenbarung hattest, so kennst du Allahs Willen, weil er dir sprach. Kein Gläubiger zweifelt daran, und dieses Wissen macht uns glücklich, Gesandter. Vor dem Zug meines Vaters ins Ostjordanland, auf dem er bei Muta fiel, hattest du aber keine Offenbarung?«

»Eine Offenbarung ist Allahs Wille. Ich weiß nicht, wann eine kommt und ob eine kommt.«

»Auch beten kannst du deswegen nicht?«

»Gebete sind eine Unterwerfung unter Allahs Willen und keine Zwiesprache mit ihm.«

»Also auch wegen des neuen Kriegszuges, den du gegen Byzanz vorbereitest, hattest du keine Offenbarung?«

»Weshalb fragst du?«

»Wenn du eine Offenbarung gehabt hättest, brauchte ich nicht und dürfte ich nicht fragen.«

»Ich hatte keine. Du darfst also fragen.«

»Seit Zaid ibn Haritha, mein Vater, fiel, ist Usama, mein Bruder, mir der liebste Mensch, weil er mit seiner Tapferkeit und Klugheit ihm am nächsten kommt.«

»Der Gottesfürchtigste ist der Adeligste, und so weiß ich keinen Vornehmeren als Zaid. Er war mein Sklave, ich habe ihn freigelassen und dann zu meinem Adoptivsohn gemacht; aber ich habe nie aufgehört, ihm dankbar zu sein für alles, was er in den Jahren für mich tat.

Meine Dankbarkeit ist nicht mit seinem Leben erloschen, das er für den Islam hingab, und Usama ist sein Sohn. Sage mir, was du willst, über Usama, aber nichts, was mich aufhören ließe, sein Vater zu sein. Das könnte nur Allah.«

»Deswegen fragte ich dich nach einer Offenbarung, und du hattest keine.«

»Sag also, was du sagen wolltest, Perid. Du bist eine Gläubige.«

»Bist du von Usamas Fähigkeit für die Stelle eines Heerführers überzeugt?«

»Zaid vertraute seinem Sohn, und so vertraue auch ich ihm.«

»Werden die Gläubigen ihm folgen wie dir selbst?«

»Sie werden ihm als dem Führer folgen, den ich über sie gesetzt habe – noch mehr: Sie werden ihm helfen, den Tod seines Vaters zu rächen, der auch ihr Freund war.«

»Das gilt von den Altgläubigen aus Mekka und auch von den Anhängern aus den ersten Tagen in Medina; aber inzwischen sind viele neue hinzugekommen, die nicht alles so wissen wie wir.«

»Und was sagt man unter den Neuen? Usama ist ihnen zu jung?«

»Du sagst es, Gesandter. Und glaube nicht, daß Usamas Verehrung für dich von deinem Auftrag abhängt.«

»Wenn ich das glauben müßte, wäre Usama nicht Heerführer. Ich weiß, Perid, der Islam hat noch eine Reihe von Befehlshabern, die in Frage kämen, tüchtige, bewährte Generale wie Chalid ibn al-Walid und erfahrene Altgläubige wie Omar und Ali; aber diesen Zug führt Zaid durch seinen Sohn. Wenn ich von der Wallfahrt zurückkomme, kann Usama seine Truppen gesammelt haben.«

XXXIV

Die große Wallfahrt des Jahres zehn unter Mohammeds persönlicher Führung brachte für den Islam als neue Religion wie den Islam als staatliche Macht die endgültig letzten Entscheidungen. Nie mehr ist an den Ergebnissen dieser Wallfahrt jemals etwas geändert worden.

Die Lossagung von den Ungläubigen und die Kriegserklärung an die Ungläubigen waren bereits erfolgt. Kein Ungläubiger hatte an der großen Wallfahrt mehr teilgenommen. Die den heidnischen

Stämmen auf Grund früherer Verträge gewährte Frist war verstrichen. Die mekkanischen Koraischiten aber waren nicht ausgewandert, sondern hatten sich durch Annahme des Islams zur Alleinherrschaft Mohammeds bekannt. Die vordem so einflußreichen, vornehmen Patrizier waren ihren weniger begüterten Mitbürgern darin vorangegangen. Die alten Götzenbilder waren zertrümmert und beseitigt.

Doch der Islam war nicht nur die religiöse Vereinigung von Bekennern. Die Notwendigkeit hatte Mohammed in Medina gezwungen, zielstrebig die Entwicklung der Gemeinde, der Umma, zu festigen, bis der Einfluß der Gläubigen aus dem politischen Machtfaktor immer mehr ein Instrument des Islams gemacht hatte. Der Islam als Religion wurde dadurch das starke Band, das die Umma zusammenhielt und das religiöse Oberhaupt des Islams zum unumschränkten Alleinherrscher eines arabischen Reiches machte.

Längst bestand die Umma bereits aus dem beträchtlichsten Teil Arabiens mit dem klar erkennbaren Zug, sich über die ganze Halbinsel und noch über die Grenzen Arabiens hinaus auszudehnen.

Bei der Wallfahrt war die Stadt Mekka überfüllt, doch nur die Gebete, zu denen der erste Muezzin des Islams, der Gebetsrufer Bilal, die Gläubigen rief, die dichtgedrängt alle Plätze besetzten, unterbrachen die halblauten Gespräche der Pilger. In Chören baten sie Mohammed, ihr Herr zu sein und sie zu regieren.

Anschließend hielt Mohammed jene berühmte Predigt, die nie vergessen werden sollte.

»Lasset euch meine Worte angelegen sein«, predigte er, »denn ich habe meine Botschaft vollbracht und euch solche Dinge hinterlassen, daß ihr, wenn ihr an ihnen festhaltet, niemals in die Irre gehen könnt. Wenn ihr Allah gegenübertreten müßt, wird er euch nach euren Werken fragen, und ihr müßt sagen, daß ich euch alles offenbart habe. Allah ist allwissend. Niemand kann sich vor ihm verbergen.«

Die Masse rief, sie habe den Gesandten Gottes verstanden, und immer habe er die Wahrheit gesprochen.

Zuletzt stand Mohammed inmitten einer Gruppe ehrwürdiger Männer, darunter neben Abbas auch Abu Bekr, der dem Propheten nachgereist war, um den Abschluß der großen Wallfahrt noch mitzuerleben.

Zwei Mütter der Gläubigen hatten noch allein in der Kaaba gebetet. Ihnen folgte Mohammed in sein Haus, das Haus der verstorbenen Kadidscha, das ihm gehörte. Die beiden Frauen waren Aischa und Raihana.

Die Rückreise zu verzögern lag kein Grund vor. Aischa bat Raihana, sie möge während der Rückkehr die Sorge für Mohammed übernehmen. Nach den Gesetzen des Harems gehörte die nächste Nacht der Raihana, und Aischa wußte, wie peinlich genau es Mohammed mit seinen ehelichen Verpflichtungen gegen die Frauen seines Harems hielt, um kein fremdes Recht zu verletzen.

Badu-Hawa, das weiße Leibkamel des Propheten, war bereits mit einem Reitzelt für zwei Personen versehen. Aischa ritt mit ihrem Vater Abu Bekr.

Alle fanden alles in Ordnung.

»Fühlst du dich nicht erschöpft, mein Mohammed?« fragte Raihana.

»Warum? Nichts als göttliche Gnade widerfuhr mir heute. Ich bin nicht undankbar, Raihana.«

»Natürlich bist du das nicht. Ich dachte nur daran, daß Allah dich vielleicht durch eine Offenbarung berühren könnte.«

»Offenbarungen sind Geschenke Allahs, und Aischa ist ein Geschenk des Höchsten seit ihrer Geburt. Beide sind nicht zu trennen: Offenbarungen und Aischa. Wenn ich eine Offenbarung erwarte, wäre der Platz an meiner Seite Aischas Platz.«

»Das eben meinte ich, Gesandter.«

»Eine Heimsuchung durch den Erzengel würde ich vorher wissen, und wenn nicht ich, würde es Aischa wissen. Das ist aber nicht der Fall, und ich bin dankbar, daß du da bist, Raihana.«

»Du bist gut, Mohammed.«

»Alle meine Frauen sind zu mir gut.«

»Fast alle.«

»Allah ist allwissend. Was wissen wir? Was Allah uns wissen läßt. Vergiß auch nicht, daß er mir in bezug auf mehrere seiner Frauen durch Offenbarungen seinen Willen kundgab, und das unter Nennung ihres Namens. Allah ist der Allerbarmer. Einen anderen Willen als den des Allmächtigen gibt es nicht.«

»Ich bin jüdischer Abkunft. Vielleicht gibt es darum meinetwegen keine Offenbarung?«

»Du bist eine Gläubige nach dem Gesetz. Was du warst und was deine Vorfahren waren, zählt nicht. Als du mein Eigen wurdest, lehntest du es ab, meine Frau zu werden. Aber mein Lager miedest du nicht, und ich achtete dich bereits vor unserer Ehe als meine Frau.«

»Ich liebte dich, mein Mohammed. Aber das tun alle deine Frauen.«

»Wie ich sie liebe.«

»Du liebst keine, weil du alle liebst. Du liebst deinen Harem, Gesandter. Bei ihm fühlst du dich geborgen. Er ist Allahs Wille, und du darfst nicht eine einer anderen vorziehen. Wir aber dürfen dir keinen anderen vorziehen oder auch nur gleichsetzen. Das ist der Unterschied.«

»Du bist meine kluge Frau, Raihana.«

Draußen verkündete eine Stimme:

»Der Gesandte Gottes ist angelangt!«

Da wußte Raihana, daß Abwa mit dem Grab von Mohammeds Mutter Amina erreicht war.

Beim Niederlegen der Kamelstute fiel Mohammed vornüber. Raihana legte ihn zurück. Da er aber keine Anstalten traf abzusteigen, merkte sie, daß er vor Müdigkeit eingeschlafen war, und winkte jede Hilfe ab. Mit einem Seufzer der Erleichterung lehnte er sich an sie.

»Es ist gut, daß du da bist«, hauchte er und streckte sich, »ich bin an meinem Platz.« –

Vor der Weiterreise vereinbarten Aischa und Raihana, daß – da keine Näherberechtigte zugegen sei – Raihana Mohammed nach Medina begleiten solle.

Gânz unbemerkt blieb auch den Männern des Zuges die Müdigkeit des Propheten nicht.

»Was meinst du dazu?« fragte Abu Bekr seine Tochter. »Haben wir mit einer Offenbarung zu rechnen?«

»Nein, Vater, dann wäre ich bei ihm geblieben. Raihana liebt ihn seit seinem Einzug in Medina. Sie hätte mir keine Schwierigkeiten bereitet.«

»Nun ja«, sagte Abu Bekr, »er hat seine sechzig Jahre. Es gibt ältere unter uns, aber keinen, der so gewaltige seelische und körperliche Anstrengungen hat durchmachen müssen. Eine Erschöpfung ist nichts Erstaunliches.«

»Deswegen bist du wohl nach Mekka gekommen?« fragte Aischa.

»Ganz recht, deswegen. Ich bin froh, daß er dort durchgehalten hat. Gar nicht auszudenken wäre es, wenn er seine Predigt nicht hätte zu Ende halten können. Auch in Medina erwartet ihn noch genug.«

»Beunruhige dich nicht. Mohammed ist fest entschlossen, alles Nötige zu erledigen. Vor allem natürlich die Abfertigung des Heeres gegen Byzanz. Er ist überzeugt, daß du und Omar ihn unterstützen werden.«

»Wegen Usama?«

»Usama bleibt Heerführer.«

»Und Chalid ibn al-Walid?«

»Mohammed schätzt ihn, ist aber der Meinung, daß seinen Fähigkeiten auf den Gebieten der Strategie und Taktik seine Gottesfurcht nicht entspricht. Darüber will Mohammed eingehend mit ihm reden.«

Der Abmarsch des Heeres nach dem Norden hätte bereits erfolgen können. Die Führer hatten ihn nur hinausgezögert, damit sich das Heer von dem unmißverständlichen Willen des Propheten selbst überzeugen könne.

Mohammed ließ auch wirklich Chalid zu sich kommen, und nach mehrstündigem Gespräch schlich der General mit hochrotem Gesicht und gesenktem Blick in sein Haus. Mit Staatsangelegenheiten befaßte er sich fürs erste ohne Befragen nicht mehr.

Seinen sonstigen Aufgaben kam Mohammed ebenfalls nach, und mehr als das. So sprach er auf dem Begräbnisplatz eines eben Verstorbenen die Gebete. Es war ein feuchtkalter Tag, und im Hause der Hafsa überfiel ihn das Fieber so heftig, daß er nicht mehr weiterkonnte und nach Aischa schicken mußte. Alle Frauen kamen herbeigerannt und umstanden ihn wehklagend.

Mohammed befahl ihnen wütend, sich ruhig zu verhalten, und verlangte, zu Aischa gebracht zu werden. Unter ihrer Obhut verbrachte er, von Fieber geschüttelt, die Nacht.

Asma, die Hebamme, die sich auf Heilkunst verstand, konnte auch nichts anderes sagen, als was ohnehin jedermann sah: Der Prophet hatte hohes Fieber.

Wenn Mohammed sich nicht völlig ruhig verhalte und jegliche Aufregung vermeide, lehnte Waraka, der herbeigerufen worden war, jede Verantwortung ab. Doch als er das Vergebliche seiner Bemühungen sah, entfernte er sich, um mit Abu Bekr zu sprechen.

Umm Habiba berichtete, daß man in Abessinien Fieberkranke mit kaltem Wasser behandle. Mohammed willigte ein, und die Frauen gossen sieben Schläuche eiskalten Wassers über seinen fieberglühenden Leib. Doch nun klagte er über heftige Schmerzen. Unruhig wälzte er sich hin und her.

Erst nachdem Aischa ihm den Schweiß abtrocknete und ihm die Hand auf das wild pochende Herz legte, beruhigte er sich. Langsam schlief er ein.

Nach seinem Erwachen hatte er sich von seinen Frauen die Erlaubnis geben lassen, bei Aischa bleiben zu dürfen.

Bis zuletzt noch hatte der Gedanke an Usamas Zug ihn ständig beschäftigt. Ohne Unterlaß hatte er den Gläubigen nahegelegt, ihn auszuführen. Aber der Abmarsch wurde verzögert, denn niemand wollte sich von Medina in der Ungewißheit trennen, ob Mohammed das Fieber überstehen würde.

Als Vorbeter in der Moschee hatte Mohammed an seiner Stelle seinen treuesten Freund und Anhänger Abu Bekr eingesetzt.

Als die Gemeinde versammelt war, um für die Genesung des Gesandten Gottes zu beten, wurde der Vorhang, der Aischas Wohnung von der Moschee trennte, unerwartet gehoben.

Zunächst sah man nur die langen roten, im Sonnenlicht glühenden Locken Aischas. Dann erkannte man, auf Aischa gestützt, den Propheten.

Mit einem gütigen, glücklichen Lächeln betrachtete er die Gemeinde, die streng nach seinen Vorschriften die Gebete erfüllte.

Mohammed beließ Abu Bekr den Platz des Vorbeters. Erst zum Schluß ergriff er das Wort:

»O ihr Menschen!« sagte er. »Es kommt eine Verwirrung wie die finsterste Nacht; aber mir könnt ihr nichts vorwerfen, denn ich habe euch nur erlaubt, was der Koran erlaubt, und nur verboten, was er verbietet.«

Darauf kehrte er mit Aischa in deren Wohnung zurück, wo er seinen Kopf in ihren Schoß legte. Er erhob seine Augen zu ihr. Ganz feierlich gab sich sein Antlitz.

»Er ist da«, flüsterte er. »Er kommt, mich zu rufen. Gabriel ist gekommen.«

So blieb er noch eine Weile mit weitgeöffneten Augen, bis sein Kopf zur Seite sank.

Mohammed war gestorben.

Zeittafel

Um 570

Mohammed geboren

Das »Elefantenjahr«. Der äthiopische Vizekönig Abraha unternimmt einen mißglückten Feldzug gegen Mekka

572

Der Jemen wird dem persischen Sassanidenreich einverleibt

576

Mohammeds Mutter Amina gestorben

594

Mohammed heiratet Kadidscha

um 600

Ali geboren

604

Beginn des 24 Jahre dauernden Krieges zwischen Byzanz und Persien, den beiden damaligen Großmächten des Orients

um 612

Mohammed fühlt sich zum Propheten berufen; er beginnt, die Existenz eines einzigen, allmächtigen Gottes zu verkünden

Aischa geboren

614

Die Perser in Jerusalem

615

Eine größere Schar gläubiger Anhänger Mohammeds, darunter Othman und Rukaija, flüchten vor den Verfolgungen der mekkanischen Aristokratie unter den Schutz des Negus von Abessinien

616

Omar tritt zum Islam über. Boykott gegen die Familie des Propheten. Repressalien, besonders gegen die einfachen islamischen Gläubigen

619

Kadidscha gestorben

620

Mohammeds Verlöbnis mit Aischa

621

Das »Weiberabkommen« von al-Akaba. Ausbreitung der islamitischen Lehre in Jathrib (Medina)

622

Die Hidschra: Mohammeds Auswanderung von Mekka nach Medina. Mit diesem Ereignis beginnt später die mohammedanische Zeitrechnung

623

Einführung der neuen Gebetsrichtung (Kibla) nach der Kaaba von Mekka. Überfall bei Nachla
Mohammeds Ehe mit Aischa vollzogen. Ali heiratet Fatima, eine Tochter des Propheten

624

Der Heilige Krieg verkündet. Schlacht bei Badr. Vertreibung der Kainuka

625

Schlacht am Berge Uhud. Vertreibung des jüdischen Stammes der Nadir

627

Belagerung Medinas durch die Koraischiten unter Führung Abu Sofjans (Grabenkrieg)

627–628

Niedermetzelung der Kuraiza. Strafexpeditionen gegen feindliche Beduinenstämme, die mit Mekka verbündet waren
Aischas Halsbandaffaire

628

Mohammed unternimmt einen Wallfahrtsversuch nach Mekka. Schwur von Hudaibija. Abschluß eines zehnjährigen Waffenstillstands zwischen Mekka und Medina

Kriegszug gegen die jüdischen Siedlungen Chaibar, Fadak und Wadi'l-Kura in Nordarabien

629

Mohammed entsendet Boten zu ausländischen Herrschern
Chalid ibn al-Walid tritt zum Islam über. Schlacht bei Muta
Wallfahrt nach Mekka

630

Einnahme Mekkas durch Mohammed. Zerstörung der Götzenbilder
Feldzug gegen Taif
Schlacht bei Honain gegen die Hawazin
Methode der »Vertrautmachung der Herzen«

631

Gewinnung Südarabiens für den Islam
Mißlungener Feldzug gegen die nördlichen Grenzgebiete. Tabuk besetzt Unterwerfung der Banu Hanifa
Abu Bekrs Wallfahrt. »Die Lossagung«

632

Letzte Wallfahrt Mohammeds nach Mekka. Predigt am Fuße des Berges Arafa
Mohammed in Medina gestorben (8. Juni 632)
Abu Bekr, der Vater Aischas, nimmt als Nachfolger Mohammeds den Titel Kalif an (632–634)
Niederwerfung von Beduinenaufständen. Die Araber dringen in Südpalästina ein

634

Omar wird Kalif (634–644)
Der Hedschas wird zur Ausgangsbasis für die Gründung eines arabischen Großreiches (Syrien, Libanon, Palästina, Südbabylonien)
Damaskus erobert. Die syrische Bevölkerung begrüßt die Araber als Befreier

636

Sieg über die Byzantiner am Jarmuk. Beginn der Kriege gegen Persien

638

Omars Einzug in Jerusalem

639–641

Die Araber erobern Ägypten und Mesopotamien

642

Sieg über die Perser bei Nihawend. Eroberung und Zerstörung der Hauptstadt Ktesiphon

Einnahme Alexandrias

643

Eroberung von Libyen und Barka

644

Omar wird ermordet

Othman Kalif (644–656)

Unter seiner Herrschaft wird der »Koran« (Lesung), das heilige Buch der Moslemin, aus den aufgezeichneten Überlieferungen zusammengestellt

647

Tripolitanien und Armenien werden arabische Provinzen

651

Die Unterwerfung Persiens abgeschlossen

Ende der Sassanidendynastie

653

Muawija, Sohn des Abu Sofjan, Statthalter in Syrien, erobert Rhodos und Cypern

Gründung der arabischen Seemacht

656

Othman wird in Kufa von Aufständischen ermordet. Ali, der Schwiegersohn Mohammeds, wird Kalif (656–661)

657

Die Kamelschlacht bei Basra. Aischa wird von Ali besiegt

657

Beginn des Bürgerkriegs zwischen Ali und Muawija. Schlacht bei Siffin

661

Ali wird von einem der fanatischen Chazradschiten, die eine Rückkehr zur ursprünglichen militärtheokratischen Form des Islams fordern, ermordet

Muawija I. wird zum Kalifen ausgerufen. Begründung der Dynastie der Omaijaden (661–750)

Das politische Schwergewicht des Reiches verlagert sich nach Damaskus

Afghanistan unter der Herrschaft der Kalifen

665

Die Araber erobern bis zum Beginn des 7. Jahrhunderts die ganze nordafrikanische Küste bis zum Atlantischen Ozean

676

Aischa stirbt in Medina

678

Die arabische Flotte wird im Marmarameer vernichtet

680

Tod Muawijas I.
Beginn des Aufstands gegen die Omaijaden
Alis Sohn Hussain wird in der Schlacht bei Kerbela getötet

680–692

Aufstände der Schiiten (Anhänger Alis) in Mesopotamien und Arabien
Abdallah ibn Subair Gegenkalif in Mekka

685–705

Abd al-Malik Kalif

692

Erst nach schweren Kämpfen gelingt es dem Omaijadenfeldherrn Haddschadsch, Mekka einzunehmen

697

Niederwerfung des Aufstandes der Chazradschiten

700

Die Araber erreichen den Aralsee

705–712

Eroberung von Buchara und Samarkand (Transoxanien)
Die Araber stoßen von Südpersien nach Belutschistan vor und erreichen den Indus

711

Ein arabisches Heer unter Tarik dringt von Nordafrika über Gribraltar auf die Pyrenäenhalbinsel vor. Schlacht bei Jérez de la Frontera
Untergang des Westgotenreiches

712

Toledo erobert. Die Araber im indischen Sindh

714

Die Eroberung Spaniens abgeschlossen. Christlich bleibt nur das kleine Königreich Asturien. Gründung des Kalifats Córdoba

718

Ein neuer Ansturm der Araber auf Konstantinopel wird abgeschlagen

720

Die Araber dringen über die Ostpyrenäen nach Südfrankreich bis zur Loire vor

732

Schlacht bei Tours und Poitiers. Karl Martell schlägt die Araber aus Frankreich zurück

746

Beginn des Aufstandes gegen die Omaijaden. Mesopotamische und persische Feudalherren verbünden sich mit den unzufriedenen Volksmassen unter Führung von Abu Muslim

750

Der letzte omaijadische Kalif Merwan II. wird geschlagen und kommt in Ägypten ums Leben
Ausrottung der Familie der Omaijaden
Abu'l-Abbas (Nachkomme von Mohammeds Onkel Abbas ibn Abd al-Muttalib) wird Kalif. Begründung der Dynastie der Abbasiden (750–1258)

755

Die Ermordung des Abu Muslim löst eine Reihe von Volksaufständen gegen die Abbasidenherrschaft aus

762

Kalif Mansur (754–775) gründet die neue Hauptstadt Bagdad

775

Die erste Biographie des Propheten wird geschrieben

786–809

Herrschaft des Kalifen Harun al-Raschid
Blütezeit der arabischen Feudalmacht. Entstehung der klassischen islamitischen Kultur. Märchen aus »Tausendundeiner Nacht«

Literatur- und Quellenangaben

»Enzyklopädie des Islam – Geogr., ethnogr. u biogr. Wörterbuch der muhammedanischen Völker«. Hrsg. von M. T. Houtsma, A. J. Wensinck u. a. Bd. I–V u. Erg. Bd.
Leiden u. Leipzig 1913–1938
»Der Koran« – Aus dem Arabischen übertr. und mit einer Einleitung vers. von Max Henning.
Leipzig: Reclam 1901 (Reclams UB 4206-4210)
»Die Offenbarungen des Propheten Mohammed ibn Abdallah«. Eingel. und ausgew. von Ernst Zbingen nach der Übertragung von Friedrich Rückert.
Zürich: Classen-Verlag 1953
»Mohammed in Selbstzeugnissen und Bilddokumenten«, dargestellt von Émile Dermenghem.
Hamburg: Rowohlt 1960
Mohammed ibn Ischak, »Das Leben Muhammeds«, bearbeitet von Abd el-Malik ibn Hischam. A. d. Hss. hrsg. von Ferdinand Wüstenfeld Bd. I–II.
Göttingen 1858–1860
Ibn Saad, »Biographien Mohammeds, seiner Gefährten und der späteren Träger des Islam bis zum Jahre 230 nach der Flucht«, hrsg. von Eduard Sachau. Bd. I–IX.
Leiden: 1904–1919
Gustav Weil, »Mohammed der Prophet, sein Leben und seine Lehre«.
Stuttgart 1843
Tor Andrae, »Muhammed, sein Leben und sein Glaube«.
Göttingen 1932
Dermenghem, Émile, »La vie de Mahomet«.
Algier 1950
Frants Buhl, »Das Leben Mohammeds«. A. d. Dän. übers. von H. H. Schaeder 2. Aufl.
Heidelberg: Quelle u. Meyer 1954
A. Sprenger, »Das Leben und die Lehre des Mohammed«. Bd. I–III, 2. Aufl.
Berlin 1869
Julius Wellhausen, »Muhammed in Medina«.
Berlin 1882
H. Reckendorf, »Mohammed und die Seinen«.
Leipzig 1907
Kurt Frischler, »Aischa, Mohammeds Lieblingsfrau«.

Zürich–Leipzig–Wien: Amalthea Verlag 1957
Theodor Nöldecke, »Geschichte des Qorans«. 2. Aufl. Bd. I–III.
Leipzig 1909–1938
Eduard Gibbons, »Geschichte des Verfalls und Untergang des Römischen Reiches« Bd. I–IX. A. d. Engl. von Karl Gottfried Schreiter.
Leipzig 1790
»Weltgeschichte in zehn Bänden« Bd. III.
Berlin: Deutscher Verlag der Wissenschaften 1963

Nachbemerkung

Die Darstellung Johannes Tralows folgt bis in die Einzelheiten den historischen Überlieferungen, soweit diese heute noch Glaubwürdigkeit genießen. An wenigen Stellen nur nimmt er das Recht des Romanciers in Anspruch, historische Details seiner Konzeption unterzuordnen.

Die Frau Abu Bekrs und Mutter Aischas hieß in Wirklichkeit Umm Ruman bint Umair ibn Amir; sie war keine Ägypterin, sondern stammte aus einer angesehenen koraischitischen Familie in Mekka.

Nach glaubwürdigen Berichten lebte Mohammed längere Zeit mit seiner Geliebten Marija zusammen, die in Medina einen Sohn, Ibrahim, zur Welt brachte. Der alternde Mohammed erfreute sich an seinem Kind, das dann im Alter von 18 Monaten starb. Von seinen Töchtern schenkte ihm nur Fatima Enkel – Hassan und Hussein –, die einzigen direkten Nachkommen des Propheten.

Die Gegenwart von Asma und Rukaija bei der ersten Offenbarung des Propheten auf dem Berge Hira ist nach allen Überlieferungen völlig ausgeschlossen. Der Autor will mit dieser Szene zeigen, wie sich bereits zu Lebzeiten Mohammeds Legenden um dieses Ereignis rankten.

Wir unterscheiden bei den Wallfahrten die Umra (Wallfahrtszeremonien innerhalb Mekkas) und das Haddsch (alle Wallfahrtszeremonien).

Die Transkription der arabischen Namen und Begriffe folgt der heute allgemein üblichen phonetischen Schreibweise.

BYZANTINISCHES
REICH
Tigris
Antiochia
MESOPOTAMIEN
Palmyra
SYRIEN
Euphrat
Nehaw
Damaskus
Jaffa
Bosra
Ktesiphon
Alexandria
Babylon
Jerusalem
Kufa
Gaza
PALÄSTINA
Hira
30
Muta
Memphis
Basra
ÄGYPTEN
Tabuk
Fadak
Taima
Chaibar
Berg Uhud
Janbo
Medina (Jathrib)
Kuba
Badr
Nil
NEDSCH
Mekka
Suaiba
Nachla
20
Taif
JEMEN
HADR
Hodaida
Sana
Mokka
40
50